抗日战争时期陕甘宁边区财政经济史料摘编

第三编 工业交通

中国财政科学研究院◎主编

陕甘宁边区财政经济史编写组
陕　西　省　档　案　馆　编

長江出版傳媒 | 长江文艺出版社

新出图证（鄂）字 03 号

图书在版编目（CIP）数据

抗日战争时期陕甘宁边区财政经济史料摘编．第 3 编，工业交通 / 中国财政科学研究院主编；陕甘宁边区财政经济史编写组，陕西省档案馆编．-- 武汉：长江文艺出版社，2016.5

ISBN 978-7-5354-8400-0

Ⅰ．①抗… Ⅱ．①中… ②陕… ③陕… Ⅲ．①陕甘宁抗日根据地 – 地方财政 – 财政史 ②陕甘宁抗日根据地 – 工业史 ③陕甘宁抗日根据地 – 交通运输史 Ⅳ．① F812.96

中国版本图书馆 CIP 数据核字 (2015) 第 223355 号

责任编辑：吴　双　陈锦华　　　　责任校对：周　杨
封面设计：壹诺设计　　　　　　　责任印制：张　涛

出版：长江出版传媒 | 长江文艺出版社
地址：武汉市雄楚大街 268 号　　　　邮编：430070
发行：长江文艺出版社
北京时代华语图书股份有限公司　（电话：010-83670231）
http：//www.cjlap.com
印刷：北京中科印刷有限公司

开本：710毫米 ×1000 毫米　1/16　　　印张：41.5
版次：2016 年 5 月第 1 版　　　2016 年 5 月第 1 次印刷
字数：616千字

定价：168.00 元

编者说明

一、本编主要摘录抗日战争时期陕甘宁边区工业、交通运输业和邮递方面的历史资料。共分五章：第一章是边区工业的建立和发展，第二章是公营工业，第三章是合作手工业与个体手工业，第四章是私营资本主义工业，第五章是交通运输与邮递事业。

二、抗日战争以前，边区工业基础十分薄弱，没有现代工业，手工业也是非常落后的。抗战后，在党中央、西北局和边区政府的领导下，为了保证战争与人民生活的需要，发扬自力更生、艰苦奋斗的革命精神，使边区工业逐步建立和发展起来。

抗日战争时期，边区工业的发展，大体上经历了三个阶段。1937 至 1940 年是初建阶段；1941 至 1942 年，在争取工业品半自给的口号下，边区工业有了初步发展；1943 至 1945 年，为实现工业品的全部自给，边区工业有了较快的发展。

三、公营工业是边区工业的骨干，它的建立和发展，对于保证军需民用起了重要作用。以纺织为主的手工业是边区合作工业的主要部分，加上群众性的家庭纺织，对于解决边区军民的衣着等做出了重要贡献。

四、食盐是边区的重要工业产品，也是边区财政收入的主要来源之一。本编主要摘录食盐生产和运输方面的资料（由于资料难以分别，在公营盐业中，包括了一部分私营盐产数字），关于食盐销售部分的资料，编入商业编。

引言

要打倒日寇，必须工业化。要中国的民族独立有保障，必须工业化。共产党员和革命者应学会使中国工业化的各种技术知识。

现在无论外国和中国都为了同一目的目标而奋斗，那就是打倒法西斯。

我们边区的工业建设，也和其他一切工作的目的一样，是为了打倒日本帝国主义。没有第二个目的。边区在五年前才真正开始有了一点工业，当时只有 700 个产业工人，1942 年有了 4000，到了今天就有 12000 个工人。所以，边区的工业的进步是很快的，它的数目虽小，但它所包含的意义却非常重大，谁要不认识这个最有发展，最富于生命力，足以引起一切变化的力量，谁的头脑就是混沌无知。这次开大会的目标，就是两年以内，要争取做到工业品的全部自给，首先是布的自给和铁的自给。假如我们做到了全部自给，我们工人的数目还要大大增加。全体工程师、厂长、工人们都向这方向努力，共产党员或非共产党员都向这方向努力，像沈鸿同志、陈振夏同志，他们不是共产党员，但是他们的心和共产党员一样，都是为了打倒日本帝国主义而艰苦奋斗的。要打倒日本帝国主义，必须工业化；要中国的民族独立有巩固保障，就必须工业化。我们共产党员是要努力于中国的工业化的。

中国落后的原因，主要是没有新式工业，日本帝国主义为什么敢于这样地欺侮中国，就是因为中国没有强大的工业，它欺侮我们的落后，因此消灭这种落后，是我们全民族的任务。老百姓拥护共产党，是因为我们代表了民族与人民的要求，但是，如果我们不能解决经济问题，如果我们不能建立新式工业，如果我们不能发展生产力，老百姓就不一定拥护我们。在抗日战争中间，共产党抗击了50%的敌军，90%的伪军，这方面我们是有经验有成绩的。但是经济工作，尤其是工业，我们还不大懂，可是这一门又是决定一切的，是决定军事、政治、文化、思想、道德、宗教这一切东西的，是决定社会变化的。因此所有的共产党员都应该学习经济工作，其中许多人，应该学习工业技术。我们边区是个大学校，其中有一门课叫作工业。这次职工代表大会便是个工业的短期训练班。如果我们共产党员不关心工业，不关心经济，也不懂别的什么有益的工作，对这些一无所知，一无所能，只会做一种抽象的"革命工作"，这种革命家是毫无价值的，我们应该反对这种空头革命家，学习使中国工业化的各种技术知识。

（《毛泽东同志号召发展工业打倒日寇》，《解放日报》，1944年5月26日）

目录

CONTENTS

第二章　边区的公营工业

第三章　合作手工业与个体手工业

第四章　私人资本主义工业

第五章　交通运输与邮递事业

第一章

陕甘宁边区工业的建立和发展

KANGRIZHANZHENGSHIQISHANGANNINGBIANQUCAIZHENGJINGJISHILIAOZHAIBIAN

第一节 抗日战争前边区工业状况

一、革命前边区工业是极其落后的

边区向为地广人稀，经济极为落后，又加过去政治制度不良，历年在军阀蹂躏、封建势力的剥削与压迫下，广大群众生活极为艰苦，农村经济已成枯竭状态。

（《一年来陕甘宁边区经济建设工作》，1939年）

陕甘宁边区过去曾是一个被叫作“地瘠民贫”的区域，工业是非常落后的，民间仅有一些小手工作坊和盐池、炭窑，农村家庭纺织业也因为外来纱布的大量涌入而销声匿迹，可以说，一切日用品都是仰赖外间输入的。

（《边区工业的发展》，《解放日报》，1944年5月1日）

边区和我们其他抗日民主根据地一样，是在乡村中建立起来的革命根据地。这儿原来是半封建半殖民地的乡村，所以它的生产非常落后，手工业缺乏，差不多近于完全没有的状态。

（中直经济问题学习班：《边区公营工业的发展》，1944年10月）

战前根本谈不到工业，一半以上县份的人民不懂纺织，除粮食、羊毛外，其他一切日用所需，从棉布到针线，甚至吃饭的碗，均靠外来。

（南汉宸：《陕甘宁边区的财经工作》，1947年）

二、土地革命后期创建了小规模工业

陕甘宁边区，在革命前只有家庭的妇女纺织和农村的手艺匠，少数的硝皮场，制毡坊，煤炭场等，虽有一个石油厂，但是试探性质的，在内战时已被破坏。广大的食盐均是自然晒法，没有经过人工制炼，晒盐是农民的副业，故没有任何手工业工厂，因之有广泛的矿藏、皮毛、脂肪油、蓖麻油等工业原料均未利用，工业品完全依赖边区以外供给。直至工农红军到达边区，才开始有小规模的军事修械厂、印刷厂等。

（《关于边区经济建设之报告书》，1941年10月4日）

1935 年，我们仅有一个 40 余名工人的修械所。抗战前，加上被服、印刷等工厂，也不过 270 余名职工。

（《陕甘宁边区建设简述》，1944年6月）

自从中央政府西北办事处成立之后，即开始建立中央、省、县、区四级国民经济部的组织与工作，并在最近三个月的工作中，就与以前大不相同了：

……

1. 自从去年（1935 年——编者）12 月整理延长石油工厂以来，到今年 1、2 月 3 个月中，共生产原油约 7 万斤，每月平均炼了 3 锅油，共计：产挥发油约 400 斤，汽油 2000 余斤（永坪井之原油中汽油特别多），头等油 25000 余斤，二等油 13500 余斤，超过了国民党任何时代的平均生产额。并附属生产了大批油墨、石蜡、凡士林，除充分供给了红军与机关需用外，最近还大批运输出口。同时，在这一时期，打完了永坪第三井，现在正着手打第四井。3 个月共有盈余 2000 余元。这是全中国仅有的石油矿。

2. 陕北过去不仅不产纸，因国民党的愚民政策（怕群众读了书反对国民党），教育经费又被国民党拿去做经费，当然，不要什么纸，影响到纸的供给。但苏维埃认为纸的作用比子弹还重要，故创办了中央造纸厂，现有造纸工人三十余名，3 月份已生产了 400 余刀，4 月以后可增加生产一倍至两倍。在质的方面，最近有了大的进步，并正在制造苏维埃的钞票纸。两三个月后，即可能求得苏区纸的自给。

3. 安定与永坪所生产的煤，是陕北有名的，经过整理和开掘，不仅充分供给了各工厂、机关，并满足了群众的需要，而且价廉（每元大洋 800 斤），除每月以一天的生产全部煤价拿去优待红军家属外，红属买煤得到九折优待。

4. 陕北产毛绒，并产棉花，一方面贸易局收买了两万余斤棉花发给群众纺织，以 60% 作为改良群众穿着，40% 群众热烈地交布给红军做夏衣。同时，为着培养大批纺织干部，办了一个西北纺织学校，收女生 100 名，每天 3 小时政治文化课，5 小时纺织实习课，3 个月毕业后，即分派各县建立纺织工厂，预备两年后应达到陕北群众的布匹完全自给。

5. 军事工业，如兵工厂、被服厂等，因大大地发扬了工人同志的劳动热忱，以新的态度对待新的劳动，生产大大地增加了，如炸弹厂生产增加了百分之六七百。

6. 其他各种小手工业，如榨油、纺织、染布、熬硝、熬盐、制面等，经过各级国民经济部的帮助与督促，各地商民群众很活跃地恢复与发展起来，小商人经国家银行西北分行的借款，更有兴趣地来创造这些小手工业。但是，各种的小工业中，缺乏熟练人才，缺乏材料，尤其是领导的干部，今后还要从这几方面去努力。

……

1936 年 3 月底时，陕甘苏区已有……纺织合作社 42 个，社员 3700 余人，股金 2300 余元，……其他熬硝、粮食、食盐、硝皮等合作社有一个至数个不等，人数、股金亦不详细。

（毛泽民：《陕甘苏维埃区域的经济建设》，1936年4月13日，《斗争》第96期）

三、边区发展工业的有利条件

在改善人民生活与巩固国防的目标下，适应特区经济发展的具体环境，我们进行经济建设时，应把握着坚强的信心。有些同志以为陕甘宁地区贫瘠，人口稀少，经济落后，加以战争破坏等，一时经济难于发展。但在抗日前进阵地的陕甘宁：（一）是当前民族团结、对日抗战的全国人士注目地；（二）他有10年来苏维埃建设之丰富经验与坚强干部，以及特区内广大忍苦耐劳具有强大组织力与高度政治觉悟的人民；（三）他有共产党正确坚强的领导。这些政治上的优越条件和具有广大土地和石油、盐、煤、铁、牲畜、皮毛、药材等丰富出产，只要有正确的领导，与生产战线上良好的组织工作，特区的经济建设是有充分发展的可能的。因此，我们必须根据特区经济建设方案，开展广泛的经济建设运动。

（林伯渠：《由苏维埃到民主共和国》，《解放》第一卷第五期，1937年5月31日）

边区有着丰富的宝藏，首先是延长石油居全国第一，并闻名于世界，过去曾由外人投资开采，结果失败而去！现在边区当局仍在小规模地实行开发。当外货来源几近断绝的今日，在现代工业中占有重要价值的石油，是极应设法大量开采的。

次为煤矿，边区煤矿在全国居第二位，现在盘龙、瓦窑堡等地仅由人民以土法从事开采，故产量不大。……

再为定边分区的盐产，产量相当宏大，曾有盐池7个，以滥泥池、黄场为最好，现除两个已不再产盐外，余则每年可产盐十余万驮……

在边区国防工业的建立与矿产的开发有着许多便利条件。不但在边区有丰富的工业原料与天然的矿产，并且具有着先进的政治环境。虽然边区的经济条件异常困难，但我们深信这一困难条件在国内外热心抗战、热心边区事业的人民经济上、技术上各方面热烈的帮助下，边区国防工业建立的前途是光明的。

（郁文：《边区第二届农工业展览会参观记》，《新中华报》，1940年3月8日）

要发展工业仅仅有了客观需要还不行，还必须有发展工业的物资条件，首先是工业资源。就工业资源来说，如果拿战时的困难眼光来看边区还算比较好的条件，边区有羊毛并可产棉花作为纺织业的资源，这是国计民生中除粮食外最重要的一项，有石油矿藏可产石油，有铁矿可炼铁，有煤矿可挖煤，有羊油可制肥皂，有各种兽皮可制皮革，有木料及其他各种原料可制火柴，如此等样样都有一点。这些资源在平时状况下，也许价值不大和无人理睬，但在战时困难状况下就是难能可贵的了。因而虽有交通技术等方面的困难，但过去几年我们还是尽量利用了这些资源，解决了国计民生中若干迫切问题。

……

有了资源而无技术条件，即技术设备与技术干部，还是不行的。恰好在抗战期间我们的技术条件也逐渐有了，沈鸿和他的机器是起了重大作用的。因为他的机器是“母机”，造出了许多机器，同时若干机器（如火柴机器等）及零件也从外面争取到一些。特别是许多技术干部，在延安不断增加起来，有从外面来的，有本地培养出来的，他们带有最高的革命热情，在最艰难的条件下，来开发这块工业上的荒地，以适应革命战争的需要，应当估计到他们是成功的，对边区军民是有功劳的，没有他们边区的工业特别是公营的这些工业是不会有的。

……

边区这些工业所以能发展起来，又是和党与政府的扶助及保护政策分不开的。所谓扶助与保护政策就是：（一）金融上对工业的投资，几年来边区银行在这方面的投资总数……占全部放款……（原文如此——编者）。这是一个相当可观的数字，没有这些资金上的扶助，许多工业的建设是不能设想的。（二）贸易上对工业的周转，几年来边区贸易公司供给工业上以原料，并收购推销其成品，使工业生产不曾受到供销上的困难，特别在民间纺织业中，贸易公司的这种作用是很明显的。（三）税收上对工业的保护，对边产工业品几年来政府都是不收税的（等于津贴），并为了保护边区工业，对外来货实行征税，如过去铁征 100% 的税，火柴征 50% 的税，布征 10% 到 20% 的税，毛织品征 20% 到 30% 的税，肥皂因可完全自给是禁止输入的。没有这种税收上的保护，边区有些工业就不易存在。

（贾拓夫：《关于边区工业问题的研究》，1945年）

第二节　抗日战争时期边区工业发展的三个阶段

一、自力更生建立边区工业（1937—1940）

（一）工业建设任务的提出

1. 在工业上注意发展石油、盐、煤、铁等主要生产，保护手工业。

2. 在商品流通上，广泛发展合作运动，注意皮毛药材出口，相对提高农产品价格，以刺激农民，提高农业生产。

……

3. 积极领导经济建设运动，扩大加强各种劳动组织。吸收妇女到经济建设上来。

（林伯渠：《由苏维埃到民主共和国》，1937年5月，《解放》第一卷第五期）

1937 年 10 月 18 日，陕甘宁边区政府第十次政务会议决定：为了发展边区经济，决定成立一个经济委员会。……任务是决定投资、计划、制订章程。

（《陕甘宁边区政府第九—十八次政务会议记录》，第10页）

（二）1938 年开始了公营工业的建设

1.1938 年工业建设的方针和任务

我们之注意公营工业的建设是从 1938 年开始的。在这一年，边区政府先后建立了难民纺织厂、造纸工厂、被服工厂、农具工厂及八路军制药厂，这些工厂到后来，大部分都起了很大的倡导作用。这时，有工业家沈鸿先生自愿以其私有的十部机器迁来边区，为八路军服务，沈先生本人亦来边区工作。从这时起，又有许多科学技术人员先后来边区工作，使得边区聚集了一批科学技术人才，作为建立工业的指导力量。

（毛泽东：《经济问题与财政问题》，1942年12月，《毛泽东选集》东北书店版，第815页）

陕甘宁边区政府于 1938 年 5 月发出发展边区经济的具体方针，要求边区农工商各业在已有的基础上有更进一步的发展，使它能真正地适应抗战的需要。这一方针提出之后，确得到边区广大群众的拥护与参加，同时又得到各方面的爱国人士在经济上技术上热烈的帮助，以及在边区政府正确领导与各级政府努力的执行下获得了相当的成绩。

（《一年来陕甘宁边区经济建设工作》，1939年）

边区经济建设基本方针应根据目前边区经济基础与客观需要所决定。今天的需要是国防经济，在边区落后的经济基础上，如何克服它的落后性，走上国防的途径，就需要我们的方针步骤采取得正确。因此，我们应首先着重于农业经济的发展，在农业经济基础上，普遍地发展手工业与合作交通等事业，求得在长期抗战中粮食以及工业品的自给，繁荣农村经济，改善人民生活，团结广大群众参加抗战。在这一方针之下提出几个原则：

2. 普遍地发展手工业与半机器半手工业，以现有的各手工业为主，发展推广到边区农村中，建立私营公营合股合作等手工业与家庭手工业，广制土布，求得足够供给群众自用。在手工业发展基础上，建立大规模的机器工业与矿业，供给抗战的需要。

3. 在整理与加强消费合作社的过程中，尽量发展生产合作社。

4. 继续修理咸榆公路富县至清涧公路，保证在边区以内的公路能够经常通车，对于延安至富县段更要修理完善，同时要尽量地发展边区的大车路，扩大运输工具、调剂农村与市场的余缺。

在以上原则之下，提出具体办法如下：

……

1. 将现有的工厂扩大与加强起来。

（1）纺织厂：

① 督促各县调 100 名学徒，到工厂工作。

② 将从各地召集 100 名工人学徒，充实工厂工作。

③ 将所买回的纺织机 100 架在 1 月内装置完善，保证全能生产。

④ 提高产量，在一月份降低成本到 10%。

⑤ 本厂不负营业责任，所产的成品全交军销处与光华商店代卖。

(2) 硝皮工厂：

① 硝皮失去时间，12 月结束硝皮，转变成制革工厂，专制皮包、皮衣、皮带、鞋底，积极准备购置制革工具与药品，在明年 1 月份开始制革。

② 将现制成的二万余件皮大衣设法出售，各县已买好的羊皮全数运工厂，收买牛皮一百张做制革用。

（3）新设的纸厂在 12 月内修理成功，保证明年 1 月份开始工作。

（4）农具工厂现应找好地址，在 12 月份设备完善，在明年 1 月开工。以上各工厂的地址，应重行考虑，选择较安全领导适中的地方设之。

（5）开办一处榨油工厂（手工业），制小麻油供给后方各机关学校需用。

（6）加紧培养工人与领导工厂的干部，除加强神府纺织学校工作外，在延安设立工业学校一处，训练一批工人与农村手工业指导人员。

（7）普遍发展农村手工业：

① 延长、固林、延川、安定等县，能纺织的妇女组成生产合作小组有计划地纺线织布，纺线除供给自用外，每人每月给边区纺织厂棉纱一斤。该四县起码能组织三万纺织的妇女，每月可纺三万斤棉纱解决工厂困难。

② 在边区各县普遍地发展手工业，需要政府贷款五万元，群众集

股五万元，制成小纺车与手拉织布机，派一批指导干部专门指导发展，促使各县平衡发展，供给战时需要。

（8）矿产

整理煤业、盐业，动员群众扩大运输工具（大车），创修各地必要的大车路，推广煤盐销路，在可能时，开采盘龙的铁矿，供给农具工厂与兵工厂原料。

（刘景范：《1938年边区经济建设工作的报告》，1938年11月5日）

两年来，我们为了要在这一落后的经济基础上建立国防经济，更进一步改善人民的生活，曾经采取如下的办法：

……

在手工业方面：废除苛捐杂税，奖励手工业生产，严禁投机、垄断、居奇，保护正当商人利益，减租减息，发展合作社运动。

在公营企业方面：加强对石油、煤矿的开发，扩大纸厂的规模，创立难民工厂，改良印刷厂的设备和技术为现代工厂。

（林伯渠：《陕甘宁边区政府对边区第一届参议会的工作报告》，1939年1月15日）

为统一指挥和设计起见，特在边区政府下设一个军事工业局，管理兵工厂、陕甘宁边区机器厂、油厂及修理厂。

（《边区政府命令》，1938年）

2.1938年工业建设概况

两年以来，边区在经济建设上得到了如下的成绩：

小手工业有了显著的发展。例如定边一县，1938年比1937年就多增加了皮场10处，染坊3处，木器铺13处，裁缝铺五处，铜匠铺五处，鞋匠坊五个，刻字石印铺二处，银匠铺五处。这里群众集股开办的木器、缝纫、瓷器等合作社及政府投资创办的毛织、棉织、硝皮、造纸、农具、磨面等手工工厂还不在内。

……

公营企业部分，已创办了纺织厂、硝皮厂、石油厂各一处，煤矿厂三处，印刷厂 1 处，修械厂 1 处，造纸厂 1 处，制药厂 1 处，农具厂 1 处，以及制灯、制肥皂、面粉等工厂。以上的工厂都系小规模的经营，但产品可供边区一部分的需要。如纺织工厂现在只一部分机器开工，已经出产了大批洋布、袜子、毛巾、毛衣，生产品并不落后；若全部机器开工，即可广泛供给群众的需要。

（林伯渠：《陕甘宁边区政府对边区第一届参议会的工作报告》，1939年1月15日）

工业矿产：边区向无工业基础，自抗战后，着重于军事工业和石油、煤炭的开采，同时积极提倡各种手工业，使其普遍发展以供需要。不上两年工夫，收到相当效果。

（1）公营的工业矿产：

① 延长永坪的煤油继续采炼，工人四五十名，每日可产油四五百斤，规模虽小，但产量可供边民一部分需要，若有资本开掘新井，还能大量发展。

② 延安、淳耀县去年、本年开采的煤矿有三处，均用人工开掘，规模较小，每井有工人 30 余名，每日产量最多不超过万斤，供给当地需要。

③ 本年开设小规模造纸工厂一处，由 4 月起至 11 月止产纸 2100 余刀，供给了印刷厂打纸板与制信封的需要，并训练出造纸工人五六名，造纸的技术日渐提高，建立了发展的基础。

④ 本年 6 月间神府开办纺织学校一处，招收学生 20 余名，准备培养一批纺织工人与干部。

⑤ 本年十月间成立了纺织工厂一处，买到纺纱机 102 架，织布铁机 12 架，织袜机 12 架，弹毛机 2 架，撕毛机 1 架，织毛巾机 3 架，现有工人、学徒 30 余名，部分机器已经开工，产量成品均不落后。若学徒工人全部找到，机器全部开工，每日可出洋布 120 丈，纺线 300 余斤，织袜子 30 余打，毛巾 6 打，毛衣半打。要是原料不缺，全年可产洋布 4320 匹，袜子 30 打，毛巾 2160 打；若工人不成问题，日夜两班工作，

能增加一倍，可以供给各机关需用。同时这种织布纺线的机器，边区农具厂尚可以自造，将推广到农村，建立农村纺织工厂，前途十分乐观。

⑥ 本年 10 月间成立了硝皮工厂 1 处，有工人十余名，专制皮大衣及手套、帽子、袜子等，因皮大衣要求有时间性的关系，现正准备制革（皮带、皮衣、手套、皮包等）。

⑦ 边区有印刷厂一处，有铅印机 3 部，石印机 3 部，内设 6 个部门（印刷、机器、排字、装订、铸字、刻字等部），有工人 70 余名。《解放报》、《新华报》以及边区一切抗战书籍均由该厂印刷，不但解决了边区印刷的困难，而且对于抗战的文化宣传工作起了很大的作用。

⑧ 正在筹备农具工厂 1 处，机器已买到，原料正购买，工人不成问题。该厂准备专门制造犁铧饭锅以及制造修理纺织工厂的机器，明年 1 月底可以开工。

（2）私营工矿业

① 家庭手工业纺织，在延长、延川、固林普遍发展，据考查，所产的土布足够供应该三县群众自用。

② 小规模的手工业，如铁匠坊，木匠坊、毡坊、油坊、皮坊、烧木炭等手工业作坊遍于边区，产量可供给群众的需要，大部分是农民半农半工的临时性质，部分经常营业。

③ 私营煤矿，边区共 20 余处（延安、安定、延川、延长），均系群众合股小规模的人力开采，日共产炭 30 余万斤，可供该四县三分之二的群众燃煤。

④ 盐矿、定边、盐池两县有盐矿五六处，均系群众合股经营，盐的产量颇广，除供给边区外，可供陕西、甘肃、宁夏数省需用。盐场堡池去年产盐 1800 余万斤，本年产盐 2000 余万斤，因运销困难，当地盐价低落，影响大量生产。

（3）生产合作社：边区延安、延长、安塞共有 6 处，它的业务是制造鞋、袜子、纺织等，资本共约 8000 余元，社员 1000 余名。

（《一年来陕甘宁边区经济建设工作》，1939年）

（三）1939 年工业建设是在“自己动手”“自力更生”的号召下进行的

1. 自己动手 自力更生 积极发展边区工业

武汉失守以后，经济封锁日甚一日，边区与国民党区域货物流通，几乎完全停止，除了消耗品，任何的必需品如布、棉花等都禁止运往边区。边区的土产如皮毛、甘草、毛织品都以各种办法阻止运出，尤其限制边区的食盐自由流向国民党区域。（《国民党对边区的经济封锁》1944 年 10 月）

1939 年国民党颁布限制异党活动办法，国共间的关系不如从前了；边区机关学校也增多，虽有外来的一点经费补助，已经分配不过来，我们处在财政供给问题的严重威胁下。由于这个原因，迫使我们不得不想到全体动员从事经济自给的运动。那时，我们在干部动员大会上曾经这样提出问题：饿死呢？解散？还是自己动手呢？饿死是没有一个人赞成的，解散也是没有一个人赞成的，还是自己动手吧——这就是我们的回答。

（毛泽东：《经济问题与财政问题》，1942年12月，《毛泽东选集》东北书店版，第811页）

1939 年，边区经济开始被封锁，工业品的输入受到限制，中央提出“自己动手”“自力更生”的号召。边区政府于是年 1 月举行了农业展览会之后，又于五一劳动节举行了工业展览会，激起了发展工业的热忱。政府与后勤部先后派人到西安采买机器材料，又在延安、安塞两处组织纺织合作社及榨油、瓷窑等生产合作社。从西安买来的机器材料虽不充足，但已成了数年来发展边区工业的主要物质力量之一。这一年又设立了新华化学工厂、光华制药厂，在延安十里铺开始探采厚层煤矿。

（毛泽东：《经济问题与财政问题》，1942年12月，《毛泽东选集》东北书店版，第815~816页）

为了推动边区工业的发展，提高群众对工业建设的信心和热忱，爰于去年（1939 年）5 月 1 日，在桥儿沟举行第一届工业展览会，动员送陈的展品计 2460 件之多，是胜利的总结，在工业上起了很大的推动作用。

鉴于第一届农业与工业两次展览会的成功，及其在经济建设上起的很大作用，故于（1939 年）10 月间又奉令筹备第二届农工业展览会。该展览会的任务是：（1）教育群众了解年来生产运动之伟大成绩及经济建设中之各种产品，以提高劳动热情，增加农工业品的生产量，并改良其生产技术。(2) 总结本年度各机关及群众生产运动中所得到的成绩，并奖励在生产战线上起模范作用的劳动英雄。

（《1939年度工矿事业报告》，1940年2月10日）

2.1939 年工业建设初见成效

边区工业原来是很落后的，两年半的时期中，经过政府苦心的经营与提倡，也收获了初步成绩：

私人手工业增加到一倍以上。

生产合作事业，在抗战前只有 4 处生产合作社，而到今年年底，则可增加至 137 处。

政府直接经营的小工厂企业，已有了 10 个，比之 1936 年（只 3 处）增加 3 倍以上。二十八年建立了每月可出布 600 匹、呢百匹、毛巾 200 打的毛织棉织工厂，还有一个农具工厂，一个月可出纸 6 万张的制纸厂，一个月可出肥皂 6 万条的肥皂厂。此外，政府还在极力扩大采煤企业，使之能够供给更多人民的需要。

（高岗：《抗战新阶段中陕甘宁边区的任务》，1939年11月15日在边区党第二次代表大会上的总结报告）

1939 年，边区经济开始被封锁，党中央提出“自己动手”“自力更生”的号召，机关学校部队开始从事农业或手工业。边区政府复于五一劳动节举行工业展览会，以激励工业的发展。新华化学厂、后勤部制药等厂在该年创立。新华化学厂主要业务是制造肥皂，开始仅资本数十元，职工数人。同年，在安塞、固林、延安等处组织纺织合作社，由建厅帮助其训练工人，供给织机，投放资本，调剂供销，开始实行公私结合（以及军民结合）的政策。年终统计，全部工人增至 700 左右。各方面都较 1938 年有进展。例如纺织业已能年产大布 1400 匹，增加 116%。但因战争关系，有些工厂一再迁移，远离原料产地，为以后这些工厂供销发生困难的重要原因。

（高自立：《为工业品的全面自给奋斗》，1944年5月24日，《解放日报》，1944年8月22日）

1939 年，公营工厂由四个增加为七个，工人 190 人，资金 146500 元。

生产合作社，全边区共建立了 32 个，社员 28531 人，股金 42338 元；另外贷款 9400 元。

（《边区经济发展调查》，《解放日报》，1941年12月12日）

（四）在争取“半自给”口号下，1940 年工业有了新发展

1.1940 年工业建设的方针和任务

1940 年的工业发展是在生产上达到“半自给”的政策下进行的，确定了以发展轻工业为主。1 月间举行了第二次工业展览会，检阅了我们工厂的力量。银行借款 100 万元扩大工厂资金，建立正规厂址，继续购买材料。2 月间，中央提出了“集中领导，分散经营”的方针。9 月间，朱总司令提倡纺毛运动，发展了一部分毛纺织事业。各机关学校部队都积极筹设工厂，派人到原有工厂学习技术，研究管理方法，奠定了 1941 年猛进发展工业的基础。

（毛泽东：《经济问题与财政问题》，1942年12月，《毛泽东选集》东北书店版，第816页）

1940 年，中共中央提出“半自给”方针与“集中领导，分散经营”的政策。轻工业为发展主要对象。分散经营的政策是正确的，因为原料散处各地，运输困难，分散便于经营，又因为劳动力、资本、技术散布于各机关、部队、学校，集中困难，分散便于保持积极性。

（高自立：《为工业品的全面自给奋斗》，1944年5月24日，《解放日报》，1944年8月22日）

大会认为边区必须根据 3 年来经济建设的经验与成绩，继续发展边区经

济，使边区全体人民足衣足食，使边区能在抗战建国的艰苦过程中奠定克服困难与自给自足的基础。因此，边区在1940年的经济战线上，必须动员全体人力、物力完成下列任务。……

扩大政府经营的工厂，帮助人民手工业的发展。

注意开凿煤矿及发展交通事业。

帮助人民切实整理与扩大合作事业。

欢迎各地实业家投资边区，并给他们以方便。

根据上列目标，由边区政府制订具体计划，以银行放款、低利借贷、实行奖励、发展商业流通等方法，动员全党保证实现之。

（《关于发展边区经济改善人民生活的决议》，1939年11月15日，引自《陕甘宁边区的共产党——中国共产党陕甘宁边区第二次代表大会文件汇编》，解放社出版，第43页）

发展手工业生产：

（1）广泛发展家庭纺织事业，以增加棉毛织产品，政府应购置新式手工纺织机，发给各纺织家庭，并物色与培养纺织人才，开办训练班，指导家庭妇女利用新式纺织机。

（2）健全已有之生产合作社，使各生产合作社产品增多，品质改进，成本减低，营业活跃等，并组织新的生产合作事业。

（3）健全边区各工厂，使生产量增加，品质改进，成本降低，管理健全，并增加织毛工业以发展毛织出品。

（4）在延安、安塞增开煤窑，以增加燃料，解决燃料供给。

（《陕甘宁边区党委、政府关于1940年经济建设的决定》，1940年）

2.1940年工业发展状况

是年（1940年）1月间，举行第二次工业展览会。工艺实习厂建立了分厂，军事工业部分抽往前方服务，华寿俊同志试验用马兰草造纸成功，植物染料的研究开始，制造玻璃的原料亦已着手搜求。9月间，朱总司令提倡纺毛运动，开始毛纺织事业。各方面与1939年比较又有进展：厂社已增至33个，全部职工约千人，纺织业已能年产大布14700匹，增加105%。

（高自立：《为工业品的全面自给奋斗》，1944年5月4日，《解放日报》，1944年8月22日）

1940年，公营工厂增加为9个，工人434人，资金523700元。生产合作社29个，社员1132人，股金135000元，产品种类300种，产量（值、元）20000元，贷款120000元。

（《边区经济发展调查》，《解放日报》，1941年12月12日）

二、边区工业的初步发展（1941—1942）

（一）新形势下工业建设的方针政策和任务

1．下决心自己动手，建立公营经济，奖励私营工业的发展

最大的一次困难是在1940年和1941年，国民党两次反共摩擦，都是在这一时期。我们曾经弄到几乎没有衣穿，没有油吃，没有纸，没有菜，战士没有鞋袜，工作人员在冬天没有被盖。国民党用停发经费和经济封锁来对待我们，企图把我们困死，我们的困难真是大极了。但是我们渡过了困难。这不但是由于边区人民给了我们粮食吃，尤其是由于我们下决心自己动手，建立了自己的公营经济。边区政府办了许多的自给工业；军队进行了大规模的生产运动，发展了以自给为目标的农工商业；几万机关学校人员，也发展了同样的自给经济。……我们就用这些办法战胜了困难。

（毛泽东：《抗日时期的经济问题和财政问题》，1942年12月，《毛泽东选集》合订本1964年版，第893~894页）

由于日寇的经济破坏，友区对边区的经济封锁，边区的工业落后，要支持长期抗战，保证抗战和民生的供给，依据边区的条件来发展各种工业是有

头等的重要意义。因此边区的工业政策是：

（1）奖励并保护边区内外工商实业家来边区投资，发展各种工业，并帮助发展家庭工业和生产合作。政府对于工业予以定期免税和低利贷款的奖励和帮助，并提高工人的劳动热忱，以提高生产，以使工业资本有利可图，并扩大其生产。

（2）政府办理有供给和提倡作用的工业，造就便利发展私人工业的条件，以帮助发展私人工业，并帮助解决抗战民生的需要。

（3）组织机关和部队，利用业余时间帮助发展工业，并保证工业品的自给。

（4）奖励农民工业原料，便利工业的发展，组织工业品展览，实行工业奖励和竞赛，以鼓励发展。

（《关于边区经济建设之报告书》，1941年10月4日）

在"分散经营，统一领导"原则下，巩固发展公营经济，合理进行生产自给。

有计划地健全公营工业，提高产量和质量，保证公用布匹、纸张、煤油和肥皂的自给。具体办法：提高技术，加强管理，减少消费人员，充实生产人员，加强工人教育，实行10小时工作制，减少假日，提高劳动纪律。各同业工厂，实行互助合作，在政府统一领导下，逐渐在自愿原则下分别组织纺织业、化学工业、机械工业、采矿冶金工业等各种调整委员会，统筹人事、技术的调剂，生产供销的筹划，技术改进的研究和试验等，以收互助互利的实效。但企业的隶属关系和损益仍归主办机关享受。对于已经成为工厂生产性质的工业（生产者已经完全脱离其他职务，专为工厂生产），应给予一定的固定资金，使其独立周转。工厂不能无限制地经常要求增加资金，主办机关也不应轻易提取资金来解决一时的困难以使其有计划地发展。需要增加资金的，应酌量增加，以扩大其事业。实行经济核算制度，以便其从各方面改进生产。但经济核算制度，并不是为了投机取利，或解除自供自给的任务，相反，是要更合理地、更经济地来加强保证自供自给的任务。

新增设公营工业，主要是炼铁、铸金和火柴、洋灰、染料的制造等。这些工业，均非独力能办成的，应集中技术，统一试办，并从小而至大。

（《陕甘宁边区三十一年度经济建设计划大纲》，1942年1

月，引自《抗日根据地政策条例汇集陕甘宁之部（下）》，第603页）

作为自给的已有的公营工业，按系统调正，仍归各系统自已经营，但应以企业为单位的组织技术计划委员会，分别由建设厅及军委工业局指导，以收统一计划，统一制度，调剂技术劳动与原料之效，并要求边区总工会极力改善公营工厂的工会工作，做到公营企业的工会工作以提高劳动纪律，减少假期，提高生产热忱，加强工人教育为基本任务，并严格实行10小时工作制。……扩大煤油厂的生产，增加煤油供给，将关中煤厂由关中专署经济科直接管理并扩大之，作为政府财源之一（每月可收法币三四十万元）。

（财政厅：《1942年度边区财政经济计划大纲》）

扩大现有公营企业，首先是盐、煤油、纺织、制药应用化学，集中人力财力，突击这些企业，使之有迅速的成效。

政府以投资贷款或与民共营的方式，广泛发展民间的手工业，特别是纺织、榨油、农具的生产。

第一年目标除做到棉、麻、毛织物、食油、煤油、纸张等全部自给外，并能以大量的盐运销边区之外，调剂边区内外的经济。第二年以后，工业品除广泛供给边区人民的需要外，并能运销边区以外的地区，供全国支持长期抗战的需要。

（《陕甘宁边区中央局对于财政经济政策的指示》，1942年11月23日）

关于巩固公营工业，发展私营工业。

这个原则自1941年年底高厅长在四科长联席会议上提出之后，工业局及时作为一个主要任务而经常提出来，作为工作的方针。但这方面的工作成绩却是做得很不够，原因是没有彻底研究工厂的具体问题而提出改进的具体办法，没有把它当作工作中心去把握。当然工厂的工作是有了些进步。

（《工业局1942年上半年工作总结报告》）

2.1941 年工业建设计划

陕甘宁边区经济建设的方针，在于使边区由半自给的地位、发展到自给自足的地位，以供应抗战和民生的需要，摆脱经济上对外的依赖性，打下新民主主义的经济基础，并与敌人的经济破坏与经济封锁做斗争。

……

在工业方面，总的任务是以大量发展食盐产销，提高石油及纸张生产，广泛发展纺织为中心，为此目的：

第一，在食盐方面——生产量上，于明春完成 2000 亩盐田，期能于 1941 年内产盐 200 万驮；在一年之内，最低限度能推销至 80 万驮以上。为着减轻人民负担，扩大食盐运销起见，政府应设法减低盐价，减轻盐税。

第二，在纺织方面——正在筹备或已经成立之 23 个纺织生产合作社及各地纺织厂，以织为主，政府大量收集羊毛与棉花，并广泛发动妇女纺纱，以供给各合作社及工厂之用。务求提高生产量，至 5 月能织土布 6000 匹以上。边区难民纺织厂及绥德难民纺织厂同样以织为主，发动民间妇女与机关人员纺纱，以供给其生产，以便提高生产量，求得 1941 年最低限度能出产布 14000 匹，毛呢 3000 匹，毛毯两万床，并改进质地，减低成本费。

第三，在制革方面——新华制革厂在 1941 年最低限度应产毛皮两万张，马具革 2000 张，面革一万张，并力求质的改进，减低成本。

第四，在纸张方面——1941 年各纸厂应出产对开印刷纸 85000 刀，证卷纸 12000 刀为最低任务。

第五，矿业方面——利用手工方法，扩大石油的产量，最低限度应比去年提高三倍。建立炼铁厂，部分解决铁的需要。政府投资 5 万元扩大采煤业，增加煤炭生产。

第六，工具生产方面——农具工厂与机器厂取得合作，以生产工业工具为中心；同时，设立木工厂专门制造大车、纺线车，降价销售，以便利运输及纺织的发展。

第七，化学工业方面——化学厂除继续改良产质、扩大销路外，应研究以脂肪油制造蜡烛，用以代替洋蜡。建立染料厂，利用植物制造染料，以供纺织、制革之用。

（《陕甘宁边区三十年经济建设计划》，1941年1月，引自《抗日根据地政策条例汇集陕甘宁之部（下）》，第607~608页）

（1）发展工业生产与商业流通，奖励私人企业，保护私有财产，欢迎外地投资，实行自由贸易，反对垄断统治，同时发展人民的合作事业，扶助手工业的发展。

（2）调节劳资关系，实行十小时工作制，增强劳动生产率，适当地改善工人生活。

……

（3）欢迎海外华侨来边区……兴办实业。

（《陕甘宁边区政府施政纲领》，1941年5月1日通过）

3.1942 年工业建设的方针和任务

目前边区经济财政还处在一个达到自给自足的过渡阶段，困难还远未完全克服，战争与革命环境的持久与日益发展着的艰巨斗争，百倍地要求我们党要加强经济财政建设工作，并应确定经济财政建设为边区党最中心的任务之一，为了正确地完成 1942 年度经济财政建设任务，特将明年经济财政方针与工作规定如下：

（1）在经济建设上，必须用全力贯彻以农业第一的发展私人经济的方针。……

（2）继续发展家庭纺织业与尽可能地发展制造铁、木工具的手工业，以解决边区人民布匹和农业、手工业工具的需要，尤其是在警区、东地区以及关中、陇东一部分地区，发展家庭纺织特别重要，政府应在原料与生产工具之调剂上予以各种便利和帮助。公营纺织工业，应尽可能与他们的生产取得密切配合与联系。

……

(3) 在集中领导、统一计划、合理分工的原则下，继续发展公营经济生产，这种自给自足带供给性的采取分散经营形式的生产，应当看成为明年财政统筹统支中仍然必不可缺少的重要部分，同时这种公营生产也带有促进私人经济发展的模范作用。明年公营经济应着重于农业、纺织业、造纸业、制铁业、煤油等工业和运输业的发展，对现有各种公营生产部门必须迅速从生产组织、制度、人员、技术方面进行合理的调整，并须保证满足明年部队机关人员被服布匹、药品、印刷日用纸张等全部需要。

（中共中央西北局：《关于1942年度边区经济财政建设的决定》，1941年12月25日）

4. 加强领导，依靠群众，坚决贯彻执行党的方针政策

为了把经济建设提得很高，今后的工作不仅要更切实精密，还必须向着以下指出的方向努力：

首先，要求我们严格地执行党的财政经济政策，使得任何细微的工作都环绕着正确的政策进行，毫不放松地克服与纠正各种违反政策的倾向。这样，就要对政策有彻底的了解，能够灵活地把它应用到具体环境中去，既需要政府与其他公共团体以身作则来保证政策的执行，同时还要从群众的实际经验中说服他们拥护这个政策。没有这种坚决执行政策的精神，是不能保证经济建设任务的完成的，还可能发生脱节的危险，或妨碍经济建设的发展。

其次，要求我们建立精密的组织工作，虚心地了解下面的真实情况，并要培养政治远见。在这里，就要照顾全局，又要能抓紧中心的一环；坚持集中领导，又要善于分散经营；爱惜人力物力，又要顾及到实际的需要；不能粗枝大叶，又要反对琐碎的事务主义；看到经济利益，又要顾到政治影响；继续向前发展，又要巩固已有的基础；了解群众的要求，又要及时地解决问题。经济建设是千头万绪异常复杂的，没有精确的调查统计，没有坚强的政治领导，就不仅不能获得显著的成效，还会酿成许多想象不到的弊端。

再次，要求我们动员更多的优秀干部来参加经济建设工作，转变一些干部对经济工作不正确的观点。这就要使得每个干部了解经济建设在今天边区的特殊意义，了解经济建设是最具体实际的革命工作，了解经济工作干部必须加强政治理论与本身技术的学习，更重要的是要把握住当前的政策，养成大公无私、艰苦奋斗的作风。没有许多这样的干部，就不能把正确的政策变成实际，也就使得一切完善的计划成为空洞的东西。

最后，要求我们经常地总结经验教训，及时地反映问题，加强对工作的研究性。这就不能仅看到工作的成绩与优点，更重要的是能够正视自己的缺点，有足够的勇气来承认与纠正自己的缺点。我们绝不应满足于目前的成就，必须实事求是，力戒夸张，更加埋头苦干。错误是不能完全避免的，但要能够发现错误，研究产生它的原因与纠正方法。对于工作中哪怕是最小的事情，都应细心去研究，为的是把它做得更好。只有肯去吸收经验教训，肯虚心去研究环境与工作，才能把经济建设向前推进。

这是根据边区目前情况，在加紧经济建设的热潮中，所应注意的事情。在这块经济落后的土壤上，我们曾经建立了新民主主义的经济基础，改变了多年来人民牢守着的生活环境。现在，在走向经济建设的途中虽则障碍仍多，需要付出很大的代价，然而依靠着正确的政策，群众的力量，及不屈不挠的奋斗，一切的困难都是可以克服的，边区的经济建设也将有它光明的前途。

（《解放日报》社论：《发展边区经济建设的关键》，1941年8月1日）

（二）开展劳动竞赛，奖励技术革新

从 3 月 25 日至 4 月 25 日，分布在延安附近的几十个公营工厂，终日劳作的几千位工友，以战斗的姿态，热烈地开展了为迎接“五一”而举行的生产大竞赛。

……

4 月 25、26 日，各工厂召开了竞赛总结大会，工人们由小组而全厂慎重地推选出劳动英雄，总结了生产竞赛的成绩。

在延安“五一”生产竞赛总结大会上，宣布了各工厂辉煌的成绩：

农具工厂超过了 60%，难民纺织厂超过了 83.5%，八路军印刷厂超过了 59%，新华化学厂超过了 75%，八路军制药厂超过了 120%，八路军被服厂超过了 38.7%。以上各厂是这次生产竞赛的优胜者。各厂总平均生产数量，超过原定竞赛计划 43.6%。

各厂产品的质量，在竞赛中，也大大提高了。如新华化学厂出产的肥皂与墨水，难民纺织厂出产的布匹，质量都有显著提高。振华纸厂在竞赛期间发明了蒸煮纸浆的新方法，改良了生产技术与生产工具，新华化学厂在竞赛期间完成了“小苏打”的新法制作，并试制蜡烛成功了。在边区困难的物质条件下，在生产竞赛的浪潮中，他们利用边区的土产，进行了许多新的技术改进。

此外，各业工人个人技术的熟练程度，也大大提高了。难民纺织厂工友高德山，过去每天九小时铁机织布 18 丈 7 尺，竞赛期间达到了 20 丈 8 尺；女工友余清英，过去每天纺毛纱两斤半，竞赛期间已达到 8 斤 10 两；崔锡忠同志织毛毯，由每天 35 尺提高到 80 尺。八路军印刷厂排字工人冯启昌，每天工作 9 小时，排字由 12000 提高到 15000。振华纸厂工人刘德旺减轻纸重每刀由 5 斤至 3 斤。……在各个工厂，都有创造惊人的成绩的先进人物。

“五一”纪念大会上，生产竞赛中的优胜者受到了政府的奖励，274 位劳动英雄（其中有 46 位技术改进者）受到了群众无限的崇敬与爱戴。

“为保持与继续扩大竞赛成绩而奋斗！”“为完成 1941 年自给自足的经济计划而奋斗！”边区总工会在生产竞赛后，向边区广大工友们发出了这一新的战斗号召。

（郁文，《边区工人战斗的1月——记“五一”大竞赛》，《解放日报》，1941年5月23日）

八路军印刷厂工友，于本月 23 日晚讨论边区《施政纲领》，为响应边府之号召，切实执行纲领之规定，特提出 10 小时工作制，后经全厂工友一致通过，并将向全边区工友发出宣言，号召全边区工友实行 10 小时工作制。该厂厂方经过慎重考虑后，决定自 6 月 1 日起开始实行 10 小时工作制。

（《八路军印刷厂执行施政纲领劳动政策，定6月1日起做工十小时》，《解放日报》，1941年5月27日）

在广大职工的共同努力下，边区各公营工厂（以建设厅直接管理者为限）上半年生产计划超额完成。如难民工厂仅粗洋布即产 2735.89 匹。毛纱 8837.7 斤（比去年上半年超过 2600 斤），超过计划 500 斤，并设立机制部，漂洗不用肥皂，改良手工弹毛方法等。振华纸厂对开纸与证券纸折合总数，约等于去年 11 个月之总数，产量增高一倍，而节省人力、燃料、原料之蒸煮法均改进成功。兴华皮革厂面革超过原计划 122.7%，产量比去年 9 个月超过 2.653 张。新华化学厂黑皂超过 2000 块，扩大了酒精、大车、瓷窑等厂。农具厂弹毛、织布等机器改制成功，并利用土铁废铜代替洋铁。此外，金盆湾纸厂亦已产纸。根据这种情况，边区政府在制订下半年生产计划时，特别强调要求产量与质量同时改进，减低成本也要切实注意。

（《边区各公营工厂上半年超过计划》，《解放日报》，1941年7月24日）

绥德分区公营工厂生产量在“五一”大竞赛后，提高了 50% 以上。私人工厂绥德有 22 家，清涧有 3 家，每年共可产布六七万匹。绥德共有盐池 3 处，三皇峁的顶大，产盐 11000 斤；其他二处，年产 1000 多石。煤炭窑在西川有 14 处，每日出炭 10 万斤。

（《绥德分区总结上半年经建工作》，《解放日报》，1941年7月26日）

为了进一步推进边区工业发展，提高生产技术，建设厅对各工厂改进技术之职工予以物质奖励。此次奖励额最高者达 300 元，为纺织厂技师朱次复所得，其余有 150 元、50 元、30 元、20 元、10 元、5 元不等，视其对工业技术改进成绩之大小而定奖额之多寡。此次受奖者计：难民纺织厂 8 人，农具厂 5 人，新华化学厂 9 人，振华纸厂 5 人，光华印刷厂 2 人，光华药厂 2 人。

（《边区建设厅奖励改进工业技术》，《解放日报》，1941年7月23日）

边区各工厂在生产第一的目标下，均作扩大数量与提高质量的试验，创造研究的空气弥漫各个工厂的各个角落。工程师和技师们正力谋技术的改进，工人和学徒们也各自尽着最大的力量，以求生产数量的提高，而工厂的机构与管理，也日趋于合理化。新的机器、生产工具、日用必需品、布匹、毛织物、纸张和皮革，正以最大可能的速度生产着，以供应各方面的需要。例如，机器厂沈总工程师为中央印刷厂设置油墨机一架，农具工厂制成一架巨大的蒸汽锅，难民纺织厂、振华纸厂都因技术革新而提高了产量。

（《边区工厂提高生产改进行政管理与技术设备》，《解放日报》，1942年12月9日）

（三）朱德总司令号召广大职工克服困难向前迈进

当我们纪念今年的五一节时，我们大家都应该十分清楚地知道：我们今天正处在大的战争面前，我们的工业生产将要碰到更大的困难。

经过两三年的努力，我们已经开办了一些工厂，在重重封锁包围中间，在边区非常贫困的经济条件下，强壮了我们自力更生的力量。想着冻死、饿死、困死我们的阴谋是失败了。这是很有意义的成绩。今天为了迎接更加艰难的局面，我们工厂的各种工作，还须大大向前迈进一步。我觉得在以下四个问题上面，必须大家来一致努力，才能把我们的工厂推向前进。

第一，我们需要教育工人们认清自己的事业和责任，用新的态度来参加劳动。我们边区工厂的工人须要懂得，他们不是简单地因为生活驱迫而做工谋生的普通工人，他们是我们民族的先锋队，应该最积极地为了实现中国人民的伟大理想——建设新民主主义的新中国而努力。他们今天的工作便是这种建设的一部分，这种劳动是最光荣的。

边区的工厂不是属于任何别人的剥削工具，这是拿在边区工人手中的建设新社会的武器。因此，我们的工人不应当以对立的态度来对待工厂。因为二者之间是血肉相关、利害一致的。一切对提高生产有利的事应当积极去做，一切对生产不利的事都要反对。今天便要在工人队伍中间反对偷懒怠惰，破坏劳动纪律，浪费物资，技术上的保守观念，鄙视劳动，在困难面前消极失望等这一切旧的传统习惯。要在工人中灌输新的劳动精神，严守纪律，高度的劳动热忱和向上的进取心。

第二，我们今天是处在艰苦的抗战时代，边区整个经济都困难，我们的工厂也是在艰难缔造的创业时期，假如我们的工人和工作人员没有省吃省穿的自我牺牲精神，工厂便无法维持与发展下去。

一切改善工人生活和提高工资的要求，我以为一定要首先以不妨碍工厂的维持与发展为前提。工资的标准，一般以能维持生活，保证温饱为限度。

在这个原则下面，按照技术高低，生产多少和出品的好坏来规定工资的等级。这里，不分高低、一律平等的平均主义是一种有害的思想，它会使生产低落以致使工厂失败。一切工厂之开办，都是为了赚钱或赚东西，我们革命者的工厂也不例外，因为我们没有多余的资本津贴它们。不过它赚钱赚东西是为了供给抗战的需要，而不是为私人获得利润。如果工资提得太高，不照顾工厂的发展，使工厂无法维持，结果只有把工厂弄得关门。所以一定要反对不顾革命利益和实际可能，一味追求高额工资的落后意识。但是另一方面，我们的工厂必须尽一切可能关心工人的物质生活，特别因为今天物价飞涨，纸币跌价，需要时常注意调整工人的工资，保证其一定的生活水平。同时要关心提高工人的文化和技术水平，给工人以广泛发展和提高其工作的机会。

节衣缩食，勤苦劳作，这是一切经济事业创造的必由之路。20年前的苏联，还是一个没有飞机，没有坦克，和用木犁瘦马进行耕种的国家，然而今天它已成了强大的工业国，这是苏联工人阶级长时期中节衣缩食、勤苦劳作的结果。特别是我们处在战争时期，处在贫困的边区，为了打败日本帝国主义和创造我们事业的基础，我们应当特别提倡和实行“节衣缩食，勤苦劳作”的口号。

第三，我们必须发挥工人的生产热情，来提高劳动生产率和改善生产质量。在技术水平很低，机器又旧又少，动力根本缺乏的条件下，高度的生产热忱是生产中特别重要的因素。热忱和熟练，这几乎是我们提高生产上唯一的和最有效的办法。

怎样提高生产热忱呢？我们过去的经验证明了革命的生产竞赛，的确是提高生产率的有效武器。在竞赛中不仅能大大地发挥大家的生产热忱，而且改变了工人对于劳动的态度。只要善于组织这种竞赛，使它能够吸收全厂人员进来，并且成为经常进行的运动，我们将能克服竞赛仅能临时提高一下生产的缺点，创造出更高的劳动生产率和生产质量。

第四，为了减少生产成本，改善工厂的管理与领导，需要大家来爱惜工具，节省资财，严厉反对浪费现象。我们管理和领导工厂的经验还很差，为了使我们能够更好地管理工厂，只有熟悉和研究工厂中的全盘情况，不断地检查研究我们现行的管理制度，才能创造出好的制度和方法来。我希望全体人员，特别是厂长、技师、指导员，这些负责人要切实注意这个工作。你们所处的负责地位，原则上是因为你们在掌握和领导整个工作上能够走在别人前面，领导大家前进。因此，你们必须对这一切问题做精深的研究，使自己不做工作的尾巴，反对那种不肯做精密的研究而满足于粗制滥造应付工作的态度。

我想顺便谈一谈兵工制的问题。在我们一部分军队经营的工厂中，今天实行着兵工制度，有成千的从我们八路军中挑选出来的天才战士在工作。他们做的是同一般工人一样的工作，但他们却过着同战士一样的生活，拿很少的工资，做着很有价值的生产。他们真正是边区工人的模范，是节衣缩食勤苦劳作的先锋。他们是我们八路军最好的最优秀的子弟。这个制度，这些同志，值得我们大大地嘉奖！一切先进的工人应该学习他们这种自我牺牲的劳动精神。

同志们！工友们！兵工同志们！没有什么困难能够吓倒我们的！克服困难，向前迈进！让我们大家一致努力啊！

（朱德：《克服困难向前迈进》，《解放日报》，1942年5月1日）

（四）整风运动推进了工业建设

伟大的整风运动，正逐渐改变着边区各工厂职工，并给了他们许多新的精神，安心工作与尊重劳动，就是此种新精神的表现之一。在各工厂中，最近已没有了要求调动和见异思迁的情绪，大家都以长期决心，埋头于工房与机器间里。他们中有人在日记上写着："生产是光荣的任务，怕吃苦怕做工是落后的意识，我们要提高技术，扩大生产，工人是最有前途的。"特别是最近有许多大学生自动要求进工厂做工，心悦诚服地当学徒，去向老工人学习，这就愈益增加了各工厂尊重劳动和乐于做工的气氛。

（《整风后新的劳动态度，各厂职工认识进步》，《解放日报》，1942年12月11日）

难民工厂吴厂长称："本厂工人都能安心工作，生产效率在积极地提高中。自整风以来，对劳动意义已有新的认识，相信自己是有出息有光荣前途的。"

目前边区各主要工厂都在强调技术学习，他们一方面着重反对轻视技术的错误观点，同时也防止产生忽视政治上提高的单纯技术观点的可能倾向。

（《边区各厂表示生产建设亟待扩充》，《解放日报》，1942年12月12日）

制革厂在整风学习中进行了工作检查。当检查开始之先，由学委会规定了检查办法和检查提纲。首先以科为单位，检查其工作计划，工作制度的执行程度，工作成绩的具体表现。其次即检查各个人的思想等。此次检查，为时25天。张厂长（学委会主任）在全体职工大会上的总结报告中，对此次检查工作总结为：1. 在各部分（科室、支部、工会等）比较系统地、深刻地检查了自己的工作之后，得出了许多宝贵的经验和教训，指出了我们今后工作转变的方向和办法。2. 调整了各部分的关系。3. 每个同志的思想和工作都有了进步，提高了工作效果。4. 对某些不良的现象和倾向做了斗争，大家贡献出了许多管理工厂的意见。5. 大家更加团结友爱了，增加了同志们工作的信心和热情。此次检查报告以后，全厂上自厂长、工程师，下至每一个工友、伙夫、马夫，工作、学习的情绪普遍地提高，生产更紧张，特别是鞋工股一部分工友，则日夜加工，赶制棉鞋。现在全厂笼罩着一种紧张活泼的空气。

（《制革厂党风学习中部分检查工作》，《解放日报》，1942年12月14日）

（五）向模范工人赵占魁学习，开展赵占魁运动

赵占魁和一般年老的工匠一样，在社会上曾受尽一切剥削与痛苦，过了半生困苦与屈辱的生活。抗战爆发后，他从同蒲路退下来，走到西安，听说延安是工人出头的地方，于是就由安吴青训班转道来延。到了延安，他遇见一件一生都梦想不到的事，就是他居然能进抗大与工人学校学习。这使他清楚地认识到：自己的命运和共产党和革命是血肉相连不可分的。……当工校学习结束，他又转到生产战线上来时，他知道边区公营工厂是为抗战而生产的，而且工厂本身就是革命财产，工人也有份的，应当尽力爱护它。三年来他在工作上的表现，证实了他的认识和行动是一致的。

他自 1939 年 7 月至今，一直在农具工厂担任熔炉看火的工作。这是一种最苦的工作，在 2000 度高温的熔炉面前，即在夏天身上还要穿着棉衣（代石棉衣），披着皮裙，终日汗流不止。这种不出名的平凡工作，一般人都不愿意干，但他却始终如一，毫不懈怠地工作着。不但这样，他每天提早上工，预先做好准备工作；放工时他比别人下得迟，把工厂收拾干净后才走开，他真有“冲锋在前，退却在后”的精神。他和那些只图高额工资，要求优厚待遇而不安心工作，不努力工作的懒汉，是完全不相同的。

他不仅认真负责始终如一地做着自己的看火工作，而且还为工厂与工人做着许多义务性工作。由于他爱护工厂的财产，关心群众的利益，又有任劳任怨、急公好义、认真负责、大公无私的精神，所以工厂行政上有许多事情要依托他，厂内的公益事业总要选举他，最难办好的工厂合作社与工人伙食都委托他去办。他并不辜负职工们的托付，尽力把这些工作办好。

他在工作上不怕艰苦繁重，始终站在最前面，而且又做得最多最好。但他从来不夸张自己，不贪功；每遇论功行赏的时候，他总是让开，认为那是大家努力的结果，自己并无什么功绩可言；并且他认为为革命多做些工作，正是自己应尽的义务。正因为他有这样的认识，故在工作中能发挥最高的劳动热忱，自觉地遵守劳动纪律，为革命多增加生产。……他这种态度和那些只图眼前利益，只顾个人需要，不顾工厂是否可能，甚至与工厂对立，任意浪费资材，采取怠工行为破坏生产的人，是完全相反的。他也最痛恨那些好吃懒做的人。就在他领导下的工作部门，曾有个别懒汉，因要求过高的待遇不遂，竟企图以怠工要挟，赵占魁坚决同这人斗争，制止了懒汉怠工行为保证了熔炉正常生产。

他又能尊重上级的领导，严格执行自己的工作任务。他平日极关心工厂的生产与工人们的生活，帮助职工解决困难，排除隔阂，加强了职工团结。因此，他得到职工的爱戴，被选为边区参议员。

他又是一个有很好技术的老工匠，但他却没有一般老工匠的习气。他不但不保守技术，而且尽量地传授给学徒，并极关心学徒的生活，经常勉励他们，照顾他们宛如自己的子弟。

赵占魁在执行生产任务上，爱护革命财产上，照顾工厂生产上，关心群众利益上，遵守劳动纪律上，团结全厂职工上，热心公益事业上，所有这些表现出来的精神，庄庄都是我们边区公营工厂工人的模范。在他的工作中所一贯表现出来的——始终如一、积极负责、老老实实、埋头苦干、大公无私、自我牺牲的精神，也正是我们新民主主义地区公营工厂工人所应有的新的劳动态度。这种新的劳动态度是值得珍视的，值得大大发扬的，值得我们来学习的。我们希望全边区有千个万个像赵占魁一样的模范工人涌现出来。

（《解放日报》社论：《向模范工人赵占魁学习》，1942年9月11日）

边区总工会发出通知，号召全边区工厂工人学习赵占魁之勤苦劳作、始终如一的精神，及其新的劳动态度，以掀起一个广泛的运动。正当目前为克服困难渡过难关之时，这一运动更有重要的政治意义。通知中并着重指出如下各点：1. 认识这一运动不同于过去各次普通的生产竞赛，而是一个深入的思想教育工作，借以克服少数工人中的经济主义、平均主义、不安心工作等现象，以达到提高工人政治觉悟，稳定生产情绪，激发劳动热忱，提高生产质量，改造工会工作的目的。2. 这是工厂整风学习中具体的材料，因此应配合整风学习作为目前的中心工作，把 9 月 11 日《解放日报》社论《向模范工人赵占魁学习》作为学习文件之一，收集有关材料与本厂实际问题，组织传达讨论，在工人中造成一个热潮。3. 为达到上述目的，应根据各厂现实情况找出模范例子来。因此，必须事先进行调查研究，了解工友们的生产情绪和工厂中存在的问题，经过酝酿准备，然后有条件地、有目标地发动。4. 在这一运动中必然会涌现出大批像赵占魁一样的模范工人，各厂应详细定出评判标准和奖励办法，发扬好的，批评坏的，以建立严格的奖惩制度。5. 必须协同党政共同研究讨论，防止和纠正轻视或过急等偏向，并希党政工作同志踊跃参加推动这一工作，使赵占魁运动在各工厂热烈地开展起来。

（《总工会号召开展赵占魁运动》，《解放日报》，1942年10月12日）

振华纸厂工会，为了响应赵占魁运动，特发动生产竞赛。竞赛时间为本月19日至31日。目标为制造1150刀纸张。17日开生产小组会，讨论竞赛事宜。全厂职工一致响应，并提出：蒸煮组，碾浆组、洗浆组均保证18个池子纸浆的供给，捞纸组、晒纸组保证完成1150刀并超过之。厂方、工会并商定奖励办法，在各组一致通过。……现竞赛正在进行中，并拟将提高职工生产热忱，变为一经常的教育运动。

（《响应赵占魁运动！振华纸厂发起竞赛》，《解放日报》，1942年10月23日）

新华厂王厂长，在该厂成立三周年纪念会上，总结开展赵占魁运动的经过和成绩时说："现在，同志们偷懒怕麻烦的事没有了，认识了公营工厂就是革命的财产，做工就是替革命服务，认识了我们工厂的工人都不是为了想赚钱而来的。现在，我们的原料和燃料都节省得多了，大部分工人都要求增加义务工，都愿意把休息的时间减少些，这都是赵占魁运动开展后新的表现和进步。"

（《新华厂成立三周年赵占魁运动获初步成绩》，《解放日报》，1942年11月23日）

被服三厂工会在领导全体工人开展赵占魁运动中，特别提出下列各点以资竞赛：1. 提高生产力，多出生产品。2. 提高技术，保证优良质量，以合体、坚固、舒适、美观为标准。3. 节省原料，遵守劳动纪律。工友并以赵占魁为镜子来检查自己，现工会委员已首先开始自我检讨。

（同上，《解放日报》，1942年11月23日）

振华纸厂1942年7月至10月4个月中，工人减少三分之二，而产量却提高至195%。从7月到10月，共产纸438350张，用人工58538工，马工1352工，开池子888个，计在7月份，155个工人，产纸115350张，平均每人产纸744张。8月份98个工人，产纸90000张，平均每人918张。9月份，91个工人，产纸115000张，平均每人1263张。10月份，工人减至81人，产纸118000张，平均每人产纸1456张。

如以7月生产量为100，则8月份为123，9月份169，10月份增加为195了。

同时质量也日益提高，7、8 两月每刀纸（100 张）重量在 3 斤以上，9 月平均只 2.5 斤重。工人范振海、张福存、魏修书、耿德的产品，竟达到二斤六两（16 两称——编者）的最高成绩。10 月平均每刀纸重 2.7 斤，工人魏修书、黄怀义二人竟突破 2.5 斤的空前纪录。

所以获得这些成绩，第一，采用了计件工资制，刺激起工人的生产热情。第二，厂方对生产设备的积极改良。如改良泡料池，就节省了三分之二的人力。又如主要部门的打浆设备，最先是用牲口拉的旱碾，每 12 点钟才出一碾，十月里添设了水碾，不但节省牲口，而且减少时间，6 小时即出一碾。到 12 月 5 日试验水磨成功后，只三个钟头就能完成同样的任务。第三，工人对工厂的关心。如学徒刘宝财建议改良洗浆包，经采用后，从前两人洗浆供两个池子用，现在两人可供 5 个池子。工人李国青向厂方提议，打浆组每日三班改为两班，最近更改为一班。工人们对生产组织上的建树，为工厂节省了三分之二的技术人才。

（《振华纸厂改进生产，产量增加近两倍》，《解放日报》，1943年1月1日）

（六）毛泽东同志在 1942 年高干会上关于发展自给工业的总结

从 1938 年至 1941 年的工业建设，是在发展着，特别是 1941 年的发展是蓬蓬勃勃的，给 1942 年的巩固工作打下了基础。但是这一整个时期的建设是带着盲目性的，在许多人员的头脑中缺乏清醒的了解，只知道现在，不知道将来；只知道分散经营，不知道统一领导；充分地表现了一种无政府状态。由于这种情况，致使各工厂有的只建筑了房屋便完事，有的开工不久便告结束，有的合并于其他工厂，继续保存下来的只有一部分。至 1942 年，就延安附近的纺织业来说，只有难民、交通、团结三大厂及兴华、公益两小厂保存下来。这一段“之”字路也许是不可避免的，因为大家只能从自己走过的路上得到经验。但在有了这一段经验之后，重新从事工业建设时，就应避免再走这一类“之”字路才好。

1942 年，建设厅确定“巩固现有工厂，发展农村手工业”的方针，政府对工业的投资达 170 万元。农村民间手工业至本年亦很发达，如绥德手拉织布机达六七百架；其他地区如制毡、硝皮、打铁等也有发展。特别是公私纺织业发展得快，其困难也特别多。为了保护纺织业的发展，减低棉花洋纱进口税至1%，增加布匹进口税至15%。银行在绥德组织“永昌土布产销公司”，投资200万元，发棉花，收纱布，奖励农妇纺纱织布。由于民间家庭织布有了发展，私营的小型资本主义式的纺织生产合作社的布多无销路，土纱供给也感困难，这些纺织生产合作社不得不缩小经营范围，或化整为零，将机件分散民间，改为家庭副业。公营纺织厂因主要是供给公用，自能维持，但棉花与纱的供给亦感困难。公营造纸振华总分两厂，本年完成了供给出版局3000令马兰纸的任务。利华第一第二厂，原定2500令，计划未完成，本年产量不超过500令。其他公营纸厂，则因纸无销路，颇感困难。公营毛织厂出品如毛毡，为了解决财政问题，政府自己不用，部分输出，部分卖给部队；其精制毛线特别受人欢迎，且有厚利。自9月起，交通、兴华、团结三纺织厂，利华一、二纸厂，都由中央及后勤系统移交边区政府管理。为保证1943年纺织原料，本年已开始向东三县收买棉花，计划收买量为75万斤。为保证造纸原料，向甘泉、延安、安塞、安定等县征收马兰草73万斤。各厂人员补充，须待精简工作实行时才能解决。

1942年，特别是此次高干会，是边区一切公营经济，就中也是公营工业，开始清除盲目性，清除无政府状态，而增加自觉性，实行统一的有计划的经营之重要时期。虽然中央还在1940年2月间就已指出“集中领导，分散经营”的原则，但直到1942年才引起同志的注意，直到此次高干会才得到全体一致的承认。五年的实践经验，使我们大进一步了。高干会后，各种公营经济均将加以调整，使之达到比较健全的发展。工业也是如此。

以上我们将边区五年工业历史做了一个简略的说明。截至1942年12月，我们已有纺织、被服、造纸、印刷、化学、工具、石炭等类工业。其中纺织厂18个，资金26900000元，职工1427人；被服及制鞋工厂8个，资金1001100元，职工450人；造纸工厂12个，资金4100000元，职工437人；印刷工厂3个，资金5200000元，职工379人；化学工厂（肥皂、皮革、制药、陶瓷、石油等）12个，资金17030000元，职工674人，工具制造工厂9个，资金3662792元，职工237人；煤炭厂12个，资金1777070元，职工432人；

以上 7 类共计工厂 74 个，资金 59670962 元，职工 4036 人。我们的这一点工业虽然还是小小的，大部分又还是手工工厂业，机器工业只占着一个小部分，但已费了整个 5 年的努力，打下了初步的基础，起了保障供给、调节物价的作用。从这个基础上往前发展，是一定可以起更大的作用的。

我们的最主要的自给工业是纺织工业与被服工业，这是几万军队与机关学校人员每年布匹被服赖以自给的地方，否则我们就要受冻。我们的纺织厂 1942 年已能产布 22000 余匹，但是我们需要量是四万至五万匹，尚需做极大努力才能达到自给目的。但要发展纺织工业，必须实行如下的政策：1. 提高布匹进口税，保护土布，同时，部队及机关学校要一律采用边区出产的土布。2. 普遍倡导妇女纺棉或纺毛，保证工厂纱线原料的供给和增加群众的收入。3. 解决供销问题。无论公营、私营或家庭副业之能否发展，主要系于供销问题能否得到解决。在原料方面：目前棉花棉纱还不能自给，来源不经常；又因交通不便，分配上有困难；需要解决到使纺纱生产者随时可以买到棉花，使布匹生产者随时可以买到棉纱。成品方面：布匹和毛织品销路不经常，需要使生产者能在适当市价下随时推销其成品。这个问题必须集合财政机关、商业机关与合作社的协同力量，才能解决。4. 关于被服供给问题，须照财政厅在 1942 年所实行的办法，既能节省经费，又能及时有衣穿。

我们的造纸工业现在已能年产 5000 多令马兰纸，1943 年可增至 7000 令，已够全部印刷之用。但须：1. 统一纸的生产与供给。马兰纸除供印刷外，尚不适于普遍使用，印刷部门若不要，即售不出。目下即有这种现象：印刷纸不够用，纸厂则成品堆积售不出，资金周转不灵，影响生产。1943 年应统一收买与供给，由固定机关与纸厂发生经济关系，以解决此种供求不协调的矛盾。2. 提高纸的质量。依据现有的生产设备与技术条件，纸的质量还可提高，但要多费人工与原料，就其作用与意义上说，费用略大也是值得的。另一方面，应研究改进造纸工具，以提高生产效能。

我们的印刷工业是现代化的文化工具，大量书报赖其供给。1942 年中央、八路、西北三厂生产 5160 万字，1943 年可增至 5360 万字。但须添置器材，保障纸的供给。

我们的化学工业，就是药品、肥皂、皮革、陶瓷、玻璃、酒精、火柴、石油等业。药品有八路军制药厂及光华制药厂，能供军用及公用中西两类药品之一部分，尚不能完全自给。1943 年应研究边区出产之药材，并设法购买原料，以期增产必需药品。肥皂有光华、大光两厂，出品日增，质量亦好，除自用外，还可外销。光华一厂，1943 年可产价值 700 万元之肥皂 42 万条，有发展前途。制革厂规模不大，材料昂贵，不能多发展。如能采取边区出产之植物材料制造军用皮革，便有发展前途。陶瓷有 3 个小窑，制造日用与工业用之瓷器。玻璃已试验成功，决定设厂制造。酒精已能自造，供工业及医务之用。火柴尚未能解决磷的问题，正在研究从兽骨中取磷。此外，尚有延长石油，亦能产少许，以供军用，其中白蜡油可供日用。总之，化学工业须择其可供急需或有利可图者扩充之或兴办之，其他则不必办。

我们的工具制造业是为着制造纺纱机、织布机、弹花机、轧花机、造纸机件、大车、木工工具及农具等而设的，多属手工工具，但是十分需要，应研究改良，予以发展。

我们的石炭业集中于延安、关中两处，多为日用目的，规模虽小，但属必需。

边区缺铁，妨碍工具及农具之制造与改良。近在关中试验，有成功希望，如能制铁，则解决边区一大问题。

边区全部公营自给工业略如上述。不论纺织、造纸、印刷、化学、工具、煤业均有发展前途，先求完全解决军需公需，再求供给一部分民需。为此目的，我们在 1943 年应有如下的改革与计划：

1. 增加资本（数目另定），由各有关机关拟订具体计划，经财经办事处审定，分别投放于纺织业、造纸业、印刷业、工具业、煤铁业、石油业、某部分化学工业及某些调查研究事项，有计划地促进自给工业的发展。

2. 建立全部自给工业的统一领导，克服严重存在着的无政府状态。……

3. 建立经济核算制，克服各企业内部的混乱状态。……

4. 改善工厂的组织与管理，克服工厂机关化与纪律松懈状态。……

5. 充实与扩大纺织厂，增加布匹产量，争取在 1944 年公用布匹完全自给。改善毛织品，除供军用外，扩大出口量。制定关于被服的布匹与缝制的标准，保证棉衣与被褥能用两年。

6. 整理造纸厂，改善纸质，使能完全适用于印刷与办公，做到在1944年印刷与办公纸张的完全自给。

7. 军事工业在目前条件下不能发展，除可能与必需者外，一律转变为供给企业，特别应多造轧花与弹花机。

8. 增加煤油出产，保障煤油自给，并争取一部分出口。设法造磷或买磷，使火柴厂有一部分开工。其他工业，择急需者或有利可图者继续进行或予以扩充，凡不适合保障供给原则及无利可图的企业，实行合并或关闭。

（毛泽东：《经济问题与财政问题》，1942年12月，《毛泽东选集》东北书店版，第817~823页）

（七）自给工业基础的奠定

1.1941年边区工业概况

自1938年以来，工业已逐渐兴起，厂数由四五厂现已增至131厂（军事工业在外），资金（贷款在内）由五六万元现已增至45100万元，其产品已足供给边区需要之一半，近年来工业在边区国民经济上已渐占有相当重要之地位。

（孙震东：《银行与工业怎样取得联系》，1941年9月10日）

（1）纺织工业

① 纺织生产合作社计有21个：

A. 共有工人360名；

B. 资金借款共有367362.79元；

C. 生产工具：铁机10架，手拉机98架，弹机8架，纺机127架，毯机2架；

D. 月产量：纺纱1310斤，织布447匹，织毯104条、绸子6.5匹。

② 政府公营纺织业计有4个：难民、纬华、神府、庆阳。

A. 共有工人480名；

B. 资金（借款在内）1094500元；

C. 生产工具：铁机30架，手拉机35架，弹机13架，纺机53架，毯机 50 架，其他 8 架；

D. 月产量：纺纱 2802 斤，织布 633 匹，织毯 512 床，弹花 7075 斤。

③ 机关经营纺织业计 15 个；

A. 工人学徒 1013 名；

B. 资金（借款）1017500 元；

C. 生产工具：铁机 13 架，手拉机 248 架，弹机 11 架，纺机 156 架，毯机 41 架；

D. 月产量：纺纱 2375 斤，织布 126.5 匹。

④ 私营纺织厂计 30 个 ；

A. 工人学徒：176 名；

B. 资金：不详

C. 生产工具：铁机 4 架，手拉机 120 架，抛梭机 50（49）架；

D. 月产量：织布 2456.5 匹。

以上合计

A. 纺织工人学徒：2029 名 ；

B. 资金（借款）2479362.79 元；

C. 生产工具：铁机 57 架，手拉机 483 架，抛梭机 50（49）架，弹机 32 架，织机 337 架，毯机 93 架，其他 40 架；

D. 月产量：纺纱 6487 斤，织布 3663 匹，织毯 696 床，弹毛 1707 斤。

以上调查统计，是根据边府建设厅的材料而写的。内机关经营的三边纺纱厂、新正纺织厂、新华染织厂、三五八旅纺织厂、三五九旅纺织厂月产量未计在内。私营纺织厂有清润丝织厂、庆阳黎明纺织厂、清润五纺织厂产量无统计，亦未统计在内。

（2）化学工业

① 政府公营化学工业

A. 光华制革厂：a. 工人学徒 48 人。b. 资金（借款）180000 元。c. 备有手工业式生产工具。d. 产量：皮革 1166 张，毛革 150 张。

B. 新华化学工厂：a. 工人学徒 36 名。b. 资金（借款）120000 元。c. 生产工具：锅、汽油桶、水缸等。d. 产量：肥皂 14347 条，牙粉 2381 色，墨水 442 瓶，精盐 76 磅。

C. 光华制药厂：a. 工人学徒 30 名。b. 资金 200000 元。c. 工具不详。d. 生产品：计有退热散、平胃散、调经丸、截虐丸、沙症丸、杀淋吞、归月灵、行军散、胜利茶、健身丸、风痛丸、淋浊丸、壮力神，止咳散、痢疾丸、保婴丹、维多补等，产量不详。

② 机关经营的化学工业

A. 化学制药厂（中华制药厂）：a. 工人学徒 120 名。b. 资金 380707.98 元（银行投资在内）。c. 工具：蒸馏机 3 部，压片机六部，搅拌机、造丸机、干燥机、清毒机、灌风机、弹花机、振荡机各 1 部，石碾子 3 个，蒸锅 10 口。d. 生产品种：注射药类：福白龙注、盐化钙注、康福那心注、吗啡注、麦角注、努夫可因注、葡萄糖注、麻黄素注等。中药丸剂类：壮尔神、芦芩片、健胃散、咳利痰尽、盐规片、苏打片、汗心灵丸、利尿丸、热退尽丸、疗塞通、行军丹、肠斯林丸、敌痢丸、大黄米。汀类：马前汀、陈皮汀、救急水、生姜汀、远志汀。中药提精类：碳酸钙、黄芩精、升化磺、硫酸钠、止咳糖浆、蓖麻油。卫生材料类：药皂、硫黄皂、牙粉、药棉、纱布。e. 生产数量：行军丹 70000 包，丸片剂 8700 磅，注射剂 6600 支，汀剂 2100 磅，棉花 1500 磅，纱布 1400 磅，其他 3000 磅。以上是今年上半年的生产统计。中药产品较去年每月平均产量增加 7 倍左右（去年共产 4000 磅，今年每月平均产 2900 磅）。

B. 延长石油厂：a. 工人 58 名（临时工人在内）。b. 资金（银行投资在内）127716 元。c. 生产工具：蒸汽机 3 部，锅炉 3 个，打井工具 1 套，炼油锅 4 口。d. 生产量：本年上半年共产原油 7225 桶，（5 加仑一桶），计制成后：汽油每月平均 70 桶，特甲油 146 桶，普甲油 282 桶，白蜡油 150 桶，柴油 44 桶，机油 18 桶，洋蜡 20 箱。较去年每月平均增加：汽油 366%，特甲油 220%，普甲油 384%，白蜡油 384%，柴油 29%，机油 50%，洋蜡 233%。上述产量较去年增加 3 倍，如果只算延长油井产量，则较去年增加 18 倍。自 7 月份起，产油量逐渐减少，每天只能产原油 200 斤。

C. 新兴硝皮厂：工人 3 名，资金 2000 元，工具产量均不详。

D. 经建部制革厂：今年 3 月间开设，资金 1956.05 元，有老百姓技术工人3名。共产统皮729斤（？），三角皮12个，鞦攀263副，鞋底皮106斤，大车攀119条，弓先261条，小皮条1757条，枪皮带73条，皮带42条。

E. 精盐场：a. 工人学徒5名。b. 资金8847.70元。c. 蒸盐锅数口，干燥室一间及所需一些用具。d. 产量：碳酸钠1000磅，硫酸钠3431磅，精盐1905磅。

以上共计工人学徒303名，资金1021226元。

（3）造纸工业

A. 政府公营：计有振华纸厂（规模较大）、振华分厂、金盆湾纸厂、绥德纸厂。

a. 工人学徒：192名。b. 池子52个。c. 资金（借款）489600元。d. 月产量：235.5令。

B. 机关经营：教导队纸厂（规模较大）、后勤纸厂、政治部纸厂，此外还抗大纸厂、留守兵团纸厂、中财部纸厂、法院纸厂（留守兵团纸厂现正筹备中，不久即可出纸）。

a. 工人学徒：149人。b. 资金：45000元。c. 池子14个。d. 月产量11令。

C. 私人经营：佳县纸厂、绥德纸厂等，情形不详。以前我们曾在佳县定纸，每月可供给10000张。

（4）铁木工业

① 政府公营

A. 农具工厂

a. 工人学徒46名。b. 资金（借款）185563.01元。c. 生产工具：熔炉、钳子等件。d. 生产量：弹毛机6部及其他零件。

B. 林务局大车厂：a. 工人学徒12人。b. 资金30000元。c. 木铁工具各一套。d. 每月出车4四辆。

C. 运输科大车厂：a. 工人学徒19人。b. 资金（借款）8200元。c. 工具：炉子2个，铁木工具各1套。d. 每月可产4辆大车。

D. 化学厂大车厂：a. 工人学徒34名。b. 资金：30000元。c. 工具：铁木工具各1套。d. 每月可产大车4辆。

② 机关经营

A．军工局修理部：a．工人学徒 7 名。b．资产不固定。c．工具：四马力木炭引擎 1 架，6 英尺车床 1 架，半时钻床 1 架，手摇钻床 1 架，红炉 1 盘 1200 瓦，特交流发电机一部。d．产品：弹花机 20 部，修配各种零件，修大车等。

B．科学院修理厂：a．工人学徒 20 名。b．资金 40000 元。产量不详。

C．后勤大车厂：a．工人学徒 7 名。b．资金 2100 元。c．工具：铁木工具各 1 套。d．每月出大车 1 辆。

D．总政大车厂：a．工人学徒 30 名。b．资金 20000 元。c．每月出车 3 辆。

另外，还有新兴木厂、新华木工厂、新中国木工厂、胜利木工厂、党校木工厂、法院铁铺，生产情形不详。私人经营者未统计。

（5）瓷窑业

有延安中区瓷业社、经建部瓷窑、新华瓷窑、桥儿沟瓷窑——每月可产大小缸 120 个，其他生产情形不知。

（6）被服业

① 抗大鞋厂：工人 20 名，资金 9000 元，工具产量不知。

② 延安被服厂：工人学徒 44 名，资金 25590 元，每月可制单衣 4000 套。

③ 安寨鞋靴社：工人学徒 42 名，资金 7140 元，每月产鞋 1000 双。

④ 新华被服厂：工人学徒 10 名，资金 40000 元，缝衣机 6 架，每月（可做）成衣 500 套。

⑤ 女大鞋社：工人学徒 33 名，资金 10000 元，机子 3 架，每月产鞋 2000 双。

⑥ 供给部被服厂：可做成衣 2771 套，帽子 1500 顶，绑带 666 副。鞋厂可产（每月）鞋 1527 双。

（7）印刷业。

有中央印刷厂、八路军印刷厂，供应边区各种报纸杂志书籍的印刷。

（8）其他各业

① 经建部有煤炭厂 3 个，可供军事系统各单位所用石炭。另石灰厂一个，与老百姓合办，曾产石灰 53550 斤。铁厂，今年 3 月间成立，有炼铁炉一座及所需工具，工人 3 名，曾出铁 1960 斤。面粉厂，有石磨 8 盘（内有机器磨 4 盘），资金 115000 元，以前因装备关系，每天只产 1000 斤，9 月底后每月可产面

10万斤。疫苗厂，已制出牛痘苗，正培养各种疫苗。

② 延安制毡社：工人13名，资金700元，产量不知。

③ 延安磨粉社：工人3名，资金1900元，每月出面25000斤。

④ 此外还有曲子磨粉社、新兴粉房等。

（《边区工业概况》，1941年10月23日）

2. 陇东分区加快建设工业

陇东分区的工业建设，近来发展甚快，兹将觅得各厂情形，略述于下：在分区各机关开办的工厂有：甲、救亡工厂：这是陇东特委、专署和保安司令部集股合办的，股金35000元，向边区银行借款20000元，现有工徒共22名，土造织布机5架，织毛巾、织袜机各2架，纺纱机6架，每月织布100匹，织袜90打。乙、利民工厂：是庆阳县联社开办的，资金7700元，借款5000元，有工人5名，织褐子布机1架，出品有毛褐子布、毛毡、绒鞋等。丙、克已工厂：是保安科所办，资金600元，向银行借款5000元，有工人24名，犯人7名，织褐子布机2架，制毡工具1套，线用手捻，每月制毡130余条，褐子布4匹。此外，工会还办有口袋工厂，资金5000元，工人12名，土造工具3副，每月制口袋150余条，今年赚净利1500元。在各县，都有生产合作社的组织在发展着。曲子县生产合作社股金3500元，向银行借款1500元，有工徒13名，织褐子布机一架，出有毛口袋、毛毡，4月开工到9月，共获净利千余元。华池县生产合作社股金4100元，贷款千元，工徒十八名，有织布机一架，纺车2架，已于5月开工。另外，华池保安科办有工厂一处，资金2700元，贷款2000元，有织褐机一架，脚踏纺车10架，工人6名，开工不久。环县生产合作社，股金12900余元，贷款1500元，有织布、弹花机各一架，7月间开工。又有粉笔工厂一处，去年成立，资金200元，去年产粉笔一万余支，现在正拟扩大。合水县拟办合作社，已集股1800元，贷款千元，有织布、纺线机各一架，因工人正在救亡工厂学习，还未开工。镇原保安科，亦办有工厂一处，详情不明。

（《陇东分区开办工厂十余处》，《解放日报》，1941年10月13日）

3. 边区部队积极开办工厂

八路军后勤经建部自去年10月经朱总司令号召，利用边区土产，开设工厂，以完成军委机关自给自足的任务。该部即制订计划，努力进行。为时不过一年，仅该部企业处已共开办工厂13个。内煤炭厂3个，纸厂3个，铁厂、硝厂（现已与纸厂合并）、瓷厂、油厂、木工厂、纺织厂、被服厂、石灰厂各1个。交通纺织厂资金较大，流动资金约15万元，主要生产土布，销路甚佳。各厂中成绩卓著者首推第一、第二煤炭厂，第一厂11月份可出煤29万斤，第二厂可出12万斤，主要解决了军委机关的燃料。其次为裴庄纸厂，生产量增长情形：9月份出纸10854张，10月份出26729张，11月份上半月即达18000张。质量亦不断提高，9月份每刀纸重4.5斤至5斤，10月份开始每刀重二斤二两至二斤四两，纤维更加细密均匀。所有成品主要供给八路军印刷厂印刷书报。再次为被服厂，本年军事机关冬衣原料运到过迟（10月份才运到），而规定该厂10月份须完成3500套棉衣，该厂遂紧急动员，采取突击方式，结果，25天即完成任务。该厂仅有工人24人，在突击期间，厂长葛接贡同志亲自领导、参加，彻夜赶工，起了很大的推动作用。军事机关工作人员能够及时有冬衣穿，该厂有相当功劳。除原有工厂外，现正筹备再开一瓷厂，建设费在外，以2万元作流动资金，并聘请技术优良工人，烧制各种质地与色泽较佳之瓷器，预计明年春初正式开工。据刘副处长谈，一年来企业处领导下的各工厂，有的虽已获得很大的发展和成绩，但同时也有缺点存在，如厂多开支消耗多，资金不足而又分散，生产缺乏缓急需要的计划性，检查督促不够，个别干部故步自封，并发生贪污腐化，影响业务……今后必须健全组织，调整集中，适当地分配资金，有计划地进行生产，管理科学化，以免浪费时间、人力、物力。现正商讨改进计划与办法。

（《后勤年建13工厂》，《解放军日报》，1941年11月30日）

4. 边区轻工业发展迅速

边区轻工业发展，逐渐达到自给目的，农材手工业已有始基。

1942年行将结束的时候，据建厅负责同志根据统计与估计，至少产布10

万匹，值时价 2.5 亿元，供给边区军民全年需布量 40%，已接近半自给自足。其中尤以农村手工业的发展最为显著。民间布产量的生产能力年可产 15 万匹，本年实际生产至少为 5 万余匹，占布之总产量 50% 以上。例如绥德一地，手拉织机，今年即达六七百台。其他地区如制毯、硝皮、打铁等也都有很大的发展。私营纺织事业主要地区的绥德分区，本年产布 18000 千匹，较去年增产一倍以上，厂数亦较去年增加十分之二。纺织生产合作社与农村家庭纺织，虽难有精确统计，但据建厅可靠估计，至少产布 6 万匹；公营坊织本年产布 22000 匹，较去年增产五分之一，产毯 18000 余条，较去年增产一倍以上。其他如羊毛纺织与妇纺运动之推进，亦均有显著的进步。其次，造纸工业本年产量总计在 6000 令以上，较去年增产 2 倍以上，现已能供印刷用纸。造纸工具已可全部自造；交通工具（大车）在数量上虽较去年略低，但质量已有很大的提高。纺织工具仅难民纺织厂工具制造部，今年已可制造大量的梭子、竹扣、纬管、筒子等。延安安塞两县所制纺车在千架以上，农具工厂两个月内制铧 1400 页。化学工业仅新华化学厂即产肥皂 30 万条，较去年增产一倍，不仅可以自给，还能大量外销。其他如精盐、牙粉、粉笔亦均可供给需要，火柴、炼铁亦正积极研究试验中。总观上列不完全的统计，政府今年“巩固现有工厂”之方针，已获得相当成效，并正在向自给自足的途程前进。而“发展农村手工业”之工业政策，在政府今年大量发动纺织、制造工具、增加植棉等成绩看来，亦已具有始基。

在偏僻落后的条件下，百折不挠地和自然斗争的结果，轻工业的基础，已在陕甘宁边区开始建立。各种日用必需品，不仅已能够逐渐自给自足，精美的毛毯，新华肥皂，且常受边区以外人士的热烈欢迎。其他各种工业品的产量与质量，亦均与日增进。在最近 5 年中陆续建立了难民、交通、团结、纬华、公益、大光、保安、新华、大昌、新民，益华、救亡、留守、三边、新中国等 21 纺织工厂。1938 年只产洋布 140 匹，1939 年产洋布 1426 匹，1940 年产洋布 14470 匹，产毛毯 420 条，1941 年产洋布 18750 匹，产毛毯 7661 条，今年则产洋布 22832 匹，产毛毯 18800 条，此中进展之速度，实堪惊人。振华纸厂、振华分厂，以及延园、宝丰、新兴、新政、利华一厂、利华二厂、绥德、金盆、大光、益民、关中、民生（私营）等 14 家纸厂，从今年1月至10月，共产对开马兰纸及麻纸5137令，其中振华总分两厂10个月产纸2957令，本年供给出版局3000令马兰纸的任务即可完成。上列各厂今年之生产基本上已够供给全边区印刷事业之需要。新华化学厂出产之新华肥皂，今年完成30万条，自用有余，输出亦多；大光肥皂厂出产足够满足绥米警区之需用。延安煤业现共有15个煤井，根据今年9月份统计，产量为170余万大斤，唯全年产量尚不够延安全年的需要。其他如制革、制药等工业，虽有种种困难，但亦均有相当成绩。火柴、陶器、玻璃、酒精、油墨、精盐、工具、农具等工业，也正在积极地研究、建设与扩大。炼铁在关中试炼结果，证明该地所产矿石含铁量约在30%以上，能炼成灰色生铁，现正在继续试炼。

（《边区轻工业发展逐渐达到自给目的》，《解放日报》，1942年12月23日）

纺织工业为边区今年发展最快的工业，政府及部队从事此项工业之工厂，计公营工厂21，布机388台，毯机32台，生产人数1083人。纺织生产合作社30处，布机167合，毯机12台，生产人数385人。此外，家庭副业亦已扩充至土机12000台，手纺车68000架，会纺纱人75000名，会织人13500名。惜因原料供应不易，技术落后，尺寸不一，交通困难，供销与质量较差之结果，致产量只能发挥三分之一，今年产布5万匹左右。私营工厂及农村纺织，以绥德、清涧、吴堡为主要地区，仅纺车即有35000台，布机6000余架，会纺人数40000余名，会织人数7000余名，其生产能力，年可产布4万余匹，纺纱65万斤。其次即为固临、延安、延川等地，现延安、安塞、赤水、新正、庆阳、甘泉、富县亦正积极开展农村纺织运动。

（《全边区推广家庭纺织》，《解放日报》，1942年12月23日）

5.1941年至1942年各厂生产统计与损益状况

甲、公营纺织厂

厂别		1941 年产量	1942 年产量
难民纺织厂	布	5645 匹	5870 匹
	毛毯	7661 床	10128 床
纬华毛织厂	毛毯	——	3222 床
	精制毛线	4145 磅	4161 磅
其他 19 个厂	布	12355 匹	16130 匹
	共计布	18000 匹	22000 匹
	毛毯	7661 床	13350 床

乙、纺织生产合作社

布	8500 匹	18000 匹

丙、公营造纸厂

厂别	1941 年产量	1942 年产量
振华纸厂	978 令	1827 令
振华分厂	350 令	1492 令
延园纸厂	400 令	592 令
利华纸厂	110 令	640 令
绥德纸厂	150 令	428 令
其他 8 个厂	270 令	601 令
共计	2158 令	5580 令

（注：1942 年米脂私营一家年产 410 令在外）

丁、化学厂

产品	1941 年产量	1942 年产量
肥皂	148148 条	310665 条
粉笔	3868 盒	4625 盒
牙粉	16796 包	13866 包
精盐	3.888 磅	4090 磅
芒硝	85 磅	192 磅
墨水	5205 瓶	7845 瓶
蒸馏水	26 磅	706 磅
酒精	605 磅	480 磅

1942 年　　上半年　损失羊油 775 斤

　　　　　下半年　盈余 162000 元

戊、边区煤产

1942 年产煤（大秤）

延安	15 个井	1600 万斤
关中	15 个井	2500 万斤
安定	15 个井	2400 万斤
绥米	16 个井	（总产量不详）

已、各厂损益状况：

（1）难民工厂，1941 年年底资产 330 万元，折棉花 207000 斤，至 1942 年上半年总值 675 万余元，折棉花 187700 斤，亏棉花 19000 余斤。（2）振华两厂 1941 年年底资产 50 万元，折马兰纸 930 令，至 1942 年上半年结算，总值马兰纸 1040 令，下半年估计亏损了很多。（3）纬华毛织厂在 1941 年年底资产 36 万元，折羊毛 56000 斤，以后华侨联合救国会投资 10 万元，至 1942 年年底结算盈余羊毛 22000 斤。（4）新华化学厂 1941 年年底资产 110 万元，折羊油 138000 余斤，至 1942 年年底结算资产 340 余万元，折羊油

142000 余斤，盈余了羊油 4000 斤。火柴厂没有开工，拨 100000 元作开支。

难民工厂仍亏本，因为家属小孩子太多，又逐渐取消了抗属的优待；经常有赠送，送参议会及中央礼堂的幕布，毛呢 32 匹，布 16 匹。各工厂工资与生产力比较已经相当高，去年又改为计件累进工资制度，虽然开支大些，但是比过去是更经济了，产量能提高。成品售价，对财政厅是按成本计算的，最初每匹布只收一斗八升小米价的工资，肥皂供机关用的售价几乎等于成本，在市面卖的也没有随行市上涨，去年 10 月份每条卖 16 元，至今未涨价。

各厂资金都不够充足，需要的原料必须有银行的周转。去年下半年收集原料时，经林主席批准，难民、纬华两厂各借 75 万元收买羊毛，当时按市价作成实物，于今年上半年陆续还清，这是有力的帮助，否则便不可能存足原料。化学厂收原料时也向银行借了些款，用肥皂抵了些款，才勉强收足今年用的原料。

（《各厂生产状况》，1943年）

三、为争取工业必需品全部自给而奋斗（1943—1945）

（一）1943 年厂长联席会议

1. 厂长联席会议开幕及讨论的主要问题

1943 年 3 月 2 日，边区建设厅召开了工厂厂长联席会议。除边府 13 个工厂厂长外，朱总司令、邓发同志、高岗同志、林主席、南厅长，高厅长，霍副厅长、高长久同志及各厂工会主任等均出席参加。3 月 2 日会议开始时，朱总司令指示工业建设方向，邓发同志号召协力完成任务。关于该会的重要性，朱总司令曾指出目前工业建设的新阶段，他说：“我们的工业是在摸索中做起来的，但现在摸索的时期已经过去了。”朱总司令即席说明改善质量，加强教育、反对贪污浪费及关于发展生产运动等四个问题，而其中心环节则在于加强教育。朱总司令强调指出：“目前部分工人思想中所存在的不安心现象及落后意识，是由于没有真正了解边区工厂是我们工人自己的，没有了解做工是最有出路的工作。加强教育，就是要使人人把革命的家务处好，把一切的事情当作自己的事情，反对贪污浪费，反对工人中的二流子，反对官僚主义，反对工厂机关化，学习苏联工人以一当十的精神，并厉行节约运动，虽一针一线之微，也都要好好保护它。凡此种种，乃一重要的教育过程。”朱总司令继续指出：“和节约同样重要的，即是要提高质量，特别是供给机关，不要只图数量的完成，而必须注意质量，须知革命的家务，是老实、坚固与经用，不是自欺欺人，要建设永久的基础，一劳永逸，并须从今天立即着手。”至此，对难民工厂呢毯质量之进步，朱总司令曾予以赞扬，并嘱联会查明给奖。关于发动生产竞赛，朱总司令反复指出：“仅仅从生产数量上和质量上着眼，还是不够的，要从思想上启发工人主人翁的感觉，例如自动节约原料等固有美德。”邓发同志在联会中，具体地说明了今日工厂中的四大问题：（1）厂长的任务；（2）党在工厂中的任务；（3）工会的任务；（4）边区工人劳动的性质。其中心点乃在说明工厂、工厂支部、工会以至工人，都是为一个目标而奋斗，四者的任务，乃是同心同德，相助相成，为增加产量、提高质量、减低成本、完成并超过党与政府所给予之任务。此一报告精辟异常，与会同志莫不感奋。高厅长在指出各厂之成绩后，亦着重说明了提高生产质量之重要，特别是造低质量更要注意改进。此外，对于工厂的精减问题，亦有详尽指示。总工会主任高长久同志除就工会问题有所论外，关于工人生活的改进问题，特提出利用工余生产，为达到进一步的丰衣足食而奋斗。

（《边区建设厅召开工厂厂长联席会议》，《解放日报》，1943年3月3日）

进行将近1月的边府所属各工厂厂长联席会议，近日已进行总结。此次讨论范围甚广，而着重于质量、供销、开展赵占魁运动及厉行节约、消灭浪费等问题。各厂长、工会主任一般均能以整风精神检讨过去，并在发展生产、保证供给、保证数量、提高质量的原则下，计划今后工作。邓发同志、高厅长、霍副厅长、刘厅长均经常到会指导，故此次会议能获得很好的效果，当在意料之中。

开展赵占魁运动，加强工会工作，亦为此次厂长联席会讨论的中心内容之一，闻总工会在联会闭幕后，即分发大批干部到各工厂，组织生产竞赛，推进赵占魁运动，以新的生产纪录和新的劳动态度来迎接今年的“五一”节。

（《迎接“五一”劳动节边区工厂发动竞赛》，《解放日报》，1943年3月25日）

2. 为改造我们的工厂而奋斗

（1）边区公营工业的成绩与缺点

在经济落后特别是工业落后的陕甘宁边区，自抗战以来边区政府坚决执行抗战建国的政策，1938 年开始到现在，边区公营工业的建设是有很大的成绩的。

首先，我们建立了纺织、造纸、化学、工具、煤、瓷、印刷、被服、制鞋等工业，工厂大小 60 余处。在产量上，供给了我们军用公用的布匹、纸张、肥皂的需要 70% 以上；解决了印刷、被服、鞋的全部需要；其他如医药、煤、瓷等亦解决了大半。更值得赞扬的成绩，是我们能利用边区出产的原料，以少数的成本，粗劣的工具，较低的技术，制造了许多较好的成品，如马兰草造的纸、毛呢、毛线、土布、植物染料、皮革、肥皂等产品，比之边区外输入的工业品并无逊色。它们在供给抗战需要、解决经济困难上起了很大的作用。还有，几年来我们获得了若干管理工厂的经验，培养了一批工厂管理的干部。

这些成绩是哪里来的呢？首先是由于我们能坚决执行我党抗战建国的正确方针，及许多经营工厂的干部、技术人员、工人，在民主政权之下，发挥了高度的热情、积极创造性和苦干精神的结果。我们有不少像赵占魁那样的公而忘私的模范工人，许多干部和技术人员在想尽各种办法克服边区物质条件的限制，创造适应边区环境的生产方式和工厂管理方法；没有他们的努力，我们工业建设的成绩是不可能的。

但是，我们的工厂，还存在着许多缺点，而且有些是相当严重的缺点，下面我们分别来说。

① 在建设公营工业的思想上缺乏一致的明确的认识。我们的许多工厂干部、技术人员和工人，积极努力地为了抗战，为了新民主主义的经济建设而

工作着，但对于他们所担负的工作——新民主主义政权下公营工厂的性质、任务和管理方法有不少是模糊不清的。这种思想上的模糊表现在：

A. 没认清边区公营工厂是谁办的，在公营工厂工作的人究竟为谁服务。这个问题好象很简单，我们的工厂是抗战的革命政府的工厂，我们的工作是为了抗战，为了革命政权的建设。但从发生的事实看来，很多工厂工作的同志并没有把这个问题真正弄清楚。如对革命财产的浪费漠不关心，也没有高度的警惕，许多干部、技术人员与工人，不把革命的经济建设事业作为自己的事业，得过且过，马马虎虎，以被雇佣者对待顾主的态度来对待自己的工厂。某些工厂的党、工会、行政的负责人，没有认识到工厂党、工会、行政机关奋斗目标的一致性，时常发生不协调的现象；厂方对工人，企图用单纯的提高工资刺激工人的生产情绪；在工会工作中，忽略了以政治教育来启发工人自觉的生产热忱，不从发展工厂经济的观点出发，提高工人的生产力，改善工人的待遇，这样来建立工会的信仰，反而代表落后的意识，强调提高工人的待遇来取得工人的信仰，不了解这种信仰是暂时的，没有基础的。凡此种种，都是对边区公营工厂的性质没有正确认识的表现。

B. 公营工厂的任务有三个：保证军用公用供给，帮助国民经济的发展和培养管理业务干部。

好多同志对工厂这三个不可分离的任务，还没有很好的了解。我们曾有过大量制造三酸、毛毯等在目前条件下不必要的产品的计划。有些产品，由于偷工减料，只顾自己工厂赚钱，不管整个公家的损失，以致质量很坏，如布的薄厚不匀，松紧不齐，不禁穿，纸张印刷时许多字看不清楚，鞋不耐穿。有的工厂强调经济独立，公家不给现款，他就不交产品，宁可到市场上出卖，不照顾全局，不照顾供给上的需要和财政的困难。

也有某些做财政工作的同志，以单纯的供给观点，只在财政上打算盘，不照顾工厂的发展，工厂没有独立的周转资金，产品交出后得不到合理的利润。有些工厂因为领不到款而卖牲口，卖原料，甚至贱卖成品。这些现象都是由于不了解工业发展对于边区经济发展和财政政策上的作用，不了解我们建设边区经济的长期任务而来的。

至于培养干部，由于公营工厂的领导机关，没有对工厂工作，工作干部做具体的指示和帮助，在工厂干部中间，还有不少人抱着做一天和尚撞一天钟的心理，敷衍塞责，对工厂工作不加详细研究，不去很好地积累总结经验，提高自己，以致今天我们还缺乏能掌握管理工厂事业的人才。

C. 对工厂的经济核算，不从办工厂的基本问题出发，在如何努力企业化、提高产量、改良质量、减低成本上打算，而把经济核算的希望寄托在投机取巧、偷工减料、做生意图利上面。有些工厂组织庞大，脱离生产人员过多，制度紊乱，工作松懈，发生严重的贪污浪费现象，因之制出成品比诸市场的售品价格还贵。有的工厂说赚了好几十万，甚至于几百万，但这只是账面的，若以实物计算起来，是赚钱还是蚀本，都成了一个很大的疑问。

D. 在工厂经营方式上，不理解边区的经济条件，强调不切实际的“科学化”，以手工业的生产方式，而采用大规模机器工业的管理方法。不论工厂之大小，总有一套大架子，厂长、会计、科长、科员等样样齐全。××工厂厂长下曾设过八个部门，××厂工作人员的数目和工人数目差不多。好些工厂的会计制度是洋八股，超然于全厂管理之外，账既结不清，人家也看不懂。

上述这些不正确的观点，都没有从边区实际出发，而是凭“想当然”与搬教条来办事。这种主观主义和教条主义的思想是边区工业发展的阻碍，必须坚决反对。

② 作风上存在着严重的自由主义、官僚主义的倾向，给了坏分子以进行破坏的机会。

A. 有人在工业中做破坏工作，包庇坏人，打击好人，工厂发生问题不解决，隐瞒上级，向上级报告只说好的不说坏的，使工厂发生严重的紊乱状态与严重的浪费现象。××工厂从开办到现在浪费400万元以上，××厂每日浪费棉纱13斤，××厂一次从猪圈内拾出碎毛90斤，这许许多多浪费，甚至是有组织地进行的。供销科不做供销工作，操纵工厂资金，做投机生意，给工厂采买的粮食及材料，贱买贵卖，剥削工厂，破坏供销政策。企图以此种种方法打击减削工厂的经济力量，达到破坏边区工业建设的目的。

B. 我们领导机关和直接管理工厂的某些同志对工厂的领导采取自由主义与官僚主义的态度。工厂管理没有统一的制度，各自为政，呈现着紊乱状态，既不检查，也不纠正，对人员不加审查；工厂发现惊人的浪费现象，都不加追究，不报告上级，不在大众面前揭露，熟视无睹，麻木不仁。这种对党对革命财产缺乏责任心、缺乏主人翁的行为，是十足的自由主义的表现。同时还存在着浓厚的官僚主义的领导作风，坐在机关里订计划，计划完成与否，不切实检查，发生问题不深入地检查，彻底地解决。有些工厂负责人对本厂同样缺乏了解与检查。

自由主义和官僚主义是不可分的，有官僚主义的地方，一定有自由主义。自由主义在领导机关的表现，往往采取官僚主义的形式。这两个东西的存在是很危险的。在我们的政权下面，坏分子就常常会利用我们工作中存在着的自由主义和官僚主义来隐蔽他们的活动，采取自由主义与官僚主义的面貌来麻痹我们的嗅觉。

因此，我们说，由于我们指导工业建设的思想不健全，领导作风上存在着严重的自由主义与官僚主义，使我们在工业建设中受到很大的损失。

（2）产生这些缺点的根源

① 我们还没有在工业建设上培养出很多有丰富经验的管理工业的人才。过去我们在农业建设方面获得了很多经验，这由今天边区农业生产成绩可以证明，但由于我们长期处在战争的又是农村的环境中，各种条件的限制，不允许我们建设较大的工业，同时由于我们没有将过去的经验很好地研究整理。因此，我们在工业建设上经验确实很少，已有的经验赶不上我们今天工业发展现实的需要。

② 自由主义与官僚主义作风的障碍，使我们不能把五年来边区工业建设的经验系统地总结起来，作为今后指导工业建设的指南针。

③ 在工业建设方针和工厂管理问题上，有些坏人在思想上散布毒素。在工业建设的方针上，开始用过“左”的口号与过“左”的行动打击忠心耿耿努力于建设边区工业的干部。大喊“工业机械化”“团结与领导全国技术人员”，制订庞大的机器工业建设计划，来消耗经济，并在计划不能实现时，使一些幼稚的干部灰心，到时又说：“我们边区工业是试验，无远大前途，等战胜日本后再找大的地方去办好工厂。”在工业管理的问题上，则分裂工厂党、行政、工会的团结，声言“井水不犯河水”。

（3）今后任务

……

② 改造思想改造领导作风

A. 对几个基本问题应有的认识。……

B. 在领导作风上肃清官僚主义和自由主义。

自由主义和官僚主义都是庸俗腐朽的东西，它给我们的危害太大了，我们必须将其消灭，坚决执行党和政府在工业建设上集中领导分散经营的政策，统一各工厂的领导和制度，经常提高政治警惕性，保护我们的工厂，随时注意危害分子对我们的破坏。发挥每一个职工对建立革命家务的积极性与主人翁的作用。提倡实事求是、调查研究的领导作风。各个部门领导同志都要了解情况，掌握自己的任务，密切上下级联系，领导同志要深入到工厂中去和工人中去，有计划地检查工作，不是凭报告，而是按实际的结果来审查执行政策、执行任务是否认真，并以此为奖惩职工的标准。及时地解决下面发生的问题，打破任何一个生产的障碍，把我们的工作效率发挥到最大限度。

（刘景范：《为改造我们的工厂而奋斗》，《解放日报》，1943年6月9日）

（二）关于争取工业必需品全部自给的决定与计划

1. 西北财经办事处提出1943年发展工业计划

本年边区工业的中心任务是：发展纺织和造纸，保证布匹纸张的供给。其次发展煤矿及榨油等工业。为此，必须首先维持公营工厂与纺织合作社机子的开工，缺乏资金者，应酌量请求政府批准周转资金，以便利生产之进行。其次推动发展家庭和私人工厂的经营，政府代为解决采购原料、推销产品的问题，此外要切实研究改进与发展毛织品，以提高毛织品质量。

在纸张方面：本年以振华两厂和利华、宝丰、延园等厂的纸张供给印刷厂，从三月到年底约产纸3570令至4585令，为完成此任务，必须增加员工110人、牲口25头和设备费65万元，并继续发展绥德分区的造纸业，提倡机关和人民设立纸厂。奖励制造优良纸张的工厂与作坊。

在煤炭方面：首先扩大延安的煤炭产量，工资改为计件累进制，改进运输事宜，减低运费，试办公营供销栈。其次，协助发展各地掘煤，延长石油厂新开或整理一个旧煤井，绥德龙镇与富县各开一新井，关中衣食村拟在煤井内试打平巷，吴堡、佳县拟设煤栈，收买山西煤炭。

此外，继续在关中试验炼铁，以三个月为试验期，以求得白生铁为自产。肥皂厂除质量提高外，并须完成年产 36 万条肥皂的任务。

最后改造公营工厂和生产合作社的组织管理与工厂会计，务求简明，力避繁琐。

（《西北财经办事处成立以来的工作及32年工作计划》）

2. 边区政府公布主要公营工厂

1943 年生产计划

根据各工厂现有设备与劳动力，制订今年生产计划，随令公布，须即切实完成并力求超过，当设备有改进，劳动力有增加时，由建设厅另行拟订增加计划。各工厂厂长及全体人员，务必贯彻此次工厂会议之精神及其决议，彻底检查工作，总结经验；务必实行领导一元化，统一全厂人员思想与生产任务的完成，并克服官僚主义，改善工厂的管理；务必实行经济核算，反对贪污浪费，节省生产成本，并具体地开展赵占魁运动，增加生产，提高质量；务必具体考察每个干部和人员，实行奖惩，并清洗破坏分子，克服各种各式的自由主义。

附 1943 年公营工厂生产计划

(1) 难民纺织工厂全年应产：半洋布 1554 匹，土布 1206 匹，毛布 3850 匹，毛巾 44137 条。(2) 边区纺织工厂全年应产：半洋布 2080 匹，土布 3080 匹，毛布 620 匹，毛巾 130000 条。(3) 兴华纺织工厂全年应产：半洋布 420 匹，土布 903 匹。(4) 纬华毛织工厂全年应产：毛布 400 匹，毛呢 100 匹，毛线 12000 磅。以上各纺织厂的产品应依照如下之标准：半洋布每匹长 104 尺，宽 2 尺 5 寸，重 12 斤至 12 斤半，经纱 1880 根，纬纱每寸 50 根。双经单纬土布每匹长 104 尺，宽 2 尺 5 寸，重 12 斤半到 13 斤，经纱 1400 根，纬纱每寸 42 根。双经双纬土布，每匹长 104 尺，宽 2 尺 5 寸，重 13 斤至 13 斤半，经纱 1400 根，纬纱每寸 32 根。毛布整理后长 104 尺，宽 2 尺 2 寸，重 14 斤半至 15 斤，经纱 1680 根，纬纱每寸 32 根。毛呢整理后长 104 尺，宽 2 尺 2 寸，重 20 斤半至 21 斤，经纱合经 800 根（单经 1100 根），纬纱每寸 30 根。毛巾长 1 尺 8 寸，宽 9 寸，每打重一斤半。（5）振华纸厂全年应产纸 660 令。（6）振华分厂全年应产纸 2072 令。（7）利华纸厂全年应产纸 562 令。（8）宝丰纸厂全年应产纸 147 令。（9）延园纸厂全年应产纸 650 令。以上各纸厂产纸的标准，必须达到匀净、光滑、坚韧。（10）新华化学厂全年应产肥皂 36 万条，并求得质量更加改进，其他副产品亦应适当地提高产量，改进质量。

（《陕甘宁边区政府关于主要公营工厂本年度生产任务的命令》，《解放日报》，1943年5月1日）

3. 西北局关于争取工业品全部自给的决定

（1）为了坚持长期抗战，准备反攻力量和克服一切对边区经济封锁的困难，并保证边区军民丰衣足食的生活，我们必须努力发展国民经济。近年来农业生产已有很大发展，但工业品仍极缺乏，因此，我们必须努力发展自给工业。同时，只有工业发展，才能改造社会面貌，才能建立在经济上不依靠外力而能独立自主的边区。自党中央提出自己动手发展自给工业以来，边区公营工业和民营工业都有了新的发展，特别在这次边区工厂代表会议上，看到我们公营工业有着显著的进步。在过去几乎没有什么工业基础的边区，现在已建立了纺织、造纸、兵工、机器制造、炼铁、制革、被服、火柴、肥皂、玻璃、制鞋及基本化学工业等大小八十余个公营工厂。这是在边区经济建设上全体党员与党外的技师及全体职工多年奋斗的结果。

（2）西北局特指出上述发展成绩与前年高干会上毛主席关于边区经济财政问题的指示，及去年 3 月工厂联席会议的成就是不可分离的。因为毛主席给我们指示了发展工业的正确方针，工厂联席会议在接受毛主席和高干会精神之下，曾经正确地开展批评与自我批评，彻底检查了工业主管机关的领导及工厂的工作，克服了官僚主义作风，清除了某些混入工业机关的破坏分子，纠正了职工中的经济主义，改造了工厂管理及支部、工会工作，实行了公营工厂领导一元化，开展了赵占魁运动和工厂整风运动。这就是去年各公营工厂能够完成和超过边区政府所给予的生产任务的重要原因。因此，西北局完全同意此次工厂代表大会对去年工业生产成绩的估计。同时也同意大会对某些工厂管理干部脱离群众的官僚主义作风的批评。各工厂党的领导干部及全体党员对已有成绩及经验应当继续发扬，力戒骄傲自满。至于受到大会批评责备的干部和党员，则应虚心接受批评，力求改正。

（3）为了完成今年西北局高干会提出两三年之内在各分区自给的基础上完成工业品全部自给的任务，西北局认为必须继续发展公营工业和民营工业。因此各级工业领导部门及各工厂党的组织，应当执行下列任务：

① 各级工业领导部门应责成机器制造工厂及化学工厂，帮助解决炼铁、火柴、纺织、印刷的某些机器装备及技术改造，首先做到布匹、铁、火柴的全部自给。并有计划地调剂原料，组织供销，禁止边区工业原料需要品出口，在贸易上保护边区工业的发展，使各工厂生产继续发展不致中断。为此，必须克服不照顾整个边区工业发展的本位主义倾向。今后各工业管理部门，应在党政及西北财经办事处统一领导之下，发展我们的工业，并提倡全边区军民使用边区土产工业品。

② 要达到工业品全部自给，仅靠公营工厂是很难完成这个巨大任务的，必须有计划地发展合作和民营纺织、造纸、煤矿、瓷器等工业（特别是民间纺织业的发展，使老百姓做到自纺、自织、自穿，同时发展纺纱配合公营纺织的发展）。……

③ 目前工业品的产量，虽然比去年有了极大的提高，但工业品的质量是不好的。因此为“质量好，产量高，成本低”而斗争，应当成为工业建设中的重要口号。为实现这一斗争口号，及高岗同志在工厂代表大会“为工业全面自给而奋斗”的号召，各公营工厂应实行领导一元化，各工厂支部及工会应与厂长一致来完成工厂生产任务。应实行企业化。企业化是发展工业的一个重要关键，必须切实而有步骤地实现，克服工厂组织机关化的现象，建立工厂管理制度。应动员工厂所有的党员去领导全体职工为提高质量、发展产量而斗争的群众运动。只有依靠广大群众的力量，才能把产品的质量提高。必须使全体职工认识到：质量不好就等于浪费，同时无法抵抗外来坏工业品

倾销，也不能保证进出口的平衡。

④ 在工业生产战线上的一切党员干部，应当尊重党外技术干部，学习掌握工业技术，克服不学习技术的偏向，纠正保守技术的行会主义思想。西北局并号召一切有工业技术的党员干部及一切技术人员归队，回到本行来。政府应奖励技术的发明。各工厂与经济机关，应有研究技术的组织与设备，以便改进工业技术，促进边区工业的发展，提高产品质量，顺利完成工业品自给的任务。

⑤ 各公营工厂党的组织应继续领导和坚持赵占魁运动，在职工中建立新的劳动态度，发扬劳动英雄的革命品质，学习与熟练自己的业务技术，使“赵运”与提高技术改善产品质量相结合。使每个职工自觉地为革命工厂贡献出他的劳动力，公开他的技术，教会大批学徒，自觉地为工厂节省原料，爱护工具。使全体职工把工厂看作是自己的家庭一样，在竞赛中继续创造出各业的劳动英雄。

⑥ 各公营工厂的领导干部及党员必须联系群众，依靠职工群众的力量来改善工厂的生产与管理，并经常照顾职工生活及日常困难，有计划地组织职工互助储蓄，发展文化娱乐工作，处处关心职工技术学习和文化的提高，使职工在劳动过程和实际生活中体验到革命工厂的利益同工人阶级利益的一致。在毛主席指示的“公私兼顾”原则下，根据各厂具体情况，试行公私合作，以便在统一的意志下，为完成工业品自给而奋斗。

⑦ 各公营工厂党的组织，应当注意吸收在生产中的劳动英雄及职工中的积极分子入党，并有计划地引进对工厂有技术贡献的职工，及有管理工厂才能的党员，参加公营工厂的管理。

各级党委应研究并督促各级工业管理部门党的组织，将本决定在各公营工厂党的组织及全体职工中传达讨论，并实施之。

（中共西北局：《关于争取工业品全部自给的决定》，1944年5月29日，《解放日报》，1944年7月30日）

4.《解放日报》号召为达到经济上的完全自给而奋斗

我们去年的生产成绩是很大的。去年的生产运动证明了：有了共产党，有了民主政权，就有了足够的条件可以把“贫瘠”变成“丰足”。

但是，虽然去年我们有了很大的成绩，还绝对不能自满。我们虽在粮食方面能够自给，还未能做到日用品的自给。我们还要输入大批的棉、布、铁、火柴、纸张、染料、玻璃、瓷器，甚至连竹筷、梳子都要输入。……

经过几年来的实践和调查研究，我们应该说边区是一个蕴藏丰富、经济发展大有前途的地区。边区有广大的土地，有盐，有铁，有煤，有煤油，有牛羊，有药料，有林木，还有银、铜、雄黄、硫黄等多种多样的矿产。……我们土制的“大光牌”毛巾，比外来货好得多，可以用一年以上，价钱只及外来货的一半。我们的土制玻璃灯罩，一打的价钱比外来货一个还要便宜些。我们的土制“丰足牌”火柴，比外来货又便宜又好。染料方面，陇东种兰已经试验成功，黄河沿岸各县也可以种兰，用草木根叶制造的染料已经发明了多种。煤铁方面，近年来新开的煤井不少，炼铁亦已成功。纸张方面，去年一年质量亦皆有进步。其他小工业，如蒸制骨粉，代乳粉、香烟等，也在发展起来。以边区的富藏，来做到边区150万人的自给自足，应该是绰有余裕的。

边区除了有极丰富的原料以外，现在还加上了新民主主义的合作经济，这是以前从来没有过的。这种新民主主义的经济制度与革命以前的半殖民地半封建经济制度大不相同，足以保证生产的顺畅发展。

……凡是边区军民需要的东西，大的到棉、铁、火柴、染料，小的到竹筷、梳子、缸缸盆盆，我们要一齐动手，来找寻原料，研究制造方法，或者找代用品。除了公营的工厂作坊和矿山之外，要大大发展家庭手工业。要奖励各种大大小小的发明和发现。我们全边区九百多个合作社，都要转变到以组织人民的生产为主要业务。要准备大量投资和奖励私人投资。要向广大人民灌输科学技术知识，大家来发现富源，开发富源，利用富源。

凡是边区已经能够自己出产的物品，我们要宣传全体军民，尽先购买使用，这样就可以刺激生产的发展，并且价钱也便宜。

（《解放日报》社论：《为达到经济上的完全自给自足而奋斗》，1944年4月4日）

5. 工厂代表大会号召争取今后两年内达到主要必需品的全面自给

边区6年来自给工业的建设是有成绩的，但从全边区全部军民的全面需要来看，那就还相差很远。除石油和肥皂已能全部自给且有剩余，火柴8月后可能自给外，纸张以目前年需2万令（千张对开合一令）、年产1万令计（包括私营所产），尚差1/2；而明年以后，需要还会逐年增加。染料，年需36万两，以本地种兰代替洋兰，则需二百数十万两，大部不能自给。大小瓷器年需6万件，延安、关中两地有少数瓷窑能部分自给外，全靠外间输入。尤其重要的，是我们的最必需品布、铁的不足数，还是非常庞大的。如以军民年需大布31万匹、目前自给19万匹计（包括私营与民间织布业所产），尚差2/3以上。铁，年需470万斤，炼制刚开始，还只够自给1/3。所有这些不足的物资，今天以前，都仰赖于外来品，靠输出食盐、皮毛、清油及其他土货以换进这些东西。据统计，去年进口品总值边币4455313948元，合小米577989石（每石以7708.3元计算）。可是，我们是处在重重封锁之中，食盐等物不能大量出口，军工器材根本不能进口，药品医具也不能进口，必需品和较好成品难以进口，非必需品和坏成品却大量进口。另一方面，就是出口品价值低，进口品价格高，造成很大距离的不等价交换，使边区财富遭受严重损失。试拿1943年与1937年进出口价格变化的情形看：1943年比1937年出口盐价涨411倍，而进口棉花却涨2725倍，洋布（涨）2667倍，生铁（涨）1800倍，火柴（涨）5308倍，平均出口品涨价不及进口品涨价的1/5。进出口不等价交换之为封锁线所造成，可由下一事实证明：柳林市与耀县城相距仅50里，去年12月市价，棉花百斤，耀县城售法币6960元，运至柳林进口，即售12180元，相差5220元。食盐百斤，柳林市售法币1800元，运至耀县城即售3030元，相差1230元。

由此可以明白，用一切力量发展必需品工业，就成了我们今天的战斗任务。

大家知道，去年劳动英雄大会上曾经提出过一个关于农业的口号："耕三余一，两年完成。"今年我们工厂代表大会上的口号应该是什么呢？应该是：

争取今后两年内达到主要必需品的全面自给！

所谓全面自给，就是要年产大布31万匹，纸2万令以上，铁470万斤，并制成必需的机器工具和农具，火柴1500箱，染料250万两，大小瓷器6万件，及其他如文具、篦梳、筷子等日用品。而中心则在于纺纱与织布以解决军民生活的最大量需要，炼铁与制造以解决发展轻工业的根本需要。

更广泛地大家动手，公营、私营、合作并进，工业部门与全体职工为质量斗争，学习技术与提高技术，开展公营企业中赵占魁运动的新形式——劳动英雄运动，政府则实行保护政策与奖励政策，这就是今后两年内达到军民主要必需品全面自给所应该采取的方针与办法。

（高自立：《为工业品的全面自给奋斗》，1944年5月，《解放日报》，1944年8月22日）

（三）边区政府增拨投资扶助工业发展

1.1943年工业投资1000万元

1943年3月13日，边府第42次政务例会，决定投资工业及与工业有关的农业、合作、交通运输等事业费2264.4万元。兹将各种贷款类别分列如下：

工业事业费投资总额1000万元，内纺织业390万元，造纸191万元，矿业95万元，榨棉油业30万元，蚕丝业30万元，化学工业65万元，农具工业45万元，准备费154万元。

……边区政府今年纺织投资390万元，除其中190万元投入政府机关、部队等所经营的纺织厂外，余200万元均为发展民间纺织贷款。计延属分区51万元，绥德分区93万元，三边分区17万元，关中分区19万元，陇东分区20万元。

（《边区政府工业投资两千万》，《解放日报》，1943年3月15日）

今年工业主要是发展纺织和造纸，其次是发展煤矿及其他工业。纺织方面，首先维持公营工厂与合作社的机器能开工，投资190万元于公营纺织厂，求得年可产布68000余匹，如果做到开动70%的机子，亦可产478135匹，差2000多匹即可达到公用自给。其次推动家庭及私人工厂的纺织，贷款200万元。提高外来布匹税率，提倡服用土布，以扶助民间纺织业发展。

纸张方面，投资163万元于振华等公营纸厂，求得自3月至年底产纸

3570令至4585令，投资28万元发展证券纸的制造。此外投资65万元在绥德、富县、关中等地掘修煤井，在延安组织煤炭供销，在吴堡设煤栈，并继续在关中炼铁；投资30万元发展延长、延川、固林、清涧榨棉油业。以30万元发展绥德丝织业。

（《经建计划》，1943年）

2.1943年三边分区投资扩建工厂

为发展毛织业，三边专署于1943年2月底决定，在定、靖、盐三县，以现有工厂为基础，再扩大资金550万元。计定边新塞工厂扩大资金300万元；靖边毛织工厂增加资金150万元；盐池元华工厂扩大资金100万元。以上新扩大资金，计边府投资250万元，三边各机关投资150万元，其余150万元，由当地商人和群众自由入股。

（《三边投资毛织业各厂增加资金500万元》，《解放日报》，1943年3月3日）

3.1944年工业投资20亿元

1944年财政上有一个特点，就是工业上的大量投资。过去几年边区农业已有很大的发展。而工业方而离自给尚远，1944年对工业的投资大大增加，财政和银行总计有20亿（1943年直接投资到农业上的有1亿）。因为边区的布匹尚不能自给，1943年自给率只达到69%，不能全部自给。1944年大量植棉，估计可收400万斤，……1944年可提出产铁470万斤，所有铁工业与棉工业都需要财政给予资本。仅妇纺投资就有4.8亿元。

（《边区财政问题》，1944年）

（四）继续整风学习，认真总结检查工作

1.边区被服工厂检查总结大会

边区被服工厂……全体职工所以能够迅速地动员起来转入战斗状态，并不是偶然的事情。这是由于该厂自5月初旬以来，即根据整风精神检查工作，历50余日之清算，最后才举行了总结大会。

南汉宸同志在此次检查工作的总结报告中，指出该厂过去的缺点在于思

想上没有认识到公营工厂的性质与任务，制度不健全，领导不统一，支部、工会保证生产的作用不够，因而没有完成提高质量的任务。而且在检查工作中，又发现了该厂一些更严重的现象，这首先表现在布匹、线码、人力及物力的浪费上，违反了对革命财产负责的原则，从经济核算上来看是一个很大的损失。其次，工厂的领导与各种制度，是犯了严重的官僚主义与自由主义的毛病，这在行政领导上的表现是工作无具体的计划和适当的检查，干部间分工不明确，有些应有的制度不去建立，不合理的制度不去改进，特别在会计制度上，账簿复杂，项目繁多，充分地表现了形式主义的作风。厂内没有劳动纪律，破坏分子任其活动，支部的领导没有去提高工人们的政治觉悟，教育党员和群众，而个别支部负责人反认为“工人不懂思想”“工人文化提高不可能”，因此，整风学习不去抓紧，汉奸特务等破坏分子未及时清洗，一些不正确的思想倾向不去纠正，其他如不去团结干部发动群众的积极性，不去讨论生产，不去领导工会，不去发展赵占魁运动等，亦均为该厂支部领导中的严重缺点。此外，在技术领导上，有些人仍存在旧社会“留一手”的恶劣思想，因此技术不能提高。经过这次检查工作后，一切均有初步的改变。它的成绩表现在全厂职工在思想上有了转变，许多工人在检查工作中反省出过去装病怠工，浪费公物，乱说怪话，与行政对立，认识到以这种态度来对待自己的革命工厂，是非常错误的。如马丕林公开承认错误说明过去装病 100 多天，只有一天是真病，现提出安心工作，服从组织，绝不退伍。又女工宋银花过去每天只做 1 小时工作，每月只锁扣眼 15 件，现自愿订出计划，保证每天锁扣眼至少 15 件，较前提高了 20 多倍，如完不成，愿受处罚。工作的转变还表现在生产情绪的提高。自 6 月份起，生产是上升的。过去每天每人生产平均不过 15 套，而蒋怀秀每日生产棉衣片（面）则超过 33%。质量一般也提高了。女工也定出质量标准，过去规定大扣 24 针，只做 16 针，现在百分之百地执行。产量也超过了 50%，劳动英雄李凤莲每天锁扣眼最高达 40 件以上。在检查工作中，劳动英雄马仁礼、李凤莲、蔡金花等工作积极，始终如一，质量既好，数量又多，在生产上起了积极的推动作用。又克服了贪污浪费，建立了各种制度与纪律，清洗了破坏分子。同时，自愿报名参加赵占魁运动者已达 90 余人。当赵占魁在工作中受伤的消息传到该厂后，半小时内工人自动募得慰问金 11000 余元。最后，在今后任务上，南汉宸同志指出四点：（1）要坚持已得的成绩和新建立的各种制度；（2）要肃清领导上的官僚主义与自由主义的作风；（3）要加强教育，改造思想；（4）要坚持与巩固赵占魁运动。

总结报告后，宣布该厂检查工作后之新组织机构。各新任干部在全厂职工的热烈欢迎下，当即宣誓就职。同时奖励了全厂一致选出的劳动英雄——马仁礼、李凤莲、蔡金花，各得奖两三千元。洛甫、邓发、南汉宸等同志，分别题词鼓励。此外，平日积极工作的工人蒋怀秀等十余名，亦分别得到精神和物质的奖励。当场又宣布惩罚贪污浪费的总务科长，撤销本职，记大过2 次。消极怠工的徐根戊、刘丰等亦（得到）各记大过和警告的处分。此外，有些平日以二流子著称的工人，亦受到了警告。过去该厂好的没有注意奖励，坏的没有受到惩罚，此次检查工作后，赏罚严明，全厂气象一新，人人欢欣鼓舞，会中不断爆发出热烈的鼓掌声和口号声。

下午继续开会，请洛甫、邓发等同志讲话。洛甫同志讲话谓："这次检查工作有成绩，首先在工友们的思想有了转变。这证明思想改造，是我们工厂完成新的生产任务，发展赵占魁运动的推动力，过去工友中那种认为公家的事与我无关的思想，显然是错误的。我们的公营工厂，就是我们工友们自己的财产，替工厂做事就是替我们工友自己做事，公家工厂办好了，我们工人的生活也就改善了，这种情形，每个工人在'丰衣足食'的口号下已经亲身体验到了。过去在工友中那种认为工人做工没有出路，没有前途的思想，也是错误的。做工的人，劳动的人民，在我们边区内，是最受重视的。只要你真正劳动得好，那全边区的人民会尊敬你，赞扬你。劳动英雄赵占魁、吴满有，不是最好的榜样吗？我们这里，同外边不同。在外边，地主资本家那些不劳而食的寄生虫被尊重，被赞扬，而我们这里则是相反的。特别在公营工厂中生产的工友们，应该更加重视自己的事业。替公家做事，即是替革命做事。革命的出路，革命的前途即是我们工人的前途，即是我们工人的出路。退伍，当小商人，做投机买卖，以图个人发财的思想，在我们工人看来，应该是十分可鄙的。"洛甫同志接着说："如像上面工友中这类落后思想，我们能够彻底改变时，那我们对工作就会安心，生产积极性就会提高，少数工厂内外的坏分子，利用工友们这类落后思想以挑拨离间，破坏工厂的阴谋也就不能成功了。工厂内外的破坏分子，时时刻刻想利用我们工人的不正确思想，进行破坏活动。从这次检查出的坏分子身上，大家也已经看到这一点了。所以，改变我们的错误思想，提高我们的警惕性，就会更好地保卫我们的工厂。”洛甫同志最后着重说明：“要把完成本厂新的生产任务，把坚持与发展赵占魁运动，同我们工人的思想改造密切地联系起来。这就是在工厂中实行整风。那种以为‘工人不懂思想’‘工厂内不必整风’的思想，是完全错误的。只有改造我们工人的思想，我们工人才能成为先进队伍，才能担负起我们工人阶级的历史使命。”

接着，邓发同志讲话。他在分析了该厂领导工作中存在着的某些严重的官僚主义的危害后，对今后工作提出了以下几点：“（1）多生产一套衣服，就多帮助一个战士，使他们更有力量打日本，使革命胜利更快。每个工人思想应有此认识，应把劳动热忱与思想改造结合起来。（2）对我们的劳动意义与自己的生活享受应有足够的认识。现在不仅敌占区同胞过着饥寒交迫的日子，即大后方民众生活也困苦万分，重庆工人每月最高拿到1000元工资，尚不堪糊口，甚至大学教授出来摆小食摊，公务人员拉洋车，中学教员挑水卖，文化人病了没钱买药吃，工程师登报育子；但在边区的工人，不仅不愁食，不愁穿，而生活日益上升，丰衣足食。今天我们为了公家，也是为了自己，多生产，多出力，是值得的。（3）无劳动者就无世界。一个革命者必须靠工农才有前途，所以，必须把我们的生产同革命的远大前途结合起来。赵占魁今天之所以为大家所崇敬，就是因为他是边区生产战线上的英雄。(4)把技术与群众的劳动热忱结合起来。一个人的技术不论如何高明，力量是有限的，效果是不大的；但若与群众结合起来，不仅可以大大提高质量，而完成任务也很容易。所以师傅应很好地教学徒，而学徒亦应努力学习。（5）领导与群众结合起来。根据大多数人的意见，为大多数人办有益的事就是民主，过去少数人发生贪污浪费不听工人的意见，就不能发扬民主。（6）坚持和各种不正确的思想做斗争，继续整风。

建设厅副厅长高长久同志讲话时勉励工人应加倍地爱护工厂，提高产品质量，把公家事情办好。

（《边区被服工厂召开检查总结大会》，《解放日报》，1943年7月17日）

2. 新华、难民、中印等厂开展工作大检查

自从4月工厂会议以后，边区大部分公营工厂即步入一新的阶段，纷纷进行了工作大检查，并由此推动了赵占魁运动，促进了工业的发展。例如：

新华化学厂从去年8月以后，人员减少了27%，而产量反而提高了55%。熬碱组原有9人，每日熬十锅清碱，每锅平均产浓碱9.105斤，每工平均产11.68斤。8月减为7人，每日熬12到14锅清碱，每锅平均产浓碱12.174斤，增加34%；每工平均产22.34斤，比以前提高91%。仅仅这个熬碱组，在8月至12月5个月中间，就节省了生碱9430斤，石灰9677斤，石炭19000斤。由于有了这个基础，他们今年60万条肥皂，5000盒粉笔，12000瓶墨水，15000包精盐的任务，只需要8个月就能超过，其余4个月就用去经营200垧地的农业。

难民工厂在去年5月以前，每台铁机每月平均产量只13匹左右，络纱只络3斤，布的质量平均每方寸不过27纬。原料的浪费更属惊人，废纱每天最多至25斤，历年积存的废纱达4000余斤，机油每月消耗多至200斤。袁光华同志曾一次收起失散的纬管3000多个。这种情况被赵占魁运动改变了。现在每架铁机的产量每月平均提高到23匹，络纱提高到8斤，土布质量每方寸增加到33纬，废纱每天从25斤急降至5两（今年1月全月只有废纱10斤），机油每匹布减至4钱（过去2.5两），纬管规定谁丢掉谁负责，因此没有一个纬管丢失。过去每匹土布全部的制造过程需工11天多，现在仅需6天多。由于产量提高，质量改进，原料节省，工时减低的原因，成本也大大地减少。过去每匹土布需制造费小米2.9斗，毛布需3.5斗，现在土布减为2.1斗，毛布减为2.45斗。

中央印刷厂在去年春季以前，排字部的书版间共有33人，每月排字130万到150万。5月“赵运”开展以后减少5人，但生产量却提高到160万字。

6月又减4人，生产量继续提高到170万字。12月再减少4人，生产量再提高到206万字。此时连病人在内只有20人（比前减少13人），生产量却比5月前提高了50万字。排字部报版间从24人减为18人（每月排160万字），出版时间不但没有延长，反而缩短了（过去六小时才见报样，现在则为五点一刻）；打样从4次减到3次，每月节省有光纸五六百张。机器部减少了6个人，任务照常完成，还有超过。过去1月印88万张，现在则印120万张，而更重要的是在油墨、纸张、洋钉上有了惊人的节省。去年保存的四桶多油墨渣，照过去都是用来引火浪费了，现在则用石油来溶化它，然后过滤干净，制成100斤油墨，质量并不比原来的油墨差，给公家节省了25石小米。过去每印1000张纸要坏10张，现在则坏1张（这是很不容易做到的），每天节省100张纸。"赵运"后以8个月计，除掉星期日有200天，至少节省2万张纸，合小米20石。以前装版用的小洋钉每支只用1次，现在则用后锤直再用，可连续用8次（这种小洋钉不易买到），节省小洋钉15斤，合小米5石。

上述三厂，仅仅是边区工厂的一小部分，但他们的成绩，画出了边区工厂一年来大进步的轮廓。

（《公营工厂产量激增》，《解放日报》，1944年4月28日）

3. 深入整风运动工厂面貌一新

自从整风深入和防奸斗争展开后，情形就完全两样了……尤其在政府经营的自给工业中，效能提高的程度更为惊人。难民工厂，过去每台铁机每月平均织布13匹，现在每台织布21匹，提高63%。振华纸厂8月份出纸115.4令，每令需工13.8个，10月份就增加到216.6令，每令只需工8个，提高42%。化学工厂，4月份出肥皂30726条，8月份就增加到58924条，提高92%，成本则由4月份每箱1.2石小米，减至8月份每箱0.89石。

（李鼎铭：《边区政府简政总结》，1944年1月7日）

政府直属各工厂整风前后的生产比较

厂别＼项别	整风前	整风后	提高的百分比
难民工厂	486匹（4月份）	1006匹（8月份）	107%
边区纺织厂	431.4匹（6月份）	837匹（9月份）	94.1%
振华总厂	115.4令（8月份）	216.6令（10月份）	84%
延园纸厂	53.5令（8月份）	100.1令（10月份）	88.3%
宝丰纸厂	20.9令（5月份）	38令（10月份）	85.3%
化学厂	150000条（5个月）	260000条（2个月）	73.5%
振华分厂	109令（9月份）	206令（10月份）	89%

（《（1943年边区工业材料》）

各工厂开展了整风运动（检查工作，审查职工）。整风运动是保障工厂会议决议变成实际的关键。举几个例子可以证明：整风后的生产率和整风前比较，边区纺织厂提高94%，振华纸厂提高90%，化学厂提高400%，被服厂提高38%，其剪裁效率则提高100%。整风后成本之节省：振华分厂每令纸的成本（原料费在外）从8.45斗小米减至6.71斗；化学厂每箱肥皂的成本从1.24石小米，减至9.8斗；被服厂春季裁衬衣浪费布25000方尺，夏季裁单衣15000套，节省布22988方尺；过去每套单衣制造成本合小米3.4升，现在每套棉衣制造成本反节省到2.5升。坏分子整出后职工的觉悟性和积极性提高，生产就改变了面貌。

（《1943年财经工作的全面检讨与今后工作方针》）

（五）继续开展赵占魁运动

1. 明确目的，端正态度，继续开展赵占魁运动

奖励模范工人赵占魁的消息传播出去后，许多工厂的工友都提出了“向赵占魁看齐”的口号。边区总工会也提出开展赵占魁运动的号召。现在边区大多数工厂都开始行动起来了，有的拿赵占魁的标准来检查工人的劳动态度；有的进行提高生产热忱、改善生产质量的竞赛，来响应赵占魁运动；有的将有关赵占魁的文件，在工人中传达讨论或作为教材。赵占魁运动在这些工厂

发动起来后，已经开始获得职工安心工作、生产效率提高等成绩。

但是还有些工厂没有行动起来，就是已经开始了赵占魁运动的工厂，也还有缺点。有的没有把开展赵占魁运动究竟有些什么好处，为什么要学习他，向所有职工解释清楚；有的虽然上了课，开了会，做了报告，但只是照文件宣读一遍，没有和本厂工人的实际具体问题联系起来；有的工会没有认清开展赵占魁运动的意义，没有和工厂党、行政很好地商讨配合起来进行；有的工厂行政很热心，而工会倒很冷淡；有的满心想做好，却拿不出具体办法来。因此，赵占魁运动还没有成为全边区工人普遍提高生产的群众运动。

还有一种不正确的认识阻碍着运动的开展，就是有人认为赵占魁不过是一个平凡老实的工人，没有什么了不起，也没有什么值得发扬和学习的；因此，有人认为这个运动是小题大做。这种认识是根本错误的。赵占魁只顾革命的利益，不为自己打算，始终老老实实、勤苦劳动的精神，这才正是革命事业中的新英雄，这正是值得我们大大发扬与好好学习的地方。伟大艰巨的革命事业是需要这样的赵占魁式的工作者的。

现在边区总工会根据赵占魁的工作作风，提出了如下的模范工人标准，作为开展赵占魁运动中每个职工奋斗的目标：（1）爱护工厂，严守纪律；（2）积极工作，始终如一；（3）数量最多，质量最好；（4）爱惜工具，节省资料；（5）吃苦在前，享受在后；（6）努力学习，帮助别人；（7）克己奉公，团结群众。

对于今后各工厂应该怎样做，我提出如下的意见，以供参考。

首先，各工厂工会必须重视这个运动，并认识这个运动是改造工人劳动态度、推动生产的关键，是工会本身的中心任务，必须动员所有的干部和积极分子领导开展这个运动。

在布置和开展这个运动时，必须和工厂党、行政很好地商讨，取得密切的联系，以推动运动的开展。因为这个运动也正是工厂职工发展经济建设、以巩固边区、支持抗战事业的具体化，如果没有党、行政、工会步调一致地共同努力，是不容易做好的。

赵占魁运动的总目的，是推动生产，教育工人。各厂工会应本着这个总目的，依据本厂的实际情况，定出自己的具体目的，发扬那些好的，改正那些缺点。

为使这个运动普遍深入，应采取各式各样的方法，向所有的工人做普遍详细的宣传解释，使大家都参加到运动中来，并进行长期的有计划的教育，使工人认识新民主主义政权下应有的劳动态度，反对经济主义、行会主义的思想。

其次，根据上面的模范工人的标准，工会应讨论每个工会会员的劳动态度，这也就是每个工人在运动中的具体目的。在检讨每个工人和整个运动的过程中，必须发扬民主，以“与人为善”的态度，开展批评与自我批评，反对一团和气、自由主义和过火斗争。对于运动中的错误认识，必须予以及时纠正，并应提高警惕性，防止和揭发对这个运动的污蔑、破坏的言论与行动。

领导上必须经常细密注意每个工会会员在实际工作中的转变，要帮助每个工人克服弱点，欢迎每个工人的进步，即使这进步是微小的；要使大家都认清，每个工人都可能成为光荣的模范工人。

第三，模范工人的产生，应是长期创造出来的，而且应由广大工人群众真正民主选举，就是说，必须经过小组会、工会委员会、工厂党的支部、工厂行政与工人大会的讨论和一致公认。轻易挑选、登记或指定几个人为模范工人的办法，都是不对的。我们希望有很多的模范工人涌现出来，但必须要真正符合模范工人的标准。对于模范工人和运动中积极进步的分子，必须很好地鼓励他们，团结他们，使他们成为工厂的骨干，成为团结全厂工人、发展生产的核心。

为使这一运动巩固与扩大，更加提高工人的积极性，还必须随时细心地注意与设法解决工人的日常困难问题，与厂方协商，在现有条件下，尽可能地改善职工生活，经常倾听和收集工人的意见，协助厂方改善领导与管理制度。

第四，必须认清这个运动是长期的，不是短期的突击。我们希望大家要以工人阶级的坚持性、彻底性和顽强性来深入开展这个运动。必须反对一冷一热、时紧时松、缺乏经常性的现象。

（高长久：《继续开展赵占魁运动》，《解放日报》1943年4月8日）

2. 赵占魁与农具厂提出条件，向各工厂工友挑战

边区工人劳动英雄赵占魁，除领导农具工厂的生产竞赛运动以外，并定出生产计划，向全边区工厂工友提出开展友谊的生产竞赛。兹录赵占魁的生产计划于下：

(1) 我是翻砂股长，因此生产上要办到：① 提高化铜罐子化铜次数（从四次提高到六次）；② 提麻钱铜，原来麻钱铜未提过，不会用；③ 培养本股学徒李有贵，到十月革命节能单独看炉化铁，能代替自己工作；④ 原来没有退火炉，帮助完成退火炉的修造，与处理铜的退火问题；⑤ 我是工厂农业生产指导员，要在技术上保证完成本年农业生产菜10万斤，肉类7000斤。

(2) 意识修养和工作态度：① 把过去用自己所节省的工资购买的4头猪、11只羊（共储5000元），交公家经营，以50%生利归工厂工人作为文化娱乐之用；② 凡有对工厂损失的地方，如有些浪费，少数消极怠工，不遵守厂规等，从4月份起，要规劝说服他们，并要积极向行政提出意见与办法；③ 我是劳动保护委员，要做到：A. 保证伙房按时开饭，不误上工时间，并检查厨房清洁卫生与注意克服浪费；B. 帮助工会在五一前把俱乐部旧剧的铜锣铜钹做起来；C. 把大小便厕所建立起来，并经常保持清洁；D. 保证本厂工人及学徒病时的伙食及医药的照管及问候。

(3) 学习态度：我过去识字很少，今年十月革命节，我要达到能看《群众报》和写简短信件的水平，讨论会议上要积极发言，对不正确意见要批评。

（《赵占魁定出条件向各工友挑战》，《解放日报》，1943年4月9日）

农业生产运动，蓬勃地开展了，而工业生产也要在“向赵占魁看齐”的口号下，更加积极地行动起来。本厂遵照总工会的指示，认为赵占魁运动系一改造劳动态度的运动，而劳动态度的进步，又具体表现在生产效率的提高与工作作风的改进上。在赵占魁运动中，我厂愿与边区各工厂展开友谊竞赛，并暂定从4月份起至十月革命节止。我们提出竞赛的条件如下：

① 创造一批赵占魁式的工人、学徒、工厂技术工作者、工厂行政事务工作者；

② 自 4 月份起，在改进质量的前提下，生产品的数量再较过去增加 20%；

③ 严格建立生产、供给、保管、教育制度；

④ 教育工作目标：要克服不安心工作现象，提高每个职工“我就是工厂主人”的认识，彻底清除经济主义等不良倾向，做到全厂职工及家属都分别参加文化、技术及整风学习；

⑤ 在现有条件下，进一步改善工人物质生活与活跃俱乐部生活；

⑥ 厉行节约，做到不浪费全厂的一分人力、财力、物力；

⑦ 从 4 月份起绝对不发生违反群众利益及政府法令等行为。

我们希望边区各工厂提出竞赛的具体条件，相互竞赛，共同为发展边区经济，保证抗战供给的任务而奋斗。

（《农具工厂职工会代表全厂职工向全边区各工厂提议开展竞赛》，《解放日报》，1943年4月10日）

3. 边区总工会深入各厂帮助开展赵占魁运动

边区总工会已于前数日专派若干得力干部，分别到达各地工厂，负责协助工会推动各厂的赵占魁运动。必须指出，这一运动推行的时候，是在边区工厂会议之后，各厂主要负责同志对于工厂的性质与任务，在思想上均已初步搞通，而对于赵占魁运动的意义，亦复有明确的认识。在今天公营工厂的生产任务中，与赵占魁运动同样重要的，是建立各工厂必要的管理制度，清洗破坏分子，实行经济核算，反对贪污浪费。唯有这两者联系起来，才能达到增加生产、提高质量、减低成本的目的。故现在除中央印刷厂、农具工厂、光华印刷厂、新华化学厂等厂工人大都拟订了各自生产计划，发动劳动竞赛，已经造成普遍的生产热潮外，边府系统下的各公营工厂，均正以工厂会议的精神，举行工作大检查，发动工人的积极性，以求边区工厂必要的管理制度的建立。故边区工业之步入正轨与赵占魁运动的普遍推行，将在这伟大的国际劳动节日发轫，这是边区今年纪念五一节的一个特点。

（《边区各工厂普遍开展赵占魁运动》，《解放日报》，1943年5月1日）

4. 农具、中印两工厂，积极开展赵占魁运动

把赵占魁运动变作发动工人群众生产运动的任务，已由农具工厂、中央印刷厂工人崔锁贵、姚文田等首先响应，他们都拟订了个人生产计划，由于他们实行自己生产计划的结果，因而发动了全厂工人劳动竞赛，并均获得显著成绩。农具工厂在竞赛的第一周内，平均即已完成全月生产计划的 30%，而节省消耗，仅机工股一股，在上月份内，即价值 4 万元；动力股过去每月所需汽油4桶，现改用木炭，只需1桶至2桶。竞赛前平均每天需用木炭150斤，现只用 70 至 80 斤。……由于全厂生产效率飞速地跑在工厂计划前面的结果，所以目前的问题是使各种原料的供给怎样才能适应生产发展需要的问题。现在，该厂股与股、个人与个人、党员与非党员之间的竞赛热潮，已普遍展开。竞赛委员会的主任委员，即为赵占魁同志本人。中央印刷厂因原稿限制等原因，生产任务目前尚不需大量提高，故现已有 17 名工人参加农业生产，所遗工作任务即分由其他工人担任，其中 5 个工人已开始负担 6 个工人的工作。另有 4 个有小孩子的工人家属，已有组织地采取“变工管理小孩”的办法，抽出余暇从事生产。该厂开展赵占魁运动的正式动员大会，即将举行。上列两厂在这个运动里，关于增加数量、提高质量、减低成本的各种动人事例颇多，日后将陆续在本报发表。现该两厂自动报名参加赵占魁运动的工人，截至昨日，计农具厂 34 人，中央印刷厂 25 人。这些工人同志，都各自拟订生产计划，写信给邓发同志，报告他们要向赵占魁看齐，并赶上赵占魁标准的具体步骤。并且请邓发同志把这件事情转告各根据地的工友。邓发同志除函复表示接受他们的要求外，并曾分批召谈，分别讨论他们各人提出的计划。前晚又召集该两厂第二次报名参加赵占魁运动的工友，举行谈话会，对于开展赵占魁运动的意义、目的、方式及新民主主义政权下工人的劳动态度等，均有详细阐释。邓发同志目前并曾欣为记者列举若干参加赵占魁运动工人同志们的劳动情况与政治品质，指出赵占魁运动变成群众运动，在新民主主义政权下，工人本身原就具有这个要求，这在上列两厂组织赵占魁运动中初步所获得的成就，可以证明，普遍推行赵占魁运动是一定可能的。但和这个运动血肉相连的，是各厂行政管理等制度必须改善与加强，坚决反对官僚主义

与浪费的现象。这是目前推动赵占魁运动的中心环节。

（《农具、中印两工厂积极开展赵占魁运动》，《解放日报》，1934年4月8日）

（六）为保卫边区，努力生产，支援前线

边区被服厂全体职工，得悉国民党抽调河防大军包围边区、准备进攻边区的消息后，莫不激愤异常，当即提出“加紧生产，准备战斗”的紧急口号，纷纷自动要求增加义务工。职工会于10日晚召开全体大会，会场上人们的情绪非常激愤、热烈、紧张。大会全体一致提议，每天除10小时工作外，增加义务工一小时，星期天只休息半天，产品质量一致保证做到规定标准90%以上，并按原来生产计划提早半月完成。该厂职员高殿福同志，当场自告奋勇，愿一人担负过去三人担负的会计工作；王管理员提出，保证生活上更加改善。最后大会决定组织工厂自卫军，每星期在工余军训三次。边区的工人们为了保卫共产党，保卫抗日民主根据地，已经坚决地行动起来了。

（《被服厂工人热烈动员加紧生产准备战斗》，《解放日报》，1943年7月12日）

内战危机迫近我们了！我们边区的工人阶级，是保卫党、保卫边区的有力队伍，要立即进入战斗的哨岗。现在我们提议：（1）各兄弟厂迅速组织工厂自卫军，加紧训练，随时准备战斗。（2）以十倍百倍的效率，提高生产的数量和质量。（3）增加义务工1小时，每天工作11小时，星期日只休息半天。同志们，时机紧急了！我们要立刻行动起来！为了保卫抗日民主根据地的边区，保卫工人阶级的政党共产党，保卫我们用血汗建设起来的工厂，加紧生产，迎接战斗，消灭进攻边区的日寇第五纵队——叛卖民族的罪魁。胜利是我们的！

（《被服厂致函边区各工厂加紧组训自卫军以十倍百倍的效率提高生产》，《解放日报》，1943年7月14日）

7月14日下午，新华化学厂召开全体职工大会，动员职工迅速投入保卫边区的紧张战斗。经过热烈的讨论，最后提出紧急动员、准备战斗的具体办法：

（1）以积极生产来回答反动派的进攻企图，每月生产肥皂 5 万条（过去每月为 35000 条），如原料充足，即每日增加工作 2 小时，取消星期假日，以更高的数目字来超过它。（2）全体职工捐出 7 月份全月工资津贴 20000 元及新发肥皂、牙粉等折价 3000 元，共 23000 元，献给党中央和毛泽东同志，作为保卫边区战争基金。（3）响应被服厂号召，组织工厂自卫军及救护队，每天早起半点钟，晚睡半点钟，学习军事常识、救护常识、班排教练及实地演习。

（《新华化学厂人人振奋》，《解放日报》，1943年7月16日）

7 月 15 日，朱家沟煤矿全体职工召开保卫边区动员大会，声讨国民党反动派企图进攻边区的罪行。炭工劳动英雄华增柱说："我们全体工人紧急动员起来，团结得像一个人，我们不怕任何反动派的进攻！现在我们加紧生产，积极开展赵占魁运动，源源供给部队、机关、工厂的燃料，这就是我们对反动派进攻的最好回答！"大会通过了增加自卫军武器、全体煤矿职工参加自卫军保卫边区的决定。

（《朱家沟矿区战斗动员全体职工参加自卫军保证燃料供给不缺》，《解放日报》，1943年7月18日）

光华印刷厂职工为回答反动分子准备进攻边区的罪行，从 10 日起即平均每人增加产量 23%。现在他们白天照常工作，晚上还要加工生产，曾经有几天继续劳作 17 小时之久，而毫不疲倦，毫无怨言。他们自动加班，超额完成生产任务，献金 3500 余元，并改每周休息为两周休息制，以实际行动打击敌人的反动气焰！

（《光华印刷厂工友自动加工提高产量四分之一》，《解放日报》，1933年7月19日）

华侨纺织厂为反对反动派对边区的进攻，努力生产，决心努力超过上月 5000 斤棉纱的产量，并献金 3 万元，成立自卫军，以实际行动保卫边区。实验工厂积极响应被服厂的号召，每天工作 11 小时，星期日不休息进行军事训练。

（《华侨工厂献金3万元努力超过上月产量》，《解放日报》，1943年7月20日）

难民工厂全体职工 17 日召开反对内战紧急动员大会，首由吴厂长报告，他大声疾呼：国民党内的反动派准备进攻边区，我们工人应紧急地动员起来，保卫边区。接着制造部、棉织科先后提出星期日加工，把所得的工资慰劳保卫边区的军队，并一致提出组织工人自卫军准备自卫。大会最后通过给八路军全体将士电，并献出劳军献金 17700 余元，米 11.25 石。边区鞋厂在紧急动员大会上，也出现了保卫边区的献金热潮。

（《难民工厂、鞋厂职工，加紧生产献粮献金》，1943年7月21日）

边区被服厂，从 7 月 11 日转入自卫动员状态后，全厂职工生产、工作情绪空前高涨，生产效率突破以往任何一次竞赛纪录。今年 3 月份生产竞赛的最高水平，每机每天平均生产率（熟练与不熟练总平均）为 11.4 套，现在平均为 15.8 套，超过 38% 以上。同时，在技术与劳动力配备上，也有显著成绩。如裁剪房过去 9 人每天平均产量为 360 套，现在减为 6 人，每天产量反而增为 620 余套。装花，也由于把熟练工人配备在一个案子上，产量也由每人每天 34 套，增至 60 余套，产量提高 80%，质量亦提高 20% 以上。机子房人力过去是 5 个学徒帮助 4 个机子，现在减为 3 个学徒帮助 4 个机子。共计全月生产原计划 11000 套，现完成 14500 套，超过计划 1/3。其次，在行政工作效率的提高上，也有显著成绩。如会计股由 3 人减为 1 人后，账目手续较之前更为清楚。事务股由 6 人减为 4 人，工作更较前进步，公物统计，领发制度较之前严密，伙食也有改善，除每天保证吃馍一顿外，吃肉每月由 2 斤小称，增至 3.5 斤小称。又劳军献金运动也在被服厂展开，共计献金 10 万余元，并由工会代表全体职工写信慰问我忠勇无敌的边防战士。

（《被服厂产量空前提高，7月份超过计划3500套》，《解放日报》，1943年8月14日）

（七）1944年工厂职工代表大会

1. 毛泽东同志号召发展工业打倒日寇（见引言）

2. 朱德总司令号召建立新民主主义家务

边区工厂，特别是军工部门，可以说是国家的工厂，有一部分则是合作的工厂。我们已经生产了好几年，工厂从没有办到有，办到进步。这些成绩统统是我们所有工程师、工人同志的努力。这里首先要讲的是抗战中边区要做到把家务建立起来。这地方是新民主主义三三制的地方，不是封建社会，政治开放，经济得到自由发展，很多年的革命使我们得到在自己的工厂里自由做工，不受压迫剥削地做工，这就叫作解放。资本主义国家名义上是自由的，实际上并不自由，因为工厂、土地、工具都属资本家所有，非工人所有，在那里做工就要服从其纪律，他的纪律就是压迫，不在那里做，肚子是饿不下去的。我们这里为了建立家务而做工，做工为改善自己的生活，家务越建立好，生活便越好。政治上是平等的，这就是边区的实际情况。建立什么家务呢？不是社会主义的。苏联的工厂都属于国家，工人在工厂里做工得薪水，保险制度也很完善，家务大得很，各种生产品值2000亿卢布，他们不嫌大，越大越好，……这就是社会主义的。这当然很好。但我们这落后地方有私有制度，……家务毕竟太小，弄点饭吃比穿衣还困难。我们打天下，靠从敌人那里抢来。中国工人阶级是英勇的，但是可怜的，如果有许多枪炮，靠得住打胜仗。因此，我们为建立新民主主义家务，必须更努力。

对建立家务问题，思想上要搞通：新民主主义家务就是工厂是国家的。今天到会的几十个工厂，不管怎样小，总是有些底子，我们必须重视这些家务。同时，要建立私人家务。过去大家共产，靠公家吃饭，苏联现在都没共产，还要自己做着吃，我们什么都没有，哪有这样便宜的事？很多问题是要自己解决的，公家不能解决，也解决不好。但这和资本主义不同，他们的大工厂都建立在私人所有上边，我们则建立在国家上边，我们硬要把工厂搞好，这对边区，对中国都有利。我们搞好工厂要了解所提出"公私两利"的意义；先公而后私。负责管理的人都要了解清楚这一点。……

提高质量，增加数量，在边区都要提。不提质量，家务建立起来也还要垮。……

工厂制度要搞好。我们工厂是公家的，很多同志不晓得是公家的，对公家事不大拥护，政治上、阶级觉悟上看问题没有了，甚至有的偷公家东西卖。这是整资本家的办法，不能用来整自己。资本家还管理得好，我们则模模糊糊不管，结果也就模模糊糊搞完。这样公不公私不私还成?！公家的工厂要大家爱护，有些人硬完全不当成自己的，工钱要得多，东西出得不好，工作时间要短，待遇要好，这是不对的。我们各工厂、手工业的也好，总要厂内吃不完，用不完，有的剩余，否则公家年年拿钱来贴，何必开工厂！一定要先替公家打算。全面工资制是合理的，它合乎新民主主义，各工厂未实行这制度的要这样做。分红制度一般要实行，免得天天争多争少，这样一年到头按照大家努力情形合理分红，大家便都不再感到受损。除了军工以外（因为那本来是贴本的），一般要实行分红。这里要反对两种倾向：（1）经济倾向，经济主义，工人很容易产生这种观念，如合作制度，各厂有的先公而后私是对的；有的搞成一切为了工人生活改善，一切为了私人打算，独立起来，这样越过范围，工厂要垮台。（2）平均主义，工作不做，工钱就要那样多，不分高低好坏，这在共产主义社会也不成的，那还要各尽所能，各取所需；在社会主义社会也不成，那是各取所值。平均主义的想法是不合理的空想。……多年以来我们过的是军事共产主义制度。人多东西分不来，分不到就闹。不要私产，不要家庭，问题还少；但家庭有了，公家管不了，就要建立私人家务，好自己管。只有这样，平均主义才会取消。……有人以为共产主义社会不要家务，这是大错而特错。如果我们都不要，都成了二流子。管理工厂问题，工人要参加，要民主，但工厂是公家的，有委任制，主要靠厂长等负责，不能推给大家，大家不管，结果厂长搞垮，这和资本主义厂长是一样的官僚主义，只知下命令，和社会群众脱离是不成的。……

各厂互相配合问题，三局要做机子，纺织厂要铁机，要弹花机，兵工厂能做，应尽量帮其生产的发展。织毯子、织呢子要收毛，要销产品，这就要配合。我们织的呢子比五福布还便宜些，世界上难找这种事，又好又结实，却又没人要。各厂互相竞争的事情，发展起来一定有，我们要调剂其矛盾，不要使两败俱伤，在互相照顾下调剂之，各厂产多少，怎样销，谁的钱收哪里，谁的主顾在哪里，科学地注意调剂。东西的好坏关系很大。工人同志许多人怕技术被人学去，社会主义社会工人公开技术，便没有这种情形，不要像封建落后社会，硬不传。云南白药很好，把那做白药的弄去，好解决抗战中许多伤兵的问题，他硬不传，这就是封建落后到极点的。

苏联国家税收主要靠工人，我们则主要靠农人，将来我们工厂多，工人收入多了，国家财政收入则要转移一些上去，一石三的 5% 还有六升多，现在还没准备抽所得税，每个工人同志要想想我替国家纳了什么税，恐怕明年就要做，现在我们军队中却要税，自己解决吃用，这税相当重，世上没有的。收税的思想要有，要开始准备纳税。

扩大工厂问题，我们的家务还要像滚雪球一样滚大，家务要大，便还要建立工厂，什么地方合适便建什么厂，我们工厂要带动小手工业、家庭手工业，各厂的扩大则只限在运输业、农场、合作社上做。

我们是乡村环境，不是在大城市，宜于多设小厂，而不宜集中扩大大厂。

最后，关于扩大资本问题，钱赚不来，就找公家了，这不合适，你们自己要找出路，要和物资局发生关系，什么时候交货，交什么货，都能赚钱，否则资本都囤成货，一年到头只转一次。银行今年也变了，也做生意，也可互相买卖些东西，另外合作社也要，这样资本就活了，任何一样东西都成了资本，这样东西成本便不要算太多钱。只有蒙古地方一年只做一次生意，才得利两三倍，我们要学大都市，一月周转一次，这样工厂才能一天天扩大。

（《朱总司令在工厂职工代表大会上的讲话》节录，1944年5月10日）

3. 为提高产量、改进质量、降低成本而奋斗

我们今天的任务，就是要由半自给过渡到全自给。为要达到这个目的，我们公营工厂的职工应该首先负起责任来干。

我们的责任是什么？就是搞通思想，增加产量，改进质量，减低成本。

在思想上，应该确切认清，我们在边区公营工厂中做工人或职员是为人民大众服务的，我们自己就是工厂的真正主人。因此，我们对自己的工厂应该是热爱的。我们公营工厂中每个职员和工人，都要像赵占魁同志那样热爱自己的工厂。

我们自己既然是工厂的主人，就应该人人一条心，来把工厂办好，把产量提高，质量提高，成本减少。这三件事，要同时进行，不能只顾提高产量，而质量上粗制滥造，或者把成本反而提高。而目前，特别是纺织业方面，尤应注意防止粗制滥造的弊病。

为了提高产量，必须严格遵守劳动时间，反对迟到早退。我们要学习振华纸厂捞纸英雄杨双庆，他工作自动超过定时，假期也至多休息半天，冬天双手冻得红肿，还不停止工作。他捞纸最多最好，别人平均每日捞 500 张，他捞 600 张以上，10 月份更达到 700 张的纪录。

为了提高质量，就要研究技术，提高自己，同时帮助别人。我们要学习我们的工程师沈鸿、钱志道、陈振夏三同志，沈同志在机器动力的设计与制造上，钱同志在几种重要化学品的制造上，陈同志对于石油厂的改进上，都有很大的贡献。他们对于本身业务非常尽职，埋头苦干，终日不倦，一结束主要工作，就细心教导学徒。他们把专门的技能与群众的伟大创造性结合起来，从来不以技能自私，从来没有门户之见。我们要学习振华分厂劳动模范常万青，他曾陆续教会十三四个学徒，且细心研究，将“三水”纸改为“二水”捞，减低工时四分之一，纸质转佳。

为了降低成本，在生产过程中必须耐心，细心，不糟蹋一件工具，不浪费一点原料。反对不节省、浪费甚至偷盗原料、工具的现象。我们要学习边区纺织厂高玉山同志，他最先实行废纱接头，影响全厂，每月节省纱 13 斤。他实行班长添油制（他自己是班长），每月节省机油 70 斤。我们要学习纬华毛织厂弹毛工人梁常中同志，他对于弹毛机照顾得很好，每个齿轮都弄得很干净，刺滚、皮带、零件、机油等都比旁人的耐用与节省，有一次下工时掉了一个小零件，遍地找，大家劝他：“天黑了，明天再说吧。”他不听，直到找到安好为止。至于像中央印刷厂董玉新同志节约的事迹，已是众所周知的了。

不仅在工作过程中，每个工人和职员应该好好工作，而且工厂的管理方面，也要大大改进。现在，在许多工厂中，管理工作做得很好，但在若干工厂中，管理上的官僚主义还很浓厚，一元化还有缺点，工资问题，职工文化教育工作和福利事业，以及副业问题等，都有了些经验，但还没有好好加以解决。希望在这次大会上，都能加以仔细研究，应当改正的求得改正，应当解决的求得解决。

去年冬，我们曾经举行过一个出色的大会，从边区各地来了大批劳动英雄，他们发出了战斗口号："耕三余一，两年完成。"他们同心协力地解决边区农业问题——吃的问题。

今天，我们召开另一个出色的大会，各个工业部门来了厂长、大批模范职员和工人、大批赵占魁运动者，我们也要发出战斗号召："提高产量，改进质量，减低成本。"同心协力地来解决边区另一个重要问题——工业问题——用的问题。

（《献给边区工厂厂长及职工代表会议》，《解放日报》社论，1944年5月1日）

4. 会议后期党政领导人的讲话

边区工厂代表大会，自5月1日开幕以来，已历时20余天，最近即将举行总结。会议是采取大会讨论与小组讨论交错进行的方式，而各种具体问题，如合作、工资、副业等，又专门召集会议，深入研讨。代表们均把自己的经验、办法、意见贡献给大会。为了进一步改善工作，某些厂的职工代表，对各该厂领导上的缺点进行了热诚的批评。许多党政军负责同志到会讲话，给了到会代表以很大的鼓励。

17日上午，高岗同志、贺龙同志相继讲话。

高岗同志指出，边区从毫无工业基础，发展到现在有77个工厂，这是一个巨大的进步。他说，现在我们不但有纺织的造纸的工厂，而且有炼铁的、造玻璃的、造硫酸的工厂，这些都是陕北历史上没有过的事，是劳动群众的热忱和技术人员的科学知识相结合的创造成果。高岗同志对发展边区经济有很大贡献的各种工业中的英雄们，给予了崇高的评价，并鼓励他们更向前进一步。同时，高岗同志着重说明了在工作中进行自我批评的重要性，他说："没有自我批评的精神，实际上就是对工农群众不负责任，因为工作的好坏不是个人问题，是关系到工农群众利益的问题。"最后，他对于今后边区工业建设的具体问题，如统一计划、提高质量、领导一元化、各工厂关系、工资、妇纺等问题，都给予了宝贵的指示。

贺龙同志首先庆祝这次会议的成功，对工业界英雄们艰苦奋斗的精神，倍加赞扬。接着他便历述边区几年来轻、重工业发展的状况与成就。为着达到今后工业品全部自给的目标，贺龙同志着重说明工业建设中的群众路线与计划性的重要。这就是从原料供给，一直到出产成品，整个过程都要做到供销相应、自力更生。如关于纺织业，从植棉、妇纺、织布到销售，都要有全盘计划。而植棉和妇纺，需要广泛发动群众力量。关于重工业，除在机械工业方面陆续加强外，还要动员人力物力开发矿藏，特别是煤、铁、硫黄等矿。贺龙同志对于提高产品质量，减低成本，统一领导，分散经营，关心工人生活，密切工厂管理者、工程师与工人间的团结，工厂适应供销情况等问题，都提出了精辟的意见。

邓发同志讲话的主题，是公营工厂的管理方法和领导作风。……

19 日，李副主席讲话，他在叙述了对这次大会的期望以后，特别提到关于自我批评的问题。……

20 日，周恩来同志、刘少奇同志相继讲话。周恩来同志将目前国际国内形势做了简要的报告，并号召到会的代表们，更加努力生产支援前线，对抗战团结做更大的贡献。刘少奇同志的讲话，鼓舞了全体代表。他指出新民主主义的工业建设，是有无限前途的。他说，我们边区现在增添了新的东西，这就是工厂，它象征着我们新中国的前途。中国将来也要变成工业国的。过去有些同志，不愿意做经济工作，说经济工作没有前途，其实经济建设在抗战建国的大业中，占着很重要的地位。尤其是工业建设，其前途更是远大。现在我们就要好好学习科学知识，好好研究改良技术和管理工厂的办法，打下工业建设的基础。已经在工厂工作的同志就要下定决心，把它作为终生的事业，把坚毅的事业精神和忠勇的革命精神结合起来。刘少奇同志并称：不仅工厂的领导者要有群众观点，工人也要有群众观点。工人制出的成品是供给广大群众用的，如只追求数量不管质量的好坏，这是缺乏群众观点的表现。最后少奇同志特别着重说明，无产阶级的特点，就是它的组织才能。我们不但能组织政治军事，而且要学会组织经济，组织劳动力，组织市场，这是一门高深的学问，我们一定要学会它。

21日，建设厅霍副厅长，军工局李局长、边参会谢副议长、财厅南厅长、建厅高副厅长等出席讲话。

霍副厅长对发展工厂副业问题提出：（1）要根据工厂的实际需要；（2）要用合作的方式；三、要使副业与正业配合，采取公私兼顾的方针；四、注意副业的领导与人选。

李局长讲话中认为，在提高技术方面，要根据边区最迫切需要的工业品，进行大胆的试验，要有冲破困难不怕失败的精神，要注意现有的条件，并取得各方面的配合。他指出，目前边区最急需解决的是炼铁、制造氯酸钾和耐火砖，及提高玻璃的质量。

谢副议长提出今后参议会中要注意讨论工业建设的问题。

南厅长特别说明了提高质量的问题，他批评了我们有些鞋子、衣服、纸张质量很坏的现象，并说这是很大的浪费。他希望今年一定能解决这个问题。

高副厅长报告工资问题。他说全面工资制的优点有三：（1）建立了工资上多劳多得的合理制度，提高了工人的生产积极性与劳动效率；（2）进一步地改善了工人生活；（3）便于经济核算。但由于执行中没有注意成品的质量标准，致一部分工人只追求数量，忽视了质量，并助长了个别工人的经济主义倾向。高副厅长对于少数工人追求工资的数量，忽视公营工厂为革命为群众服务的性质，以及某些领导同志单纯拿工资刺激工人生产情绪等现象做了批评。他提出在确定工资标准时，既要照顾工人的生活，同时也要照顾到工厂的经济核算。技师与普通工人，熟练工人与学徒的工资应有一定区别。工资还应按成品质量的好坏定出差别。最后，他说，工资制度要有统一标准，但要按工厂性质予以具体区别。

（《职工代表大会上》，《解放日报》，1944年5月24日）

（八）边区工业建设的伟大成就

1.1943年是工业大发展的一年

（1）公私营工业都有了较快的发展

到了1943年，就有了惊人的发展：公营纺织厂达23家，工徒1357人，织机449架，年产大布32968匹；织布合作社37个，织机79架，能织的男女共 42242 人，年产大布 65334 匹；家庭妇纺从抗战前几乎无人纺的情况，发展到 1943 年 133457 人，纺车 120255 架，年纺纱 80 万余斤。比如造纸业：1940 年，公营造纸厂计 3 处，工徒 64 人，池子 13 个；民营纸厂计 39 户，工徒 98 人，池子 38 个。至 1943 年公营纸厂增至 11 个，工徒 294 人，池子 77 个，年产纸 5671 令（对开纸）；私营纸厂增至 56 家，工徒 190 人，池子 65 个，年产纸 2468 令。

可见，公营工业和私营工业的发展都是很迅速的。

（中直经济问题学习班：《边区公营工业的发展》，1944 年10月）

（2）大发展的具体成果

1943 年，就成了大进步的一年。

首先是纺织工业。全边区现有公营纺织工厂 23 家，工徒 1357 人，织机 449 架，共产大匹布 32968 匹。与 1942 年 22000 余匹比较，增加 49.7%，与 1942 年 18000 余匹比较，增加 83%，而与 1938 年 1200 余匹比较，增加数竟达 274.62%。我们的需要量是 4 万至 5 万匹（民用在外），差不多已快达到自给目的了。

这就是说，纺织工业是在发展中。以难民工厂为例，可以更明显地看出这一趋势。该厂历年产量如下：1938 年 120 匹；1939 年 2329 匹；1940 年 2494 匹，1941 年 5016 匹；1942 年 5598 匹，去年 7524 匹。去年与前年比较，增加 33.9%，与 1938 年比较，则增加 7270%。

这就保证了去年的被服供给，真正做到了“丰衣”。所以能够如此，是因为我们实行了毛主席的指示：① 采取了保护土布的政策；② 普遍提倡民间妇纺，据不完全统计，去年全边区纺妇人数 133457 人，纺车 120.255 辆，共纺纱 835704.9 斤。少部分留作自用，大部分送进了工厂，并因此相当保证了各厂纱线原料的供给。

其次是造纸工业。全边区现有公营造纸工厂 11 个，工徒 294 人，池子 77 个，去年共产纸 5671.397 令，与 1942 年 4983.38 令比较，增加 13.8%，与 1941 年 2147.271 令比较，增加 106.9%，而与 1940 年 833.32 令比较，则增加 552.2%，已够全部印刷之用。

这就是说，造纸工业同样是在发展中。以振华分厂为例，可以更明显地看出这一趋势。该厂历年产量如下：1941 年 350.8 令；1942 年 1494.1 令；去年 2089.1 令。去年与前年比较，增加 39.8%，与 1942 年比较，则增加 595.5%。

再次是化学工业。全边区现有 2 个肥皂厂，3 个陶瓷厂，1 个石油厂，1 个火柴厂，1 个制药厂，2 个皮革厂。拿新华化学厂来说，1942 年每月平均工徒数为 84.48，年产肥皂 310659 条；1943 年每月平均工徒数为 41.17，较 1942 年减少 51.14%，年产肥皂 482855 条，较 1942 年增加 55.3%。其全年任务为 37 万条，超过 30.5%。与任务比较，超过数已很可观；与前年实际产量比较，进展数更属惊人。火柴是边区的新兴事业，磷的问题解决后，已在大量制造，已可全部自给了。其他各业，亦有进展。

此外，全边区公营工业尚有被服工厂 12 个，炼铁工厂 2 个，工具厂 8 个，印刷厂 4 个，木工厂 7 个，煤炭业、盐业、榨油业与其他一些小作坊尚未计算在内。而所有这些企业程度虽有不同，但其向上发展的趋势则是一样的，例如炼铁，高干会前后尚在试验中，但现在已经建立两个铁厂开始提炼了。

公营工厂是边区工业的骨干，它的产品主要供给边区部队和党政机关的需要。

与公营工业相伴发展的，则是各种生产合作社——由手工生产者合作或由合作社投资成立的生产事业与私营的手工厂，以及家庭手工纺织业，它们相互辅助而不是相互牵制，形成边区工业发展的一个重要特点。即以织布业为例，1939 年边区尚只有一家公营工厂，工徒 210 人，织机 23 架，年产大布 1426 匹；纺织合作社即有 2 家，工徒 25 人，织机 8 架，年产大布 400 匹；私营工厂 6 家，工徒 154 人，织机 52 架，年产大布 3690 匹；当时家庭纺织部分开始恢复，产量尚小。去年，公营织布工厂固有极大发展（见前），织布合作社、私营工厂及家庭手工业也随着跃进。计织布合作社 37 个，织机 179 架，工徒 374 人，生产大布 6000 匹；家庭及私营工厂织机 18467 架，男女织工 42242 人，生产大布 65334 匹。连同公营工厂所产，合共 104302 匹。合作工业在年产量上增加了 15 倍，家庭织布业在总产量中则占到了 56% 以上。说明一个问题：公营工业并不排挤小手工业，相反，它们是相依为命的。

生产合作社、私营工厂及家庭手工业是边区工业的助手，它的产品主要供给人民的需要。

去年边区工业的发展，不仅标志在量的增加上，而且标志在质的改进上。最明显的就是土纱质量的改进。因此，就有可能使边区布产全用土纱，首先是难民工厂试用，由此推动了其他纺织厂普遍应用。这样就杜绝了洋纱的进口。

六年来艰苦建设的结果，边区变样了，一个毫无工业基础、经济上完全依赖外面的落后地区，变成了一个有许多手工工厂——有公营工厂、私营工厂、生产合作社、家庭手工业和小型手工作坊的工业上半自给的地区了。布匹我们已能自给全边区需要的三分之一以上，纸张我们已能自给一半，石油、肥皂不但已经自给，且尚有余力接济邻近地区和前方的需要；工、农业所需工具，大部已能自造；火柴有了，玻璃有了，铁也快有了。但必须记住，我们所有的大部分还不是一个完完整整的数字，我们所有的还只是这样一部分，那样一部分，就是说，我们还只能做到半自给，而我们是需要全自给的。……

但毕竟是一个很大的成绩。成绩由何而来呢？

因为是根据毛主席的指示做的，这表现在下列各方面。首先，全部自给工业已经逐渐走上统一的领导。其次，去年 4 月间政府召开了厂长联席会议，既检讨了曾经存在于各厂的缺点甚至错误，更根据毛主席的指示具体想出了克服与改进的办法，例如开始建立经济核算制，提出“当天账目，当天核对，当天过完”等口号；开始解决供销间的矛盾现象与工厂管理、组织上的不合理现象，一方面确定工厂改为政府的供给机关，解除其产品销路上的疑虑与人力上的浪费，以便埋头生产；另一方面，供销统一，减少了采购人员。过去只难民、边区工厂的采购机关即达 7 处之多，人员 48 个。现在政府系统各工厂只有一个供销处，各县由合作社代办，人员减至 25 个。工厂机关化的倾向，已经纠正。例如化学厂，1943 年生产肥皂 310659 条，职员每月平均数达 39.58 人；1943 年生产肥皂 482855 条，职员每月平均数反而减至 25.5 人。并加强了各厂的领导，选派得力干部出任厂长，除难民工厂外，政府所属各厂的领导骨干已经全部更换。偷盗浪费现象曾是严重地存在过的，但由于领导的加强，亦日益减少。这样，就使各工厂的领导一元化，管理制度、供销制度走上了正规。再次，边区政府对于工业实行奖励和扶持的办法。在过去两次工业展览会上，奖励了有发明有创造的技术干部和技术工人，在去年更奖励了妇纺劳动模范 150 人，这些办法鼓舞着农村纺妇、工厂职工、技师和科学工作者往前迈进，而没有这些优秀的技术干部的苦心孤诣地创造（这方面，军工局有好些模范例子值得大家学习的），与广大群众劳动热忱地激发，边区工业发展的速度就会受到极大的影响；并经常增加资本分别投放于各种自给工业中，在政府的领导下，边区对于工业的投资总计已在 1 亿以上，光政府系统（分区在外）去年一年投资额即达 1000 万元，而对于家庭纺织的投资（200 万元），对于农村纺妇的投资（10 万斤棉花），以及对于个别私营工厂的投资尚未计算在内。这些办法，刺激着工业的向前发展。这是关于领导方面的。

成绩之所以获得，还因为赵占魁运动的开展。赵占魁运动是一种以新的劳动态度对待革命工厂的群众自觉性运动，1942 年开始就在职工中间酝酿、发生，而 1943 年即普及于边区所有工厂和作坊了。他们自动提出超过生产定额，拟订新的个人生产计划，节省原料，爱护工具，遵守劳动纪律。由于这个运动的开展，就涌现了大批劳动英雄，这在行将开幕的厂长、职工代表大会上就可以看到的，这就使边区工业生产大大提高了一步。下面是几个简单的数字：边区纺织厂去年春组织竞赛，全厂月产量即由 83 大匹提高到 153 大匹，增加 84%。难民工厂 4 月份产布 486 匹，8 月份即增至 1006 匹，宝丰纸厂 5 月份产纸 10.9 令，10 月份即增至 38 令。

（《边区工业的发展》，《解放日报》，1944年5月1日）

（3）1943 年工业统计表

表一：边区各煤区煤产概况表

项目＼煤区	关中	延安	子长	子米 （子洲）（米脂）	共计
层厚（cm）	600~1200	60	70	70	
煤井数（人）	20	25	12	43	100
矿工人数（人）	300	400	230	961	1891
每日出炭（吨）	90	100	20	150	360
每月出炭（吨）	2200	2000	400	3000	7600

表二：1943 年产盐统计

名称	苟池	老池	滥泥池	连花池	共计
盐田面积（坝子）	882	801	445	564	2692
盐工（人）	460	206	256	200	1122
盐户（个）	193	124	98	106	521
年产量（驮）	222462	203622	68845	26071	521000

说明

1.盐池面积另有旱滩池（75个）、娃娃池（6个）、湾渣池（3个）等84个坝子未包括在内。
2.盐工总数另有不在盐池附近住的盐工641人未包括在内。
3.1943年除盐工外，临时还动员机关、部队人员及民众4000人参加。
4.1943年另有子洲县盐井115个，盐工837人，产小盐6676担（每担400市斤）。

表三：1943 年边区织布概况

项别		织布人数	织机数			产布（折合大匹）	附注
			抛梭机	窄面手拉机	宽面铁木机		
公营工厂		1357（工徒）			449	32968	31.6%　38968
合作社		374（工徒）			179	6000	5.75%
民间织布	绥德分区	29058	14793	1430		43621	系根据1943年工作总结报告
	延属分区	10000	5000	100		17500	系根据建设厅估计，主要是东三县织布自给的基础
	陇东分区	1135	1556	40		1097.45	系根据分区1943年合作及纺织工作总结报告
	关中分区	2049	1568	60		3116	系根据分区1943年工作总结报告布数是1—7月的总计。
合计		43973	22917	1630	628	104302.45	

说明

1.大布以每匹104尺×2.5尺计，小布以200尺折一大匹。

2.工厂和合作社的铁机是脚踏机，本机是宽面手拉机。

表四：四年来造纸业发展概况表

年度	性质	厂数	工人学徒	池子数	年产量(令)	百分比
1940年	公营	3	64	13	833.32	
	民营	39户	98	38	1148	
	小计		162	51	1981.32	100%
1941年	公营	10	186	47	2174.271	
	民营	40户	108	40	1295	
	小计		294	87	3469.271	179.8%
1942年	公营	14	371	56	4983.38	
	民营	48户	139	50	1865.67	
	小计		510	106	6849.05	357%
1943年	公营	11	294	77	5671.397	69.7%
	民营	56户	190	65	2468	30.3%
	小计		484	142	8139.397	410%
备考	六年来共产纸：20539.038令（1938年至1943年）					

说明

1．公营工厂包括公私合作在内。2.1938 与 1939 两年公营纸厂只一厂，民营纸坊无统计。3．每令计对开纸 1000 张，民营纸坊均以四开纸折为对开纸计。

（建设厅：《1943年工业统计表》，1944年4月1日）

2.1944 年工业进一步发展

（1）1944 年边区工业概述

1943 年、1944 年政府提出了争取必需品于两三年全部自给的口号，边区的工业又进一步地发展，据统计全边区当时有公营工厂 101 家、职工 6354 人，计纺织 21 厂，1375 人；被服 17 厂 795 人；造纸 11 厂，394 人；印刷 4 厂，297 人；木工及大车业 10 厂，290 人；各种化学工业 9 厂，594 人；石油业 1 厂，126 人；煤及炼铁 11 厂，1360 人，机械及军火 10 厂，973 人；纸烟 7 厂，150 人。私营的工厂计纺织 50 厂，310 人，造纸 125 人，炭工 1891 人，盐工 1932 人。以上私营工业工人共计 4258 人。私营的小手工作坊数年来有很大发展，只据三边、陇东、绥德三个分区的统计有各种作坊 1425 家，工徒 2857 人。若将全边区的公私手工作坊加以估计，工人当在 4000 人以上。

手工业合作社据1944年合作社联席会时统计共235家，他们大多数是小工厂和作坊性质，工徒数约500人（估计）。全边区的工业手工业工人数目当在15000人左右（不包括农村中流动手工工人及城镇的建筑工人、脚户、雇农等）。

除上述外，对边区工业自给具有很重要作用的是家庭手工业，如全边区1944年有家庭纺妇15万人，纺纱166万余斤，织布的6万余人，织布11万余大匹，机关部队亦从事纺织、打盐业余生产。农村的家庭纺纱，不但供给了人民的需要，而且和公私营的纺织工厂相结合供给后者以原料。

工业产品之增长可于下列数例见之：公营纺织厂1943年产布32969大匹，1944年估计为4万大匹，增长21%；家庭织布1943年是44400匹，1944年约产11万匹，增150%；造纸业产品1943年8000余令，1944年15000千令，增87%；新的工业如炼铁1944年方建立起来正式出品；也有的工业1944年比1943年产品减少了，如石油业产品只及1943年之40%，因为1944年打井5个皆未出旺油（48年只打1个井）。盐的产量也比1943年减低。总的说来边区工业是在不断迅速增长着，许多工业品再经数年努力，就可以完全达到自给（如布、纸、铁、火柴等）。

（西北局调查研究室：《边区经济情况简述》，1948年2月19日）

据此次工厂代表大会及合作社会议时（1944年5月——编者）调查的材料（还是不全的），公营工厂共有机械工具业11个厂，职工1473人；炼铁业5个厂，职工900人；煤炭业14个厂，职工500人左右；化学工业18个厂，职工1040人；纺织业31个厂，职工1500人；被服业17个厂，职工795人；造纸业12个厂，职工383人；印刷业4个厂，职工297人；大车木工业11个厂，职工300人左右；纸烟业7个厂，职工150人左右。共计轻重工业10类，130个厂，职工7338人左右。

拿这绝对数与外国相比，诚如毛主席所说：差不多等于英国的300年以前，是很小的，然而，它的意义是很重大的。我们已生长了无产阶级，它将使社会发生新的变化；而且，它已经不是300年前的英国，即资产阶级统治与资本主义社会的发端，而我们是具有完全不同的意义，我们是新民主主义政权的基础，是新民主主义工业的发端。

（中直经济问题学习班：《边区公营工业的发展》，1944年10月）

（2）1944年三边分区工业发展迅速

三边是一个工业非常落后的地区，在经济上完全依靠外面，受着大中小商人资本家高利贷的多层剥削，人民生活没有丝毫保障。当革命发展后，人民生活曾大大改善。但三边一切必需品仍需外面进口，即以三边的中心定边作为一个大的过载行，外来货运至定边，经过大中小商人几次手才到了直接消费者手中，并又经同样的手续将农民土产吸收了去。三边处在一个商品推销市场及原料供给库的地位，这种非常的状态，对人民生活改善等是有很大影响的。直到皖南事变，国民党投降派加紧对边区的进攻与封锁，外来货困难，三边就在党中央广泛发动自己生产的号召下，首先由政府开始筹办了一个小型的工厂。当时主要的目的，还是为了渡过难关，解决目前困难——抗属问题，共有职工四五个人。于1940年9月份改为新塞工厂，有干部4人（厂长、政指、会计、保管各一），男工六七个，女工（家属）24名，有织毯机五架，工具、原料、现金（200元）全算起来，只有1230元的资本，只出很少一点栽绒毯，销路不好，资金又微不足道。工厂之困难已达到极点。后经各方的努力及政府的直接帮助下，才逐渐发展至今天的规模。1941年至1942年相继又有元华、大光、新镇三厂的建立。直至1943年，中央又提出“大家动手，丰衣足食”的号召后，于1944年可说是三边工业划时代的发展时期，增加了更多成品。兹将其发展概况列下表说明：

（3）边区生活日用品已能全部或大部分自给

经过边区军民的努力，到1944年年底，在工业方面，生活日用品之毛巾、肥皂、火柴、袜子、纸张、陶瓷、纸烟、兰、铣等，已能全部自给或部分自给。

（赵棣生：《边区财政经济的新面貌》，《解放日报》，1945年1月4日）

表一：三边工厂开始年月资本分布统计表

厂名	开工年月	原始资本	地址	开办人	主要产品	资本来源
新塞毛工厂	1940.9	1230元	定边	专署	毛布、毛毯、水烟	难厂、贸分、商会人股公
元华毛工厂	1941.9	20000元	盐池	靳体元	毡、毯、毛布等	私人股，难厂人股五万九
大光毛工厂	1941年年底	30000元	定边	四支队	毡、毛布等	旅四支队
新镇毛工厂	1942.4	70000元	靖边	县府	毛布、毡	难厂、县府人股
友爱毛工厂	1943.11	1875万	定边	三旅供	棉、毛布、革	旅供
新丰毛工厂	1944.5	700万	靖边	骑旅	棉毛布革马鞍	骑旅
民办纺织厂	1944.2	37万	"	民办	毛合子棉布	本乡、总社、县府
八一纺织厂	1944.8	400万	"	三旅九团	棉布、篓、衣胎	九团
庆丰烟厂	1944.5	29万	定边	三旅政	二十支纸烟	旅政
明光肥皂厂	1944.6	200万	定边	丰智明	明光皂	政府、贸分等
塞光肥皂厂	1944.8	100万	"	三旅卫生所	塞光皂	卫生部
友爱纸厂	1944.9	139万	吴旗	三旅	马莲纸	供给部
吴旗毛工厂	1944.7	未定	吴旗	吴旗政府	毛布	县政府二科
说明	新塞工厂1944年又增造水烟、麻纸、肥皂、粉笔，友爱工厂是迁定时日。					

表二：历年工厂工人机器资本产品变动表

项目	年月 类别	1940年	1941年	1942年	1943年	1944年1—10月
职工人数	工人数	5	56	131	218	359
	职员及杂务	4	10	13	22	59
	职员杂务员占工人百分比	80%	17.85%	9.92%	10%	16.43%
资本	边币元	1230	375730	445730	18925730	180000000
机器增加	织布机			5	43	91架
	织毯机			5	13	15架
	弹毛机	1	1	2	4	4架
	栽绒毯机	5	5	7	14	15架
	纺毛机		3	3	5	8架
	织毛合子机					2架
	打毛机	1	1	1	2	2架
	织袜机					1架

表三：历年工厂产品统计表

品种	产时 时间	1941年	1942年	1943年	1944年1—10月
产品变动	毛线	2871	11419	14692	24287斤
	毛布		460	500	710匹
	弹毛	5272	15239	12253	18249斤
	白毡	250	1269	1145	3489条
	被胎			6002	1196床
	毛胎			27059	6321套
	毛口袋		2017	2204	12条
	扇毯			174	0
	棉布				1768丈
	水烟				5000封
	纸烟				1560条
	肥皂				18000条
	毛毯		2471	6362	2459条
	毛羊皮衣				1500件
	栽绒毯	988	2183	8526	0
	马鞍				200个
	棉纱				1829斤
	纸				2000
	毡鞋				3132双

（三边贸易公司：《三边分区工业调查初步总结》1944年11月2日）

第三节　边区工业发展的特点和作用

一、边区工业发展的主要特点

边区在 1938 年以前，工业方面的一切日用品，几乎统靠外面输入，公营工业仅有小规模的印刷、被服、军需等业，全部职工只有 370 名左右。

1938 年，开始注意建设公营自给工业。由于沈鸿、钱志道等同志的贡献，创办了工艺实习厂；又由于陈振夏同志的努力，恢复了石油厂。此外，先后创办了难民纺织工厂、造纸工厂、农具工厂、皮革厂及神府、陇东二纺织厂。因为织布需要棉纱，由政府设法向民间收买，民间纺纱业，因此逐渐发展。

1939 年，边区经济开始被封锁，共产党中央提出“自己动手”“自力更生”的号召，机关学校部队开始从事农业或手工业。边区政府复于五一劳动节举行工业展览会，以激励工业的发展。新华化学厂、后勤部制药厂等厂在该年创立。新华化学厂主要业务是制造肥皂，开始仅资本数十元，职工数人。同年，在安塞、固临、延安等处组织纺织合作社，由建厅帮助其训练工人，供给织机，投放资本，调剂供销，开始实行公私结合（亦即军民结合）的政策。年终统计，全部工人增至 700 人左右。各方面都比 1938 年有进展，例如纺织业，已能年产大布 1400 匹，增加 116%。但因战争关系，有些工厂一再迁移，远离原料产地，为以后这些工厂供销发生困难的重要原因。

1940 年，中共中央提出“半自给”方针与“集中领导，分散经营”的政策。轻工业为主要发展对象。分散经营的政策是正确的，因为原料散处各地，运输困难，分散便于经营，又因为劳动力、资本、技术散布于各机关部队学校，集中困难，分散便于发挥积极性。但为避免流于无政府状态，集中领导又是必要的。

是年1月间，举行第二次工业展览会。工艺实习厂建立了分厂，军事工业部分抽往前方服务。华寿俊同志试验用马兰草造纸成功。植物染料的研究开始，制造玻璃的原料亦已着手搜求。9月间，朱总司令提倡纺毛运动，开始毛纺织事业。各方面与1939年比较又有进展：厂社已增至313个，全部职工约千人，纺织业已能年产大布14700匹，增加1050%。

1941年封锁加紧，且外援全绝，更迫切地需要发展自给经济。于是工业方面，先后由政府支付70万元，银行借出300万元，作为各部门增加的资金，并举行第三次工业展览会，以资刺激自给工业的发展。之后，机关部队学校纷纷建设工厂。部队如三五九旅，抽调百余名勤务员做学徒建立大光纺织厂、大光肥皂厂，自给外，尚有小部分在市场出售。另外还开木厂2个，铁厂两三个，榨油坊1个，盐井10个，炭井1个等，并动员战士操余课后学习纺毛，编编用具，进行各种手工业生产。机关学校和中央系统，后勤系统，抽调勤务员通信员到难民工厂学习纺织，办了十多个纺织工厂及被服、制鞋、煤炭、木工、造纸、磨坊、榨油、丝织等许多手工工厂与手工作坊，中央系统占27个，后勤系统占19个。

这是猛烈发展的时期，曾有过纺织厂社36个，职工约2400人；造纸厂12个，职工共约400人；石油厂1个，职工84人；化学厂11个（皮革5、制药2、酒精2、肥皂2），职工共约260人；木厂10个，职工共约200人；印刷厂3个，职工共约300人；机械修理、打铁厂6个，瓷窑3个，面粉、擀毡、麻绳等7个，职工无统计。以上共计厂社97个，大部分为机关部队所创办，全体职工约7000人。但因经营经验缺乏，流动资本不够，原料供给与产品销售没有保障，不久，一部分工厂便难以支持而停工。这一方面说明了“分散经营”政策的正确，与机关部队学校苦干精神的高涨；另一方面也就暴露了“集中领导”政策未尽贯彻所产生的一种盲目性与无计划性。

这时，植物染料试验成功，开始采用，玻璃试验成功，但尚未正式生产；难民工厂成立制造部，由朱次复同志领导着手制造纺织机与纺织机件。

1942年，建设厅鉴于上年的经验，提出“巩固现有公营工厂，发展农村纺织业”的方针，建厅增设关中铁厂试验炼铁外，厂数一般无增加，相反，减少了三分之一以上。中央系统于年前即已开始由27厂减至19厂，全部纺织厂数由上年的36个减至16个，全部公营工厂总数则由97个减至62个。这正是政府巩固方针的具体体现，是一种从盲目性到自觉性的发展结果，是质量的提高。

为了保护纺织业的发展，减低棉花、棉纱（原料）的进口税至1%，增加布匹（成品）的进口税至15%。银行投资200万元在绥德组织“永昌土布产销公司”，发棉花，收纱布，以合作方式奖励发展农妇纺织，纱的质量日渐提高。正式提出“公私兼顾”政策后，运动就更加前进了。为了帮助私营工厂的发展，政府实行投资并采取订货办法，保证他们20%的利润，使私人企业如米脂民生纸厂、万合毛织厂等亦与公营工厂取同一步调前进。

这时纺织、造纸工具已能全部自制自给，制造基本化学工业品所需的机器已开始装置，火柴制造已开始研究。各方面与1941年比较又有进步：如果说1941年是猛冲直撞，1942年就是稳扎稳打。同时产量也有增加，例如纺织业，已能年产大布22000余匹，比之1940年增加49%。造纸已够书报印刷之用。肥皂供给有余。

但正是这时，却在我们面前提出了一个新问题。

与我们工业逐年发展的同时，如前所述，职工也逐渐增加了。职工的主要来源有两个：一是边区外面，由各大城市大小工厂来的，他们中间很多带了生产经验和熟练技术，但是一般也带来了旧的劳动习惯；一是边区内部，由各个农村来的，他们中间很多充满着浓厚的革命情绪，但是对于工业劳动却是陌生的不习惯的。新的劳动态度与新型工人品质的培养，就被提到重要地位上来。为此，我们做了很多教育工作，终于出现了不少爱护革命工厂真正像爱护自己生命一样的工人，这就是以赵占魁同志为代表的、有着高度阶级觉悟的新型工人。

……

大家知道，我们公营工业是为抗战、为民族解放事业服务的自给工业，旧的劳动习惯与这些工业的革命性质根本不相容。为了新型工人品质的建设，并给大家以具体的榜样，1942 年 10 月我们提出了“向赵占魁看齐”的口号，并开始发动了赵占魁运动。

1943 年，执行了毛主席在 1942 年边区高干会上提出的“发展经济，保障供给”的总方针，公营工厂再度增加至 82 个。计纺织 21 个，造纸 12 个，被服 14 个，炼铁 3 个，印刷 4 个，制皂 2 个，火柴 1 个，陶瓷 4 个，皮革 3 个，纸烟 1 个，制药 2 个，修械 3 个，机器工具 4 个，木工 7 个，石油 1 个（另有煤窑 6 个、油坊 9 个及其他一些小型作坊，未统计在内）。职工增加到 6300 多人。与 1941 年的发展已有显著不同，是有基础有阵地地发展。

首先，是重工业与化学工业获得了显著成绩：机器制造方面，为印刷、造纸、皮革、玻璃、肥皂及一部分织纺业制造了或改造了工厂设备，石油产量增加 3 倍。军火生产完成任务，通信器材有优良成绩。特别值得指出的，是边区第一铁厂的创立，基本化学工业的成功，玻璃与陶瓷业的初步成就。这些成绩与成就，给边区工业的发展建立了自给的初步基础。这些成绩与成就与下列同志的钻研与艰苦努力是分不开的。这些同志就是工业局长李强，工艺实习厂工程师沈鸿、钱志道，石油厂厂长陈振夏，材料厂申仲义，玻璃厂工程师林华，边区第一铁厂许兴、程启光、钟华、吴忠和、包玉珍，以及劳动英雄赵占魁、刘考生等。

其次，轻工业也有新的成就与进步。纺织工业：产布 33000 匹，较 1942 年增产 50%。与原订计划比较，各厂均有超过。造纸工业：1940 年产 833 令，1941 年产 2174 令，1942 年产 4983 令，1943 年则达 5671 令，较 1942 年增产 14%。与原订任务比较，各厂亦有超过。印刷工业：仅就中央、抗大、留司三厂不完全的统计（留司仅统计 4 月至 8 月，抗大仅统计 1 月至 9 月），去年生产 42740355 字，其中中央印刷厂生产 39736208 字，比之 1942 年增加 8%，超过原计划 10%。肥皂业：新华、大光二厂共产 546855 条，其中新华产 482588 条，比 1942 年增产 55%，比原订任务超过 30%。值得特别指出的，由于杜子秀、尹希圣等同志的努力，边区火柴厂正式开办，从 3 月间起，我们已开始用自己制造的火柴。其他如被服业、石碳业等也都有进步。

重工业有显著成绩，轻工业也有进步，去年是大进步的一年。进步非从天降，乃是与批评与自我批评的开展以及赵占魁运动的发展分不开的。批评与自我批评开始于去春边区政府系统的工厂会议，接着开展于大多数的公营工厂中，利用这个武器，脱离群众的官僚主义作风，熟视无睹的自由主义风气，工会工作中的经济主义倾向和某些落后分子“干不干，一斤半”的二流子习气，不爱惜工具原料的浪费现象，都有很大的纠正。又克服了工会、支部同厂长对立的现象，实行了工厂领导的一元化。揭露了隐藏在工厂企业中的暗害分子，多数工厂的秩序与面貌由此焕然一新。

由于批评与自我批评的整风运动，又由于赵占魁运动，就在职工中涌现了大批劳动英雄，如袁广发、孙云龙、刘考生、贾国兴、苟在朝、王河海、杨双庆、王国初、张宪武、柳云贵、李凤莲等，就在工人中建立了新的劳动态度，并改造了某些工人中的落后思想。如难民工厂的李季华同志有过退伍思想，“赵运”开展后就彻底转变了，并成为最好的劳动英雄之一。为自勉起见，他在个人生产计划第一条（中）就说道：“在思想上要打破家庭退伍思想，保证今后不再请假归家，坚决革命到底”。如新华化学厂王全德，曾有二流子习气，“赵运”开展后同样彻底转变。他说：“工厂比过去好，我打架比过去少，他们一天起多少碳酸钙，我就担多少。”如中央印刷厂吴长胜，过去闹着离厂，不安心工作，现在工作也很积极了。他说：“× × × 胡闹是有目的的，咱没有目的，为什么要胡闹呢?！”

结果是很明显的。首先是劳动生产率提高了，成本减低了。如化学厂去年 5 月以后，全厂职工减去 27%，产量反而提高了 55%。其中如熬碱组，8 月以前，每工每天平均熬碱 11 斤，8 月以后 22 斤，提高 100%。8 月至 12 月，共节约生碱 9000 多斤，石灰 9000 多斤，石炭 19000 斤。制皂组 1 月至 4 月每工每天产肥皂 113 条，8 月至 12 月 270 条，提高 140%。难民、边纺、被服、农具、实验、工艺、皮革、石油、中印等厂，劳动强度与产量同样提高到了相当高度，提高生产率至少 19%，至多 150%，节约亦有显著成绩。这就不能不使部分产品的成本减低。如难民工厂 6 月份每匹土布制造费 2.9 斗，7 月份后跌至 2.1 斗，每匹毛布制造费 3.35 斗，7 月份后跌到 2.45 斗，使工厂的实际财富迅速增长。

其次，是技术的创造性大大发挥了。据极不完全的统计，近年光是中印、工艺、留印、卫生材料、留勤利华、皮革、新华、难民等厂，大小发明与创造就达 68 件之多。这是一件大事，在产品数量、质量及克服原料困难上会起着什么作用，从下列简单的事业中就可以看出。中印曹国兴，创造切刻坯的机器，使切刻坯的效能提高四倍。留印用纸条代替铅条和铜条拼版，解决部分铅的困难。农具厂范明谦试改铜硬模子成功，节省了每部弹花机零件翻砂时间 50 小时，化铜焦炭 25%，车工 11 个，车力 10 倍等。电器修造厂成元旭自造多门总机，自造话筒炭精片，代替了外来品。皮革厂柳云贵发明用桐子代替丹宁揉皮，节约至少 60 万元。

但有一件事情是值得大家警惕的，这就是除个别企业外，一般质量进步不足，或未引起注意，使革命财富实际上受到了严重的损失，我在下面要专门说到的。

以上就是六年来边区自足工业发展的简貌。六年之间，从无到有，从少到多，从公营工厂 270 余名职工到现在公私合作企业在内之 12000 多名职工。全部发展的特点是什么呢？从其性质说，是大家动手，自给为主的。从其形式说，是分散经营，手工业为主的。而所依靠的力量则是科学技术人员的埋头苦干、工友同志的努力与赵占魁运动的广泛开展。

同时，又坚持了军民合作、公私兼顾的政策。因此与公营工业发展的同时，私营工业和合作工业也逐渐发展着。以私营工业而论，规模较大的有万合毛厂、民生纸厂、元华工厂等家，至于手工作坊，更是遍地林立。……

以合作社论，全部 433 个社中，有 233 个工业生产单位，即约有一半，兼营工业的有安塞枣湾纺织社，固临安河纺织合作社、米脂民办纺织合作社等。出品优良，办得很有成绩。

公营企业、私营企业、合作企业，三种形式并进，政府均予以扶助和支持，这又是边区全部自给工业发展的一个重要特征。

（高自立：《为工业品的全面自给奋斗》，1944年5月24日，引自《解放日报》，1944年8月22日）

在六年建设过程中，我们看到了下列三个主要特征：

第一，由于 1939 年边区开始被封锁，工业品输入受到限制，为供应抗战需要计，党中央遂正式提出“自己动手”“自力更生”的号召。当时，有许多困难存在着：客观上，工业的基础是没有的，加之经济封锁，外援断绝，完全需要白手起家；在主观上，我们缺乏技术干部和熟练工人，完全需要重新物色与临时训练。像在其他事业上一样，在工业上我们也是由艰难困苦中奋斗出来的。

第二，公营工业从创办之日起，就显示了它的新民主主义性质。以造纸业为例，1940 年公营纸厂计三处，工徒 64 人，池子 13 个，民营纸厂计 39 户，工徒 98 人，池子 38 个。至 1943 年，公营纸厂增至 11 个，工徒 294 人，池子 77 个；同时，民营纸厂亦增至 56 个，工徒 190 人，池子 65 个。这说明公私都是向前发展的。纺织业官民结合的表现尤其明显。据估计，边区已有纺妇 133457 人，她们都与工厂及合作社联系着，工厂织布，她们纺纱，构成一幅相依为命共同发展的图画。公营工业与生产合作社、私营工厂、家庭手工业、手工作坊等的关系，是一种共存共荣的手足关系。这种情形与旧资本主义是截然不同的。

第三，我们的工厂有着新型的工人和职员为其有力的支持，这是一种被解放了的、与工厂利益完全一致的人物。他们的一部分是抗战以后来自各大城市的，很多人曾在大工厂工作过几年甚至一二十年，由于切身的体验，他们理解到“边区工厂是工人的家”，我们的老赵（占魁）就是这样新型工人的典型。1943 年“五一”一个广大群众性的运动——赵占魁运动蓬勃展开，于是更出现了无数个赵占魁，他们爱护革命工厂，真正像爱护自己的生命一样。

因为有第二、第三个特点，所以我们获得了很大的成绩。但也因为有第一个特点，有极端困难的条件，所以我们的发展曾经受到很大的限制，自给工业的很多部门还未能达到全部自给的目的，还只做到“半自给”。

（《解放日报》社论：《献给边区工厂厂长及职工代表会议》，1944年5月1日）

二、边区工业建设的巨大作用

边区在 1938 年以前，日用工业品全靠外来过活。自建立工业后，利用本地原料制造成军民日用品，冲破了敌人封锁，渡过了物质缺乏的难关，并发展了经济，奠定了今后新兴工业发展的基础以外，还起了部分的平衡外汇、稳定金融的作用。

（1）保障供给的作用：就近两年的统计，1943 年公私产大布 104000 匹，纸 8139 令，1944 年大布约 140000 匹，纸 10766 令等，全部供给了边区军民。另如肥皂生产自给有余，1939—1945 年共产 2111292 条，历年输出达 600000 条，火柴生产 1944—1945 年共产 2003 箱，1946 年可达 15000 箱，能自给了边区。公用印刷纸已够用，1944 年交财政厅 5902 令，1945 年可交 7000 令，土纸逐年产量增高，印刷厂用外来纸逐年减少，列举中央印刷厂历年用纸，即可以明白土纸所起之作用：

	1941	1942	1943	1944	1945
用纸总数（令）	2425	3469	4471	4800	5080
外来纸（令）	2000	1500	850	50	80
土纸占（%）	17.5	50	81.5	89.6	99.8

再举布匹问题，在 1941 年前，公私纺织未壮之时，每逢公私换季，衣服布匹供给不上，市上布价要飞跃腾涨。自 1941 年后，民间妇纺与纺织合作社发展起来了，公营纺织厂增多并壮大起来，生产日高，负担起供给，减轻了布匹缺乏的威胁。近年来虽然还有上涨，但比较平稳。

总之，由棉花变成布，由马兰草变成纸，印成报章，用骨头木柴造成火柴，用牛羊油石碱造成肥皂，等等，解决了自己的困难问题，即使产品次或成本高，它的作用仍然很有价值。

建厂所属工厂历年生产与供给情形如下：

厂别	时间	产品名称	总产量	供给情形
难民工	1938—1945	布(2.5×104)	31672匹	除1941年以前少数外，均交公家领制造费
	1941—1945	毛毡	25475床	由厂自由处理
边纺厂	1942—1945	布(2.5×104)	30723匹	全部交公领制造费，1942年的布大小折算不一
纬华工厂	1942—1944	毛毯	5527床	由厂自由处理
	1941—1945	磅线	41399磅	同上
		毛呢(2.2×50)	1692匹	少部分供给公家领制造费，余由自己处理
新华化学厂	1939—1945	新华肥皂	2111272条	为营业性质，自己销售
振华总厂	1938—1945	印刷纸	10301令	历年全部交公家领制费(后改为成本费)
振华分厂	1941—1945	同上	10407令	同上
边区火柴厂	1944—1945	丰足火柴	2003箱	为营业性质，自己推销

（2）发展经济的作用：政府正确的领导与干部积极努力，建立了各业的许多工业，在边区经济上表现在两方面：

一方面，工业不但起了保障供给的作用，而本身也有很大的发展。就资金发展来说：如建厅所属七个工厂，历年资金累计共为44988581元，折合米42527.35石。净增加资产三倍之多，折合米32583.16石。

此外还起建设性的作用，就是除发展了工厂本身而外，还在资金上、技术上、工具上辅助或建立了许多小工厂。如新华化学厂在1943年和1945年派技术工人带工具去三边、陇东，建立肥皂与粉笔的生产。再如难民工厂在1941年以后，帮助机关团体训练技术工人，先后共有192人，并向同业或分厂派出干部29名，辅助小厂纺织机械500余件，机件39900件，所帮助工厂团体将近50处，此外，尚先后投资合办清涧纺织厂、靖边新民纺织厂、定边新塞纺织厂、绥德分厂等，其企业投资1943年即达1312石。另如振华总厂在同业中亦有成绩。

另一方面就是对国民经济及创造财富的作用，以农村妇纺收入来计算，1943—1944 年公私产大布约 240000 匹，合纱 2800000 斤，每斤纺纱工资 420 元计，农村妇纺收入共 1176000000 元之多，这是把农村中闲余的劳动力变成财富的一种。再如马兰草原为野生，荒弃而无用，自采用造纸后，每年收割之数在 50 万斤左右，以 1943—1945 年计算农村收入（驮运在内）可达 7500000 元。

（3）在财政金融上的作用：

（1）与（2）的作用同时也就是财政金融上的作用。最明显的事实就是我们生产出东西，减少了输入的漏洞，也就是历年产布将近 40 万匹，减少 40万匹价值的外汇，同样历年产纸4.4万令，肥皂 200 万余条，火柴 2000 余箱，以及铁等也减少了外汇，增强了平稳金融的力量。这是一方面作用的表现；另一方面的作用，是人们不易感觉出的作用，就是我们生产不但供给了公家，而且对财政也节省了开支。以难民、边纺两工厂供给织布为例：

	市价（元）	成本（元）	财政实付出（元）
每匹布（104×2.5）2月份价格	25000	5250（12.5斤纱的纺织工资）	5250
		10400（13斤熟棉花成本）	10400
		4176（工资、消耗、管理费、折旧等）	5219（工厂领取的制造费）
合计	25000	19826	20869
工厂利润	5174	0	1043
财政开支	多支出4131	比市价少出5174元（工厂制造费20%利润在内）	工厂制造费里的利润实为政府财政一项暂付。

由这表可以说明，用我们工厂的布，每匹可少出 5174 元（或 4131 元），若无我们建立的工厂，向市面买布，每匹得多付出 5174 元。那么工厂生产给公家到底节省了多少开支呢？以难民、边纺两厂计，历年产布达 6 万匹，那就有 247860000 元。同样纸张供给公用历年有两万令，市价为 14000 元，纸厂向政府领取成本费 11174 元，历年财政少支出 56720000 元，若把这个数目与几年盈余总计起来，那个数目就很可观了。

上边简单的计算说明了在各种困难条件下，政府付出很大力量创办工厂，不但没有赔了本，除解决自己困难外，还节省了支出，发展了工业。

综合之：不建立必要工业，单靠求外界，上边的作用是无法实现，今天处境也不可设想了。

（《历年边区工业概况材料之一》，估计1946年）

解决了困难，打下了基础

根据 1943 年及 1944 年统计，边区纺织业方面，公营工厂产量曾提高到三万到四万匹大布，私营及合作社工厂，主要是家庭纺织业，其产量曾达 11 万匹大布，以上按全边区所需布量可自给 40% 以上。造纸业方面，公私营在内，年可产纸一万多令，按全边区军民需要约可自给 50% 左右。肥皂年产 40 万到 50 万条，除自给外，尚有输出。火柴年产 1000 余箱，可自给 50% 左右（包括一部分输出）。石油厂所产各种油类除煤油可全部自给外，其他油类亦可解决公家之大部需要。盐之产量曾达 40 万到 60 万驮，除供边区全部需要外，抗战期间曾每年输出 10 万到 25 万驮。其他如炼铁、挖煤、陶瓷、玻璃、制药、制革、印刷、机械制造、军火制造、被服制造等生产，亦都在一定程度上解决了当时的供给需要。由此可见，这些工业在抗战期间是起了很大作用的。第一，解决了在抗战及封锁情况下物资困难的问题，使我们的工业必需品达到部分自给，保证了供给。第二，这些工业生产刺激了国民经济（包括机关部队生产在内）的发展。第三，由于这些自给工业的发展，减少了输入，促成了边区内外贸易的走向平衡。第四，由于贸易上输入减少，就节省了外汇支付，对边区金融物价的稳定起了一定的积极作用。因此应当肯定地说，这些工业的发展，在抗战阶段是解决了困难的，是尽到了一定的历史作用的，同时对我们长远的将来来说，即对发展边区工业的前途来说，也打下了初步的基础，这一点我们是不应当怀疑的了。

（贾拓夫：《关于边区工业问题的研究》，1945年）

第二章

边区的公营工业

第一节　公营工业的性质、任务和作用

一、公营工业的性质和任务

在无产阶级领导下的新民主主义共和国的国营经济，是社会主义性质，是整个国民经济的领导力量。

（毛泽东：《新民主主义论》，《毛泽东选集》合订本1964年版，第671页）

公营工厂是属于新民主主义政权即三三制政权所公有的革命财产。这种财产是经过无数艰苦的斗争才建立起来的。它的目的是为了适应革命战争的需要，同时是为了适应新民主主义经济的繁荣。因此，它的利益同全体职工的利益是一致的。

（邓发：《边区工业建设中的几个问题》，1944年5月，《解放日报》，1944年7月29日）

今天公营工厂不是私人的而是革命政府的。这些工厂的生产是为革命服务的，其目的是供给革命政府及其军队的需要，并促进国民经济之发展。在新民主主义三三制政府下的公营工厂，工人阶级是有份儿的，工厂中所创造出来的财富，所获得的利益，为革命政府与广大人民所共有的。

（邓发：《论公营工厂党与职工会工作》，1943年3月，《解放日报》，1943年5月1日）

我们的工厂是国家办的，不是资本家办的。资本家是为了追逐私人的利润而办工厂。我们办工厂不是为了哪一个人发财，而是为了大家好，为了国家好，在今天是为了打胜日本。（刘少奇：《在工厂代表大会上的讲话》1944 年 5 月 20 日）

根据目前所处的情况是战争与革命及边区经济落后（过去如作坊式的手工业，可以说绝无仅有，除食住外，日常用品均仰诸外来）的条件，因此，我们的公营工厂以供给军需（如被服、石油、纸张等）、军火（炸弹、子弹、硝酸、枪支以及修理等）为主，用以支持抗战；以调剂国民经济及金融为副，如肥皂、毛织品、玻璃、石炭、灯油以及食盐等，一方面解决日常用品之缺乏，另一方面，可以向外推销，调整贸易，换进必需品及各种器材。其他如磨面、榨油、粉坊、染坊及豆腐坊等，可以自由经营，应不在此例。

（《工业问题》，1942年10月）

从公营工厂的性质出发，我们即可知道公营工厂的任务是什么了。

公营工厂的任务有三：即供给公家的任务，发展边区经济的任务，培养管理工厂干部的任务。

我们工厂的生产，是政府订货的性质，即公家需要什么，我们工厂即生产什么。这要求：政府方面，郑重其事地决定各工厂的生产计划，并且供给各工厂以各种必要的原料、粮草，不使工厂生产发生困难。而工厂方面，亦应用尽一切方法保证不仅在数量上而且在质量上完成政府订货计划，不使政府供给受到影响。对工厂的产品，政府有收买的责任，不得借故推诿，使工厂再生产发生困难。

过去，由于供给任务没有明确规定，反革命分子的破坏，领导上官僚主义、本位主义的存在，故在工厂之供给、生产、推销的三个方面，发生了很多矛盾，使政府与工厂方面均受到了很大的损失。为解决供、产、销的矛盾，应该把统一供给、统一订货及分散制造的原则确定下来，并采取一切必要的具体办法使之实现，像这次会议所规定的。

其次，我们工厂的发展，促进了纺棉纺毛等家庭手工业的发展，又促进了植棉业、养蚕业的发展。后者的发展，又保证了工厂原料、材料的供给，即又保证了工厂的进一步的发展。这两者的互相影响，促进了边区经济的日益向上。

敌人、汉奸、顽固分子，想尽一切方法在经济上封锁我们边区，尤其在工业原料及工业必需品的输入上。我们的办法就是发展我们的经济，发展我们的工业，来打破他们的经济封锁。我们依靠我们本地工业的发展，来解决各种日用品的困难，来平抑物价，调剂金融，使我们逐渐减少对于外地的经济的依赖性，以达到半自给与完全自给的地步。

我们公营工厂的这一任务，是我们必须明确认识的。我们办理工厂，不单从解决公家的临时需要出发，而且是从发展边区经济的长期打算出发，所以发展我们的工厂，不是一时的任务，而是长期的任务。

培养善于管理工厂的干部，是公营工厂第三个任务。我们有不少的政治干部、军事干部、文化干部，但经济干部，尤其是管理工厂有经验的干部则甚少。而发展工业，没有这类干部是不行的。所以我们在工厂中工作的干部，应该好好学习管理工厂的经验，有意识地把自己培养成为善于管理工厂的干部，党与政府也应该好好地帮助他们，使他们能够向这方面发展下去。

（洛甫：《在边府直属工厂会议上的讲话》，1943年4月20日，《解放日报》，1943年5月1日）

边区公营工业是为抗战建国而服务，在今天战争环境，边区被封锁，物资条件困难的情况下，它的主要任务是保障供给，工厂应根据政府的需要而生产，首先供给军用公用被服纸张的需要，政府供给工厂以原料、食粮与资金，使工厂生产得以持续与发展，这是第一个任务。

第二个任务是发展经济。首先求得工厂本身的巩固与发展。在工厂的发展中推动国民经济的繁荣。如棉、毛、羊皮、羊油等原料的需要，促进了牧畜业与种棉业的发展；纺织工业促进了家庭手工业的发展。至于纺织工厂帮助各地生产合作社训练纺织技术人员，制造织机，更是直接推动了群众纺织事业的发展。

第三个任务是培养干部，特别是培养本地干部和工人干部，我们应当大胆地提拔优秀的工人来管理工厂。

（刘景范：《为改造我们的工厂而奋斗》，1943年5月，《解放日报》，1943年6月9日）

二、公营工业的作用

根据边区几年来公营工业发展的经验，边区公营工业的发展，是边区经济建设事业中的一个重要组成力量，它直接解决了财政供给的困难和边区金融的稳定，同时推动和刺激了边区国民经济的发展。

在国民经济发展上，由于公营的纺织、制革、肥皂、造纸等工业的发展，需要大量的棉、毛、羊皮、羊油、马兰草做原料，棉花、羊毛、羊油、羊皮的价格提高了，马兰草由废物变成了"黄金"，人民对种棉、养羊的兴趣提高了，割马兰草也成为众家农户的副业。东三县和延安植棉的发展，三边陇东等地皮毛不出口，安塞、志丹、甘泉马兰草的上市等显著事实，就是很好的例证。同时，各纺织工厂大量收买土纱，政府动员人民组织纺纱，发展了各分区和延属各县的妇纺。纺织工厂帮助各地生产合作社，训练纺织技术人员，制造纺织机器，扶助了人民纺织合作社事业的发展。

因此，公营工业的发展，不仅在边区经济建设事业上占着重要的位置，而且直接推动了农业、畜牧业、纺织副业的发展，增加了人民的收入，对国民经济的繁荣起促进作用。

在财政金融问题上，就纺织、造纸、肥皂三个部分来讲，去年解决印刷书报纸的80%，被服用布70%，两宗以去年年底价格计算，约值3000万元。肥皂、毛毯、毛线、毛巾在市面销售者约值2500余万元。今年的计划：布产13000匹，每匹价4000元，计5200万元；纸产4000令，每令2000元，计800万元；肥皂产33万条，每条25元，计2310万元，毛线3万磅，每磅400元，计13200万元；手巾12万条，每条100元，计1200万元，其他毛毯、毡子、墨水等约值千万元，总计237100000万元。这是今年生产的总估价值，这个数目在边区的财经事业上占有着重要的位置。这不但解决了我们供给的需要，同时在调剂物价、巩固边币问题上起了绝对的作用。

因此，今后政府应将发展公营工业，看成为发展边区经济、保障供给、调剂物价、巩固金融的重要部分。必须加强领导，更有组织有计划地发展，求得在上述意义上起更大的作用。

（《发展公营工业的意义》，1943年4月）

从1938年起，五年来，政府经营的供给工业是继续不断地在发展着的，特别是最近两年来，部队努力建设的供给工业的发展，到现在是奠定了公营供给工业的雄厚基础，起了保障供给、调剂物价、增加财政收入的伟大作用。

（《整财问题（草案）》，1942年）

公营工厂三年来在军事上起了保卫边区及支持抗战的作用，在经济上保障了布匹60%，纸张80%，肥皂100%以及其他……之自给，平抑了物价的高涨（产品只及外来品80%价格），另有一部分向外推销，调剂贸易。

（一）在保证物资供给方面：

1. 军火方面：军工局一厂三年来创造了造枪厂（二厂）及无烟药厂的设备，供给了前方（120D）一部分机器及延安各厂部分的机器（详见另外报告）。1943年拟完成全部做子弹机器两套（34架）。二厂（现已归并到120D）即枪厂供给了边区内枪支的补充（另外做一批大车）。三厂（现已归并于一厂）供给了保卫边区部队所用的炸弹及20余万发子弹，并前方底火和白药。明年拟日产无烟火药80磅，硫酸300磅，硝酸120磅，及月产子弹4万发（开工半年），以此可以解决全边区所需之硫酸（剩余向外推销）及各个根据地所需之无烟火药。修械所（现已合并到留守兵团兵工厂即旧农具工厂），保证了留守兵团及延安各部队机器枪支的修理。留守兵团兵工厂1943年拟生产十万枚手榴弹（年产）；现在月产五六千枚，军工局修理部修理一部分动力及汽车零件（弹了军委系统所需旧棉花）。

2. 军需方面：石油（延长石油厂及永坪分厂）百分之百地保证了无线电台及各机器工厂所需之各种石油，并供给了一部分汽车及点灯用油，且月产百箱洋腊向外推销。1943年拟打新井两口，预计月产各种石油2500余桶。全边区所需石油（灯油在内）可以保证，但经费须先有着落，否则仍归空谈。

药品（卫生材料厂）保证了边区及晋西北所需之药材，及供给了前方之一部分。医药工厂现因原料及经费之困难，已形成半停工状态。无线电材料（三局）供给了各个根据地全部无线电器材（现在不供应灯泡、电池）及电信员。

3. 政治文化出版事业方面：

纸张（各纸厂）今年供给出版 80%，明年供给出版 100%；

印刷（共四厂）供给全部政治文化出版事业；

油墨（中央印刷厂）黑油墨供给 100%。

4. 一般日用品：

肥皂（共二厂）供给 100%，另有酒精、粉笔等；

毛毯（共二厂）今年产 15000 床；

毛线、毛毡、毡帽、毡鞋、弹棉花；

手巾、袜子、铜扣子、陶瓷品、玻璃；

食油、灯油、洋腊（月产 100 余箱）。

5. 农工器具：运输工具、纺织机、犁铧、大车、鞍架、锄头等。

6. 矿业：石油月产 1200 余桶；食盐供给 100%，且大部分向外推销；还产不少煤炭。

……

（二）在巩固经济方面：

1. 保障自给，如布匹供给 60%，纸张 80%；

2. 稳定物价，如本地产品只及外来产品 80% 之价格；

3. 成品输出换进必需品，如肥皂、毛毡……

（三）倡导工业的发展方面：

1. 培养训练了管理干部及技术工人，如机械、印刷、电信、纺织、造纸、应用化学等工人，并培养一部分初级技术干部（如机器一厂）；

2. 在旧有工厂的示范倡导下，发展了将近 20 个公营纺织厂（现在有些已合并了），20 多个纺织生产合作社，10 处造纸厂；

3. 开展了群众纺纱（棉毛）；

4. 鼓励了士绅、群众办理工业的信心。

（《工业问题》，1942年10月）

第二节　公营厂、矿企业

一、公营厂、矿的管理系统

（一）管理系统与主管机关

我们公营工业是分散经营的。在主管机关查得清的 123 个工厂中；所属系统有 11 个之多。计：1. 边区政府系统（建设厅、财政厅、贸易公司、银行）15 厂；2. 军工局系统 8 厂；3. 中管局系统 16 厂；4. 联司系统 12 厂；5. 各地驻军（一二〇师后勤部、三五九旅、警一旅、警三旅、独一旅、三五八旅、保卫团、中央警备团等）35 厂；6. 各地专署九厂；7. 各县政府（新宁、子长、延安、赤水、新正、淳耀等）8 厂；8. 各地抗联（边区的、陇东的）2 厂；9. 各学校（党校、抗大、延大）11 厂；10. 各机关（军法处、杨家岭、敌工委、总卫生部等）6 厂；11. 关中财经分会 1 厂。

（《边区公营工业的发展》，1944年10月）

（二）主管机关对所属厂矿的领导方式

主管机关与所属企业间的关系，有现行三种形式：报销制、营业制与制造费制。

报销制与营业制是一开始即存在的两种形式，制造费制则是 1942 年以后才产生的形式。据政府、联司、中管局、军工局等系统所属炼铁、化学，纺织、被服、造纸、印刷六业 25 厂的统计，现采取营业制的工厂有九家，采行报销制与制造费制的各八家，似以营业制占多数。如果计及大都采行报销制的各地驻军所属三十余工厂，当以报销制占多数。另十几家煤炭厂部分属报销制，部分属营业制；还有十几家大车木工厂则大都为营业制。因之，营业制当占次多数。采行制造费制的仅有上述八家，占少数。这是就现在比重而言的。论发展的趋向，由报销制转为营业制的两家，由报销制转为制造费制的三家，由营业制转为制造费制的两家，但无相反的转向。报销制之趋向没落，营业制尤其制造费制之趋向上升，是显而易见的。

报销制就是工厂生产所需的一切原料和经费，按预决算制度向主管部门领取与报销，生产出的成品，统统交给主管部门处理。所以严格说来，作为行政部门的供给部的性质是很浓厚的。

这种制度的产生，有许多条件在起作用的。首先，那些（行政）部门办厂的目的，就是要解决自己一定的供给问题，如办印刷厂、药厂、铁厂等并不想在市场上出卖或者也无力在市场上出卖，因之，它当然不能也不必要采取营业制。其次，当初人们办厂是缺乏经验的，不懂得要什么经济核算，要什么企业化，仅有的办法和经验，就是原有的报销制度。所以也就很自然地移植到工厂上来，一若将津贴制移植过来一样。再次，工厂初创，各方面都不正规，干部经验也很不足，要做到立刻就能有计划地有核算地开支是困难的，那么，只好采取预决算制度，用到哪里就算到哪里。这是报销制发生与存在的三个主要条件。

但是，报销制度对于工厂企业化、生产合理化，有许多方面的弱点：

首先，在管理工厂方面，它只问上级给的任务是否完成得了，一切开支是否报销得了，至于为完成这些任务所开支的一切是否合理，则是谁也不问的。在主管部门方面，只看任务完成就行了，也不讲究所属工厂的开支合理与否。在这种工厂里的预算决算制，原似为讲求开支的“合理化”而设的，但是预算根据什么呢？既没有成本计算，主管部门与工厂彼此相隔往往又很远，情况并不了解，厂方只怕预算做小了不够开支，主管部门只怕预算做大了，浪费了，于是厂方就想多报一些，主管部门就要少批一些，久而久之，渐渐形成了一种规律：厂方要尽可能多报（预算）些，好让上面打折扣下来够开支，主管部门也知道厂方尽量多报，就尽可能多打它几个折扣。一个要多加几成，一个要多打几个折扣，就是在这样“捉迷藏”式的情况中过日子。这是整个报销制度中的公开秘密。至于决算呢？尽是些乱七八糟的单据交上来，你没有预算做根据，凭什么去审查其开支合理或不合理呢？结果，只要开支的款项有了单据，就算很好了。同时，市场是带有盲目性的，有季节性的，购置原料，必须事先有计划地进行才不至出毛病（例如卫生材料厂，造药许多是有季节性的，原料必须事先妥为布置）。但在报销制下，因无多余资金作为周转，往往就不能做到。如此种种原因，造成报销制度下极大的浪费现象。自然，如果主管机关勤于检查和调查研究，未始不能减轻这些病象，但这种制度本身原就存在着上述根本弱点，要彻底克服是很困难的。

第二，因为厂方事事要找上级主管机关解决，即令是毛驴子、马干、病人等零星细小问题也不例外。主管机关就成了工厂的“总务头子”，整天陷于事务主义，应接不暇。如果，主管机关抓得更紧，则此种情况就更严重。什么调查研究工作，什么从政治上、从原则上去领导，只能止于说说而已。这在工厂管理人员（厂长等）来说，很自然地养成了他们（眼睛向上）一味依靠上级解决问题的坏习气。做厂长的，大都愿意本厂有些积蓄，好把工厂慢慢扩大起来，这是自己办厂的成绩。然而，这制度下（不容许给多余一点资金或利润）没有可能。厂长往往想扩大或改良一点什么设备，办一个俱乐部等，但往往不获批准，（自然主管机关经费困难）使得一些革新的兴趣也渐渐丧失了。事不分大小，都由上级包办，没有给厂长独立思索的机会，思想自然渐渐懒惰下来，“当一天和尚，撞一天钟”。总之，厂长等工厂干部的积极性、创造性的发扬，在这种制度下，是比较困难的。军工局系统工厂发展副业建立家务的工作，较一般工厂落后，干部思想上也不够重视，简直没有建立家务的概念（如茶坊），自己不设法改善工人生活，反而往往归咎于上级（如炼铁部），这就是和依赖性分不开的。

上述这一切毛病都就一般而且撇开其他因素来谈的。在实际上因为其他种种因素，行此制的各厂所表现出的毛病，程度是不一致的，有些厂（中印厂）并不显得那么严重。

所以从 1943 年厂联会强调了经济核算之后，有一些工厂即开始改变报销制，一部分改成制造费制度，一部分改成营业制度。其所以改成制造费制度而不改为营业制，是因为这些工厂的产品是专供主管机关自用，无多向市场出售，如振华总厂、分厂，延园纸厂、边纺厂、边区被服厂、交通工厂等。所以要改为营业制，而不改制造费制，是因为工厂出品主管机关需要无多，大部分须出售于市场之故，如联司属石油厂。

这些改变，对于这些工厂的改进是起了许多作用的。例如，石油厂的改变情形：

“本厂自去年 4 月 1 日起改变性质，由供给为主改为企业为主供给为副的国家企业公司性质，此一改变对于本厂经济与发展前途实有裨益。过去因系供给制，经济困难，有时一般开支尚余不足，故每开掘一新井，如烟雾沟，延长七里村等井，因经费无着，燃料缺乏原因，在打井中间停整不止一次，开掘一井时间延至一年之久（烟雾沟‘二井’延长‘一井’），对于本厂发展上实受影响。关于这问题本酝酿已久，至去年方由上级决定一切开支完全自给，利润之分配以 40% 向上级交款，40% 归本厂积金，15% 作为职工分红，5% 为社会保险费，并规定今年应盈余 300 万元的任务。本厂为完成上列任务，开源节流实为当务之急，拟订生产计划，增加收入，裁并组织，节省开支次第实行。”因为增开新井，改善质量，增加工时，改津贴制为工资制，订立了奖惩制度，以及精简的结果，该厂去年产量提高四倍光景。

转变还只是开端，目前实行报销制的还占多数。事实上这些工厂中有许多是有转变的必要与可能的，但是由于主管机关思想上没有认识清楚。据初步观察，有这样三个疑虑没解决：1.“我们的工厂是供给性的，怎能改变呢？”这，事实已做了答复了，三个纸厂及被服厂、交通厂都是供给性的，但他们已改成制造费制度了。2. 改成制造费制或营业制，“要多拿钱给工厂”。不错，制造费制规定给工厂工资的 20% 的利润，营业制中有一部分做工厂积金，是要多拿钱，但这样多拿钱是否必要呢？是完全必要的，前述各实行报销制的工厂所以常发生资金困难，耽误了及时购买原料以致停工者，就因为没有这“多拿钱给工厂”的缘故。退一步讲，多拿钱给工厂，固然要使主管机关少了一些资金，但请问在这“多拿钱给工厂”之前，主管机关也不常常闹经济困难吗？可见多这笔资金，并不能解决经费困难问题。反之，像转变后的石油厂那样提红 40%，不是更有利些吗？因之，多拿钱给工厂是完全必要的。所以毛主席在订1943年工业改革计划中规定“建立经济核算制，克服各企业内部的混乱状态”一项下第一条即指出：“每一工厂单位应有相当独立的资金（流动的和固定的），使它可以自己周转，而不致经常因资金困难，妨碍生产。”1943年厂联会上亦有同样的规定。自然，这个疑虑的背后，存在着思想问题，那就是单顾财政而不顾工厂发展的短视眼毛病，那就是把工厂当作供给部的过时观念，而这种过时观念，党早就指出“是必须打破的了”。3．怕改变后工厂闹独立性，管不住。如果，闹独立性指的是政治上、原则上不受领导的话，那是思想上的毛病，应从思想上去治；如果，指的经营上相对独立性，那是应该的。洛甫同志在1943年厂联会上，就已指出：“为了经济核算，政府方面必须保证各工厂以一定自动流转的资金，在经济上同它发生平等的买卖关系，尊重它在经济上的相对独立性，使之独立地发展下去。”

营业制和报销制一样很早就存在。它产生的条件是所产的东西非主管机关所需要或所需很少，需要出卖。营业制给实行经济核算以鞭策的力量，因为，价不廉，物不美，就不行。这是远较报销制优越的地方。这次工代会的自我批评展览会上，可看到业余鞋厂和皮革厂鞋的质量较新中国鞋厂、交通工厂的好。业余鞋厂是一个厂长（亦即师父）带10个学徒的小工厂，又没有开展“赵运”等，其鞋质较好的原因，就是因为它是营业性的，不好，人家根本不要。新中国鞋厂、交通工厂虽有许多技工，也发动过“赵运”（搞得不好），但因为赶任务的关系（还有其他原因），质量就很差。这就是一个例证。

但在商品经济不发达，与“自己动手”“自给自足”的情况下，有许多生产是不能也不应实行营业制（即商品生产）的。例如，难民工厂在1942年改行制造费制前还是营业制的时候，“产品在季节性的限制下，推销上曾遇到许多困难，就是货缺了，不卖给商店，货贵了，商店当然不买。例如，毛织品，春夏就无人过问，工厂又没有多的积存，此时便影响了资金的周转”。又如，“今年中央管理局的实验工厂，毛制品在此时不易推销。又无大批资金存积，影响二三月工资停发，生活标准减低（过去1月九顿馍，现在减至六顿馍），因此困工厂于拮据的境地。”厉害些的搞得生产过剩，如延安市的大车业就是这样。

这些困难，如果采取制造费制度，对工厂来说，就可以避免了。所以难民工厂等就改行了制造费制。如布匹原是财厅所需的，但以往财厅不向难民工厂订货，而向远处买，徒花运费人力，而难民厂则闹上述的困难，生产受威胁。在此两相脱节情况下，改营业制为订货制、制造费制是很恰当的（但如果生产品不能由公家要下来分配，如大车、肥皂，而且供给原料公家要花比厂方更大的力量（厂方熟悉专业）时，改成制造费制，就是不经济的了。建厅未接受化学厂的请求——“统一由政府供销”其故在此。同时，上述受市场盲目性影响及购买原料上的困难，在营业制下边，也是可以克服的）。

制造费制度，即是由政府（或其他主管机关）供给工厂原材料，定做货物，并付一定制造费，其中包含工资的 20% 的利润。这种制度保存了报销制度的供给性方面（如需用机关定做），但克服了它的弊病，因为制造费制度本身就是严密的成本计算，严密的计划。它又给予厂方一定的利润（如现行的 20% 的利润），使它可以积累财富，建立家务，也有相对独立周转余地。厂长们工作的积极性也因之提高了。对于营业制来说，它又保有它的优点——经济核算方面，克服了它的弱点——即不受市场盲目性的影响。因之，它是一种比较完美的供销制度。自然，如前面提过的，它不能普遍地使用，就是说，为出卖而不是为了直接消费的生产，仍只能是营业制，而不能用制造费制。

制造费随着生产力的提高会逐渐降低的。例如，原定每匹大布制造费四斗一升，后来（去年秋间）实际上只要二斗四升多些即成。比如，纸的成本去年振华总厂每令一石一斗二升四合，今年头三月降至九斗七升四合二勺，振华分厂亦由九斗零四合降至八斗。譬如被服厂全套单衣制造费去年上半年三斗九升三合七勺，今年春一斗七升，减了几乎三分之二。实际的制造费降低，政府给的制造费亦应降低。但这是工厂生产合理化的结果，是职工积极性创造性发扬的结果，政府发给制造费是否应和实际制造费完全一样地降低呢？如果完全一样，使职工的努力，获取不到一点报酬，对于继续发扬他们的积极性创造性是有妨碍的。因之，应根据公私两利的原则，规定一定部分给予工厂做积金，一定部分给予职工做红利或奖金，似属必要的。

在制造费制度下的质量，大抵较营业制下容易成问题，因之严格执行规定的质量标准，是十分重要的。在财政厅验收布匹时已这样做了：或者扣钱，或者退回。收鞋方面，也开始这样做。这是十分必要的。但在纸张方面，过去因需要急，似乎没有这样做，今后有改进的必要。以上是执行制造费制度应该注意的要点。

归结起来说，报销制度是不符合于工厂合理化、企业化原则的制度，因之，除了特殊情形以外，一般地必然趋向没落——或是转变成制造费制（必须保证直接供给的生产部门），或是转成营业制（必须通过市场出卖的生产部门），乃是必然的与有利的趋势。这两种制度，又将看自给经济与商品经济发展的状况而变化。

这就是我们如何处理主管机关与所属企业间的关系的方针。

（《边区公营工业的发展》，1944年10月）

二、公营厂矿企业

（一）纺织厂

1. 公营纺织厂发展概况

（1）发展总述

在 1938 年之前，边区的布匹完全依赖从外边输入，在沿黄河的数县仅有的农村家庭纺织，也在日趋锐减中。1938 年政府创办了难民纺织工厂，当时只有 8 架织机和 10 个工人。1939 年“工合”[①]投资及民间集资创办了安塞和延安两个纺织合作社，难民工厂也扩大了。1940 年朱总司令提倡纺毛运动，自己动手解决穿衣问题。1941 年公营纺织工厂从 1940 年的 4 家发展到 30 家，工人数目增长到 2000 多人，各机关部队差不多都办了或大或小的工厂（其中以三五九旅的大光纺织厂为最大，1942 年春有铁机 45 架，木机 88 架，工人 225 人）。……

1942 年许多公营纺织厂实行合并，工厂数目减到 22 家，工人数目仍为

① “工合”即中国工业协会西北办事处延安事务所，详见本编第三章第一节。

2219 人，年产大布 22000 余匹，已足供给部队机关人员需要量的一半。

1943 年边区的公营纺织厂 21 家，职工 1357 人，有织机 449 架，产量则提高到 32969 匹大匹，自给了部队机关、学校人员需要量的 70%。……

1944 年公营工厂产布约为四万匹（增 21%），……

纺织业除弹毛、轧花、弹花有少数利用水力畜力动力之外，完全是手工业性质，公营工厂所应用的织机主要是脚踏的铁机，……除织机之外，浆线、络经、整经、络纬、染色、整理等过程也都全靠手工。

在 1941 年以前，除土机以土纱为原料外，工厂的手拉木机和铁机都以洋纱为原料。1939 年以前从山西输入，1939 年以后则由西安、宝鸡输入。后来洋纱输入受封锁，才开始织洋经土纬的“半洋布”。因为手拉机和铁机动作较速，土纱不能用作经纱。1942 年后，公营工厂曾大量生产一种完全用土纱的双经单纬布，但质量很不好。1944 年工厂代表会议后，用单经单纬的土纱织的布，则质量并不低于用洋纱织的布。现在，边区的纺织业已完全与洋纱脱离了。

土纱的来源，大部分依赖农村妇纺。据 1944 年统计，边区共有纺纱妇女 152645 人，全年共纺纱 166 万斤，除其一部为自织成布之外，一部供给了公营工厂、合作社与私营工厂作为织布的原料(通过工资或是买卖的形式)。有些工厂曾试行采用“七七纺纱机”或其他纺机，但尚鲜成效。

边区的羊毛纺织业出品有毛呢、毛毯、栽绒毯、棉毛合织的毛布、毛线、毡、毛口袋等，除供边区需要外，尚有一部分输出境外。公营的难民工厂、陇东联合工厂、三边新塞工厂，公私合办的元华工厂，都兼营毛织，专营毛织的有公营纬华工厂、新中国实验工厂……

边区的养蚕及丝织业，在政府提倡之下，近年渐趋恢复。……公营丝织厂有瓦窑堡的交通丝织厂，有工徒 21 人，织机 10 架。

（西北局调查研究室：《边区经济情况简述》，1948年2月19日）

（2）1942 年 8 月公营纺织工厂生产概况：（见下表）

名称			现有设备			8个月来工务状况						总计年产	附注
			铁木机(台)	手拉机(台)	毯机(台)	逐月产量			每月平均量			可能产量	
						月份	粗洋布(匹)	毛毯	开机数	生产人数	平均产量		
直属	建设厅	难民工厂	50	20	20	1	352.5	779床	铁30 木7	208	粗洋布 474.6	最高8000匹 最低7000匹	1.工房设备不增加 2.增加体强之工人，学徒120人。 3.每月原料须存有三个月原料，以资流动，若人力补足布最高10000匹，最低8000匹。
						2	230.5	564					
						3	419	928					
						4	443	1128					
						5	505	649	毯10	36	纯毛毯 911.5	最高20000床 最低18000床	
						6	260	854					
						7	607	1190					
						8	620	1200					
						共计	3797	7292					
	军委供给部	交通工厂	20	20		1	145		铁16 木8	122	粗洋布 278.1	最高5500 最低4000	1.厂房机件被水冲失修配费须30000元。 2.厂房若暂就原有平房尚须建15间厂房。 3.须补充强健工人或学徒65人。
						2	90						
						3	191						
						4	422						
						5	209						
						6	390						
						7	590						
						8							
						共计	1947						
	中央管理局	团结工厂	3	39	1	1	250.4		铁3 木22	63	粗洋布 232.7	最高5000 最低3500	1.无须增加设备。 2.须补充强健学徒80人。
						2	271.5						
						3	167						
						4	160	66					
						5	195	55					
						6	250						
						7	237.5						
						8	224						

	建设厅							毯5	24	317床	最低6000床	12000匹
	留守处	兴化工厂	3	11				木7	28	粗洋布60.6	最高1800匹 最低1500匹	增加工徒30人
	保安处	公益纺织厂		5							最高500匹 最低450匹	
	建设厅	织校实习工厂	2	2							最高500匹 最低400匹	
绥德分区	三五九旅	大光纺织厂	5	103	5					毛毯： 最高4800床 最低3600床	最高12000 最低8000	米脂国营工厂已计入全织土布产量要减低二分之一。补兵工90人。
	绥德保安处	保安团纺织厂		13							最高1800 最低1200	
	绥德专署	新华工厂		7							最高700 最低650	
	绥德专署	大昌纺织厂		4							最高500 最低400	
	特委	新民工厂		3							最高400 最低350	
	公安局	新华工厂		3							同上数	
陇东分区	专署	救亡工厂		8							最高800 最低550	
	385旅	益华工厂	6	6				铁3 木5	12	粗洋布36匹	最高750 最低600	
关中分区	留守团司令部	纺织工厂		5							最高500 最低420	
总计			94	244	32					粗洋布 毛毯	最高39390匹 最低29390匹 最高32800床 最低27600床	

注：

1. 各工厂纺纱部大部停工，未计人。
2. 公营工厂专纺无织者（如高等法院纺织厂、三边毛织厂、新中国实验工厂）亦未列入。

（《公私营工厂、手工业及煤矿调查统计资料》1942 年 12 月）

（3）建设厅直属纺织厂历年发展统计表

陕甘宁边区建设厅直属纺织厂历年发展统计表

厂名	项别＼年份	1938	1939	1940	1941	1942	1943	1944	1945	合并
难民工厂	职工人数	工徒15	70	72	135	126	161	164		
	产量	布(2.5 × 104)120匹 毛毯一床:	2329匹 —	2494匹 419	5016 7759.5	5598 9739	7525 2895	4387.43 2440	4203.149 2122.5	布31672.179匹 毛毯25475床
	生产效率									
	工具设备	铁机4台	20	22	27 本机18台	30 14	52 15	52 12	50 6	
边区纺织厂	职工人数						174	167		
	产量					布12413.8匹 （大小折合不一致）	8245.7	6269.035	3794.47	布30723.005匹
	生产效率									
	工具设备						铁机33台 木机49台	33 52		
纬华毛厂	职工人数				61	40	57	73		
	产量				毛呢毛布67匹 磅线4145磅	24匹 4357磅 毛毯3216床	542.11匹 22732磅 992床	1058.5匹 10745磅 1139床		1692匹 41379磅 5257床
	生产效率									
	工具设备							弹毛机5台 纺纱机19台 毯机5台		

（《历年边区工业概况材料之一》，1946年）

2. 难民纺织厂

(1) 建厂简史

本厂创始于 1938 年 8 月，起因于国际友人兰道尔先生捐款 9300 元，意欲建设卫生材料厂，解决边区医药卫生的需要。创始人为吴生秀、袁光华、朱次复三同志，吴为厂长，袁为工务科长，朱为技师。厂址初设于安塞县二区高桥镇，嗣因该处交通不便，迁至延安县西川口。8 月底，国民政府拨来银款 10 万元，即以其中之一部分开办本厂，改名为难民纺织工厂。该厂先属民政厅，后归建设厅，至当年 12 月开工时，资本不过万余元而已。

1939 年 6 月中旬，因河防吃紧，为安全计，建设厅决定迁厂于志丹县永宁山，该地形势虽极险要，但交通不便，设厂困难，至 1941 年 1 月，最后决定在安塞县二区段庄建筑厂房，当年 7 月由永宁山迁来现址。

1939 年中共中央财政经济部成立后，该厂即于当年 12 月改隶中财部工业处，资本增至 5 万元。1940 年 6 月底，复增至 15 万元。11 月该厂又改隶于边区建设厅工业局，资本至年底增至 25 万元。1941 年第一次增加资本为 35 万元，年底又增至 70 万元。以后逐年盈利均转为资本。同时因币值变动原因，现在该厂资产积累估计在千万元以上（包括该厂向外投资，计定边毛织厂 29 万余元，靖边毛织厂 5 万元，靖边油房 2 万元，安塞三八纺毛厂 3 万元，安塞门市部 3 万元，清涧纺织厂 14 万元，物资局 30 万元，延安大生栈 16 万元，边区联合商店 3 万元，本厂大生合作社 30 万元，砖窑湾民运栈 2000 元，本厂农业及副业生产数 10 万元）。

（《难民工厂调查材料》，1943年6月30日）

① 厂名——原名难民毛织工厂，位于延安西区川口，后因人、物、财力的缺乏，于 1938 年 11 月底又将原设在高桥之难民棉织工厂合并于本厂，遂改为“难民纺织工厂”。

② 开办年月——1938 年 8 月份首由民政厅筹备，该月 20 号后交建设厅，选就厂址于延安西川口，在半修半工的原则下，10 月 1 号开袜机子一部，12 月份正式开工。

③ 厂址更动年月——1939 年 6 月中旬，因河防紧张，恐妨工厂安全，

接建厅急令，于10天内即将工厂移于保安三区之永宁山。因该山形势险要，设厂不便，所以一方维持工作，另方请商上级，直到1941年1月份，决定现址，安塞二区五乡之段庄，3月份正式建筑，虽在7月份迁移过来，但仍为半建筑半工作状态。

④ 隶属机关——1938年8月首为民政厅，该月底交与建设厅，至1939年年底又交中财部所属之工业处，1940年10月间复交与建设厅之工业局。

⑤ 资金——民政厅筹办时，准备将外国医生兰道尔先生的9300元全部拨来。交建设厅后，第一次（8月底）计划为3000元。第二次（10月份）计划为1万元，但至该年12月份，已实用了39000余元，所以于1939年2月份拨为3万元。1939年年底拨为5万元，而实用了7万多元。1940年6月底，增至105万元，年底增至25万元。1941年第一次增至35万元，至6月底又增至70万元，即现有资金。此外，还有1940年的纯利8万元尚未转账，向银行借了25万元亦在此外。过去纯利完全转为资金。

（吴生秀：《本厂工作报告》，1941年8月11日）

① 组织机构与职工数目：该厂组织机构历年来已数经改变，现在厂内组织系统有如右页图：

棉织、毛织、总务三科均设正副科长各一人，其他各科仅设科长一人。制造部设正副主任各一人，正主任由技师兼任。各股另设股长，有的股长系由科长兼任。棉织、毛织、弹纺三科，各设有统计员、记账员一人至二人。各组设组长，由不脱离生产之工人兼任。

该厂历年来职工人数统计如下：

项别 年份	工人	学徒	职员	杂务人员	儿童	总计
1938	11	21	7	6	—	45
1939	47	63	23	16	—	149
1940	47	90	46	21	—	204
1941	113	252	65	53	25	509
1942	155	109	43	33	29	375
1943	255		37	26	—	318

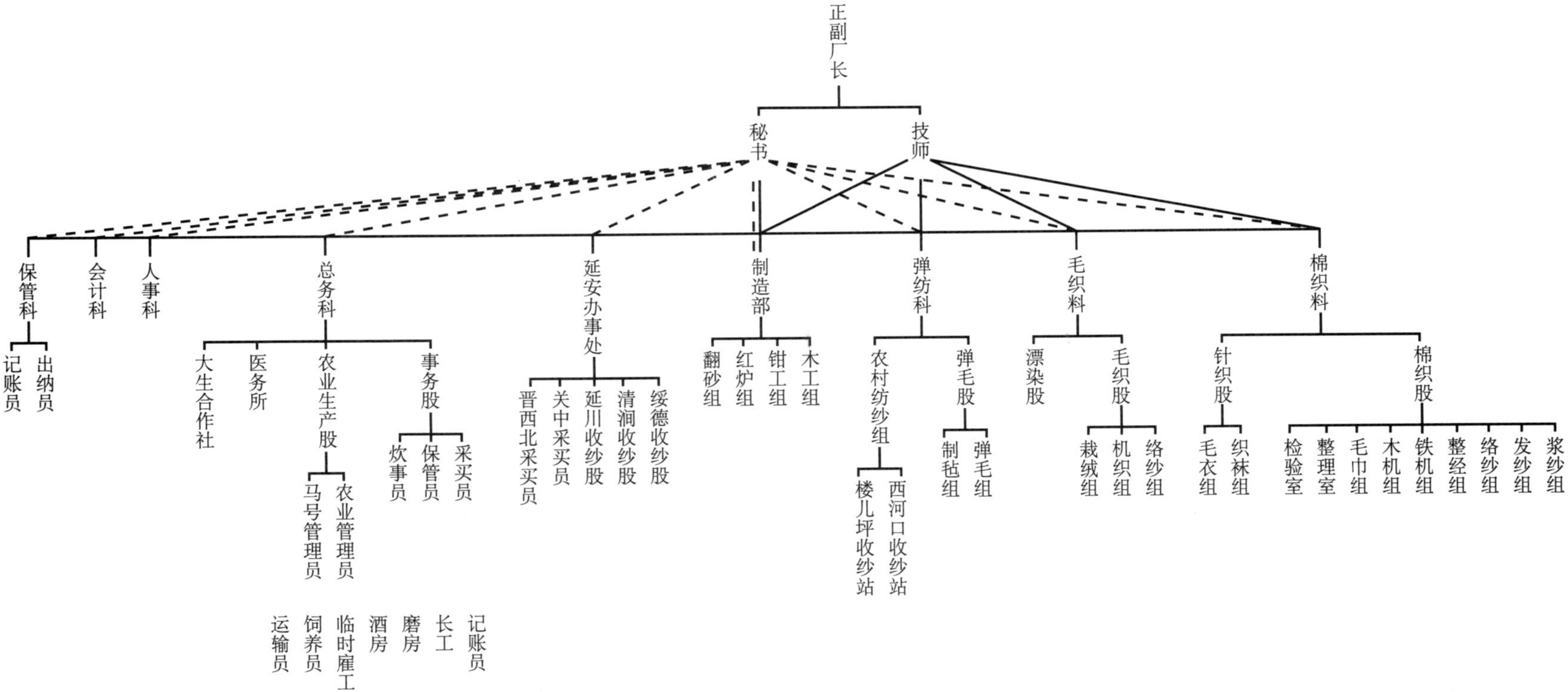

注：实线表示领导，虚线表示联系

注：1938 年至 1942 年份均为年底数目，1943 年系 5 月底职工数目。

② 现有设备

房屋 120 间；窑洞 210 孔；大礼堂一座（可容千人）；马三匹；骡 19 头；铁机 38 台；木机 18 台；毛巾机 6 台；合股机七台；整经机 4 台；络纱车 104 架；缝纫机 1 架；织袜机 8 台；6 寸织毛衣机 1 台；水力动力机 1 架；大弹毛机 2 台；畜力小弹毛机 1 台；打毛机 2 台；木工工具全套共 4 份；二尺车床 1 部；老虎钳 8 副；大小手摇钻 2 部；小钻床 1 部；木旋床 3 部；木钻床 1 部；汽车发动机 1 座；翻砂工具 2 套；红炉 2 座；砧子 2 座；铁锤 10 把。

（《难民工厂调查材料》，1943年6月30日）

（2）逐年机械安装统计

<table>
<tr><th>年度</th><th colspan="2">织布机</th><th>织毯机</th><th>纺毛机</th><th>弹花机</th><th>毛巾机</th><th>袜子机</th></tr>
<tr><td>1938年年底</td><td colspan="2">4</td><td></td><td>2</td><td>1</td><td>2</td><td>5</td></tr>
<tr><td>1939年年底</td><td colspan="2">20</td><td>1</td><td>15</td><td>2</td><td>2</td><td>2</td></tr>
<tr><td>1940年年底</td><td>铁20</td><td>木2</td><td>5</td><td>4</td><td>3</td><td></td><td>2</td></tr>
<tr><td>1941年上期</td><td>27</td><td>15</td><td>12</td><td>12</td><td>3</td><td>1</td><td>3</td></tr>
<tr><td>合计</td><td colspan="2">共88</td><td>18</td><td>33</td><td>9</td><td>5</td><td>12</td></tr>
</table>

（吴生秀：《本厂工作报告》，1941年8月11日）

（3）历年生产状况

① 从建厂到 1942 年的生产情况

该厂开始建立时，是以毛织为主要生产。虽然棉毛两厂合并，因受技术上的限制，同时棉纱收购较易，遂改为棉织为主，毛织变为研究试验性质。至 1940 年，毛织品才有些改进，1941 年开始发展，出品较多，但因原料与技术关系，该厂至今仍以棉织为主要生产。其历年产品种类及数目统计如下：（见下页）

棉织科是该厂主要的生产部门，人员配备向来占多数。据本年 5 月底统计，全科职员 5 人，工徒 189 人，占全厂职工总数 61%。过去产品因供给市场需要，种类甚多。本年因洋纱来源困难及产品改为供给公用性质，由财政厅向工厂订货，故仅出产土布及线经毛纬的毛布和毛巾，其他产品已停止生产。

种类＼年度	单位	1938	1939	1940	1941	1942	总计
粗洋布	匹	100.5	1200	1205	4248.4	2551.3	9305.2
里子布	匹		763	566.8	334.6	336.5	2000.9
细洋布	匹		20.9	187.9	6	438.1	652.9
土布	匹		1.5	217.6	181.1	2132.8	2533
纱布	匹	40	75.5	565.3	634.4	230.5	1545.7
帆布	匹		103.5				103.5
毛呢	匹		116.8	142.4	114.7	38.3	412.2
冷布	匹		63.5				63.5
色条布	匹		41.5				41.5
斜纹布	匹		161.5	123.5	104.7	191.3	581
毛巾	条	2713	16278	720	5332	14047	39090
毛毯	床			419	7859.6	10071	18349.6
栽绒毯	床				3	54	57
毛线	磅					938	938
毛纱	斤	173	2637	5103.4	1828.7	6239.5	32433.6
棉纱	斤			1253.3			1253.3
毛袜	双	99	5718	949	1471	8	8245
毛衣	件	90	387	74	5		556
围巾	件	50	6				56
线衣	件	20	23				43
套帽头	顶		5				5
毛被套	床		27	329	2573	1258	4187
毛毡	床		28	312	1733	2080	4153
毛口袋	个				815	260	1075
毡鞋	双					89	89
线袜	双	8820	11234	335.3	16811	11959	52177

毛织科现在出品为军用毯、色毛毯、提花毯、栽绒毯四种，色毛毯、提花毯及栽绒毯虽然供给公用，但因收回的毛纱有一部分粗纱，不能用来织布，同时市场上也需要这些产品，所以仍然继续生产。

弹纺科除弹毛收纱供给棉织毛织两科织布织毯外，目前出品有条毡被胎两种，系利用弹毛时打下的废毛或用废毛纱制成。出售后，可降低其他产品的成本。

该厂制造部木工、钳、炉、翻砂各组，可以制造和修理纺织用的一切工具器械和零件（现在只有钢综一种自己不能制造），除本厂应用外，并供给其他纺织工厂购用，对边区纺织事业的发展有些帮助。

在生产技术的改进上，难民工厂是有许多成绩的。该厂技师朱次复同志对纺织机器具有钻研精神，自开厂至今，经他改造做制和创造的工具机器不下数十种，举其要者，如竹箱及织布梭仿制，立式水轮动力机，木车床及卷经轴机的创造，打毛机、钻车、合股机的改造等，为该厂解决了不少器械工具上的困难。制造部学徒周景升将铣纬管与钻孔合并在一个木车床上进行，增加产量不少，也是一种创造。

该厂织布的技术也不断提高，如1939年织细洋布，起初只能织到每寸28至30纬，面宽24寸，至1941年年底，已提高到每寸35至40纬，幅宽25。1942年以洋纱来源困难，开始试织土布，当时织布工人毫无信心，经该厂棉织科股长袁光华同志自告奋勇用机试织终获成功。在解决原料困难求得自力更生的意义上讲，实为边区纺织事业的一种成就。

在染色方面经该厂毛织科科长刘佐魁同志试验用植物染料染色，现已大批采用当地出产之黑格兰根、栾树叶、蓬蓬草等植物染料代替一部分化学颜料，这都是该厂改进技术克服困难的一些成绩。

（《难民工厂调查材料》，1943年6月30日）

②1943年开展整风运动生产逐月上升

A. 难民工厂的整风是5月份开始的。从5月始，生产量逐月上升：4月生产486匹，5月生产500匹，6、7月继续上升，8月生产1006匹，产量比4月份增加一倍多。

B. 工数的减少：

去年铁机织每匹土布需8.78工

今年3月份铁机每匹土布需要6.548工

今年8月份铁机每匹土布需要4.825工

8月份每匹土布比3月份节省工1.723个，占26.4%

今年大机1月份每匹需工15.72工

今年大机 3 月份每匹需工 8.775 工

今年大机 8 月份每匹需工 5.932 工

8 月份比 3 月份每匹节省 2.843 工，占 32.4%

C.5 月份以来布的质量提高了：

纬数(每英寸)	重量(每匹)
土布28纬以上	12斤左右
毛布23纬以上	19斤左右

D.5 月份以后工友们爱护工具及节省了原料：

修理机的时间缩短，在 6 月份修理机时间 123 天（每天 10 小时计算），7 月份 111.45 天。8 月份 103.42 天，9 月份 92.8 天；在 5 月份以前每天修机 30 次，8 月份每天仅修理 15 次。机子的损坏数量是减少了。

纱的损失浪费也减少了，6 月份废纱 134 斤，每匹布平均有 0.31 斤，7、8、9 月平均废纱 222 斤，每匹布平均为 0.197 斤。

今年 3 月份生产布 272 匹，废纱就有 375 斤，8 月份生产 1006 匹，废纱才 205 斤，同时 3 月份还用的有部分洋纱，8 月份全是土纱了。

5 月以后，“赵运”高潮，络纱的保证了，一尺的纱是接上络，尤其 7、8、9 月份纱十分不好。9 月份是把过去存下的 300 余斤不好的纱拿来用，虽然“女工们哭了点鼻子也埋头络了。”

5 月份王公武（铁机二组的）提出接机纱不用筒子纱，原来铁机三组提出机头纱不超过七寸，起机纱不超过三四寸。

E. 织布的效率提高了。由下表可看出今、去年的不同，各月份的不同，尤其是今年的 8 月份为最，下表是铁机每月平均产量：

	1	2	3	4	5	6	上半年每台平均每月产量(匹)	7	8
1942年	8.86	6.06	9.73	9.81	10.85	12.99	9.88	15.25	15.09
1943年	8.01	7.46	14.38	13.28	13.97	13.35	11.88	18.61	21.65

其他工作部门生产效率也是逐渐上升，8 月每工整理呢子仅一匹，现在（9

月份）每工可整理出两匹。

F. 下表是今年整风前后各月的生产数量比较：

整风后					整风前
月份	8	7	6	5	4月
产量(匹)	1006	911	658	570	486
工人数	212	205	195	176	185
每工每月平均的产量	4.73	4.51	3.32	3.23	2.63

8 月份比 4 月份每工平均产量提高 79.80%。

G.5 月份厂联会后吴厂长和首长洛甫同志到厂开展赵占魁运动，洛甫同志在"工先"报号召工友制订个人生产计划，并帮助工友王武宣订出计划。王武宣同志是木工组组长，他把柴堆里比较大的柴拾出来做材料。

在红炉上的李卫华同志在"赵运"中，一人撑两个炉的锅子，生产提高了三分之一，可以节省两个人。

（《1943年边区工业材料》）

③1938—1943 年布匹生产发展概况

名称	1938年	1939年	1940年	1941年	1942年	1943年
布匹产量(大布)	120	2329	2494	5016	5598	7524
工徒	15	70	72	135	126	161
铁机	4	20	22	27	30	52
木机				18	14	15

说明：

A. 木机一台半折合铁机一台，同时在每年机械设备中经常有 9% 的预备机。

B. 人员项内 1942 年以前包括事假在内，1942 年至 1943 年无事病假，但有试验工程在内。

C. 生产量上 1942 年以前以洋布为主，1942 年以土布为主，至 1943 年 4 月开始完全停止了洋纱的使用。

D.1938 年生产仅一个多月。

E. 工徒人数一项只计织布人数，其余弹纺及工具制造等工人不在内，全厂现有 243 人。

（建设厅：《1943年工业统计表》，1944年4月1日）

④1944年出现了成本亏损

难民工厂1944年生产，在供给政府（财政厅与土产公司）成品中，共亏损折米13666.799斗，秋毛375.74斤。经该厂检查成本增高的原因：

A. 下定以坏纱织好布的决心，提高质量，没有达到预计的产量。

B. 土纱在5月份以前供给不上，影响了一些生产，但开支仍然要付出的。

C. 由于米价上涨，赶不上其他物价上涨的比例。

D. 去年修建及补换机件过多，折旧增加，影响成本提高（如大部分房屋换瓦，织布机大批换零件，把过去是铜的换装铁的）

关于亏本详细材料，以下说明。请准予照去年政府委员会之决定："各厂提高质量，在原料供给不上或质量不好的情况下，不使工厂亏本，影响工人生活，应依实际情形，实报实销。"万望照数早日补发，以利生产为荷。

附损益计算表（见下页）

难民工厂 1944 年盈亏计算表

名称	单位	全年产量	财政厅交量土产公司	折实量	实际单位成本			实际制造费总额	实际领收制造费			盈余	亏本
					制造费	缩洗	小计		制造费	1—3月另加	小计		
单经单纬布	匹	2508.7	2161.5	2161.5	7.122斗		7.122斗	15394.203斗	6962.5斗		6962.5斗		8431.703斗
加捻土布	斤	13148.5			0.31013斗		0.31013斗	4077.744斗	801.54斗		801.54斗		3276.204斗
双经单纬布	匹	1232.7	1173	1158.09	4.001斗		4.001斗	4633.518斗		每匹一斗			
43年结转的双经单纬布	匹		86	86	按43年成本计算4斗		4斗	344斗					
双经双纬布	匹	344.5	344.5	344.5	6.17斗		6.17斗	2125.66斗	4765.7斗	898.98斗	5664.68斗		1438.498斗
毛布	匹	330	330 302.9	349.16	4.515斗	0.712斗	5.227斗	1825059斗		每匹1斗			
43年结转的毛布	匹	121	121	121	按43年成本计算4斗		4斗	484斗	1420.45斗	90.93	1511.38斗		797.679斗
毛呢	匹	594.1	415	363.8	4.2斗	1.591斗	5.791斗	2106.765斗	2384.05斗		2384.05斗	277.285斗	
总计								30990.949斗	16334.24斗	989.91斗	17324.15斗	277.285斗	13666.799斗
净亏本													13389.514斗

附注：1. 毛呢 179.1 匹自售不计亏本。

2.43 年结转的仍以过去成本计算。

3. 其应由政府补发亏损的均以交布数折实量计算。

4. 加捻土布纱 801.54 斗是由供销处扣下纺纱质量差的小米，转付工厂，所以也计入本厂是实收府制造费内。

5. 加捻土布：棉织科加捻 3354 斤，弹纺科加捻 9797.5 斤，合计 13148.5 斤，纺加捻计 342.5 斤，制造费 34.516 斗已均摊在加捻土纱内。

6. 单土布交财政厅 1683.5 匹，亏本 6939.387 斗，交土产公司 338 匹，亏本 1055.236 斗，工厂结交 140 匹，亏本 437.08 斗。

（《难民工厂1944年成本亏损材料》）

（4）工厂管理制度与改进意见

厂内有管理规则、工房规则、奖惩办法等管理制度的明文规定。如建立发纱室，规定工人领取原料时，由发纱室登记数量，络纱工人交回络纱的筒子、纬管都需过秤、查核与原领数目是否相符，并检查废纱是否超过规定数量。如果数量不符或废纱超过时，均须按价赔偿。工人络好的纬管，每盘均贴有络纱人姓名，如果盘上纬管在织布时用垮或不好用，仍放置原来纬管盘上，退回原络纱人重络。建立检验室，规定工人交成品时须检验成品质量，布匹每时纬数须在一定数量以上或重量在一定数量以上，且无油污、破孔、缺经、跳纬，适合标准，否则依质量的低减程度，酌扣原定工资的四分之一至二分之一。每人每日生产数量质量均有登记，为月底计算工资之依据。他如规定工徒每日上工时，必须至本组挂名牌处翻自己的名牌，迟到的，按时间多少给予批评或打旷工的处分。请病假须经厂内医务所医生证明确实有病需要休息，再经股长科长批准。请事假须视假期长短，经过各级负责人的批准。在一个月内不请事病假不旷工的工人，月底发工资时，由厂方加给三天工资，以资奖励。设置红黑板，厂内有值得表扬的事情，就把当事人的姓名和事由写在红板上面宣布加以表扬。遇有应当宣布处罚的事情，就把发生事情的经过及被处罚人的姓名写在黑板上面宣布，借资警惕。这些办法都是该厂在管理制度上的创造和成绩。

但是，这些已经规定了的管理制度，由于负责执行的干部不能认真严格地按照执行，更因平时对工人缺乏教育，不能使其自觉地遵守纪律，结果在生产过程中发生许多严重的浪费现象。工人、学徒遇事稍不如意即拖病请假，不予批准则乱吵乱骂或要死狗不干工作，全厂平均每天请病假事假的有 40 至 60 人。本年 2 月份棉织科全科有 142 人，当月请事、病假竟达 149 天之多，上工时间迟到早退磨洋工借故荒废时间的现象，更极普遍，造成人力上的极大浪费。络纱组在生产中所出的废纱数量本有规定，超过时按章应由本人照价赔偿。但一方面络纱工人时常将很长的断纱随便抛掉，或暗自藏匿在隐蔽地方；另一方面，发纱室的同志在络纱工人交络好的筒子和纬管时，也不过秤，不检查他们的废纱是否超过规定数量，以致废纱数量日益增多，尤以 1942 年 6、7、8 三个月中为甚，当时每天收集起来的废纱有 12 斤到 20

斤之多，每月平均将近 500 斤，而工人私自隐藏抛掉的尚不在内。该厂各生产单位每天有生产情况报告表送交厂长，表上登记本日生产数量和原料消耗数量。棉织科的日报表的废纱栏内 5 月份上中旬的很多天，每天照例填写 5 斤，以前曾有很长时期每天填写 8 斤，实际上变成了形式主义的东西。工房中纬管的浪费也是很大的，有的纬管丢在地上被踏破，有的被工人拿去做了烟袋管，有的遗失或用坏。据统计该厂 1941 年年终工务科盘存纬管时尚有一万个。1943 年一年间，制造部又供给了 5935 个纬管，但在 1942 年年底盘存时，只剩下 6950 个，一年之间，共计耗费了 8935 个纬管，浪费之大，可以想见。在 1942 年 11 月以前，棉织科开动 33 架铁机，70 余架络纱车，每月耗费机油 240 斤，嗣经棉织股长袁光华同志亲自检查、上油，结果一个月只用油 70 斤，证明过去由于加油工人贪污浪费每月机油的额外损耗，即达 170 斤之巨！

毛织科络纱工人络毛纱时，一向是先把整框毛纱络成络子，再由络子上络成纬子。这种络纱方法，在打空心纬子时，有它的好处，但照样用来络纬管，就是人力上的浪费。本年自政府决定织棉经毛纬的毛布以后，棉织科络纱组即开始络毛纱纬管，他们都是用整框毛纱直接络成，不经过络子，纬管也很好用。然而毛织科始终保持着他们浪费人力的方法，没有人提起这种不合理的现象。直到最近，方才被棉织科的工人发现提议改变。

厂内的公物很多职工随便拿到自己家里去用，如盛水的木桶，有家眷的职工每家都有一两个。过去织洋布时，工人随便用洋纱搓线绳子拿回去用。剪刀、扳手、钳子、斧、锤等时常遗失无人追究。仅 1942 年即做了 30 多把扳手，现在已经丢掉一半。制造部工人用公家材料做私活的相当多，如做五角星牌子、刀子等。工务科副科长朱小乙同志等也在上工时间用公家原料铸烟袋，在这上面，厂内的人力、材料浪费不少。

厂内这样管理松懈，浪费重重，积习成风，一些忠实正直的职工，无不心怀愤懑。起初还敢于出面劝阻批评，因时常被落后的调皮捣蛋的工人骂为“看家狗”“溜官害民”，甚至以殴打相威胁，诉之厂方，亦无结果，他们只好装聋作哑瞠目无视。于是浪费之风更嚣张了。

工资制度：该厂工资制度前后已经过五次改变：①1938 年 10 月至 1939 年 6 月，是按工人技术高低及熟练程度将工资分为四等。②1939 年 7 月至

12 月，改为按时计件制，依生产数量的多少，质量的好坏，决定工资的高低。③1940 年 1 月至 7 月实行计时计件制，每三个月评定一次工资。④1940 年 8 月至 1942 年 5 月，改为计件制。⑤1942 年 6 月至 1943 年 5 月，改为计件累进制。

计件累进制工资标准，是以一般工人用铁机每人每月织粗洋布 16 匹，除供伙食衣服外，发给工资一斗六升小米为标准，列为头等工资。所谓计件累进制，是规定 ,1 匹至 12 匹，每织一匹工资小米一升，13 匹至 14 匹，每匹工资一升二合，15 匹至 16 匹，每匹工资一升五合，这样累进到 16 匹，计应得工资小米一斗七升四合，较边区政府及边区总工会原定一斗六升之最高标准，尚高一升四合。16 匹以上，累进率更高，计 17 匹至 20 匹，每增二匹，每匹递增工资一升，就是 17 匹至 18 匹每匹工资二升五合，19 匹到 20 匹，每匹工资三升五。20 匹以上，每增两匹，每匹递增工资五合。因月织 20 匹已为一般工人努力生产之最高数量，如再超过，即使不致损害工人健康，亦必影响产品质量，故工资不再向前累进。据此标准，该厂工资实较政府规定之数高出甚多。其学徒工资，系按工人工资的三分之二计算，同样累进。

该厂产品质量分为福、禄、寿三等，福字为标准产品，发给原定工资。禄字产品扣原定工资四分之一。寿字产品扣工资二分之一。后因发觉工人增加产品数量求得工资大量累进，情愿不求质量，照扣少数工资。遂决定将扣工资改为扣布，计禄字扣布 10 码，寿字扣布 20 码，以刺激工人兼顾质量。

因产品种类甚多，工资虽大多数为计件累进制，但计算方法各有不同。大体均依上述标准适当折合，故除个别部分工资较为突出外，厂内各生产单位的工资，一般相差尚不太多。

制造部制造修理机器零件及工具，均系分工合作，无法实行计件累进工资制，其工资计算方法，系规定最高工资为 2 斗小米，最低每月 6 升，每 3 个月按各人技术高低及工作勤惰评定工资一次。

本年 4 月建设厅召开公营工厂厂长联席会议，为鼓励工人增加生产，彻底做到“做工多挣钱多”的原则，决定试行全部货币工资，仍采计件累进制，现该厂已积极准备，拟自本年 6 月份起实行。

……

怎样改善难民工厂的管理呢？

① 实行经济核算制，以后生产出的每种成品，都要打打算盘，成品是否便宜，质量是否好，产量是否多。每种产品必须看是不是合乎这三个条件，合得来就做，合不来就不做。有了这种制度，才能积极注意到节省人力和原料材料，反对贪污浪费。以后考核一个工厂是否办得好，就要看他办得是否经济。

② 工厂领导一元化。过去的难民工厂，在领导上是多元化的。遇有事情人人都要负责，但什么人也都不负责，结果工人有了事情就要拿着纸条这里跑到那里，那里跑回这里，问题牵延很久无人解决。这种互相推诿又互相闹独立的现象，都是领导上不一元化的毛病。以后整个工厂的领导，只要厂长一人负责，一个科只要科长负责。必须养成下级服从上级的习惯，从厂长科长到股长组长，都要建立领导一元化绝对负责的制度。

③ 发挥技术效能。尽量发挥机器的效能到最高点。负责工务的同志必须经常研究怎样把生产组织得最好，最经济，产量最多，成本最低。机器不能闲起来，也不能让织不出来布的人占着机子，遇到这种情形，应当换织布多的工人上机子去织。在生产问题上，应当发挥技术人员的技术和他们的积极性创造性。把熟练的弹毛工人调去络纱，就是不合理不经济的。有技术的同志应当尽力帮助不会技术的同志学会技术，这样才能使工厂的生产尽量提高。

④ 正确处理人事问题。要做详细调查研究工作，处理问题须把握原则，力求迅速。此外，还要做巩固工人的工作，使工友们安心在厂里做工。过去厂里工徒的流动性很大，刚训练到学会了一点技术就离开了工厂，又换进来一批新的不懂技术的学徒，又要重新训练他们，这样对工厂的损失很大。以后对入厂出厂的工徒都要好好审查一下，对有病或不安心在厂长期工作的人根本不要他们进厂。对想请假离厂的工徒，要调查他们请假是否需要，然后决定是否准假。要把生产积极或经过考验、革命历史较长的同志团结在一起，经常启发他们的积极性，使他们领导与帮助落后的工徒一同前进。以后厂里要建立与认真实行奖励制度，用奖罚分明的事实来教育大家。各科所发生的人事问题，应由本科负责人尽力解决，实在不能解决时，再送人事科处理。

⑤ 加强工厂教育工作，提高工厂纪律。该厂教育工作做得非常不够，尤

其是最近几个月，教育工作已经完全停止是不对的。这是领导干部认为教育不能改变工人的头脑，专以提高工资刺激工人生产情绪的思想在作祟。以后必须加紧全厂的教育工作和文化娱乐工作，教育大家学习好的工作人员和工人，遵守纪律，安下心来做工作。但是只靠说服教育也是不够的，必须还有群众的斗争。从小组到全体职工大会，按当时的需要，发动群众向犯错误的同志做斗争。斗争不能解决时，就要处罚。如果处罚还不够，就要依照政府法令惩办。一个没有教育、没有纪律的工厂，要办得好是不可能的。

⑥ 改善工人生活。过去总务科对工人生活关心不够，今后要想各种方法把工人的生活逐渐改善。同时也要发动大家帮助总务科（其他各科也是一样）的工作，监督他们，防止发生贪污腐化和浪费的现象，使厂内伙食经费完全用于改善工人生活上面。发展农业生产，开办工人食品合作社，鼓励大家投资，工厂也拨款帮助，都是改善工人生活的必要办法。

⑦ 要与群众联系起来，反对官僚主义的领导。领导人首先应当时常到工房里去了解生产情况。有什么重要决定和计划，一定要使工人们知道，都能明了，这样经过大家自觉的共同努力，才能使工厂的计划决定完全实现。其次要经常检查工作。任何计划和决定的实行，都要靠时常检查执行情形，发现和解决其中的问题，才能把计划和决定坚持下去，使之完全实现。再次是领导人与被领导人之间要互相信任，互相尊重，大家齐心一致，才能把工厂办好。

⑧ 工厂各部门之间应当互相帮助。在遵守制度下，各个部门应当尽力使其他部门在工作上得到最大的便利。

⑨ 党、政、工三方面应当很好地互相配合，互相帮助。

⑩ 全厂职工在思想上统一起来，组织上严密起来，人事上团结起来，行动上也会一致起来，把赵占魁运动坚持下去。努力做到这一点，工厂一定会办好的。

（《难民工厂调查材料》，1943年6月30日）

3. 边区纺织厂

（1）办创时间及资金

边区纺织厂是由团结、交通及兴华三个纺织厂合并而成的。1943 年 1 月，将团结厂与交通厂合并成边区纺织厂，8 月间又将兴华纺织厂并入。（中直经济问题学习班：《边区公营工业的发展》1944 年 10 月）

截至 1943 年年底，政府历年投资折小米 876.31 石，全部资产折合小米 3706.8 石，历年总盈利折合小米 2830.49 石。

（建设厅：《1943年工业统计表》，1944年4月1日）

（2）“抢救运动”及管理工作上存在的问题与解决办法

边区纺织厂，去年工代会时，是一个比较上轨道的工厂。工代会后，该厂在提高质量上确也获得了一些成绩。但从去年 11 月起，却陷于严重的混乱中：① 工人生产情绪一落千丈，称病休息并要求出厂的目前达 60 人，几占工徒总数的 40%；② 产量递减，从去年 9、10 月间的五六百匹，减至 11 月的 300 匹，12 月的 250 匹，今年 1 月的 214 匹；③ 在职工间暴露出严重的裂痕：A. 工人中本地与外地的对立，已发展到因拿错了饭碗，即牵动起陕北工人集团与河北工人集团之间的对骂甚至要打架的程度；B. 工人与干部间的对立，现许多工人故意向干部找碴子闹；C. 工人与积极分子的对立，现积极分子已被打击得悲观失望不敢抬头了。

综合郭厂长与工作组同志报告的材料，造成这种混乱的主要原因有如下四个。

① 工资问题：A. 去年该厂工人所得工资加上合作社的红利，平均每人每月在第一期（1—4 月）为 7.3 斗，第二期（5−8 月）为 6.5 斗，均在工资总则规定的最低工资（7.36 斗）之下，第三期（9—12 月）为 8.4 斗，而最低工资因物价上涨已变为 9.29 斗了。这样，大多数人不够穿衣和零用，对工人生产情绪打击之大，是可想见的了（工资过低的原因，主要为去年 3 月改织单经与再三提高质量后产量大大减少）。B. 经常有 30%~40% 的工人所得工资不够伙食钱（这又因合作社扣去 1/3 或 1/4 的工资做身股数），厂方只得津贴；而这又使有些刚够吃的工人向后看，坐待津贴，不愿好好生产。

C．工代会时新定的工资总则规定，轻工业工资最低 7.34 斗，最高 9.5 斗，相差仅二斗多。而该厂（其他许多工厂亦然）工人实际产量相差 2/3 以上的却不少。这样平均主义限定的结果，多生产的就要吃亏。尤其因辅助工与织纱布的工资当初定得高了，后来又下压，就使纱布产量锐减（有的从 50 多匹减到 17 匹，最后还改了行），辅助工人还骂厂长亏人。在这两种影响下，工人则不愿多织，如工人常这样问："你织够五匹了吗"？如对方答："够了。"他就说"该烤火休息了"！技工崔先海也说他本来能两天织一匹布，但现在需要四天，都（就）是例证。D．现辅助工工资反比织布的高，又造成织布工人改行现象。加之，曾在 20 多名织布工人中检查出有十七八名患心脏病的，这就影响许多工人死也不愿织布。布产量一减少，辅助工就没活可做，有的去背柴卖，有的就坐下休息，情绪就搞得更坏了。E．质量提得很高，又没想许多过渡办法，许多技术差的工人织乙等布可和技术高的一样，两天一匹，而甲等布却需五六天（技术好的四天）。于是，多转向织乙等布（致由去年 8、9 月甲等布 538 匹，乙等布 28 匹，变成今年 1 月乙等布 114 匹，甲等布仅 70 匹），反使质量倒退。还有的因用力织甲等布，但一再织不到定量就发怒不上工了。总之，这些是由于工资与提高质量失调，并违背了多劳多得的原则的结果。

② 合作问题：边纺去年的合作，虽曾在调剂资金、刺激劳动热忱以及节约上起过某些作用，但毕竟不曾提高产量。因此，合作分红的来源就不能从成本的低减中求得（因成本反是提高的），而只能从原料器材账中的益盈，纱的余头（因浆面与秤的关系）及制造费在粮价中的长余三项中求得，而这三项都不是工人劳动的结果，而是公家贴给的。这样合作便与公无利，失了愿意（但拿上述三项去分了红又是不可责备的，因为即令加上这些红利，工人所得仍在最低工资之下）。

但在工人方面，又埋怨合作，说是公家有意捉弄他们的（？），有的说，合作不如买货存下，有的说，合作不如存大众合作社好（按事实如何，尚待研究）。同时，如上述因合作扣下工资的 1/3 或 1/4 做身股，又使 30%~40% 的工徒不够伙食，强化了他们的不满情绪。这样，合作社反破坏了工人生产情绪，又失掉愿意了。

但如果因此得出合作制不能在公营工厂实行的结论来，那我以为是过早的，不妥当的。因此，我们试分析边纺合作后之所以不能提高产量，减低成本以达到公私两利目的者，一方面是由于缺乏经验，方法上有毛病，如未很好地将合作的办法与红利的来源等向工人解释清楚，特别是未能按期分红（第一期延至7月，三期延至今年1月底才分）等，使大家误解为公家亏人，但另一方面，也确实因为改织单经与质量再三提高，增加产量实为不易，工资过低，以及领导作风等合作之外的因素，也破坏了工人生产的情绪。观乎该厂工人生产情绪剧降，是从合作后11个月的甄别工作开始，及未合作的难民纺织厂去年每匹甲字布的平均制造费（5.5斗）远较边纺（4.6斗）高等，可见合作之败于外部条件是很大的。

③ 反特斗争问题：该厂前年“抢救运动”时犯了严重的“左”倾错误，表现在：被“抢”的达99人（“承认特务”的80多人），占全体职工半数以上，而现在均宣布为无问题。当时除了46人因顾光旭、孙亚（时已逮捕）供反外，余53人均只根据平时的表现提出抢救的。郭厂长说：当时他只知他们的名字与已坦白两点，别无任何材料。特别是方式上的过“左”，如罚站、捆、打、灌盐水等，使被抢者怀下极大的不满。

但甄别工作又做得潦草，许多是根据他们当时所在地区（如河北等地）无问题（？）而成批（七八人或21人一批）宣布脱帽的。许多被“抢”而未承认者即未做结论；而已做结论者，也多未经个别谈话，致牢骚满腹。开大会宣布时，领导上既少深刻诚恳地自我批评，也未提出许多被“抢”者所以被抢的根据及他们应自我反省之处。至于教育工作，根本未做。于是，工人们（被抢者）一方面认为领导上百分之百错了，自己毫无责任了；另一方面将今之潦草宣布与前之过“左”行为加以比较，更加愤恨，就不惜寻找各种机会与借口打击积极分子与干部，以图泄恨。这就是大规模怠工于此时发生的直接原因。

④ 领导作风问题：该厂领导作风的主要毛病就是采取了“惩办主义”方针，企图单纯以纪律解决一切问题。这种坏作风在“抢救运动”时登峰造极并维持迄今。它表现为对工人的缺点错误不分大小轻重，都拿到职工大会或小组会上去批评斗争，甚至倒了一碗菜的事，也不能免。尤其是轻易采取开除、

捆打、禁闭甚至更坏的惩罚办法，如老工人因年老织不了好布，即关了他禁闭；工人张北海不上工，竟剥他衣服并饿了他一天，逼他上了工；开除工人胡凤山是由厂长提出工人举手通过的，而且开除了他的工会会籍，不给他介绍信，还剥他的衣服。这些都引起工人极大的不满，有的说，“我在资本家工厂里，都没见到这等事”。对病员照顾很差，病死的也不开追悼会，使工人感到寒心，生气地说：“死了还不就是死了！”这种作风不仅存在于厂长身上，其他许多干部身上（如工人说工务科长，“见人不说话，人见他生气”，说张仲超动辄捆打工人，说干部许多不和工人一起吃饭等），而且及于劳动英雄，积极分子（如特等劳英高玉山捆打工人，弄得垮了台）。当然他们也就不懂得开展劳模运动以推动工作了（这也是许多厂的共同点）。……

上述四个矛盾，在甄别工作后一并爆发，就造成了生产大混乱。

这次座谈会上，高自立同志指出下列三个解决办法：① 今年 1、2 月份工资按去年 8、9 月份（正常月）的平均工资发，以补偿工人因提高质量遭受的损失。这次休息下的 60 人，不分真病或怠工的，统以病号待遇津贴。今后工资标准，待试出标准产量后重定。② 宣布取消合作，因这种合作原是牵强附会的，代之以自愿地储蓄。以后如合作，也要采取合作分红制（按：此问题尚待研究）。③ 应一人一人地重新甄别，须先个别谈话（用批评与自我批评）说服对方后再开会宣布，并应说服几个被“抢”者出来说原谅积极分子的话，以改善他们与积极分子的关系。

工作组即将本上述指示，回该厂着手整顿。

边纺从去年 11 月怠工至今，损失和影响不小。这对主管机关（建设厅）来说，也有许多值得检讨的，首先不能预见提高质量中行将发生产量下降，没有去指示工厂灵活变通工资，防止生产情绪低落；其次，没有派员协助该厂甄别工作，抓紧领导，这和该厂潦草其事是有关的；特别当去年 11 月间建设厅与总工会同志去总结竞赛时，已初步发现这些问题了，但没有及时解决，这同时也说明了工会的领导，还只停顿于一般号召而缺乏深入的具体的领导，有的号召也是空洞的，致蔓延成如今的大混乱局面！

（詹武：《关于边区纺织厂问题给李富春同志的信》，1944年2月21日）

（3）边区纺织厂 1944 年出现了亏损

边区纺织厂去年的生产，在双经布改织单经布，与五一工代会后提高质量的号召下，相对减低产量，增加工时，以致去年的制造费收入与开支的付出相抵，净亏小米 7095.3 斗余。再工厂本身因无流动资金，周转顿感拮据，今已预支供销处制造费达 2000 万元，均系以今年 1、2 月份米价折价（这时米价最低），如此工厂更形困难，影响本月份粮食不足，工资不能付出。故呈请将过去所亏折之数，准予报销，并请将今后制造费适当地提高到能以维持一定利润下，以助生产而利工作。兹附呈去年成本计算及核算亏法的材料一份：

1944 年全年交财厅双经土布 1900 匹，单经土布 3687.584 匹，纱布 560.6 匹，手巾 7188 条，毛布 72.85 匹。

全年平均成本（已加入直接工资 20% 利润计）：

双经土布每匹制造成本 3.535 斗（小米）

单经土布每匹制造成本 5.225 斗（小米）

财政厅去年规定的制造费：

1—3 月双经与单经土布每匹一律以 4 斗小米付给。

4—10 月双经单经每匹改以 3 斗小米付给。

4—12 月单经土布每匹增至 4 斗小米付给。

则各期产量与支付制造费之余亏情况如下：

1—3 月

交财厅双经土布 1708.95 匹 ×3.535 斗（实际成本）

= 6041.13825 斗

当时以 4 斗支付则实收 6835.8 斗

本期实余 794.66175 斗

4—10 月

交财厅单经土布 3309.8 匹 ×5.225 斗（实际成本）

= 17293.705 斗

当时以 4 斗支付则实收 13239.2 斗，

本期实亏：4054.495 斗

双经土布 151.76 匹 ×3.535 斗（实际成本）

=536.4716 斗

当时以 3 斗支付则实收 10384.68 斗

本期实亏 7445.4966 斗

11—12 月

交土产公司单经土布 377.784 匹 ×5.225 斗（实际成本）

=1973.9214 斗

双经土布 39.29 匹 ×3.535 斗（实际成本）

= 138.89015 斗

当时以 4 斗支付，则实收 1668.296 斗

本期实亏 444.51555 斗

余亏两品

实亏 709.530504 石。

（《陕甘宁边区政府公函》，1945年4月23日）

4. 大光纺织厂

（1）大光纺织厂建立与发展的经验

① 动机和打算

部队衣服年年穿，被毯每年需要补充，被服原料的购置是供给工作上的首要问题。1939 年冬，部队回防边区后，被服原料采买困难，又无钱买。在毛主席提出自力更生、自给自足、克服困难、建设边区的号召之下，做长久之计，办纺织厂。

② 从试办中搞起来

1940 年 9 月间，即已想办纺织厂。这时供给部开的短期训练班中，有一个河北人会织布，于是搞了一个小木机子，买了块洋纱，试试看，10 天内纱织完，织出的布还好，一天能织 10 丈。成本计算比买布便宜三分之一。

因部队里有织布工人，就决定建厂，进行了下列事项：A. 买木料由自己的修械所造小木机 19 架，又从山西买了 4 架铁机；B. 纱是向当地商人赊来的；C. 从部队中抽调河北高阳等地的技术工人 20 余名。

布厂便这样初步地搞起来，不仅有利、方便，且解决了采买布匹的困难。

为了做到全旅布匹自给，1940 年 12 月决定把布厂扩大。

1941 年年初，取消全旅各级勤务员，集中了 100 多名青年做学徒，学习织布。

又从晋西北买了两架铁机，由自己修械所添作了 11 架大木机。2、3 月间，又自造了 16 架大木机。三月下旬，又自造了 14 架大木机。这时大小木机铁机共有 66 架。同时，添作了纺车等必要的零星工具。

原料问题：1941 年政府发给我旅生产基金 40 万元，其中 25 万元分给了各团，余 15 万元中，以 10 万元买纱 300 多块（七斤十四两一块，每块二百八九十元）及一些必须购买的用品（如织机上的纲综，不能自制，须购外货）。

工人由供给部会计员管理，分为浆纱、织布、络线、打线四组，一组二三十人，十多个熟练工人当师傅，并负责浆纱、轮纱等技术工作，聪明的青年学织布，笨些和年小些的青年打线、络线。

织布动作起来之后，马上感到劳动力不够。于是用大光纺织厂名义在绥德一带招收青年男女学徒 50 名，并从军法处调出犯错误的犯人和俘获的土匪，集中劳动。这时工人共有 200 余人，由供给部军实科负责管理，分为 4 个排，12 个组（其中有一女工排，一排分 3 组，每组十余人）。

工厂初具规模了。这时有两个困难问题需要解决：第一，资金与原料的供给问题；第二，工人的管理、教育与训练问题。

A. 资金与原料的供给问题

1941 年 5 月间，借边区银行 20 万元，仍不能长期支持。以后只好交朋友，拉拢关系，联络富商大贾，采取赊借原料，定期付款办法。

1941 年 5 月以前，洋纱多从山西买来。后因来源断绝，只得从西安、延安购买（申新和黄鹤牌），棉花也是从西安、延安购买的。

土纱的供给，由政府发动当地妇女纺纱。最初纺一斤纱，工资 3 元到 7 元（棉花价每斤四元），分上、中、下三等。到七八月间，改为纺一斤纱，给熟花一斤半。到 1942 年 2、3 月间，又改为纺一斤纱，给熟花二斤二两或二斤。

在 1941 年 10 月间，因民众纺纱供应不及，且质量不良，自办纺纱厂，有弹花机 4 架，纺纱机 40 余架。到 1942 年 7 月，因无熟练工人，又因弹出来的花不能完全在机子上使用（棉花不好），现在只留 4 架机子继续弹花，纺纱机已停。

B. 初办时期对工人的管理教育与训练问题

工人数量增多了，但分子复杂，管理不易。特别是青年勤务员，过去自由惯了，在家时也未劳动过，所以初来时，每天打的打，骂的骂，闹个不停，张口就说“大官见过，小官也见过”，不受管理。

从农村来的妇女多是因婚姻不满出来的，经妇救会或政府介绍来工厂，相互谈到婚姻问题时，有的哭，有的笑，并常要求组织帮她们解决婚姻问题。

俘虏来的土匪，让他做工，对他来说是件苦事情。

犯错误受处罚的人，许多是部队中的连排干部，摆老资格，不愿做工，调皮捣蛋。

1941 年 1 月到 3 月间，供给部长用了大力来整顿，立见成效。

这时期中，由那 20 多名熟练工人当师傅，教织布组的青年，先蹬小机（用力小，容易织），由师傅把一切手续办好，告诉他们如何蹬机子；断线时，如何穿线接头；如何手牵梭子，手脚相应。开始每天只织两三个钟头。经过一两个月的时间，这一批学会了，转到大木机上去，再来一批。这样一批一批地训练，1941 年 3 月轮训完毕。

打线、络线工作容易学，只要细心耐烦，会接线头就行，但也需要熟练，不熟练时，打出来的“夫子”和络出来的线，织布不好使用。

开始做工，青年学徒坐在机子上，或打夫子络线，时间稍久，屁股痛，纱易断，脾气燥，不耐烦，浪费了许多线子，损坏了一些器具。所以在 1941 年 3 月以前，从产品方面计算，是没有收到成绩的。

当时的出路是，除了加强技术教育，提高技术之外，主要的是要政治鼓励，并给予革命劳动纪律的教育，使工人们自觉地认识从事生产的重要意义，安心工作，提高他们对于生产的热情和劳动纪律。

教育的方法：采取个别教育，实行军事纪律。供给部部长何维忠同志和军事科长、分支书记，每天亲身指导，说明前方打仗，在后方生产等于打仗，要服从组织。做工是光荣的，是工人阶级。提出竞赛，学徒与学徒比赛，女工和男工比赛。实行奖惩制度，建立请假制度。同时，每人每月发一些纸墨笔文具，并买了些娱乐器具。

从此工人们都感到做工是光荣的，并愿工余学习文化政治，过军事生活，生活军队化。这样，逐渐建立了兵工制度，工厂走上了正轨。早饭前早操跑步，早饭后上工，冬春季每天10小时。

这时又遇到了新的困难。

厂址原来是租借的民房，因工作不便，自开了十几个窑洞，供工人居住。不料新窑潮湿，工人发生疥疮，数十人不能工作。遂将新窑改为储存室，工人移住民房。从6月间开始另打五眼石窑，安放织机，到10月底才落成。这期间，机子没有屋子安放，只好放在院内露天之下，搭起帐篷工作。5、6月间早晨有露，且时时下雨，线打湿，不好织。到7月间，天气热，太阳大，线子晒干，也不好织。当时，只好把军毯以水浸湿，盖在机子上，地上泼水。但这办法，只能保持两三个钟头，其麻烦、困难，可想而知。

经过6、7、8、9四个月，到10月间新窑洞落成，并盖平房27间，供工人住宿，才消除了这个困难。

在工人技术提高方面，从6月以后，青年学徒逐渐成了熟练工人，有的甚至超过了师傅。

在学徒期间，一般的在最初一个星期内，一天只做两三个钟头的工，织四五尺布。两三个星期以后，一天做七八个钟头的工，织布一丈到四丈。四个月之后，一天可织五丈。到1941年4、5月间，每天可织六七丈，6月以后，都成了熟练工人，最好的每天可织十二三丈。在这当中，质量上也不断提高。

可以说，1941年6月以后，工厂从种种困难的克服中，建立与发展起来了。

③ 确立了兵工制度

工厂扩大，需要正规化，军实科管理诸多不便。遂在供给部之下，专设厂长、政委负责领导，订纺织厂行政草案，在厂长政委领导下，分工务、业务、会计、总务四股，分工合作，各有专责。规定了各种制度——会议、汇报、报告、检查、生活、津贴（按技术高低，规定最高的10元）与惩罚制度。具体分配了工作、学习、休息、娱乐的时间，订立了民主生活的范围和各种规则——工室、寝室、饭厅、请假、外出等。

到 1941 年 10 月间，一切走上正轨了。

10 月以后，感到木机不如铁机好。铁机织出的布，质量好而且省工。计划把木机逐渐完全改成铁机。从 1942 年 1 月到 10 月间，自造铁机 41 架。但因织铁机，需身强力壮，技术稍高；这样的工人不够，不能全部改用铁机，遂不再添造。计铁机 45 架，木机 62 架，此外，还买得龙湾工厂织毛毯毛织品的木机 13 架（1942 年春），自造木机 13 架，共织机 133 架，平均月出宽面大布千匹，毛巾约 500 打，毛毯百床。

从 1942 年 5 月后，把津贴制改为按件计资制，最高每月七八十元（这相当于私营工厂工资十分之一），最低的二三十元，更加提高了工人们的生产情绪。当时有些工人，午睡不睡，到下工时不下工，埋头工作。经过了说服教育，才克服了这些过度积极的现象。

我们是坚持兵工制度的经营。工厂亦自种蔬菜，喂猪，供给蔬菜肉食。

1942 年冬，因制棉衣，停工 1 月。

1941 年，该厂除一切开支外，实得红利 390 万元。1942 年 10 个月，实得红利 800 万元。现厂房（窑）、工具及所存纱花，可值 500 万元（纱花约值 100 万元）。拟再投资数百万元，坚持再生产。

总结我们从事工业的经验教训，有如下列各端：

各工业利润的比例，以纺织业的兵工即旅供领导的大光厂利润最大。计该厂全体人员，1941 年为 250 人，1942 年为 225 人；除工厂一切开支外，1941 年获利 390 万元，等于该年底 4000 担小米价。1942 年十个月获利 800 万元，以绥德现时小米价，也足折合小米 4000 担，厂中每人平均纯利约 18 担。

根据两年来的经验及现时的环境，大光厂 225 人，1943 年，除厂址工具外，向该厂投入资本按每人 25000 元计，共计 5265000 元，军服所需布，用款向该厂购买，如此，则 1943 年的生产，每人可获纯利小米 20 担（因物价高涨，只好以米做标准）。

（毛泽东：《经济问题与财政问题》，1942年12月，《毛泽东选集》，东北书店版第835~840页）

（2）大光纺织厂移交建设厅

何部长移交甘谷驿及樊村两处纺织厂，共有财产 99434650 元。在今年 2 月 19 日所做移交为 59744175 元，动用了 39690000 余元，（系依照联司决定，将其中所存原料变成布匹解决出征人员之服装）。参考下表。

大光纺织厂财产动用核算表

何部长移交数		现移交数		动用数
甘谷驿	76664925	固定	27669850	
樊村	22769725	流动	32074325	
合计	99434650元		59744175元	39690475元

……

大光纺织厂现有人员 120 人，其中工人 60 名，可开织布机子 20 架，需 3600 斤纱的资金才能周转（三副资本，一副在乡间纺纱，一副在机子上，一副成品变卖收买原料）。此次移交，所余原料共可折纱 3400 斤，本相差无几，但据供给部陈部长报告，因接替工作之周厂长（现已调换关厂长——原绥德厂长）对工厂无经验，致亏损大半，须再增 2000 斤纱的资本 4000 万元，才可周转生产。同时，还需拨给一部分粮食暂时维持伙食。

此项增添资金，提议除将土产公司红利 2600 万提用，另外退服 800 用来增补上述之资金。

另外，为了大光纺织厂能很好经营和继续扩大生产，建议由建设厅按市价购买之。

（《关于九旅团结合作社及大光纺织厂了解情况报告》，1945年5月18日）

5. 三八五旅联合工厂

本厂自去年 3 月间由政府开办之救亡工厂及军队开办之益华工厂合并而成。那时的基础，共有职工 48 名，织布铁机 9 架（只动用 4 架），木机 10 架（只动用 4 架），毯机 2 架（都未动用）。所能出品，计出洋经土纬的土洋布，每架机每日产布 4 丈（二尺五寸宽）。当时合并来的一切资产共值边币70余万元。

去年4月至今年7月的发展：（1）全厂职工达141名，其中干部15人，织布16人，织布学徒5人，打袜子工1人，织毛毯工1人，裁毯工1人，浆纱工2人，倒线学徒16人，鞋匠17人，毡匠28人，制鞋学徒25名，运输员3人，伙夫6人，木匠1人，弹花匠1人，通信员1人。（2）现已开动机器：织布铁机4架，木机17架，毯机2架，裁毯机1架，毛巾机1架，打袜机1架；未开动的铁机5架，打袜机2架，弹毛机2架，纺纱机18架。另备有木机材料20多架。（3）产量：可产土经土纬的宽老布（二尺五寸）与窄老布（一尺二寸）、毛布（窄的一尺五寸，宽的二尺六寸）、毛毯、裁毯、毛巾、袜子、绒毛毡、布鞋、绒鞋、保险皮底鞋等。一般是供部队和市面上的需要而进行上述产品的生产。每月可产棉老布300余匹，毛毯160余条，毛巾可产50余打，袜子可产70余打，布鞋可产2000双，毛毡可产1000条。（4）资金：两厂合并时共有资金77万元，去年分区财委投资50万元，边府建设厅投资50万元，旅供给部投资100万元。今年3月间分区财委又投资700万元（完全以羊毛作价），合计有资金970余万元。去年净得红利970余万元，而今年前半年已盈利800万元。在19个月中，共得利1770余万元。现共有资金2740余万元，除固定资产外，现有活动资金2227万元。（5）原料：除棉花向外购买外，羊毛、纺纱当地皆可解决。庆阳附近群众、机关、部队和七分校每月就可纺纱1500至2000斤之谱。

计划从今年后半年进行各方面的准备，赶明年一定要做到供给整个三八五旅及地方党政机关人员衣服之半数，大约产布12000匹（一尺二寸宽，四丈长）。（杨歧山等：《联合工厂生产计划》，估计1944年）

6. 交通丝织厂

边区许多工业建设都是在摸索中成长起来的，交通丝织厂的创建也是如此。

该厂厂长白晶星对于织丝工作原来也是外行，当他接受上级的任务以后，就访问群众，询问织丝技术，先做群众的学生。经过两年多的辛苦经营，居然克服了技术困难，如今已能出产各种美丽而结实的纺绸、哔叽。去年（1943）该厂产哔叽140匹，纺绸122匹，丝织手帕51连（一连二丈），手绢848条，10丈的绵绸九匹零七丈余，丝线14290架，生丝511斤。该厂所产丝绸供给性的占三分之一，以低价出口售与蒙、回人民的占三分之一，供给瓦窑堡老百姓日用的占三分之一。其质量较一般民间所产者要结实耐用，甚至比西安春绸还好。该厂所出手帕虽不及外来货好看，但一块手帕可用两年不坏，所出绸料一件可抵平常绸料五件用。因限于提花技术，致使群众爱用的花货出产较少，现正研究制造中。

该厂有工人20余人，但至今尚无一个原来就懂得织丝技术的人才，现有技术全是该厂职工在两年来的实际工作中学出来的。他们研究民间织丝方法，并将旧有技术加以改良。比如，该厂已将旧式手推梭机改为手拉梭木机。旧机每天最多产绸一丈五尺，新机每天可产绸四丈五尺。自该厂改造织机后，瓦窑堡私人丝厂也逐渐仿用新机。另外，改良了杀蛹法。旧式杀蛹法有两种：一为用盐杀，每大缸容茧50斤，用15斤盐，半月后才可抽丝，每13斤茧才抽一斤丝，丝的质量还不好。二为用蒸汽蒸死，每筐容10斤至12斤茧，置锅中蒸杀后，用日光晒干（需四天）才可抽丝，每14斤可抽1斤生丝，质量虽比盐杀较好，但最怕天阴，茧内蛹虫腐烂，轻者抽丝少，重者全部损失。该厂乃试验采用烤茧杀蛹法，即将茧置于窑内，架空，封闭窑口，窑外加火，使窑内温度至130度至160度（华氏），蛹死取出，随时可抽丝，每12斤茧可抽丝1斤。每窑可烤茧1000斤，丝质既好，还省炭省工，又不怕阴雨。

该厂从去年5月推行“赵运”后，产量提高42%。去春生产竞赛工人生产热情普遍提高，如该厂模范工人张小定、赵起海、郭顺江等于酷暑中在热锅旁打丝，受热肚子痛也不肯停工。但因只定了产量标准，未定质量标准，致使竞赛期间产品质量有所降低。现在，该厂已把质量与数量并重。

该厂两年来均系津贴制度，现在熟练工人逐渐生长起来，将改行工资制度，按工人技术熟练程度、工历时间、产品质量分为头等每月织绸20匹，工资二斗（米），超过者累进加工资；二等每月织18匹，工资1.6斗；三等每月织16匹，工资1.2斗。学徒分为三期：一期者每日络丝4两，工资4升；二期者每日络丝5两，工资6升；三期者每日络丝6两，工资8升。超过者亦累进增加工资。这次工厂代表会议强调提高质量，该厂将从这方面努力。

（《交通厂采用烤茧法，丝质有改进》，《解放日报》，1944年5月17日）

7. 新塞毛织厂

1940年10月，现任新塞工厂厂长、边区模范生产工作者王彩文同志，仅向专署四科领款300元，工具费1000元，开办新塞工厂。几年来逐步发展，资本逐渐增加，目前已成为拥有4000万元资金，担负巨大供给任务的工厂。该厂在开办时，只有5名工人，4名职员，抗工家属二十来名纺线。当时产品少，资金周转不灵。开工后征得难民工厂投资5万元，并购得七七纺线机15台，弹毛机一架，雇请工人及招收学徒，扩大生产。至1941年8月结算，资金8万余元，共盈利3万余元。今年一月又扩充资金，原计划织毛呢，供给分区党、政、军、民全体干部冬衣，在6月份始置织毛布机6部，织毛毯机两部。截至目前止，已织出毛呢100余匹、毛毯2000余条。全年工厂计划完成衣胎9000套，皮袄1500件。该厂出品质地精细，颜色光泽，且经久耐穿，足与舶来品媲美。现该厂为进一步供给分区全体干部人员在明年均能穿上此种服装，已扩大资金到4000万元，购来织毛布机14部，以后还能再运来10部，并招请工人及学徒100名。现正修整房屋，安置机器。预计从明年1月开动20部织毛布机，到9月即能织出毛呢一万丈，并承制毡、衣被胎等。

（《三边新塞工厂迅速发展》，《解放日报》，1943年11月30日）

8. 陇东公营纺织厂

陇东公营纺织业，从1938年曲子县成立工属职业学校开始，当时只以解决工属生活为目的，共有工属14人，维持了半年遂告停止。那时当地妇女会纺织的还很少。同年救亡工厂在庆阳成立，影响当地妇女学习纺织的渐渐增加。1940年庆阳又成立利民工厂，曲子成立生产合作社。1941年三八五旅成立益华工厂，分区保安科成立克己工厂，后援会成立口袋工厂，合水成立纺织工厂，镇原成立毛织工厂，华池成立纺织工厂，环县成立毛织工厂。

利民工厂与曲子合作社是政府与群众合股办的，其他都是各机关为了自给而营业的。各工厂情况附表如下：

项目＼厂名		救亡	克己	利民	合水	镇原	华池	曲合社	环县	毛口袋厂	合计
资金	基金	35000	600	7700	1700		2000	3526	8506	2300	61336
	贷款	20000	5000	5000	2400	3500	6000	1500		4000	47400
	共计	55000	5600	12000	4100	3500	8000	5026	8506	6300	108732
工人		22	20	14	5	6	10	13	8	7	107
	织布机	5		3	5	1	2				16
工具	织机		3	1				1	1		6
	弹花机	1									1
	织毛机			8	1	5	13		5		32
	手摇机	6	25		4	5	6		2		48
	织袜机	2									2
	织毯机		一套					一套			2
全年出产物	大布	214匹	120							280	
	老布	679匹					360				
	袜子		120			460		2046			
	毛毯子										
	毡鞋		1423	2100							
	毡帽	219	355	820							
开始时间		1938年	1941年	1940年	1941年	1941年	1941年	1941年	1941年		
停止时间		继开	继开		1942年	1942年	1942年	1941年	1942年	继开	
主办者		地委	保安科		县政府	县政府	县政府		县政府	分区后援会	

*救亡厂老布中包括有毛布。

（《陇东、绥德纺织业发展情况》，估计1942年）

9. 纺织厂的供、产、销情况

（1）供给方面

① 供给工作概况

A. 棉纱供给状况：

在 1941 年以前，难民工厂是营业性质的工厂，原料采购从委托商店到自己收买。如1938年由运销处和光华商店帮助供销，至1939年4月由工厂设立业务科、难民工厂办事处，组织发花纺纱。交通、团结两纺织厂（即边区纺织厂前身），是供给性质的工厂，原料主要靠主管机关供给。到1942年年初被服由财厅统一供给，因此，难民工厂亦成为半供给性工厂。兹将两年来供给概况概述如下：

第一时期为联合采购时期。1941年12月规定由财厅统一购买棉花、土纱、洋纱，经建厅分配各工厂及生产合作社。当时因土纱收购困难，供不应求，至1942年5月难民、交通、团结三厂及合作指导局合组联合采办处，由难民工厂办事处兼理，并在延川、清涧、绥德三处设有联合收纱股，以棉花换土纱，买土纱、洋纱。至6月后因财政困难，由财厅供给实物原料，逐渐转变为拨款自购，建厅亦结束统筹分配，因之联合收纱亦无形解散。

第二时期为分散采办时期。自1942年10月联合采购结束后，各县收纱股原为难民工厂之收纱股，仍继续为难民厂收纱，并与延安南区合作社、富县、定边两县合作社建立收纱关系。交通、团结两厂亦各派人去各地收纱。10月后交通、团结拨归财厅管理，以广兴隆为供给原料机关。兴华厂亦拨建厅，由难民工厂办事处统一收纱。至于光华商店、永昌公司则为银行采购机关。这三个采购机关亦都集中在绥德以东三县一带，由于领导不统一，发生竞买、不求质量、苦乐不均的紊乱纱布市场的严重现象。

第三时期，为统一供给时期。1943年4月边区厂联会后，鉴于过去采办机构领导不统一，深感原料的调剂和分配都不合理，因之自5月起，遂将难民工厂办事处之原有纺纱基础全部交回建厅与供销总站，供销科组织了供销处，同时，边区纺织厂亦移交建设厅管理，绥德永昌公司也交建厅作为供销处采办组织之一。从此，纺织工厂的原料就实行统一供给和调剂。这样，不仅克服了过去苦乐不均，本位纠纷，而且统一了土纱市场，提高了纺纱质量，同时也节省了各厂的采购人员，便利了分配。

B．毛织品供给概况：

毛织品在1943年以前是非供给品。自4月以后，纬华、难民两厂织造的毛呢、毛布仍由财厅供销。在未供给前，羊毛就靠自己在榆林、三边等地收买。如纬华工厂在1943年拨银行款75万元，计划在定边、盐池收羊毛7

万至8万斤。羊毛都是就地除尘后再运回。毛纱的供给是靠以下的来源：

a.1942年上半年的毛纱有60%是由法院犯人纺的，但质量不好，40%是本厂自己纺。

b.自5月起就发展工厂附近农村纺纱，7月又在杜甫川、罗家崖发展纺纱，自1942年年底机关纺纱全部在内，才达到每月平均收纱3500斤。

c.厂内雇老百姓纺纱

难民工厂纺毛基础是1940年7月在绥德开辟的，那时羊毛是在榆林购买手工弹的熟毛纺纱。到1941年以后由于毛纱多，以后羊毛采购主要是在定边、盐池、靖边、安边等地。至1942年后才在延属、志丹采购一小部分。该厂毛纱供给除在绥德纺纱外，并于1941年又在定边与专署合办三边纺毛厂，至1942年开始在本厂周围发展纺纱。在1942年全年共用毛纱47213斤，都是全由自己采购的。

自边区厂联会后，各厂的毛纱亦由供销处统一发毛收纱，并以纬华工厂、难民工厂为弹毛、纺纱的重要据点。

②1943年供给情况：（表见下页）

根据1943年供给情况，可以看出工厂计划任务是生产布匹100799（土布5183匹，毛布4870匹，毛呢86匹），手巾十四万余条。供销处应供给土纱10699.7斤（内洋纱折成土纱计），毛纱12050斤（纬华磅线毛纱12000斤，由该厂自办除外），然而工厂8个月来的实际产布匹共10030，5匹（土布8317匹，毛布1413匹，毛呢300，5匹），手巾八万九千余条，但供销处去年只供给土纱110864.5斤，毛纱5107.69斤，尚不足毛纱56943斤，因之各厂就多织土布，少织毛布，年终照总的任务来讲，土布、毛布、毛呢共计尚差48匹，手巾五万余条。从此看出1943年公营纺织厂并不是不能完成既定任务，而是受了原料供给的阻滞。如供销处去年8个月中供不上毛纱而多供土纱，去年的任务是可超过的，……

为什么发生原料脱节的现象呢？在供销处报告里说：去年纺织停工的原因，不外：

A.未按时拨款买纱。财厅在6月2号、12号、21号前后支款拨物资局，共计450万元，实际只收到100万元，当时各地土纱每斤500元左右，且易买到，当时各地收纱处急催要款，但无钱支付，如能按时将款拨到，就可以买到一万斤土纱，以现在的价值计算（现纱价 2400 元），可节省 2000 万元，也可以对付到新花下来以前不会停工。

B. 农忙时有钱也不好买纱。经过种种的交涉拨款未遂，至 6 月 24 号洛甫同志来供销处谈到原料问题，才得解决。于是 6 月 28 日由财厅拨银行支取 600 万元，直到把钱送到各收纱处，就是 7 月 5—6 号了。那时南线已紧张，土纱每斤已涨到一千二三百元，同时也正到麦收时期，老百姓很少纺线，因此那时虽有款子却不好买纱。

C. 棉花困难。在 5 月初旬，由物资局拨 120 万布款，以一万斤棉花抵布款，又在 6 月下旬物资局拨给西北局棉花约一万斤来抵货款，其实这两批都可拿钱抵还的，应该留棉花付给工厂纺纱。

D. 工厂产量提高了。由于工厂检查的结果，生产力大大提高起来，所以原计划的原料数量，不敷产量提高的应用。

不错，以上的客观原因是存在的，然而在供销处本身采办机构能动性是迟钝的，没有主动地计划密切地与工厂生产结合起来，致成：

A. 供与产脱节——对原料供给未能即时按工厂生产转变筹措，已如上述，如毛纱不足供给就要筹划多买土纱和棉花，何况工厂是经过检查工作及“赵运”的开展，超过计划产量是能预计的事。

B. 掌握供销不灵活——在供销业务上应灵活掌握资金周转，在财政困难的条件下，是有时期性的，当时应该存积原料，尽量避免卖原料付工钱（以花换纱是例外的），无钱时可主动商得各厂的同意，可将五六月的制造费不发，为数虽小，可以接济一时的纺纱工资，或买一小部分原料，万一还不能周转时，还可以召集各厂讨论，工厂的流动资金与积压的一部分成品或资金，集中到采办上来接济原料之采购，果真困难维持时应足够地供给一厂，其他工厂则一部分维持生产，一部分进行纺纱生产来度过原料困难时期，免去 1943 年 10 月至 1944 年 3 月各厂都有半停工的损失。

……

③1944 年各厂的任务和生产能力：（见下表）

厂别	政府给予任务						本厂计划（根据各厂设备能力）				
	产品名称	数量	土纱		毛纱		数量	土纱		毛纱	
			数量	棉花	数量	秋花		数量	需花	数量	秋毛
难民工厂	土布						9427匹	113924斤			
	手巾						6610打	8262.5斤			
	纯毛毯						6360床			38160斤	66780斤
	合计							122186.5斤	137459.85斤	38160斤	66780斤
边纺厂	土布						7918匹	95016斤			
	纱布						1050″	6300斤			
	手巾						1680打	2100斤			
	合计							103416斤			
纬华	毛呢						1500匹			22500斤	
	磅线						20000磅			17500斤	
	合计									40000斤	70000斤
	共计							225502$\frac{1}{2}$斤	253960.32斤	78160斤	136780斤

说明：① 难民工厂计划根据本厂现有生产力，即以其铁机50台，木机8台，毛巾机6台计算。

② 边区纺织厂根据本厂1943年总结报告。

③ 纬华工厂根据本厂初步计划。

④ 原料计算，土布每匹12斤，纱布土纱6斤，毛巾每打1.25斤，毛毯每床毛纱6斤，毛纱每斤需秋毛1.875斤，棉纱每斤以1.125斤计。

上面原料的预算，仅是供销处直接负责的三个纺织厂的原料。到底边区1944年能产多少棉花，多少毛，以及民间、部队、工厂的需要原料量，可做下面估计：

羊毛产量按1943年发展羊数1923163头推算，最低能收秋毛32.5万斤，春毛50万斤。据财厅去年收毛的经验，去年已收秋毛20万斤，春毛更不成问题。

④ 原料的采购与纺纱问题

根据1944年难民、边纺、纬华工厂的生产能力，全年需棉花25.4万斤（不包括纺花工资），秋毛14万斤。供销处在1943年总存有棉花16万斤，今年又新买两万斤，财厅拨花4万斤，由于今年财政厅不发经费，所以纺纱工资也停发。供销处则买了4万斤花，抵了纺纱款，至1944年年初，实存棉花 18 万斤，土纱 3 万斤。

这 18 万斤棉花存绥德的 5 万斤，清涧 1 万斤，子长 1 万斤，延川 6 万斤，各生产社 1 万斤，延安 25000 斤，固临 15000 斤，土纱存难民厂两万余斤，边纺近万斤。如在 6 月以前能继续拨款收买 10 万斤棉花（延安附近纺纱工资包括在内）就保证工厂经常生产，也可接到新花。

羊毛在年终存 24 万斤，在今年 4 月以前发给工厂及延安。

A. 各分区纺织计划

<table>
<tr><th colspan="3">分区
项别</th><th>延属分区</th><th>绥德分区</th><th>陇东分区</th><th>关中分区</th><th>附注</th></tr>
<tr><td rowspan="2">产量</td><td colspan="2">土布</td><td>45000匹</td><td>155947.5匹</td><td>15000匹</td><td>16260匹</td><td rowspan="2">按计划各分区纺纱自给外余花1198030.02斤</td></tr>
<tr><td colspan="2">纺纱</td><td>568332斤</td><td>1891370斤</td><td>180000斤</td><td>196120斤</td></tr>
<tr><td rowspan="5">原料</td><td colspan="2">需棉量</td><td>605273.58斤</td><td>1966128斤</td><td>191700斤</td><td>208867.8斤</td><td rowspan="5">（民用被服花未计）按计划除边区老百姓共需布202000匹大布每人平均1.5丈。除自给尚余30207.5匹大布</td></tr>
<tr><td rowspan="2">本区植棉</td><td>亩数</td><td>150000亩</td><td>140000亩</td><td>500亩</td><td>5000亩</td></tr>
<tr><td>收棉量</td><td>2250000斤</td><td>1815000斤</td><td>60000斤</td><td>75000斤</td></tr>
<tr><td colspan="2">余花</td><td>1644726,24斤</td><td></td><td></td><td></td></tr>
<tr><td colspan="2">不足</td><td></td><td>181128斤</td><td>131700.8斤</td><td>133867.8斤</td></tr>
</table>

说明：① 每匹折合大匹计（四匹折一匹）

② 每匹布以 12 斤纱计（小秤）

③ 每斤土纱需花 1065 斤（当地供给大部分）

B. 边区自给估计

<table>
<tr><th colspan="2">消费量</th><th>自给产量</th><th>需花量</th><th>自给差额</th></tr>
<tr><td>民间需布量</td><td>202000匹</td><td>232207.5匹</td><td>3001969.38斤</td><td></td></tr>
<tr><td>公用自给量</td><td>106000匹</td><td>75792.5匹</td><td>10231987.5斤</td><td></td></tr>
<tr><td rowspan="2">1944年
被服用花计划</td><td>民用</td><td></td><td>70000斤</td><td></td></tr>
<tr><td>公用</td><td></td><td>146000斤</td><td></td></tr>
<tr><td>总计</td><td>308000匹</td><td>308000匹</td><td>4241168.13斤</td><td>41168.13斤</td></tr>
</table>

说明：

① 产棉量 4200100 斤，消费量 308000 匹大布，根据一、二科估计材料，布匹以长 104 尺，宽 2.5 尺大布计算，民间小布四匹折一匹。

② 被服用花民间以每人半斤装花计，不足数以羊毛补充，公用装花按 1944 年财厅计划数。
③1943 年公营工厂及合作社估计共产 389289 匹，1944 年可能产布 40000 匹。

机关纺毛用去 9 万斤，尚存有 15 万斤。所以秋毛的供给今年是有余的。

弹花：机器弹花，纬华有弹机 7 台，每月只能弹花 5666 斤（平均每机月产 809，5 斤）；交通工厂 3 台，每月只能弹花 500 斤（因有一部分供给自用和被服花）；延店子两台，每月弹 1200 斤；军工局 3 台，每月约弹 2000 斤；另有手工弹匠 30 人，每月约可弹花 14300 斤之谱，供给延安附近机关纺纱。至于弹毛，交难民工厂弹纺科统一弹毛收纱，有大弹毛机两架，日夜开工，每月能弹毛 10000~12000 斤。

纺纱：供销处收纱据点现以绥德及延安机关纺纱为中心，因为绥德收量多时间快，质量中等，上纱很少，清涧次之，延川更次之，子长数少而质量好，延安、安塞的各合作社代收土纱，质量坏，时间长，今年 2 月领去的两万斤花，还有五六百斤没有收齐。因此以后只给土产社拨花，没有给合作社拨花，现在原收纱处已在停止。

机关纺纱发展很慢，质量细长，不均匀，就是劲太小。现据各机关学校 3 月份的统计，纺纱人数有 14187 人，纺车架数 5243 辆，一个半月纺纱 13081 斤。……

现在，每月只要土纱两万斤，毛纱一万斤，就能充裕地维持工厂生产。根据供销处对各地收纱处的估计，只要有原料、工钱，供给工厂经常生产用纱是有保证的。

从上面看来，延安附近的妇纺，虽经去年的开展，1943 年安塞纺纱 3087 斤，延安县 3807 斤，换句话说，是已具备了纺纱基础，到今天反倒退起来，并且供销处在报告里说：“……没有给合作社拨花，现在收纱处已在停止。”我们针对这个总结的材料，在南区合作社做了一次访问，据刘主任讲：

南区妇纺也快停工了，平均有 800 个纺户，自将工资改付小米后，就有 400 名纱户停纺了，因为过去工资给花，老百姓愿纺，现在工资给米，他们要将米或钱扯布怕费事，有时给汉们去买米，钱也落不到婆姨手里使换，因此就不愿纺了。

南区现在纺户的情绪，按期交回线子的三分之一（规定取花后两星期交线），不按期交的也有三分之一，根本拖延未交的，有的汉死了走了人家离开南区的，有的死了娃娃暂时不愿纺的（近来因南区死的人多），也有三分之一。

子长县联社纺纱工作现已停止，据栾国仁主任来信说：A. 该社垫付 300 万元妇纺工资，要钱不要棉花，但供销处给棉花，子长县卖不出去，就积压该社 300 万元资本。B. 子长合作社以头等价钱收回的纱，供销处要算二等纱的价钱，因此，县联社不愿代办了。

（2）销售方面

① 销售形式：

在纺织业销售形式上，1941 年以前有两种销售形式：A. 纯供给性的（如交通成品交军委，团结交中央，兴华交留供）。B. 营业性的（如纬华毛织厂、难民工厂）。1942 年以后，大都走向半供给性质（如纬华、难民、边纺、大光等厂）。下面就是难民厂历年的销售情况。

由开办至 1941 年下半年，成品的供销是根据公家的需要而优先卖给公营商店。因此，产品在季节性的限制下，推销上是受过很多的困难。就是货快了不卖给商店，货广了，商店当然不买。例如毛织品春夏就无人过问，工厂又没有多的积存，此时影响了资金的周转。

到了 1942 年，将布匹大部分交财政厅，规定用花换布，另给制造费。到 1943 年 5 月厂联会后，改为用纱换布，另给制造费。毛织品部分的也同样交换，部分的还由工厂推销。

②1943 年各厂销售财厅布匹统计：（见下表）

数量＼厂名		难民工厂	边区纺织厂	纬华	共计
产品名称	土布	4357.295匹	4330.091匹		8687.386匹
	毛布	1385.348匹		25.5585匹	1410.9065匹
	毛呢	4.128匹		126.021匹	130.149匹
	手巾	2336$\frac{10}{12}$打	3770打		6106$\frac{10}{12}$打
	毛巾	920.5″	1463$\frac{4}{12}$打		2388$\frac{10}{12}$″
	毡	420条		6660条	7080条
	衣胎	360条			360条
	毛被套	1697床		2233床	3930床
	半洋布		30匹		30匹

说明：① 兴华产量并入边区纺织厂内。

② 手巾、毛巾 5 月至 12 月工厂实产 7477 打，交财厅超过数是加各厂 5 月以前产量。

③ 成品质量：

因为过去布匹质量无统一标准，成品质量由各厂自行生产。至 1942 年后，部分布匹、手巾、毛巾向财政厅推销，才定了一个布匹质量标准，从此各厂产品质量逐渐走向一致。

根据上面的统计，1943 年各厂的质量标准均未达到，难民工厂 6 月至 8 月每匹双经单纬土布平均长度短 2.2 尺，宽度窄 0.135 尺，每寸纬纱密度少 10.7 根。边区纺织厂双经单纬土布长度短 0.6 尺，宽度窄 0.1233 尺，每寸纬纱密度少 9.7 根，毛呢每匹长度短 4.2 尺，宽度窄 0.233 尺，每寸纬纱密度少 4 根。安塞生产社单经单纬土布每匹长度短 1.2 尺，每寸纬纱密度少 2.7 根。到 1944 年起，各厂质量均有改进，布幅宽度大都走向一致，纬纱密度亦稍有增加，可是距标准质量尚远。因之影响布匹之牢度，服装之不耐用。

1943 年布匹质量标准：

名称项别	单经土布	双双土经纬布	双单土经纬布	半洋布	土经毛布	纯毛呢	手巾	毛巾
宽度	2.5尺	2.5尺	2.5尺	2.5尺	2.2尺	2.2尺	0.8尺	0.8尺
长度	104尺	104″	104″	104″	100尺	100尺	1.8″	1.9″

续表

重量(斤)		$12\frac{1}{4}$~$12\frac{3}{4}$	$13\frac{1}{2}$~14	13~$13\frac{1}{2}$	12~$12\frac{1}{2}$	16~17	22~24	每打1斤	每打1斤
密度	经纱	54根	54	54	76	50	单股44 双股32	68	地经毛毛70
	纬纱	40″	45	48	50	26	26	48	48

说明：

① 尺度：以建厅标准布尺为准，每尺合公尺 0.35 尺。

② 布重因土纱、毛纱粗细而轻重不同，财厅收布应计重量，布匹除毛织品外，以每斤土纱换每斤布为原则，即土布重量超过标准重量者由财厅增加原料、土纱、布匹宽度（土布等）在 24 寸以下者，应按标准布扣除 6 尺，减付原料。

③ 半洋布用 1000 箱，总经不少于 1880 根；土布用 700~720 箱，总经不少于 1350~1400 根；毛布土纱用 680~700 箱，毛呢用 500~600 箱，毛巾、手巾用 460 箱，总经不少于 610~640 根。

为什么布匹质量不能提高呢？综合起来有以下三种原因：

① 土纱质量：供销处收纱的中心地区，按现在情况讲，主要以绥德、延市机关、学校的纺纱供给工厂。但绥德分区纺纱数量虽多，因为有大光工厂、私人纺织厂和南昌公司（即广益栈）的竞争收买，发生求过于供的纺纱市场，所以土纱质量不高。

延市机关纺织，由于供销处强调了每两细长的一方面，而忽视了土纱的强度质量，结果各机关纺手为了抽长加速，也就不注意捻度了（因为每两长度过多，捻度就少了）。当这种土纱到了工厂，络纱打纬都会感到困难，如难民工厂近一月来，因为大部分用的是机关纺纱，过去一工络八九斤纱，现在只络一斤多了。

② 染色的影响：去年的毛布很不耐穿，不到一年都穿破了的很多，当然毛布的质量也差，而另一方面的原因，有受染色的影响，因为棉毛交织的成品，既不能用强酸，更不能用纯碱（酸可能蚀棉，碱可腐毛）。染房当时没有研究，用中性的食盐、明矾和鞣酸代替（因染色时，棉无碱不易上色），所以有很多由于棉纱先破，这就是用了强酸的过。毛纬先断，就是用碱太多。

③ 重量不重质：在"赵运"当中，对于质量的注意，是不及数量的提高，照上面成品的检查，还距政府所要求的标准很远。特别在原料供给困难的条件下，更没有注意到选出强韧的土纱，作为经纱，因之织布的也怕纱断，而不愿做到规定经纬纱的密度。自然土布的坚牢度是很差的。

（3）供销工作中的问题及解决办法

综合两年来的纺织业供销情况，提出以下的问题。

① 收花与轧花：今年各分区植棉增加，产花估计有 420 万斤，按每台轧花机每月轧花 2400 斤，以 6 个月轧完计算，就需要 300 台轧花机。据 1942 年东地三县不完全的调查，民间轧花机多至 120 台，其中就有三分之二是陈旧的，每日轧皮花 30 斤、50 斤的产量居多数。在延长城关区二十余台中日夜可轧花 120 斤的只有一台。按照这样的情况，今年若轧花机得不到解决（到底尚需若干，仍须详细调查，无从估计），收棉工作就要感到困难，因为各分区都有自给计划，首先在保证自用者外，才能卖出，花若轧不出来，我们就有钱一时也轧不出来，难以买到手。

今年还需花 10 万斤，到底向何处买呢？根据 1943 年植棉面积推算，可产棉花 200 万斤以上，以 1943 年织布概况估计，公营工厂、合作社、民间织户可能产布 104302 匹，约用棉花 150 万斤，在东地三县今年估计尚存 50 万斤花，（据供销处说，东三县今年还可买 40 万斤）照绥德、延属 1944 年纺织自给计划，现在已用花 8 万斤（推算数），实存花多至 42 万斤。此时财厅已布置在东三县收被服花 10 万斤，如时期过久，距新花上市不远时，卖的早卖了，不卖的就买也不卖，这就需靠外花输入。

② 发展延安、安塞附近纺纱：供销处今后收纱的据点，应从绥德买纱过渡到发展延安、安塞附近纺纱为其业务中心。因为绥德及东三县距工厂很远，不但运输时日很长（不是下雨天，起脚到延安要六天到一星期），路途耗纱很多（路上挂断的），而且耗费也大，土纱一斤由绥德运回延安要 50 元。何况这几年来，绥德分区因纱贵布贱，很多私营和家庭织布作坊停工了，所以才有多余土纱出卖。但按今年绥德分区只产土纱 51 万斤计，今年尚需发展纺户增产土纱 136 万斤才能自给，哪里还有余纱出卖？

延安机关纺纱是给工厂供给原料的有力保证，然而在数量上是有很大的被动性，在局势开展和自给生产有了基础的情况下，恐每月收纱一万斤是未必能经常可靠的事。因此，在延安、安塞附近的工厂原料供给上，是应当在当地打下群众纺纱的基础才会巩固。虽然在提倡期间可能麻烦些，纱也贵些，直到发展有了基础后，成本是会能减低的，也是一劳永逸的办法。

发展工厂附近纺纱办法，仍以合作社为代办，供销处要做到：A. 现付工资；B. 原料要充分供给；C. 不让合作社吃亏。在组织上由专署和妇联具体领导，抓紧妇纺中积极分子为核心，发动劝纺、教纺、奖励、竞赛，就会使质量提高起来。

③ 纺纱质量标准：据近来各工厂织布的经验，土纱质量第一要匀，第二要紧，第三是长。以边区棉花纤维的长度至多只能纺到等于洋纱 16 支的长度（每 2900 尺）。因此按此时纺织技术的程度，土纱标准：头等纱为 1900~2100 尺；二等纱为 1800 尺以上，毛纱每两长 800 尺。

④ 纺纱工资：根据各地收纱的反映，绥德纺纱的工资第一要米，第二要钱，第三要花，为了鼓励提高纺妇情绪，提高质量，减低成本起见，绥德分区工资最好给小米收纱，今年 6 月至 12 月约需纱九万斤，需米 3600 石，当然其中也有要钱要花的。

延安、安塞纺纱工资第一要花，第二要米，第三要钱，所以在初发展期间，采取用花换纱，用钱买纱的办法，激励纺纱。延安、安塞今年可纺 3 万斤（估计今年下半年每月发展到收土纱 5000 斤），需多买花 3 万斤，作为代付工资（前面计划还购买棉花 10 万斤，已包括此数）。

纺纱工资付钱，应以取花之月实物定价付给，并规定月终要交回纺纱之半数。

⑤ 重定布匹标准：纺纱质量一般比去年上半年已提高一步，工厂自“赵运”开展后，对于原料材料的节约已取得相当大的成绩。如边区纺织厂废纱节约的统计，去年 7 月份废纱有 610965 斤，12 月减至 1.15 斤，今年二三月每月只有 7 两了。为了公营工厂达到更精密的核算，有重定布匹标准的必要。

⑥ 毛织品销路问题：由于棉织品产量增加，毛织品应提高质量，一部分向外推销。为了集中染整，保证质量，不宜分散设厂，致使销路困难，如今年中央管理局之实验工厂，毛织品在此时不易推销，又无大批资金存积，影响二、三月份工资停发，生活标准减低（过去 1 月 9 顿馍，现在减至 6 顿馍），因此困工厂于拮据之境地。出口产品，以磅线、毛袜、毛毯为宜。

⑦ 供销处与各方面之关系：

A. 与工厂之关系——为了克服过去供与产脱节的毛病，各厂在先 1 月分期（三月为一期，一年分为四期）做原料需用计划表于供销处，如遇特殊任务，改订原计划时，亦应于当月前将改订原料计划和每月产量及其存货做月报交供销处。

供销处主任应按每期每月具体检查支付各厂之原料数量，并制订原料计划和实际支付对照表，以便随时了解工厂之存纱分配情况，掌握供销，如遇特殊情况，原料困难时，应通知工厂共商解决办法。

B．与合作社之联系：合作社为直接之收纱基础，要在公私兼顾原则下保持代办处一定的往来关系。同时合作社也要组织经常纺户到代办处来。关于子长及安塞各地合作社不愿代办或迟交纱的具体情况不了解，没有成熟的办法确定供销处与合作社代办的意见，待在合作社主任联席会上再研究。

其他关于财政厅在经济上的保证，与供销处的组织工作和集合各合作社（代办处）资金等，见供销问题总论。

（《供销问题之一》，1944年4月）

（二）造纸厂

1．公营造纸厂概况

（1）公营纸厂历年总产量

边区的公私造纸业，据1944年年底调查，共有职工596人，池子191个，年产纸15308令，较1943年增产7169令（增87%）。其中池子103个，职工394人，全系11家公营纸厂所有。……

边区的造纸业除绥德葭县有家庭作坊造麻纸之外，公营纸厂开始于1938年之振华纸厂，1940年用马兰草造纸成功，始将原料问题解决，公营造纸业始大发展。纸的质量逐年改进。历年公营纸厂产纸量如下：1938年50令，1939年168令，1940年833令，1941年2144令，1942年4983令，1943年5671令，1944年计划产一万令。现除麻纸、办公纸尚输入部分外，印刷用纸公营纸厂已能全部制造，钞票纸在工艺实习厂制造亦成功，已满足边区需要。

（西北局调查研究室：《边区经济情况简述》，1948年2月19日）

（2）1943 年各公营纸厂生产统计表

1943 年公营纸厂生产概况统计表

厂名	工人学徒	池子数	年产量(令)
振华总厂	73	16	1294.468
振华分厂	64	20	2089.103
延园纸厂	34	7	780.770
宝丰纸厂	14	5	216.156
新兴纸厂	14	2	90
绥德纸厂	37	7	637
金盆湾纸厂	15	5	148
大光纸厂	14	4	15
益民纸厂	13	2	60.4
关中纸厂	10	2	60
清泉沟纸厂	6	1	50
利华纸厂	1943年8月底与振华总厂合并，产量是1943年1月至8月份的	6	230.5
共计	294	77	5671.397

说明：

1. 纸的质量标准：面积是 22×31 平方英寸，完整无缺，浆质细净、纸面光滑。
2. 除大光、新兴、绥德厂造麻纸采用麻绳头外，余者主要原料为马兰草。

（建设厅：《1943年工业统计材料》，1944年4月1日）

2. 振华纸厂

（1）振华纸厂创办经过

1938 年 5 月，曾在延安东甘谷驿设厂造纸，主要产品为大双纸，专供印刷厂打纸板之用，是年底旧厂以他故奉令结束后，一方面另在安塞沟槽渠建筑新厂，一方面派崔中同志会同刘子谋同志试验采用稻草造纸。试造成功后，该厂即以此造纸。嗣后亦试用杨木造纸，亦造成功。

1939 年 4 月间新厂已筹备就绪，5 月正式开工，月产纸二百余刀，至 8 月底已增至 560 刀。

该厂 8 月底计有资金 4850 元，产纸已达 1672 刀，值洋 3845.66 元。当时计有工作人员 7 人，杂务人员 3 人，工人 11 人，学徒 8 人。主要工具为捞纸池 4 座，碾子 1 座，火墙 1 座，压纸机 1 座。

……

该厂在初创时期能生产如上述数量之产品，是由于干部、工人及学徒共同努力的结果，这就打下了纸厂发展的基础。该厂于 9 月间奉令移交中经部工合管理。

（《1939年度工矿事业报告》，1940年2月10日）

振华纸厂的前身是一个同私人合办的小纸厂。1937 年在甘谷驿，我们和地主李双全合办一小纸厂。那时一共只有 6 个工人，有一个捞纸池子，原料采用麻绳头和破布。李双全是厂长。而到 1942 年 6 月，纸厂已有 150 个工人，有 30 个捞纸的池子和 6 个打浆的水碾。代替了地主李双全，现在的厂长是王元一同志。

王元一同志三十来岁，过去他曾是工人，也曾做过考古工作。但是现在，他不再是考古学家，也不谈论石器时代和北京猿人，而成了一个工厂建设者。在他的桌上堆放着 1941 年的生产总结，手里拿着大三角板仔细地在画着各种统计图表。

“其实我们哪算得上工厂，”一次他表明对现在工厂的意见，“我们只能算得上一个作坊，一个造纸工厂应当具备一些起码的技术和设备，而我们现在却完全是手工业的。机器，我们不可能得到的，管理工厂的人也都是毫无经验，他们最初都只能摸索着前进。可是，我们到底有了些收获，而且这种收获的政治意义远远超过它的经济意义，我们学会了怎样管理工厂，怎样培养工人。你知道，有人说共产党善于治党，不会管家、治国，可是我们现在正在学着管家、治国。将来，我们的工厂那就不是现在这个样子了。”

工会执委曹万清是很早从蒲县来的技术工人，他一天能捞 900 张纸，他一个月有 400 元的工资。曹万清很兴奋地告诉我，本月份工人生产热情很高，有不少的工人自动在礼拜日做义务工。240 令的任务是一定超过的了。而在下月，由于天长，将能造出 300 令纸。为什么工人的生产情绪这样的高呢？我记起了那相当高的工资，那崭新的工装，那充满着阳光、空气的清洁的工人宿舍……我们工人可以而且有权和厂方商谈问题，我们职工的关系是真正兄弟般融洽的。“多出一张纸，多印一份报，就多给敌人一些打击！”从这个挂在俱乐部的标语上，我找到了更充分的理由来说明我们的生产情绪高涨的原因。

（高亮：《我们的纸厂》《解放日报》，1942年6月23日）

（2）振华总分两厂 8 年职工、产量统计：（表见下页）

（3）振华总分两厂整风后的变化

振华分厂整风情形：

振华分厂整风深入是在 9 月侯殖民同志去后开始的。10 月、11 月两个月均生产纸 200 令以上。

①10 月份九工可造出一令，每令成本 5.671 斗（原料不在内），1—6 月每令的成本为 8.457 斗，每令需工人 10.22 工，成本减低 206%。

② 纸的质量，1—6 月的纸重是 2.11 斤（16 两称，下同——编者》，7—9 月 2.65 斤，10 月、11 月的重量虽不知道，但 1—10 月纸的质量是一贯保持好，中印厂赞扬不绝。

③ 去年冬天晒纸每晚每人点两灯，费半斤油，10 月份节省为 5 两，4 个月可节省 117 斤油。10 月份前蒸煮锅，厨房灶口大，浪费柴甚多，10 月份侯殖民同志加以改进，每月可节省三分之一，合 5 万斤柴。

振华总厂整风后的变化：

① 振华总厂整风是在 9 月份高副厅长去后开始的，将特务工务科长撤调，改为刘安治同志领导，生产有飞跃改进。8 月份生产 115.4 令，每令需人工 13.8 个，10 月份生产 216.6 令，8 个工，月产提高 89.7%。

② 整风中工友生产积极性倍增，如杨双庆捞纸，在 10 月他手患肿病，还带病上工，并且在休息时做义务工，结果他生产了二斤半的纸 200 刀，每天平均有 702 张，是历来各厂稀有之数。

此外，蒸煮锅过去每月仅能蒸出 6 锅，还有夹生的，10 月份调董太玉、张玉伟二同志当组长，每月可蒸出 10 锅，并且每锅可节省柴三四十斤。打浆的工友也同样地多打浆，打得细。

振华总分厂八年职工、产量统计

年份项别		1938	1939	1940	1941	1942	1943	1944	1945	
振华总厂	职工人数	14	21	42	80	78	73	75	76	
	产量	50令	168	637.45	1103.87	1826.4	1294.468	2529	2692	10301令
	生产效率				每令纸人工:16.647	人工:12.457	12.189	8.147	8.195	
					马工:2.615	马工:1.938	0.97	0.536		
					重量:	重量:28.5	26.78	25.4	25.25	
	工具设备	捞纸池4个	5	9	12	17	16	20	22	
振华分厂	职工人数				工徒30	56	64	78	99	
	产量				350令	1494.1	2089.103	2865	3609	10407令
	生产效率					每令纸人工11.30	人工:10.31	9.05	7.824	
						马工:1.35	马工:	0.65		
						重量:28.89	重量:25.00	24.54	25.00	
	工具设备				捞池子7个	12	20	20	26	

说明：产量项内：振华总厂从 1 月至 10 月止，振华分厂从 1 月至 11 月止。

（《历年边区工业概况材料之一》，估计1946年）

到 11 月份更是紧张，许多捞纸工人，点灯捞纸。

（《1943年边区工业材料》）

（4）振华造纸总厂历年为各厂培养的熟练工人统计

年度	厂别	熟练工人（人）
1941 年	金盘湾纸厂	18
1941 年	延园纸厂	6
1941 年	宝丰纸厂	2
1941 年	利华一厂	6
1941 年	利华二厂	6
1941 年	高等法院纸厂	8
1942 年	陇东纸厂	3
1943 年	关中纸厂	5
1941 年至 1943 年	分厂	70
1939 年至 1943 年	本厂	60
共计		190

说明：

1. 利华一厂在 1942 年并入延园纸厂，利华二厂在 1943 年并入振华总厂。2. 另外有请假未归的 80 人。3. 表内所说熟练工人除本厂及分厂外，其余均系捞纸晒纸的工人。

（建设厅：《1943年工业统计表》，1944年4月1日）

（5）振华总分两厂 1944 年亏本材料

① 去年纸厂生产是亏本了，其原因主要的是去年的制造费标准计算得较严格，同时要求也较高；其次就因为质量提高，增加了工时；又因物价不断上涨，原料助料物料的规定标准已起了变化。故收入不抵支出，垫进了原来资产，勉强支持。

② 各厂的收支情形：

振华总厂：A. 去年的总收入：

1—8 月交纸 1539.2 令，财厅每令按 6.7 斗发，共 1031.264 石

9—12 月交纸 781 令，财厅每令 10.6 斗（包括原料），共 827.86 石

1—8 月财厅给原料费 556 石

合计 2415.124 石

B. 去年的总支出：

1—12 月产 2529.119 令，每令成本 10.603 斗，共 2681.628 石

收支相抵亏本 260.50 石

振华分厂：

A. 去年产纸 2860 令，共收财厅发给的制造费 1979.85 石（1—8 每令 5.9 斗，不包括原料；9—12 月每令 8.7 斗包括原料）

B. 去年总支出共 2396.811 石

收支相抵，亏损 416.96 石

③ 怎样支持的？

总厂去年 1—5 月不发款，工人工资等开支，以存物布粮抵垫进去，5 月以后发款，除修补设备外，再无款补起这项垫款，至今吃的米还是临时买，所存至多不过一星期的粮食。

分厂去年的经费情况，更为困难，制造费由 13 斗减为 5.9 斗，同时又设备生产 3000 余令的设备，今年 1、2、3 月份的工资还未发，吃的米也临时买。他们把前年年底供销处存 350 石，马一匹、牛一头垫进去了。

今年这二厂经费的困难情况也不减于去年。

④ 振华分厂每令实际开支与规定标准比较表如下：

	规定标准（9—12）	实际开支（9—12）	说明
原料	2.5655斗	4.11斗	当时估计原料价钱较低
助料	1.271	0.942	
物料	0.583	0.33	
工资	2.429	2.617	原规定7.95工，实际9.05工
文教	0.073	0.067	
马干	0.152	0.228	原规定0.48工，实际0.65工
管理	0.375	0.834	由于物价上涨
折旧	0.4672	0.812	去年已补充了一些设备，但在规定标准时来估计进去
利息	0.216	0.368	
利润	0.6064	0.69	
合计	8.687斗	10.998斗	

3. 延园纸厂 1944 年亏损情况

A.收入	7—8月产纸184.6令，收入184.6石（每令制造费10斗）
	9—12月：340.2令，收入458.89石（每令成本13.5斗）
	共计643.49石
B.支出	7—8月开支142.533石
	9—12月开支565.738石
	共计708.271石
C.收支相抵亏损	64.781石

（《陕甘宁边区政府建设厅公函》，1945年4月23日）

这是 9—12 月的成本比较，1—8 月是制造费为 5.94 斗，实际为 6.685 斗，去年共收纸费 1979.85 石，共支出 2396.81 石，亏本 416.96 石。

（《陕甘宁边区政府建设厅公函》，1945年4月23日）

4. 高等法院造纸厂

过去国民党县政府曾在瓦市新办纸厂一处，规模很大。1940 年事变后，纸厂就由安塞狗曹渠纸厂派人接办，不及一年，将家具和工人撤回。1941 年冬，高等法院派人来此重新开办，当时只有工人 7 人，没技师，两个池子，每天出马兰草纸 4 刀，资本不足一万元；1942 年派来技师一人，开始造麻纸。1944 年有工人 14 人，两个池子每天出纸，流转资金 250 万元（内政府投资 60 万元，银行贷款 30 万元，其余是高等法院的）。

现在，纸厂每年产纸 3000 刀，供给本县公私用纸 1600 刀外，尚可余 1400 刀向外县推销，但主要困难是资本和工人，如能增加资本 200 万元，工人 6 名，则可增加两个池，每天可出纸 16 刀。

（《子长县政府工作总结报告》，1945年1月29日）

5. 陇东益民纸厂

分区开办的益民纸厂，现有员工 29 人。为了鼓励职工的生产热情，以求质量上与数量上都能超过生产计划，厂方实行了计件累进工资制。工人吃穿由厂方供给，其工资规定：每人每天完成400帘（张）纸，可得一升四合麦子；其质量，麻纸每刀不得超过14两重。另外，在完成上述标准后，每超过100帘纸则加工资麦子三合五。在质量上如每刀纸能减轻一两重，则增加一勺麦子。除正式工人外，该厂尚有数名学徒。学徒待遇除管吃穿外，每月工资一斗麦子。为了鼓励学徒的进步，厂方规定学徒不计入厂时间长短，只要能够担任捞纸、晒纸或碾浆等独当一面的工作时，经全体工人大会通过即提升为正式工人。自从实施这些办法以来，已有显著效果，如在提高质量方面，大报纸原规定每刀重二斤八两（16两称，下同——编者），现最好的一刀只有二斤四两重。在产量方面，张兴贵每天捞纸660帘，石荣耀每天晒纸500帘，刘全福一天榨浆353斤，新到两月的学徒每天也能晒到450帘纸，均较过去提高许多。

（《益民纸厂实行计件累进工资制》，《解放日报》，1945年6月15日）

6. 印刷用纸的供、产、销问题

（1）供销的历史过程

边区各机关部队学校的办公用纸，直到现在还是绝大部分用的外来纸——东昌、晋恒、有光，少部分才是用的本地麻纸。至于印刷用纸，从前绝大部分用外来机器纸，现在几乎全部用本地马兰纸了。

本地印刷用纸开始出产于1938—1939年间振华纸厂，那时工厂是自营自养的性质，原料由自己购买，成品由自己推销。原料是用麻绳头，纸的产量不大，质量很差，有许多疙瘩，成本又高，因此销路很感困难。1940年采用了大批马兰草作为造纸原料，成本虽然低了，但纸质仍然不好，产量和销路都不大。至1941年年底外纸进口困难，决定各纸厂实行供给制度，产品供给出版局，原料及工厂开支概由财厅依预算拨给。自此，印刷纸的销路，始无问题。

1942年由财厅供给原料经费的纸厂计有振华总分两厂，利华一、二厂加上延园、宝丰共6厂。此时在供给上最主要的问题便是马兰草的获得问题。过去马兰草由工厂自己派人收买。1942年下季由政府决定实行征收，并准交一斤马兰抵一斤公草，由粮食局负责代征，在延安、安塞、子长、甘泉四县布置总数为730000斤，实收为304900斤，仅完成计划数的42%。在经费方面的供给，亦因财政困难，不能如数及时供给。以振华总厂为例，全年只领到批准预算数的51.4%。因此就影响到各厂的生产时有中断。总计6厂全年出纸4338.6令，占公家实际印刷用纸的85%以上。总结这一时期的供销工作，在总的方面来说：①产销的数量是增加了，但质量太差。具体的表现在各厂生产没有确定统一的质量标准。即以每个厂来说，全年的质量也是不好的和不经常的。例如振华厂年初的质量没有夏秋好，到了冬季更是下降，有批特坏的纸印出报来字形看不清，主要是纸浆粗，不均匀，有疙瘩，不耐磨，又怕潮，没拉力。②是供的方面有两大缺点：第一是马兰草的征收问题，由于各县政府干部人员对于征收马兰的认识不够，把它作为与交公草一样同等看待，对下层宣传动员督促检查不够。如子长县原定任务为两万斤，结果只收到200斤，只完成计划的1%，其余大都用干草来抵消了。同时老百姓认为割马兰是一种负担，何必麻烦去割，只要能用干草顶替就够了，因此，就影响了马兰草的大量收割。同时布置过晚，被洪水冲去，也使马兰的收割量大为减少。第二是经费的供给制度未曾照顾到工厂的发展。这些便是过去工作的概况。

（2）1943年供销工作总结和今后努力的方向

检讨了上述缺点，1943年的工作来了一个基本的转变，对于马兰草的收集，采取了购买的方针，经费亦于厂联会后由财厅实行保证各纸厂20%的合法利润。对各厂产量质量亦由建厅明确地规定了。经过一年来的经验，证明这些转变是有了一些收获，但在执行中却有许多缺点，最主要的便是缺乏精细周密的组织工作，以致供销之间的各个环节经常发生脱节的现象，使着原料、产量、质量都受到很大的损失。下面即分别简述其过程。

①关于马兰草的收买与供应问题

1943年纸厂用的马兰，大部分是由1942年征收来的，不足之数乃在1943年新买之数内弥补。1943年马兰草的收买是先由政府按照各厂生产需要和1942年征收中所调查了解的情形来布置的，规定鄜县收买570000斤，甘泉400000斤，安塞60000斤，志丹20000斤，延安县160000斤，子长

10000 斤，延长 4000 斤，固临 5000 斤，合计 1229000 斤，其办法系由政府指示延属各县要做到："有多少，收多少，力求超过上述布置数字……一方面将买任务具体分配各区各乡各村各户，使完成任务有所保障；一方面广为宣传，使人民知道这是一笔很大的收入……规定每斤马兰草价以相当于一斤至一斤半的干草价格"（政府指示信）。

现在收买工作已经完了，根据各县草站报告，总共完成 673266.5 斤，比起 1942 年来说，收割的数量是增加了，而且群众情绪很好。例如甘泉县梁旺明一人割了 8000 斤，浮刀坪有个叫长命的后生半天工夫割了 600 斤，超过原任务 30 斤的 19 倍，延安南区四乡长刘君达发动割草竞赛，他独自割了 2000 斤。在赵庄、金盆区还有发生抢割斗殴的事情。这都说明收买方针是正确的，是为群众所欢迎的。但是在另一方面，组织工作中有许多缺点，使着计划没有全部完成。计鄜县完成 115466 斤，安塞完成 52133.5 斤，甘泉元成 360137 斤，延安完成 120000 斤，志丹完成 16800 斤，固临完成 4730 斤，延长完成 4000 斤，合计 673266.5 斤，仅达计划数 55.6%，考查计划没有完成之原因有五：

A. 调查不精确，任务分配不适当。例如鄜县的产量估计过高，虽然县府努力动员了三次，结果亦无法完成。又如延安姚店区三、五两乡是没有马兰的，却分配 5000 斤任务，结果"没办法，要交任务，群众在延长一区买了 1000 斤，每斤倒赔了 10 元"，所以计划落了空。但在另一方面如延安、柳林、乌阳二区马兰多，任务却分配得少，结果被牲口吃了许多，因此，就不能以有余补不足。

B. 收割后未能迅速集中，迅速供应，保管不注意，损失很大。例如延安南区区长尹登高说："去年群众割马兰有 5 万多斤，没赶快集中，工厂车子又不来，结果只送上 36000 斤，沤了一万多斤。又如川口姚店区黄雨村全村十余户，收的马兰全部放在屋顶上，结果都沤坏了。据统计，甘泉沤坏了 32378 斤。这样不仅减少了已经收割的数量，同时还影响到以后的续割。群众说："反正白费事，什么也得不了。"像这样的情形，其他各地还多。

C. 价格政策的执行不正确，资金调剂不适当，影响了老百姓的情绪。价格政策不正确之具体表现，一为价格机械，未随物价同时上涨。例如最初定价是以一斤干草来计算的，在交草时干草涨了价，还是照原来价钱付给，或者马兰也涨价，但涨得不足，使群众感到吃了亏。二为价格的平均主义化，未很好区别地方远近，产量多寡，来规定等差价钱。前者如甘泉之富川村比在同一区的六里峁及其他地方送到草站要多70里，来回就是140里（两站），价钱也是四元一斤，后者如延安姚店区五乡，使群众每斤倒赔了10元。资金调剂不适当之具体表现：一为某些地方资金过剩，如鄜县结账时退回五十多万元，而在另一些地方则不足如志丹。二为资金多停留在县区政府，未能很快地送到群众手中，如鄜县拿钱去倒生意赔了本，延安姚店区直到现在有些群众还未领到钱，因此，他们说："还不如顶公草。"

以上是未完成计划的三个基本原因。此外，D. 那时正是农忙，E. 好多干部都整风去了，也是两个客观的原因。

收买的数目不多，再加上草站保管不好和沿途运输的损失，因此就产生了供应上第一个困难——原料不够，据振华总厂报告今年1—8月尚短马兰43843斤（可收买破纸、麻绳头来解决）。供应上的第二个困难便是运输力不足。除振华分厂与原料产地接近，同时还有驮盐牲口捎运外，总厂则甚感困难。现无去年材料，今仅以1944年为例，总厂全年所需运输力为1860051斤，其中马兰273715斤，麦秸62955斤，破纸28094斤，石灰134772斤，柴火1293096斤，木炭27419斤。从此可以推知去年各厂马兰之迟迟未运，多为运输力之不足。

总括去年的经验，要使今年马兰草之收买与供应获得良好效果，应该：

A. 正确调查马兰草之产量，正确分配任务。

去年调查工作的缺点，仅由张振甲一人主观地估计，今年的调查工作应该通过群众，应该由各区乡村户从下而上地报告产量状况，然后再经过上面的调查研究，正确决定可能收买的任务。

B. 迅速集中。

去年收割后集中的困难，在于农忙，老百姓的劳动力不够，畜力不够，如像有的二三十斤和五六十斤都要用一人去送，这未免误工太多了。因此，集中最好以村为单位，距离不远，彼此方便，由村集中后再用变工办法送到草站去。

C. 妥为保管。

去年没有很好保管的原因：有的是没有适当的地方，有的是保管人不负责，有的是群众不够重视（因为价钱小）。所以今年的办法应该使马兰草从收割起来就必须有地方能晒，能收藏，保管人员应当建立一种保管制度，不要使其浪费，同时草价也要提高些，使群众看来比干草还更重视。

D. 马兰草价格应比干草价格高些，在付钱的时候，应当以干草当市价作为计算标准，干草涨了，马兰草就要涨，同时要依地方远近、产量等情况付给等差的价钱，使群众感到有利。

E. 草钱要很快送到群众手中。

去年鄜县把钱留在上面的原因，有时是有投机心理，有时是不相信群众，怕先拿了钱交不到草，公家受损失，但是到了群众交草时，有时又因款子被挪用去了。因此今年的办法，在有合作社的地方，尽量利用合作社，由合作社代收，先把钱交给合作社，并可在群众自愿原则下，实行马兰草入股生息。像南区运输入股、纺花入股那样，这样有几个好处：a. 群众获得了利益，不受物价的影响，b. 公家也有利，可以多收马兰草，同时先期付款，也可减少物价上涨的损失；c. 合作社股金扩大了。

在没有合作社的地方，也应想其他办法，使群众早日得钱。

F. 迅速运输。最好工厂现有牲口抽一部分参加运输合作社，使得小部分运输由自己负担，大部分之运输力依靠合作社。如振华总厂即可这样做。

G. 马兰草质量要注意。去年收割的质量除鄜县延安县外大都不好，尤以甘泉为最糟，杂草多，苗不好，打不出浆，这就大大增加了成本。因此今年收割的时候必须注意选草，不要有杂草苗才好。

② 关于供应方针办法之检讨

纸厂从过去向财厅实行实报实销之供给制度变为给予合法利润的供给制度以来，对于增加产量，提高质量，减低成本，是起了很大的作用（当然还有开展“赵运”，改造思想，改变行政领导，改善工资制度的配合）。因此，工厂的资金丰裕了，职工生活改善了，所以虽在财政困难缓发制造费之后，并未有因资金困难发生停工。但是必须指出，供销办法与供销机构上都有许多缺点。以去年收马兰草为例：

布置是二科，催收运回是工厂，供销处仅付钱，这在工作上就经常发生脱节现象。二科因为人少，布置了后只一人（温汗德）到各县跑跑，结果顾不上，各乡区县政府也未向建厅做报告，工厂又因运输力有限和对收买的情形不了解，所以很多草未能及时运回，损耗浪费很大。供销处本来可以利用各地合作社，但它未起配合作用。因有这些工作上的脱节，也就使着资金调剂发生不合理的情形，质量的检定也就成为不经常的了。根据去年经验，在照顾工厂发展的原则下，必须力求供应合理，减少浪费。为此，必须注意于下列问题之研究与彻底解决（现无材料，情况不明，故只把问题提出来继续研究）：

A. 二科、供销处、合作社、各县区乡政府及工厂，对于今年造纸原料（马兰草、破纸、麻绳头）之收买、运交、资金、干部、工作关系等，如何做到统一、效能、精简、节约、合理分工。

B. 质量检定与资金调剂问题。

③ 产销方面之检讨（无材料做分析综合的研究）

A. 数量：1943 年振华总分两厂、延园、宝丰、利华一二厂共六厂（现为振华总分延园三厂）全年产纸 4610.985 令，超过原计划 531.985 令（原计划 4079 令）。比起 1942 年产量 4338.6 令来说，多 272.385 令，从财厅配给各机关之使用数 4458.99 令说来是保证了供给的，但从全部公家需用的印刷纸（7000—9000 令）说来产量仍不足，还需继续增加产量。

B. 质量：在重量方面说来是减低了，比起 1942 年来说振华总厂每令平均为 28.5 斤，现为 26.9 斤，即少 1.6 斤，分厂 1942 年每令平均为 28.89 斤，现为 25.9 斤，少 2.99 斤，在纸浆方面、尺寸方面、使用方面，比过去好些，但仍然不足，请看下面中央印刷厂来的报告：

振华总厂质量：一、二月份因纸浆粗，又都是落墙而起皱，完全不能印报，即使因无纸用而勉强拿来印报时，则印出之报，使读者不能阅读，印出之字迹只要轻轻摩擦即可跟着纸花落掉，甚至纸浆粗到五分长的草丝还很多。因此，当时我们一方面无纸印东西，另一方面纸厂则存有一百余令不能使用的纸，后来实在没有纸用，又将它运来，但现尚存百余令我厂不能使用的纸，请处置。3、4、5 月份纸浆仍粗，并且落墙又占 15%。6 月份质量略见改进，落墙起皱也减少，整理的质量只在 6、7、8 三个月可算好些，但与政府规定之质量及和分厂之质量比较，尚相差甚远。9 月份起又开始下降，12 月份更甚，纸浆之粗糙及落墙纸等现象，几与去年最坏时期相差无几，并有大批不够尺寸，不能印报（就是现在新出之纸，亦很粗糙不便印报，且经常不够尺寸，使字迹印到纸外面而不见了），致今年（1944 年）2、3 月份曾一度又闹纸的恐慌。

振华分厂质量方面：1、2、3 月间开始纸浆较粗，并有一部分落墙起皱纸。4 月份略有改进，但落墙起皱纸仍占 10% 左右。5、6 月间落墙起皱的毛病克服了，纸浆也细了，但仍不及政府规定标准。7、8、9 三月大有进步，大部分能达到政府规定之标准，这是去年分厂在质量上为边区各纸厂之冠，并为边区土产质量之新纪录。10 月份又开始下降，至今年 2 月表现浆粗，但和总厂比较仍是好的，……

根据上述情形，今后应该：纸的质量必须提高，检讨质量不好之原因，总结振华分厂进步的经验，并奖励其成绩。

C. 各厂成本利润之分析（无材料）

总括 1943 年的工作，从收买马兰草，改变供给制度，发展工厂，保证供给这些方面看来，方针是正确的，只是在执行中有很大的缺点，粗枝大叶的作风，浪费的现象，还很严重。因此在继续贯彻过去的方针下，进行精细周密的组织工作，实行推销工作中的“深耕细作”便是今后的总方向。

（供销问题之二：《印刷用纸的供销问题》，1944年4月）

（三）印刷厂

1. 公营印刷厂简况

边区的印刷工厂全为公营，计有 4 个厂，职工总数为 297 人。最大的是中央印刷厂，有职工 169 人（不计副业生产人员），主要设备有对开机 5 部，四开机一部，圆盘机三部，造油墨机一部，铸字炉三个，打板工具两套。1941 年排字 2400 万，用纸 2415 令。1942 年排字 3600 余万，用纸 3464 令。1943 年排字 4000 万，用纸 4471 令。1944 年排字 4000 万以上。

（西北局调查研究室：《边区经济情况简述》，1948年2月19日）

2. 中央印刷厂

中央印刷厂是边区规模最大的一个印刷厂。七年来，它在宣传团结抗战的出版事业上，尽了很大的努力。目前，它每月生产 300 万字以上的印刷品，而在 1936 年的时候，它仅仅是一个有两部石印机，20 个工人的石印所。同我们的一切事业的发展一样，中央印刷厂是经历了无数困难的，一直到现在为止。当我们走进了机器房，那个饱尝了艰辛、在 1937 年就来到延安的上海工人老蔡（机器部主任）就会指点着告诉你：这一部机器有多大年纪，那一部机器是经过了多少长途来到边区，如果按照一般的使用规律，它们早就应该回到熔炉里重新制造一翻了。但是我们不能让它休息，我们没有重新制造的条件，就只能用这些旧的机器执行着'纸弹'生产的任务。虽然是旧机器，但工人们对于它们像爱护自己的生命一样，老蔡这样告诉记者："革命交给我的任务，要我保证把这些机器使用到抗战胜利；这个任务很大，我就更加关心它们了。每天下工后，我一定把机器检查一遍，不然觉也睡不着。我对机器非常熟悉，白天我在机器房门口用耳朵一听，就知道机器有没有毛病。"这就是新民主主义政权下的工人对自己工厂的劳动态度。

经过一年多的赵占魁运动，中央印刷厂在生产管理上表现得比从前合理化了。目前直接参加生产的人数比 1942 年减少了四分之一，而印刷总数却提高了 52.3%。中央印刷厂实行的是计时工资而不是计件工资，因此，这个进步主要是建筑在工人们的革命自觉性上。现在无论走到哪一个部门，紧张的气氛都会包围着你，排字部书版间从过去 33 个人，减到 20 人；报版间从 24 人减到 17 人，而书版的每月生产数量并没有减少，相反地增加了 50 万字，质量上错字最多的同志已从每千字错 20 个减到错 14 个。报版间的报纸，份数增加了，还比从前提前了一刻钟的出版时间。这个成绩的原因是什么呢？机器工人惠泽民告诉我们：工厂是革命的工厂，是革命工人的家；工厂的财产，是革命的财产，也是革命工人自己的财产，我们为啥不爱护工厂呢！在这样的劳动态度下，青年工人踊跃地参加了赵占魁运动，老工人也同样迈步前进。在运动中间，工人的创造性被激发起来，排字部的吴大保同志在工作的时候，排到列宁讲的两句话："不积极想办法改进工作的党员，不是好共产党员。"（大意），他记住了，就下决心研究排字方法，通过改盘来提高排字速度。

他一个人埋头苦干，先后想了四种改盘的方法，最后终于成功了。改盘前，他每小时总排不到 1400 字，改盘后的第一天，每小时只排了 1100 百字，第二天 1200 字，第三天达到 1400 字，以后逐渐上升，到今年 2 月，最高纪录已达每小时 1800 字了。

有计划地节省、购置、保管材料，是中央印刷厂的特色，是它能够不断发展的原因之一。印刷上的主要原料有三种：纸、油墨和铅。纸的问题由政府负责解决了，其余两项他们早已估计到来源的困难，因此从 1942 年起就设法自造大批油墨。在边区缺铅的条件下，他们利用一部分铜来代替它。而他们最大的优点，则是在原料的节省上。在今年，他们要从过去作废的油墨渣中，过滤出价值 50 石小米的油墨。他们印 1000 张报纸，只损坏一张。刻字工人刻字时飞出最细的铅丝，也不让丢掉。他们的积存原料，每三月必须清查一次。

由于生产管理比从前合理化，技术上的改进，以及对于原材料的爱护和节省，今年在成本上将比去年减低 22.3%。

中央印刷厂生产率不断上升，除了经常利用生动事实对工人进行政治教育，加强他们的劳动热忱外，就是他们特别注意到伙食的管理。自从去年 5 月以来，他们隔一天吃一次馍，几乎每天有肉吃，每天中午有一汤一菜，菜的花样有百余种之多。早晨有豆浆喝，每天能打六次开水。他们的全部伙食(包括菜金、烧炭等）每人每月只有 2.81 小米（记者按：边区公营工厂一般伙食均在三斗以上，其中如光华、交通等厂则在四斗上下。这些厂伙食支出虽多于中央印刷厂，但因管理不善，并不比中印厂吃得好），为什么能这样好呢？一是副业中菜园的保证，可以随时吃到新鲜菜，并比市价便宜（菜园以一斤菜一合米和工厂交换）；二是管理严密，奖励节约。由于烧水英雄佟玉新的影响，改良了炉灶，每炉水烧炭 6 斤。现在做饭平均每人只烧六两多的炭，原订计划是每人 9 两，现在节省了 2.5 两，每月总起来炊事员与工厂对半分红。三是炊事班长张德才的积极负责，注意卫生。但最主要的还是领导上把管理伙食的工作，放在一个很重要的位置上。因为伙食的改善，加上定时的文化娱乐，工人们很愉快，因此劳动时也就更加有劲。当我们走进了印刷厂的俱乐部，“印厂生活”和“印厂广播”墙报就告诉你：为了迎接职工代表大会，工人们正在紧张地突击中。目前他们战斗的口号不是别的，而是提高质量。

中央印刷厂在 7 年中间已经创造了不少的成绩，但并不是没有任何缺点的。首先表现在去年经常具体检查生产计划还不够，很多人订了计划以后，领导上很少去过问他。第二重视质量还差，比如去年纸版部有些纸版打得很浅，题目字高低不平，没有字的地方有黑斑，装订部页码对不准，装错了的也有。第三，在赵占魁运动中涌现了大批的积极分子，他们在爱护工厂上比一般人更爱护，在生产上比一般人更努力，他们是工厂前进的动力和骨干。但是他们中间有的人还没有做到把所有的工人团结到自己的周围，尤其是对个别老技术工人的团结，还需要加强。这些缺点，已被中央印刷厂列在今后的计划上，他们决心克服这些缺点，使领导作风更加群众化，作为完成今年 3600 万字、4800 令纸的生产任务的坚实保证。

（《中央印刷厂管理合理化，成本减低，效能提高》，《解放日报》，1944年5月21日）

3. 留政印刷厂[①]

留政印刷厂是由八路军印刷厂分出来的小型印刷厂。开工一年来，有了以下一些成绩：

① 在排字上改变了成规的部位字及常用字，把部位字缩减，常用字字架缩小，字数增多。这样，既可节省铅及工作时间，又可把经常用的一些部位字添补到常用字中，因此每架常用字（24 盘）可供两天生产之用。

② 用纸条代替铅条及铜条拼版，解决了一部分铅的困难。

③ 在铸字上以土纸糊烤代替马粪纸及填版纸，报版纸型用毛边纸（每次可倒五六块铅板）、土麻纸（每次可倒两块铅）代替外来薄型纸，并以自制铅线代替了十分昂贵的舶来铅线。

④ 装订上以纸钉及麻绳代替铅丝，在 8 个月中节省细铅丝 54 斤。工人宋振 ,9 小时内可捻纸钉 12000 余根（裁工亦包括在内）。

⑤ 在石印上改变了摇机装置，使正副手印刷时可以互助，提高生产效率。

---

① 第八路军后方留守兵团政治部印刷厂。

由于以上各种技术改进及工人劳动热情的增高，而使去年一年的节约达120余万元。该厂生产数量与质量今年均比去年有所提高。如去年10至12月三个月共排字1073155，平均每千字的毛坯错四个字，今年1至3月三个月共排字2294910个，比去年超过一倍以上，平均每千字错4个字。现在，该厂更进一步为求得数量质量同时提高而努力。

（《留政印厂产量倍增》，《解放日报》，1944年5月14日）

（四）化学工业

1. 各种化学工业概况

化学工业包括基本化学工业、陶瓷、玻璃、肥皂、制革、制药、火柴等厂，据不完全统计，边区公营化学工业共9厂，职工594人。

基本化学工业：有军工局之工艺实习厂，第四厂及陶瓷厂，出品有三酸（1944年出品比1943年增加150%）、磷、硝、酸、钲、二硫化碳等，试验成功的有氯酸钾、煤焦油、甘油等。

陶瓷玻璃业：军工局陶瓷厂创办于1944年，出品为化学工业和医药用的玻璃瓷器及炼铁用的耐火砖，职工56人。此外关中、延属、中管局所办的小型瓷窑，所产皆为日用陶瓷器。边区民用陶器现大部由外输入，故陶瓷业须大大扩充。

肥皂：著名的有新华肥皂厂和大光肥皂厂两厂（1944年开办的新厂尚无调查）。新华厂创办于1939年（建厅主管），大光肥皂厂则由三五九旅开办于绥德。两厂共有职工78人。其历年出品：1939年肥皂22405条，1940年118703条，1941年147602条，1942年310659条。1943年482855条。现产品除全部自给外，且有一部分输出境外。

制革：后勤制革厂，创办于1939年，以外来的兰矾烤胶等原料鞣制皮革。1940年后原料用罄，始发明从栎树皮中浸出丹宁鞣皮。该厂职工232人，1943年产各种皮革12030张，各种皮革制品有枪带一万二千余条，鞋子两万双，此外有副业的胶6328斤及毡、毛口袋等。

制药：卫生材料厂，现系边区唯一制药厂，创办于1938年，1939年在赤水县开工，职工共四十余人。同年移至延安，扩充至八十余人，复成立制药训练班。1941 年生产药品四万余磅，注射药 12000 盒。1942 年因制药原料受封锁，开始以边区植物制药，成立研究室及药科学校，招生两班。现在职工 180 人，直接参加工业生产的三十余人，仍带有学校性质。设备有灌注机一套，振荡机、压榨机各一架，压片机、弹花机各两架。试验从边区产中药中提制西药尚有成效，如樟脑溶液、葡萄糖、大小苏打及胶布等，肝制剂、碘化钠等仿制亦成功。

火柴：边区火柴厂 1944 年始正式开工。所用的磷是从兽骨提炼，由陶瓷厂供给，来源尚不感缺乏。职工 45 人，若全部设备开工，则产品不但能供给边区需要，且可输出。现在氯酸钾来源断绝，工艺实习厂虽已试制成功，但尚不能大量出产。该厂 1944 年出品为 96 箱（全边区需要量估计为 1500 箱）。

（西北局调查研究室：《边区经济情况简述》，1948年2月19日）

2. 新华化学厂

（1）新华化学厂发展迅速

该厂前身，原为张浩同志所办工人学校附设之肥皂房。当时仅有资本 400 元，职工 20 人左右，用煮饭锅熬碱，汽油箱熬肥皂。然而发展至今天，已成为 1 月出肥皂六七万条之大厂。

新华化学厂在 1943 年“五一”以前，由于部分职工对于新民主主义政权下的公营工厂的性质缺乏明确的认识，因此产生了工会工作中的经济主义偏向，工会片面强调改善工人生活，而对于保证生产任务的完成，提高工人政治觉悟，则很少注意。当时的工会并成立“互助资金社”，全厂 78% 的工人都向该社借钱吃喝。破坏分子又利用某些意识落后的工人，放纵工人放高利贷。当时放高利贷的有宋金山等 12 人，每月 1000 元要生 200~400 元的利息，多数是放给雇工的。结果雇工拿三四万元潜逃，工人连本带利都收不回。当时厂内少数工人又组织小集团，造成工人间不团结的严重现象。但自去年（1943）5 月工厂联席会议以后，该厂赵占魁运动蓬勃开展，工人政治觉悟日渐提高，工会更注意保证生产任务的完成。加以厂长金直夫坚决执行政府法令，深入工人群众教育、解释，发扬好的，批评坏的，该厂工作作风乃大大转变，不仅工会工作克服了经济主义，而且使工人的劳动态度、生产质量、技术创造等面貌一新。职工间互相团结的精神也大大加强，如肥皂组做夜工时就帮助熬碱组生火，让他们多睡一会儿。肥皂组下工时帮助年小工人抬箱交货。此外工人间实行经济互助，写信互助等，与一年前工人间自成派别的情况迥然不同。一年来在全厂职工的努力下，生产已获得优良的成绩：去年全年共产肥皂 48 万条，今年计划产 60 万条，精盐一万磅，牙粉两万包，墨水 12000 瓶，粉笔 8000 盒。此外，青油、麻油等的产量尚未计入。该厂自 1943 年“五一”以后，人员减少 27%，而产量却提高 55%。现由熬碱组、肥皂组生产情况，可看出全厂领导、工人劳动态度，产量和质量，工作效率等方面的飞跃发展。

① 熬碱组由九人减至 7 人，人员减少 22%，浓碱产量平均每锅比去年 5 月以前增加 34%，每工劳动效率比去年 5 月以前提高 91%。该组工人能自觉地爱护工具，创造节省原料的办法。如去年 5 月以前由浓碱锅内捞出的芒硝和储藏于缸底的芒硝，其中含浓碱很多，但都倒掉，损失数目无从统计。5 月以后，工人王志贵以清碱水去洗，结果洗出大量浓碱。金厂长立即予以注意，并嘉奖其创造性。根据该厂工务科统计，以 6 个缸共装 1040 斤浓碱，每缸平均 170 斤，六只缸内可起出 78.5 斤带浓碱的芒硝，可洗出净浓碱 50 斤，平均每缸可洗出净浓碱 8.5 斤。由去年 5 月至 12 月，共产肥皂 378730 条，应用 171 缸浓碱，就节省了浓碱 1453 斤，每斤以现市价 840 元计，共值洋 1219520 元，合小米 54 石多。现在在厂方及工会领导下，该组工人迟到早退，工作无头绪，有事无人干，甚至打架等坏现象一扫而光，工房里建立了劳动制度，熬碱组建立了分红轮班制，工作大家自动干。工人王世明说：“工厂是自己的家，多干点没关系。”连以前生产不积极的王金德也说：“工厂比过去好，别人一天起多少碳酸钙，我就担多少担。”再以石炭一项而论，去年 8 月以后的 5 个月内，比 7 月以前节省 19000 斤。工人王世明是烧石炭的模范，他比工人金树德每天节省 81 斤多，比侯文才节省 107 斤，比王志贵节省 50 斤。厂方和工会发现王世明烧石炭的方法好，立即号召工人向他学习。由于厂方加强领导，工人努力创造，致使全厂节约成风。该厂去年节省石炭

9677斤，节省生碱9426斤。

自金厂长改变了该厂旧的工作作风以后，工人为增加革命财富，以主人翁的态度自动要求增加义务工，肥皂组过去8个人做工，每人每月平均加工27小时，熬碱6人，每人每月参加义务工76小时，有时工人深夜加工，致使厂方为了保证工人身体健康，不得不下令禁止。

②1943年8月以前，肥皂组的人数是10人，有时11个人工作。8月以后减为9人，12月又减至8人，至今年3月，又减成6人。人数减少，产量却大大提高。如该组去年产量提高至40%。去年1至4月，平均每月产肥皂25758条，共需工227个，平均每工产130条。5至7月平均每月产40055条，需工（以8小时计）251个，平均每工产肥皂159条，每工比5月前多产29条，即提高产量达22.3%。8至10月平均每月产肥皂51930条，需工191个，平均每工产肥皂270条，比5至7月平均每工多产111条，即提高产量70.3%。据分析，该厂肥皂产量提高的原因有下列几点：A.由于工人劳动态度端正，工作效率提高占49.1%。B.工具的增加使生产量增加达90.6%。由于产量提高人员节省，也减低了产品成本。

（《新华化学厂迅速进步》，《解放时报》，1944年5月6日）

（2）新华化学厂历年职工、产量统计表

表一：四年来新华化学厂发展概况

项别 数目 年月	工徒每月平均人数	职员每月平均人数	肥皂(条)	牙粉(包)	精盐(磅)	粉笔(盒)	墨水(瓶)
1940年	3	13	118703	11511		3981	1775
1941年	51	24	147602	13696	3040	3939	4114
1942年	84	40	310657	13866	4090	4625	7845
1943年	41	26	482855	14965	10087	5832.76	5215

表二：1944 年新华化学厂每箱肥皂标准成本计算例

每箱100条，每条体积58″ ×$2\frac{3}{8}$×1″ 英寸标准： 每条重量0.34315斤			
项目	金额（元）	折小米（斗）	折羊油（大斤）
原料	20075.85	9.3385	16.7307
助料	877.96	0.4083	0.7316
包装用料	757.68	0.3524	0.6314
工资	424.30	0.1973	0.3536
管理费	901.15	0.4192	0.7510
工具修理	60.00	0.0279	0.0500
折旧准备	977.13	0.4545	0.8149
资金利息	180.90	0.0841	0.1508
利润	265.09	0.1233	0.2209
总计	24521.00	11.4051	20.4340

说明：1．“原料”包括熟羊油、清油、老油、浓碱，助料包括食盐和石炭。
2．每箱之制造工时为 0.645 人工。
3．利润是工资与管理费的 20%，因为资本小。
4．去年（1943 年）12 月每箱成本羊油为 30.24 斤，本标准每箱减 9.806 斤。

表三：新华化学厂 1943 年 8 月前后开支比较

名称	运输开支（细粮斗）	伙食开支（细粮斗）	事务开支（细粮斗）
1月至7月平均	81.237	241.9	379.14
8月至12月每月平均	61.286	153.76	285.25
每月减少%	24.55%	36.43%	25%
五个月总共节省小米100.9885石			

（建设厅：《1943年工业统计表》，1944年4月1日）

（3）新华化学工厂在整风中改进了生产管理

化学厂自从金直夫厂长去了以后，在这短短的 7 个月中间，由于他积极地执行了厂长联席会的精神，彻底地进行了整风运动，提高了职工的政治认识，清算了过去各种不合理的现象。现在该厂职工在他领导下，改进了生产管理，实行精简，而产量则逐月地提高，成本费也减低了。兹将具体经过分述于下：

今年3月化学厂各方面都表现非常不合理，尤其在生产部门中表现了很大的人力物力的浪费，在生产组织方面，全厂生产分成肥皂、熬碱、装潢、粉笔、精盐、修理6个组，因为劳动的组织不适当，浪费了许多劳动力，肥皂组10个工人，工具倒不开用，每天只做半天工，一到下午就休息了。装潢组16个工人，每月只包装一万条到二万条肥皂，包一些精盐粉笔就没事了。两个木匠工人三天做一个粉笔床子。就是终日不做事，亦无人去检查。工人因为闲着没事做往往在工房里聚拢起来讲故事、捉麻雀、打瓦，搞起各种游戏来。厂里的运输大车去一次延安只有10里路就得一天时间，到金盆湾来回四天的工夫，拉一回白菜，计算一下不够运输费，就这样把人力物力浪费了。其次，特务分子有计划地把技术工人调开生产岗位。工人寇作起，是肥皂组的技术工人，被调到金盆湾做杂务工作，刘禄是修理组组长，调到金盆湾去做建筑工作，而把一个担水的李富华调到肥皂组当学徒，不久提升他当了肥皂组组长。过去纸厂开除的工人侯虎成却当了三个组的组长。工房里到处都是碎肥皂，炭随时烧根本不计算，工房每月洋火就用11包，七八个工作人员经常住在休养所，仍享受工厂最高待遇。行政组织人员分配上有很大的浪费，具体的计算有：正、副厂长二人，秘书一人，工务科正、副科长，三个科员，研究室一个主任，两个协助员，还有三个练习生，总务科也是正、副科长，下面两个采购员，营业部三个营业员，会计科四个人，再加上伙夫班长、运输班长、伙夫、马夫、临时雇工，几乎就占到工人的半数。

表四：新华化学厂历年职工、产量统计表

项别 年份	职工人数	产量	生产效率	工具设备	备注
1938					
1939	24	肥皂22405条		汽油桶两个每个容油60斤	
1940	31	肥皂118703条		〃	
1941	61	肥皂147603条		〃	

续表

1942	77	肥皂310659条		增两个汽油桶两个大钟锅	可容油600斤
1943	61	肥皂482855条		增两口大皂锅 一容1320一容1380	减少二钟锅
1944	52	肥皂619175条		又增一口大皂锅,可容1500斤	
1945	42			〃	
共计		肥皂2111272条			

（《历年边区工业概况材料之一》，估计1946年）

5 月份金厂长任职，发动了全厂职工进行整风运动，……金厂长召集全厂职工研究生产管理，工人提出了许多意见，根据这些意见实行了精简。从前工务科 5 个人，并且是和生产脱节的，现在的工务科和生产联系起来了，工务科长兼任了肥皂组组长，工务科员兼任了熬碱组的组长，装潢组减到 5 个人，肥皂组减到 8 个人，熬碱组减到 6 个人，干燥室减到 3 个人，精盐组取消了，直接参加生产的工人减少了 21 个人，而生产量并不影响，反而提高了，从前装潢组每小时每个人只打 200 条肥皂，现在生产效率提高了，每人每小时可以打 400 条，比过去的产量增加了一倍，肥皂组 8 个人仍有空余时间帮助装潢组工作。

在节省方面，从前熬碱组 9 个工人现在减到 6 个工人，从前每天熬 10 锅碱，现在每天熬 12 锅，从前每锅碱出 9 斤，现在因为把洗过的芒硝水放在碱锅，每锅增加了 3 斤浓碱，按成本每斤 360 元，每日多产 36 斤浓碱就增了 12960 元，每月就增加了 349920 元的巨大收入。从前熬 1 斤浓碱要消耗 6 斤石炭，现在每斤只烧 4 斤 5 两炭，一斤就节省了 1 斤 11 两，总计每天节省 244 斤炭，每月节省 65880 斤炭，每斤按市价以 15 元计算，每月单炭一项就节省了 65880 元。产量也显著提高了。肥皂产量，1 月份 10535 条，二月份 13726 条，3 月份 26996 条，4 月份 30326 条，8 月份 58924 条，9 月份 55203 条，10 月份 56000 条，11 月份因无原料还生产了 36000 条，12 月份拟生产 50000 条，如原料供得上可到 70000 条。现在成本费是减低了，1 月份 1.247 石，二月份 1.26 石，3 月份同前，4 月 1.2 石，5 月份 1.24 石，

6 月份 1.28 石，7 月份 1.15 石，8 月份 0.98 石，9、10、11 月都与 8 月份相同。成本数字以每百条肥皂计，以米为基。工作人员亦减少了，1 月份工作人员 35 名，二月份 37 名，3 月份 31 名，4 月份 27 名，5 月份 32 名，6 月份 29 名，7 月份 25 名，8 月份 20 名（内工务科 9 个直接参加生产的在内）。为什么化学工厂生产管理能有这样的进步呢？

① 化学厂进行了深入的整风，并且切实检查工作，详细地研究了生产过程，大胆地执行了精简政策。

② 发动群众，集思广益，运用彻底的民主方式，倾听群众对于建设工厂的意见，所以全厂职工才以主人翁的态度提供生产经验，提供办法。同时，建立了群众自觉遵守的各种工作制度，职工的劳动热忱和生产积极性空前提高，才获得今天的成绩。

（《1943年边区工业材料》）

（4）化学厂的供、产、销问题

化学厂在 1939—1940 年时，因规模较小，原料采购上未感到困难，当时仅需在市面现买即可解决。1941 年曾派人到外地收购，并向附近杀房订货。1942 年则采取分期购买办法，7、8、9 三个月收生油，11、12、1 月则收熟油。这几年原料上均未感到困难，每年还都有存货。这几年原料采购上的缺点是：

① 没有掌握市价和季节性。如 1942 年 9 月间，延安每大斤羊油价 25 元，可是当时还派人到绥德去收，每小斤 20 元，收一万多斤，连运费和折秤每斤吃亏 13 元，共计损失 15 万多元。又因在绥德收购，积压了 37 万元的资金，当时延市原料跌价，厂中无办法收买。

② 收买原料时不精细检查，如 1942 年收来的羊油内掺有水杂，最多时达 50%~60%。照 1942 年收油 34400 斤，平均每斤以掺杂 20% 计，就等于浪费了 6800 斤羊油。

③ 在收购羊油的价格上，没有计算研究，只图完成任务，如在绥德购油时，甚至还与那里的大光肥皂厂竞买，买油时只记下原来的价格，不估计运费、路费和路上的损失。

④ 平时对采买工作不检查研究，甚至有这样的情况：原料拉回来有时过

秤有时不过秤，好坏短少也无人敢说，交库就算了；对各订购户的账目未去结算。

⑤ 关于采买工作的责任没有严格的规定，名义上是总务科负责，所以总务科的人大家都收买，此外会计科的人也收买，没有专人负责；采买工作是自流的；采买的人愿意买多少就买多少，回来以后也不详细清算账目，开支是否合理也无人过问。（根据去年 8 月化学厂工作初步总结报告）

研究了以往的经验教训，我们很清楚看到：① 原料的收买，必须善于掌握市价和季节性，必须灵活地运用资金；② 收买羊油时必须运用经验，检查出油内掺进去的水、骨头、盐等杂物料；③ 购油，不但要完成任务，而且应当注意到价格，在外地购油，要注意计算运费和其他损耗；④ 交库出库都要过秤，账目要经常计算检查清楚；⑤ 采买要由专人负责，要有计划地进行，对采买工作要经常检讨研究。这些经验，化学厂去年是接受过来了。例如对于检验油的质量曾做了专门研究，写出了检验羊油的经验，并在工作中加以运用，所以去年羊油的质量最好。据厂长谈，去年购来的油，掺杂在 10% 以下。购油指定专人负责，经常查账过秤，计算价格运费（7 月以后会计制度较前更加健全起来）。此外，为了顾及买羊油的季节性，有计划地运用资金起见，去年 4 月即以每斤 78 元价，向延安、安塞各合作社及私商付款采买。另一方面实行严格的成本核算与厉行节约，减少原料的浪费，自 8 月到 12 月和 1 月到 7 月比较起来，减少浪费 1157.55 斤混合油（混合油包含 40% 老油，10% 青油，50% 羊油），做到每条肥皂用混合油 0.1374 斤的标准。

然而去年的羊油采购上，却又发生新的问题。

① 延安市的羊油损耗了很多。因为各合作社和化学工厂订好采买羊油的合同以后，就互相划定购油的范围，同时把羊油价格压低（有一时期压的比羊肉价还低些），有的经手人就把羊油供食用或夹在肉内出售了。

② 有些合作社的人员只管自己拿着购油资金做生意，没有认真地替化学厂购油。例如化学厂的人介绍安塞四区合作社到真武洞购油（那里有 300 多斤羊油，每斤 300 元），但合作社还要等一等再买。

③ 年底油价上涨，每斤 750 元，各合作社到期都交不足预定之数，甚至

一直到现在，账目尚未结清。……

④ 采买工作上也还存在着严重的缺点。……

总计从去年到今年2月20日，化学厂共得羊油31350斤，但因去年生产力提高，前年存油不够用，所以去年11、12两月就用去8336斤，结果到今年2月20日止，只剩下23013斤，不能供今年全年原料需用。因此，化学厂在今年4月份只得暂行停工，抽出强的劳动力抓紧春耕季节在附近开荒。今年任务70万条肥皂，需5万斤熟羊油，尚差26987斤。而且今年还要替明年预备5万斤羊油（假定明年的任务与今年同），因此今年需购羊油76987斤，依目前技术水平及实验成效来说，羊油还不能完全由其他动植物油代替，至多只能掺用五分之二猪油。所以76987斤油内可掺用猪油30744.8斤（如果掺猪油过多，会影响成品的质量——容易融化，而且会使成本加重）。依此计算，今年需预备羊油46192.2斤，如果运输、制炼、保存等过程上的损耗以15%计，则共需购羊油53121斤。

根据化学厂的供销问题材料，依历年收油经验估计，边区各地今年可收油斤数如下：三边10000斤，绥德10000斤，延安24000斤，陇东2500斤，子长、延川、延长均为700斤，固临500斤，安塞800斤，志丹400斤，蟠龙、姚店、清化砭3000斤，合共53300斤。这只是较低估计，只要今年努力采购，布置适当，是可以完成收羊油53121斤的任务的。

不过化学厂因为感到去年采购上的困难，而且觉得政府对它帮助不够（据金厂长谈：去年11月因急需购羊油巨款一亿元，经数次磋商，政府方付给500万元），所以希望制皂原料由政府供给。他们的工作报告中说："由于物价的波动，上月的羊油价格比下月的羊油价就要涨上几倍，因此在上个月的成本计算，假定每条肥皂应为100元，但是到了下月，这100元就值50元或30元了。如果把成本折合羊油计算的话，从卖出的那天起，以后就每天每月地亏下去，因为收买羊油是季节性的，并不是随时卖出一条肥皂，就能立即买回一条肥皂的羊油原料。当然又不能把所有的肥皂统统积压到收买羊油的季节一次推销，……还有人说卖了肥皂的钱可以买回实物存下，自然，厂内是会买回有关制造的原料来积存，但据去年的经验，麻籽去年只涨了6.8倍，青油只涨了25倍，土碱只涨了20倍，石炭也只涨17倍，可是羊油则涨了 28 倍以上。从这样看来，就是存下实物来周转，也是赶不上羊油上涨的指数。正如上面所说的，在 1943 年推销了肥皂 562656 条，由于羊油天天上涨，计损失现金 39826644 元，折年底羊油 39826 斤，所以要掌握成本计算是困难——而且也是不可能的事。要解决上面的问题，我们建议几点意见：① 统一由政府供销：A．照纺织厂的办法领原料交成品，发制造费。B．工厂卖下肥皂的钱，随时交政府物资局折价存油，交换法则是将工厂现金集中物资局来周转，到秋季由物资局还羊油给工厂保证生产。② 向合作社订买（或代收手续费……）。”

……

据我们看来，化学厂的原料由政府供给，有下列不妥处：① 政府办供销工作的人缺乏收购羊油的经验（油内掺有杂物，不易辨认）；② 买油带有季节性，要在一定的季节内，让供销处的人放下其他工作专去收油，会是不可能的；③ 供销处的人对羊油采购的关切以及他们与厂内的联系呼应，自然远不及厂内自设之采买员。化学厂方面自设之采买人员，在本地外地购油，则无上述不妥处。

至于化学厂今年购油办法，根据过去经验可以采用：①8、9 月到 12 月派人驻各分区收购，并取得邻近各县合作社与公私商号的帮助；② 秋后向各合作社公私商店杀坊短期定购，付给手续费；③ 延市附近专由两三个人随时收购（以上共需六人）；④ 经过政府规定各机关按肥皂需要量交纳定量的羊油给化学厂做原料；⑤ 开肥皂铺，以肥皂或其他必需品换群众炼下的羊油。

据近来化学厂统计，去年售皂情况如下：

① 白肥皂，去年 1 月份卖出 7800 条，每条 16 元。共得 124800 元，当时米价 145 元一斗，故折合小米 860.69 斗，按当时原料市价计算，该月所售肥皂之成本，应为每条 14.5 元，共计 7800×14.5 = 113100 元（780 斗）。卖价减去成本，计赚 11700 元（80.69 斗）。

去年 12 月卖出 10455 条，价格分三个时期：第一期每条 160 元，卖出 6950 条，得 1112000 元，当时米价 2000 元一斗，折合小米 556 斗。第二期每条 180 元，卖出 1200 条，得 216000 元（108 斗）。第三期每条 200 元，卖出 2305 条，得 461000 元（230.5 斗）。合计共得 1789000 元（894.5 斗），但根据核算，该月份肥皂成本应为 231 元，10455 条成本应为 2415105 元（1207.55 斗），所以赔钱 626105 元（313.05 斗）。

去年 12 个月共卖出白肥皂 444876 条，得 29494090 元（按各月市价折米，共折合计 43958.61 斗），按每个月原料价格核算 444876 条，成本共为 36070981 元（折米 50450.51 斗），所以从钱数上看，去年赔 6576891 元，从粮食上看，赔 6491.9 斗。

但不是说去年全年都是赔本的，其中 1 月、2 月、3 月下旬，4 月及 5 月后半月时，所售肥皂获利 173280 元，但其他时间特别是下半年，所售肥皂赔去 6750171 元。

② 黑肥皂去年正月卖出 600 条，每条 14 元，得 8400 元（57.93 斗），每条成本 12.6 元，共计成本 7416 元（51.14 斗），获利 984 元（6.79 斗）。去年 12 月卖出 10 条，每条 150 元得 1，50 元（0.75 斗），每条成本 165 元，成本共计 1650 元（0.82 斗），赔本 150 元（0.07 斗）。

全年卖黑肥皂 74485 条，得 3114065 元（5159.58 斗），但成本费应为 3280999.20 元（5229，11 斗），从钱数上赔本 166934.20 元。从折粮上看赔 69.53 斗。

12 个月中，1、2、4、5 等月份，得利 77212 元，但其他月份共亏 244146.20 元。这里必须注明：去年售皂所得与当时原料价格相比较，虽是赔本的，但给合作杜采买羊油上，每斤是赚得 1000−78=922 元，共赚回（1000−78）×45440=41490000 元（虽然账目未结算清）。

从上述例子中可以看到：去年售皂与原料之市价（成本是按售货时之原料市价计）比较起来是赔本的，其原因则是肥皂价格太低（尤其是下半年原料涨得快，肥皂涨得慢些）。今年的皂价却不同，除原来成本外，还加上了 $\frac{20}{100}$的利润，兹将二月份的成本与售价计算列举如下：

二月份共装白皂 47561 条，共需羊油 2753 斤（每斤 1400 元计），共 5254200 元。

老油 3002.5 斤（每斤 1200 元）共 3603000 元

青油 750.5 斤（1100 元）共 825550 元

盐 647.5 斤（200 元）共 129500 元

石炭 7355 斤（25 元）共 183875 元

浓碱 3608 斤（805 元）共 2904440 元

制造费 421680 元

管销费 221000 元

折旧 184000 元

每条成本 288.7 元　合共 13727245 元

二月份交库包装之肥皂计 28985 条，每条 288.7 元，共计 8367969.50 元。包装用去马兰纸 2345 张，每张 30 元，共 70350 元，皂纸合计 8438319.50 元，再加 20% 的利润，即加上 1687663 元，统计 10125982.50 元。

每条肥皂应售价为 10125982.50 元 ÷28985 ＝ 349.35 元。批发皂价每条 350 元，即从这样计算出来的。

4 月份卖出肥皂 62400 条，即可赚 62400×350×20% ＝ 4368000 元。

从上述推算中可以看出：除了保证 20% 利润以外，而且三种油价都比市价高些，这是预防下半年羊油的涨价的。因此厂内几位同志说：今年下半年羊油的价每斤不超过 2000 元的话，那么上半年售皂所得，到下半年是可以买回原料的。

历年来羊油的最低价与最高价如下（价格是按化学厂实际收油之成交价格录下）：

年份	最低价	最高价	最高最低价的比较（化学厂1939年8月以后才开办）
1939年8月至12月	每斤0.60元	每斤0.90元	0.9÷0.6=1.5倍
1940年1月至6月	1.50元		
1940年6月至12月		2.43元	2.43÷1.50=1.6倍
1941年1月至6月	2.63元		
1941年6月至12月		8.00元	8÷2.63=3倍
4年1月至12月	8.60元	30.00元	30÷8.6=3.5倍
1943年2月	30.00元		
1943年12月	750.00元		750÷30=25倍

根据上面材料，采购原料资金的保证，我们觉得并没有化学厂报告中所强调的那样困难。首先，在战争时期物价不断上涨的条件下，这种困难在其他生产部门中同样是存在的，特别是存在需要购用外来原料的生产部门。其次，去年羊油的涨价，原是一种特殊的现象。而羊油的涨价，不会与其他油类（老油、青油等）相差很大的，可以断定说，羊油与其他物品的价格间绝不会存在着“剪刀形”的关系。去年羊油虽然涨了28倍（根据化学厂报告），但是去年东昌纸涨了36.5倍，铁条涨了54倍，那比羊油涨得厉害得多。羊油是边区本地每年都能出产（而且数量不断增加）的物品，今后的涨价绝不会超过其他物品的。假如退一步说，肥皂比羊油总是涨得慢，资金供应的保证可以有如下几种办法：① 化学厂本身实行严格的成本核算，扩大自己的营业基础，将售皂所得资金随时在商业上流转；② 将一部分资金投入银行、信用合作社或其他生利的企业内，这只可作为辅助的办法；③ 照化学厂所提意见，将售皂所得资金交由物资局在商业上流转，并保证其原料与制造费的供给——这一办法是与化学厂的性质有关，是否可以采用，尚待研究。

最后，化学厂的原料采购上，尚需顾及以下一点：三边、陇东已筹设肥皂厂，延安有些机关（如行政学院、保安处、兵站、中央党校……）也要自制肥皂，所以今年做肥皂（因而采购羊油）的单位不止一个，若在原料采购上相互竞争，结果会使油价飞涨。三边、陇东设厂制皂，就地利用原料，供给当地需要，且以一部输出，我们认为是非常恰当的（可以节省原料与成品的来回运输费用）。但延市各机关也自行制皂，不但会使原料采购上发生困难，而且也是人力技术的分散和浪费。所以延市的制皂，最好还是统一于化学厂。退一步来说，若是不能统一制皂的话，那么在原料采购上，也一定要统一进行，绝不可相互竞争。或由制皂各单位组织一原料采购委员会，或由政府供销处统一地筹划原料供应问题。

（供销问题材料之三：《化学厂的供销问题》，1944年4月）

3. 制革厂

（1）兴华制革厂

① 简史

A. 简史——本厂创建于 1938 年 9 月，边区政府派惠彦祥为厂长筹备，隶属边府建设厅管理，厂址原设志丹城内，1939 年年底交中财部经营。鉴于交通不便，在 1940 年 9 月迁至安塞县二区沟槽渠。当年复交建设厅管理。至 1941 年秋转交军委经建部，十月又交军事工业局管理。

B. 厂名沿革——在建设厅管理时名难民硝皮厂，但因产品销路不畅，遂将硝皮改为制革。至交中财部后乃易名为兴华制革厂，为时较久。交军工局后改为军工局第八厂。

C. 资金——由筹备费 3000 元，到 1939 年年底共增加资金两万元。

1940 年 9 月结算盈余 17000 元，年底交中财部交拨资金 63000 元，共计增至 10 万元。

1941 年 3 月由后勤部经建处投资两万元，边工局又投资三万元，移交军工局后，将结算 15 万盈余转作资本，共计 30 万元。此后，由营业性质转为供给性质，按目前资产估计，共值 300 余万元。

② 人员、设备及产量

A. 人员及设备——在志丹县硝皮时期，利用公家窑洞雇老百姓硝皮。改为制革厂时，也曾动员老百姓 20 余人参加生产，但到了阴历年又走光了。

1939 年春修补厂址，5 月中由建设厅派来勤务、马夫、伙夫等充当学徒。当时计有厂长、技师、管理员、保管员、伙夫、马夫等 7 名，学徒 10 名，全厂共计 17 名，设备极为简单。

1940 年年底工作人员及杂务等 7 名，工徒增至 18 名，全厂共计 25 名。

1941 年时，工作人员增至 32 名，工徒增至 92 名，全厂共计 124 名，设备亦随着增加。1942 年与军工六厂（鞋工厂）合并后，工作人员增至 69 名，工徒增至 98 名，全厂职工共计 167 名。但据此次考查，非直接参加生产人员几占全厂之半数。在厂房建筑方面，现有窑洞 78 孔，平房 81 间，生产设备均有大增加——如制革股有大铜锅 6 个，瓦缸 110 个，清水池两个，灰池 6 个，水槽 15 个，蒸汽锅一个，转鼓 6 个，皮件股有缝衣机九架，鞋工股工具 454 件。

附：现行组织系统表及设备统计表。

现行组织系统表

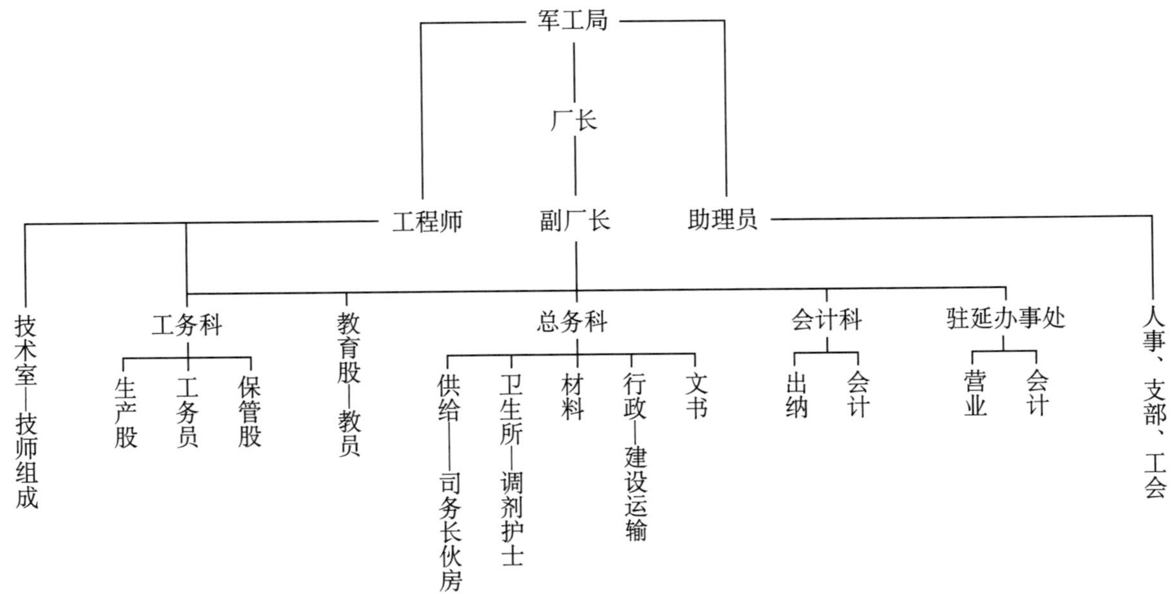

设备统计表

名称	半圆案子（木案）	四方案子	大木桶	大椭圆木桶	大架子	小木桶	方木槽	转鼓	转槽	方轴	水利机	晒皮机	锯木槽	裁案	夹板	马扎	大铜钢	缝纫机	压水池	压光机	磁缸	红炉钳工工具	中西式鞋工具	制革皮件工具	其他生产工具
单位	个	个	个	个	个	个	个	个	个	根	架	架	个	个	个	个	个	架	个	架	个	件	件	件	
数量	8	5	16	6	18	8	3		2	1	1	1	5	14	35	45	6	9	5	1	8	35	454	352	327
备注	1.在设备上除此表外，尚有试炼丹宁的锅炉紫铜管子及应用工具等尚未装置好。 2.零星生产工具不在此表统计内。																								

B．生产量——生产是 1939 年才开始的，起先是硝皮革大衣卖给老百姓和机关里杂务人员，后改为制革，历年产量约数如：

1939 年制革皮毛革 3000 余张。

1940 年 9 个月（还有 3 个月是迁厂）鞣制羊皮、面革、毛革共计 7000 张。

1941 年生产分为制革及皮件两部：计产羊皮面革 11000 余张，绵羊毛革 7800 余张，牛皮革 430 余张，条毡 125 条，毛包子 360 对。

1942 年计产山羊皮面革 12700 余张，圆口皮鞋 376 双，大底鞋 1177 双，布鞋 9067 双，皮帮布底鞋 1078 双，腰皮带 1500 条，牛皮革 365 张，羔皮 91 张，枪皮带 1340 条，干皮带 337 尺，皮胶 1900 余斤，条毡 591 条，毛包口袋共 713 对，以及其他皮件铁件等类。附 1941—1942 年产量统计表：

历年产量统计表

股别	制品名称	单位	1941	1942	备考
革股	各种羊皮	张	11054	12793	
	各种绵羊毛革	张	7871	4672	
	黑白羔皮	张		91	
	各种牛皮	张	437.5	365.5	
	獾皮	张		5	
	烟熏猪皮	张		6	
	豹皮	张		6	
	野羊皮	张		8	
	狐皮	张		6	
	法兰牛皮块	斤		743.1/16	
	皮绒	斤		13.4/6	
	双皮线	根		30	
	皮条	根		410	
	前鞦	个		99	
	后鞦	个		129	
	大车攀	个		30	
	各种树皮	斤		9998	因无原料停工上山试用树皮丹宁
副业股	皮胶	斤		1341.12/16	
	毡门帘	个		16	
	鞋里毡	条		329	
	条毡	条	125	591	
	毛被套	条		42	
	毡帽	顶		300	
	毛包子	个		36	
	毛口袋	个		1391	
	钉子	个		712	
	弯直锥钉尖	个		281	
	铁瓦	套		1	
	其他铁器	件		218	
鞋工股	圆口皮鞋	双		376	
	大底鞋	双		1177	
	高腰棉皮鞋	双		204	
	代面毛革鞋	双		82	
	布鞋	双		9067	
	皮帮布底鞋	双		1078	

续表

皮件股	腰皮带	条		1472	
	皮衣	件		689	
	皮背心	件		35	
	皮帽	顶		78	
	背枪带	条		1339	
	轮带	尺		337.5	
	背包	个		395	
	兰球	个		17	
	捧球	个		32	
	皮裤	件		16	马裤2件，短裤14件
	口罩	个		30	
	其他	对		144	小白套70对，手套66对脚套五对

（李强、刘咸一等：《军工八厂检查工作简明报告》1943 年 3 月 5 日）

③1943 年生产计划与生产热潮

今年在边区两大任务的下面，制革厂的方向是为提高生产而奋斗。在这个目标下，制革厂在上级指示下，经过技术室精确的研究，已制订详细的生产计划如下：

A. 制革股：植鞣牛皮 1200 张，烟熏牛皮 300 张，硝熟牛皮 300 张。植鞣羊皮 2400 张，共制成牛羊皮 25800 张。

B. 皮件股：腰皮带 4 万条，枪皮带 1.5 万条，马鞍 40 个，兰球 144 个，皮包 1200 个，及皮衣、皮箱等若干。

C. 中式鞋股：1、2、3 月完成皮布底单圆口鞋 5000 双，4、5、6、7、8 月完成单鞋 12000 双，皮底 5000 双，皮帮 5000 双，9、10、11、12 月完成棉鞋 12000 双。全年共生产单、棉鞋 29000 双及皮帮皮底各 5000 双。

D. 西式鞋股：全年完成大底西式皮鞋 3600 双。

E. 副业股：制皮胶 1700 斤，毛包 1250 对，铁工具及皮衣若干件。

这个生产计划的数目字，是相当庞大的，远远超过了去年。

为完成生产计划，现在该厂形成了生产热潮，出现了许多技术上的改进。

过去每当过年过节，请假者特多，尤其是住在本地的一些工友。但今年过年时是大大减少了，只有四五个人有特殊事故请了假。至于平日借故请假的现象也没有了，甚至不少工友有了病也不下工，经工务科劝释后还不愿休息。

劳动的紧张，技术的进步，使生产的数量和质量提高了。如皮件股，从前只能做出很少的东西，但现在差不多凡属军用皮件与运动皮件等都能做了。从前用机子缝鞋帮，最快的一天缝 17 至 20 双；现在连学徒在内，已平均每天每人缝 34 双了，数量超过了从前一倍。如鞋工股从前不会做鞋楦子，现在中西式各种鞋楦子都会做了。鞋的质量提高了，现在一双鞋可抵过去一双半或两双穿用，样式也较前好看了，同时产量还保持原来数字或有部分的提高。中式鞋股在 3 个月内要完成 5000 双鞋子，因新的工友尚未到厂，工友们自动提出加工生产。至于制革股和副业股，也是同样紧张地工作着。

这里没有那种"教会徒弟，饿死师傅"的保守思想，工友们都互助互爱，克己奉公。譬如制革股的同志们，当修建工房而不能开工的时候，他们不愿停工休息，有的上山伐木自己制造工具，有的自动要求到鞋工股帮助工作。最动人的是很多工友下决心向赵占魁学习。例如制革股的周富德同志，每天当鸡一叫，便起床去烧火，把浸皮池子的厚冰慢慢化开，一直工作到天明，白天照常上工，又做到太阳落山方才下工。他每天都做十三四个小时的工作，工务科叫他下午休息，他不愿意，给他增加工资，他也不要；两月以来，始终如一，毫无松懈。厂长问他为什么不愿休息也不要增加的工资，他只微笑着回答说："一个党员应当起模范作用，我并不是为的钱，我现在为革命多出的一点力气，还不如前方打仗的人苦呢！"烟熏皮组贾若茂同志，是一位 48 岁的老工人，一贯忠实积极，经常带病工作，对公家的东西比自己的还爱护。熏皮子时连他的嗓子都熏哑了，但永不说一句怪话，教学徒特别认真努力。再如鞋工股裁案上的刘长青同志，不但技术优良，忠实工作，而且特别注意节约。以前裁一双鞋子需布 1.5 方尺，现在只用 1.2 方尺，每双鞋节布三方寸，头 3 个月的 5000 双鞋，即可节约里面布 13 匹，合洋两万元，总计一年可节约 8 万元。其他还有许多积极负责、身为模范的工徒，如制革股的路从前、朱理元、柳荣贵、杨三成、沈从心、徐广林、宋子英、郭德才等，中西鞋股如张西成、马庆和、王文林、程曰道、王顺禄、尚德盛、周德盛、孔福盛、赵富、徐西 × 等，皮件股如彭满成、马丕祯、郑银柱等，副业股如王绍卿、赵银德、刘占海、牛占元等，都是比较突出的。整个说来，在这种生产热潮中，一般的工友都是有进步的。

在这种生产热潮高涨的气氛中，我们的技术人员和管理生产的人员为了激励工友和业务指导，都以身作则，亲自参加生产。技师李英同志同工人一样操作整日，张工程师每天计划、督促和检查，经常累得满头汗水。工务科张科长和几个工务员，甚至一天忙到黑还得不到休息。在生产热潮中，发扬了不忘学习的精神。现在全体职工，在每天工余之暇，都要抽时间学习。工人上课一小时，自习一小时，干部学习文件自修两小时，讨论一小时。自从全年两大任务提出后，职工学习情绪倍增，都能遵守学习纪律。

在技术改进方面，值得大书而特书的，便是丹宁之试验成功与制革。从前制革之主要材料如兰矾、栲胶等，一向仰给于舶来品。后来由于边区被封锁，此种材料来路困难，且价钱极贵；因此，我们不能坐以待毙，不得不想法利用土产。我们的技术室便派毛技师前赴万花山，跑遍山野，寻找植物丹宁鞣料。经过三个月的试验，获得成功。即利用陕北盛产之青枫树皮、橡碗、山茶树皮、沙柳树皮及五倍子等，提炼出具有鞣性之丹宁，以代替舶来品兰矾、栲胶等，且质色精美，并不逊于舶来品之鞣制。我们现在正大量收购上述诸种原料，从中提炼丹宁，以便顺利完成本年度之制革任务。据某专家谈，此举不仅为在困难条件下利用土产之成功，即按科学价值言，亦不无相当意义。

（沙英：《兴华制革厂》，《解放日报》，1943年3月24日）

④ 存在问题与改进意见

本厂现在存在的问题：

A. 本厂一向为亏本的，其原因，一方面是工厂管理不当，开支大，调剂资金欠妥帖；另一方面是上级机关对于本厂足够生产之原料材料或是足够周转的资金的保证不够适当，以致影响本厂生产无法按计划进行，劳动力及设备不能发挥其应有效能，故生产的盈余抵不上开支。

B. 产品不易随时销出，如毛皮大衣等，以致成品积压，影响资金周转。

C. 因过去信用不佳（如鞋不耐穿）及技术上存在着问题（如炼丹宁）等，以致影响本年生产方向不明（如做鞋只有上半年财政厅订货的生产计划）。

我们的几点建议：

A．企业化问题：

a．该厂目前组织庞大，按现有生产力每月生产总值可能两亿元上下、除原材料费外，其经常开支每月至12万元之多，现全厂脱离生产人员照花名册统计占全数41%强，但实际上超过上述数目，有一部分家属半参加生产，亦列入工徒之内，如不实行精简，增加生产人员，提高生产能力，加强生产管理制度，则无法维持其开支与再生产。其办法是调整机构如下：

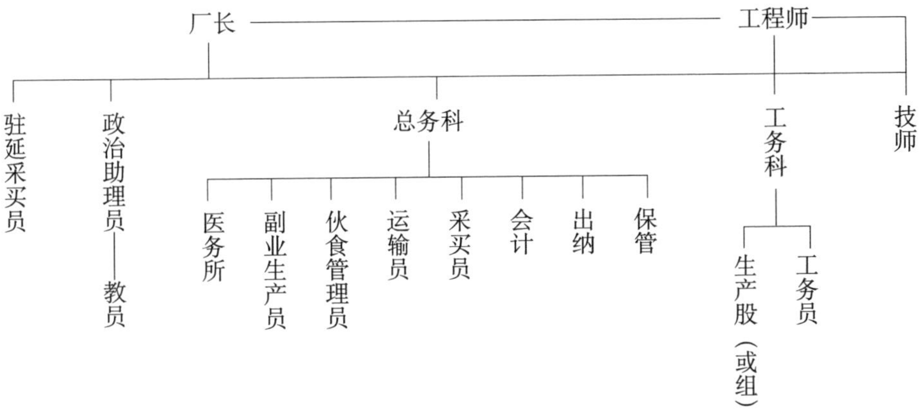

该厂工程师应受厂长指挥，取消平行职权，重建单一领导制。取消副厂长及教育股，裁减技师两名（因不称职或闹意见）、教员两名，文书收发应一律取消，教员应兼职。各方面如能实行精简，则全厂可裁减非生产人员一二十名，节省开支月达万元。为了加强生产领导，工程师应兼工务科长。增加制鞋工人、学徒三四十人，将现在八小时工作时间改为九小时，以便提高生产力，并应严格执行工房规则及奖惩制度，抓紧教育，提高劳动热忱，执行劳动合同规定，切实督促家属参加生产。

b．为了使该厂走上企业化，上级领导机关应给予足够周转之流动资金，以维持其再生产（目前该厂流动资金已至山穷水尽），该项资金需八十余万元。

c．为了保证或改善该厂职工工作或生活，以农业为主要副业生产；必要时为了采购原料及推销产品便利起见，可以在延设门市部。

d．实行经济核算制，但生产计划及产品分配应受上级支配。

e. 建立预决算制度，呈上级审核批准实行，不得自由开支。

B. 生产方向问题：

根据边区丰富生产皮毛之有利条件，如能善于利用土产之五倍子或橡壳子提炼丹宁以解战时供给需要，则该厂生产应向制革硝皮方向发展。但目前该厂试制之丹宁，用于工业生产尚待研究，设备亦须改善。故本年之生产应以制鞋为中心工作，制革仅为解决鞋底之用，而提炼丹宁为该厂本年技术工作之中心任务。丹宁如不能解决，则制革成为空谈。因此应由上级拨一部分试验费以促成试炼丹宁之成功。

C. 供销问题：

按道理讲，原材料之采购，生产品之推销，应由军事工业局负责。但据目前情况估计，仍应由该厂负主要责任。因此必须加强该厂驻延采购工作和推销工作。同时有季节性之成品，应由物资局按市价收买以便有计划地推销，且可使该厂资金易于周转，便利再生产，以资发展边区制革事业。

D. 该厂自 1941 年至现在，其开支均仰仗上级供给，既未解决“保证供给”需要，又不赚钱，且亏本，长此下去，浪费公款颇大，趁此整财期间，应加以彻底整顿，实属必要。

E. 今后军工局应建立经常的检查制度，实行月报、期报、季报、年报等，借此具体了解下情和能具体指示，并随时发扬其成绩，纠正其缺点，免去以往对于某些问题发生隔阂——如该厂制革方面，军工局认为丹宁试验成功已无问题，但实际上丹宁仍在摸索中。

（李强、刘咸一等：《军工八厂检查工作简明报告》，1943年3月15日）

（2）后勤制革厂

每年由后勤制革厂 ×× 口石灰池中泡制出来的牛羊皮达 3000 余张。原来是腥臭的、动物脂肪气味浓烈的生皮，经过剥皮、石灰与丹宁的泡制，打光机的摩擦，在该厂工房里就陈列着无数色彩润泽、光滑而且坚韧的皮革。该厂去年（1943 年）制造各种牛羊皮 2000 余张，大底皮鞋 1000 余双，各种军用皮件 26 种，共两万余件。该厂的发展，使得制革工业在边区建设起初步科学的规范。去年5月的工厂会议，对于所有边区各公营工厂都起了一个大改变。皮革厂去年一年也是最进步的一年。一般的平均产量都较去年5月前增加25%以上。该厂上鞋工人，以前每人每天只能上八双，现在每人每天能上12双，钉底子的工人，由过去日钉三双提高到现在日钉四双。制革股以前有20人工作，现在12个人即可做完过去20个人的工作。过去熟牛皮每月130张，现在半个月即可做熟牛皮140张（人数未增）。去年5月以前，三个工人两天出一锅胶，一锅17斤，今年3月，模范工人一人一星期即出胶五锅，每锅18斤。

该厂制鞋制革的质量与往昔亦大异。该厂所出之鞋，上鞋由35码子增至45码子，头号鞋达50码以上，最小的鞋现亦达40码。鞋底周围由40针增至60针。该厂近来所产之各色皮鞋、皮靴质量尤佳。外边皮鞋后跟都是用小铁钉钉住的，容易脱落，该厂则以丝线将后跟各层皮缝透，既美观又结实。其他各种军用皮件手工均极精细，耐用。熬胶要硝才能成功，现在不用硝制纯胶，可供火柴厂用，不潮湿，使火柴效能更提高。做皮鞋的皮现在熟透了才用，以前只注意任务，不注重质量，此种作风现已改变。

该厂在去年5月以前，还有些落后的工人晚上加了几个小时工，未备稀饭，第二天就不上工，5月以后，工人思想进步很快。去冬，每日深夜总有几个工人和学徒，自动冒着寒风冷雪起来打火烤池子，以便第二天黎明硝皮。去年夏天，山洪爆发，眼看沟里泡的牛羊皮将被大水冲走，模范工人路从前立即下水抢救。自去年“五一”后，自动加工者达251小时。工人之间互助精神也大为发扬，老工人赵福帮助学徒打了五件毛衣，学徒郭德才生病，老工人贾若茂细心照顾，帮他端尿擦屎均不嫌烦，与过去吵嘴打架现象完全不同。该厂现有工人183名，资金2500万元。

《皮革厂出品结实美观工人团结互助工作效率提高》，《解放日报》，1944年5月10日）

4．西北火柴厂

（1）西北火柴厂筹建经过

本厂自晋西北行政公署与陕甘宁边区政府实行合作以来，虽有开工制造火柴的计划提出，但因原料药品的配备不够，蘸制火柴的计划未能实现，这样只有从事其他零碎断续的工作。当时摆在面前的两件比较重要的工作，就是继续搬运机料与试制蘸头药品。兹将这一年多的工作经过，分别写在下面。

① 机料运搬

本厂于前年 9 月间始由吴堡县岔上村移抵绥德义合镇，集中在义合的机料内，有几部制造梗片的机器零件，准备运往延安。10 月间指定马毅负责开始发运。当时有两种不同意见，一是先运绥德，然后转运延安，按当时该地脚资估计，这样发运每百斤只需脚价 50 元，就可以发到延安。另一种意见是一直包运延安，以现下的脚价计算，每百斤虽多费 10 元，这样既省中途绥德设站转运等麻烦，将来脚资亦不至多费，预料此后脚运非涨价不可。最后决定第一种意见，分派陶云中、裴福海两人暂住绥德，专办收发转运的事情。机器运到绥德后，因该地市面较小，脚力没有超余，运延的脚资随着就涨了价。至后渐运渐昂，一直涨至七十余元。11 月底完成此项工作，核算比包运多费三四千元，此是 1942 年冬天机器运延的经过。

前年 11 月初间，河东敌人企图渡河扰乱，本厂寄存在河畔李家沟的机器大件，几乎被敌人大炮轰毁。驻李家沟的机器看管员杨洽义，目视这样情形，星夜要求该村联保处动员民夫掩埋。当时义合厂内听到敌人渡河消息，唯恐毁坏了李家沟的机器，急派匡九如携函去帮杨洽义掩埋。未几汤毅同志由螅镇归来，亦赶往该地协助。到达李家沟后，已见杨同志等完成掩埋任务，欣赏之余，即函边区工业局并驻延安的同志，给予杨洽义同志以奖励。工业局和杜同志等接信后，双方均函义合厂酌情给予奖励。义合厂接到上两处的指示后，大家颇为奇异，立即召开会议，咸谓杨洽义不避艰险，固应奖励，匡九如冒险协助，完成任务，亦应有所表示。当场决定函达延厂征求同意。后由延厂评定杨洽义果敢负责，应奖给鞋乙双，匡九如协助有功，奖上等毛巾乙条，以励来兹。此是 1942 年 11 月间掩埋李家沟机器的始末。

前年 11 月初间，突然河防吃紧起来，这消息传到义合后，该地直当要害，纷纷议论，马上感到紧张，留义各同志正研究厂存机料如何处置，厂内人员怎样行动的时候，就接到绥德专署催促义厂转移的劝告，据谓此时移动，所用一切牲畜，均由专署负责动员，迟则碍难协助等语。义厂当即依从了专署的指示，于三日内就将那里机器零件搬到距义合 20 里地之李家塔，至后仍要继续转移，但马毅同志由河畔归来，得悉敌人已被击退，驻岔上村的纺工厂仍照常工作，这才停止了这段搬运。

去年春节后，就计划搬运李家沟的机器，二月间先派马毅向吴堡县动员民夫，但该县府以春耕在即，兼之正在修补宋家川的河防工程，多少没有允许，不得已转向绥德专署交涉。那时专署正接到边区政府的指示，叫给火柴厂动员民夫，搬动李家沟的机器，于是就带了专署的命令，又向吴堡县交涉，可是吴堡县政府仍应承解释至再，只许动员三四百名，因此二人又向专署交涉，后由专署派到绥德县 800 名，吴堡县 400 名，这样往来耽误，就到了 3 月下旬才开始搬运。先由绥德延家川的民夫从李家沟直接抬到义合，所运的都是一二百斤重的小件，但因民夫的分派，不能照原计划实行，常是一件不够抬，两件抬不动，如等待一两日，有的就说携带的食物不够，这样就难免多费了些人工，三个人抬的就用四个人抬走了，不然剩下一个也没东西运。经过延家川四百余人搬运后，所剩的大都是很笨重的东西，于是用船下流王家川。船已交涉妥当，预定某日夜装船下流，一切都已准备妥当。但李家沟的河防主任、驻军首领某却提出慰劳船夫的要求来，他说如不照办，当晚不让开船。经我们向船夫解释时，船夫们都吃惊起来，十之八九都不知这回事情。得到这样的实情后，才知驻军要勒索私情。船工们也看不顺眼，都说：如果他要这样做，不让开船的负责，要驻军负责! ……

那晚由范厚体押运，当夜安全到达目的地。运到王家川后，因吴堡县民夫再三拖延，经过一个多月的工夫，才由王家川抬至路家洼，原与各联保约定，民夫由他们动员，由他们指挥，他们担任的是由王家川起交到路家洼，就算完成了任务。这段路长约 30 里，估计四天就可以完成，两日抬运，两日往返。但是他们没有这样做，派到一批民夫，抬上几里，就将这四日的时间耗费完了，回去另换一批来抬。另换的那批，也是照样行事，抬上几里，又够了分配的天数，回去再换来第三批，就这样延长了一个多月，浪费了很多劳力。交到路家洼后，就由绥德义合联保上派民夫接替。义合联保组织非常负责，由路家洼到义合，也是 30 里长的一段路，他们只用了三天的工夫，就将所有的机器抬到义合。那时就到了 5 月中旬，延安军委三局所派接收动力的胡、宋二同志，适抵义合，当时蒸汽机一部交给他们经管，这样才将李家沟的机器大件，完全抬到义合。这次搬运，用运费4万余元，动员民夫1200余人，费时约50余日。

去年6月间，关中一带，因友军调防等，时局马上紧张起来。本厂寄存在桥儿沟化学厂的机器零件，又得来一次转移，除动力上的零件，交由军委三局接管外，其他零件，全部雇大车运往安塞沟，下余一部分铁板，仍埋于化学厂，当时延厂正在经费短缺的时候，这部分运费就费了很大的困难，最后向供销科借到边洋5000元，才算解决这个困难，完成了转移任务。

以上就是自到义合后的机器搬运。在这几次搬运过程中，各同志都表现了工作的积极性，每个同志对于分配给他的工作，都没有畏难逃避的情形，相反地都能不避艰险，果敢负责，如杨治义、匡九如在敌人的炮火之下，全村老百姓都逃躲一空，他们能镇静地完成掩埋机器的任务，又如范厚体星夜冒险押运下流机器，又去敌占区送信，往来通过数道封锁线，同时能吃苦耐劳，辛勤负责，发扬火柴厂旧有光荣传统，如各干部自负行李，往来各地动员民夫，监督搬运，又如王增荣同志一人住在李家沟粗茶淡饭，东奔西走，常恐机器搬运不走被敌人毁坏等事迹，这是各同志的最可宝贵的优点。但在这些工作中，亦暴露了我们的缺点，如计划不周，估计不到，拖延遗误等，例如在运延机器中，按每百斤58元包出，可省运费三四千元，不但无须中途设站，并可省却盘费若干。再如李家沟的机器，若在前年冬季搬运，可以利用农暇，减少花费，并可缩短时间，但等到去年春季搬运，正逢春耕的时节，又耽误了向晋西北征收公粮的机会。

② 试验

当火柴厂移到义合后，就确定了火柴原料的自给，但亦不放弃购买，在这样的情形下，只有努力试验，加紧研究，才是火柴厂唯一开工的出路。于是，前年10月下旬，部分同志回延，专做试验工作，10月底抵达延安，经过厂长会议，决定磷的试验。初时，因意见不同，延迟了试验的开始。等到王勋同志于去年2月间由科学院又提出了试验问题，当时以工具的不全，试验条件不够，仅做了氯化钾的初步试验。4月下旬又由化学厂移至延安南市坡上。此时正是中央号召学习整风文件的时候，故又将试验工作高搁起来。后至8月间，王勋同志确定调军委工业局时，这才又提起这一问题来。那时由工业局召开的化学会议，是为确定有无试验磷的条件。当许多同志说出有了试验条件的话后，这才重新委托了化学厂程叔仁同志准备，11月间在化学厂露天试验过一次，虽未得到美满结果，但开始懂得了耐火罐的可靠性大及火力的不够等，也是这一工作中不可缺少的经验。如果当时积极地试验下去，没有问题是会有成就的，可惜仍以附带工作的态度，使试验拖延了下去，……

③ 采购

本厂短缺蘸头机器，尤其蘸头药品的缺乏，使它不能迅速发展起来。早在1940年就开始找寻购买对象，适有金井公司工头张宪武，避难交城山里，厂中得悉他的踪迹后，就请他到厂里商量，他闻说要购蘸头机器，就慷慨应允，愿往敌区打听。1940年7月间，就派张宪武同志，赴平遥金井火柴公司探听，看他那里的蘸头机料，究有多少？出售与否？他于同年9月间归来，据说蘸头机器全部都在，还有一部分药品，售主情愿全盘出让，并带回报价单乙纸。经过厂中郑重审核后，准备了一部分款项，于10月间又派他与靳子明携款前往。12月间他运回盐酸钾等药品一千余斤。那时正值敌寇“扫荡”晋西北全区，一直等到1941年3月间，他才又与赵存增带了一部分伪币，再赴平遥。同年5月间，赵存增运回不完整的排列机零件四部。6月间复派赵存增运所装机料。经过半年以上的工夫，于去年1月间，赵存增张宪武偕同尹尚武来延，说他们回来迟的原因，是因为沿途敌人的据点增多，封锁线不易通过，运费不足，及采购人员内部意见分歧，所以不能如期完成采运任务。边区工业局赵局长，根据他们的报告，重新分配了他们的任务，委尹尚武为西北火柴厂敌区采购主任，准备了一部分物资，棉花3000斤，发往晋西北兑换伪币，同时派任弼绍科长去晋西北接洽兑换事宜，并派马之歧杨洽义二人为运输联络员，常往交城山上联系。这样就欢送他们从延安动身了。他们到了晋西北后，传说敌人又发动了“扫荡”，仓促间由农民银行给他们带赤金五两，他们赶快就返回平遥，到达平遥以后，因赤金落价，换不到预计的钱数，这才又派马之岐回晋西北传达，经过一个时期的筹措，于5月间由当地银行拿出银洋2500元，给马之岐送到平遥，10月间马之岐、靳子明和高脚户回到义合，据报沿途据点重迭，是不能顺利运输的障碍，但最大的困难，仍是采购人员内部不能协调。义合根据马同志的报告，暂留靳子明住在义合，缓和采购人员的矛盾，接着派马之岐去交城山里交涉掩护部队，至后接到马之岐由交山来信说在游击区里掩护，他一面派高脚户回平遥报告，看尹尚武在平川有无运输的保障，另外等候着司令员的归来，现在马之岐仍住在交城山里候着，这是这一采购工作的经过。总观敌区采运机料一事，最失败的原因，在于派往敌区的同志，没有马列主义的锻炼，互相猜忌，意见分歧，不能把售主的封建头脑有所转变，反给以延缓这一工作的口实，失掉很好的机会，另由经费的接济不上，耽误了运输的时机，等到敌人的封锁线密布，据点增多以后，那样好的时机，暂时已经消失掉了，如这样的不团结，不能把握革命立场的见解，是这一工作失败的唯一原因，所以要做好工作，团结就是第一可靠的武器。

④ 收粮

关于火柴厂合作的合同，直到前年（1941 年——编者）8、9 月间，双方才签订了。除合同所载各条外，另由晋西北行政公署，拨给火柴厂小米 250 石，作为未开工前的食用。这项公粮允许在去年度的公粮内拨交。去年 1 月间，任弼绍同志赴晋西北后，才交涉的拨在临南县。当时为了起运李家沟的机器，没有按期前去征收。及到机器运毕后，于 5 月下旬，才派王增荣陈玉清二人去四专署接洽。但因去得过晚，那部分公粮，早已被别的部分要去，因此特派尹厂长专往交涉。6 月间尹厂长到了晋西北行政公署，那时各县的公粮都已收完，唯河曲尚留有一部分，就将那部分公粮，拨给本厂 50 石。可是这部分公粮，所以能留到现在，尚未收起的缘故，都因欠公粮的农民，全数赤贫如洗。这一工作经过三个月不断地催征，仅收到八石几斗，眼看的不济事，才将这一工作结束。9 月间王增荣等三人才从晋西归来，当时本厂正值很困难的时候，商得建设厅赵科长的同意，由赵科长出名写了一信，又派尹厂长往晋西北行政公署交涉。12 月间尹厂长由晋西北归来，交涉到小米 120 石，拨在四专署离石县，接着就派陈玉清、靳子明、范厚体等三位同志去收，现正加紧收集中，将来如能顺利的话，可能于本年 1 月底完成。这一收粮工作，至现在没有完成的原因，都因没有抓紧时间，错过机会。

⑤ 生产

早在前年 12 月间，马毅同志等就冒险买过特产 3.57 斤，拿到延安，换到棉花一批，盈余七千余元。从那时起，就利用本厂的驮骡二头，往返绥德、义合，螅蜊峪间，贩运棉花，先后共运过七次，除盘费外，盈余4000余元。去年5月间，尹厂长从绥德买到特产12.5斤，送来延安后，因这里的市场，早在三四月间，就被关中的市场代替了，存了好几个月，难以脱手。不得已，去到关中出售。但是拿到那里，正赶上关中的市场不景气，难于推销，卖不到现金，换了驮骡数头。直到10月间，才将换到的驮骡售清，盈余了边币25000余元。这一工作的缺点，在于没有整个的计划，彼此联系得不够，时做时止，断断续续，始终没有当作正式工作在做，资本的不能继续，也是不能发展的一个因素。

（《西北火柴厂1942年度工作总结》，1943年）

（2）西北火柴厂正式投产

解决边区日用品最大困难的火柴工业，现已建立起来且逐渐发展中。这一新的建树，不仅是边区轻工业建设中的胜利，且直接挽回了边区财富的大批支出。

远在1941年，该厂即筹备制造，但由于磷的缺乏和机器的不全而一直等待着。前年（1942）在厂长联席会后，决定试验造磷。在程树仁、王增荣两位同志的积极试验下，虽经迭次失败，最后终于成功。这一主要原料的解决，保证了边区火柴工业的建设和发展。去年10月火柴厂即准备开工，且于开工前给边区生产展览会做出部分样品，一时极得群众称赞，咸称其质量远超过边区附近所制造的一切黄磷火柴。但当时仍由于部分机器的缺乏，不易大量制造，仅以人工蘸头，日产40包。今年初机器大致配就，黄磷的制造亦逐渐提高，于是该厂即提出“大家动手，争取早日开工”的口号，全厂员工自已修筑场址，装置机器，情绪异常高涨。2月20日至月底为该厂试做期，经过不断的摸索改进，一次又一次地研究了怎样避湿，怎样烘烤，以及为什么有的发火、有的不发火等原因，掌握了磷液的流动律及烤度，最后才保证了火柴的生产。但此时又遇新的困难阻碍着他们产量的提高，那就是夹立板的缺乏（夹着火柴杆蘸头的工具），而其重要性则为多一排夹立板即可多出300包火柴。这一困难问题的解决，系为美坚木作厂精细的木工仿造所代替，现已供给该厂百余板，且在大量制造中。故当时该厂虽只有七个员工，每部工作都要大家轮干，但每日产量仍不断增加。3 月份出产 10 箱的任务即超过了 3%，4 月份的任务虽增加至每天一箱（240 包），但以现在每日产量 300 包以上来看，完成并超过任务当有保证。现在该厂正建筑新的烤房，完成后，5 月份的日产量即可提高至三箱至四箱。至于该厂产量究竟能提高到怎样程度，据尹厂长谈，以现在的工具、机器，如果原料能供给得上，工人的技术逐渐熟练，将来产量定可达到每日 60 箱以上。而边区及晋西北两地人民的火柴消费量，每天最多不过 10 箱，如此不仅可以自给，而且可以有余供给边区以外的需要。目前由于各方面的限制，此点恐一时尚不能办到，但至今年底明年初，每日完成 10 箱的自给任务，当有充分把握。这样，边区每年将近 3000 箱（不确实统计）外来火柴的进口，按目前市价计算，6 亿元以上的支出可完全免除。

另外，边区火柴工业的一大特点，即为利用本地原料。现该厂所用原料，除个别药品正在试制外，其余如胶、木材及胡粉、玉粉、石膏、颜料等填充剂均为本地产品。至于在现在的条件下怎样来提高质量、减低成本问题，据该负责同志谈，其关键即在于改良工具，提高技术以及节省药品等。关于前两者，该厂现已有不少创造和成绩，如卸杆器的发明，园锯机的装置以及压铁叶工具的创造，都节省了大批的人力，且更进一步改进技术的钻眼机、包头机（均用之于夹立板）的制造，也在试验中。在节省原料方面，该厂已注意到药物的节省，每次蘸头除用机器外，并将剩余药物，用人工分两次蘸完，一次用小的夹立板，一次则用他们自已用铜钱制造的夹立器。现该厂规模正在扩大，人员已由七人增至二三十人，如最近期间能将全部机器由人力发动改为畜力发动的话，其产量必大大增加。

（《边区工业新建树火柴工厂开始出货》，《解放日报》，1944年4月29日）

（3）迅速实现了火柴自给

边区火柴厂在工厂代表会后，狠抓产品质量，建立严格的检查制度，提高工人、学徒的技术水平，开展劳动竞赛。产量不断提高，6 月份产量 76.5 箱，

7月份为114箱。质量也大有改进，发火迅速，根根管用，药头加大，每盒均在85根以上，外壳摩擦的砂子保证用完后还有，实际上已压倒昆仑牌。

（《火柴厂提高质量建立严格检查制度》，《解放日报》，1944年8月14日）

1944年下半年，边区火柴厂又试制成功了氯酸钾。这样，火柴工业的全部原料都可以自给了：杨木、柳木和桦木是边区出产，石蜡（巴拉芬）是延长石油厂炼油的副产品，磷是从兽骨中提制出来的，胶是皮革厂制造的，玻璃粉是用玻璃厂的碎玻璃碾成的。由于原料不仰给于外，所以就使边区火柴生产很快地实现了自给的目标。

（《氯酸钾试制成功，火柴原料已完全自给》，《解放日报》，1945年1月7日）

5. 制药厂

（1）光华制药厂

光华制药厂，成立于1939年3月间，其主要任务有三个：① 开发边区药材；② 精制各种药品；③ 运用科学方法，把积有数千年临床经验的中医，做综合的研究与改进。主持这一工作的，是一位华侨青年梁金生医士。他对中医中药都有高深的研究与经验。一年来的工作，有显著成绩，计该厂共发明特效药品14种，已制出药品60万包，每包重五格兰姆，极受民众欢迎，解决了前后方军民一部分的疾苦。该厂开办时资本不过2000元，现已增加到6万元，为适应当前需要，拟于1941年制出成药80万包，开发边区药材50万公斤，并继续扩大中药与中医的研究工作，以期获得更大的改进。要完成上项任务，需要增加资金三万元，拟向工业合作协会延安事务所借贷，唯该所亦无基金，故这项事业扩大资金，尚未取得解决。

（《工合延安事务所给富春同志的报告》，估计1941年）

（2）八路军制药厂发展概况

1938年10月至12月，开始筹备，李强祯同志赴西安购办工具、原料。开办费16000元。

1939年1至6月份，厂内的组织为：厂长一人，协理员一人，副协理员一人，技师三人，技佐两人，工人30人；管理股下15人；生产部门分西药部、中药部、材料部，另设管理股，共53人。

是年1月，在关中赤水吕家村正式开工，6月间迁至延安西河口，迁移及修建费时两个月。7至12月，机构调整，厂长下设西药部、中药部、材料部、教育部，各部设主任一人。厂内设备计：压片机一架，丸筛三副，注射液制造用具一套，弹花机一架，酊剂漏桶两个。全年共产注射剂3900盒，中药2500磅，片剂550磅，酊剂154磅。

1940年，全厂增至100人，丸筛增至四副。本年共去西安购买原料两次。全年共生产注射6000盒，中药9000磅，片剂12000磅，棉花1100磅，酊剂620磅。

1941年，全厂增至150人，丸筛增至6副，压片机增至4架。全年共生产注射剂9600盒，中药15000磅，片剂4300磅，棉花5100磅，酊剂1700磅。全年医大调九期20人来厂实习三个月，前方来厂三十余人。另在定边成立一制药所，工作6个月。压片机未经常开工。

1942年，全厂120人，其中工人60名。本年注射剂部分因无原料而停工，压片机只一架开工，中药部亦未经常开工。总共生产中药1200磅，片剂500磅，棉花200磅，酊剂500磅。本年在延安成立厂部，在姚店子成立一所，6月间附设药科学校。

制药厂现在的情况：

① 生产能力和设备：

现有设备：丸筛六副，注射剂制造用具一套，弹花机一架，压片机四架，酊剂漏桶两个。

生产能力：全年注射剂一万盒（每盒10支或5支），中药两万磅，其他酊剂、散剂50磅，棉花（脱脂）2000磅。

② 组织情况：

全厂人数：120人。其中技干9人，工人学徒60人，事务人员49人，其他工作人员两人。

③ 现存首要问题是原料困难，因此，影响到工具弃置不用，经常处在停

工半停工状态，如能及时解决原料问题，使厂中工作经常进行，则其出品将可供给后方各卫生机关半数以上之药品，否则人力、物力将成浪费。此问题亟待解决。

（《八路军制药厂发展概况一览表》，1942年11月10日）

（3）边区卫生材料厂

① 边区卫生材料厂的创立

边区中药丰富，而且道地土产药草甚多，特别是甘草、麻黄、枸杞、大黄等。但无人采取及调制，使有用之物，遗弃于地；疫病则依赖迷信，自促死亡。纵有少数药铺，亦药材来自外地（所谓川广药材），物价高，而且囿于陈法，毫无进步。

同时，在抗战困难期间，西药来源断绝，只有设法自制或采用代替品，始能克服困难。

基于开发土产药材，使中药科学化，中药西药化，中药代替西药，以及克服边区医药困难，推广边区医疗事业，本厅拟积极成立卫生材料厂一所。现已筹备就绪，至 1940 年 1 月即可正式制造。

（《边区民政》第八章）

边区卫生材料厂，成立于 1940 年 2 月间，资金最初为 7000 元，现增至两万余元，主持人为药学专家令孤野。该厂主要任务为利用中药以西法精制成丸散，及制造部分卫生器材。年来已制成丸散 60 余种，价值 8 万余元，均经试用有效。又药用纱布，防毒口罩、剪子刀子等器材，均有相当出品，该厂成立虽不到一年，但对抗战民生的帮助，确有莫大成绩。拟于今年扩大产量至价值 20 万元，但须增加资金五万元。

（《工合延安事务所给富春同志的报告》，估计1941年）

② 陕甘宁边区卫生材料厂暂行章程

第一章　总则

第一条：本厂定名为陕甘宁边区卫生材料厂。

第二条：本厂任务为克服困难期间边区医药品之缺乏。因此采取中西药材，尤其土产药材加以化验制造，使中药提高到完全科学化，以发展边区医药事业及供给边区医药品器材之需要。

第三条：本厂系公立营业性质，凡公用私用本厂制成药品器材均须按价计算，其药品器材销售价目另定之。

第二章　组织及职务

第四条：本厂直接受陕甘宁边区政府民政厅卫生处领导，应经常向卫生处作业务上之报告。

第五条：本厂置正副厂长、政治指导员、技术秘书各一人，由边区卫生处雇请，边区政府民政厅聘任之，医生技正及工作人员若干人，由正副厂长呈请民政厅批准聘任之，事务人员若干人，由正副厂长任用之。

第六条：本厂厂长承民政厅卫生处之命，总理全厂事宜，副厂长商承厂长佐理一切厂务。

第七条：本厂政治指导员商承厂长总理全厂政治及文化教育等事宜。

第八条：本厂技术秘书承厂长之命，办理一切技术文件，记录统计设计等事项。

第九条：本厂暂置化验制造科、采买销售科、总务科，必要时得裁并或增添之。

第十条：本厂各科暂设科长一人，承正副厂长之命，总理各该科一切事宜。

第十一条：本厂化制科视工作之繁简可聘任药师、技正、制药员各若干人，承科长之命，分理该科一切工作。

第十二条：本厂采销科视工作之繁简可聘任售药师及采买员若干人，承科长之命分理该科一切工作。

第十三条：总务科下设文书、收发、会计、管理员各一人，事务员若干人，承科长之命分理该科一切工作。

第十四条：化制科掌理下列事务：

一、关于本厂一切药品器材之化验及制造事项；

二、关于本厂药师技正之检查监督事项；

三、关于化制人员之分配训练等管理事项；

四、关于药材原料之保管事项；

五、关于成药之制造封包保管事项；

六、关于化制药具之修造保管事项。

第十五条：采销科掌理下列事务：

一、关于药材原料之采买购办事项；

二、关于本厂成药器材之经销购买事项；

三、关于药材成药采买销售之经济核算事项；

四、管理本厂各分销处一切工作；

五、与本厂或药器材各代售处建立关系。

第十六条：总务科掌理下列事务：

一、关于本厂文牍收发典守信印事项；

二、关于本厂经费收支事项；

三、关于本厂一切设备修理事项；

四、关于本厂人员生活给养的供给事项；

五、关于本厂之资财统计，物品保管事项；

六、关于本厂事务人员之管理教育分配事项；

七、其他一切事务事项。

第十七条：本厂成药分销暂由保健药社总经理并特约边区各合作社分销之。

第三章　经费制度

第十八条：本厂基金暂由边区政府民政厅拨给之。

第十九条：本厂业务每半年核算一次，以盈余 50% 作为发展业务之公积金，20% 作为捐助救济之公益金，30% 作为发给本厂人员之奖励金。

第二十条：本厂人员凡衣、食、住津贴及其他权利，均享有与边区行政人员同等之待遇。

第四章　附则

第二十一条：本暂行章程由边区政府民政厅制订公布之，修改之权属于民政厅。

第二十二条：本暂行章程自即日起施行。

（《边区民政》第八章）

6. 玻璃、陶瓷工业

（1）边区玻璃、陶瓷工业迅速发展

对边区工业发展有极大贡献的陶瓷、玻璃工业，现正以很快的速度向前发展着。据该厂负责同志谈，此两项生产在工业与医药用品上已可充分自给，且部分日用品的自给亦将达到。但由于该厂性质主要为工业用品的供给，故其陶瓷产品亦多为耐火、耐酸材料，以及卫生用具、电工用具等，其他如灯座、碗、碟之类的日用品，则产量不多。耐火材料为化学工业的基本工具，没有它，则炼铁、炼胶、造玻璃、制磷等工业均无法进行。而耐酸材料的烧成，也解决了化学工业上基本三酸的制造。过去这类工具，即令在大都市，亦有部分须仰仗外国供给。但在边区，竟克服了这种困难，自己制造得很好。此外，该厂陶瓷生产的一大特点则为利用石膏模型，因而可出产各种花样的陶器，且由于窑炉经过改造，温度增高，故质量亦大为改进，出品坚固、耐温，样式美观。现该厂所产之陶瓷用品已将近两百余种，且能制造出细致的白瓷杯、碟，但原料却仍为本地的瓷土。其次该厂之玻璃工业，经 1941 年至 1943 年一段长期的摸索试验过程，寻找原料，研究技术，现已大量出产，其中医药用品及化学仪器，如针药管、玻璃瓶、烧瓶、漏斗、玻璃棒、比重表等乃系其主要产品。日用品中大量制造者仅限于灯罩一种。其质量由于熔炉的温度加高，碱量的减少而不断提高，光彩及强度皆有改进。现在，各种颜色玻璃亦可制造。据该厂负责同志谈，决定玻璃质量者，全在于原料的好坏，熔溶时温度的高低以及成型技术的优劣等。现该厂所用之卵形石英已属上等原料，温度的加高亦由于耐火材料强度的增加而在不断提高中，唯成型技术尚因熟练工人的缺乏，至今仍是提高产量质量之一大障碍。故只能以现有的技术水平悉心研究以求不断地改进。此外，部分工具（铁模子）的缺少和价目昂贵，亦限制了产品的多样性，许多用具如墨水瓶之类也无法制造。现该厂玻璃产品已达十五六种，如今后铁模子能大量增加，则不仅可以做一些日用品，且产量也会提高。

以上两种工业，以目前的日产量统计，已较去年增加三分之一。现该厂正大肆建筑，拟扩大生产，今年除仍供给工业及医药用品外，尚计划大量生产日用品，如陶瓷方面的杯、碟、盆、罐，玻璃方面的灯罩、玻璃杯、墨水瓶等，以求全部自给。

（《边区玻璃、陶瓷工业迅速发展》，《解放日报》，1944年5月13日）

（2）建华瓷厂试验自造白瓷釉

衣食村建华瓷厂去年一面建筑，一面生产，11个工人学徒，转动两副轮子，烧了三窑货。两窑是烧缸、瓮、盆、罐，烧出大小四千四百多个，损坏十分之二多，另一窑碗两万多个，损坏也同上。碗的损坏本应很少，因为到旧历年关，工人急得很，早开了炉，突然冲进冷空气，故损坏较多。

从前，衣食村的海盆、大瓮原很出名，这次很快就卖光了。新正阳坡头方面有外边来的二号缸，价较瓷厂货贱十分之三四，但因货做得不端正，色泽不好，不坚固耐用，便没有边区货销得快。碗的质量则较差。做瓮坯的坩土，衣食村满山皆是，这种土烧成的瓮的最大特色，是可放卤水，可烧火不裂，染房就要买衣食村的缸用。现在用的还是一种粗瓷土，另外还有细瓷土（如白砂石等），其质仅亚于江西瓷，而与同官黄埔瓷土相媲美，性特硬，碾碎成末，需很好的碾子，等解决后，就可以采用细瓷土烧货。烧瓷货的重要原料釉子，该村有一种很好的黄土可用，烧后呈古铜色，较外来黑釉子受群众欢迎。但缺乏红白色细瓷釉子。为克服此种困难，该厂厂长杨永恒同志就同工人谈话，收集材料，并从野外找来各种火石，进行试验，把火石搭配石灰等加以高度火力的烧炼，红火石便成光泽的淡红色，白火石便成光泽的白色，现正继续试验中。

该厂工人实行成品对半分制，即厂方拿出资金，供给原料、工具，工人拿出技术做坯、烧窑。一窑货烧出后，厂方与工人各分一半；工人从所得中，抽出十分之二分给学徒。据杨厂长谈，全厂建筑尚有十分之四亟待完成，今年计划烧18至20窑货，除供给本分区需用外，尚能部分供给陇东。今年7月间，产品质量，达到同官陈炉镇的水平很有把握。

（《建华瓷厂试验自造白瓷釉》，《解放日报》，1946年4月2日）

（五）被服厂

1. 公营被服业概况

边区的公营被服业17厂（内被服厂10，鞋厂7），共计职工785人（私营的裁缝铺、衣庄未计在内）。其中最大的是财厅所属的边区被服厂，有职工171人，缝机70余架。其次为财厅所属的交通鞋工厂，有职工131人。其余各厂多为各部队所设，供给本部队的需要。在1944年工代会前，各厂产品质量甚坏，有所谓“礼拜鞋”“开步走”（衣服一开步走就破）。工代会后，质量已大大改进，产量亦有提高。（西北局调查研究室：《边区经济情况简述》1948年2月19日）

被服制造的历史，是由简单到复杂的过程。1937年、1938年的被服主要靠外来成品的供给，自己就没有什么制造，虽有红军带来的军工被服厂，但它的制作力很小。在边区境内大规模被服的制造是在1940年年底以后。这以前制造范围小，仅限于缝衣，制鞋不多，纺织很少，其他则未举办。但在1941年年初皖南事变以后，因为封锁加严了，有很多东西不能不自己动手去解决。因此，属于被服范围的制造是相当广泛的，包括有缝衣、做鞋、织布、纺纱、擀毡、制皮、弹花、染色、织呢、造扣子、纺机线等，而工厂亦随之发展起来。1941年计中央有团结纺织厂、新中国被服厂、安塞制鞋厂，军委有交通纺纱厂、沟漕渠制鞋厂，三五九旅有大光纺纱厂、被服厂，留守兵团有新华纺织厂，政府有难民、纬华纺织厂。1942年财厅于绥德与群众合办民义、民利纺织工厂，于延安又增设染坊，并收买私人缝衣合作社，增设鞋厂。1943年财厅于三边设塞北毛工厂，七里铺设机器弹花厂。同年建厅与三边专署亦于三边设新塞、元华毛工厂。1944年上半年延安机关如枣园中组部、党校广泛开展手纺机子线，交通厂用七七纺纱车纺机子线，铸造铜扣，三局造羊角扣，青年剧院造风纪扣，自然科学院造铜扣，平办处大量熬植物颜料……所有这些，都是被服制造上由简单到复杂的过程，由少到多的过程。从这里我们得出一个经验，在被人封锁的条件下，没有适合需要，适合环境的多种多样的制造力量，便无法完成供给任务。

被服制造的历史过程，就是从分散到集中的过程。1942年9月以前，纺织缝纫的组织是相当分散的。自那年9月以后，中央军委、留守兵团的纺织厂逐一移交政府管理（中央、军委的交财厅，留守兵团交建厅），中央、军委的被服厂也统归财厅。1943年被服三厂实行合并，直到现在仍由财厅管理。新华、交通、团结三纺织厂亦于是年先后合并以后，交建厅统一管理。这一时期的经验证明，纺织厂、被服厂的统一管理是必要的，其主要收获在于能够克服凌乱状态。纺织厂统一于建厅、被服厂统一于财厅，这是最合理的统一管理关系。其原因在于纺织业务浩繁，由财厅或其他机关来办，力量是很不够的；被服厂须由财厅管理，保证供给，才能指挥自如，比较方便。

但是，被服的制造，在目前边区的条件下，不可能也不应该实行完全统一，完全集中。1943年被服制造得过分集中，于财厅被服厂是有很大的困难。因此，必须在1944年、1945年以财厅被服厂作为主要基干，再配之以联司、中管局、党校、三旅、绥德其他机关的辅助缝纫力量，由政府规定统一制造标准，统一规定制造费用，实行分散缝纫。这是最便利的、最适当的组织形式。

鞋的制造力量，一贯感到不足，非常困难。几年来扩大鞋厂都不可能。发代金不能解决问题，动员老百姓制作质量太差。现在采取新的办法，即政府动员民众自愿制作，公家照市价自由收买。这还能收到一些效果。在今后妇纺无利可图的情况下，效果可能逐渐增加。几年来经营鞋厂的经验是：鞋厂的组织不宜过大，因是手工，大了并不能增加生产，反而扩大管理费用；鞋厂的适当组织形式，为中管局业余小型鞋厂，产量质量都高，成本却少。

1943年开始把服装式样分为学生服、军服两种，两年的经验证明，这样的区分是适当的，但男女不分、肥瘦不分是不对的（现在1945年的冬衣已把它纠正过来了）。边区一般人穿衣的偏向喜欢长的大的，从1944年冬季起，得出一般的固定的制造尺寸，以男子为例，身长4.5尺至4.69尺者穿三号，占总人数5%；身长4.7尺至4.84者穿二号，占40%；身长4.85至5.05尺者穿一号，占40%；身长5.05尺以上者穿特号，占15%。

以上这些，便是关于制造上主要的一般经验。

（《关于被服工作》，估计1946年）

2. 边区被服厂

去年1月，我们接收边区被服厂时，能用的机子只有7架，工人20名。

后经多方设法（如到西安、榆林等地买机子，收买工人被服合作社的机子，接收其工人等），到3月，被服厂扩大到工人、学徒80余人，机子28架。今年2月，将中央、军委两被服厂与边区被服厂合并，工人与机子大为增加。但由于领导上的不统一，及特务分子的破坏，生产力仍不高，且浪费很大。总结春、夏两次单衣质量虽比去年好一点，但布匹、线子都浪费很大。又因劳动力组织得不合理，使完成任务的时间延长了一个月。在制作棉衣中，我们因劳动力不足，曾采取配合各机关生产的方式做了一部分，即对有生产力的单位，发原料与工资由自己缝制，一方面解决机关生产的问题，一方面做的尺码还合身体。……

今年4月工厂厂长联席会以后，我们开始检查被服厂的工作，至6月底检查完毕，7月生产量即提高了38%，剪裁效率提高一倍。春季单衣的剪裁曾浪费面布25000方尺，夏季衬衣裁剪15000套即节省布22988方尺，过去每套单衣制造成本合小米三升四合，检查后，每套棉衣制造成本反为二升五合，四万套棉衣可节省小米360石。

关于染色，今年1月间扩大原有染房，平均每月可染布1200匹以上，其成本较市面很低。于7月进行检查工作之后，工作有显著的进步：（一）增加绲布次数，减少缩水量——过去只绲一两次，最多绲三次，每匹布缩水10~20方尺。现在每匹布滚六次，仅缩水四方尺多。以每匹布缩10方尺计算，即可节省1500元，至今年底以6000匹布计算，可节省9000000元，这是相当惊人的一个数字。

关于弹花，今春曾利用军工局的马力，在文化沟安置弹花房。后因军工局炼铁，乃搬至交通工厂，经过一番装置，马拉弹花机已经有五架（三大、二小）开工，每天可弹花1000斤，估计全年弹花30万斤毫无问题。同时在交通工厂进行纺纱，现有60架纺棉纱机，每架一天可纺一斤半，有20架纺毛，内有改装的两架，纺的毛线很好，成本比手纺毛线低一倍半。其他机子，正在装修中。

最困难的问题是做鞋。去年1月，我们才开始筹办鞋工厂，最初只雇到三个老百姓，尽了最大的努力，到3月底只找到9个工人与15个学徒，人力实在无法扩充。为着解决劳动力的困难，曾商得高等法院的同意，于7月将鞋厂搬到南三十里铺，利用犯人参加生产，并继续吸收熟练工人，冬季共产棉鞋4333双。……今年7月检查工作改变制度以后，每月平均产棉鞋4400双，质量数量均提高一倍。

（财政厅：《财政工作总结》，1943年）

（六）盐业

1. 边区食盐产地实况

（1）产盐区域

边区产盐地区：一为三边，一为绥德三皇峁，分述如下：

① 三边产盐地区：共有五个盐池，名为：老池（池最大），苟池（盐最好），滥泥池及莲花池，四池稍东北，有波罗池（池最小）。前四池均归财政厅属盐务局管理，后一池未加管理。……

盐池面积共2491方，合计3097亩。老池地亩和盐坝为公家所有，苟池盐坝内，计有465方为蒙人所有，余为公有。滥泥池莲花池的地亩及盐坝，则均系私有。

1940年以前，为自由开采盐区。

1940年起，由后勤部主管，设立盐务局。

1942年1月，盐务局改归财政厅领导，由政府直接管理，设盐民区，隶三边专署，由盐务局领导（财政厅领导盐务局，盐务局代管盐民区）。

② 三皇峁产盐地区：三皇峁在绥德之西，盐井区有十里左右，号称十里盐湾，面积1200余亩。60年前，只有五六口井，至民国八年，增为十余口；现已发展到116口。今年7月，大洪水暴发，冲毁不少，仅三五九旅的9口盐井，即冲坏8口。

此地盐池，历由盐商集资雇人开采，现无变动。

（《边区食盐产销实况》贸易局编印，1942年11月10日）

盐为边区三宝之一，其成因为盆地形成时，海水蒸发而盐分残留，其产地主要为定边，其产量为：

	亩数	年产	平均年产
滥泥池	33628	50000驮	30000驮
盐场堡	11286	40000″	40000″
莲花池	7663	14000″	4000″
波罗池	840		
娃娃池	756	50	50
汉滩池	162	50	50
红岩池	86.5		

此外，绥德三皇峁近亦熬盐，年可出 11 万石，三川口及盐令疙瘩，年可出 1000 石，吴旗马跑泉、延川、永坪、靖边亦均产盐。例如延川永坪区产盐，只 3、4、5、10、11 五个月，每月每人掘盐 90 斤，共 18 名工人，月可产 1620 斤，即每年可产盐 8100 余斤。此种产量虽极微少，但在交通不便运输困难之条件下，仍有其极大的经济意义。因此，在今天我们不仅不禁令民众熬制土盐，而且在可能条件下实施奖励和保护的政策。

（莫汉：《边区的矿产》，1942年8月10日）

（2）产盐方法

① 三边产盐方法，是依靠日晒盐水，结晶成盐。1940 年以前是盐民自由产盐，但在 1940 年内发生过盐荒，主要是供不应求。1941 年，由后勤部主管，采取军民合产办法，并整理盐田盐井，建筑盐坝，晒量增大。1942 年，盐务局改隶财政厅后，采取民产为主，军队为辅的办法（事实上无军队生产），注意改进质量。

② 三皇峁产盐方法，是用炭火煮井水成盐，成本大，步骤繁。据三皇峁工会统计：现有工人 568 名，平均 7 人一口井。工人说：一井每日一担水，有“一天一担水，一年一石盐”之谚。（即 300 担水有可能出一石盐？）平均每斗盐需 50 斤炭，在今年 7 月，盐每斗 70 元，重 40 斤以上。此种产盐方法，相沿已久，至今未改变。

（3）产盐的质与量

① 从质量上说来，三边产盐，古称花马池盐，盐史上素为有名。今苟池盐质优仅次于北大池。在 1941 年，后勤部主管盐池，无论军民产出之盐，

均由盐务局收买。但大家都追求产量扩大，产品乃多含硝质，影响销路。1942 年 1 月，盐务局归财政厅办理后，在群众产盐为主的办法下，保证一定生产数量，尽量提高盐产质量。产出后，须经由盐务局检查合格，发给售盐许可证后，始得对外发售，发售时，并任盐客自由选择上等盐。由此，刺激盐质提高，粒大色白。

在三皇峁方面，小盐质量远不能比大盐。

② 从数量上说来，三边盐产，当地居民称：过去年产量最多到 30 万驮。1941 年后勤部主管时，年产 702513 驮。今年生产任务为 40 万驮。

在三皇峁方面，由于大盐侵占小盐销场，生产量逐渐萎缩，从过去年产 15000 石降至 1941 年之 8519 石（每石 10 斗，约 450 斤），生产井数，亦由一百余降至数十个。

（《边区食盐产收运销实况》贸易局编印，1942年11月10日）

食盐是边区重要富源之一，占出境贸易的首要地位（1943 年出境的盐占出口总值 47.4%）。边区盐产有三边的池盐（亦称大盐）和绥德分区的井盐（亦称小盐）两种，两处共有盐工 1932 人。……

三边的池盐分布在定边、盐池二县的北部，在长城内的有老池、滥泥池、莲花池、娃娃池、湾湾池、红崖池、汉滩池、波罗池八个池。在长城外者有苟池、阿波池、北大池三个池（其中北大池现归蒙人管理）。上述各池中，波罗、红崖二地现不产盐，娃娃、汉滩二池产量亦甚少。

产盐方法系于春天将盐田修好，落雨后从盐池汲水灌入盐田二三寸深，日晒七八天至十四五天，及盐结成，耙碎成堆待运。产盐全依自然，若天不落雨或晒盐时间落雨，皆不能产盐，气候变化过骤或东西风作，皆影响盐的质量。老池池水含盐最浓，6、7 月间池盐自行结晶，入池打碎即可运售。

盐池盐工 1942 年 711 人，1943 年 1122 人，同年且曾动员部队 4000 人在老池临时打盐。盐田坝子数，1943 年为 2834 处。

盐池蕴藏取之不竭，产盐数量主要视销路及运输力而定。1944 年减产原因除天雨外，即因 1943 年存盐甚多，不需再打。

绥德分区之井盐产于子洲县之三皇峁、驼尔巷，米脂之龙镇等地，除供当地民食外，尚运销于晋西北一带。盐的颗粒较小，含硝较重，故称小盐。三皇峁有盐井115处，盐田556垧。驮尔巷有盐10处，以上3处共盐工837人。其产量据最近绥德专署报告，1943年为11206石（约三万驮），1944年为12000石（约32000驮，根据9个月产量估计的）。上述盐井有10处是部队和机关经营的，其余全系民营。

井盐的生产是先掘好盐井（深一二十丈），将井水汲出浇在盐田上，夏天晒一至两星期，冬季晒20天到一个月，然后将盐田表面上一层土刮起，在地上挖坑用水过滤之，滤过之水再加熬煮即得结晶盐，因煮盐须用炭，故井盐皆产于煤区附近。

（西北局调查研究室：《边区经济情况简述》，1948年2月19日）

2. 历年食盐生产情况

（1）1941年产盐创历史纪录

三边的盐，在1940年前，政府只收税不管产，故那时三边盐税亦是由税局兼收。后因1940年遭盐荒，影响对边区内外食盐供给，同时食盐又是边区对外争取贸易平衡的主要武器，产的问题始被政府注意。因此，政府乃于去年委托军委后勤派人去三边设立盐局，并提出利用兵工完成去年产盐60万驮的计划。那时生产计划是以军队生产为主，盐民产盐为辅。经过后勤一年的努力，打盐井，筑盐坝，增辟盐田，故提高了产量，去年盐池军民共产盐702000余驮。①

（《关于盐务问题的报告》，1942年年初）

1941年以前的实收量，因盐自由产销，收量无法统计，但知产量最大为年30万驮。

1941年的实收量，因产盐统归后勤部所有，故收量的可能范围及于产量

① 1941年盐产量实为62万驮。

全部，即702513驮。

（《边区食盐产收运销实况》贸易局编印，1942年11月10日）

在1941年，外边食盐缺乏，军民几乎淡食，因此，我们的部队机关三四千人组织生产，在一年的努力下，完成了产盐62万，（每驮150斤，每斤24两），创造了空前的纪录，但因技术不高，一部分盐质较差。

同时我们也发动了群众生产，因过去销路不大，盐民大部转向农业，我们即采取了“官收官卖，民运民销”的办法，使盐民积极生产，不怕有盐卖不出，改变了盐户不愿打盐的想法，提高了盐民的生产积极性。

（盐务局：《盐产工作》，1944年3月）

（2）1942年没有完成产盐计划

去年产盐数目：

去年1月间，财厅才接收盐务局的工作，原定计划全年产盐40万驮，但结果仅产271617驮，完成任务67.9%（运销230422驮）。去年只是在盐质上提高了一些，按照原定计划来说，产盐是没有完成任务的。

为什么没有完成任务呢?

因财厅初接收这项工作，没有经验，对于各种情况的了解是十分不够的，且当时干部甚少，曾影响到春季的准备工作，如劳动力的及时组织和调剂，工具的适当配备和购置，堤坝的修筑与管理等，这些工作都没有来得及很好地进行。

其次，去年产盐方针改为“以民产为主，部队产盐为辅”，这一决定的执行中转变得太快，前年参加打盐的部队，也都离开三边了，以致劳动力不足使用。再加上春季雨少，夏秋雨水又过多，无法抢打，致原定计划没有全部完成。

（《一年半来的产盐工作报告》，估计1943年）

缺产128383驮，没有完成，劳动力的突减（军队调走），盐质的提高（民盐自售后，盐民为了好卖，须把泥洗净，不打硝盐），旱、风、雨的灾袭等，固然在数量与质量上不无影响，但这些都不是主要的原因，主要的原因是没有领导督促盐民生产，让盐民自流地进行下去——只有民产而无官督，可以说只执行了“民产官督”政策的一半。

为什么1942年忽视了生产的领导督促呢？这有以下的原因：第一，在思想上没有看重生产——1941年生产了62万余驮，除销出了299000余驮及消耗了一部分外，存盐还有36万余驮；同时也有这样的传说：“花定区出盐，天产丰富，抢晒俱易，增产不成问题。”因此在盐务局中也提出了“运重于产”的口号。因此对于产盐的准备布置，例如劳动力的组织和调剂，工具的配备和购置，堤坝的修筑和管理等，都没有很好地去进行，甚至没有进行。第二，我们初接收了这项工作，没有经验，对于各种情况的了解是十分不够的，且当时干部很少，质量又差。因此，当时的精力多用于对内整理，对外应付上，以致无暇准备生产工作。第三，强调了税收制度的正规化，于夏季干部增加之后，则多配备在税收部门。生产干部，在5月前仅总局吴坚一人，5月间才增至两人，6月间各分局虽添设了专人负责，但仍多帮助税收，这样就使干部不能很好地管理生产。……因为以上的原因，致使原定计划没有全部完成。

（《两年来盐务工作总结》，1943年9月）

（3）1943年产盐52万驮的措施和经验

高干会后，边区的生产工作，被提到第一位。因此，盐务局在三边党政的领导下，逐渐地把过去一年忽视生产的观点纠正过来了。

1943年1月间，张局长在盐务局扩大干部会议上已明确指出了今后的工作，要加强生产和生产干部，自动将今年40万驮产盐任务提高到60万驮，并决定办理合作社，发放盐贷，改组产盐委员会，组织与调剂劳动力，解决租佃关系，重新分配盐田，照顾穷户和移民，修筑盐田水道水堤，动员临时劳动力抢打老池成盐等的具体办法，以保证任务的完成。接着地委高书记、专署罗专员亲到各池巡视，指出一些急需动工、如何动工的工程，召集了莲花池、苟池等地地主，当面决定了解决租佃的办法，安定了佃户们的心情，又把定边一带的外来边民，组织起回民生产合作社，送来打盐。

5月间，地委又一次纠正了盐务局靠天吃饭的思想，罗专员并亲自打盐担盐，以至于划破了脚，累得病下，三次动员了盐池定边两县民众与机关、部队、学生共3000余人，由县长县委及区乡级干部亲自领导，打了两个礼拜的盐。

在这样的积极领导之下，在这样的生产热潮之下，干部也动起来了，盐民也动起来了，所以今年虽盐质更好，天灾更重（特别是胡堡）但质量却大为提高，今年60万驮的任务可以完成。

60万驮分配于各池的生产比额如下：

苟池	30万驮	（上盐15万，中盐10万，下盐5万）
老池	20万驮	（上盐10万，中盐7万，下盐3万）
滥泥池	6万驮	（上盐3万，中盐2万，下盐1万）
莲花池	4万驮	（上盐2万，中盐1万，下盐1万）

1943年的产量是飞跃地提高了，据目前情况判断，60万驮的总任务，差不多能够完成。截至9月20日止，已产出47万驮，比去年9月30日以前，超过166400余驮，超过数达71%。兹将今年8月底以前，各池的出产量与去年同一时期做一比较如下：

池名	今年8月底以前产量	去年8月底以前产量	今年8月底以前与去年同时期增减量的比较
苟池	130000驮	140214驮	减7%
老池	110000驮	36387驮	增202%
滥泥池	60000驮	15000驮	增300%
莲花池	22000驮	14138驮	增55%
总计	322000驮	205739驮	增56%

因有上面的成绩，所以在运盐业大量地迅速发展下，我们还可以保证供给而无问题。现在把去今两年的运销数列表做一比较：

月份	一	二	三	四	五	六	七	八	小计	九	十	十一	十二	合计	注
1942年运销	9715	7144.5	5531	8666	14905.5	16759.5	18.459	44.012.5	125197	23955.5	22185.5	24509	34575.5	230422.5	单位以驴驮计算
1943年运销	31.783	21384	22920	25637	29926	31449	22606	129601	228227						

今年前 8 个月，共销出 228000 余驮，内有去年存盐 101000 余驮，故已销新盐仅 126000 余驮，估计自 9 月初至年底还可销 172000 余驮，那么今年共可销新盐 30 万驮，以出产新盐 60 万驮计，至年底尚可存新盐 30 万驮。此外尚有旧存好盐 8 万余驮，故明年未出盐前，足可保证运销。

今年盐质更加提高，天灾依然很重，但能够完成 60 万驮生产任务的成绩，这是由于什么原因呢？

高干会以后，发展生产的思想贯彻于干部之中，今年三边分区的党政军负责同志，对于产盐工作，非常关心，帮助又非常大，并且动员了定边盐池两县农民和机关部队学校人员到老池打盐，所有这些对于产盐工作，都起了决定性的推动作用。此外，盐务局有了去年的经验教训，对今年产盐的准备布置和进行，做了下列的主要工作，现在来分别加以说明：

第一，在动员生产与组织生产方面：召开了盐民生产动员大会，选出并奖励了劳动英雄，批评了二流子，通过了各池的生产计划，发动了竞赛，鼓励了生产热忱，又按户制订了生产计划，做了些宣传鼓动工作。

在今年 3 月间，分别在各地召开了生产动员大会，在大会上选举了滥泥池周老婆、老池高仲和、苟池李文焕等为劳动英雄。4 月间在欢迎刘建章等大会上，王书记、罗专员亲自号召大家生产，并奖给周老婆一套打盐工具，李文焕一面锦旗。这样就把盐民的生产情绪提高了。随着就在老池和滥泥池等发动了个人向劳动英雄竞赛。竞赛的条件是：生产的盐多、盐好；增加副业收入；全家能劳动的尽量参加生产（如女的送饭，提浪耙等）；响应政府号召，服从政府领导。这样参加竞赛的计：老池八人，苟池八人，滥泥池三人，其中有64岁的老头子戴林，五十多岁的高寡妇，好吃懒做的二流子王三。又发动了池与池的竞赛：在质上保证粒大，洗干净，上等盐占60%，互相帮助，交换经验；在量上保证完成任务，滥泥池并提出超过40%，老池提出超过30%。缺点是没有执行检查，盐务局后来因生产较忙，对于生产竞赛也就没有过问，竞赛成为自流，这是做得不够的地方。

制订按户生产计划。盐务局曾协同区政府，经过盐户同意，制订了各户的生产计划，七八月间滥泥池和老池并检查过一次，也起了一些宣传鼓动作用。唯因为登记表太详（年岁、籍贯、财产等与产盐无关的东西都划进去），使盐户怀疑。此外，我们对盐田的好坏不很了解，致计划不精确，陷于主观，变成了形式主义。

在动员二流子参加生产上，除在大会上批评以外，盐务局并规定不借钱给他们，使他们在社会上吃不开，也收到一些效果。例如老地主在大会上受了感动，以后不再误工；苟池大户郭建新宣布戒烟后感动别人很深，一时戒烟的很普遍，但后来我们抓得不紧，在打盐以后，他们因有了钱，又复吸食。

第二，在组织劳动力方面，加强了盐民的生产组织，调剂了劳动力，克服了一些忙闲不均，抢救了成盐的损失。

去年劳动力是散漫无组织的，各地虽有产盐委员会（形式上是民选的），但仅是替盐务局跑跑腿，叫叫人，对领导督促生产没起作用。今年春天以后，相继改组了各地产盐委员会，把一些不积极的换掉了，并每月发给各委员150元津贴，以各乡长为主任委员，督促各盐户生产（打盐灌水等）。在盐户中组织了变工队、突击队、生产合作社，克服了劳动力闲的袖手旁观，或劳资关系不协调不肯出雇的现象，克服了劳动少的雇不到人，坐视成盐被雨消蚀抢不出来的毛病，在增产上发挥了很大的作用。

这一工作，滥泥池做得最好，老池次之，莲花池仅在盐务分局内按东南北三畔的名单一写，通知盐民说："你们都要变工！"那畔那个是小队长，宣布了就算完事，并未实际去做。8月间任子和同志接任分局长后，才根据滥泥池经验着手整理，并依莲花池特点，添进农盐业变工办法。苟池托词各种客观困难（例如：① 打盐时，盐都要成，谁先打，谁后打？② 劳动力强弱不等；③ 坝子多少不等；④ 下雨时都想抢打自己的），未从实际解决，故虽组织起来，仍自由散漫没起作用。

不过因为今年销路很好，卖不了的还可以向公家借钱。所以一般的盐民对打盐灌水的积极性很高，故临时自动的小变工则很普遍。

……

第三，在盐田的分配和租佃上，重新调剂了公有的坝子；对于新来移民，我们分给坝子，拨给房子，或暂时介绍雇给别人。这样就解决了一部分盐民的盐田问题，吸收了外来的劳动力（据不完整统计，苟池、老池今年 8 月底以前，增加移民雇工共一百五六十人）。

……

第四，在修建盐田上，修补了一些急需的水沟、水堤和少数的坝子，防止了一些水旱糊灾的损失，提高了盐田的产量。

这一工作影响生产很大，例如苟池的何子忠、张子修，莲花池的韩德胜、朱传林等人的坝子，没遇糊灾或糊灾甚小；莲花池侯树林的 10 个上等坝子，8 月底前只出了 130 驮盐，而刘胜奎的一个下等坝子，在同一时期却产了 60 驮。这些成绩主要应归功于盐田的修筑。滥泥池今年生产任务原定为 55000 驮，后增加到 60000 驮，但 8 月底时他们已完成了 61000 驮，到打盐结束时，可完成 100000 驮。在这里，劳动力有组织固是主要原因，但修建工作也是重要因素。

这一工作如果没有组织督促是不能进行的。盐民或因偷懒，或因使用权不稳，或因“现实主义”，或因回原籍过冬春，是不愿修理的，特别对涉及人多的工程，如水堤、水沟等，如无人督促监督则绝没人动手。

去年因为没注意生产，对这一工作也未加领导，致许多盐田荒废，老池就荒了近三分之一。今年 1 月盐务局已提出这一工作的重要性，因此，滥泥池和老池是按照这个指示督促做了一些急需的工程，减轻了或避免了过去的一些水旱、糊灾，提高了生产量。莲花池未督促进行，苟池做了群众的尾巴，致使一些急需的工作拖延和停顿了，仅很少一部分勤苦的盐户修了一些坝子和几条水道；结果有些上等坝子产不到下等坝子的三分之一（莲池），糊灾特别严重（苟池），又因此而难于完成任务（估计苟池只能完成三分之二，莲花池只能完成四分之三）。

第五，在盐民贷款上，发给了盐民工具贷款、现金贷款，解决了盐民生活上、工具上、资金上的困难，这样就促进了生产。

去年虽也发了103000元的盐民无息贷款，但对于生产是没有起作用的。当时是经过产盐委员会发放的，他们只怕借给穷苦移民无保障，收不回来，就自己用了或分一点给他们的亲朋。这些人把钱不但未用于生产，还有拿去抽大烟的，苟池就是这样的典型。

今年盐民无息贷款，做得比较好，贷款分工具和现款两种：

① 工具贷款：自春至夏贷出铁锹、铁耙384件，合钱245000元。镢头15件及浪耙、扁担、筐子等合钱68000余元。工具贷出后，解决了盐民的工具问题。现尚存有：铁锹515件，铁耙232个，浪耙1389个，浪耙杆2560根，扁担2120条，筐子870个。今年专署动员不打盐的不能用这些工具。

② 现金无息贷款：分春季和临时两种：

春季贷款共30万元，各池分配数如下：老池10万元，苟池8万元，滥泥池7万元，莲花池5万元。

总局规定春季贷款原则是：各池组织盐民贷款小组，保证用于生产，以后归还。苟池做得较差，未组织小组，滥泥池做得较好。滥泥池发出后，分局抽查过两次（特别对二流子），计借钱修理旧坝子的占70%，其他压新坝子（8个）、买米、灌水的占30%。放的标准，滥泥池是按人口多少、坝子多少和家具状况，放出的只有富户一家2000元，中户三家只1800元，贫户76家共5万元。

临时贷款：自4月底开始到9月初，已贷出1644000余元，除陆续收回的外，现在放出的尚有426000元，临时贷款的用途主要是支付工资，其次是买米，故对于增加生产作用很大。

不过做得还没有普遍，有的借到了，有的还不知道，还有拿钱去做别的事情的，买羊的也有，去做生意的也有——对脚户驮来的布、麦子、法币，贱收高卖，贩卖鸦片马匹等。

第六，开办了消费合作社，减少了盐民进城买东西的浪费时间，免除了当地商贩的中间剥削。

盐民消费合作社现已成立了两个，一个是苟池合作社，于今年4月间成立，一个是老池合作社，于今年8月间成立。滥泥池、莲花池则尚未组织。

第七，提高了盐本，刺激了盐民的生产积极性，收买了老池一部分民盐，使他们的资金得以周转。

去年1月前每驮盐本是4.15元，去年1月1日涨至10元，5月1日涨到20元，7月1日涨到25元，8月1日涨到30元。今年1月11日涨到40元，6月1日涨到60元，7月7日到现在涨到100元。

盐本高低，对盐民收入及生产情绪影响很大，因此，在什么时候提高和提高多少是应该考虑的。不过我们过去对这一问题尚未很好地研究。今年1月11日，盐务局将盐本由30元提到40元，是为了旧历年关以提高盐本来救济盐民，事实是不妥当的。因为：① 那时别的池子盐都不多，有盐卖的主要是老池，故救济只限于一池；② 过不去年的主要是穷户，而穷户到那时存盐很少，故救济的还是大盐户。

其次老池盐虽好，但因粒小对外不好销售，故别的池有盐时脚户多不去老池，直到年底和翌春才是老池大量卖盐的时候。因此，盐户们在夏秋正产盐旺时，却最缺钱致生产受到影响，即到冬天也因一时用款太急，马上卖不了很多的盐，故发生支盐现象。例如巴洞村40家就有13家支盐的，支出了1100驮。韩玉喜当盐本40元时，以20元支给齐教员100驮，崔廷元当盐本60元时，以30元支给定边城王掌柜300驮。盐务局王黎人以这样方式支来了五百余驮，是违反政策的行为。

盐务局为了安定盐民情绪，于今年实行按时价分期收买办法，至8月底，只收了6157驮，折洋369000余元，收买以后仍由盐民自卖。将来由代收其盐本中，按驮合钱，所以也不致因此而降低了盐质。

第八，改进了生产方法与生产技术，创造了新的工具，大大提高了产量。

因为我们今年注意了生产，负责同志和干部经常下池，使我们的脑子和实际发生了联系，在半年中已有了不少的创造：

① 灌小水，增加打盐次数。过去盐户灌水通常在五六指上，坐盐虽多，但为时过迟，待盐将坐成，常被雨化掉。今年提倡灌小水（最大两指），虽

每次产量稍少，但次数增加，避免雨灾，收获甚大，已被盐民普遍采用。唯此办法适于雨季，6 月前雨少，不如放大一点水，产盐更多。

另外，盐开始下坐以后，至水干为止，越多待一时，则盐产的速度愈增（如头一天坐了 5 驮，第二天要 10 驮，第三天上午要 20 驮，下午要 30 驮），盐民多不愿早打（仅剩一层薄水洗盐），但一场雨来，又前功尽弃。现在盐务局提倡能打便打，并督促执行，如果我们能购到几个“晴雨表”对指导打盐时机，当更加精确。

② 灌冬水肥盐田。坝子整理好后，在非打盐时期，都灌上水可以肥盐田（特别是冬水）。滥泥池去年灌冬水的坝子有 206 个，春天灌第二次水的有 78 个。这些坝子春雨下后，即可出盐，较未灌冬水的提前约近 1 月。但老池坝子，因全系用井水，内含盐质较浓，灌多了容易起硝，故只能在春天去灌。

③ 对易起糊的坝子，如将糊除去则将盐带走，薄了盐田，如不去掉妨碍晒盐。苟池分局试验将糊涂刮到坝子边外，使盐质慢慢流出，另空出坝子中间灌水晒盐，既少丢盐质，又少耽误晒盐。但此办法费工大，尚未推广，故成果不大。

④ 木轨车的发明。老池老湖湖底平硬，盐成后可到湖中打盐，但打出后须担到岸上保存，因水稍深（半尺左右），底上盐又刺足，运输极感费力。故盐民只靠边打，不愿向里边去。今年夏，王维舟旅长到老池，将关中用木轨车运煤办法介绍给盐务局。盐务局仿制试用了两次，将木轨置于湖中，一人推车，力大者可抵五人的运输量，且较省劲。

⑤ 大浪耙的创造。老池老湖打盐时水比较深，面积也宽大，用坝子内的小浪耙（宽七寸长二尺）打捞有限，且易被水冲走，虽小心慢拉仍被冲走很多。今年第二次老湖打盐时，回民生产合作社，拿一截木轨，拴上绳子，一人下按，二人前拉，略比小浪耙推盐好些。这消息传到盐务局后，便想到农村中打庄稼用的“大刮板”，仿做了几个，第三次老湖打盐时试用，二人前拉，一人后推，一人可抵四人。

第九，在生产领导上，盐务局干部经常下盐池检查督促，收到了很大的效果。

检查监督工作，主要由生产干部负责，另外区政府同志、缉私人员经常帮助。在打盐忙时盐务局所有干部都尽量抽调参加，在生产干部中提出了“天天下池检查”的口号，在下雨或打盐以后，即发出通知限各盐户于三五日内将水灌完，期满后协同产盐委员、村长逐一检查。将出盐时也同样进行检查督促，发现有了误工的，即调查其原因并及时解决。例如滥泥池干部互相轮流下池，在三分之二的时间，池上都有人巡视。早上看下午哪些能打，下午看明天上午哪些能打，检查后派缉私队员通知各村长催促。如屡催不打，即临时组织突击队代打，以40%给主人。发现忙闲不均的，即介绍使之雇人或出雇，发现打不过来的，即劝他低价租出一部，另以变工队帮助他打。

另外，池与池之间，也加强了联系，这池忙时，盐局干部便带雇主到别的池动员雇人，因为在生产上有了这样的，领导与检查，盐的生产也就提高了。

不过这一工作苟池做得较差，因为在领导方式上，生产干部多把精力消耗于自己打盐和与别人变工上，而没有做到普遍地检查与督促。最差的是莲花池，在今年8月以前，生产干部很少下池，根本没有检查与督促。

以上是两年来产盐工作的总结。从那里我们可以得到哪些主要的经验与教训，作为今后工作的方针呢？

第一，今年任务的完成，三边党政军的领导与帮助起了决定的作用。因此，今后盐务局的工作，除遵守财政厅的一般指示外，还必须经常取得三边分区负责同志的具体指示，来布置工作。必须经常按级检查督促，将真实情况反映给财政厅和三边分区负责同志，以取得进一步的领导与指正。

第二，“民盐自售”政策是正确的，因为它可以提高盐质，节省干部，减少损失，以后仍须坚持下去。

第三，“民产官督”的政策也是正确的。民产与官督二者不可缺一。去年只做了一半，遭受了失败，今年完全执行了，便获得了成功。但官督的政策尚未贯彻于每个同志的思想中，所以有的池子成绩就不大，今后应该注意这一点教训。

第四，为了提高生产的数量与质量，今后在盐民中间应开展更加广泛的劳动竞赛，更加广泛地组织变工队和突击队，随时调剂各地的劳动力。

第五，盐田的重新分配与租佃问题应该彻底解决，以便盐民做好产盐准备，其解决的原则如下：

① 盐田和矿山一样，垄断性质很大，应该归公；而滥泥池盐田因属于私

人，应即实行减租；地主多余的坝子自己打不过来，应强迫租出。荒滩可压好坝的，应该充公，准穷户和移民自压。

② 莲花池盐田既因历史特殊，经专署当众宣布归公，应即重新分配。

③ 苟池蒙人坝子，因蒙人住在边区以外，应按已商定的办法，依租佃条例由盐务局代租，废除中间剥削。

④ 对公有盐田应缜密调查盐田的数量与质量，按现在固定的劳动力，经过民主讨论重新分配给盐户。这样分配以后，即将使用权固定下来，以便盐户安心经营。

⑤ 公有坝子分配以后，如自己力弱打不过来，可以雇人，但不准出租。

⑥ 为了吸收移民，可以在能压坝子的地方，由公家雇人压一些新坝子，移民来时，即将这些坝子交他经营（因新坝子须培养一个时期才出盐），以免抽动旧户的坝子，使旧户不安心修理。这些坝子在移民未来前，可借给劳动力强的或能雇工的暂用，以免荒废重修。

第六，水堤、水沟、水井、坝底、坝墙等工作，今后须分别缓急，抓紧冬春非打盐季节，督促盐民及时兴修。

第七，今后的盐贷需更加深入与普遍。较固定的贷款（例如春季贷款、年关贷款等）应多发扬民主，通过小组分配和检查，使它一定用于正途。贷款要及时、普遍，到达真正需要借款来增加生产的盐民。临时贷款，要做到更加普遍，应特别照顾穷户。为了手续简便，可以不组织小组，但盐务局平日应深入地了解盐户（因各池总共才五百上下户），主动地贷给真正需款的盐民，免得他们不敢或嫌麻烦不愿向公家贷款。

第八，巩固已有的消费合作社，并在没有消费合作社的地方迅速成立，在现有的合作社中，应更加照顾多数社员的利益，至少应规定：

① 赊账期限（例如按轮畔卖盐的周转日期等）；

② 赊账数目（例如占股金的几分之几）；

③ 不以现款购买而赊账的，按还账时价格付款，不按取货时价格；

④ 优待社员（例如：非社员不赊账，社员买货打折扣等）。

这样使社员有利可图，才能扩大股金，奖励储蓄，克服现在盐民腰中有钱无处放而浪费的现象。

第九，适时地和适当地提高盐本，以刺激盐民生产情绪。

盐本是盐民主要的收入，而黄米是盐民主要的支出，我们应根据当地（定边）米价来提高盐本，以安定盐民生活。不过外销快时可稍拉到米价以下，外销慢时，可提到米价以上。

提的时机，应选择在春季旧历一月底二月初和夏秋产盐旺月，因在这时涨价，可以刺激盐民准备产盐和加紧产盐，涨价期间比较固定后，投机分子似乎可以先行购票待涨价后再驮，其实我们遇到这种情况，可以明令禁止，因票上有日期和钱数，盐民为避免自己吃亏，是会根据命令自动查禁的。

现在在盐本问题上最不合理的是：好的坝子大都在富户手上，其收入比坏的坝子相差有在六倍以上的，故盐本愈涨对富户则愈有利；可是如长期不涨，则吃不消的首先又是穷人。故合理解决目前盐本问题的中心也是盐田的调整。今后对救济贫民，应以盐贷进行，不能随便以提高盐本实施。因为在盐田未调整好前，增加盐本对富户的照顾更多些。

第十，只注意生产，而忽视保存的观点是错误的。今后盐务局必须经常督促盐民修筑盐台，整理盐堆，以减少耗损。

第十一，今后发展的方向应本经济原则，多面向苟池、莲花池、滥泥池，少面向老池。

（盐务局：《两年来盐务工作总结》，1943年9月）

（4）1944 年、1945 年产量下降

1944 年，应产好盐 60 万驮，运盐 40 万驮。迅速采取有效办法整理脚店，保证有充分草料平价供给运盐队。

（林伯渠：《边区政府一年工作总结》，1944年1月6日，《解放日报》，1944年2月8日）

1944 年，因雨水过多，只产盐 265262 驮。

（西北局调查研究室：《边区经济情况简述》，1948年2月19日）

① 关于产盐方针问题：今年边区政府给的任务是 40 万驮好盐。经过讨

论后确定以发展苟池盐为第一，发展滥、莲二池为第二，发展老池、老湖盐为第三。虽然老湖盐味道很好，有时颗子也很大，但是往往因为水灾产不出来，如果遇到旱年产盐就多，老池的坝子更不好，不易出售，因此把它放在第三位。

根据各池情况分配生产任务如下：苟池 25 万驮，滥泥 7 万驮，莲花池 3 万驮，老池 13 万驮，共计 48 万驮。

② 为了完成任务，在产盐前做了以下准备工作：A. 改选产盐委员会，加强对群众产盐工作的领导。B. 灌冬春水，不但可以早产盐，而且可以使坝子力量更大。C. 根据群众会议，适当地调剂了盐田，刺激了盐户打盐的情绪和爱护坝子。D. 组织劳动力，制订盐户计划。E. 修理盐田。F. 发放盐贷金 280 万元。

③ 今年实产盐总数为 242528 驮，缺产 157472 驮。缺产的原因，主要有两点：第一，前半年不但雨少，同时整整旱了两个月时间。占产盐第一位的苟池，在产盐旺季就有两个月没有出盐，苟池、滥泥池、莲花池全年都才出了 5 次盐（计划 8 至 10 次）。第二，日本投降后，大家都认为盐的出路不大，现在存盐很多，对产盐放松了领导，一些盐户也去定边南山收秋或去做小买卖，以致影响产量。

（《陕甘宁边区盐务局1945年总结报告》，估计1946年）

（七）延长油矿

1. 边区石油开采简史

自光绪三十三年（1907 年）有德人汗诺根者，要当地绅商在延长筹办掘井采油，因未得政府核准，被禁止。1908 年，日商与清政府合办开掘，在延长西凿井两口，因油量不丰而放弃，损失资金百余万元，所有打井机器工具等，因运输困难完全留于延长。

于 1911 年，国民政府与美商美孚公司签订合同，筹办大量开采陕北油田。经三年多的经营，在洛川、中部、延安、延长等筹划探测油脉，共凿井七八口，均因油量微而放弃，消耗资金四百余万元，带来之凿井工具机器材料等也没有取回。以后当地政府也利用前基础筹办者，都没有显著成绩。[①]

到 1932 年，国民党政府成立陕北油矿采勘处，自外国新购掘井机器工具材料等，又在延长和永坪两地各打四井，除永坪一井出油外，其余均未大量产油。

1935 年前后，因战争环境，我们又无经验，以致对该厂之机器工具材料有破坏者，有散失民间者，也有移到机械厂作修理材料者，余留部分也不齐全。

1938 年 9 月，国民党政府甘肃油矿，又取去掘井机器包括锅炉蒸汽机等工具两全套。

由上边情况来看，德、日、美和国民党政府均想在陕北地带开采油矿，对机件工具有了些准备。虽然多次变故，但自 1937 年年底我们接手后，一些基本机件工具等仍然是当时留下的。

（《关于石油工业的材料》）

陕北油矿为中国石油重要产区之一，在光绪二十九年即有人私与德国世昌洋行订约开采延长石油，其后因人民反对，改由官办。至民国三年，美国石油托拉斯美孚行企图攫夺陕北石油，于是订立合同，试探油产量，其后因产量不多，于是取消合同，仍储油层为陕西系，岩石为灰色砂岩及页岩，而砂岩较多，此系总厚 6300 公尺，其分布洛水流域及延水流域之延长、延川、延安、甘泉、鄜县等县。

石油之开采主要为延长之油井。延长之油出于陕西系之下部，延安、甘泉之油出自中部及上部，延长之井，得油于 210 尺处，油产量颇不弱，日可出油六七十加仑，除前延长官油厂而旧井外，现又开凿新井。……

此外，边区发现大量油页岩，约七八层，每层厚度自三五公寸至四五公

① 关于陕北石油开采问题，这里引用的三个材料说法不一。为了便于研究，兹将《现代中国实业志（下）》（杨大金编）有关部分摘引于下：“延长石油矿，清光绪二十九年时，有大荔县人于彦彪等，私与德人汉诺根及德商世昌洋行订约开采。三十二，改归官办，购置机器。三十三年 4 月，兴工凿井；8 月，井深 240 尺，抵油层，每日出油三四千斤，可炼成半量以上之火油。光绪三十四年，日商三井洋行坚欲租办，经陕人拒绝。于是陕人复计划归商办，其事不果行。民国四年，政府与美商美孚公司合办采矿……”（第 753 页）

尺不等，其最著者如蟠龙镇附近，厚一两公尺，含油量约18%，淳耀之安子洼，页岩层厚14公尺，含油量约16%，其他各地含油量最低亦不下8%，似此大量储藏，实为石油工业重要的原料。

（莫汉：《边区矿产》，1942年8月10日）

陕北石油矿发现甚早，据1920年美国地质调查所估计全中国储油量为1375600000桶（31加仑桶），陕北即占其半。边区油苗发现地点遍及各分区，实际开采的只有延长及延川之永坪二地。延长油矿于1906年即由清政府请日本技师开采，1914年成立中美油矿事业所，由美孚洋行运来采油、打井、炼油设备，至1916年因见油不多中止进行。后又收归省办。截至内战时期止，30年间共打20个井。出油最多时期是1916年，全年产原油635000斤，至1931年降低至552桶（5加仑，下同）。

1937年边区政府建设厅接管延长油井。1938年又移交后勤部。当时只永坪一井出油，驮运至延长提炼。职工24人，全年产原油3527桶。接手以来共打11个新井，现在出油的井4个，产油量并有增加，最高为1943年，达原油一万余桶。若以1938年产量为100，则1939年114，1940年118，1941年450，1942年511，1943年2295，1944年830。1944年因原井出油量减低，新打了四个半井，皆未大量出油，故产量反减。1943年职工数目为126人。设备虽技术条件极为困难，但仍有增加，如以1938年为100，则1944年时动力为290，打井设备为200，炼油设备为346，储油设备为457。原油经提炼后现在出品有汽油、特甲油、普甲油、白蜡油、滑机油、洋蜡等类。

自内战以来，油厂机械再未增加，1940年曾派人至西安购买机械被国民党扣留，至今生死不明，打井钢丝绳折断不能再用，设法箍起重新使用，缺乏洋灰则用三合土代替，缺乏石棉则用帆布麻代替，其余一切机械设备大多数已废旧，经多次修理勉强使用。这是石油产量不能很大提高的主要原因。

（西北局调查研究室：《边区经济情况简述》，1948年2月19日）

2. 恢复生产时的艰辛

自从双十二事变后，中经部迁住延安，接手整理油矿。当时计划：以现有的工人及旧有的机器，恢复永坪第一号井，开始抽油，并开始打永坪第四号井。在延川，计划将延川油厂东厂门前旧井开始抽油。

首先，修理永坪第一号井的锅炉及机器后，即刻开始动工。但因井内旧存原水过多，同时，因红军在1936年移出瓦市时放弃了油矿，东北军及中央军来驻扎，当时，不知群众还是军人，任意向井内丢下油杆、木、石等物，所以一时难以达到抽水的目的。先将井内的油杆、木、石等物设法弄出，才开始抽水工作。约十天左右，方才将水抽尽见油。当时每日原油产量多至500斤，少至一百余斤。每日产油量都由会计处详记，清查原油后入账。

准备新修第四号井所用的机器。当时因机器零件损失很多，无法配置，便请延川地方政府协同召集群众大会，动员群众，把在红军撤离时散失的机器零件，向乡、区、县政府报告或送归油厂，政府分别给予奖励。因延川是老苏区，群众都有组织，在大会上，有好多群众自动报告，将机器送归油厂。但仍有一部分机器零件找不到。后由贸易局代购回大部分机器零件及机器上必要的油壶等，才得以开工。当时井口同样丢进去许多东西，抽一木头时，把钢丝绳都弄断了。约一礼拜左右，方才将井内杂物全部掏尽，准备开工。四井所用之工人，全部找够，不料在这时候，于怀霈工程师逃去。当时中经部接到这消息后，因工程上无熟练技术人员负责，只好暂时停止。

进行延长油厂东厂门前旧井抽油。因延川所用的机器都是旧式的，所以有个别工友在油厂工作十多年或七八年，对使用这些机器亦有经验。当时工程由马进昌负责。因为准备用的一副机器还在延长西山上一个井口安着，所以在西山井口试抽一礼拜，将水抽尽无油，即刻搬运机器到东厂门前，安置妥当后开工抽油。因油在水底，所以开始抽水（据过去矿业专家说油在水底）。抽了1月，又见浮油百余斤，更给一个希望，所以继续来抽。……后抽到离油五六尺，又抽了20天左右，水抽不完。此时，已昼夜抽水四个月之久，于是见到此井无希望，即决定停止。这四个月开支亦不在少数，有工账可查，这是油矿赔本第一个原因。

去年（1937）春夏两季，粮食特别困难，价格亦高，无法购买。这时，贸易局将在宜川购下的粮食全部转卖给油厂，同时中经部指示陕北省经济部由组织上在延川、延长两县给油厂代购粮食。两处买的粮很多，当时无法运输，只好依靠自己运输，驮了十余次，供给两厂之需用。后因当地粮价低落，再去宜川驮粮，实不合算，又决定集中力量运输两延之粮来吃，暂停运宜川之粮。以后粮价日益低落，再加上运输困难，所以赔本按市价售给粮食局。这是油厂赔本的第二个原因。

去年 9 月决定开始重新完成永坪四号井之任务。该井计划深三十余丈，平均每天打三尺，预计四个月完成。但开工打钻一月后，因经费不能按时接济，所以又决定停止。这是油厂赔本原因之三。

自从双十二后接手油厂，直至去年 11 月底，建设厅投资洋 10574 元，油厂每月予算表及单据一律送交审计处审查。

（高登榜：《油厂一年来的工作大略报告》，1938年2月）

3.1943 年体制改革后的新变化

本厂自 4 月 1 日起改变性质，由供给为主改为企业为主供给为辅的国家企业公司性质。此一改变对于本厂经济与发展前途实有裨益。过去因系供给制，经济困难，有时一般开支尚虞不足，故每开掘一新井（如烟雾沟、延长七里村等井），因经费无着、燃料缺乏等原因，在打井中间停顿不止一次，开掘一井时间延长至一年之久（烟雾沟“二井”、延长“一井”），对于本厂发展实受影响。关于改革体制问题本酝酿已久，至本年才由上级决定一切开支完全自给，利润之分配以 40% 向上级交款，40% 归本厂积金，15% 作为职工分红，5% 为社会保险费。并规定今年应盈余 300 万元之任务。

（1）本厂为完成上项任务，开源节流实为当务之急，拟订生产计划，增加收入，裁并组织，节省开支，次第实行。

A. 拟订生产计划，决定在七里村开掘新井两口，以求原油产量之增加。炼油方面改良滑机油质量，用过热蒸汽或真空节简以提高机油质量，另将高沸点油如柴油重油分解为汽油特甲与普甲，增加这类低沸点上等油产量，以应供销。

B. 修改职工集体合同

……

（2）改变津贴制，实行工资制。本厂工人大部分均系本地农民，他们每人均有家属，自实行津贴制后，一家数口均由厂方负责供给，无形中增加负担不少。根据 1942 年 12 月统计，工人共 68 名，内有家属者 40 名，孩子 62 名，共 102 名。每月全体工人平均工资为 1.09 石小米，津贴之多寡按工人家属人数而定，而不以技术高低为准，因此一部分技术高无家属的外来工人工作情绪不高，说："技术高不顶事，有婆姨才顶事。"同时根据当时的计算，实行工资制较津贴制还能减少开支。故在本年 4 月份起，实行工资制，工资之高低以技术水准、劳动情绪高低评定，最高工资为 1.2 石小米，最低工资为 7 斗小米，除特别困难者酌予救济米外，家属及其他费用全部自理。当时工人平均工资为 8.7 斗小米，但工资制度之改变，主要在刺激其竞争心而提高本人技术与劳动热忱。

（3）奖惩制度之订正。过去因无严明之奖惩制度，功过欠分，职工视违犯厂规与否无足轻重。今特别定出条例，规定分红办法，由职工会讨论通过，有功必赏，有过必罚，使职工有所遵循，以求工作效能之提高。并于 1 月份开展赵占魁运动，进行生产竞赛，详情述后。

（4）精简。本厂在未实行企业化以前，计有：工务、总务、会计、材料四科（1942 年成立），组织庞大，且彼此间手续繁多，工作效能反而降低。故决定裁并为两科，工务科与材料科合并为生产管理科，总务科与会计科合并为经理管理科。杂务人员也酌予裁减转入生产部门（如当学徒，建立运输站等），这样缩减后，在开支方面可节省很多，同时组织机构也较灵活。

……

本厂自 4 月份起，由于集体合同之修改，分红办法的订定，厂规与奖惩条例讨论通过实行，经过这次整顿与改革后，工人工作情绪一般较前确有提高，并于 4 月中至"七．七"止，发动赵占魁运动生产竞赛。七里村分厂工会首先响应，成立竞赛委员会，打井与抽油及各股班间互相定出竞赛条件，并于 4 月 20 日向总厂工会发出友谊竞赛挑战书，提出具体竞赛条件：

① 增加生产方面：打井部分，保证每天钻深 2.80 公尺，完成"四井"全部装置五分之三，保证机件因故障停车较 3 月份减少一半，训练生手 6 名，

使他们掌握技术。

② 节约与爱护：蒸汽锅炉每天节省石炭50斤，每天节省井口灯用油4桶，机油1桶，擦机器废纱5斤。

建立领收制度，不使遗失任何工具。工具使用后擦干涂油不使生锈损坏。

③ 团结方面：发扬互相帮助，互相学习长处，纠正缺点，有意见向组织提出，背后不发牢骚，不说怪话等。

总厂工会接挑战书后，亦响应竞赛，并积极进行，炼油与修理部及各班股间定出增产节约、团结等具体条件，答复分厂工会，于“五一”起实行。

根据竞赛总结，各部门在竞赛过程中得到了如下成绩：

打井抽油部：

劳动热忱：“三井”自4月13日起至5月17日止，34天共钻深112.04公尺，平均每天3.30公尺，超过“二井”（2.05公尺）61%，缩短时间21天。石炭一项即节省37800斤（每天以1800计），超过竞赛标准。

“一井”抽油因机件故障，较1、2、3月份减少停车时间一半，4、5月份平均25.5小时，前3个月每月平均48小时。培养打井与烧锅炉新手8人，一般已能单独工作。

炼油部：

劳动热忱：“三井”出油后，大号锅经安装放渣冷凝器后每天提炼一锅，较过去两天一锅效能增加一倍。

烟子产量，5月108斤，6月204斤，超过90%。

（陈振夏、石忠汉：《延长石油厂1943年工作总结》1943年12月）

4.1939年至1945年石油产量

在1937年前所打之20孔井，据不完全之材料记载，有的因没油或油量少而放弃了。虽然蕴藏量的多少难以估计，但有油是可以确定的。经我们经营的前三年（1935—1938年），也无材料可查，现只将1939年到1945年7年的产量统计附表于后，以供参考：

附表 1：七年来原油产量及机井统计表

时间	原油（桶）	井数	附注
1939年	3550	1.5	永坪一个烟雾沟0.5个出油
1940年	3859	1	延长西山出油
1941年	12437	1	七里村（1号）出油
1941年	16344	1	七里村（2号）出油
1943年	63496	1.5	七里村喷井（1号3号）都出油
1944年	25858	4.5	七里村仅有一个井出油4号6号5号7号8号一个出油
1945年	11376	3.5	2.5在七里村1号城里一个出油很少
合计	136920	14	现在实际出油有8个井

油厂七年来生产统计：（表见下页）

（八）炼铁厂

1. 炼铁工业概况

边区铁矿据探储藏量较丰富，含铁成分较大的有淳耀、甘泉、蟠龙、子长等地（淳耀 23.3%—33.9%，甘泉 35.4%，蟠龙 27.1%—48.5%，子长 24.3%—36.2%）。子长现正在筹办开采，已开采的有关中铁厂、甘泉铁厂、蟠龙铁厂三处。

关中铁厂成立于 1942 年，现归警一旅办理。1944 年计划产铁 100 万斤（约 600 吨）。矿石及炼铁用的木炭由军队生产，工厂出资购买。甘泉铁厂在甘泉之福成村，1943 年 9 月由联防后勤部开办，现有炼铁职工 218 人，大炉 4，小炉 2，炒铁炉 2，打铁炉 2。今年计划产铁 60 万斤，实产熟铁 206621 斤，及锅、炉等共 40 件，共约 150 吨。矿石由部队供给，由厂方出资购买，经常约需 600 人开采，木炭每天约需 10000 余斤。

附表 2：七年来产油统计表　单位：桶

时间	汽油	特甲油	普甲油	白蜡油	洋机油	洋烛	烟子	备考
1939	167	1381		856				
1940	188	1472.5		1284				
1941	953	2399	3328	2219	211	380	483	延长19号出油8月七里村1号出油

续表

1942	772	2186	2463	1558	298重149轻	509	143	5月三号喷油，7月6日深喷油
1943	5981	9980	11050	4179	314重83轻	798	1060	加深第三号又喷油
1944	3146	9385	8858	15254	811	2343	1620	
1945	991	2482	1971	2784	543	1140	1415	
合计	11156	2928.5	27670	28134	2409	5170	4721斤	

共计	洋烛	5170箱	5加仑	103678.5桶（箱）
	汽油	11156桶		
	灯油	56809.5桶		
	柴油	28134桶		
	机油	2409桶		

（《关于石油工业的材料》）

蟠龙铁厂：成立于1943年9月，矿山在延安县的蟠龙，炼铁部在大砭沟，相距近百里，炼铁部有职工43人，设备新式的动力鼓风机，热风炉炼铁，所产铁中有70%为灰生铁，为边区机械及军工必需原料。原计划今年出铁110吨，实产约70吨。

边区每年需铁量，按入境的铁推算不超过250万斤（1500吨），子长铁厂开办后，边区的铁当可全部自给。

现在炼铁的困难：一是耐火砖问题，已由军工局、陶瓷厂制造成功；一是燃料用木炭，成本巨而热度低，现在子长石炭炼焦亦已成功。

（西北局调查研究室：《边区经济情况简述》，1948年2月19日）

2．关中铁厂

（1）关中铁厂的创办

1942年秋天，关中专署为开发某地铁矿，创办炼铁厂，特别从边区外面请来一个姓顾的工人，采用土法炼铁。恰巧当时边府建设厅亦派温贤良等同志到同一地点试验炼铁。但他们在开始试炼时，均碰到制造炼铁炉的耐火原料不能解决的困难。顾姓工人认为若要解决耐火原料，必须从边区外面购买大批粉金石（一名宝石），当时一块粉金石的价格需法币500元，成本太大，还不容易买到。但温贤良同志当时却坚信他的想法：边区有石灰，有矿石瓷土，可以做火砖。于是，他便带领几个人开始试验用石英做，但费工很大，有砸、碾、晒等过程，且制成后一般的只用六小时就要换一块。直到 1943 年 3 月以后，耐火材料才有进一步的改进，即利用白坩瓷土火砖，既省工，耐火程度又较石英增加六小时左右。顾姓工人因买不到粉金石，早就回家不干了，而温贤良等同志则仍以高度的热情和创造性继续克服困难，努力工作。

开始，他们带来的试验费只有 15000 元，为了坚持工作，他们曾向群众借钱和借木炭石炭等，而且当时工人很少，技术工人一个也没有，就是温同志，也只是在初中读过一些书，在铁厂当过几年翻砂学徒，没有专门学过炼铁。每次开炉时，连伙夫、马夫都被动员了去。温同志带领三个干部分成两班，轮流看炉添料（石炭木炭铁苗）。在将近九个月的时间里，他们就这样工作着，他个人更不论雨雪风霜地每天从早到晚拿着本子，记录着每次添料成分的比例。在这种实际的摸索中，提高了自己，并培养了八个熟练的看炉工人。不仅这样，他们还采取了集体研究，集体改造的办法，正如温同志所说的，他们是依靠群众力量，依靠群众经验在土办法基础上提高，从旧的经验上改造。每次开炉以前，开干部讨论会，研究改进的办法；开炉以后，炼铁工人就开检讨会吸收经验教训。同时他们还反对技术上自满自足的保守观念，例如有个同志，在制造火砖和换动火砖上有些贡献，他就骄傲起来，影响干部团结和技术的提高，结果受到全体的批评。因此，在改良工具和提高技术方面，他们收到了很大的成绩。例如他们仿制姓顾的工人的炼铁炉，并经过八次改造的结果，炉子内部由椭圆形改成锅状，炉高由两米增加到五米，出碴口由一个增至三个，使碴容易排出，风管不用瓷土做，改用木头和铁制成，使风箱容易煽火。装铁池由长方改成圆形，还在池底下安一出铁管，并用炭火烤，使铁液不用耙子耙，也不至于凝固，而能畅快流出。再如换一块耐火砖，过去须费 30 分钟，现在运用杠杆作用，只需五分钟就成。于是火力集中了，人力节省了，速度增大了。最初 1 月炼三次，产量只 400 斤，现在每炉一天平均可出 800 斤，最高的达到千斤以上。目前该厂正在扩大建筑，准备大规模地发展生产，以应边区需要。

但该厂还存在着几个需要解决的问题：① 关于燃料，炼铁用的焦炭可以制造，但运输不便，而某地的炭又不适用，因此该厂过去只得采用木柴、木炭等混合燃料，因而炼出的铁质量不好，产量降低。此种困难如能在秋后发动群众烧炭，当可帮助解决。② 耐火砖须继续提高耐火强度，以节省成本和时间。③ 拉风箱速度须加强，由每分钟二十四五次增至三十多次，风力大，铁易炼成。④ 工人生活须更加改善。⑤ 该厂曾用自炼的铁打工具时，虽甚坚固，但成品笨重不灵，成本又贵，故不大适合群众需要。因此，如何培养更多技术工人，提高打铁技术，打制生产用具，以应群众需要，实为一重要问题。

（《温贤良等同志艰苦奋斗创办关中炼铁厂》，《解放日报》，1944年7月27日）

（2）1944 年关中铁厂产销概况

① 资金的变化：去年 11 月份由财经分会移交供给部时，所有财产（房子在外）、材料等折准为 200 余万元作为资金，到本年 2 月份，由财经分会又投资 1000 万元，7 月份银行投资 7000 万元，供给部投资 1600 万元，总共 9800 万元。

②资金的分配：建设费 1000 万元，去年 12 月至本年 7 月份止，材料、工资、杂费等开支共 60537000 元，被服粮食开支 2400 余万元，总共 94537000 元。

③生产情况：去年 11 月至本年 6 月，出生铁 6 万斤，7 至 10 月出铁 8 万斤，至年底约可出 20 万斤左右。铁的成本每斤估计边币 400 元。

④销售情形：交盐公司熟铁 4000 斤（两斤生铁可炒熟铁一斤），仍未出售，其原因是本地出售不了，运往他处——如陇东等地，成本加上运费估价过高亦卖不出去。其次造了些铁也没卖。造铁厂本身所用的工具使用了 10000 多斤。总之，所产的铁没有卖到什么钱，一年来产的铁都保存着，现在又准备造锅，能否出售还不一定。

⑤ 困难问题，主要有下面几个：

A. 销路问题：在本分区销售，铁质比不上外来的铁，价格比外来的铁还高，不易销售。运到别处更贵了，才无法出售。一个工厂如果成品销不出去，就无法再去生产了。

B. 人力问题：全厂要两百多人才能维持工作，现在只有三四十个雇工（半劳员的雇工），假若军队调动，人力即无法维持。

（《周崇德给曹秘书长的报告》，1944年12月9日）

（3）关中铁厂 1945 年 2 至 9 月工作总结

① 炼生铁：在这 8 个月当中，计炼生铁两次，4 月份炼了 20 天，用人工 660 个，炼生铁 19650 斤。7 月份炼了 20 天，用人工 600 个，炼生铁 12500 斤。以上两次共计用矿石 96902 斤，出生铁 32150 斤，每斤成本边币 478 元。

A. 每斤矿石产率 33.3%。

B. 两次炼铁都是木炭烧完后停止。

C.7 月份一次因天气热影响生产。

② 炒毛铁：2 月至 9 月份总结，共炒了 84 天（7 个月时间）毛铁，用人工 1238 个，产毛铁 26031 斤，每斤成本边币 895 元。

逐月生产炒毛铁统计

月份	天数	人工	生铁(斤)	炒成毛铁(斤)
2	9	120	4010	2908
3	26	338	11037″	8077″
4	3	48	1440″	981″
5	16	215	7425″	5335″
6	3	37	1210	872″
8	17	220	6595″	4871″
9	10	260	4010″	2987″
合计	84	1238	35727″	26031″

说明：（1）4 月份、7 月份因炼生铁人力不足，故停炒或少炒天数。

（2）6 月份因天热主要翻砂、排条铁，减少炒铁。

（3）生铁炒毛铁产率 73%。

③ 排条铁：3 月至 9 月份共做了 201 天，排铁人工 519 个，排成条铁 18812 斤，每斤成本边币 1320 元。（表见下页）

④ 翻砂：在 4 月至 9 月份中间计开炉四十余次，用人工 1058 个，用生铁 15380 斤，产成品重量 12271 斤。

A. 吃饭锅（622 口）犁地桦（839 个）这两种为重要产品，占成品重量 80%。

B. 其他成品均属临时定做农具及日用品等，占总数成品量 20%。

C. 生铁产成品率 80%。

逐月毛铁排条铁统计

月份	天数	人工	用毛铁(斤)	排成条铁(斤)
3	17	51	2718	2216
4	22	57	3326	2776
5	21	63	3727	3192
6	50	150	4660	3483
7	17	50	2097	1486
8	41	120	4140	2994
9	33	100	3721	2665
合计	201	591	24000	18812

说明：（1）从元月份起排条铁细，质量也提高了，故产量减少。

（2）7 至 8 月份改排以不好的铁 786 斤。故毛铁量排条铁量都应减。

（3）毛铁排条铁产率 77%。

⑤2 月—9 月份现金（边币）收入统计

月份	二月份	3月份	4月份
金额(元)	475505	6376232,50	11534523.50

月份	5月份	6月份	7月份
金额(元)	7160414.00	4808414.00	4368428.00

月份	8月份	9月份	合计
金额(元)	1495640.00	472640.00	36686971.00

说明：① 毛铁售出 9100 余斤，入边币 9121212 元；② 条铁售出 11600 余斤，入边币 16295007.20 元；③ 铁锅售出大小 330 口，入边币 4946.990 元；④ 铁铧售出各种 762 个，入边币 23403141 元

以上共收入边币32703523.80元，这几种成品售入边币占总数89.1%，其他零用品售出占收入边币总数10.9%。

⑥ 工务工资统计

逐月工务及工资等天数统计

月份工别	2月份	3月份	4月份
逐月工数	674工	792工	1260工
全厂人数	31	40	63
吃饭天数	830天	1050天	1821天夜570天
发工资数	267750元	383440元	1003352元

月份工别	5月份	6月份	7月份
逐月工数	939工	861工	1193工
全厂人数	47	41	53
吃饭天数	1357天	1197天	1395天夜440天
发工资数	1034776元	1103900元	1370216元

月份工别	8月份	9月份	合计
逐月工数	850工	896工	7465工
全厂人数	36	37	
吃饭天数	1121天	1141天	10255天
发工资数	899700元	824600元	6887734元

各种工作占总工（7465工）数百分比

工别	炼铁	翻砂	炒铁	排铁	木工	杂工	修建
百分比	16.9%	14.2	18.8	8.2	3	5.5	4.4

别工	运输	做饭	磨面	例假	事病假	公差和下雨	总工7465
百分比	3.7	8.3	3.4	9.4	2.7	1.5	100

（《关中铁厂1945年工作总结简录》，1945年11月23日）

3. 创立贺龙第一铁厂

曾在作战中光荣负伤五次的共产党员包玉诊与许兴、钟华三同志，去年5月奉命至某地（经主管机关调查研究，知道该地有矿苗）建立铁厂。这一条山沟里人烟稀少，食粮、用具均极缺乏，他们赤手空拳地来此做开辟工作。

首先，他们决定要与当地的老百姓搞好关系。他们自信一切困难都能以群众的力量克服。他们初到，连粮食与日常用具都未携带，他们就日夜去访问老百姓，向群众宣传解释他们来此的目的任务。这样工作了半个多月，群众懂得了他们创办铁厂的意义，于是，纷纷自动送粮，借给家具，并指引他们去采矿。这样，便克服了工作中的第一个困难。接着，就要克服另一个重大的困难——如何炼铁。许兴、钟华、包玉诊三同志是驰骋战线上的勇士，开枪射击，勇猛冲锋是最有办法的，但对于炼铁却是个门外汉，加之人手不够，也找不到工人。于是他们回延安，物色到一个铁匠段玉厚，他们把段家兄弟三人及家属全部搬去，由段铁匠招请了三四十个工人。许兴等就动手建造房舍，购置打铁用的工具及风箱、木炭等，至去年（1943）9月就采用段铁匠的炼铁方法开始采矿炼铁。开工的第一天，一天烧炼了三次，不见一块铁的影子，接连三天，矿石在炉里烧得赤红，可是其中铁质分解不出来。大家纷纷议论，乃改造风箱，改装炉子，结果，还是炼不出铁来。一些干部及工人悲观起来，甚至停止了正在招收的工人。许兴、钟华、包玉诊立即召开会议，说道："我们是共产党员，我们一定要完成党交给我们的任务，向群众去学习，困难是会克服的。"他们如同在战场上作战一般，意志如钢。干部和工人在他们艰苦奋斗精神的鼓舞下，又重新深入群众访问炼铁技术。不久遇见一个曾经见过炼铁的老百姓，便把他请来，请他指教。但这个人只能说出炼铁炉一个大致的模样。许兴、包玉诊、钟华率领干部工人立即动手，按照他的说法重建炼铁炉，制成以后仍旧炼不出铁来。11月，上级来了个新的命令："在11月20号以前，要送一批铁至延安。"一部分人情绪立即波动起来，认为无法按时完成任务。但他们三人仍充满信心，继续和段铁匠及干部工人研究新炼铁炉的内部构造，重新装置了基心（分铁水用的）与保尔石（抵火用的），前后经过了12次的改造，于是陆陆续续地出了300余斤铁。干部和工人的炼铁信心从此大增，大家日夜讨论出铁不多的原因，最后经验告诉他们，基心和保尔石的高低位置，是一切问题的症结。又经过无数次的试验，终于把基心和保尔石配备恰当了，炼铁由此成功。现在一座炉每三天即可出铁 1500 余斤。

该厂自创办至今，已出铁 4 万余斤。现在大小炼铁炉 × 座。铁的质量亦日益进步中，过去一斤矿石只能出铁四两，现在可出六两至七两，一斤大秤铁可打成一斤平秤的工具。一年来的苦干、奋斗，不仅完成了党给予他们的任务，而且培养出一批技术工人。现在炼铁技工三人，倒铧技工一人，看火技工四人。包玉诊同志现在已成为卓越的技工，他的左手食指虽然断了半截，可是他还经常挥着他那受过创伤的手，和许兴、钟华指挥着全厂的炼铁工作。

贺龙第一炼铁厂就是从无到有这样生长起来的。它的艰苦创建过程与贺龙同志的英名是一样的光辉。

（《创立贺龙第一炼铁厂》，《解放日报》，1944年5月19日）

（九）煤矿

1. 边区煤炭储量及开采简况

据中国地质调查所估计，陕西占全国煤炭储藏量 26%，而陕西煤矿绝大部分在陕北一带，除衣食村煤矿外，尚未发现甚厚煤层，不过边区煤矿皆用土法手工开采，储量如何都不足据以断定。

边区煤矿据 1943 年建厅统计共有煤井 100 个，矿工人数 1891 人，每月出炭 7600 吨，1942 年统计共 85 井。职工 1732 人（公营 17 井，私营 68 井）。

延安煤区：1938 年时只有白家牙、刘万家沟、朱家沟等五个井，因煤的需要增加，历年扩充至 25 个井，在十里铺的罗家坪两处亦开辟新井，矿工人数约 400 人，煤层厚约 60 公寸，每月产煤约 2000 吨。

关中煤区：有淳耀及安子坬（赤水）两个煤区，淳耀有衣食村、上石街、下石街、桦树渠、葱岭子等煤区，煤井共 20 个，矿工 300 人，每月产煤 2200 吨，煤层厚 600 至 1200 公寸。关中所产之煤除供人民需要外，尚输出境外一部分。

子长煤区：有瓦市、枣林、玉家湾、杨家园子 4 个煤区，共 12 个井，矿工人数230人，每月出炭406吨，子长所产之煤可以炼焦，故拟于附近设炼铁厂。

绥德煤区：有子洲之三皇峁及米脂之龙镇两个煤区，煤井共43个，矿工961人，每月产煤约3000吨，绥德分区林木缺乏，故煤炭为人民必需品，一部分外输榆林。

（西北局调查研究室：《边区经济情况简述》，1948年2月19日）

边区及山西西北部之煤层，均成于三叠纪及侏罗纪，而非石灰纪。在边区煤之储量极广，由绥德至延安、淳耀一带，均有极大之煤层分布，为边区煤之主要产区。由黄河至甘肃交界，亦均有深成煤层，其大部为有烟煤，煤质尚好，根据化验结果，其成分为：

产地	水分	挥发物	炭	灰分	硫黄	热量
瓦窑堡	1.91	33.71	566.2	7.76	1.04	12547
常知岭	1.99	30.37	59.67	7.92	0.98	12898
小蹄子沟	1.85	31.10	60.68	8.68	1.72	13222
史家沟	2.26	29.21	52.28	16.25	3.25	11370
蟠龙镇	1.90	28.67	57.68	11.75	2.41	12594
关中安子凹	2.13	35.26	52.06	10.55	0.11	100287
延安新						
华煤矿						

煤层以现已开采者，均以三四寸至一尺多，其下根据理论上必有较厚之煤层，但因工具所限，现尚无法试探与开采。边区煤产之分布如下表：

地区	煤井	煤质		工人	产量(每日)
延安	16	烟煤	有四处	339	800000斤
蟠龙镇	1	〃	有一处		
安定	16	〃		204	870000斤
清涧老君店	2	〃			
德绥西川	14	〃			
吴堡	1	〃			

延长	1	〃			
延川永坪	1	〃			
靖边		泥炭			

此外，华池解县东部均有煤苗，其他各地，无论政府或私人均积极探查煤层，并设法开掘。现产之煤炭用于炼焦者（瓦窑堡及延安白家牙之煤可炼焦）约占30%，用于燃料动力者约70%。边区产煤用于家常日用者极少，此种现象仍由于交通不便，产量有限，售价较昂所致。今后要保护边区森林，亦当大大发展煤炭之开采。

边区煤矿，均以土法开采，其最大者亦不过雇用百多个工人。因此在工具之限制下，产量大为减少，每个挖炭工人日出约600斤（24两秤）。

（莫汉：《边区矿产》，1942年8月10日）

2.1942年部分公营炭厂调查

1942年部分公营炭厂调查表 1942年12月

地址		十里铺	罗家坪	偏桥	白家坪		朱家沟				
矿名		新中国第一厂	新中国三厂	利华三厂	五窑	利华一窑	新中国第二厂	新兴	利华二（复兴）	利华一	民生
井深		已打28，5丈	7丈	4丈	4丈	9丈	9丈	4丈	9丈	8.9丈	5.6丈
所属机关		军工局	中央	中央	军工局	中央	中央	总工会	联防司令部	联防司令部	中央
性质		公	公	公	公5/6私1/6	公营	公营	总1.5边1.5私	公营	公营	公65%私35%合办
人名			4	4	4	4	3	4	3	4	4
设备	窑					10	8	4	8	10	8
	房					2	5	1	10	5	6
工人	把工		8	4	4	6	12	10	10	10	8
	炭工		30	26	27	27	35	33	40	45	35
	合计					33	47	43	50	55	43
工资	把		1000元	1000元	8000元	1000元	100斤	100斤	100斤	100斤	每日100斤
	炭		70%	40元/100斤	80%	38元/100斤	50%	50%	60%	60%	70%
产量大秤	日		4000	10000	4000	10000	6000	10000	10000	12000	12000
	月					200000	120000	200000	200000	240000	240，00
	年						1200.000	3000.000	2000.000	2400.000	2400.000
销售1942年	供		全供	全供	燃烧	全供	全供	30%	80%	80%	销售25%
	销		（赔钱）			（赔本）	（赔钱）	70%	20%	20%	供给75%
巷道	最远		10丈	30丈	18丈	20丈	5丈	15丈	20丈	15丈	40丈
	近				8丈				15丈		15丈
水量		500包8丈下无水	500包	100包	300包	干	300包	600包	60包	90包	150包
可采年限			2	1	3	1	3	1	1	3	2
成立日期			1940年秋月	1940年春月	1941年春月	1940年春月	1942年4月	1942年6月	1941年10月	1942年6月	1940年秋月
炭价			.60	.50		.65.70		停工			100/50元
炭质			8寸同朱家沟	次于朱家沟一尺	8寸可炼焦						1.4尺燃料，不能炼焦

原编者注：① 表中所列“人名”不知指的是什么；
② “工资”项内用 % 不知依何计算；
③ “炭价”不知以什么为单位。

（《公私营工厂、手工业及煤矿统计资料》，1943年）

3. 杨山煤厂与白家牙煤厂

历年来延安的煤矿开采事业，是有很大成绩的。现将下列各系统的炭厂去年（1943）全年产量介绍如下：

① 中管局所属杨山厂，去年年产 287 万余斤。朱家沟厂去年年产 240 余万斤。白家牙第一厂去年年产 200 余万斤。安家沟煤厂去年年产 120 万斤。

② 军工局所属白家牙第五厂，去年年产 50 万斤。联司所属利华二炭场，去年年产 520 余万斤。

总计上列各厂去年一年即产炭 1500 万斤以上（其他机关炭厂及民间私营炭厂产量均未计入）。延安各机关日用燃料，及一部分工业燃料均赖此解决。但现有产量尚不能充分供应需要，亟须继续增产。上述各厂负责同志及工人对增产问题，一致提出下列数端改进意见：

① 加强统一筹划与领导，开展技术交流。过去各炭厂都是分散经营，但缺乏统一领导，开采、管理、教育、技术经验、供销均缺乏统一筹划交流，以致出现相近炭窑抢掏等现象。如朱家沟七座炭窑，分属于中管局、联司、总工会、保安处等系统，相距多为 40 丈至 60 丈，有时两座炭窑炭道互相掏通，有时地势较高的炭窑里的水就流到较低的炭窑中去，因此发生争执。由于管理方法、工人待遇不统一，引起工人流动现象。有的炭场“闭关自守”，技术经验不得交流，产量不能进一步提高，供销不能统一调剂，以致有的窑出炭多卖不出去，影响继续生产。

② 统一工会、行政与支部的工作。过去工会与行政、支部脱节，上述各炭厂工会（除安家沟外）多直属县工会领导，不属厂长领导，因此工会与行政、支部的步调不能一致，意见不能协调，工人管理、教育，赵占魁运动都不能集中领导，有时互相推诿责任，以致工会未能发挥帮助工人完成生产任务的作用。

③ 关心炭工们的学习生活。朱家沟等厂职工代表建议，建设厅应编一小

型煤炭业刊物，介绍各厂生产情况及经验，以收统一领导、交流经验及提高技术之效。并要求在煤矿业的中心区设立医务所，为工人服务。

（《中管局等所属煤厂去年产煤1500万斤》，《解放百报》，1944年5月14日）

4. 延安煤业不能迅速发展的原因

在地质上讲，延安是位于侏罗纪的煤系上面，在侏罗纪的地层中，含有三层煤，这三层煤由北而南，形成带形。煤层总厚约一尺至一尺五左右，炭层向西北倾斜。盘龙贺家沟煤层位于最上，白家牙煤层在中，左庄煤层最下，伸至延长。煤层距地面约在 8 丈至 15 丈左右，开采均较容易。

过去，延安（府）是陕北的重地，人烟稠密，但因有森林，伐木容易，没有人肯拿资本去开煤井。抗战前，延安的煤井仅有 6 个，而且产量不大。抗战开始后，延安的工业开始成长起来，人口亦急剧增多，原有森林亦多遭破坏，煤业逐渐发展。据 1941 年的统计，延安共有煤厂 15 个（公营 10 厂，私营 5 厂），工友 374 人，日产煤 112000 斤。这里一方面说明边区工业在不断地发展，另一方面也说明私人资本在煤矿开采方面投资不够。

据估计，延安市民每月需煤 270 万斤，各工厂每月需 75 万斤，延安县，安塞、延长每月估计需用 50 万斤，总共每月需煤 375 万斤，而延安每月煤的产量仅 261 万斤，尚差消耗量的三分之一。

……

为什么不能在政府帮助之下，大量地生产呢？这也有很多的原因。

① 资金不足。现在开一个井，至少要一万元以上，尚不计设备费及资金每流转一周所费的工资、伙食等费用。这样，群众的力量难以达到，就是机关团体也有很大困难。

② 运输不便。目前 30 里以内的煤，因为运输费少，购炭拥挤，供不应求，但在 30 里以外（如安家沟），则往往不能卖出，这并不表明供过于求，而主要是因为运输力缺乏。

③ 工人流动性大。据调查本乡人尚不足十分之一，绥米的矿工，一遇年节，或赚得一些钱，便束装北归。因此，产量在夏秋两季常因工人的流动而大受影响。

④ 各矿没有总的领导组织。以致各自为政，相互配合帮助不够，甚至往往甲厂收留引诱乙厂的矿工，减低乙厂的产量，使整个生产受到损害。

⑤ 矿厂和工会对于工人的教育不够。有的工人吸食鸦片，嫖赌嬉荡，有钱就不再下井掘炭，欠了账就由甲厂偷跑到乙厂工作，仍不改其行为；因为这种缘故，个别的还引起工会和厂方的摩擦。

⑥ 生产方法过于落后。因设备不好，生产力极低，有的煤井 20 个工人尚掘不出 6000 斤炭，每人每日只能生产 300 斤左右。延安煤层太薄，固使产量少，但生产技术及生产热忱差也是原因。

延安煤业现有的困难和缺点，是值得研究和加以改正的。边区工业局最近帮助延安各煤厂成立“延安东川煤业公司”，定日内成立。这个公司的任务，首先是建立统一的领导，改进各厂之间的联系。除此之外，还有许多的地方要政府继续努力，如政府应拨一定资金开掘煤井，发动和组织私人的资金，用到煤的开采上去，工会加强对矿工的教育，培养和罗致更多的采矿技术人员，协助矿业的发展。

（莫汉：《延安的煤业》，《解放日报》，1942年3月12日）

5. 朱家沟煤矿存在的问题及整顿意见

（1）朱家沟煤矿现况

1940 年以前，朱家沟仅有蔡玉周经营的一个煤井（即万顺窑，现属党校校部）。1940 年年底，中财处先后在朱家沟开掘煤矿两处，1941 年留守处开掘一处，1942 年联勤开掘一处，西北党校、边抗联又开掘一井，1943 年保安处开一井，总计现有煤井 7 处。

生产量与工人的情况是：

年代	工人数	平均年产
1941年	128	6160000大斤
1942年	217	11190000大斤
1943年	224	15100000大斤
1944年	246	8960000大斤

（1944 年产量系旧历一月到六月 7 个月，有润四月）

从以上情况来看，显然地，工人、干部加上铁匠炉两座，朱家沟已经成为 300 人以上的重要矿区了。在产量上说，延市附近的家用煤炭，全部仰仗于朱家沟的供给（白家牙 1944 年 7 个月共产了 3800000 大斤，供大家用作炼焦、烧锅炉、打铁之用）。从 1944 年 1 月以来，已能做到每井月产炭 20 万斤，使朱家沟做到每月供给延市煤炭 150 万斤左右。

从总的产销关系看，这种数字是不够的。现在虽无准确统计，仍有不少薪炭要仰仗于数十里之外，要达到每人每天一大斤炭的供给（以延市 5 万人计，月需 150 万斤，加上瓷窑、化学厂、染房、铁匠等作业，需炭 250~300 万斤），今后就必须扫除今天煤矿生产的障碍，开展今后发展的道路。

延市附近出炭区，有朱家沟、安家沟、白家牙、蟠龙。以距离计，仍以朱家沟为最宜，且已有集中之七井在那里，如能想出办法，加以改善是可以增产的。

（2）生产上有哪些障碍?

① 由于行政领导的不统一，井口相当集中（相距仅 60 丈左右），使井下工作遇到困难。如现在 7 个井，均向东山掏，地区又那样狭窄，各井不许互相打道。因此，有些井就只能向远处掏，寿命越来越短，有些井目下就发生了困难，如新新井，以前利华、民生让了它一份，维持了 1944 年的几个月生产，现在又没有发展的地区了，很快地就走向死亡。

②7 个井分属于 5 个行政单位(党校五部、校务部、保安处、联勤、中管局)：新新属党校五部，裕丰属党校校务部，民生属中管局，杨山属中管局，新太属保安处，利华、复兴属联动。各自生产的目的不同（有的是完全供给，有的是机关生产），经济力量不同，对生产的发展不能尽量。比如保安处的新太，现在由于没钱，包稍子给工人，有 12 个炭工，每日出炭不到六七千斤，然而设备、干部仍要一套；如果经济力量充裕，放三四十个炭工下井，不仅生产可以扩大，而且可以减低成本。就是说，本来可以增加，由于力量不足不能做。另外，每个井都自已订生产计划，如民生井存了 150 万炭，就感觉生产过剩，压了一大批资金，不想再扩大，只做到够供给本机关便行了。

③ 在技术上，各井不相通，用风困难，经常发生灯死，因而不能下井。如果统一领导，使用过山风，可以解决困难。同样，水的问题也可以迎刃而解。

④ 在管理上，同样发生严重的问题：

A. 工人流动大，一个沟里 7 个井，工人稍有不满即跳厂，甚至有的因拖欠而逃往他井，使厂方无法追迹。各厂工人常起纠纷（群众也有这种现象，自卫军向他动员，落后分子便去掏几天煤炭，地方政府也无法干涉）。

B. 工人分属 7 个厂，工会很难进行工作，虽然一再努力改进工作，仍然没有办法，全区很少娱乐活动、健康设备及政治教育，使工人一直停留在旧式生产态度的阶段。

C. 干部分属 5 个单位，没有学习组织，党的生活也没有，组织零散，使干部感到苦闷，不安心工作，或则随风落后、消极、打游击，以致各种腐化现象发生。干部不能积极掌握生产，生产无法提高，而且各厂在一个沟里，各自一套，单独一井，无法进行改进工作，有了问题都不肯出头解决。比如去年闹罢工，本来各厂都已经感到了，但都说不是我一厂的事，放置不理，结果酿成一礼拜的陆续罢工，这是极严重的教训。

D. 各厂分立，工人们供给不统一，每五天都要到李家渠去买粮食（厂部五天一开伙食）。一般统计，每集都有 150 人左右去赶集，耽误 150 个工，即少产 7.5 万斤炭，1 月 6 集，即少产 40 余万炭。每集工人要送钱六七百万元到李家渠，东西比延市贵得多，被小商人盘剥而去，工人生活不能改善，家务不能建立。同样，不能举办副业，比如只拿筐子一项来说，每井每月要 20 个左右，分散向外买，原定一个 100 斤炭（如以炭每斤 13 元说，即 1300 元），但现涨到 1500 元，仍然要买，厂方已吃了亏，有时还买不到，或一时供不上。

E. 各厂分立。只要维持现状即为满足，怎样在生产中陆续开掘新井，单独是无法达到的。

以上情况说明，在生产上存在着严重的障碍。矿山生产不比一般工业，打个围墙，虽然相互为邻，可以互不相关，但是井下工作就不能够，在 7 个井集中一个地区的特点下，如何排除生产障碍是很重要的事。

……

（3）统一有什么好处？

从上面的叙述看，大家都同意统一，即用统一领导来解决上述困难。

统一好处是：

① 可以延长井的寿命。比如新新等即要“死亡”的井，可在统一下作为出水井，便利其他井的生产，不致因一井停工，而利华、民生也受影响。同时，在每月 2000 万元以上的资本中，抽出一小部分作为打新井的资本，方才可能开通井、用过山风，有计划地打西山井也才可能。

② 消除各厂的纠纷。工人统一管理，不再因跳厂起纠纷，厂方受撞骗，各厂统一，不再有你我之分，地下生产可以解放束缚，向更经济更便利的路上走。

③ 节省人力、干部。现在 7 个厂共 26 个干部（6 个厂长，7 个会计，7 个司称员、5 个伙夫、1 个指导员），统一后可以减至十几个人便行了。现在 7 个井有 7 个内窑头，5 个外窑头，将来可以减至三至四个内窑头，外窑头取消，由采买员代替。工具今天不仅要供给上用，还要准备一副，以备突然障碍，将来可以有计划调剂，减少资金在工具上的积压。

有以上几点，可以排除生产障碍，增加产量。

④ 举办副业、创立合作社（比如木匠、铁匠、生活、消费社……）便利供给又节省开支。同时一面帮助工人生活改善，建立家务，一面减少厂方开支，侧面降低成本，增加流动资金。

⑤ 统一炭价。根据最低生活费用及劳动成绩，来定炭价，不致有工人要涨，厂方不涨，有的厂要涨（当作生产的），有的厂不涨（当作供给的）。统一分配，各机关按照分配的多少，依票拉炭，不致发生竞购打架的不应有现象（尤其是冬天）。

⑥ 加强干部工人的教育。这样可以使管理改进，逐渐向企业化的道路发展，在手工业生产的基础上，研究新型的煤业生产方式。

（4）怎样统一呢?

根据大家意见。初步有下列三种：

① 交公：即统一交政府办理。

好处：政府今天应该接受，研究管理办法。

各机关减少负担，加强本身业务。

值得考虑的：今天各机关炭厂都是公营的，应该统一，但大半是供给的，如何有计划地保障供给，是主要的，这中间干部是第一，有能力的干部会担负起来，而且改进，相反，则会因统一管理而统一没饭吃。其次是资金，分散经营时，分散负担，统一起来，一个机关负担，就比较不容易。

其他意见：A.交公，各机关要求保障供给炭烧，并给一定代价。B.交公，即完全交给政府管理，除已有生产及浮存，外欠应自清理外，不抽资金，也不给任何代价。C.交公，要调离干部。D.交公，干部除裁减人员外，大部不能抽回。

② 织织合股公司：

好处：大家都要过问负担，但仍可达到统一领导。

值得考虑的：各机关既组合股公司，再负担一部，精力很困难，尤其当赔了钱时。

如何打股份，旧窑、新窑、赔钱窑等问题很难解决。

合股公司本身工作困难，有五六个股东，行动困难，且干部也一样值得考虑。

其他意见：A.这种办法不易行通，三个和尚没水吃的经验值得注意。B.如果组合股公司，个别机关不愿意合股，因为负担不减轻，而且失去用炭的支配权利，反而使本机关受到影响。

③ 组织煤业协会：

根据煤业协会，旧有机构加强，它的权力及工作起调解、交换、统一决定的作用，可以缓和一下目前的困难。

好处是不改变各领导上级，本厂机构只讨论一下如何合作就行了。

坏处是没有解决根本问题，障碍生产的因素，没有完全排除。

（《如何整顿朱家沟煤矿》（莫汉记录）1944年10月）

（十）机械及军事工业

1. 机械及军事工业概况

内战时期，边区只有一个四十余人的修械所。1938 年沈鸿运母机 10 部至边区，成立了农具工厂，才有了机械工业。1944 年统计，边区共有公营的工艺实习所、兵工厂（农具厂改组的）、电器材料厂、各部队的修械所、难民工厂制造部等共 10 厂，职工总数 973 人。军工局系统各厂人员数目比

1943 年增加了 70%，使用发动机马力增加了 74%。

这些工厂的第一个任务，是供给八路军以必需的军火军械和通信器材，据 1944 年部队建设展览会军工局所属各厂的产品，1944 年比 1943 年的增长是（以 1943 年为 100）：步枪子弹 140，无烟火药 150，掷弹筒 350，手榴弹 270。此外，1944 年的新产品掷弹筒、炮弹及步枪等。

其次，这些工厂还供给边区工业上以各种机械，如军工局各厂出产机械以 1943 年为 100，1944 年为 192，难民工厂的纺织机械制造部，供给了各厂以织机、弹毛机、弹花机、榨花机，4 年来达 200 余架，各种机械零件及梭、扣等皆能供给。

公营实验厂且设有三酸、化学、造纸部门。

（西北局调查研究室：《边区经济情况简述》，1948年2月19日）

2. 农具工厂

1939 年 2 月间，始筹建厂屋，装置机件，收买原料，6 月底已大致就绪，7 月间开始生产。其主要工作为铸铧，加速地生产，计 7 月份铸铧 507 个，10 月份已增加到 1836 个。该厂现有基金 20000 元，其中固定资产有：① 机器占 3466 元；② 工具占 2657，54 元；③ 大车等 3784 元。其余为流动资金(其中原料 5606.53 元）。本年共出产品值洋 11362.40 元，盈余 2185.67 元。除去意外损失（顽固分子在西安扣留铜料）1281.66 元外，所得纯利，几敷筹备时所开支之款（1353.17 元）。

该厂现有工作人员 6 人，什务人员 5 人，工人 11 人，学徒 10 人，小工 5 人。主要工具有：化铁炉一座，打铁炉一座，沙箱 300 副，车床两部，钻床两部，钳工工具两副，木工工具全副，煤气机一座（未用）。

主要产品年产、销售表

类别	大铧	小铧	镰刀	锄	钻	纸厂机件	修印机	其他
年产量	6149	933	301	16	4		2部	
销售量	4289	12			2部654元	398元		6728元
现存数	1860	921	301	16	2			

该厂年来成绩如下：

（1）翻砂股工人及学徒增加不及一倍，其所铸之铧几将增加四倍（月产量计），这证明该股工人生产热情大为提高，并曾以超过月产计划而收到奖金。所产之铧，除秋季曾销售一部分外，在1940年春耕中必会起很大的作用。

（2）机工股主要替印刷厂修理了两部印刷机，给了印刷上很大的帮助。

（3）在工作过程中训练了一批学徒，主要是翻砂股的学徒积极学习和工作的精神，起了模范的和推动的作用。

（4）试验化炼土生铁已得到初步的成功。

（《1939年工矿事业报告》，1940年2月10日）

3. 警一旅军械厂

本年开高干会后，旅部开一个炸弹厂，武装部队，武装民兵。今年发下去2000个炸弹，试验16个，只打响8个，炸两三块，因此即特别注意这个问题。工人是由部队中抽调一些人，又找了一些强壮的老百姓，除翻砂组外，共60多个。翻砂组附设在衣食村铁厂里，共21人，其中只4个能翻砂的工人，其余的是助手杂务人员，有时还帮助铁厂工作。

翻砂组开始时，是买铁厂王工头的一个翻砂炉，法币3万元。以后又由他在三原、耀县等地找四个工人，政治上不可靠，现由宣传股长负责管理，在技术上曾由后勤部派去陈技师指导。工人工资讲好每人每月法币4500元，公家供给吃穿，并规定一天要翻1000个（要有工具）。

炸弹厂如果材料不缺乏，三四万个炸弹到明年年底可以完成。我来的时候已经翻1600多个。药品大部分是买下了，主要的是锑和三米厘的电线铜皮漆片买不到。要10000斤硝，已收一部。共需要磺安1000斤，已买到600斤，法币50元一斤。洋油桶要300个，已收到200多个。铜钱已收到4万个。生铁已搞到八九千斤，每斤100元。如有新铁，准备拿这一部分铁打农具。现在缺少一部汽车，如有汽车，木把才能搞得规律。同时有汽车，还可搞一个鼓风机炼铁。我们现在做了一个2000个炸弹的预算，共需法币27747元，边币715275元。因锑、漆、铜皮不知道价格未算在内，衣服未计算在内，平均每颗炸弹1000多元。如用黄色炸药，则2050个炸弹要用400万元，平均一个则需2000元左右。

4万个炸弹要用铁6万斤，早先存10000多斤，再收买的已有两万多斤，铁是不成问题的，硝当地能熬，也无问题。装成两个试验，炸22片。

修械所：所长是经过长征来的，有4个工人，其中一个工人各种枪都能修，一个可以修机枪，一个看红炉，一个可以修步枪。此外还有几个学徒，共9人。本旅现缺刺刀1700多把，旅长指示要造刺刀，现已召集30多个铁匠赶制，每把工资200元。开始三个工打一把，现在两个工可打一把，已做出560把。1000多把明年可以完成。每把重二斤四两，要二两多钢。工资和原料合计每把合法币800元至900元。由于对武器的保管爱护不注意，截至11月底，今年共修步枪745支，土短枪40支，轻重机枪37挺。此外还修几架缝纫机。这些工人政治上是可靠的。

（《警一旅生产与供给工作总结》，1943年12月）

第三节　公营工业的管理

一、必须学会管理工厂

（一）办好工厂是一门科学

但是要达到那样远的前途（指把中国由农业国变成工业国——编者），一定要从今天的实际情况出发，一步步地向前发展。所以，我们要好好地学习、研究，把办工厂当作一门学问，用严肃的态度对待它。例如怎样组织劳动，怎样管理工厂，怎样改良技术，怎样规定工资等，都要用心去研究。我们要熟悉这门知识，要使学习在工厂中成为大家一种风气，厂长、工程师要学，工人、职员也要学，学徒更要学，大家互相学习，这是促进我们事业发展的一种动力。须知我们现在还有好多事情没有搞，很多事情搞得不好，或是搞错了。这在开始，当然是免不了的。但是，我们必须要从这些搞不好或搞错了的经验中去学到本事，使我们以后能够搞得好，或少错一点，我们才可以前进。

（《刘少奇同志在边区工厂职工代表大会上的讲话》，1944年5月20日）

（二）工厂管理制度必须从实际出发

我们公营工厂所处的环境，在政治上是全国最先进的新民主主义政治，但在经济上，则是非常落后的农村经济。我们工厂本身，基本上也是落后的手工业的工厂。因此，一切建设工厂的计划，管理工厂的各种制度，对于工人职员的各种待遇等，均不能抄袭资本主义国家或社会主义国家或中国大都市中的大工厂的一套。但我们过去在建设工厂中的各种计划、各种办法，却常常犯了这种抄袭的毛病。我们曾经有过所谓“边区工业化”的大计划，我们曾经有过建设边区现代化工厂的各种方案与建议，我们曾经在工厂中采用过现在还部分采用着的大工厂的各种制度与办去。我们的新式簿记、复杂的成本会计，我们工厂的“科学分工”，我们的劳动合同，我们的礼拜与休息，很多是从大都市的大工厂抄来的一套，同我们落后农村中基本上是手工业工厂的经济基础不相适合的。这里，主观主义与洋八股是很多的。

我们必须大胆地重新考虑我们工厂建设的各种方针与办法，抛弃一切不合于我们工厂实际基础的教条与办法，吸收与改造一切中国管理手工业工厂所固有的经验，根据边区的实际情况，创造一套管理我们工厂的新方针与新办法。比如，以我们各工厂现在所实行的新式会计来讲，那种复杂的计算，在近代化的机器生产的工厂里，是必需的，是科学的，然而在我们落后农村中的手工业工厂里使用起来，就大成问题。许许多多的会计人员，许许多多的洋纸洋笔费，许许多多的洋数目字，看得人们头昏眼花，然而究竟对于我们的工厂建设有什么帮助，完全是一个疑问。这种会计制度，实有加以彻底改造之必要。我想如果我们将中国的老账簿加以改造，这个计算的任务，会以 10 倍的节省人力物力来完成的吧。

说边区的工业需要科学化，这当然是对的。但只有真正适合于边区工业经济基础的办法，才叫科学化。不适合边区工业经济基础的办法，不论在别的条件下如何科学的东西，均是不科学的，反科学的。那是教条，不是科学。我们曾经不止一次看到我们边区的某些科学家，在边区经济建设上所提的意见，完全是不科学的反科学的，因为他们提的是教条，是洋八股，而不是科学。科学家只有根据科学的理论，来切实研究边区工业的实际问题，得出适合于这个实际的正确结论时，才算是一个把边区工业真正科学化了的科学家。

究竟我们的工厂办得多大，办在哪里才是合理的，这些问题都值得我们重新研究。根据我们的经验，我们边区的工厂，是不能办得太大的。如纺织工厂中的难民工厂，现在再不能扩大了，工厂太大了，原材料与粮食的供给与运输，均会发生困难，管理也不易，劳动力的补充也成问题。几年的经验证明：我们的手工业工厂应该办得短小精悍，办在出产所需原料的地方，办在人口较多的地方。那样，管理也简单，原料粮食的供给与运输也便利，劳动力的补充也容易。

根据同志们所提供的材料，我们在工厂建设上，吃主观主义、教条主义的亏是不少的。所以，我们以后要反对在工厂建设上的主观主义与教条主义，不相信所谓“科学家”们的关于“科学化”的空谈，而实事求是地来建设我们的工厂。

（洛甫：《关于公营工厂的几个问题》，1943年4月20日，《解放日报》，1943年5月1日）

关于工厂管理问题，每一个在工厂工作的同志，都应该认清楚，我们公营工厂的目的，不是为了少数人获得利润，而是为人民与抗战服务。不管工厂行政、工会或支部的工作，都是为着一个共同的目标，就是要增加生产，提高质量，保证生产计划的胜利完成。

（高岗：《为工业品的全面自给而奋斗》，1944年5月17日）

我们工业建设也要贯彻毛主席强调的实事求是的精神，必须认识我们的工业是在经济、交通、技术等方面皆比较落后的农村环境中建设起来的，除了一两个工厂有部分机器装备外，绝大部分还只是手工业作坊，因此，今天我们想建立近代最新式的大工厂是不可能的。如果不认识这一点，就会产生许多无谓的幻想和空洞的计划，就不能谈到管理和领导工厂的问题。

（邓发：《边区工业建设中的几个问题》，1944年5月，《解放日报》，1944年7月29日）

我们的国家是属于广大人民群众的，公营工业也就是工农兵劳动者自己的。在我们的公营工厂中没有资本家，因而工人与工厂就没有不可调和的冲突。所以在我们工厂管理方法上，就不是采取资本家的那一套。我们管理工厂的方针应该是：用一切方法与工人合作，依靠工人的积极性；工人也应该以一切方法和工厂合作。要办好工厂就要依靠大家，依靠大家都发挥出高度的积极性。

（《刘少奇同志在边区工厂职工代表大会上的讲话》，1944年5月20日）

边区工业的经营方式问题：边区的政治是进步的，但边区的经济是异常落后的，特别是工业，过去没有什么基础，处于地广人稀、交通不便的环境中。在此情况下，我们应该确定边区建设工业的基本方向是手工业的经营方式。工厂的组织、制度、管理都要适合这经营方式。那种过于强调“科学化”，抄袭大工业的管理方法，如会计制度之类，是不切合边区实际的、反科学的。

（刘景范：《为改造我们的工厂而奋斗》，《解放日报》，1943年6月9日）

（三）加强管理是为了增加产量提高质量降低成本

上述有关建设公营工厂的方针归根结底，一切为了提高生产力及提高生产品的标准，为达到量多、物美、价廉，亦即“产量高，质量好，成本低”。

资本主义在一定条件下，同我们这个要求一样的，那就是在自由竞争的时候。一旦独占了市场，就要变样了，代之而起的不是“价廉”，而是垄断价格，不是“物美”，而是粗制滥造，因为资本主义一切以利润为依归。但我们新民主主义工业是为革命的军民丰足生活服务的，它在任何情况下都不能有粗制滥造，或垄断价格。量多、物美、价廉，三者应该是统一的。特别当着对外货竞争的严重任务时，此种统一性尤属重要。不然，就无法驱逐外货的倾销，真正做到全面自给。

几年来，特别去年厂联会以来，我们在增加产量、减低成本上已获极大成绩。在质的改进上，也有许多成绩。但由于种种原因，使得质的改进远落后于产量和成本上的进步；和我们的要求相比，落后就更远了。比如纺织业，虽在以土纱代机纱上确有极大的功绩，但改织土纱后质的改进上一般是不够令人满意的。以建设厅所属难民、边纺、纬华三厂来说，据去年6至8三个月的检查，均不及质量标准……被服业以边区被服厂所做的衣服来说，去年检查时不合标准的占40%，虽然后来不断改进，但距应有的水准很远。在样式上不看对象，男女、大小、军民都很少区别，坚实性也很差。至于羊毛被胎、衣胎，质量就更差了。鞋子大都只能穿一两个月，甚至不少是“礼拜鞋”。这些都是大家所身受、所熟悉的。造纸业各厂以振华分厂所产纸的质量较好，一般能做印刷用纸，比大后方各报用纸已超出万千了；但和规定的标准比，还曾有大部分是不及格的。至于振华总厂，尤其是延园纸厂及过去的利华、宝丰等厂的纸质，则大多难做印刷用纸（过去因缺纸，勉强用了）。新华化学厂的肥皂质量，年来亦无多改进，反而在有些方面倒退了（如发白霜，色不洁白等）。

这样的现象是怎样产生的呢？这原因涉及很广，有认识上的，有管理上的，有技术上的，有设备上的，有原料上的等各种原因，但最根本的是思想认识问题。

① 首先是一些干部思想上不认识质量的严重意义，不认识产量高、质量好、成本低三者是不能分割的，如果质不好，则“成本低”便成粗制滥造而失掉本意，“产量高”反成为浪费多而实际产量不高了。比如做一双“礼拜鞋”比做一双“抗战鞋”多不了一倍工时，省不了一倍原料钱，但抗战鞋能穿一年半载，而“礼拜鞋”只能穿一月半月，效用相差多少倍！试问这样“礼拜鞋”做的愈多不正是浪费愈大、实际产量愈减少吗?！反之，如果改进和讲求质量，像新中国鞋厂1943年做的鞋比1942年做的耐穿两个月（一个月和三个月之比），那实际等于产量增加了两倍，而且人力原料也节省了两倍，要是折成钱数，即节省了近1900万元。质的好坏是何等有决定意义啊!

但过去很多干部不懂得这一点，头脑里存在着两种片面的认识：一种是重量不重质的偏向。过去，一般地上级给工厂规定任务时，就是一个数目字，至于质量如何，是不强调甚至是不提的。由于不了解提高质量实等于增加产量的道理，所以根本不从改进质上打算，因而规定的任务往往过大。而厂长也多半只有完成数目字的量的观念，即令有的注意到了质量，也因任务过大而无能为力。因而往往发动突击加工，夜以继日地赶。这样赶出来的东西，质量当然很难好。这种思想倾向一直残存到“赵运”竞赛中间，在提竞赛条件或评成绩时，不是只有数量，就是数量放在第一位，拿量和质同等重视的尚不多见。另一种是片面强调节约与减低成本而不顾质量的偏向。过去主管机关发给鞋厂做鞋的布，大多数是不好的布；今春纱的长度主观地规定头等纱要 2400 尺以上，并强调“纺的越细越长就越好”，而捻度和匀度没有规定，最好地说明了片面强调节约和减低成本而不问质量的思想了。推而及于难民工厂将废纱织成布，消灭一寸纱头，过分节省浆面或用玉米粉代麦面等，都是这种思想倾向的结果。

还有一种更严重的倾向，就是缺乏群众观点，缺乏负责任的态度。比如“供销处派往各县收纱的同志，在上级来指示需要纱时，不管好坏纱拼命收，至于平时就没有计划，机关送来纱，检查也不严格，二等纱也可以算头等纱”（《解放日报》），就是这种不负责任态度的高度表现。还有些工厂负责人见到坏纱，也不想法挑选一下，织上去算了，“反正坏纱是织不出好布来的”，也是缺乏责任心的表现。甚至有个别织布工人故意将布织坏些（因有些生活问题引起的思想上不满），如个别被服工人竟将粪土一并装入被胎，更是不能容许的极端不负责任的态度。在实际上，前述两种偏向往往和这种不负责任态度交织不可分的。

由此可见，要使质、量与成本统一，必须在赵占魁运动中加强职工对于革命的责任心，使他们认识提高质量的严重意义。

② 思想认识上的毛病影响了规定工资制度时不重视质量。比如，延安县的纺纱工资，头等线和二等线的工资只差一升米，这样就是老手也要去拉二等线。有些地方定的差额虽大些，但由于没有严明的奖罚制度以奖励纺好纱的，批评纺坏纱的，也不能提高质量。在过去各厂定工资时，也都没有像大光纺织厂那样既强调数量又强调质量。大光厂定有严格的奖罚制度，如织一块二等布，罚两块不作数（不给工资），织一块三等布，罚四块不作数；如打纬的打坏了一个纬子，半斤不作数，打坏两个纬子，就两斤不作数；其他打浆的均同。所以该厂布质较好，绝非偶然。其他厂布织得坏，就由于没有采取大光厂这样的办法，而是单纯地计件，以致驱使工人追逐数量不顾质量。工代会上一位难民工厂工人反省说：“我过去就是为了赶数量，对质量注意很少，断头不接也是为了赶时间。”就是最好的说明。由此可见，要实现质、量与成本的统一，必须在工资制度上计件与质量标准统一。

③ 思想认识上的毛病还影响到检查制度的松弛。过去，各厂大多定有质量标准和检查制度的，但没严格执行。工代会上难民工厂的朱技师指出："我们曾提出把纱头接上织进布里去，不要织成双线，但没有检查，结果一并织五六根的都有……有些人织的布上有许多小孔，没有认真检查指出。"化学厂的代表指出："肥皂质量的毛病是白霜，领导人检查不到是主要原因之一。"……都是很正确地反映了事实。而这种事实，显然是缺乏责任心的又一表现。

由此可见，要使质、量与成本统一，必须严格执行质量标准的检查制度。

总之，要达到"产量高、质量好、成本低"的统一，我们必须要从"赵运"（思想与技术）、工资制度、检查制度等各方面来努力。只有做到这三者的统一，才能真正完成边区工业品的全面自给。

（中直经济问题学习班：《边区公营工业的发展》，1944年10月）

二、集中领导，分散经营

（一）必须实行集中领导分散经营的方针

过去提出的"集中领导，分散经营"的原则是很正确的，但因没有切实执行，致使建厅管的财厅管的军队管的机关管的各部分工业之间，缺乏计划性，生产过分分散，又缺乏工作经验，浪费人力物力。1943 年应由财经办事处建立统一的领导，首先是要所有公营工业，不论是属于那一部门管理的，均需要有一个统一的计划。在这个统一的计划上，统一地筹划原料与粮草的供给，产量的定数，销路的衔接。在原料供给上，要解决由于地区分散、原料不集中和有些原料仰给外来，而使有些工厂随时都闹原料恐慌的现象。在粮草供给上，应由财政厅经过一定的核算办法，供给各厂以所需的食粮及草料，以免各厂负责人分散其管理生产的注意力。在产量与销路问题上，应由财厅及各有关机关在财经办事处统一计划下，给予各厂以一定数额的生产任务，需要什么就生产什么，需要多少就生产多少，成品由一定机关按时接收，解决产销之间的矛盾现象。在这个统一的计划上，要实行各业间的互相协助，消灭互相孤立或互相妨碍的本位主义。在这个统一的计划上，要实行统一的检查，对各业各厂有奖励，有批评，使工业差的赶上好的。总之，统一领导问题，为1943年改进公营工业的中心问题，必须彻底努力地解决之。

（毛泽东：《经济问题与财政问题》，1942年12月，《毛泽东选集》东北书店版，第821~822页）

集中领导、分散经营这个原则，对于边区公营经济非常重要，按照现时边区公营经济的条件，集中领导与分散经营两方面都是不可缺少的。

分散经营所以必要，是由于：① 劳动力分散在党、政、军各部门，如果集中起来，将破坏其积极性；② 原料分散，交通不便，也是分散经营的主要原因。

但在分散经营时，不要忘记集中领导。集中领导能使计划统一，供销衔接，经营合理与分配恰当。如果无限制地分散，必然只知局部，不知全体，只知现在，不知将来，对整个经济发展是极不利的。

过去我们公营经济中曾存在很严重的盲目性、无计划性、无政府状态，虚耗了很大人力、物力、财力，今后必须注意调整，使我们的公营经济增加自觉性，实行统一的、有计划的经济。

在同一地域内的同一性质的企业尽可能地集中起来。

解决全旅、全团的供给的农、工、商业，必须有统一的计划，集中管理，严格限制，不能听凭他们各自为政、毫无约束地去干。小伙食单位（如连队）的生产自给，应奖励其到处发展，不应集中。

在应该集中领导的那些农工商业，也不是全边区都集中在一个唯一的机关手里（边区财经委员会及其办事处），而是在这个机关统一计划之下，仍分配给各分区的财经分委去领导经营。

（《整财问题报告大纲（二）》，1943年）

必须遵守“分散经营，集中领导”的原则，克服过去生产上各自为政的无政府状态。

属于“分散经营”的：

① 保存组织上相对独立性。各单位组织生产委员会领导生产，但此委员会必须与总的领导生产机关发生一定的联系，且听从其指挥。

② 保存经济上相对独立性。各单位生产收入完全由其自由处理，但财政厅得监督其用途。

属于“集中领导”的：

① 各单位进行生产，必须事先拟订计划呈报政府（建设厅）核准。

② 各单位生产收入，必须按月（农业按年）向政府（财、建二厅）做作报告。

③ 领导生产的机关（建设厅）得根据生产战线之需要，适当地调剂各单位的土地、人工与技术。

（财政厅：《1942年度边区财政实行统筹统支办法》）

我们公营工业是分散经营的。在主管机关查得清的123个工厂中，所属系统有11个之多。……

为什么同属公营工业而要如此分散经营呢？这是由于我们创始的当初（中央在1940年提出分散经营的方针）是处于如下的条件：① 缺乏工业资本的原始积累，没有工人（即令是不熟练的工人），没有管理人才，没有资金以及许多工具设备等。② 生产力水平又极低，停留在微弱的家庭手工业和手工作坊的阶段上——正因为生产方法很简单，资本不需多大，有了劳动力即能自制，这样的条件就规定着我们必须而且也只有依靠“大家动手”。要动的是手，不是机械，大家有的正是一双手，自己学当工人，学当工厂管理人员，自己想法制造工具。③ 我们建立起来的工业，是自给工业。要能推动大家积极来干，只有当各部门都为完成自己的生产任务而努力时，方能充分发扬其积极性与创造性，才能竭智尽力地将所有能筹措的人力、物力、资力动员起来。因此，大家动手不应是一种集中与统一的经营，而是大量的与分散的经营。

正因为“分散经营”是正确的，所以当1940年这方针提出以后，各机关部队学校都纷纷筹设工厂。部队如三五九旅，抽调百余名勤务员当学徒，建立大光纺织厂、大光肥皂厂及木厂、铁工厂、炭厂等八厂，及作坊等；党的机关如中央系统，1941 年开办了纺织、被服、制鞋、煤炭、木工、造纸、磨坊、榨油、小机器厂，玻璃厂、酒精厂、陶瓷厂、油灯厂、制毯厂等 217 厂，职工 477 人；后勤系统从 1940 年开始办了纺织、造纸、炭厂、木工、石灰、精盐、陶瓷、被服、毛笔、铁厂、面粉、鞋厂、麻绳厂等 19 个；三项合计即办起 54 个厂以上。所以 1941 年当中，全边区厂数由 1940 年的 33 个增至 97 个，增加两倍，职工由 1000 人增至 7000 人，增加 6 倍，而其中绝大多数是机关、学校、部队的。由于我们继续执行“分散经营”的方针，各机关、学校（行政学院、中央党校、保安处、抗大、兵站、敌工委、杨家岭）在去今两年中又建立起五六家烟厂，四五家肥皂厂，三四家炭厂及一两家木工厂。

那么，曾有过不同意分散经营而主张一切都要集中的意见是完全错误的了。他不认识我们白手成家的工业建设中生产力低，所表现的原始积累不足，生产方法水平低下与自给性质的三个特点，而误袭了资本主义国家与社会主义国家国营工业建设的经验，以致犯了教条主义的错误。

“分散经营”必须是在集中领导下的分散经营，绝不能各行其是，无计划，无领导，形成无政府状态。但我们却曾发生过、现在还残存着这种偏向。表现于：① 有了工厂设备没有工人，例如当 1941 年大家动手大发展时，就有好些纺织厂，建筑好了房屋，购置好了机子，但找不到工人织布；② 有了设备，缺乏原料，例如，有不少硝皮厂、木工厂，生产了两三个月，因原料或经费缺乏即停办了——像利华毛笔厂，因为原料和技术缺乏，领导人也没积极想法，就把资本转到开饭铺去，挂了两年毛笔厂的空名，没出一支毛笔，这是一方面。另一方面，同时也就发生了抢购原料与抢雇工人的现象。这种现象经 1942 年政府实行“巩固”政策，在高干会上毛主席批评之后，大体克服了。但在某些企业部门或某些方面却仍存在着，例如，延安朱家沟炭业，就是最明显的例子。（详见本章第二节：《朱家沟煤矿存在的问题及整顿意见》——编者）……此外，如警备区三五九旅办事处与永昌公司发生纺织工资与质量标准不同的互相竞争现象，永昌公司往往因此收不到纱；如延市大车业，由于盲目地增加，结果，发生了生产过剩的浪费现象，……上述不良现象之所以产生，在客观上是由于生产力低下的根本原因所致。在这基础上生产原料与雇佣劳动缺乏，因而工业建设中的工厂设备、劳动力与原料三者的结合易于发生困难与抢购抢雇的现象。然而，我们必须区别开我们所处的环境与资本主义发展初期的一般情况不同，它们是盲目地、私有地、追求利润地生产，而我们是有组织地、经营地、自给地生产。因此，我们应该总结经验，以求避免不利于生产最好发展的现象，诚如毛主席所说，我们应该加速从盲目的到自觉的过程。

我们公营工业，可以是有组织性与计划性的经营。

这就是在分散经营的基础上的集中领导。

我们为什么要如何实现分散经营基础上的集中领导？我们有如下的几项历史经验：

① 所有权的过分分散，不可能有组织地具体领导，不可能使经验与技术高的有利条件直接而具体帮助经验与技术差的企业。要克服这个弱点，必须将所有权由小系统适当地统一于大系统。例如 1941 年 9 月，中央系统各机关学校所属工厂交中管局，1942 年 10 月中管局与后勤部的交通、团结工厂的合并。

② 自给性的分散经营下，各单位都以有利可图去选择经营某种工业，这样，有利的不一定是所属主管机关的直接消费所需要的，而恰为另一机关所缺乏。在我们整个财经自给政策下，便发生生产机关没有销路，消费机关缺乏经费之间的矛盾。为要克服这一矛盾，必须适当地将所有权依生产与消费直接结合的原则加以转移。例如，中管局的交通、团结二纺织厂，及被服厂拨归财政厅，制革厂、酒精厂、制铁厂、玻璃厂、石油厂等拨归留守处，建设厅的农具工厂拨归军工局，难民工厂的三个分厂拨归各地方政府。

③ 所有权的过分分散，由于资力小而常使经营规模过小（如流动资金的周转困难，原料不能有计划地收购，设备过于简陋），而不能做到有利的企业核算（所属主管机关在财政上有一时不可解决的困难时），这就需要联合经营。例如，正在经营中的西北烟厂与陇东专署合设烟厂（于合水），双方各出若干资金与人员，系合股公司性质。西北烟厂以此可利用合水烟叶大量制造，而陇东专署，亦可因有较高技术条件的西北烟厂合并而获利。彼此互

利，而仍保有各自所有权。这样不同系统的联合是较易实行的。或者就是干脆地合并（在所属主管机关的财政困难可谋解决与在同一地区时），例如，1941 年 9 月中管局统一管理中央系统各工厂时，即将原有 27 厂合并成 19 厂，其中 8 个纺织厂合并仅存两个；1943 年 1 月将团结厂与交通厂合并成边区纺织厂，8 月间又将兴华纺织厂并入；同年 1 月，将中央、财厅、军委三系统的被服厂合并；同年 7 月联司利华毛笔厂与经建处织袜组合并；同年 8 月利华一二两厂合并于振华总厂，11 月又将宝丰厂并入；今年 3 月又将三十里铺鞋厂与交通工厂合并。这样合并的结果是有利的，如中管局“将 8 个纺织厂并为团结、实验两厂，使经营集中，业务改善。因此，就由 8 个分主时的亏本，或仅能维持的状态，过渡到了在 1942 年 10 个月当中获利 160 万元的现象”。

④ 由于所有权分散经营，常使全边区的生产种类与生产数量发生盲目性，这对于统一地解决全边区自给是不利的。然而，由生产方法与管理经验的限制，不能将所有权归某一机关。因此，就采用统一计划分配任务的办法。这不同程度地表现于历次工厂联席会上。如今年的大会定出总的任务：两年内做到全面自给，做到年产 31 万匹大布，470 万斤生铁，两万令纸，……尤以布与铁为主要任务。大会并提出提高质量为主要努力方向。这样。公营工厂虽分属 11 个系统，但有此总任务总方向依据拟订各自的生产计划，当能如臂使指，一致行动。

⑤ 由于分散经营，因此，采办机关领导不统一，以致原料的调剂与分配都不合理，以及产品销路的不畅，在比较重要的部门，就必须采取“联合与统一供销”。例如在供给原料方面，比较重要的纱的供给，最初，由难民工厂、交通工帮、团结工厂联合采购，后因财政困难等原因，而无形解体，成为分散采办，此时难民工厂办事处、财厅广兴隆（为交通、团结二厂采购）及银行采购机关——光华商店、永昌公司等三大机关，都集中在绥德及东三县一带，由于领导不统一，发生竞购，不求质量，苦乐不均，紊乱纱布市场的严重现象。最后还是由 1943 年 4 月边区厂联会决定，将难民工厂办事处之原有纺纱基础，全部交回建设厅与供销总站供销科，组织了供销处，绥德永昌公司也交建设厅作为供销处采办组织之一。从此，各纺织工厂的原料，就走

到统一供给和调剂了。这样，不仅克服了苦乐不均，本位纠纷，而且统一了土纱市场，提高了纺纱质量，同时也节省了各厂的采购人员，便利了分配。但目前绥德分区的部队与永昌公司等还有抢购的现象，影响纱价与质量，所以仍须贯彻之。例如在销售成品方面，现有的订货给制造费的制度，是一种保障工厂销路的好形式。如难民、边纺、纬华的布，振华总厂、分厂，延园三厂的纸都由财厅订购，另外，大光纺织厂、米脂合作社纺织厂及私营万合毛织厂的布，新中国鞋厂（中管局系统）、后勤制革厂（联司）的鞋也由财厅部分予以订购，均使销路无虑。不仅如此，这种形式还起了调剂各系统工厂生产力的作用。比如财厅所属交通厂，今年仅能产鞋一万双，仅及财厅供给任务四分之一，余四分之三任务无有着落；而新中国鞋厂与后勤制革厂则患工作不足、生产力不能充分运用之苦，订货制度即解决了这一矛盾现象。

⑥ 随着生产力的发展，工业产品部门日益多样，各厂间的生产衔接和废物利用也愈见重要，但这与所属分散经营相矛盾。如皮革厂利用牛蹄废物熬胶，对于火柴厂是一宝贵原料，火柴厂研马亚石时太细太粗所不能用的废物，对于玻璃厂又是很好的原料，又该厂制匣片的废片很多（每天两百多斤），如果纸厂研究试用，可做上等纸的原料；玻璃厂与化学厂间也有类似情况，但今天均未好好地组织起来，以致马亚石屑丢掉，废木片烧掉，而火柴厂常得不到满意的胶。为了克服这个弱点，我们必须建立各厂间的联系，尤其要在他们中倡树互相帮助，照顾全局的作风。

⑦ 统一劳动待遇。由于生产部门的多样，工资制度的复杂，在分散经营下，发生了在轻重工业间及轻工业彼此之间，程度不一的高低差异现象。因此，在这次工代会上由政府统一规定是较适合的形式。但这里必须注意：各厂实行的制度有半供给制，全面工资制，合作制的不同，还有计件计时的算法不同。不同制度下发扬的积极性与创造性是不同的。实行全面工资制的最高工资（或平均工资）不能超过同厂同劳或者重工业的计时工资。因之，在原则上必须肯定在办法上向好的看齐，必须副之以计时的按件计算或者奖励制度等，使之在勤惰与技术高低的差别性上合理地统一起来。不然，统一反成障碍，失其愿意，而且也会瓦解的。

此外，尚有建立互相学习的参观制度，建立技术研究机构等，也都是应该注意的。

这些就是分散经营基础上的集中领导在现阶段上的各种形式与办法，随生产力的变化，还要变化的。

新民主主义公营工业的重要特征之一，是它的组织性与计划性，它与旧的资本主义工业无政府地盲目地生产是不同的。但在此时此地落后的生产条件下，它（计划性）的具体形式，是“集中领导，分散经营”，必须在集中领导下去分散经营，又必须在分散基础上强调集中领导，将集中领导与分散经营合理地配合起来。它不能与社会主义国家的国营企业相比，因为那儿是高度生产力与处在全国废除私有制的环境当中；而我们这儿则是生产力低下，处在私有制的环境当中。所以片面地强调集中，也必然招致最大的浪费，成了计划性的反面。因之，“集中领导与分散经营”是落后生产条件下发展（巩固）新民主主义公营工业唯一正确的方针。

（中直经济问题学习班：《边区公营工业的发展》，1944年10月）

在过去了的阶段上，边区工业是从大家动手、公私并进、分散经营、手工业为主的形式中发展起来的。今后，进入为军民全面自给奋斗的阶段，也就是要求以纺织与炼铁为主的全面发展阶段。那么，全面自给与全面发展是否会改变过去阶段上的这些特点呢？不会改变。相反，由于手工业为主要形式，一般日用品工业要求更多的大家动手，私人企业和合作企业将有更广泛的发展。而公营企业则处于基础的与骨干的地位。由此，分散经济也就必然以更广泛的形式出现。由此，就提出了照顾全面、统一步调的任务。两年前，在以分散经营为基础的公营企业中，提出了集中领导的政策，目的是为了克服发展中的散漫性与盲目性，提高其统一性与计划性。今后，在各种必需工业的全面发展过程中，在公营、私营与合作企业更广泛的交错发展中，散漫性与盲目性势必更多，因此，统一性与计划性的提高也就比以前更为重要。否则，就不能达到全面自给的目的。照顾全面，即照顾全体军民的需要，照顾公营、私营、合作企业的合理发展。由此出发，以统一的步调达到全面自给的目的，就成为今后工业领导上应该特别注意的问题。

怎样照顾全面？怎样统一步调呢？

首先，要将方针变成计划。具体地说，就是要将军民全面自给的方针变成在1946年年底以前全部完成的行动计划。这计划，应该依据已有的基础和条件，适当地划分步骤，分期进行，又应该依据公私并进、分工合作的原则，在公营、私营、合作企业之间，在公营企业的各个系统之间，以及各分区之间，适当地分配任务，分途进行。没有一个从实际出发的明确计划，全面自给的口号便会落空。公家资本不足，民间游资很多。因此，就应该有计划地推动金融机关、贸易机关与合作社，除直接投资工业外，尤应吸收游资转入工业。帮助发展私营工业，在不违反法令与劳动政策的条件下，政府应予以法律保障，并予以必要的扶助。

鉴于原料分散，供需不平衡，交通不便，因此就要有计划地分散经营，在有利条件下工厂应迁就原料，适应供销需要，并有计划地组织运输，利用运输合作力量。

我们的技术条件与技术人员，至今仍很缺乏。某些技术人员，技术实验的设备以及作为基础工业的企业，不能不集中使用与集中经营，而我们的要求却是全面发展。因此，新的技术人员的物色与训练，技术机关与基础企业之为全面服务，就比以前更为重要，就需要有计划地调剂与解决……总之，以全面自给为目的地全面发展，要求一个统一的计划。在此计划下，任务要有分配，资金要有调剂，供销要有调整，技术要有配合，技术人员要有调整，政策要统一，管理制度也要相对统一。如此，才能照顾全面，统一步调，保证计划的实现。

要做到这一步，必有一个工业总参谋部。这个总参谋部是已经有了的——就是政府的西北财经办事处，以后一切公营工业，应在它领导之下，有计划地来发展。

在上级，应该照顾全面，以便正确地行使集中领导。在下级应该照顾全面，以便保证步调的统一。

（高自立：《为工业品的全面自给奋斗》），《解放日报》，1944年8月25日）

（二）工厂要实行统一管理，建立厂长负责制

为了彻底改造我们的工厂，我们必须贯彻工厂管理一元化的方针。工厂是一个统一的生产单位，有一定的生产任务，它只有由政府、由厂长集中管理时，才能把工厂办好，多头地分散地管理，只能把事情弄坏。

工厂管理一元化，包含工厂与政府关系的一元化。工厂应该只同政府的一个管理工厂的部门发生关系，不同许多部门发生关系，如像过去那样。政府直接管理工厂的部门，应该集中地具体地领导工厂，帮助工厂解决实际问题，把管理工厂的权力，放在完全可靠的干部手里，反对官僚主义与自由主义的倾向；在工厂方面，必须绝对服从政府领导，反对任何闹独立性的倾向。

在工厂内部，厂长代表政府，集中管理工厂内部的一切，凡有关生产上的一切问题，他均有最后决定权。任何部门闹独立的倾向，必须纠正。一切工人、职员，均应服从厂长领导，完成生产任务，反对同厂方对立的经济主义、平均主义、无政府主义的倾向。总之，我们在工厂内必须在厂长集中领导下团结一致地为完成生产任务奋斗。生产就是战斗，战斗必须集中地统一地行动。工厂内党的支部与工会工作也必须以完成工厂的生产任务为其基本的唯一的内容。一切党内的、工会内的教育与活动，只有对提高工人的劳动热忱与劳动纪律有帮助时，才有意义。一切违反这个方针的教育与活动，都是有害的，应该停止的。显然，工厂管理一元化，要求我们工厂内党的工作与工会工作，有一个彻底的转变。……

但工厂厂长的集中管理，并不取消工厂内部的民主，相反地，因为我们的工厂是革命政权的工厂，不是资本家的工厂，所以工厂的生产任务，只有依靠在全厂工人与职员的积极性上才能完成。所以，我们工厂厂长必须善于管理工厂，反对贪污腐化分子，反对浪费，提倡节约，具体教育工人与职员，关心他们的生活，解决他们的困难，奖励积极分子，处罚消极分子，依靠厂内党的支部与工会的帮助，发扬民主精神，来动员全厂人员为完成本厂的生产任务而奋斗。工厂管理的一元化，绝不能同官僚主义、家长制等混为一谈。

我们相信，工厂领导的加强，工厂管理的改进，会大大提高工人的劳动积极性与劳动纪律，发展各工厂的赵占魁运动。也只有在这一基础上，赵占魁运动才能持久下去，才能成为工人的群众性的运动，才能成为提高所有工

厂的生产标准的运动。

（《洛甫：《关于公营工厂的几个问题》，《解放日报》，1943年5月1日）

工厂的行政、支部、工会的任务是共同的，因此，这三者必须密切联系，支部书记与工会主任应参加工厂会议，了解生产情况，以便协同动作，一致为完成生产计划而努力。在工厂，厂长为一厂行政上最高负责人，工会、支部在执行工厂的生产任务时，必须要尊重厂长的领导。在厂长的领导下动员全体工人与全厂党员为完成生产计划而奋斗，工会与支部的一切活动，如与该厂生产计划相抵触时，厂长有停止执行之权。同时厂长应认清工会与支部是工厂的有力支柱，我们必须要依靠工厂党员的模范作用与工人的劳动热忱来保证工厂生产任务的完成。因此，厂长应关心工人的生活，注意工人的合理要求，如工人家属的安置等问题，在可能的范围内应给予解决。同时帮助工会进行工人教育，发挥其效能，始能达到完成生产任务的目的。

（刘景范：《为改造我们的工厂而奋斗》，《解放日报》，1943年6月9日）

必须实行工厂领导一元化。过去“三权鼎立”的现象，经过工厂联席会之后已被克服了。但在实行一元化的过程中，还有一些偏向：或者把民主作风也取消了，厂务会议也不开了，厂长就坐在房子里什么也不管，只下命令，甚至有些厂长竟把工会主任当成通信员，把支部书记当成多余的东西，他一个人代替了支部和职工会的工作，于是就产生了官僚主义；或者在一元化之后，有个别的支书和工会主任，把责任都推到厂长一个人身上，自己就不负责任。在一元化之下，应该适当运用民主，但民主作风又绝不是取消一元化的领导，或极端民主化。厂长是一厂之长，要能够掌握全厂，集中领导，但不能因一元化而“化”到发展官僚主义。在这里，厂长、支部、工会三者应该统一步调，为了增加生产，提高质量，减低成本而奋斗。

（邓发：《边区工业建设中的几个问题》，1944年5月，《解放日报》，1944年7月29日）

（三）统一领导与群众路线相结合

必须贯彻统一领导与群众路线相结合的方法。

去年厂联会上，我们曾经批评过工厂领导上的“三权鼎立”现象，确定工厂领导必须一元化，工会、支部和全体职工都须与厂长步调一致，为完成生产任务奋斗。经过一年的努力，一元化即厂长负责制，基本上已经确立，中印、难民、化学、实验、石油、边纺、皮革等厂更有成绩。同时，我们也曾批评过工厂领导作风的官僚主义倾向，明白地指出工厂的领导者必须有充分的群众观点，依靠工会和支部，依靠职工群众去实现正确的领导。经过一年的努力，官僚主义的阵地已开始崩溃，很多厂长亲自参加生产，管理生产，关心职工日常生活，从而也就密切了与群众的关系，是一个大进步。但领导作风的官僚主义倾向，并不是已经克服得很干净了。领导与群众的结合，并不是都建立得令人满意的。例如还有这样不正常的现象：第一，不关心职工，在教育上，如纬华，有一个时期，工人发生什么事情，只有训斥，如果争辩几句，就问：“什么作用？”“有问题，给我反省！”从厂长屋里出来的工人很少有不哭鼻子的。如交通，有一个时期，工人发生什么事情，就是饿饭、打骂、斗争、禁闭、开除；上行下效，甚至生产管理员也可打骂工人，这是一方面。另外，有人要选积极分子当二流子，不过问，有人公开消极怠工，不批评，这又是一方面。日常生活上，如实验、交通，对一般伙食，病人待遇，社会保险等，开口闭口“困难”，漠不关心，……第二，不注意生产。如 ×× 厂长到厂五十多天没下过工房，大会期间才下去了一次。×× 厂长到厂将近三年，但对工房的事情很少知道清楚的。

大家知道，工厂领导人的主要业务，在于团结职工与组织生产。团结职工原就为的组织生产。但假使不教育职工，不关心职工生活，不倾听职工意见，如何能团结职工？不注意生产，又如何能组织生产？自然，我并不是说，过去这些工厂的生产坏得很。由于有很多其他条件，由于最大多数职工的劳动积极性与革命热忱，去年的生产还是有成绩，有的有很大成绩的。但假使我们的领导能够更健全些，与群众结合得密切些，不是更好一点吗？应该了解，一元化绝不是一人化，厂长负责制绝不是厂长独裁制。相反，只有真正与群众结合，依靠他们，又关心他们，向他们学习，又正确地领导他们；只有真正依靠工会和支部，不将工会简单地看成“俱乐部”，又及时指导他们，一元化才有基础，厂长才能真正名副其实地负起责任来。去年工会和支部的工作怎样呢？有很大进步，如不少工会过去曾经率领工人闹经济主义，现在与支部一起已是帮助厂长完成生产任务的有力助手了。但有些工会和支部是需要改造一下的，例如纬华的支部就是。我们与它的书记曾经做过这样的谈话：“你们每次开会讨论生产吗？”“没有。”“你们在生产中组织过什么运动吗？”“没有。”“能不能说你们支部在组织生产中没有起什么作用呢？”“不能。”“那么作用表现在哪里呢？”没有回答。这样的支部书记，对于领导生产是没有什么用处的。以后工会和支部的领导要放在劳动英雄的身上，其活动尽量采取一揽子形式，在一元化之下遇事及时商讨，及时解决，同心协力地深入到群众与生产中去。

统一领导与群众路线结合起来，在今天工厂管理上，是应该从思想上和实践上特别强调的问题。

（高自立：《为工业品的全面自给奋斗》，《解放日报》，1944年8月25日）

我们的工厂应该建立在全厂职工群众的基础之上。我们的厂长必须依靠支部和职工会去动员和组织职工的劳动热情，发扬职工的创造性和提高职工爱护工厂的责任心。我们有个别的工厂管理人员不了解这一点，想单靠工资的办法来刺激生产，结果工人的工资虽然拿得比别人多，但是，工作依然不安心。可见，那种办法在我们这里作用是不大的。

（邓发：《边区工业建设中的几个问题》，1944年5月，《解放日报》，1944年7月29日）

厂长必须掌握技术，必须熟悉本厂各个生产过程。化学厂的厂长对于熬碱的办法只注意两次，就使碱的产量增长了三分之一以上。同时由于他熟悉了各个生产过程，而能精密地调剂劳动力，就提高了产量。所以我们的厂长，必须学习本身的业务，自己不懂得的就应该向技师和工人学习。我想只要肯去钻，没有学不会的东西。

（邓发：《边区工业建设中的几个问题》，1944年5月，《解放日报》，1944年7月29日）

三、搞好经济核算，实行企业化

（一）实行经济核算

建立经济核算制，克服各企业内部的混乱状态。为此必须：第一，每一工厂单位应有相当独立的资金（流动的和固定的），使它可以自己周转，而不致经常因资金困难妨碍生产。第二，每一工厂单位的收入和支出应有一定的制度和手续，结束收支不清手续不备的糊涂现象。第三，依照各厂具体情况，使有些采取成本会计制，有些则暂不采取，但一切工作必须有成本地计算。第四，每一工厂的生产应有按年按月的生产计划完成程度的检查制度，不得听其自流，很久不去检查。第五，每一工厂应有节省原料与保护工具的制度，养成节省原料与爱护工具的习惯。所有这些，就是经济核算制的重要内容。有了严格的核算制度以后，才能彻底考查一个企业的经营是否有利。

《毛泽东：《经济问题与财政问题》，1942年12月，《毛泽东选集》东北书店版，第822页）

要办好一个工厂，必须很好地计算成本与利润。怎样最能节省地使用原料、材料，怎样最能合理地使用生产工具与保护生产工具，怎样最能发挥工人职员的劳动积极性，怎样最能使用一切生产工具上的改进以提高生产力。总之一句话，一个好的工厂厂长，必须很好地计算这一切，使他的工厂产品不但数量多，而且价廉物美。这就是工厂的经济核算制。没有这种经济核算制，工厂是决然办不好的。

过去，我们的工厂，还带着浓厚的行政机关内的供给部性质，他们买进原材料，雇用工人，制造生产品以供本部门的需要，至于工厂的一切费用，则向本部门实行预决算，实行报销制。本部门只问工厂是否完成生产任务，至于工厂是否办得合理，生产是否经济，那是不问的。工厂内的一套大架子，工作人员的配备及其工作作风，大体上同行政机关相差不远。因此，工厂产品成本比私人工厂要高，价格比市场上买来的要贵，所以使用公营工厂的产品，也就不合算，不经济。工厂内部贪污腐化浪费的现象，也就容易发生。

为了办好工厂，必须使工厂企业化，实行工厂的经济核算。政府方面必须根据工厂的具体情况，定出每种生产品的标准质量、标准成本与利润率。一个工厂如果计算得好，人力物力使用得合理节省，它的成本就会比别的工厂低，它的利润就会比别的工厂高，它因此就会比别的工厂更易发展。对于这样的工厂，政府应该特别给以奖励。反之，一个工厂，如果不会计算，人力物力大量浪费，那它的成本就会比别的工厂高，它的利润不但会低，而且甚至会亏本，因此，它的工厂就会垮台。对于这样的工厂，政府应该给予处罚。一切这类奖励与处罚，均应在报纸上公布，以鼓励进步的，警告落后的。可惜，过去我们还没有这样做，但以后我们必须这样做。

只有这样的经济核算制，我们才能在工厂与工厂之间引起生产合理化的竞赛，才能推动各工厂创造出各种各样提高生产力的办法，如淘汰冗员，节省原材料，反对浪费贪污，加强工人教育，提高劳动纪律，改善管理制度，改变平均主义的工资制度等。在这种情形下，工厂内的奖惩办法，也才能认真执行，全体职工的工作与劳动热忱，才会大大提高，把我们的工厂提高一步。

为了贯彻经济核算制，政府方面必须及时供给工厂原料、材料与粮食，及时地支付工厂贷款，不使工厂因原材料的不济及资金周转不灵，而受到生产停顿的损失。为了经济核算制，政府方面必须保证各工厂以一定自动流转的资金，在经济上同它发生平等的买卖关系，尊重它在经济上的相对独立性，使之独立地发展下去。过去把工厂看作行政机关供给部门的观点是必须打破的。

当然，在有些工厂内，我们已有了一些经济核算的初步基础，如统计与成本会计之类，但这些还是形式的，它们并没有成为办好工厂的有力武器，相反，它们甚至脱离工厂厂长的掌握，而成为“超然”的东西（所谓“超然会计”）。

当然，在认真实行经济核算时，还会发生许多困难问题，然而我们必须克服一切困难，坚决为实行经济核算而奋斗。

（洛甫：《关于公营工厂的几个问题》，1943年4月20日，《解放日报》，1943年5月1日）

特别重要的是，要求经济核算制度的确立与贯彻，迄今为止，我们工厂管理上最大的弱点还是不会经济核算，许多工厂的管理人员还是不会打算盘。有没有会计、统计、保管呢？组织上都有的，但工作上多是弄不清。甚至还有这样的工厂，去年 9 月到今年 4 月 8 个月中，从来没有结过一次账，结不出；从来没有算过一次成本，算不出。很明显，如果不确立经济核算制度，并切实实行，工厂企业化的口号是无从实现的。什么是经济核算？怎样核算呢？经济核算也就是要合算，要划得来，换句话说，要会打算盘。其目的就在于产品的价廉物美。所以，核算的标准，是成本少不少，质量好不好，是两者的统一。它又是一个全过程的、全面的工作。所谓全过程，就是说，从原料购买、生产过程到成品推销的一切环节，都要算一算。所谓全面，就是说，一般组织、制度、技术构成、生产管理、供销情况等，是不是合理，有没有浪费人力财力的地方，都要算一算。总之，从头到尾，每个环节，每个侧面，都要核算，取其利，去其弊，务求合理，这才算得上好管理、好经营。要做到这一层，又必须建立便于核算的会计与统计，资财要盘存清楚，收支要分清楚，进出要有登记手续，供销要有严密统计，生产会计、供销会计和生活会计要划分开来。总之，要头头是道，项项清楚，一丝不乱，消灭混账。

（高自立：《为工业品的全面自给奋斗》，1944年5月，《解放日报》，1944年8月25日）

我们管理工厂的基本原则就是如何以较低的成本获得较多较好的成品。而达此目的之关键则在于经济核算。通俗来说，即一分一毫之微也要打打算盘，计算成本与利润。为此，工厂就要企业化，就要做下列几件事情：①改变单纯的供给观点，工厂要有相当的独立经营的基础（当然不是闹独立性），有一定的足够周转的独立资金，不致因资金困难而妨碍生产；生产计划有相当的稳定性，不能随意更动；成品的推销必须保持一定的合理的利润，这样才能发展工厂的自动性、积极性，使其得以壮大与发展。②工厂组织必须合理，实行精减，消除脱产人员过多的现象，以减少人力、经费的浪费。③改善管理制度，反对搬用不合实际的洋教条，以加强生产管理领导为原则，根据各厂不同情况定出切合的管理制度，务必克服过去的自由放任因而产生的浪费现象。④工资要克服过去“干不干，一斤半”的不合理现象，采用全部的按件工资制，谁做工作做得多，谁就拿工资拿得多。工作时间以10小时为原则，但可以根据季候而有所伸缩，如夏天可以多做些，冬天可以少做些。⑤提高技术，使我们的生产工具制出的成品更多更好。只有如此，经济核算才不是一句空话，也只有如此，我们工厂企业化的目的才能实现。

（刘景范：《为改造我们的工厂而奋斗》，《解放日报》，1943年6月9日）

（二）管理机构企业化

改善工厂的组织与管理，克服工厂机关化与纪律松懈状态。首先，应该改革的是工厂机关化的不合理现象。目前我们有许多工厂在组织上非常不合理，人员众多，组织庞大，管理人员和直接生产人员的分配不恰当，以及将管理大工厂的制度应用到我们的小工厂上面。这种现象必须迅速改变。必须使一切工厂克服机关化，实行企业化。一切工厂应以自已经济的盈亏以为事业的消长。一切从业员的薪给，应由工厂自给的盈利解决，而不支领公粮公衣与公家的津贴费。

（毛泽东：《经济问题与财政问题》，1942年12月，《毛泽东选集》东北书店版，第822页）

管理机构企业化，亦为提高生产力的重要环节之一。

边区公营工厂管理机构的发展趋势，是由大而小，由庞杂而精简的。此一趋势的正式开端，是在1943年厂长联席会议之后。在这以前，工厂中非（正业）生产人员的比重，大得可惊。据难民、纬华、中印、光印、化学、被服等7厂的统计，非生产人员平均占全体职工的32.8%强，最高的新华化学厂占职工总数 45%，最低的边区纺织厂亦占 17.5%（而且其中有的厂未将家属小孩计算在内）。厂联会后实行精简，如被服厂由 21.5% 减至 14%，化学厂由 45% 减至 38%，光华印刷厂由 43.6%. 减至 29% 等，平均 7 厂由前之 32.8% 减至 22.5%。但一般仍甚庞大（其中有纬华毛织厂则反从 34% 升至 40%，这是因为家属小孩增加了 7 人之故）。据贺龙第一铁厂、边区火柴厂、军工局玻璃厂、后勤皮革厂、石油厂、边区纺织厂、交通丝厂、新中国鞋厂，振华总厂、分厂、政记大车厂、新中国大车厂、留政印刷所、大光纺织厂、纬华毛织厂、实验工厂，新华化学厂、被服厂、难民工厂等 18 个厂的统计，直到此次职工代表大会时止，非正业生产人员仍平均占 23.5 强。最高的为纬华毛织厂，占 40%，最低的为难民工厂，占 8.4%。此次大会遂又号召进一步彻底精简，向着除了厂长、会计等人以外均不脱离生产的目标努力。会后各厂均在努力精简中。据所知交通纺织厂即已由 18 人（脱离生产的）减至 10 人，边区纺织厂由 11 人减至 7 人（占职工总数的 4%），光华印刷厂由 10 人减至 4.5 人，火柴厂亦有减少。总之，自第一次厂联会议后，非生产人员是趋向减少的。其次，在横的组织方面，第一次厂联会之前，厂长领导的部门最少的如边纺厂有工务、经理及合作社三个部门；四个部门的，有实验工厂、光华印刷厂和被服厂；五个部门的，有纬华毛织厂、新华化学厂及中央印刷厂；最多的难民工厂有 10 个部门之多，而且分厂及办事处共四处尚在外（以上仅就有材料的 8 个厂而言，他厂无材料）。1943 年厂联会后，许多工厂也同样实行了合并精简。如上述八个厂之中，四厂如此：边区纺织厂将合作社拨归供销科领导，由三部门并成两部门；新华化学厂原有工务科、总务科、会计科、化学实验室及瓷窑五单位，鉴于实验室不起作用即取消，瓷窑不赚钱即移交专署，又将会计科并入总务科，只留工务、总务两科了；难民工厂原有棉织、毛织、供给三科，制造部，会计、事务两股，秘书室与技师，副业合作及运输共十个单位，外加三边、清涧、靖边三合股工厂及延安办事处，此次改为棉织、弹纺两科及一制造部，供给科改为合作社，独立核算，其他人事、技师、秘书、会计、事务、医生、保管等则合并办公室（厂长兼主任），就减为五个单位了，其他延安办事处则划给供销处，分厂全交地方领导；被服厂原有工务、总务、会计三科，及一门市部，此次即将总务与会计合并为经理科，门市部隶属于工务科，四个单位就减为两个单位。此外，石油厂原有管理科、经理科、生产管理科、材料管理科四个单位，去年整风后（8月），亦合并成经理科、工务科两个单位。工务科下各单位，第一次厂联会后亦有合并，据所知有纬华毛织厂将经纱组与合股组合并；边区纺织厂将原有浆纱班改成组附属于经纱班，将修理班改成组附属于铁机班等。但至此次职工代表大会时止，仍有许多单位过多的。比如，振华分厂尚有工务科、总务科、会计科三个单位，而且会计科有科长科员五人之多；后勤皮革厂尚有工务科、副业生产科、总务科三个单位，未将可以合并之两个科合并等。因之，大会又号召实行精简。第三，在纵的层次方面，以前述8个厂统计，在厂联会前，被服厂与光华印刷厂为厂、科、股、组、工人的五层人员四层组织，其余各厂都为厂长、科长、组长、工人的四层人员三层组织。厂联会后，光华印刷厂撤销了科，被服厂也由正、副厂长分别兼任科长，等于撤销了科。这样，就统统成了四层三级制了。另外，新华化学厂于厂联会后实行工务科长兼肥皂、装潢、干燥三组的组长（另各设副组长），修理组组长兼任其下木工、铁工两小组的组长（另设副小组长），亦收减少层次之效。但现行四层三级制仍嫌庞大，此次职工代表大会又号召精简。总起来说，整个管理机构（包括人员、横的组织单位、纵的层次三方面）是逐渐走向精简的，而且必须彻底地精简。

为什么必须将工厂管理机构一再精简，求精简至最低限度呢？

① 因为在生产力这样落后的条件下，我们没有可能支持庞大的管理机构。“食之者众，生之者寡”是很危险的现象！我们知道，去年纬华毛织厂所产毛线的成本要比实验工厂平均高出三分之一（原白毛线高出32.79%，精制白毛线高出34.58%）。这是为什么呢？主要原因就在于纬华毛织厂的管理费太大了。如果拿该厂每匹毛呢或每磅毛线的制造费分析，其中包含的管理费几乎和工资相等！如果拿来和实验工厂比，那么该厂每个职工所摊负的管理费额要为实验工厂的232.71%。即是几乎多过一倍半！那么，为什么有这样大的管理费呢？一个主要原因，就是该厂管理机构太庞大，另一主要原因是该厂浪费太大。实验工厂全体职工39人，其中管理人员（厂长、副厂长、会计、生产管理员、生活管理员）五人，均不脱离生产：厂长每星期抽出两

天到三天的时间，洗染全厂所出的布、线及做整装工作，副厂长每天都做木工，实际已相当一个工人了，会计和厂长一起参加漂染、整装布、线的工作，保管员由纺线工人兼，每天纺线四小时，生产管理员由织布工人兼，担负修理全厂机件的工作（另有统计员，为工人兼，主要系参加生产，故不计入），杂务人员两人，一名种菜的，要收 15000 斤菜，喂四匹马，一名伙夫，煮 39 人的饭。合计职员杂务人员七人，占职工总数 18%。而纬华毛织厂，如前述非生产人员占 40%，超过实验工厂一倍，而且统统不参加生产（按其中管理供给的职员 10 名，杂务人员 6 名，家属小孩 17 名）。由这个对比，充分表明机构的庞大是如何地妨碍成本降低与生产力提高了。因此，我们就应该而且必须学手工工场时代（我们今天的工业生产力水平，基本上并未超出手工工场时代）的做法，要精简机构，要尽可能使管理人员参加生产，而绝不可超越历史条件，硬学机械工业阶段的一套大排场，致桎梏生产力之发展。

手工业生产方法的特点，是分工不细密不明确，和大机械工业截然不同的。如果我们不认识这个特点，和照着办事，而强效大机械工业下的科学分工方法，铺张其机构，则不仅不能有助于生产力的提高，且适遭相反的结果。我们就是经受过这种公式主义毒害的。比如，石油厂在精简之前，分设有管理科、生产管理科、材料管理科、经理科四个科，将管人、管技术和管工具、管材料截然分开，似乎是很科学的了，其实，却因此构成了大浪费：人力浮多，工具到处丢……去年 8 月整风以后，推翻了这个“科学分工”的机构，合并为工务科与经理科两个科，把生产和供给统一起来。借助于此，将人力材料的浪费现象克服下去了（自然尚有其他方面原因）。再，在会计方面，曾有不少工厂（如今之振华分厂，过去之被服厂、化学厂、难民厂等）设专科管理，科长及科员常达五人之多，而结果呢？如众所知，并不佳。过去的化学厂、被服厂的成本是没有计算清，而今天振华分厂又何曾计算得精确?! 取消之后，会计人员少，是忙了些，但成绩不比过去差。甚至在副业经营方面也带上了公式主义，边纺厂过去的商店即其例证。该店纵然只贩卖些职工的日用品，而且营业时间只有每天下午一两个小时，却设了四个职员，计：一名主任，一名采买，一名会计，一名营业员。后来精减只留两人，还要参加生产，亦未闻照顾不来。生产组织上也是如此，过去纬华毛织厂将合股组与经纱组分工为二，彼此产量还不能配合，合并之后，产量能配合了，且节省了一个人力。边区纺织厂过去将经纱班与浆纱班分工并立，结果经纱班对浆纱班意见很多，合并之后反倒好了。所有这许多实例，都说明一点，即在我们这般手工业生产方法下，切不可抽象地搬运“科学分工”制度，以致败事。我们必须讲实用，求精简。

② 同时，新民主主义生产关系的特点亦规定管理机构必要而且可能精简。在资本主义的工厂里，工厂主与工人之间是一种剥削者与被剥削者的关系，奴隶主与奴隶的关系，它必须靠层层节制以统治监管工人，因之，它的管理机构必然是多层多级的。而在新民主主义公营工厂内，工人与厂方利害根本一致的，而且必须依靠工人、职员一体发扬其积极性、创造性，才能改进工厂，提高生产力。因此，管理机构就必须适应这个职工结合、领导与群众结合的基本原则，力求层次的减少。

那么如何精简呢？① 兼职是减少层次的一种好方式。化学厂兼职（工务科长兼肥皂、装潢、干燥三组组长）经验已证明这是可能提高工作（生产）效率的。如该厂报告所指出的：“为了加强工务科人员责任，工作亦比较明确，所以实行兼职制比分工领导责任心强，另外，各小组间劳动力调剂亦较便当，在这样兼职下情况更加清楚，可按情形及时着重某一小组的工作领导。同时，组长人选亦较困难，由工务科人员兼起来工人们亦没有什么意见。”由此可见，兼职办法可以试验推广的。（边纺厂、被服厂由厂长兼科长亦未见有何困难）

② 必须尽可能试行撤销科、股等层次。现在，我们有很多厂没有科与股的层级的。这包括职工 26 人和 28 人的新中国大车厂和政记大车厂，也包括职工 39 名的实验工厂，还包括职工 42 名的西北烟厂，与职工 55 名的留政印刷所，他们无科与股之组织，均能灵便地组织生产。

③ 裁并机构和人员。如被服厂、化学厂之将会计科与总务科合并，减少许多人员，如纬华厂将原有工务科三名科员减去，仅留科长一人，如边纺伙房由 11 人减至 7 人。

④ 职员参加生产。如实验厂全体职员参加正业生产（火柴厂工务科人员亦然）；又如皮革厂、卫生材料厂、中印厂等职员参加业余生产为公家交一定任务。

⑤ 提拔工人兼职员。如实验厂之提拔两名工人充统计员和生产管理员，西北烟厂由工人兼管理员等。

⑥ 将总务供给部门改成合作社，独立核算。难民、边纺及交通工厂均已如此。这不仅使全部供给工作人员自给，并且能交红利给厂方，如难民工厂供给科 80 名人员，不仅不要厂方负担，而且去年一年中赚了两三百石粮食的净利。这是精简总务部门最恰当的方式。

⑦ 家属生产自给。如纬华厂三个家属（各有孩子两个），中印厂 9 个家属（19 个孩子）都参加纺纱生产，计划全面自给。光印厂规定两个小孩以下家属统统自给，以减轻政府和厂方负担。

所有这些精简方法的实行，都必须建筑在提高职工认识与发扬其积极性的基础上，才有可能。（中直经济问题学习班：《边区公营工业的发展》1944 年 10 月）

公营工厂必须贯彻企业化的方针，反对机关化。去年厂联会议以前，工厂中非生产人员占全厂人数的 17.5% 至 45%，而今年已减到 14% 至 35% 了，这是一个进步。但工厂中从厂长、技师、科长、组长到工人的多级制仍然存在。非生产人员所占比例还很大，还完全不适合企业化的方针。比如，新华化学厂只有 57 个工人，而管理人员就占了 22 个。安塞枣湾工厂 58 个工人，而非生产人员就占了 11 个。其他工厂的非生产人员也不少。这样庞大的组织，一定影响到管理费用的开支而增加成本。而且因为人多和管理的多级制，还会产生官僚主义。

（邓发：《边区工业建设中的几个问题》，1944年5月，《解放日报》，1944年7月29日）

前年冬，毛主席教导我们："要改善工厂的组织与管理，克服工厂机关化与纪律松懈状态，首先应该改革的是工厂机关化的不合理现象。……人员众多，组织庞大，管理人员和直接生产人员的分配不适当，以及将管理大工厂的制度应用到我们小工厂上面，这些现象必须迅速改变，使一切工厂实行企业化。"去年春，厂联会上也批评了这种倾向，指出："为了办好工厂，必须使工厂企业化。"经过一年努力，大部分工厂在管理机构的精简方面，确实有不少成绩。厂联会前，工厂纵的层次多为四级五层（厂、科、股、组、工），形成上下隔阂，领导不灵便。横的分工如难民，厂长下设有棉织、毛织、供给三科，制造一部，会计、事务两股，及秘书室与技师室共10个单位，形成彼此分立，领导不统一。现在，前者一般改为三级四层，且多兼职。后者已经并缩。如难民已改为棉织、弹纺二科及一制造部，供给科改为合作社，独立核算，其他人事、技师、秘书、会计、事务、医生、保管等，合并为办公室，由10个单位减至5个。改变得比较彻底的是实验工厂。……它的特点是什么呢？职员参加生产，工人兼任职员，人人生产，经济得很，官僚主义更失去了生存的空间。凡是只有几十个工人的手工工厂，这样管理方式是可以采用而且应该采用的。

为使工厂管理更加企业化，我们还要要求什么呢？要求工务部门直接管理车间或生产小组，大工厂除工务主任（或科长）和会计外，小工厂连工务主任与会计以至厂长在内，一律参加生产。其次，要求供销部门尽可能做到有独立的周转资金，独立的会计和核算制度，并在业务上严格地遵守成品标准与原料标准。再次，要求管理职工生活的总务部门，在经济上同工厂正业划分清楚，有其自己单独的会计与经营；而在实行全面工资制的工厂中，就应该交由职工自己管理。边区纺织厂将这部分事情交给职工合作经营，成效不错，可供参考。

（高自立：《为工业品的全面自给奋斗》，1944年5月，《解放日报》，1944年8月25日）

（三）建立切实可行的规章制度

更加企业化的另一个重要问题，就是工厂的各种规章也要合乎企业化的原则。去年厂联会后有一些改革，例如难民纺织厂的考勤牌，起了激励作用，互不侵犯的现象逐渐消灭。新华肥皂厂综合工人意见定出的生产规约，尚能执行。但还不是全面的改革，不是普遍都有了改革。我们还发现有这样一个工厂，那里也有所谓制度，共一厚本，12件，计有办公规则，组织规则，管理规则，工作总则，劳动纪律，奖惩条例，生活规则，伙食规则，病号细则，客饭细则，路费细则，马号细则，共计8章142条，5大项，94小点。

内容如何呢？举一个例子：组织规则第二章第五条第一项说：“秘书室设秘书一人，担任下列工作：① 关于各项文件之撰拟、编汇、复核、授印、收发、保管等；② 关于印信书写事项；③ 关于有关全厂各项会议之召集、记录等事项；④ 关于展览室、图书室之保管事项（事实上没有什么展览室、图书室）；⑤ 关于厂内日常工作与厂务会决议，协助厂长督促检查各部门执行等事项；⑥ 关于宾客接待及其他接洽应对事项；⑦ 其他不属各科处理之事项；⑧ 关于全厂职工之调剂、补充、登记、调查与统计等事项；⑨ 关于职工纷争处理与教育、推动、帮助、检查等事项”。同一规则第三章，第六、七、八、九条，专讲会议制度：全厂职工会议 3 月召开一次，经三分之一以上人员的要求得召开临时会议；全厂大会 3 月召开一次；厂务会议 1 月召开一次。又工作总则第三章第十一条第二项规定：“每三日各科处向厂长口头或书面报告一次。”第十二条第一项规定：“厂长每半月向各科处检查工作一次；各科处根据其不同工作分别向各该所属三天进行检查一次。”又规定，如有发明创造，工务科应送说明图样，经厂长批准后，才得制作和使用。

同志们，希望你们研究一下，看看这个工厂的这许多规章合不合企业化的原则。据我看来是企业化太少，机关化太多，群众路线太少，官僚主义太多！工厂也是一个集体组织，但它是生产的组织，劳动的组织，而不是什么别的组织。因此它的规章制度，主要应该是组织劳动，组织生产。而上面这个工厂的例子，则主要是组织办公，组织日常生活。自然，组织办公和日常生活，对于工厂也是需要的，但绝不能成为主要的方面，应该是一切服从组织劳动生产的需要。我们的工厂，一般还是小规模的且多数是手工业的，管理这类工厂的同志，随时随地检查工作，并与生产人员发生直接关系，应该是完全可能的。可是像上述这个工厂，却规定“厂长每半月向各科处检查工作一次，各科处根据其不同工作分别向各该所属三天进行检查一次”“如有发明创造，工务科应送说明图样，经厂长批准后，才能制作和使用”，架子摆得十足！全厂职工究竟有多少呢？一共 65 名，内工人学徒仅只 49 名。算不得群众路线太少，官僚主义太多吗?！ 65 名职工的小工厂，既有“各科处”，又有各种规章 142 条。管理的效果究竟怎样呢？该厂劳动英雄在大会上发言说：“会计是死人”“工务科长不参加工人小组会议”“管理员到二里地买菜要骑马”。

而另外一个材料，前面说到过的，该厂去年 8 月到今年 4 月没有结账。看吧，官僚主义的实质是什么东西！同志们，这自然是一个典型的例子，但引出来，可使大家警惕一下。

管理机构要精简合理，管理方法要简便易行，一切为了利于组织劳动与组织生产。经济核算制度要确立与贯彻，一切为了降低成本，提高质量——这就是进一步企业化所要求的东西。

（高自立：《为工业品的全面自给奋斗》，1944年5月，《解放日报》，1944年8月25日）

各厂必须建立必要的制度和劳动纪律。纬华毛厂虽有 14 种成文的制度，但不顶事。有些工厂应该有的制度却未建立起来，或虽有而未切实执行。我看现在各厂应建立下列几种制度：① 原料、成品的收发、保管、统计制度与工厂动产不动产的盘存制度。以前因为没有这种制度，或有而不健全，于是就缺乏精确计算，所以有些厂就突然没有原料而停工。这一笔损失是相当大的。② 每月产量、质量情况的统计与验收制度。有了这个制度，才能看出上月与下月产量质量的区别，才可以使质量改进，产量提高。③ 不论工厂大小，都应该有工房规则、劳动纪律及奖惩制度。如果这几种制度不建立，工厂就管理不好。制度不在多，而在经常检查，力求贯彻。所以厂内各种制度，特别是关于经济核算的制度（包括会计与统计，原料收购和成品推销的现金出纳以及工厂基金的盘存等），厂长必须亲自掌握，而不能完全依靠会计。否则，厂长管理生产就等于是盲目的，就无法订出生产计划和指导全部生产过程。同时，各种制度应向职工作深入解释，甚至当识字课上，使每个职工自觉遵守，成为全体职工的共同意志，共同思想。如果实行这样的管理和领导，我们的公营工厂就会办得更好些。

（邓发：《边区工业建设中的几个问题》，1944年5月，《解放日报》，1944年7月29日）

机构精简了以后，管理人员减少了，是否管理制度就因此难于建立了呢？不，只要我们依靠群众，这就是说：

① 制度的内容必须是群众性的。比如，成品检查制度，像边区被服厂，

过去的检查，光靠股长和组长，现在发动小组内各人互相检查，打机子的打得有毛病，帮机子的有权检查（过去帮机子的提出来，得到的回答是："放下！"看不起。现在可不成了）。这样自下而上地检查之后，到工务科检查时就没多大毛病了。同时，该厂还有一种"定时的生产登记公布制"，对生产也有不少的刺激作用，如有些工人看见公布牌上有人比他技术低或平，不比他的高，但产量超过了他，他回去暗中加油干，以免落人后，力图争取优胜者，这种例子也很多。反之，如果像交通工厂过去的情形那就糟了，检查成品只有生产管理员一人，往往因质量等级问题吵闹，甚至发生管理员怒打工徒的事，而质量却一直无法提高（工代会上工人代表谈）。

其他奖惩制度以至病号待遇制度等，同样必须是群众性的。

② 制度的拟订，同样也要依靠群众。

像难民工厂，所有工厂规则、生产上的一切制度、工资标准等都是经过工厂全体职工讨论后执行的。一切生产技术，工具爱护，原料节省，也都是由全体职工在工作中自觉地研究和逐渐改进的。例如，棉织科的工房制度，是在生产中逐渐地由机油节省、织布的不退纬巴巴、利用了机纱接头等发展而成，都是先经过工人小组会上提出讨论，由一个小组自己执行而后推动全体执行。经过这样，最后由行政写成条文凑成整个的工房生产制度。新华化学厂也同样，过去工作很乱，在检查工作时期，工人们自觉地要求建立制度，工厂及时地将这些意见吸收过来，加以综合，经工人讨论通过后执行起来的。制度定得都很具体，可以说就是大家生活的一个规范，所以都还执行得好，确实解决了问题。如有违反的，即刻登在小报上，有时是违犯者自己自我批评精神写出的。反之，如果像纬华毛织厂过去的情形，那就糟了：制度由厂长一手写成或从别厂抄袭得来，不仅未经大会讨论通过，即干部会都未讨论，虽（制度）多至 14 个（其中有些制度，还不甚妥当，有好些又是大同小异），但由于未经过群众讨论、群众通过，所以均未执行。如对生产管理不严（染房被偷走合股毛纱 40 斤，羊毛烤焦 70 斤），经济核算不能严格执行（"我厂长说开支就开支"！）等就是例证。

总之，凡是对管理制度有正确认识，看成为组织职工生产，发扬和组织他们的积极性的武器的工厂，它的制度都是从群众中来到群众中去的。如难民、边纺、化学等厂，都是制度比较健全、管理比较好的工厂。反之，凡是认识错误，把管理制度看成为单纯约束工人的武器的工厂，它的制度都是主观地制造。如纬华厂等，就是制度不健全，管理得很不好的工厂（指工代会前的情况）。这就是我们建设管理制度时必须认识的原则。至于制度的多寡，并非管理健全与否的关键。比如，现在制度最多的有化学工厂，也有纬华厂；而边纺厂又是制度最少的。但一些必需的制度是各厂所不能缺少的，这就是原料成品的收发、保管、统计制度与资产盘存制度，成品产量质量的统计与验收制度，工房规则或劳动纪律，及奖惩制度等。

（中直经济问题学习班：《边区公营工业的发展》，1944年10月）

四、贯彻公私兼顾原则，不断改革工资制度

（一）不断克服工资制度中的平均主义

实行十小时工作制及计件累进工资制，借以提高劳动热忱，增加生产。……平均主义的薪给制抹杀熟练劳动与非熟练劳动之间的差别，也抹杀了勤惰之间的差别，因而降低劳动积极性，必须代以计件累进工资制，方能鼓励劳动积极性，增加生产的数量与质量。军工生产暂时不能实行计件工资制，亦应有计件奖励制度。

（毛泽东：《经济问题与财政问题》，1942年12月，《毛泽东选集》东北书店版，第822页）

我们否定了单纯用提高工资待遇刺激生产的错误的经济主义观点，并不等于否定了工资待遇问题的重要性，和它对于刺激工人生产积极性及配合“赵运”的重要意义。

工资待遇之合理与否，关键不在工资标准的高低（比如下边要说明的：边纺厂与石油厂改为全面工资时，其工资标准都较以前低，但工人劳动积极

性则大大提高了），而在工资制度是否将工人与厂方及工人彼此之间的利益全面地结合起来。在一定的工资水准上，制度是决定的。六年来工资制度的发展历史完全说明了这一点。

六年来边区工资制度，基本上经历了三个阶段，或者说三种形式：平均主义工资制，全面工资制，及分红合作制。

平均主义工资制的原始形态是津贴制。如政记大车厂1940年年初开办时实行的，除吃穿等公家供给外，每月每人给四元到五元的津贴。军事系统的工厂都行此制（政府系统工厂开始时实行全面工资，但为数较少，不能作为代表形式）。为什么采取津贴制呢？首先，因为我们长期的战争生活，很自然地将原来部队中的供给制度与津贴制度移植过来，经费困难和那时（物价涨得不凶）工人生活费用低是其存在的条件。然而，它是有着严重的弱点的：第一，它是极端平均主义的制度，彼此相差仅五毛一元，微不足道，并且不以技术勤惰为定资标准，抹杀了熟练与非熟练，勤与惰之间的差别，就无法刺激工人的生产热忱与技术兴趣。比如，石油厂初期实行津贴制，津贴多寡按工人家属人数而定，而不以技术高低为准，因此，一部分技术高、无家属、政治认识不够的外来工人，工作情绪不高，说："技术高不顶事，有婆姨顶事！"以致像政记大车厂发生"有早晨上工打凳子，使你听来好像在做工似的"怪现象，劳动情绪之低可知。第二，它使劳动近乎完全义务性质，忽视了半雇佣的性质，工人认为一切归公，与己无干，就无心提高技术，特别是在物价飞涨，数元津贴根本无法照顾私人利益的情况下。

物价不停地高涨，推动了津贴额继续增大，量变引起质变，津贴制就转为半供给性的混合制。按1941年9月边区总工会规定的标准：轻工业工人每月发给15元至50元的货币工资，重工业工人每人发给25元至75元的货币工资。因物价继涨，1942年5月时将货币部分以米做单位折计，为轻工业每人每月发小米八升至一斗六升的工资，学徒四升至六升。如与津贴制比较，平均主义成分略有减少，也就较能刺激生产。这在大光纺织厂反映得最尖锐："从1942年5月以后，把津贴制改为按件给资制，最高每月七八十元（这相当于私营工厂工资十分之一），最低的二三十元，更加提高了工人的生产情绪，当时有些工人午睡不睡，到下工时不下工，埋头工作，经过说服教育，才克服了这些过度积极的现象。”（自然，另有教育使思想认识进步的重要因素在）。

半供给性的混合制，前后又有两种形式：以边区被服厂为例，开始是“翻跟头”的办法计算货币工资，比如规定每月做够320套，每套给两元，如果你做了321套，每套均提为2.5元计算。此法平均主义成分大，使得许多人即争取超过一套，而不愿更多超过。之后改为累进工资，由1套至320套为累进点，每增加20套得加累，每累一级便加大累进率。此法较前者能提高技术，多做多得。这种演变过程，即是向着反平均主义方向前进的。

但混合制（即令是累进的）毕竟仍是基本上平均主义的制度，仍然不能真正刺激生产。以振华总厂为例：学徒每月拿工资四升至八升，工人拿八升至一斗六升，由于衣食平均供给，好坏工人待遇差不多；工人家属空树“女工”之名，同样供给，以致不管劳动如何不成，只要有家属的工人，他所得总比技工高，加之政治觉悟很差，就产生了“公家活慢慢磨，做得快划不着”的错误思想，“干不干，一斤半”的谰言到处流行，“病号特别多”。其他各厂，无不如此。因此，去年第一次厂联会即决定“采用全部的按件工资制”即全面工资制。边府所属难民、边纺、纬华、交通、被服、振华总分厂及光华印刷厂共9厂，均于去年及今年实行。

全面工资制有力地否定了平均主义，彻底地实行了多劳多得的合理原则，它比平均主义工资制优越之处有三：第一，它刺激了劳动热忱，提高了产量。最显著的例子是边区纺织厂：实行混合工资时，工人每月平均工资（实物、货币均在内）6.49斗，全面工资却将标准压至平均6斗，但因它是按技术高低劳动多寡定工资，彼此差额很大。如实行全面工资后的9月份至12月份（去年），最高工资与最低工资差额少则五斗弱，多则八斗余，仅此差额数即比最低工资额（2.25斗）大过125%~260%！特别像刘丕泽9月份仅获工资2.75斗，而伙食费即需3.5斗，尚不足伙食钱！这就不能不刺激生产积极性。如女工任子明过去每日打丝仅40斤，实行全面工资后马上提出要打140斤，增加近三倍（其他各厂情况均类似）！提高产量，即同时提高了工资。如难民工厂实行全面工资前的1月份到5月份的5个月当中，棉毛织科189人能拿到8斗以上的只有8个工人，而6月份一个月，就有34人，7

月份61人，8月份65人，9月份56人。从另一方面看，1月份到5月份，5斗以下的人数最多时占全体人数的71%，最少时也占58%，而6月份到9月份中间5斗以下的人数最多时才占36%，最少时只占23%。公私两利。第二，它提高了掌握技术的兴趣。像难民工厂过去工徒在衣食的供给上是一样的，工徒之间的工资也相差无几，技术的高低对工人的收入并没重大的影响。因此，一般工人特别是学徒对技术的学习是不感兴趣的，如技师给学徒修理机子，而学徒看都不看，跑到别的地方吸烟闲谈。现在（实行全面工资后）工人织一匹布的工资四升半米，学徒只得三升六合，使得一般学徒都想赶快学好技术升工人，袁成斌、郑步方，就是这样掌握技术升为工人的。第三，推动节约储蓄，建立家务。过去每人发两套单衣一套棉衣，在轻工业部门的工人如果节省一些是穿不了的，但他们不爱惜，破了懒得补，烂棉花碎布到处丢。在难民工厂，更有一部分落后工人，领了公家的衣服被子就回家，来厂又向公家要，又有些工人进厂故意什么都不带来，要公家发给，这样损失有两百多万元！全面工资纠正了此种现象。如原来难民工厂有些工人想把棉衣拆掉打凉鞋，但当他们听说要实行全面工资时，马上折洗干净，缝好又穿，领棉衣的人数就由过去每年三四百套减至128套，节省粮食两百多石。过去工人拿到工资，大都吃喝花光了，并无节约储蓄。实行全面工资后就不同了，如被服厂青年工人黄振声（22岁）今年计划储蓄11万元，入“职工合作社”，又自动组织生产小组利用开会或其他空余时间捻毛打毛衣，解决穿衣问题，有余还出卖。在被服厂此种建立家务空气很普遍，职工合作社成立两个多月，收到工人股金数百万元了。工人建立家务，公私两利。

全面工资制，是远较平均主义工资制合理的，它按多劳多得的原则，技术高低和勤惰都有分别的待遇，堪称平允合理，因此，它刺激了劳动热忱与技术兴趣，增加产量，也增加自己的收入，并且推动节约储蓄，建立私人家务，都是公私两利的。但是，它还不能将公私之间及工人彼此间的利益全面结合起来，在客观上就有了由此进一步的需要。因之，又产生了公私合作制。这是资本主义工厂，或社会主义工厂里都未曾有过的新形式。

合作制今年方始在公营工厂推行，已有四厂，即边纺、难民（主要是毯毡两组）、新塞及黎明衣庄实行，尚有几个厂在准备阶段。难民、边纺两厂是在全面工资基础上实行的；新塞和黎明两厂是在混合制工资基础上实行的，未经过全面工资制。各厂合作办法都有些不同，但大抵是工人做人份股，厂方资产做钱股，工人也有入钱股者。4月或半年一期，到期按股分红。据初步经验看，此种公私合作制具有全面工资制所不曾具有的优越性，即是它使得工人与工厂及工人彼此间的利害关系，因工资与红利的融合不分而彻底地结合起来。工人普遍有了主人翁的感觉，有了休戚与共，苦乐相关的感觉。具体说来：① 全面工资在工厂与工人关系上表现着劳动的雇佣性质，因此，就这制度本身来说，工人对工厂是不关心的，因为，全面工资制本身的作用，没有非使工人关心不可的必然性。实行合作制后则不然，如边区纺织厂合作后，工人即提出要精简工作人员，并要求检查怠工的工务科长的工作。这给予精简人员一个助力，就从20名减至11名，再减至7名。在全面工资制下，工人并无爱护工具节省原料的热烈空气（如难民厂，即有，也是因为“赵运”的原因）。甚至于发生因追求数量而损坏工具（如振华总厂工人推磨过急压坏驴子），浪费原料（如难民工厂制毡组，将撕不开的羊毛都丢了，振华纸厂蒸煮工人为求快煮不烂原料等）。合作之后就不同，如边纺实行合作后，工人见了一寸纱头丢在地上就要追问，夏德林浪费了纱头，大家就斗争了他，因之，较以前有更大的节省，去年12月纱头消耗1.9375斤，今年1月仅12两，5月份只有4.1两；起机头去年12月前减至5寸，1月以后为1寸至3寸。难民工厂制毡组以前遇见羊毛撕不开的都丢了，合作后一点羊毛也要慢慢织进去。黎明衣庄以前说乱了的码线和小炭不能用，合作之后都整理用上了，并且也发生了因某人多用了两码线而开斗争会。边纺即因为上述人员之更加精简，原料之更加节省，合作之后，减低了成本，计1月起比去年5月至9月平均成本减低近一升（每匹带制造费），而5月至9月是生产条件最好，1月份是生产条件最坏的。全面工资制下常发生因追求数量而降低质量的偏向（难民工厂、振华工厂、被服厂等都有），即令检查加重，亦恐难杜绝，因工人并不关心成品的销路用途问题。合作后即不然，如果销不出吃了亏工人有份，因之也就产生了互相监督提高质量的力量。例如，黎明衣庄合作后，质量每天由生产检委（工人选的）检查一次，曾有过几次叫拆了重做的；大家也互相监督，如有次，老魏没把托儿所的衣服扎好，马云山和云春就指出来，引起了争论，最后还叫他拆了重做，这是该庄空前未有的。难民工厂毡组合作后的出品，即较过去洁白耐用，栽绒毯的花样大小也较前适合。② 全面工资在工人与工人关系上，表现着个人主义，各个工人与工厂发生雇佣关系，因此就这制度本身来说，工人间既没有督促，更没有互助。但是，合作制却推进着大家互相监督。全面工资算是有力地消灭了二流子，但并不十分彻底，如边区被服厂即有几个做到够吃够穿即不想前进的新二流子。这在合作制度下是不能存在的。例如，边纺合作之后，张玉芳等五六人要二流子，大家就要求帮助改造他们，改造不成，就要斗争！（黎明衣庄合作后亦发生某人夜出晚归，受凉生病，耽误了生产，大家就开会提意见之事，过去是没有人管的）。

合作制又较全面工资制更能提高劳动热忱，如难民工厂栽绒毯组，合作之后将假期都取消了，不分昼夜地干，并严格地互相约束：不准事假半年内超过两天。边纺今年 3 月间发动了"技术互助"运动，这就是合作之后才发动的，合作给了它以很大的推动力。运动的发起人崔先海讲的话证明了这一点，他说："合作制很好，共产党垮不了，这工厂是垮不了的，我过去从来没提出帮助学徒，现在自动提出了。"同时，该厂还发动了经济互助运动，无利借贷，互相调剂，也是在合作之后才发动的。理由很明显：全面工资制下，我技术高，多得工资改善了我的生活，你技术差，少得工资，维持不了，与我何干？合作制下，你技术低，少生产，即影响我的红利要少得，这就是"技术互助"（经济互助）产生的经济上的必然性。

此外，有些工厂还采取了分红（或奖金）工资制（如实验工厂），它也部分起着合作制的作用。

上述工资发展的三种形式，都是循着生产力的需要次第演变而成的，全面工资制尤其合作制是新民主主义公营工厂里联结工人与厂方及工人之间利益的较好的工资形式，它对于去年以来工人劳动热忱的提高，创造性之发扬也起了很大的推动作用，它和"赵运"互相配合成为发动工人积极性创造性的两支根本动力。

就边区工资制度之历史的检讨中，我们可以看到，平均主义（勤惰不分）与个人主义（雇佣态度与缺乏互助）是对于发展公营经济不利的。所以我们在关于工资制度的改进上，我们应按各种具体条件努力推行各种各样的按劳等级的（反平均主义）、合作互助的（反个人主义）工资制度。

（中直经济问题学习班：《边区公营工业的发展》，1944年10月）

在公营工厂里，必须坚持公私兼顾、先公后私的原则。

管理上的第二个原则，就是公私兼顾，先公后私。一方面要求职工们以高度的劳动热忱和生产积极性，为建立抗战家务尽最大努力。我们的生产竞赛，学习技术，劳动英雄运动，劳动纪律和为成品质量斗争，就是为了这方面的目的。又一方面，要求领导上亲切地照顾工人生活，使他们丰衣足食，并有可能建立他们自己的家务。我们的工资政策、合作政策、分红办法等，就是为了这方面的目的。而这主要是管理方面的责任。现在就来讲讲这方面的问题。

首先说到工资政策。

边区公营工厂的工资制度，是经过几度变革的。只在1942年以后，货币实物混合制，才成为主要工资形式。去年厂联会鉴于这一制度尚有缺点，就再次提出全面工资制。陆续全部或部分采用的，已有难民、纬华、振华、边纺、被服及光华等厂。因之，现行工资制度基本上有两种：混合工资制与全面工资制。

全面工资制是比混合工资制更进一步的工资形式。混合工资制因为75%（如振华）到78%（如被服）的工资是用实物形式平均供给的，勤惰不分，就便利于二流子“干不干，一斤半”的消极情绪的发展，如边纺、难民等厂个别工人在计件累进制下突击一个月，将累进率提高到挣得了一定的零用费后，就干脆休息一个月，“反正工厂供给吃穿”。全面工资制打破了这种投机的可能性，纠正了“干不干，一斤半”的现象，用工人们自己的话，就是“这下子可把二流子制住了”，而且鼓励了工人学习技术提高生产的兴趣。又混合工资制因为货币部分少，到手花完；实物部分不消费怕不再发，所以穿不了也穿掉，吃不了也吃掉，形成很大的浪费现象。全面工资制解决了实物供给的限制，所以大大刺激了工人节约储蓄的兴趣。难民工厂工人听说实行全面工资制后衣食自理，连忙收起准备撕破打草鞋的旧棉衣说：“拆洗一下还可以穿两年。”这样就收到了公私兼顾的实际效果。但全面工资制并不是到处可行的，它必须有先决条件，如合作社与副业的兴办，工厂周转资金的经常掌握，等等，使工人按期拿到工资，并使有了钱有处花；因之混合工资也并不是已经成了完全多余的和不适用的东西。只要工厂管理得法，又一时不能实行全面工资制的，仍可采用。

在现行工资政策上，还存在有什么缺点呢？

第一，由于全面工资实行过程中领导上的计划不周，单纯计件或单纯计时，只求数量而不究质量，从而计时工人与计件工人工资上不能等量前进，前者有一定限制，后者能迅速增长。如纬华毛织厂相差竟达百分之百，因此影响前者的生产情绪。另一方面，单纯计件的办法促成了追逐产量以便多得工资的流弊，从而使粗制滥造的风气盛行，造成质量不良的普遍现象。纺织业中乙、丙等布由过去3.8%增至现在的5%，即是证明。……为消灭上述缺点，在重定工资标准时，必须质与量统一，时与件统一。在一定产量下规定一定的质量标准，在一定质量标准上规定一定的产量。今天纺织等轻工业更须着重于质量。如此，计时与计件工资的不合理可以避免，数量与质量的反比例发展也可以避免。我们的口号：统一起来，克服经济主义倾向。

第二，过去在制定工资标准时，不管军火工业与纺织工业，熟练与不熟练，工龄长与短，入厂久与暂，一视同仁，造成了平均主义的倾向。有时竟至应高者反低，应低者却高，造成了轻重倒置的现象。如军火工业与纺织工厂，1941年实行混合工资制时，货币部分差额不大，但尚有一定差额；现在，不仅原来的差额取消，而且发生了倒差，即某些纺织、印刷工业工人的工资比军火工业工人工资高，这是轻重倒置。光华印刷厂的全面工资，不仅没有消灭混合工资制实物部分的平均主义因素，反而促进了它，勤务员、学徒和老工人比较，相差不过10%，这是平均主义的表现（已有几个老工人因此不安心工作，认为做工无出路）。为消灭上述偏向起见，重定工资标准时，必须严格确定工资等级制，按技术熟、非熟，工龄长、短、久、暂等区别，按各人劳动成果——产量、质量等计算工资。只有这样，才符合客观现实，各献所长，将生产提高一步。我们的口号：区分开来，克服平均主义倾向。

……

再说合作政策：

去年秋季以后，一部分公营工厂如难民、边纺、被服、光华、实验、政记大车、新华瓷窑等，开始试行合作政策。由于各工厂具体条件不同，其所采形式与范围也各异。形式方面，迄今为止，已发现的，有合股分红式，即职工入身份股或钱股或身钱股并行，然后按股份得利润。等级分红式，即职工按完成任务或超过任务多少，等级分红。合作包工式，即以合作形式，集体向工厂包工。范围方面，有正业全部合作或部分合作的，有正业合作副业不合作的，有不分正、副业而全面合作的。合作政策的实质是公私两利。正因为是公私两利，所以难民工厂弹纺科工人于合作后说："我们现在都变成掌柜的了。"边纺工人说："节省原料器材，过去认为是公家的事，与自己无关，现在，节省下来的东西，大家有份，我也有份。"所以，凡是合作得好的都表现出公私两利的效果，一方面产量提高，成本降低，资金周转的困难减少；又一方面职工收入增加，生活进一步改善，部分人开始建立个人家务。但也有搞得很不好的工厂，按其生产性质和条件说，正业方面只能实行全面工资制，却改成了合作社，有"理事会""监事会"，完全民选的。一切按照极端民主办事。原定全面工资标准时，"民主"说应该将产量标准压低，工资标准提高计算，照办。决定取消勤务员时，"民主"说还要一个，照办。"董事会"决议坏片赔偿3%，"民主"说太多，应改为2%以下，照办。工人要出去就出去，说是"合作了，不干不拿钱，谁管得着我！"回来问他谁叫你出去的，他说："我叫出去的。"不佩服吗，就在自己窑洞里再接连停工五天给你看。有的要休息就休息，说是"咱们现在改变了，公私各半，超过800就休息"。有的拒绝调配，主任调学徒帮印另一机子，他说："你吃的开了，你是我们选上的，要随便分配吗，我就不去。"这叫作什么世界呢？有同志说是"丧权失厂"，不算过分吧！

合作政策在公营工厂里试行的经验至今不多，错误在所难免，要做出完整的结论，也不可能，只能大体原则上提出几点：

第一，公私两利的合作政策是新民主主义经济的特点，只要工厂的性质和条件允许可以推行。但必须遵守先公后私的原则，职工私利的增加必须放在工厂公利的扩大的基础之上。合作已见成效的工厂，产量已有增加，成本已有降低，但多未注意提高质量，必须改正。

第二，合作的形式可以多种多样，无须一致，总以适合于工厂具体情况与经济核算为原则。

第三，一般装备简单的手工业工厂，正业方面大都可以实行合作，如有副业，更须合作。至于重工业或装备复杂的轻工业，如正业方面不能合作或不能全部合作时，则副业方面应尽量采取合作方式，并尽量吸收全体职工参加。

第四，为职工建立家务，应该是我们经常关心的事情，职工家务可以分为两种：一是个人的，完全归个人支配。一是集体的，作为劳动保险、社会保险与文化娱乐的基金，归全体职工支配。无论个人的或集体的家务，均可通过合作经济的形式以求发展。

改善职工们的生活，并不是像某些同志所提的那样，是“生活小事”，小问题，依我看，却恰相反。这问题包括两个方面，一是物质方面，主要是伙食；一是精神方面，主要是文化娱乐。可以肯定地说，不论前者或后者，大部分公营工厂都在日益改进中。做得最好的是中央印刷厂：伙食上，他们每天有一次肉吃，午饭有两个菜吃，两天有一次面食吃，每天能打六次开水。月费多少呢？二斗八升（一般工厂为三至四斗），又足食，又节省。文化娱乐上，他们每天有一定时间学习文件或文化，经常有“快报”，发扬优点与指出缺点，假日跳舞演戏，各尽所能。又有文，又有武。他们所以能够如此，主要是因为祝厂长曾经亲自动手来组织与改造了这一工作。他如边纺、被服厂也做得不错。但仍有不能令人满意的另一种情况，有那么一个在这方面搞得特别坏的工厂，伙食上，很长时间天天三顿以洋芋做菜，开水有时也喝不上，肉、馍每周一次也还不能保证。文化娱乐上，七八十个人才有一份《解放日报》，《群众报》全厂一份，大家看不过来，提意见，没人理睬。墙报是照例只逢假日出，照题写稿。休息时只能遛河边，转菜园，谈不到什么娱乐。他们之所以搞得如此乱七八糟，客观上有很多困难，上级机关应该多加帮助，但主要原因是领导人光知道眼睛向上，只是向上级要求材料，要求钱，要求干部，不知道首先应该自觉地把关心职工生活的工作搞好。

（高自立：《为工业品的全面自给奋斗》，1944年5月，《解放日报》，1944年8月24日）

（二）公营工厂工资制度变革概况

1. 工资制度的变革经过

（1）边区公营工厂的工资制度，7 年来曾经过了如下的演变。

1938 年开始，实行全面货币工资制，规定一般的轻工业工人每月工资 10 元至 18 元，后因物价迭次上涨，至 1941 年 4 月间，曾四度修改工资标准，其间变化如下。（表见下页）

1941 年秋，物价波动更形剧烈，边府与工会于是年 9 月颁行货币混合制以代替全面工资制，规定工人食、衣、日用等由厂方按一定供给标准统筹发给外，轻工业工人每月另发 15 元至 50 元，重工业工人每月发 25 元至 75 元之货币工资。至 1942 年，复因物价波动影响，政府乃于 5 月再度宣布将原混合工资制之货币工资部分，改以小米为本位，按价折合货币发给，规定轻工业工人每月八升至一斗六升，学徒四升至八升。至此，轻工业工人所得之货币工资，如与 1941 年 2 月之货币工资比较，则提高 109% 至 195%。

（2）实物货币混合工资制现行概况。

迄 1942 年 5 月至今年（1944 年）2 月来，这一工资制度便成为边区公营工厂的主要工资形式。两年来，各厂因业务性质关系，在采用时对原规定有若干改动，如就其变动后的形式分类，目前正采用或一度采用者大体可分：计时工资制，计时按件工资制，计件累进奖励制，小组计件工资制及津贴制等五种。此五种之实物工资部分统由厂方根据政府规定之供给标准统筹发给，其货币工资部分，则因其形式不同而有下列之区别：

年月 工资 类别	工资				衣食开支		扣除开支后所得工资				每斗米 折价
	最高		最低		货币量	折米	最高		最低		
	货币量	折米量	货币量	折米量			货币量	折米量	货币量	折米量	
1938	18.00元	6.0斗	10.00元	3.33斗	6.80元	2.27斗	11.20元	3.74斗	3.20元	1.06斗	3元
1939	18.00元	3.00斗	10.00元	1.67斗	7.25元	1.25斗	10.48元	1.75斗	2.48元	0.42斗	6元
1940	30.00元	2.00斗	18.00元	1.20斗	12.66元	0.84斗	17.24元	1.16斗	5.34元	0.36斗	15元
1941.2	55.00元	2.89斗	35.00元	1.84斗	27.24元	1.43斗	27.71元	1.46斗	7.78元	0.41斗	19元
1941.5	90.00元	4.71斗	65.00元	3.42斗	49.00元	2.50斗	41.00元	2.21斗	26.00元	1.36斗	19元

全面货币工资标准与混合工资制标准比较

年份 数目 项目	除衣食杂支外每月所得工资				增加比率	
	最高		最低		最高	最低
	工资量	折米（斗）	工资量	折米（斗）		
1941年2月 （全面货币制）	27.71元	1.46斗	7.78元	0.41斗	100%	100%
1941年2月 （混合工资制）	50.00元	2.6斗	15.00元	0.8斗	184%	195%
1942年5月混合制 货币部分以米为 单位折价	144.00元	1.6斗	72.00元	0.8斗	109%	195%

①计时工资制的实物与货币部分原则上均按1942年政府规定标准发给。

② 计时按件工资制，除按规定发给实物与货币工资外，另规定各种产量的最高标准，超过任务者，以超过部分之件数给予奖金。如实验工厂规定每人月纺 25 斤毛线为最高标准，每超过一斤给奖金五元，多者类推。

③ 计件累进奖励制，大体与前者同，超过任务者以累进办法分红。这是实验工厂对前述第二种工资形式的一种改进与发展，规定如完成全厂总任务，以每人平均一石米奖励分红（如全厂 50 人，则提红 50 石），如超任务则以下列标准分红：

超过任务百分数	110	120	130	140	150	160	170	180	190	200
平均每人分红数	1.15石	1.3石	1.5石	1.7石	2石	2.1石	2.2石	2.3石	2.4石	2.5石

每个人的全年的实际分红是以个人产量高低、技术高低、来厂历史及工作表现等标准分三级来分配，没有完成任务者不分红。如前半年完成任务的40%，可预支红利每人小米三斗。

④ 小组计件工资制，系以小组为劳动单位，计件发工资，每人所得之工资，按个人劳动成绩决定。

⑥ 津贴制，除厂方供给衣食外，另规定等级不同之津贴。津贴系以货币或实物折价发给，数量大抵低于计时制之货币工资数。如交通丝厂，头等工人津贴小米五升，二等四升，学徒一升五至两升。留卫材料厂工人每月一斗至一斗三升，学徒每月六升至八升。延川纺织厂每人最高者每月 200 元。

这五种工资形式，各具有着如下的特点：

① 表现在工人工资数量上的

由于工资计算方法不同，各厂间工人每月工资总收入（实物、货币及杂用的总值），有很大的悬殊，重工业与轻工业之间的工资则几乎相等。其中以计件累进奖励制之工资最高，津贴制之工资最低。其比较如下：（表见下页）

如扣除食衣杂用部分，则等级不同的工人的货币工资部分悬殊很大，实得最多者为采用计件累进奖励制者，其货币工资部分占全部工资总值的 34% 至 66%；最少者为采用津贴制者，其津贴仅及全部工资总值的 2% 至 8%。而计时制之重工业工人每月货币工资与采用同一工资形式的轻工业工人之货币工资差不多相等，如与采用计件累进制之轻工业工人工资比，则仅及其三分之一。实物工资与货币工资比较如下：（表见下页）

实物工资与货币工资表交表

工资形式 数量 项别	厂别 等次	实物工资			货币工资			实物工资与货币工资占总工资的百分比					
								实物工资百分比			货币工资百分比		
		最高	最低	一般	最高	最低	一般	最高	最低	一般	最高	最低	一般
计时工资制	化学厂	5.21斗	5.21斗	5.21斗	2斗	0.6斗	1.33斗	72%	89%	79%	28%	11%	21%
	中央印刷厂	6.43斗	6.43斗	6.43斗	2斗	0.8斗	1.4斗	76%	88%	82%	24%	12%	18%
	农具工厂	5.32斗	5.32斗	5.32斗	3斗	1斗	2斗	63%	84%	72%	37%	16%	28%
	工艺实习厂	5.32斗	5.32斗	5.32斗	3斗	1斗	2斗	63%	84%	72%	37%	16%	28%
计件累进工资制	实验工厂	5.21斗	5.21斗	5.21斗	9.796斗	2.578斗	4.655斗	34%	66%	52%	66%	34%	48%
津贴制	交通丝厂	6.1575斗	5.67斗	6.1575斗	0.5斗	0.15—0.2斗	0.4斗	92%	100—98%	75%	8%	2%	5%
	延川纺织厂				0.15斗								

各类工资制度比较表

工资形式＼厂别＼数量＼等次		最高	最低	一般	比较		
					最高	最低	一般
计时工资制	化学厂（轻工）	7.21斗	5.81斗	6.54斗	100%	100%	100%
	中央印刷厂（轻）	8.43斗	7.23斗	7.83斗	117%	124%	120%
	农具工厂（重）	8.32斗	6.32斗	7.32斗	115%	108%	112%
	工习厂（重）	8.32斗	6.32斗	7.32斗	115%	108%	112%
计件累进分红制	实验工厂（轻）	15.06斗	7.789斗	9.865斗	207%	124%	151%
津贴制	交通丝厂（轻）	7.0175斗	5.82~5.88斗	6.9175斗	低3%	100.2%~101.2%	105%
	延川纺织厂（轻）	6.15斗			低91.92%		

② 表现在劳动效能及其他方面的

A. 计时制的实物部分占全部工资价值的四分之三左右，货币数量甚微，不能解决工人的一部分物质困难，故工资收入大多零吃浪费掉，未有储蓄。

B. 计件累进奖励制因工人的收入最多，故对刺激生产情绪、提高产量的作用亦最大。如实验工厂实行的结果，不论在产量与工资的收入上都有显著的提高，对成本的减低也有明显的效果。

C. 小组计件工资制的主要优点是发挥了集体的劳动积极性，提高了产量，增加了工资收入。例如：

项别	小组计件前	小组计件实行后	说明
病假数目	一个月38个	一个月4.5个	4.5个病员是1943年10、11、12三个月的平均数
每日劳动时数	8小时	12小时	每日增加两小时系工人自动提出实行的
工资收入	每月平均0.785斗	12月3.1斗	以学徒张金荣为例

这一工资形式，因系以小组为劳动单位，计件发工资，工人之工资则根据各人劳动成绩来分配，因此，小组长对每日工人之生产成绩须有确实的记录，以为月终分配工资的根据。若记录不准确，工资分发有差错，会影响工人情绪，引起对厂方不满。

项别 产量 时间		计件累进制实行前	计件累进制实行后	提高数	说明
清毛		1月最多500斤	每月800斤以上	60%	
弹毛		每日8斤	每日18斤	125%	
纺线	脚踏机	1月最高$48\frac{13}{16}$斤	1月纺60斤以上	22%	突出时可纺到195斤以上
	毛线	1月出132斤	1月出830斤	503%	以1943年1月、12月为例
工资收入		1月份2.05斗	12月份8斗	290%	以工人许得胜为例
成本减低		1月份每斤2.3斗	12月份0.8825斗	减低一半以上	以1943年12月份为例

D. 津贴制因津贴数量很小，如延川纺织厂最高津贴 200 元，仅值一升小米，故有人便对生产采取了消极被动与偷懒的态度。

（《现行实物货币混合工资制概况》，1944年4月29日）

2. 全面计件工资制试行情况

今年（1943 年——编者）4 月厂联会决定改变为全面的计件的工资制。

各工厂6月份先后试行，都是按着“多生产，多得工资”的方针规定实行的。将全部工资——实物、货币工资计算在内，实行计件累进工资制。

振华总厂试行全面的计件工资，不但改变了工资的形式，而且把劳动组织也改变了，他们是按池子来分组，每四人一组，初步情形甚好，每人对生产有一部分责任，在浆的供给上尤其关心。他们的管理比过去容易了，各项计件标准是这样的：

捞晒纸的计件标准

每刀重量	3斤	$2\frac{15}{16}$斤	$2\frac{14}{16}$斤	$2\frac{13}{16}$斤	$2\frac{12}{16}$斤	$2\frac{11}{16}$斤	$2\frac{10}{16}$斤	$2\frac{9}{16}$斤	$2\frac{8}{16}$斤
每刀工资（米）	4.7合	4.8合	4.9合	5合	5.1合	5.2合	5.3合	5.4合	5.6合

打浆洗浆的计件标准（按浆的重量来计算）

每刀重量	3斤	$2\frac{15}{16}$	$2\frac{14}{16}$	$2\frac{13}{16}$	$2\frac{12}{16}$	$2\frac{11}{16}$	$2\frac{10}{11}$	$2\frac{9}{16}$	$2\frac{8}{16}$
每刀工资	5.3合	5.2	5.1	5.0	4.9	4.8	4.7	4.6	4.5

蒸煮的计件标准：蒸煮100斤马兰草给工资2升，蒸煮工不在每池子四人内。他们每刀纸的总工资现在为2升。

各纺织厂的全面计件标准，材料不全，兹将厂联会制定标准与边纺厂的标准录写如下表：

纺织业工资标准（草案）——全部计件工资制

工作		工资		工资
织半布	铁机	每匹4.00升	木机	每匹6.00升
织双径双纬土布	"	" 4.80升	"	" 7.20升
织双径单纬土布	"	" 4.50升	"	" 6.75升
织洋径毛布	"	" 4.80升	"	" 7.20升
织双径土毛布	"	" 5.20升	"	" 7.50升
织毛毛巾			"	每打1.33升
织蜂毛巾			"	" 1.00升
络经	洋经	每捆3.00升	土纱	" 0.40升
整经	洋纱	每捆0.75升	"	每匹1.10升
穿扣	洋纱	每羊角2.00升	"	每羊角3.00升
络纬			"	每斤0.43升
织毛呢（60尺×2.5尺）			木机	每小匹8.00升

计时工资：由4.5斗~7.2斗，每日工作10小时。

边纺厂全面计件工资标准：

木机：（2.5×104）双经单纬土棉布

匹数	累进率	小计	共计
1~10	5.65升	5.65升	5.65升
11~13	5.85升	1.755斗	7.405斗
14~16	6.00升	1.800斗	9.205斗

续表

17~19	6.30升	1.90斗	11.095斗
20~22	6.60升	1.980斗	13.075斗

土纱手巾：（8×18蜂窝式手巾）

打数	累进率	小计	共计
1~56	1.00升	5.60斗	5.60斗
57~68	1.05升	1.26斗	6.86斗
69~80	1.10升	1.21斗	8.07斗
81~100	1.20升	2.40斗	10.47斗
101~115	1.30升	1.95斗	12.42斗

洋纱手巾45打折合土纱手巾4打。

浆纱：土纱每100斤小米8升，洋纱每捆小米0.8升。

穿扣：双经每10000头得小米9升（二人平分）。

整经：

匹数	累进率	小计	共计
1~200	0.5升	10.00斗	10.00斗
201~250	0.55升	2.15斗	12.75斗
251~300	0.65升	3.25斗	16.00斗
301~350	0.70升	3.50斗	19.50斗
351~420	0.75升	5.25斗	24.75斗

络经：

斤数	累进率	小计	共计
1~155	0.36升	5.58斗	5.58斗
156~200	0.38升	1.71斗	7.29斗
201~250	0.40升	2.00斗	9.29斗
251~300	0.45升	2.25斗	11.54斗

络纬：

斤数	累进率	小计	共计
1~120	0.46升	5.52斗	5.52斗
121~150	0.50 "	1.50斗	7.02斗
151~180	0.55 "	1.65斗	8.67斗
181~210	0.60 "	1.80斗	10.47斗
211~224	0.65 "	0.91斗	11.38斗

梭子：每个得小米 1.5 升，不累进。

计时工资：每月 5.5 斗 ~9 斗（杂工不得超过 3 斗）。

……

各厂试行的初步经验是：

① 在职工思想上纠正了“干不干，一斤半”和“平均主义”，同时揭发了二条心的人专以工资刺激工人劳动，而放弃了阶级教育，助长了落后工人的经济观念、偷盗、想退伍做小贩、种地等行为的罪行。

② 这种工资形式是正确的，工厂工人是热烈地实行了，在难民厂、振华总厂，许多工人这样反映：“这种工资是合理的。”“这样工资制度都好，只有对二流子不好。”

③ 这样工资形式是“公私两便”的，在难民厂，在 1 月到 5 月的 5 个月里，得到 8 斗以上仅 8 人，每月平均生产布 432 匹；6 月份实行新工资，就有 34 人，产布 658 匹；7 月份为 61 人，产布 911 匹；8 月份 64 人，产布 1006 匹。这就证明了生产多工资也多了，工人得到全部工资，有了自由支配的机会，同时公家生产增加了，浪费也易防止了。4 月份的灯油用 138 斤，正式工人宿舍发的还不在内，6 月份灯油减为 33 斤到 38 斤。6 月以前工人要将衣服打草鞋，6 月份后，草鞋也不见打了，将去年的衣服修补好准备过冬。

（《1943年边区工业材料》

3. 根据物价变化及时修改工资规定

去年“五一”边区工厂会议上，曾规定公营工厂支付计件及计时工资，都以小米为本位。这是为了按边区具体环境，为确实保证工人生活而采用的。

但从去年5月至今年3月间，生活中的必需品最重要的部分小米和布上涨速度不同，更表现在农产品与工业品剪刀差额愈形扩大，因此影响到工人的生活标准；如去年5月和今年3月物价的比较，布的上涨率为三倍，米价只涨了一倍多，工人按米为本位领得的工资，除吃用以外，无形中减低了对布匹的所得额。边府照顾到此种变化对工人生活的影响，遂商讨于5月8日公布工资暂行办法，一方面仍保持以小米为发工资的本位，但同时增加了工人货币工资部分，以保工人实物所得。这种改革，是为了保证工人生活能保持在一定的标准上而采取的。

但在今年5月下半月开始，物价又有很大的变动。自旱象发生以后，顿呈现如下的变化：小米的价格突然飞涨，因而使农产品与工业品的剪刀差额缩小。在工资的支付上，如仍以小米为本位，则工人所得过多，政府的财政开支增加甚巨，成为目前亟须讨论解决的问题。

最近两个月以来，首先由各工厂工人提议，请政府改变以小米为本位支付工资的办法，这可表明工人对于工厂及大公家的热爱与关心。这个提议经过政府研究及仔细讨论，认为要长期灵活地保证工人生活保持在一定的水准上，依靠单一的以小米为本位的办法是有缺陷的。因为小米只占工人生活中的一部分，其他大部分则是需布匹及其他日用必需品，只有每月议定按几种必需品实物市价综合计算，则可确实保证工人的生活水准。这次修正办法，正是根据这个原则来规定的，改变后，工资收入按米来计算数量虽较过去减少，但工人的实际所得实物水准与过去相同，虽然还不能说是完全美满的方法，但按现在所能做到的程度说，则是比较合理的。

必须说明：政府虽在各种困难环境下，仍尽一切可能来保证工厂工人获得最低限度的各种实物供给，工人生活较之政府工作人员标准为高，政府的此种苦心是为全体工人所领会和理解的。因此在防旱备荒口号提出后，工人提议改变以小米为本位支付工资的办法，同时又响应政府的号召，动员抢种，各工厂抽出工人抢种庄稼已在500垧以上，部分工人则担负了全部工作，完成了平时全体工人应完成的生产任务。工人们的这种高度热忱与努力，是足以使人兴奋的。同时也启示我们，边区工厂的生产力还有很大的提高的可能。

关于此次颁布的工资修正办法，还有必须详加说明的：

① 伙食标准。第一类工人比过去减少了三两米，第二类工人减少四两，在两个多月的实行过程中，证明在备荒节约的原则下，规定的这种供给标准，仍能保证工人饱食，因此决予采用。

② 关于服装问题。这次照顾了各部分工人的生产条件及消耗衣服程度的不同而有不同的规定。如棉衣，过去每年发一套；但在过去几年中，第一类工人绝大多数都是两年才消耗一套棉衣。前年，中央印刷厂的全体工人领的棉衣穿了两年，去年工人自动不领棉衣，而领了布和棉花来补充被子。因此，棉衣的供给如仍按过去每年一套，则是一大浪费。且在今年边区棉花受旱减产的情况下，不做适当的规定，则是不合情理的。同时修正办法中又说明："个别生产部门有特殊困难者，得具体解决之。"这正是表明了公私兼顾、照顾全局的精神。

此次修正，由于工人同志们提议发起，政府研究起草，又经过各厂工友的讨论补充和修正，最后始由政府正式颁布实行。这正表明我们边区新民主主义政权下，工人与厂方的密切团结，意见和步骤的一致性。边区工人生活有优越的保障，极为幸福；而工人同志们也发挥了高度的热忱，爱护工厂，由这次修正工资办法中，又一次得到证明。

（陈郁：《关于备荒时期工资修正办法的几点意见》，《解放日报》，1945年7月28日）

（三）公营厂矿职工生活不断提高

抗战以来，因为敌人的封锁，边区的物价是处在波动和上升的情况中。但是自 1941 年以来，边区工人的工资和工人生活，却没有受到大的影响，不但和物价上涨的指数并驾齐驱，而且超过了它，有的甚至超过战前工人生活的水平。

这是个奇迹，这个奇迹只有在新民主主义即革命三民主义政权下，才能创造出来，这是边区工人自由幸福的标志。

现在我们把几年来工资的变动及工人生活状况，做一简要的叙述。

1.1941 年 5 月以前的工资

1941 年 5 月以前，工人的工资一般皆以全面性的货币支付，工厂按月在工资中扣去伙食及衣服的费用。但自1939年以后，物价上涨几达一倍，如1938年最高工资每月18元，合米6斗，最低工资10元，合米3.33斗（米价每斗3元），而1941年2月最高工资在55元，仅合米2.89斗，最低35元，仅合米1.84斗（米价每斗19元），但工人伙食衣服仍照过去的价钱折扣。那么不足的怎么办呢？工厂出钱来贴补，保证了工人的生活。

2.1941年5月的新工资

民主政府是每时每刻都在为工人打算的。在1941年“五一”生产大竞赛时，边府林主席在大会上宣布了新工资的标准（分轻重工业两种）。以轻工业为例：最高工资每月90元（合小米3.42斗），比1941年2月的最高工资增加了62.3%，比最低工资增加了85.8%（米价仍按每斗19元计算）。

3.1941年9月改行的实物与货币的混合工资

虽然新工资刚规定，但物价上升率极速，到9月时，“五一”节规定的工资标准已不适用。为了确实保障战时工人生活，增加抗战力量，改进工业技术，边区总工会及边区政府建设厅，又迅速地对产业工人的工资做了新的决定，主要内容有以下几项：

① 厂方按月供给工人以下的实物：小米45斤（16两秤、下同），盐一斤、油12两、肉一斤、柴18斤，调和盐等钱三角，及足够吃饭的菜蔬。

② 厂方每年4月发单衣一套，7月发一套衬衣，10月发一套棉衣，三套衣服折合难民厂甲字洋布五丈五尺布发给，另发棉花一斤半。

③ 除上述实物工资外，轻工业工人每月发给15元至50元的货币工资，重工业工人每人发给25至75元的货币工资。

关于工人家属及小孩也有详细规定：

① 工人家属具有下列条件之一的，均由厂方按保育条例负责供给：

A. 在工作过程中生育子女的；

B. 有妻子的工人入厂时根据劳动合同，厂方允许其带妻子的；

C. 政府介绍到工厂工作的革命军人及其家属带有妻子的。

② 工人妻子有六岁以下三个孩子的，得脱离生产，专门抚育小孩，由厂方供给其衣食住，不发零用钱。七岁以上而不送往学校读书的，不予补助。

这个新工资规定的特点，是工人的衣食住均有了切实的保障，物价上升，对他们没有任何威胁。

4.1942 年 5 月改货币工资以小米折合

1941 年 9 月实行实物与货币工资以后，在实物供给（即衣食住）上，工人生活已有了确实的保证，所余的只货币工资部分尚受到物价波动影响。为了清除这个影响，照顾工人生活，把货币工资也用小米去折合。当时规定实物供给照旧外，轻工业工人每月发小米八升至一斗六升的工资，学徒发四升至六升。

按照这个标准，与 1941 年 2 月实行全面性货币工资时，工人扣除了衣食以外，最高工资工人所得一斗四升六，最低工资工人所得四升一合相比较，则最高工资增加了 9.6%，最低工资增加了 95%。

这种实物与货币（小米折合）的工资制及其标准，从 1942 年 5 月以后到现在，除去年春工厂联席会议后有些厂在实行全面工资制以外，一般各厂皆未逾此原则范围。但实际上各厂支付工资则超过了这个标准。1943 年政府与总工会规定除实物供给外，最高货币工资以小米折算为一斗六升，而实际上是超过了它，以纺织工业中的难民纺织厂与边区纺织厂为例即可看出：

铁机织布：

难民工厂	每月织布15匹	工资1.59斗
	每月织布20匹	工资2.94斗
	每月织布24匹	工资4.64斗
边区纺织厂	每月织布12匹	工资1.93斗
	每月织布20匹	工资3.55斗
	每月织布24匹	工资5.53斗

每个工人织布到 24 匹，他的工资即超过了规定标准的两倍有余。

5. 工厂厂长联席会议以后的全面工资制

去年厂联会以后，为了使生产的数量与质量更加提高，更能发挥工人建设边区的热情，便在难民等厂试行了全面工资制。即将实物与货币的混合工资，按工人的生产技能与劳动热忱，一律以小米折成全面工资，规定了每织一匹布工人应得多少工资，多做多得，公私两利。这种新工资制实行的结果，不仅工厂的产量增加了，成本减低了，而且工人的生活更加改善了。

这里我们举难民工厂两个工人的例子：

李继华是打铁工人，由于全面工资多做多得的原则，他去年积极生产，工资收入 15 石小米。他去年支出了什么呢?

一套棉衣一石二斗

一件皮大衣二石

一条绒毡和背毡五斗

一双棉鞋二斗

两条毛巾五升

三双单鞋五斗五升

12 条肥皂一斗

灯油二斗

吃饭三石二斗

捐助拥军和帮助难民一石三斗

以上共支出九石三斗，尚余五石七斗。他今年计划除保证丰衣足食外，节约储蓄六石多小米，做到劳动一年余粮一年。

苏春田同志是织布工人，有老婆和两个娃娃，由于他们的辛勤劳动，实行多做多得的全面工资后，收入增加了一倍，去年除了全家四口丰衣足食外，还存了五斗麦子和一些布匹，买了三头猪，换了被面。他现在每月的生活计划是：吃白面 26 斤（合 30 小斤），猪肉 6 大斤（合 9 小斤），油 4 大斤，3 斗小米。他的老婆每月可络 120 斤纱，得 6 斗工资；他自已每月织 25 匹布，得工资一石一斗二升五合，两人全年共可得工资 21 石小米。大人小孩共吃用 15 石。计划喂 4 头猪，自己吃两口，种两亩菜解决菜蔬问题，计划向合作社储蓄 10 石小米，就是说劳动一年可余粮 10 石。

总之，边区工人的工资和物价的上升率成正比，是水涨船高的形势，这是新民主主义经济政策的胜利。

虽然如此，但现行工资制度，据主管工业负责人谈，尚有缺点，现在正在研究改善中，想在此次工厂代表会后，一定会定出更合理的工资制度。

6.1943 年丰衣足食下的工人生活

当全边区党政军均进入丰衣足食的境地时，边区工人的生活，也更加提高了一步，甚至于超过了1938年生活水平的9%到10%。这里我们举两个厂的例子：

化学厂：

	最高	最低	一般
工资	2.00斗	0.60斗	1.33斗
伙食	3.00斗	2.00斗	3.00斗
衣服	1.33斗	1.33斗	1.33斗
杂费(奖金)	0.88斗	0.88斗	0.88斗
合计	7.21斗	5.81斗	6.84斗

实验工厂：

	最高	最低	一般
工资	8.00斗	2.28斗	3.94斗
伙食	3.21斗	3.21斗	3.21斗
衣服	2.00斗	2.00斗	2.00斗
杂费(奖金)	1.796斗	0.298斗	0.715斗
合计	15.006斗	7.788斗	9.865斗

这是半供给性的公营工厂，在整个边区来说，还不是最高工资的工厂，但就现在一般的工资标准来说，与1938年（当时仍保持着战前的工人生活水平)时最高工资每月6斗相比较，还要高9%(以化学工厂一般工资每月6.84斗计算），若以去年实验工厂一般工人的标准9.865斗计算，竟超过1938年时的最高标准64.4%。工人平常的伙食也很好，如化学等厂每月吃7次馍，3斤肉（十六两秤），豆腐粉条8次，并经常改变饭菜花样。工人伙食规定是每月3斗，但一般工厂，均以本厂副业收入的一部分来改善工人生活。

（《边区公营工厂历年来工资及工人生活概况》，《解放日报》，1944年5月8日）

五、奖励劳动英雄，开展赵占魁运动

（一）赵占魁运动开展的经过与近况

改造边区工人劳动态度、提高生产效率的赵占魁运动，于 1942 年 10 月中由总工会提出，经边区各工厂响应而发动起来。但当时一般对于赵占魁运动的意义，还没有弄清楚，有的工人认为又是一种定期的生产竞赛，或生产突击运动；有的工厂并不重视，借口等待总工会的具体办法，或以为本厂生产效率已很高，或者以为标准太高，都抱着怀疑观望的态度。总工会虽派了人到各工厂去传达开展赵占魁运动的决定，但也只做一般的号召，而无具体的推行办法，使赵占魁运动不能普遍开展起来。

在去年“二七”前，赵占魁运动实际未在边区各工厂真正发动起来。在“二七”大会上，邓发同志对到会各工厂工人代表和工厂干部讲了今后开展赵占魁运动应注意的问题外，同日并在《解放日报》发表《响应生产号召开展赵占魁运动》的论文，指出在边区发动赵占魁运动的可能条件，与今后开展运动的方向和办法，从此赵占魁运动才开始进入另一新阶段。邓发同志又亲自指导中央印刷厂和农具工厂，召集两厂的党、行政、工会干部和积极分子谈话，交换开展“赵运”的意见，并具体帮助他们进行组织推动工作，帮助参加“赵运”的积极分子订个人生产计划。两厂经过积极分子的推动，于是全厂职工纷纷报名参加运动。两厂开展“赵运”的热潮，参加“赵运”的个人计划，农具工厂、中央印刷厂向边区各工厂的挑战书，均由《解放日报》陆续发表出来，引起边区各工厂很大的注意，如光华印刷厂即从生产竞赛转入开展赵占魁运动。

在三四月间，政府直属工厂在边府举行厂长联席会议，在这个会议上，邓发同志发表了对公营工厂党与职工会今后工作的意见，洛甫同志在他的发言中指出了公营工厂的性质与任务。各厂对于今后工厂行政、党、职工会工作，均有进一步的认识。在工厂联席会议结束后，各厂即分别进行检查工作，同时开展赵占魁运动。5 月 7 日，邓发同志又在《解放日报》发表《在公营工厂中如何开展赵占魁运动》的论文，具体指示开展赵占魁运动的方法，各工厂党政工作干部和全体工友们根据这个指示而积极动作起来。从此，赵占魁运动在边区各工厂才普遍开展起来，真正成为群众性的运动。

赵占魁运动普遍开展后，不仅掀起了全边区公营工厂的生产热潮，即私营炭窑与木工作坊也有热烈响应赵占魁运动的。甚至在敌后根据地，也因赵占魁运动的影响，在太行区即发动新劳动者运动，晋西北则开展了张秋凤运动。现在赵占魁运动已经成为各抗日根据地的新的劳动运动了。

现在全边区所有公营工厂都参加了赵占魁运动，报名参加运动的职工共1041人。在今天可以说：赵占魁运动已由普遍开展而进入巩固与坚持的阶段了。

（崔田夫：《一年来赵占魁运动的总结》，《解放日报》，1944年2月7日）

（二）赵占魁运动使公营工厂发生了巨大的变化

赵占魁运动在边区普遍开展起来后，为期仅仅一年，不仅提高了生产效率与劳动热忱，增加了产量，节省了成本，而且部分改造了思想和领导作风，并显著地改变了职工们的劳动态度，使许多工人对于自己的工厂有了正确的认识，能够自觉地来爱护自己的工厂，开始有了工厂主人的责任感，对工作也安心了，对工具原料和一切革命财产亦知道应当爱惜了，对劳动纪律亦能自觉地遵守，对损坏工具浪费原料不再熟视无睹了。由于有了这样的变化，使公营工厂的生产更有了保证，巩固了公营工厂发展的基础。现将各方面显著的变化分述于后：

第一，在生产上的变化为提高了生产数量，改进了生产质量，减低了成本，节约了生产原料，并保证了完成工业供给。尤以生产数量的提高，原料的节约有极显著的成绩。例如难民工厂的生产数量就逐月提高，5月份“赵运”开始，生产土毛布552匹，6月份生产650匹，7月份生产908匹，8月份则超出1006匹，而生产的人数和工具较前减少了10%。个人方面的生产效率，在“赵运”开展前，铁机平均每日织20.3码，现在平均每日织26.3码，提高了30%。木机在以前每日平均织11.7码，现在增到16码，即提高36%。王公武曾创造铁机每天生产41.1码的最高纪录。边区纺织厂开展“赵运”

虽较迟，但进步亦很快，8月份产布753匹，较6月份增加74%。边区被服厂，在运动前每机平均每日缝11.4套，最高19.8套，运动后如8月份平均每日缝16.15套，个人生产最高达30套。中央印刷厂各部门的生产率在“赵运”后均有很大的提高，排字部提高了36%，机器部提高59%。新华化学厂的肥皂生产每日产量如以去年1月份的产量为100，则4月份为145，5月份为146，6月份为151，7月份为183，8月份为224；而参加生产的人数反而逐渐减少，8月份比5月份减少职工25%。光华印刷厂4月份产量超过上月份的一半，5月份每人平均超过自己的计划25%，6月份特别着重质量，仍超过5.8%，7月份则超过27%。农具工厂在开展运动的第一个月产量平均超过31%。此外，新中国木厂过去做一张靠椅平均需16小时，现在平均需8小时20分，最快7小时，而且质量还较前精致。延安朱家沟炭工在5月份超过原产量五十余万斤（大秤）。

在节约方面的成绩，如难民工厂的废纱每天由8斤减为两斤。洗染毛毯由10个人用126.5条肥皂，在运动的第一个月，同样产量减为7个人，用84条肥皂。边区被服厂过去每码线缝16套，现在缝21套。中央印刷厂，过去每印1000张要损坏8~10张，现减为一张半到三张，同时修补破纸来用，在4、5、6三个月，共节省纸18000千张，值9万元；又由于生产率的提高，在保持原来产量下，抽出24人去做其他生产工作，这更是一个很重要的节省。农具工厂在开展“赵运”的第一个月，即节省碎铁400公斤，建筑工程费六万元，粮食一石。

由于产量提高，原料节省，使成本费亦较前减低了，例如每匹土布，过去合成本二斗九升（小米），现减为二斗一升，肥皂每百条过去需成本费一石二斗四升七合，现为九斗八升。

又由于生产量的不断增高，亦保证了工业品的供给，如难民、边纺所织出的土毛布，就能按照政府规定的任务及时完成，从而保证了去年政府机关人员冬衣的供给。

第二，提高了职工的阶级觉悟，劳动态度亦有很大的转变。上面所述的生产成绩，就是职工劳动积极性的具体表现。自赵占魁运动开展后，职工对于自己的工厂已有了进一步的认识，能自觉地来爱护自己的工厂。如农具工厂翻砂工杜如海，过去在工作中爱说闲话，串门子，在“赵运”教育下，他认清了自己为谁工作，改变了以前的作风，稍一有空就自动参加打铁组工作，不让一分钟白白浪费。中央印刷厂的排字工人由21人担任过去24人的工作，没有一个人把时间浪费在闲谈中，大小便的时间都挤到工作时间以外，打了的开水都忘了喝，大家一心想的是：“我的数量，我的质量。”难民工厂现在恐怕工人劳动过度，禁止工时以外做工，但木工组长王武宣在病假中仍到工房指导工作。新华化学厂刘其祥卸冷皂箱打伤了脚，悄悄包扎后仍照常工作，一星期后，组长发现他的伤口已化脓，叫他休息，他说：“没关系，快好了。”仍然工作。对劳动纪律也能自觉遵守，在各厂中无故迟到早退的现象已很少了，且有不少的人自动要求增加工时和义务工。工艺实习分厂6月份有54人共加工549小时，7月份有68人共加工812小时，又李凤刚、傅书俊等提出增加工时三小时。

不安心工作的现象大部分克服了，二流子工人也开始转变，好吃懒做的懒汉被看作是耻辱。如工艺实习厂，在以前有些工人不安心，不愿学习技术，认为当工人没有地位，要求调换工作，现在大部分转变了。如康有林工作不安心，怕困难，原料缺乏时不去利用零碎的材料，现在他表示今后一定安心工作，公家需要我干什么就干什么，能自动想办法去利用零碎材料，解决原料缺乏的困难。光华印刷厂制版工人崔文彦，受坏分子影响，不安心工作，现在他已了解，工厂是自己的，在大家面前保证：“一直到死绝不跳厂。”边区被服厂的著名二流子工人马沛霖，现在反省出：“我自进工厂以来，挂了一百多次病号，可是只有一次才是真病。”他要求订个人生产计划，在墙报公布，请大家帮助他，督促他。又该厂女二流子宋银花，一个月锁扣眼不到15件，在运动中经大家批评帮助，开始转变，现在自己订出计划每天至少锁15件。难民工厂的王凤仁每月最多织10匹布，有时只织四五匹，在工作中经常借口修机子，休机休息，在运动中也逐渐改变，他的老婆又向他提出竞赛，在7月份织到20匹，8月份织了22匹，中间还出过公差4天。

过去工人中的经济主义是相当浓厚的，为了工资曾发生过不少纠纷，现在工友们知道自己是为革命工作，不再计较工资了。难民工厂王屹厚是整经组长，在5月底结算工资，他的工资应得1200余元，本组其他同志也得千元以上，比起别组超出许多，他即召集本组工友商议："我们在公营工厂做工是为了革命，不是为几个工钱，现在咱们工资突出，要影响别组工人，对革命不利……"经一致同意自动要求工厂将整经工资标准提高到六匹半，于是将工资由 1200 元减为七百余元。现在中央印刷厂、农具工厂的工友们，有的把自己的工资提出 10%~40%，长期捐助工会作为文化教育经费，甚至还有不要工资的，如被服厂的张保全，他说："为革命工作，只要有吃有穿就好了，多拿工资也没有用。"经厂方工会领导同志劝他，只要努力生产，多拿工资把生活搞好些是应该的，但他仍然经常捐出工资。

赵占魁运动中，工人的行会主义思想也逐渐被清除了，阶级友爱增进着，职工的团结加强了。过去有些职员与工人间是有一条鸿沟的，职员看不起工人，不接近工人，而工人则把职员看作"当官的"。在运动中，发扬了民主与自我批评精神，职工间的隔阂打破了。过去工人与学徒的关系总搞不好，学徒不尊重师傅，师傅也不放弃"留一手"的老习惯。现在不愿把技术教会学徒的人已很少了，许多熟练工人在计划上订出要教会几个学徒，而学徒对师傅的态度也改变了，能虚心学习技术，尊重师傅。

工友间互相帮助、友爱的精神，在各厂对赵占魁因工受伤的热切慰问上可以表现出来。各厂工友一听到赵占魁因工受伤，入中央医院治疗，莫不纷纷捐钱送食品，并派代表前往慰问。被服厂工友一得到老赵受伤的消息，立刻就捐出 11000 余元，绥德各工厂亦来函电慰问，并捐助五千余元。在各厂中互相帮助的例子是很多的，如光华印刷厂工人范耀武送给学徒棉花费 200 元，帮助范培才中药费 50 元；又学徒李成银利用工暇，帮助工友打了几十双草鞋。残废工人马德仁见工人薛兆林的孩子病了，送给白糖一斤。他们不仅仅在工人中间是这样，当听到关中、鄜县的难民被反动派蹂躏，许多工友就自动捐助，如难民工厂工友捐助工资十一石六斗，边币 18770 元和一批毛衣棉衣等物，光华印刷厂工友也捐出 13000 元相助。

第三，政治觉悟提高了，保卫边区的热情增长了，能以自我牺牲的精神，努力生产，准备战斗。去年 7 月间各厂工友们自发地展开了募捐劳军运动，据 24 个工厂不完全的统计，共献金 120 万元，其中边区纺织厂即献金 35 万元，有 28 人捐出全月工资。化学厂职工捐出 7 月份的全部工资。各厂工友们在生产上表现的战斗热情尤为高涨，如中央印刷厂每个赵占魁运动者，都重新提高自己的生产计划，全厂职工提出生产率要比前年增高 50%，他们现在就不分昼夜，工作随时到来随时就做。被服厂工人即提出加紧生产、准备战斗，纷纷自动要求加义务工，全体职工一致通过每天除工作 10 小时外，增加义务工 1 小时，星期天只休息半天。边区纺织厂工人亦一致通过实行 11 小时工作制，其中 1 小时做义务工劳军，两周休假制。交通工厂亦决定取消休假，每天加工 1 小时。利华纸厂工友提出工作 12 小时。这些要求都由工友们一致决定实行了，他们都清楚了解，多生产一点东西，就多一分力量保卫边区。

工友们除了积极努力生产外，各工厂都成立自卫军，有些工厂的工友晚上站岗放哨保卫工厂，白天照常工作。化学厂女工组织看护队，学习看护知识。陶瓷厂工友成立输血组，到处充满了战斗的精神。

第四，工厂行政和党的工作提高了一步，职工会的工作也有新的转变，生活改善了，呈现出一番新气象。过去的工厂行政、工会与党的工作作风存在着严重的官僚主义，在赵占魁运动中，发扬了民主与自我批评精神，改变了脱离群众的错误观点。如难民工厂规定生产计划必须根据实际生产情况，并由下而上地讨论，使群众能彻底了解生产计划，完成自己的计划；并能倾听群众的意见，发挥群众关心工厂的热情，提高其爱护自己工厂的责任。

过去行政机构机关化，现在由于工作效能提高，逐渐企业化，比以前精干了，对劳动力的组织也比以前合理化了。如中央印刷厂即抽调 24 人做其他工作，生产标准仍未降低；化学厂工人减了 25%，不仅保持原有产量，而且还提高了 79%；被服厂裁剪房人数减少了 1/3，而产量增加了 1 倍。

工厂领导一元化也逐渐建立起来，党和工会也转变到团结职工在厂长周围，为完成生产任务而奋斗，一变过去工厂党和工会不过问生产只管党务与工会生活的错误了解，而以保证生产为自己的中心任务了。

职工会的工作，在赵占魁运动中也逐渐建全起来，能以保证生产与推动运动为自己的中心任务，和行政、党的关系也较前密切了，许多积极分子被选到工会领导机关，建立了自己的工作制度，能经常检查工会员的生产情况与劳动纪律，并领导讨论生产计划，帮助工人定生产计划，向行政、党反映工人的生产情况和意见，配合行政、党进行工人教育，出版墙报，组织时事政治报告，主持俱乐部，开展文化娱乐生活，并推动业余生产，改善职工生活。

各工厂行政、党、职工会均能在丰衣足食口号下，努力生产，改善了生活，又实行了全面工资制，多做工多拿工资，凡努力生产的工人，收入都比以前增加，如难民工厂工人每月有能得到一石小米工资的。现在各厂的伙食均已改善，如中央印刷厂每天有一碗豆浆喝，三餐一汤一菜，每周两次馍，每月四斤半肉。每年单衣两套，棉衣一套，单鞋两双，去年又加发衬衣一套，凉鞋一双，毛巾三条，肥皂每月一块，使每个人领到的工资简直没有什么用了。边区外面的工人正过着饥寒交迫的生活，对照起来真是一个在天上，一个在地下。（同上）

（三）开展赵占魁运动的经验总结

赵占魁运动收到了上述的成绩，是在党对生产工作的正确领导，从思想上解决了公营工厂行政、党、职工会间的问题，改造了工厂工作者的工作态度与作风，并经全体职工努力下而获得的。但工作中还是有许多缺点，如振华造纸总厂与分厂有一个时期没有发动群众参加这一运动，把整风和赵占魁运动分开来看，不能很好配合起来进行，反使产量锐减，阻碍“赵运”的同时开展。而离延安较远的工厂，如三边、关中、陇东、绥德等处多数厂还采取了短期的突击竞赛方式，或仍旧只有一般的口号，结果竞赛时间一过，运动就消沉了。又有些工厂忙于检查工作与整风，就放松了对赵占魁运动的注意，如边区被服厂领导上忙于审查干部，对赵占魁运动的检查就放松了。该厂马仁礼是个很好的工人，在裁剪房工作时参加了赵占魁运动，他的计划订着：“裁剪时不浪费一寸布，到年底要学会裁剪各种衣服的技术，学习识字，年底要会写信……”这个计划是很好的，但是不久他调做其他工作，原订计划已完全不适用，在学习上也因工作忙，没有进行。但经过了好几个月，没有人检查他，更没有人帮助他根据新的工作，改订新的计划，使运动逐渐表现停滞，已成为自流的现象。又有些积极的工人没有参加赵占魁运动，也没有人去吸收他们参加，有的参加了运动，没有什么进步也没有人过问，该厂一般生产情绪很好，如能克服这些缺点，成绩必定更大。

没有经常地深入检查和定期地总结经验是一般工厂普遍的缺点。如难民工厂虽然进行了检查，但仍多是一般的检查，很周密地具体地检查几个人或几个组在运动中发展的详细过程，他们还做得不够，因此，总结还不够深刻。但许多工厂，一般是没有检查的。又有好些工厂，个人计划订出来了，没有公布，或临时公布了一次，就收藏起来，使同一工作组的人，互不熟悉各人的计划，以致无从发挥互相检查、互相督促的作用。

此外，有些工厂对积极分子的注意和教育不够，没有经常关心他们，不断地帮助和提高他们，并注意发现与培养新的积极分子；同时注意了积极分子或参加了运动的人，而忽略了没有参加运动的人，没有去团结推动和关心他们，去发现其中的积极分子，吸收他们到赵占魁运动中来。

至于工会工作，还是落后于赵占魁运动开展的要求，还不能随时了解工人的情绪与思想动向，及时解决运动中的偏向，密切联系工厂党、政，加强工人教育。总工会在领导上曾派出一批干部到各工厂去帮助开展运动，虽曾起了推动作用，但由于他们能力与经验不足，又未能经常总结经验，迅速反映情况，以致在领导上未能做到随时具体指导运动的进行。

在赵占魁运动中，我们也获得如下经验：

第一，赵占魁运动所以能顺利开展起来，其基本原因，由于党克服了领导上、思想上的不统一，实行了领导一元化，加强或改变了行政领导。过去许多工厂不注意赵占魁运动的，今天也注意了。如难民工厂厂长吴生秀，中央印刷厂厂长祝志澄，化学厂厂长金直夫等，他们今天都重视赵占魁运动，所以他们工厂的成绩也较大。在生产管理上，提拔了一批优秀的工人干部，使生产管理日益改进，生产效率逐步提高。

此外，发动群众反对了工厂中的反革命分子，反对了官僚主义的工作作风和自由主义思想，纠正了工人与工厂对立的思想，克服了工人以过去对资本家的态度来对待自己工厂的错误态度。加以行政、党、工会的领导作风改进了，又发扬了民主，同时实行了计件累进工资制（多劳多得），发展了副业生产，改善了工人生活，实现了丰衣足食，又能改进工人的文化娱乐和教育，因而大大促进了工人的劳动积极性，又能及时配合当前的政治形势，引起工人的战斗热情，提高工人的政治觉悟，这也是赵占魁运动发动起来的主要收获。

第二，在领导上依靠积极分子，以个别推动一般，也是开展运动的基本方法。因工人的政治觉悟不同，如一开始即要求全体工人都积极地参加运动是不可能的，必须通过积极分子逐渐推广到一般人。同时每个参加运动的人，要根据本人情况订出自己的具体计划，只提出一般的口号与一般的生产计划，不能使运动深入与坚持。

第三，赵占魁运动是能最有力地打破过去教条主义的教育，使生产与教育密切结合起来，也就是最具体的实际教育。工人订立生产计划，即是最切实具体的教育过程，使他们了解全厂的生产任务和在公营工厂做工的意义，同时考虑自己所以能做与所应做的事情，把自己奋斗的目标意识化、明朗化，从不自觉的与半自觉的状态提高到自觉的状态。所以帮助他们订计划时必须加以提示启发，这是一种最有效的政治课。

第四，赵占魁运动是一个群众运动，领导上必须密切注意群众的生产情绪与意见，发扬民主，抓紧检查、督促、鼓励、竞赛，才能使运动不断向前推进。（同上）

（四）今后应如何坚持与提高赵占魁运动

赵占魁运动已成为新民主主义地区的新劳动者运动，普遍在抗日根据地开展起来。为使运动能坚持和日益向更高阶段发展，必须注意如下的几个问题：

第一，必须加强职工思想教育，提高其阶级觉悟，及时揭露与纠正错误的思想行动，肃清破坏分子，这是坚持与提高运动的基本关键。应使赵占魁运动与整风、反特务斗争密切配合起来。在进行教育上，应经常组织时事报告与讨论，研究党的政策，改善墙报编辑，成为真正工人的喉舌和批评的武器。

第二，必须进行经常的深入的检查和定期的总结，这是坚持赵占魁运动最重要的步骤。为使检查深入广泛，应使平日个人的检查和定期的会议检查，领导上的自上而下的检查和群众互相间自下而上的检查配合起来。领导上尤应注意研究几个人或几个组或一个厂在运动中发展的变化过程，总结经验，指导运动的开展。一般工厂应建立严格的检查制度，工厂行政和工会应按月将生产结果和赵占魁运动的优缺点做一总结并研究其经验。

第三，一般工厂已将运动发动起来，现应使运动逐步提高。每一个工厂应根据本厂的具体情形，定出每一时期的中心目标，使运动围绕着这个目标而努力，不分轻重缓急包罗万象的目标是要分散力量，收效不大的。如认为当前必须克服废纱的现象，即以节省废纱为中心，全厂各部门就围绕这一中心而努力，这样按期逐步随着中心目标而推进，容易看到显著的成绩，且可鼓励运动者的情绪。

第四，要坚持赵占魁运动，必须依靠积极分子与团结群众。积极分子是团结群众与推动赵占魁运动的核心，领导上应经常与积极分子取得密切联系，经常征求他们的意见，关心他们的活动，定期举行不拘形式的漫谈会，了解情况，交换意见，研究办法，这也是培养积极分子的一种步骤。此外，对于未参加运动的人，尤应团结他们，发动他们参加检查与批评参加运动者之工作，吸收其中积极分子到运动中来。

第五，要坚持赵占魁运动，有赖于领导上的密切联系群众和高度的政治责任心，必须建立与发扬民主的、积极负责的工作作风，改善各种制度，继续研究工资制度，使工资制度更加合理化，关心工人生活，在多做工、多享受的原则下，使丰衣足食的生活更有保障。

第六，职工会应努力改善自己的工作，在推动“赵运”过程中，应时时注意运动的偏向，研究工会工作，使自己的工作能随着运动提高起来；并注意活跃文化生活，加强工人教育，解决工人困难问题，这是使赵占魁运动能顺利开展的重要条件。

（崔田夫：《一年来赵占魁运动的总结》，《解放日报》，1944年2月7日）

怎样才能使“赵运”继续发展和坚持下去呢？

1. 必须改造一些工厂领导干部的思想作风，克服官僚主义。对于交通、纬华、工艺实习等厂应进行彻底检查，开展批评与自我批评，以便发动群众的积极性、主动性，提高生产热忱。我们必须认识群众运动是不能强迫的，而应依靠群众的自觉性，掌握积极分子，形成核心骨干，带动群众行动起来。因此，必须倾听群众的意见，尊重群众的经验，注意群众的利益，并经常关心群众的生活，特别要经常检查伙食，保证生活能维持一定的供应标准，经过群众去监督和改善伙食，同时还应帮助职工解决日常困难，以及配合文化娱乐，使全厂职工维持正常的高度劳动热情和产量质量标准。

2. 党、政、工必须一致行动。“赵运”的领导主要责任应放在厂长身上，单纯委托工会或“赵运”委员会领导，厂长不积极指导这个运动，则“赵运”是不能发展和坚持下去的。厂长如果是党员应领导支部动员党员在运动中起模范作用，指导工会去动员群众积极参加运动。此外，厂长应有计划地组织原料，保证生产能够继续。总之，党、政、工必须密切地配合起来，才能使运动坚持下去。

3. 今年“赵运”计划的中心内容，应是发展产量，改进技术，提高质量，改造思想，节约储蓄。但在产量已达到一定高度标准的工厂，如中印、难民、化学、边纺、被服等厂，就应强调提高质量；产量还很低的工厂，应强调提高产量与质量。这是我们开展和坚持“赵运”的奋斗目标。

4. 在运动中应特别注意团结有技术的老工人。过去对老工人的技术重视不够，甚至因为他有保守技术的思想和不喜欢活动而轻视他们，不耐心帮助他们打破保守思想。今后，只要他们把技术贡献于生产中，就是少参加活动也是可以容许的。此外，还要吸收职员到运动中来，勿使他们站在运动的圈外，才能使“赵运”成为全厂职工的运动。

5. 各厂不仅要有“赵运”计划，而且一定要有检查，各工厂应有部门计划与个人计划，个人计划要依照部门计划，加以具体化，个人计划应配合小组或部门来竞赛，发挥互相检查督促的作用，由个人竞赛推进到部门的竞赛。经常总结和交换经验，使运动更向前推进一步。在竞赛过程中，必须经常检查督促每个人计划执行的程度，并在实践过程中随时修正和补充。在执行计划过程中，尤应注意及时表扬好典型，批评落后的典型。批评是为了教育，赏罚必须严明，无论奖励和处罚必须经过群众路线，要经过民主讨论。对运动中有创造的职工，应有精神的及物质的奖励，如有特殊创造的，更要及时嘉奖；如全厂普遍提高了生产，节约很多，则在一定时期应给予普遍的奖励，以鼓励工人群众的生产情绪。

6. 要使“赵运”坚持下去，必须使生产运动与政治教育、改造思想结合起来，在生产中锻炼工人思想。在工人中发生的问题和一切不正确的倾向，应及时进行教育和纠正，克服雇佣态度和技术宗派思想，行会主义，使工人认识工厂与工人的利益是一致的，使工人贡献其劳动力和技术来提高产量质量。对于劳动英雄必须特别加强其教育，使群众中的积极分子不仅成为生产中的劳动英雄，同时是团结群众的骨干。领导上应与积极分子保持密切的联系，经常召集积极分子座谈，提高与教育他们，只有这样才能形成群众的核心，才更能团结群众。对于运动中的落后分子，应与他做个别或集体谈话，进行耐心教育，必须纠正过去讨厌他们的错误观点，如能争取其进步，这对一般群众的影响是很大的，并可克服“比上不足，比下有余”的思想。

（《赵占魁运动材料之二》，1944年5月1日）

六、团结知识分子，发展科学技术

（一）积极培养专门技术人才

培养大批技术干部，这不只是边区自然科学研究院的任务，而且是各个工厂的任务。各工厂应加强对于工人的政治文化和技术的教育，并把成绩特别优秀的工人，培养成为工程师，我们的工厂，同时也是职业学校。我们更热忱地欢迎边区以外的工程师和各种专门家，以及熟练工人及学徒大批到边区来工作。

（朱德：《论发展边区的经济建设》，《新中华报》，1940年10月13日）

本局为培养工业技术人才，遵照建厅指示，创办工业职业学校。2 月开始筹备，5 月初已招收学生三四十人，开始正式上课。当时该校一切费用，除粮食外，全部由本局开支。从 7 月起与农业学校合并，改称职业学校，交建厅直接领导。

建立纺纱实验馆及工具修理部——原为研究纺纱，因物价高涨，预算不足，改变为职业学校实验工厂，建立纺纱实验馆及修理部，同时拟借以进行改进纺织业的试验工作及便利他们修理工具。

（《工业局1942年上半年工作报告》）

附：陕甘宁边区职业学校招生简章

一、宗旨：培养技术人才，发展边区经济。

二、分科：共分 7 科，设于各公营工厂及适宜地点。

甲、机械科——设农具工厂。初级二年，高级二年。

乙、化学科——设新华化学厂。初级二年，高级二年。

丙、纺织科——设难民纺织厂。初级一年，高级一年。

丁、制革科——设兴华制革厂。初级半年，高级半年。

戊、造纸科——设振华造纸厂。初级一年，高级一年。

己、土木工程科——设延安市。初级二年，高级二年。

庚、商业贸易科——设延安市。初级一年，高级一年。

三、各科主要课程：（国文、数学、政治常识为共同课程）

甲、机械科——物理、机械学、材料学、机械画、工厂管理、机械制造、机械制造实习。

乙、化学科——化学、化学分析、化学制造、工程画、工厂管理、化学制造实习。

丙、纺织科——物理、纺织学、染色学、工程画、工厂管理、纺织染实习。

丁、制革科——化学、制革学、工程画、工厂管理、制革实习。

戊、造纸科——化学、造纸学、工程画、工厂管理、造纸实习。

己、土木工程科——物理、土木工程（道路、桥梁、建筑等）、测量、水力水利、材料学、工程画、工程实习。

庚、商业贸易科——簿记、商业贸易、银行、工商管理。

四、待遇：衣食文具完全由学校供给，酌发津贴，毕业后自谋职业，或由学校介绍职业。

五、资格：初级学生须小学毕业或有同等学力者，高级学生须初中毕业或同等学力者。

六、年龄：初级学生 15 至 20 岁，高级学生 16 至 25 岁。

七、名额：每班暂定 10 至 30 名。每班招足 10 名时即分别开课。

八、考试：国文、数学、政治常识，随到随考。

九、考试地点：延安边区建设厅，绥德专员公署。

十、附注：凡有关本校询问事项，直接与边区建设厅接洽。

校长

1941 年 6 月

（二）号召一切工业技术人员，回到工业战线上来

西北局、边区政府及留司[①]于 5 月（1944 年）26 日，假交际处举行技术人员座谈会，到会的人员有各厂工程师、技师沈鸿、陈振夏、钱志道、林华、尹希圣、朱次复、华寿俊等，及工业机关人员五十余人，李副主席、陈云、邓发、贺龙、贾拓夫、甘泗淇、高自立、李强、霍副厅长等亦出席。这一个很有意义的集会，是在热烈、融洽及对边区工业建设充满无限信心的气氛中进行的。会议上，这一群创造边区工业有很大功劳的工程师、技师，互相交换了经验，提出了克服困难改进技术的办法。概括起来，其主要内容有三：

第一，号召边区一切有工业技术和学习过工业的同志，回到工业部门中来，发起工业战线上的归队运动。沈鸿同志首先提出这个意见，他说他很早就感觉到，在边区有一批有工业技术知识的同志，他们的岗位不在工业部门，这种现象在目前实现工业品全面自给的时候，应该改过来，把这一批专门家吸收进来，我们的全面自给就有了更大的保证。屈伯传同志提出，请西北局做出决定，号召所有技术人员、熟练工人，参加到工业部门中来。刘向三同志也提出，在他们艰苦创办炼铁厂的过程中，深感到技术人员的缺乏。这些意见，立刻得到了大家的赞同。陈云、贺龙、贾拓夫、甘泗淇等同志，均认为应迅速集中专门技术人才分发到各部工厂中。陈云同志谓：整风以后，绝大部分同志轻视经济、轻视生产的观点，已大大减弱和消除了，因此，现在我们有条件发出一切技术人员回到工业战线上来的号召。贺龙同志并主张马上调集一批专家，进行矿产研究工作。贾拓夫同志说：今后的工业建设，具有决定意义的是人的问题，这是扩大我们工业阵容的基本条件。他提出了三个意见：1. 登报号召所有技术人员参加工业生产；2. 各个支部进行技术人员的调查工作；3. 到会的工程师、技师把自己知道的技术人才登记起来。

---

① 八路军留守兵团司令部

贾拓夫同志的意见提出后，会场上就纷纷地进行了登记工作。

第二，在现有的基础上，提高技术，增强效率，以保证两年边区工业品的全面自给。这个问题，大家发表的意见很多，归纳起来，大致可以分为三项：1. 抓紧现有生产工具加以改造，如朱次复、陈振夏等同志提出改造七七纺纱机，利用水力为动力。2. 有计划地组织一批研究地质的同志，成立一个开采队，规定一定任务，在边区境内进行铜矿、银矿等考察工作。3. 江泽民同志提出，关于技术研究工作，应设专人负责，其方针为分散经营，集中讨论。

第三，规定机器化学等工业部门主管机关，与纺织火柴等工业部门主管机关，在原料、技术的供给与配备上，要实行互助，尤其在原料上，要互相提出保证，确定时间，准时交货。会议上规定机器化学等工业部门主管机关，要供给出一定数量的氯酸钾、磷、胶、灰生铁、土熟铁、焦炭、蜡等原料，而纺织火柴等工业部门主管机关，则需帮助采购大批木炭，组织红炉工人打铁，收集破铜，收买土硝等。这个办法实行以后，在原料的供给和配备上就可得到保证。

除了上述而外，贺龙同志并提出每一类工业，都要创造出一个模范工厂，大家跟着它走，它是这类工业中的领袖厂。……李强同志说：今后技术研究工作的重心，应放在自然科学院。最后沈鸿同志提议：对工业技术有兴趣的同志如果条件允许，也欢迎他们到工业部门中来，对于在技术发明和创造过程中，感到经济困难的，贷予互助金。

（《号召一切工业技术人员回到工业战线上来》，《解放日报》，1944年6月4日）

（三）边区模范的科技人员

1. 模范工程师沈鸿

工艺实习工厂模范工程师沈鸿同志，浙江人，年 39 岁，幼年家贫，小学未能毕业，于 1919 年到上海虹口区的一家洋布店里当学徒。布店附近有几家机器厂，他常在晚上跑去察看，于是对机器发生了爱好。那时他就一面做工，一面很刻苦地自学。开始，他从当时《申报》的副刊《常识》上吸收了一些科学常识，自己产生了“工业救国”的理想，随后下决心研读一些数、理、化及其他自然科学的书籍，这是他后来自学机械的一个基础。

关于机械的初步知识，他最初是从《申报》的《汽车增刊》上得到的，接着他又买了几本讲修理汽车方法的书籍，在夜里店中人都睡静了的时候，仔细阅读。白天一有机会，他就溜到那些机器厂的门口去，看他们实际上是怎样修理汽车的，用这种方法来改进他从书本上学得的东西，从而获得许多新知识。

他读书范围很广，除关于机械的书籍外，他还读了大量别的书籍，也读了一些社会科学书籍，其中有一本是关于苏联的五年计划，还有一本马克思传。

在洋布店里工作了 12 年后，约当他 26 岁时，脱离了洋布店，和他几个朋友共同筹到 5000 元，开办了一个小机器厂。开始时，他自己在车床上做工 4 个月，以后他保持着这个作风直到现在，有好多工作他喜欢亲自动手。第一批制成的是锁子，幸而都销出去了，于是该厂就逐渐扩大起来。到 1937 年工厂已由开始时的五六个人增加到三十几个人了。在这过程中，他自己也掌握了各种技术，成为一个卓越的技师。

那时候，他即抱有一种民主思想，痛恨军阀，痛恨内战，对进步势力则寄予很大同情。有一次，他在一家机器行里看见几部苏联机器，非常坚实，非常漂亮，和美国货差不多。他很惊讶，心想：一个国家在短短的二十几年内工业上能有这样的成就，真是不错！如果中国也变成了那样，我的技术一定有用，我就诚诚恳恳地为它做工。

抗战开始不久，他把一部分机器迁到武汉，想为抗战尽力，向当局要工作。但没有人理睬和帮助他。随后，他终于找到了尽力抗战和能够发挥技术特长的地方——陕甘宁边区。1938 年 2 月，经过了相当的困难和艰苦，他把十部机器同七个工人和学徒带到了延安，开始为八路军、为抗战服务。

几年来，他的工作已经有了不可磨灭的功绩。在他来边区以前，除延长煤油厂有很少几部机器外，边区内是少有机器的。他来后，就改变了这个情况。他带来的十部机器都是“母机”（车床、刨床、铣床、钻床等），是制造机器的机器。于是以这十部机器为基础，开始制造出一些适合边区条件的、易于搬运的新型母机，陆续又制造了各种机器，配备了许多工厂，帮助了边区工业的发展。这些机器如：印刷厂的油墨机，纸厂的造纸机，制药厂的压片机，煤油厂的炼油设备，以及边区某些工厂的各种机器，主要都是经过他设计，直接间接地从他带来的母机上生产出来的。而他更大的贡献，还在于帮助了八路军前后方修械所的装备，便利了八路军在前方作战。但当别人问到他的工作成绩时，他总微笑着回答："算不了什么！这一行我懂一点，当然可以做一点事，但这还是靠大家，我一个人一个脑袋两只手，能做出好多事来?！"

他的工作态度，一贯是谦虚、积极、负责。他每天工作起码 12 小时。在今年开始炼铁时，整整有两个月没有好好地睡觉，晚上上床常是不脱衣，稍稍躺一会儿，精神恢复了一点，一翻身又起床工作去了。

他在技术上有很多创造，做任何工作都服从实际需要，不从个人的爱好出发。除了工作外，他还很热心地教人。几年来，在他和别的同志努力之下，把工人和学徒的数、理、化知识提高不少。他常说："技术不应该保密起来，厂里懂得这样技术的人越多就越好。"

针对着一些空洞而不切实际的所谓专家的工业计划，他对制造产品的标准有这样的三个主张，就是：① 经济（指要成本低）；② 效力（指要耐用）；③ 时间（指制造的时间要短）。他极反对有些知识分子、专门家之不与实际结合，他认为知识分子、专门家一定要和实际结合，踏踏实实为人民大众服务，如果不这样，照他的说法，是缺乏一种"利他主义"精神。提到这样的人，他止不住愤慨地说："我对这样的人是很恼火的"！

这个瘦小而有精神的模范工程师，他的衣服，他的手，和工人一样沾满了机器的油污。新机器制造成了，他一定要守在旁边，长期观察它有没有毛病，以便改正它。工人向他学习技术，他就亲自跑到机器旁边去耐心地教他们，这也是使跟他学习技术的工人迅速进步的一个重要原因。

（《模范工程师沈鸿同志》，《解放日报》，1944年5月10日）

2. 模范工程师钱志道

工艺实习厂模范工程师钱志道同志，是理论与实际结合的模范，在他的坚毅努力与刻苦经营之下，奠定了边区基本化学工业的基础。他与沈鸿工程师合作，设计了制造这基本化学工业品所需的机器，现已完成了初步的装置，产品的质量正逐渐提高，在数量上也能供给边区工业上的需要。由于他不断地努力，就使其他好几种重要化学品也都制造成功。这些贡献都是很大的。

钱工程师为人很刻苦，不计较生活上的小问题，为工作他时常忘记吃饭和睡眠。埋头工作，从不为自己的私事浪费时间，数年如一日。在制几种化学工业品的过程中，他不顾艰苦与危险，亲自动手，别人称他为“三不怕”，即不怕脏，不怕臭，不怕危险。

他很虚心，肯接受旁人意见。他原来没学过机械，但常与沈鸿同志共同研究，解决了许多化学机械上的困难。对工作，他最反对拖延，自己能以身作则。

他对工人与学徒的学习帮助很大，特别是在提高他们的科学技术基本知识上尽了很多力。他惯用具体教材教人，讲到某类科学技术课目时，他就把制造这些东西所需的某些器材拿出来，一面做，一面讲给工人听。因此工人容易懂，受益多。现在他领导的那个部门的工人全部都是他一手训练出来的。另一方面，他对工人工作的检查也很严格，做得不合标准的活常叫再做一次。每晚临睡前，他都要到工厂各处巡视一周，怕因疏忽发生意外。这次他来延安出席工厂代表大会，惦记着工厂，还经常托人捎信回去指示厂内工作。

钱志道同志原来是专学理论化学的，曾在浙大化学系毕业。毕业后留校任助教一年，在南京中央化学研究所工作一年，在太原理化研究所工作半年。在学校及工作当中，他多半时间都是埋头在书本和试验室里，很少与实际接触。抗战爆发，他正在太原研究防毒面具。十月太原危急，去开封，经友人介绍到当地防空处做视察员。这是一个拿干薪不做事的空名义，他怀着的满腔抗战热情被泼了一瓢冷水；又看到当地军政的许多黑暗和腐败现象，很苦闷。他曾考虑到来延安。1938 年春，他见到新华日报登的八路军为防毒募捐的启事，心想八路军既需要防毒工作者，自己如去延安，所学的定会有用，于是下了决心来延安。

到延安之后，为了服务于当前实际工作，他改变了过去所学与所用脱离的研究方面，把自己的科学知识用到边区所急待发展的基本化学工业上来。

这样，他就由一个研究纯理论化学的专家，变成一个基本化学工业的模范工程师了。

（《模范工程师钱志道同志创立边区基本化学工业》，《解放日报》，1944年5月16日）

3. 模范厂长陈振夏

与石油厂近几年来的发展不可分的陈振夏同志，在早年便是一个工程师和革命者。他出身贫苦，幼时曾在上海模范工厂当过练习生，前后三年间，他体会了中国工人生活的种种痛苦。大革命时上海五卅罢工，陈振夏同志在中华电器制造所工作，便领导该所罢工，当选为罢工委员会主席。正当斗争激烈时，他被日本帝国主义所收买的流氓工人用斧头砍伤，拘禁在警察所里。释放后在招商局工作，做过工程师和机轮长。因为种种爱国的行动，他便被人当作“危险人物”。1938 年来边区石油厂工作。

当陈振夏同志到油厂时，油厂已荒芜了很久，大部分机器都失落在周围百十里的老百姓家里。陈振夏同志便和老工人一起，沿途到老百姓家里去收集，不知费了多少心血，才拼拼凑凑地装起一些必要的器材。但当时经费困难，他们计划打的新井开工后不久，便因为缺少燃料而停工。这时陈振夏同志便和工人们一起上山砍柴、开荒，解决燃料和粮食问题。他白天和大家一样工作，晚上回来，还要修理机件。这时候的新井时打时停，直到 1939 年的 8 月，才打了 200 公尺。但是当时井里的水很旺，用铁管来套也套不住。没有出油，许多人都失望了，还有人泼冷水说：“美孚公司都做了结论说没有希望了，我们这样简陋的技术，不更是白费！”但陈厂长却不灰心，他一面根据老工人的经验，一面找懂得地质学的人来研究，到那年的 12 月底，把机器移到城外附近，再打新井。新井终于涌出了油。这是陈厂长和全体工人几年来艰难奋斗所取得的第一个胜利的成果。人们都说：“这个井是油厂起家的井”。从这时起，油厂的经费才有了着落，油厂才得以不断地发展。

但在这里，不是没有经过严重的斗争。当新井第一次出油时，有一部分人极力主张让油留在井里，不把它提出储蓄起来。但根据过去的经验，井里的油如不继续抽出，便会停止它的来源的。因此，陈厂长当时便坚决地拒绝了上面错误的主张。这斗争的结果，使抢救出来的油，能够维持边区的需要。

陈厂长常常喜欢和工人一起工作，在夏天天气很热的时候，他还钻进煤油锅去铲锅巴。有一次深夜，工人报告 × 沟的机器坏了，陈厂长赶快起来，一个人拿了根棍子便前去修理。陈厂长表现得很谦虚，他常表示自己对开采石油原是一个外行，他说："我的老师便是那些老工人，他们的经验真丰富呢！"

陈厂长很关心工人们的生活。工人李长青为了补助自己家里的生活（1940年经济最困难时），开了荒种下了糜子、萝卜。当糜子成熟时，李却因公远出，家里只留下婆姨和小娃。陈厂长便发动了一部分工人，把李长清种的糜子割下，打好后送到他家里去，萝卜也收下送去了。这件事使李长清很感动，他决心要在石油厂干一辈子。

陈厂长的身体本来很好，但因几年来不顾一切地操劳，逐渐衰弱了。医生曾经证明他需要休养，而他还是坚决继续工作。今年他自己还买了棉花，做了纺车，利用工余时间纺线。虽然上级首长写信要他注意身体，但陈厂长却时时只想到工作和生产。

去年陈厂长曾经领导工人在加义务工的时间中，从废井中起出 20 多个套井里水用的铁管，一个有六百多斤重，是美孚公司丢弃的。

陈厂长并不是一个共产党员，但他的为革命、为边区经济建设而奋斗的热情，是值得我们每个共产党员和非党的革命者学习的。他是一个光荣的非党的布尔什维克！

（《模范厂长陈振夏同志创建煤油工业成绩好》，《解放日报》，1944年5月18日）

七、与厂外协作，搞好副业生产

（一）组织社会劳力，开展副业生产

我们是在生产力非常落后的小农经济环境中建设起公营工业的，那么，

我们设厂的原则一般地说应是在地域上“分散”的，而不是在地域上“集中”的。这是因为：第一，交通运输极端困难之下，生产诸因素（原料、助料、生活资料、劳动力等）均是四处分散的，不能也不利于集中一地。比如我们不可能统统运集绥德分区及东三县的棉花和棉纱及三边分区的羊毛和毛纱来延安集中设立纺织厂，也不能运集全边区各地的马兰草、麻绳头等造纸原料在延安集中设造纸厂，都是因为我们没有现代化的交通网将四处分散的原料集中起来使用的缘故。原料如此，其他的生产因素也是如此。同样，由于交通运输的困难，工业品的市场也是相互隔离与分散的，如若集中一起，销路顿成问题（延市大车业的生产过剩，也和这原因有关的）。第二，商品经济极不发达，周围农民及手工业者，除自给外，所能抛售于市场的生产各因素（原料、助料、生活资料、劳动力），亦是很稀少很微弱，也不符集中设厂的需要。因此，我们提倡工厂就原料，就劳动力，就需要（销路），提倡“分区自给”，提倡在地域上分散设厂。

过去曾有过一部分同志，妄袭先进工业国度的公式，提出“建设大工业区”的计划，将高桥川（安塞）划为工业区，就是因为不懂得我们是处在生产力极端落后的小农经济环境这个根本特点的缘故。

但我们的公营工业基本上是供给性的，因之，它又不能不随着机关、部队、学校供给需要的相当集中而适当集中。例如机关、部队、学校相当集中的延安市区，即集中有近 30 家工厂，几占全边区工厂总数的四分之一。在规模上说，各厂职工人数平均有 60 名，还有六分之一工厂是在 100 名以上的。这除了因为供给上需要相当大量和集中外，大规模的经营也是比较有利的。

一方面，从供给需要（及大经营在一定程度上较有利）出发，要求我们设厂在地域上和规模上的一定程度的集中，不能单纯地一味地分散；另一方面，生产力非常落后的小农经济环境，又担负不了这样一定程度的集中，而要求尽可能地分散和缩小规模。在这个矛盾底下，我们的实际工作中就发生了许多困难，而要求我们寻找克服这些困难（矛盾）的办法。

根据长期摸索出来的经验，这种克服困难的办法有两个：即利用厂外劳力，特别是经营副业。

利用厂外劳力，即是将一定原助料生产与附产品生产，甚至生产过程中某一段从工厂中分化出去，利用厂外劳动力生产。

第一种，原助料生产方面的：例如振华总厂需要上等石灰作（造纸）助料，但市场远而且买不到好的，于是由厂方出部分工具及借粮，并派一人指导，与两个群众（难民）合烧石灰，包烧20万斤（够一年用），按月交清，工厂给予略低于市价的价款。例如难民工厂织毛呢，需要劲大的经纱，于是拿出一部分资本和毛毛匠工头合设作坊，由工头去警区招收一些不熟练的工徒，包纺出一万斤毛纱。又如许多纺织厂，假使不去组织家庭妇纺以获取原料，而由自己搞成庞大的纺织厂，则工人之难集中与不合算，必不堪设想。还有如新中国鞋厂叫老百姓搓麻绳给工钱也属这一类。

第二种，附属品生产方面：例如后勤制革厂在制革过程的预备工序中堆下很多乱毛，这些乱毛经洗干后是可以利用的，它就和民间毛毛匠订下合同，规定若干数量的毛换取若干数量的毛口袋，而工匠则将毛手工捻成线与织成毛口袋，向市场出卖，并将一部分给制革厂算作换毛的代价。

第三种，将生产过程中某一段工作分出去，例如火柴厂提高产量后，糊盒子已供不上，于是分发给机关工作人员糊，只需付出工资，即能保证盒子的大量供给。

这样利用厂外劳动力的形式，是包含着深刻的社会意义的。本来，资本主义社会里，工厂也常常利用厂外劳动力；但它不是因为劳动力不足或其他原因，而是为了更多的剥削，叫作“血汗制度”。而我们这样做，意义是完全不同的。

就工业发展的历史过程来说，一般的过程是家庭副业——师徒关系的手工作坊——手工工厂，在这过程中，自然经济向商品经济转化，农业的家内劳动逐渐转化为雇佣劳动。而我们边区，则缺乏此种过程，而一下子就发展相当集中的手工工厂，因之，发生劳动力、原助料供给的困难。前述各例，正说明它们是做对了，它们正反过来补救：即培植家庭手工业与私人师徒关系手工作坊，以围绕在自己（工厂）的周围。这不仅解决了公营工厂的困难，而且促进了民间工业的发展。配合着“组织起来”的劳动互助运动，我们将在工业落后的边区，依靠代表工业历史过程的一系列的工业合作（县、区、乡合作社组织妇纺，改造师徒关系作坊为合作坊等），迅速发展起工业来。

经营副业，更是为着解决上述落后小农经济环境所加于工厂的各种困难的。

第一，它相当解决了小农经济环境中生活资料和部分原助料（原助料生产，如前所述，应尽可能分化出去）供给的困难。比如难民工厂曾有过六百多人，等于一个小乡的人口，要是自己不种菜、养猪、开磨房、开豆腐房，周围老百姓根本无法供给（它还和制革厂、振华总厂住在一条沟里），所以过去只能吃些干菜清汤，极其清苦。又比如各厂都需要大批木炭作为冬天烤火或其他工业用途，周围老百姓同样无法供给。这些，如果都到远处收买，其困难和不经济是不言而喻的。经营副业就能克服这些困难。如难民工厂去年经营副业的结果，就供给了全厂三个月的粮食，七个月的蔬菜，77% 的白面（36000 斤），55% 的肉类（3800 余斤），22% 的马料以及全部的草，今年预计要做到蔬菜全部自给，粮食亦生产一半。如中印厂（去年一年中，下同）解决了全年的蔬菜与烤火木炭，振华总厂解决了九个月的蔬菜和四个月的马草、马料，被服厂解决了一个半月的蔬菜，边纺厂解决了五个半月的蔬菜和全部吃面及浆纱用面，化学厂解决了三个月的蔬菜，制革厂解决了六个月的蔬菜，茶坊工厂解决了两个月的肉食，……可见副业确实部分地甚至在某些方面全部地解决了工厂生活资料的困难问题。

第二，它相当解决了财政困难条件下工厂资金的困难。比如振华分厂，1942 年间因财政厅多月不发经费，逼得将毛驴子等财产都变卖了。今春各厂都被停发三个月的经费（制造费），有些没有建立家务（主要即副业）的工厂（如军工局陶瓷厂、卫生材料厂等），就发生了停工的危机。……我们强调财政厅照顾工厂生产，是一个方面；工厂也应自力更生应付意外，又是一个方面。所谓自力更生的主要内容，就是经营副业。比如难民工厂几年发展副业中已建立了近千石细粮的副业家务，光去年一年中，粮、菜、肉、料、草、面六项收入 247 石余，消费社、粉房和粮店的纯利又有 100 石余。所以今年三个月不发制造费，该厂生产并未受影响，过旧历年时厂方以“米票”发工资，工人就可以在合作社（厂内）廉价换取米、面、酒、肉等日用品。又如中印厂动员职工进行集体劳动，打土墙、砍木料、打窑、修俱乐部等，即为公家省了四百余石小米及盖大礼堂木料的开支。被服厂也就是靠职工合作社资金的周转，勉强渡过了春季制造费停发时的困难。这些统统说明经营副业对于解决财政困难的重要。

第三，它能相当改善工人生活，帮助工人建立家务。因为生产力低，工厂初创基础不大，需要积累，所以工人所得工资（以平均每月得八九斗计）平均至多只能养活两口人。加之财政困难经费往往不能如期发，也影响到工资往往不能如期发，像今春各厂所普遍发生的那样。为了保障和改善工人生活，建立工人家务，光凭工资显然是不成的，还必须借助于经营副业。例如茶坊工厂去年搞运输，捎卖粮食赚了50万元，买了20石麦子改善职工生活；被服厂今年成立的职工合作社，吸收了工人数百万元股金，边纺、难民等许多厂都同样吸收了工人中大笔游资，保本生息，大大帮助了工人建立家务。

第四，它还相当地补足了部分工厂生产的不经常性。因为生产力落后，有些工厂的业务是不经常不充分的，比如抗大印刷厂往往没有活做，光华印刷厂更是如此（因性质特殊）；被服厂女工锁扣工作，平时就用不了原有那样多人力，但如精简掉，则赶活时又来不及；皮革厂因原料限制，每日只能做八小时工，而化学厂还有难民厂、边纺厂等因原料不济，被迫停工一个月，或几个月，或陷于半停工状态。这样，如果不设副业（如被服厂即叫女工纺纱，抗大印刷厂即种地等），以作有计划地配合调剂，那么生产力的浪费是太大了。

然而经营副业如此重要的意义，并不被所有同志所认识，加以应有的重视。当去年厂联会上强调指出此种重要性时，还有部分工厂同志强调自己的特殊性，认为副业对于他们的一部分工厂不可能发展，也是不必要发展的。从后来的事实看来，这种认识是有些转变了，但是并不普遍和彻底。有些工厂至今仍空空如也，结果吃亏的还是自己。我们必须重复指出：这是在供给报销制度下养成的“眼睛向上”缺乏自力更生的惰性作祟之故。

就今天副业的发展程度说来，都是远落在需要之后。即令副业的历史最久、规模最大的难民工厂，距自给还是不够的。因之，还必须号召放手大量去发展，今天绝不是怕“过火”了的问题。自然，曾有个别工厂（如难民工厂）在今年初发动个人农业生产时，因组织不完善（如未规定生产时间，和公私分益比例等），曾发生了过分积极、妨害正业生产的过火现象。后虽纠正，而我们仍应引以为戒的。因为根本说来，经营副业是为了正业更好地发展，而不是起相反的妨害作用。

（中直经济问题学习班：《边区公营工业的发展》，1944年10月）

我们的工厂是办在远离市场的山沟里，交通不便，运输困难，不易供给职工日常生活的需要，以及原材料的经常供给等，如果只搞正业，不搞副业，根据过去的经验，就会影响我们工厂的正业生产。

第一，保证工厂物质生活的供给。难民工厂过去曾有过六百多人，等于一个乡的人口，如果不自己种菜，周围乡村亦供不上，就会没菜吃。难民工厂的副业，主要便是根据这种实际需要而逐渐建立与发展起来的，比如为了要解决吃面、吃豆腐的问题，就要搞磨房和豆腐房，现在各厂的副业，主要的便是解决全厂吃菜及马料问题，以保证全厂物资生活上的供给。

第二，解决原材料的困难。比如工厂的木板木炭，如果自己不搞，就买不到那样多，没有这样的市场供给我们。现在有不少厂自己烧炭、伐树锯板了，如难民、边纺、中印、被服、化学等厂；不这样做，原助料的供给就非常困难。

第三，帮助工厂资金的流转。因为工厂领导机关有时发不下钱来，工厂若无本身的家务，生产就要受到很大的影响。如茶坊等过去没有搞副业的工厂，一缺钱就发不了工资津贴；而去年有了副业，办了合作社的，就可以支付另工的工资，总务科就可以周转。今年政府三个月不发制造费，如果没有副业，连年都过不去的。而难民工厂因有副业，过年时就可以发给工人以米票，工人就可以在合作社中兑取面、酒、肉。其次，难民工厂的合作社，还可以平抑当地的物价，稳定金融。在农业上该厂以伙种的办法，安置移难民，一方面解决了那九十几个移难民的生活问题，在工厂方面，则解决了九个月的蔬菜，三个月的粮食和七个月的马草。

（《工厂副业问题材料之二》，1944年4月30日）

（二）经营副业的方针和方法

1. 经营副业的方针

工厂经营副业的唯一方针，是保证供给与营业性质要正确地配合起来，而主要的应放在供给方面，否则就失掉工厂经营副业的意义。但发展副业上要缺少营业性质，副业就不会发展。副业不发展，就保证不了供给。因此，工厂副业的经营在一定的时候，就必须获得一定的利润。同时副业还要与改善工人生活联系起来。

但今天仍存在有如下偏向：

一方面，振华纸厂的合作社，经营多偏重赚钱，卖的东西比外面卖得还贵，不能改善工人生活，因此工人要求取消合作社。

另一方面，茶坊的合作社却好似该厂的供给部，在经济上没有保持其一定的独立性，钱让会计科拿去了，影响了副业的发展。

这两种偏向都是不对的，都不符合工厂经营副业的方针。

（《工厂副业问题材料之二》，1944年4月30日）

2. 副业的多样性

工厂副业的经营，应该采取多样性。现在有如下四种：第一种是生产原助料的，如难民工厂的木料厂，化学厂和振华纸厂的石灰窑。第二种是供给生活资料的，如难民等厂的养猪、农场、烧木炭、小鞋铺、粉坊等。第三种是运输。第四种是商业，如被服厂的门市部之类。

副业应该发展哪一种呢？这应看各厂所处具体条件的需要来定，如在延市附近的工厂，自己搞豆腐坊，还不及在市场买现成的合算。就今天一般的情形来说，在工厂副业中特别着重的，应该搞农业，才可以建立家务，像难民工厂与群众合作，工厂并不花费许多力量，既安置了移难民，又发展了边区经济。如果茶坊等厂也像他们一样，那安塞一带的荒地就将没有了。搞商业，可以调剂资金，被服厂在农业的投资只有60万，而在商业上则投资到250石小米，值500万元。商业虽然可以多获利润，但不能建立家务，因为变动性大，不易置产，对工厂所需要的基本供给问题所起的作用不大，故商业不宜大量发展。应该大量发展的副业，在今天主要应以对工厂的供给有利，对农村的经济有利，而且工厂不需花更多的力量为原则，如难民厂与难民伙种这种方式是可以大大发展的。

有些邻近的工厂，如难民、纸厂、皮革厂等可以将磨坊、豆腐坊一类的副业作坊，合拢来共同经营，取消那许多的小单位，大家都可以节省人力。凡是这一类供给生活消费的副业，原则上只要可以保证日常生活的需要即可。而在原助料方面的副业则可以尽量地发展。本厂用不了，还可以与别厂的需要调剂，如木料、烧炭等，在有计划地大量地发展中，也可以节省人力。(同上)

3. 副业与正业的配合

工余的个人生产必须有一定的限度，不可因追求私人生产得利而妨碍正业生产。个人生产应该是有组织、有领导的，如难民厂，按一人一分地计，多少交公，多少归私，都应有一定的比例；完全归私或完全归公都是不好的。个人生产原则上不应该搞得太多，在个人生产的时间分配上，必须予以一定的限制。

应尽量利用厂中剩余的劳动力来进行副业生产，如中央印刷厂，曾抽出一批人修俱乐部，伐木料，辟农场等。对笨拙或吊儿郎当在技术上实在没有出路的人，可以将他们投到农业上去，因为工厂对于这一批人，既不能解雇，又不能让他们在厂中白吃白穿，倒不如让他们到副业生产中去求得适合于他们的出路，边区纺织厂的办法，是可以学习的。如被服厂今年因任务缩小，即抽出了 22 个人去种菜，开荒等，这个办法是正确的。

关于大变工的问题，如中央印刷厂在正业生产中的工人，替从正业中抽去农场的工人在家中代工，女同志纺毛等，凡人皆可尽其力，量才使用这种全厂大变工的办法，是应该提倡的。（同上）

4. 经营副业的一些具体方法问题

搞农业主要的是要注意“农时”，什么时候种什么菜，要有计划地调节。不要有的菜种得太多，致成浪费，（如难民厂工会去年种菠菜太多，吃不完，结果只留下一缸菜籽），应该种的没有种，结果虽种菜亦供不上吃。

在副业中发展副业，如在农场中养猪、养鸡、养羊、砍木料，养羊可以肥田、剪毛、供给肉食，……使副业生产的人员，一年四季都有工作可做。

副业在营业性上，对工厂应保持有相对独立性，其交易不论对内对外都可以赚钱，但对内一定要比对外赚少些，当工人生活困难时，为了保障供给，改善生活，贴一点本都可以的。根据难民工厂的经验，一般群众的钱股不宜太多，因为太多了，合作社的方针，就容易被群众所左右。因此该厂即答应给群众的钱股以抵押金，赚到钱可以照股份分红，赚不到钱也可以保持群众的生活，这样就可不因为群众钱股之加入而影响工厂合作社的营业方针——即不是为追求商业上的利润而进行营业，乃是为保障工厂的物质需要而进行的营业方针。

经营副业的干部，一定要找好人。去年振华纸厂找了一个二流子种地，结果少锄草、少打粮，分下的颗子是瘪的。边纺抽出一个工人专门搞菜地，同时雇了四个雇工，菜种了没有出来，出来了又吃不完而浪费。那个工人是专门抽出来领导种菜的，但他自己却另种了五六亩瓜地，影响四个雇工也不好好干，结果一年赔了十几万。因此在副业的经营上，一方面要公私兼顾，同时要选用好人。（同上）

5. 经营副业的形式

现在各个工厂中农场、运输、合作社等副业的经营，大多数都采取了合作的形式，在这种公私兼顾的合作形式之下，对于副业生产人员的积极性是提高的，生产效率是加强的。中印厂的运输队，在未合作以前，驮的少，走的路少，生活的要求高。合作以后则反是，并且爱护车子。合作两三个月后，单是鞍架的修理费就节省了十几万元，皮条一个月要节省三四百元，以后还准备自己钉马掌，则节省更大。

但有少数厂在副业的经营上，到现在仍未采取公私兼顾的合作形式，如农具工厂刚生下的一二十个小羊羔子被猪吃掉了，老鸦把羊羔的眼睛“啄”瞎了。揽羊的每天去得很迟，回来得很早，因为中午给他带的干粮不好，他肚子饿了，要早些回来吃饭。茶坊工厂的猪喂生食、猪拉血，死猪娃子——猪娃子被骡子踢死十几个，狼吃、病死等，又不下 7 条。茶坊的合作社，有两个人携款潜逃，一个带 20 万，一个带 18 万。因为他们平常的生活问题未解决，生活待遇和一般工人一样，合作社的赚赔本与他无关，会计科把合作社的钱压下 50 万……所以当合作社开会研究营业时，没有人发言。

相形之下，不以公私兼顾的原则行事是不对的，即令不能马上合作，对于参加副业生产的人员，也必须有生活上的关照与奖励的办法。

工厂副业之经营，应以各种各样的形式出现，但在一般原则上可以确定，搞合作社分红的办法，可以加强业务人员的责任心，是公私有利的。如搞农业，则可与农民伙种。

（《工厂副业问题材料之二》，1944年4月30日）

目前副业经营存在有两种形式：一种是合作的，一种是不合作的。前述历史最久、规模最大的难民工厂的副业，共14种副业中有13种是合作的，其他各厂的，也多向着合作社的方向转化。过去的事实已经证明：只有采取“公私合作”的形式，副业才能美满地发展。因为：

第一，只有合作才能提高从业人员的积极性。难民工厂磨坊工作在合作前和后的比较，很明白地说明这点。该厂的报告上说：“磨房工作三月前是雇佣性质，磨面的工作虽然都做了，但爱护实物是不够的，浪费很大，一个月把一袋麦子便磨面浪费了。但到3月份开始合作后，现在工作是很积极的，同时爱护实物，比过去好的多了。把合作后与合作前的产量比较一下，如未合作时平均每斗麦子出面十八斤半，合作后每斗平均出二十三斤二两；未合作前每天两合磨推麦子六斗，合作后两合磨推八斗。”该厂和中印厂的运输队，合作的与未合作的比较，同样说明这个真理。再举没有合作的来看，如农具工厂的副业，刚生下来一二十只小羊羔子被猪吃掉了，老鸦把羊羔的眼睛啄瞎了，吃了；又如茶坊工厂，喂猪的给猪喂生食，猪拉血，死猪娃子，——猪娃子被骡子踢死十几个，狼吃、病死等又不下7个。显然，这完全因未合作，饲养员采取雇佣劳动态度丧失了工作积极性的结果。

第二，只有合作才能广泛吸收厂外群众与厂内工人的人力资力，互相发展。难民工厂所以能收近300石粮食，开那样大的木料场以及经营那样广泛的业务，就是靠到处和群众尤其厂外群众的合作。同样，消费合作社的业务，也必须广泛吸收全厂职工的股金，和全厂职工的利益密切联结起来，才能很好地发展。必须指出：现在许多消费合作社（厂方的商店和门市部更不用说）根本欠缺群众性，它完全是公营商店，不为职工群众谋利，职工群众不能做主。因之，有些工厂，工人不愿入股，有的极反感地说：“干脆取消合作社，还是总务科吧！”所以必须改造它们，使其成为“公助民办”的群众性的合作社，这样，合作社才能得到发展，才能对工人有利。

第三，只有合作才能彻底精简工厂管理机构。如前述难民工厂供给科有八十多人，合作之后（改成合作社），不仅一切开支不要厂方负担，而且每年创造几百石利润交给工厂。边纺和交通工厂也这样做了，都取得了很大的便利。

由此可见：经营副业必须尽可能采取公私合作的形式。

（中直经济问题学习班：《边区公营工业的发展》，1944年10月）

第三章

合作手工业与个体手工业

第一节　合作手工业

一、大力发展合作手工业

（一）生产合作社的性质与任务

今年边区在发展生产上，又来了一个革命，这就是用合作社方式，把公私劳动力组织起来，发动了群众生产的积极性，提高了劳动效率，大大发展了生产。

……如果不从个体劳动转移到集体劳动的生产方式的改革，则生产力还不能获得进一步的发展。因此，建设在以个体经济为基础（不破坏个体的私有财产基础）的劳动互助组织，即农民的农业生产合作社，就是非常需要了，只有这样，生产力才可以大大提高。……这样的改革，生产工具根本没有变化，生产的成果也不是归公而是归私的，但人与人的生产关系变化了，这就是生产制度上的革命，这是第二个革命。

……

我们的部队机关学校的生产也带着合作社的性质。比如一个连队，就是一个小合作社，一个旅就是一个大合作社。

……

合作社的性质，就是为群众服务，这就是处处要想到群众，为群众打算，把群众的利益放在第一位。这是我们与国民党的根本区别，也是共产党员革命的出发点和归宿。从群众中来，到群众中去，想问题从群众出发而又以群众为归宿，那就什么都能办好。因此，我们每个共产党员都要替人民着想，部队的负责同志要替战士着想，机关学校的负责同志要替大厨房着想，替杂务人员着想。这种群众观点的生产学说，打破了过去各种不正确的“学说”，也只有这种为群众的学说，才能把生产搞得好。

（毛泽东：《论合作社》，1943年10月，《毛泽东选集》东北书店版第889~891页）

发展边区合作事业，保护边区的生产和商业。必须组织与扩大各种生产与消费合作社。必须确定，合作社的基本目的，并不是赚钱，而是作为农民和工厂的交换机关，是流通农村和工厂的资源与制成品。合作社的营业原则应当是：“多做少赚，多中取利，人人有份，公私各半。”靠合作社为个人发财的观念，必须打破。

（朱德：《论发展边区的经济建设》，《新中华报》，1940年10月13日）

我们的合作社，它的特点是以私有财产为基础的、人民大众联合起来经营的经济的文化的和公益的组织，它的又一个特点是不分阶级的，各阶层人民都能参加的。已经有部分富有者参加合作，应该欢迎他们更多地参加到合作战线上来。

（李鼎铭：《进一步准备反攻，进一步建设边区》，1944年7月10日）

现在大家都解得开[①]：合作社不是公家商店，也不是人民负担，而是群众自己组织起来又给群众办事情的团体，是在私有财产基础上各阶层人民大众联合经营的经济的文化的卫生的公益事业的组织。这种组织只有民办公助，才能办好，不能脱离群众、光靠上面来办。南区合作社就是在民办公助下真正为群众谋利益而发展起来的模范，它的业务有二十几种，都是给群众谋利益的。群众要穿布，布贵买不到，合作社就组织妇纺，创办织布工厂。群众

① 陕北方言，懂得的意思

要运盐，单行不方便，合作社就组织运输队，大家合伙运盐。……

两年当中，边区又出现了许多好合作社：绥德安锦城合作社，张丕元合作社，延市萧洪启合作社，延安曹玉科合作社，靖边田保霖合作社，鄜县安长庚合作社，吴旗陈丕秀合作社，华池侯生裕合作社，曲子李建堂合作社，安塞樊彦旺合作社，新正张清益合作社，淳耀贾恒春合作社，盐池靳体元合作社等都办得好。这些合作社有的从来一贯办得很好，有的过去不好，现在办好了，有的是进步最大发展最快的新社。它们都实行了南区合作社的方向，组织人民生产，贯彻民办公助，依靠群众发展，为群众谋利益。这种合作社在各地还有许多，还在不断地生长着。这次会议一致赞扬这种先进合作社，把他们当作榜样，全体向他们学习，并希望他们不要自满，继续前进。

我们也有一些合作社直到现在没有办好，例如办了八九年的延安河庄区合作社，安塞旧城合作社（已由群众决定合并了），甘泉二区合作社，办了四年的田庄合作社，以及去年办起的乌镇合作社等。它们有的长期停顿，没有发展，吃了保守脑筋的亏；有的投机操纵，高利放贷，吃了赚钱脑筋的亏；有的耀武扬威，欺压群众，吃了官僚脑筋的亏，他们高高在上，脱离群众，群众把他们看成“照庙和尚”。这次会议，一致批评这种落后合作社，希望他们实行反省，改正缺点，力求进步，赶上先进合作社。

当前耕三余一，全面自给，加紧生产，丰衣足食，是保卫边区、打胜日本的实际任务，合作社就要担负起这任务来组织人民生产，发展国民经济，而不是投机取巧，唯利是图，脱离群众的利益。真正替人民谋福利，把边区建设得更好，是我们合作社今后业务的基本方针。本此方针，全体一致决议实现下列任务：

1. 把棉花纺织成布。用陈家楼子的纺织合作社形式，乌阳区的家庭纺织变工形式，南区的小型工厂形式，冯云鹏的轮流各村织布形式，总之，用各种适宜本地的形式，来组织纺织，你教我，我教他，一传十，十传百，大家都学纺纱织布，纺好纱，织好布，调剂棉花，供销土布，奖励纺纱织布英雄，组织 30 万人纺织，实现穿衣自给。

2. 把铁打成农具。绥德张丕元合作社，安塞二区合作社等都成立铁匠炉子，专为群众打修农具，解决群众的农具困难，这是好经验。所有的合作社都要学习他们的办法，在区上建立一个铁匠炉子，实现农具自给。

3．把边区盐好好驮运。所有合作社的运输队都要学习延安张仁和新宁杨怀智等运输队的办法，整顿牲口，加强管理，改善制度，减低成本，把边区的盐运出去，换各种必需品进来，平衡进出口贸易。……

上面八项都是大事，只有集合民资民力才能办好，绝不能由少数人包办。一定要依靠广大群众，绝不能强迫命令。一定要自觉自愿。自古说，人上一百，五艺俱全，会写的办文化，会算的当会计，会医的办卫生，会商的办贸易，会什么就请他干什么，只要有事，不愁没人。贯彻民办公助是我们合作社今后社务的基本方针，本此方针，全体一致决议，实行以下各条：

1．社员选举主任，主任不称职，社员有撤换之权。

2．民主公议社务，社务有毛病，社员有批评之权。

3．入社自由，出社自由，入股自由，退股自由。

4．按期算账，按期公布，按期分红，按股分红。

5．社员一律平等，不论股金大小，都有选举权、表决权。

我们合作社又是各阶层的经济合作，凡边区公民，不论是谁都可加入。盐池商人靳体元，米脂地主常友文，靖边士绅田保霖，鄜县商人安长庚，延安士绅曹玉科等或出力或出资，创办合作社，延安市商人席全喜等五人把全部资金和人力投入合作社，都是我们很喜欢的。我们欢迎边区各阶层各民族人士加入合作社，同心合力繁荣边区。

合作社工作是实际的革命工作，合作社人员是受人民委托而为人民服务的，是光荣的革命职业，谁看不起合作社工作，谁看不起合作社干部，谁就不是真正的革命者。合作社干部的生活必须照顾，教育必须加强，家属困难必须想法子帮助解决，使他们安心工作。但合作社人员必须真心为群众服务，绝不可脱离群众。我们全体相约：不投机，不操纵，遵守法令；不贪污，不浪费，廉洁奉公；眼睛向下，联系群众，勤俭朴素，为民服务；调查研究，精通业务，努力学习，会写会算；有成绩，不骄傲，继续进步；有毛病，不灰心，力求改正。上面说的，也就是我们合作社干部努力的方向。我们号召全边区合作社干部，一致努力，以求实现。

（《陕甘宁边区合作社联席会议决议》，1944年7月7日通过）

（二）生产合作社是公营工业的助手

公营工厂是边区工业的骨干，它的产品主要供给边区部队和党政机关的需要。

与公营工业相伴发展的，即是各种生产合作社——由手工生产者合作或由合作社投资成立的生产事业与私营的手工厂，以及家庭手工纺织业，它们互相辅助而不是互相牵制，形成边区工业发展的一个重要特点。即以织布业为例（边区工业的主要部门）：1939 年边区尚只有一家公营工厂，工徒 210 人，织机 23 架，年产大布 1426 匹；纺织合作社即有 2 家，工徒 25 人，织机 8 架，年产大布 400 匹，私营工厂 6 家，工徒 154 人，织机 52 架，年产大布 3690 匹；当时家庭纺织部分开始恢复，产量尚小。去年公营织布工厂固有极大发展，织布合作社、私营工厂及家庭手工业也随着跃进，计织布合作社 37 个，织机 179 架，工徒 374 人，生产大布 6000 匹；家庭及私营工厂织机 18467 架，男女织工 42242 人，生产大布 65334 匹。连同公营工厂所产，合共 104302 匹。合作工业在年产量上增长了 15 倍。家庭织布业在总产量中则占到了 56% 以上。这说明一个问题，公营工业并不排挤小手工业，相反，它们是相依为命的。

生产合作社、私营工厂及家庭手工业，是边区工业的助手，它的产品主要供给人民的需要。

（《边区工业的发展》，《解放日报》，1944年5月2日）

边区工业生产合作社，正在蓬勃地向前发展着，特别是广大农民集股的纺织合作社，有伟大的发展前途和必要。发展边区工业应以工厂手工业为主，在现在的物质条件下，已无疑问。而发展手工业，无论在哪一个国家的工业发展史上，都必须就地取得资金、原料或半制品，就地利用劳动力，就地销售成品。农民集股的合作工厂，正符合于这些条件。这样不仅可以减轻工业品的成本，而且可以减少许多工厂的不必要的困难（如粮食、劳动力等），给工厂手工业的发展以顺利的条件。

（《生产合作社报告材料》，1941年8月）

要达到工业品全部自给，仅靠公营工厂是很难完成这个巨大任务的，必须有计划地发展合作和民营纺织、造纸、煤矿、瓷器等工业（特别是民间纺织业的发展，使老百姓做到自纺自织自穿，同时发展纺纱，配合公营纺织业的发展）。……为了解决民营工业资金的困难，同时来集合民资民力，首应采取合作社形式，政府得借予工业贷金。

（《中共中央西北局关于争取工业品自给的决定》，《解放日报》，1944年7月30日）

普遍地发展手工业与半机器半手工业，以现有的各手工业为主，加强发展，推广到边区的广大农村中，建立私营、公营、合股合作等手工业与家庭手工业，广制土布，求得足够供给群众自用。在手工业发展的基础上，建立大规模的机器工业与矿业，供给抗战的需要。

（刘景范：《1938年边区经济建设工作的报告》，11月5日）

（三）大力发展生产合作社

1. 发展生产合作社的方针

1939年后，提出了“合作社群众化”的口号，但各地仍多用旧方式在群众中去扩大摊派的股金，来推行其所谓“群众化”。因此，合作社仍被群众认为是摊派负担，而不被认为是群众自己的。合作社的人员，仍然是和公务人员一样，要群众优工代耕，群众看不到合作社对自己有多大利益，反而增加了群众的劳力负担。……1942年1月，建设厅根据延安南区合作社的经验，提出“克服包办代替，实行民办官助”的方针，各地合作社才从实现这一方针中，取消了摊派入股的方式，摸索地创造着和群众密切联系，和群众利害相关的经验。这样，仅仅在10个月中，股金即突增五百余万，事业也发展了。在组织人民的经济力量、减免中间剥削与发展人民经济上，起了相当大的作用。

（毛泽东：《经济问题与财政问题》，1942年12月，《毛泽东选集》东北书店版，第787页）

我愿各地同志注意提倡合作社的生产。部队、机关、学校的生产是一种合作社，农村的集体互助劳动又是一种合作社，此外还有包含各种业务在内的综合性合作社，被称为运盐队的运输合作社，工人们集体互助的手工业合作社，把这许多样式的合作社都发展起来，全体公私群众就会变为富裕的了。在敌后各根据地的目前困难状况，也就能够克服了。

（毛泽东：《论合作社》，《毛泽东选集》东北书店版，第897页）

发展生产合作社，以生产合作社的方法，组织广大群众的劳力与资金以普遍地发展手工业，求得战时工业品的自给自足，并将现有的生产合作社加强其管理，提高生产技术与管理方法，使之产量增加与质量改善而向前发展。

（《陕甘宁边区合作社第一次代表会的决议》，1939年10月30日）

推广生产合作社，用合作方式推动手工业普遍发展。

① 现有的生产社业务确定转变作纺织业务。

② 尽量将延川、延长、固林等县会纺织的妇女组成生产合作，有计划生产。

③ 在安寨、志丹、庆环、关中、神府，每县先成立一处到三处生产合作社，渐渐发展。

（刘景范：《1938年边区经济建设工作的报告》，11月5日）

生产合作社，主要是健全原有的基础，在原有基础上加以提高，从提高技术、健全管理来提高产量和质量。除一般地加强生产合作社指导外，特别应抓紧基础较好的各社，并予以资力上的帮助，使已有的机器均能开工。继续发展生产合作，应着重于造纸、制造纺织工具、运输工具、掏煤等合作，以供应经济上的需要。

（《陕甘宁边区1942年度经济建设计划大纲》，1942年1月）

2. 边府建设厅颁布生产合作社组织办法纲要

生产合作社组织办法纲要。

为了增加生产，求得自给自足，克服困难，渡过难关，以期抗战建国的胜利完成起见，各县除加紧农业生产外，并应组织各种生产合作社，为发展手工业及开采原料加工制造等生产以应需要。

① 纺织生产合作社

A. 纺织生产合作社是要乡村的妇女利用时间进行有组织的纺织生产。它是组织农村妇女参加生产战线最好的办法，不仅可以增加农家收入，而且可以使边区棉毛纺织品逐渐走上自给自足的道路。

B. 纺织合作社以乡为单位，每乡组织一社，凡住在那一乡的妇女不论成年老年或女娃（一家越多越好），只要她会纺纱，或愿意学习纺纱、织布，都动员她参加纺织生产合作社，把她们以自然村落编成小组，每组三人以上，但最多不得超过 20 人。每组选组长一人，负一组的责任。

C. 以乡为单位召开组长会议，推选理事 3 人，监事 3 人，分别组织理事会和监事会，管理和监察合作社的一切事务。

D. 参加纺织合作社的社员，每人最低限度应认交股金一股（每股五角），合作社开成立大会时就要交纳股金，但有特别困难的社员，经理事会的许可，可以在该社员将来生产的纱价内分次扣抵。

E. 纺织合作社的资金，除用一部分购买棉花、纺车、羊毛，预备供给社员以外，余下的现款，应存到消费合作社或其他妥当的地方，以便随时给社员解决与纺织有关的困难，或缴组织生产联社的股本。

F. 社员纺纱的原料如棉花及纺车，以自给为原则，有特别困难的，可申请合作社借用，但价值超过一元的就按月生息（按当地最低利率取息，最多不得超过两分）。

G. 社员所生产的毛线或棉纱，除自用以外，一律交到合作社整批向外运销，或交公营工厂织布，不得私自向外出售。

H. 每县有两个纺纱合作社组织成立并开始纺纱以后，就应该联合起来进行织布生产。

I. 每一个纺织生产联合社应选聪明而身体又很强健的男性或妇女到建设

厅纺织工厂学习织布，学会以后就回到各该县纺织生产联合社织布。每县保送到工厂学习的，不得超过五人。

② 打盐、挖药、制粉、挖煤、造粉笔、榨油、烧瓷窑等生产合作社

A. 上列各种生产合作社的组织，不限定以行政区域为单位，要按社员及产原料地分布情形灵活处理。

B. 各该生产社社员以能够参加该项生产劳动，或有该项原料之出产为合格（如制粉、打盐以能够参加打盐或产麦等），但无上开条件而诚心合作的人亦可认股入股。

C. 每一社员至少须认交社股一股（每股 1 元）。

③ 生产社的组织系统与消费社同。

④ 生产合作社盈余分配，除提出 10% 为公益金，40% 为公积金以外，其余按劳动量与股金比例分配。

⑤ 参加任何一种生产合作社的工人均为社员，可以享受社员的权利，不得实行雇佣制度。

⑥ 残废军人及难民可以参加或组织生产合作社。

⑦ 生产合作社组织健全的，本厅可以商请中国工业合作协会予以资金及技术的协助，机器的购置本厅并可代为设计。

⑧ 本办法有未尽事宜，各县可按照实际情形处理。

（陕甘宁边区政府建设厅：《生产合作社组织办法纲要》，1940年）

3. 公营工厂要协助生产合作社发展

各县生产合作社，在行政上虽由合作科及“工合”直接领导，但在技术上则由各工厂协助之处甚多。

① 纺织工厂曾派工人数名分赴延长、安塞等县生产合作社领导工作，教育社员。

② 纺织工厂曾转售一部分纺纱机、织布机给延长、延安等生产合作社。

③ 农具工厂曾供给各社修理及装置上所用之工具。

④ 纺织工厂曾代神府纺织工厂训练学徒八名，并转售一部分纺纱机、

织布机。

（《1939年度工矿事业报告》，1940年2月10日）

二、工业生产合作社发展概况

（一）生产合作社的建立和发展

边区工业生产合作社发轫于 1937 年秋。当时，边区总工会因感于供给部的鞋靴社和被服二厂解散后，少数工人流散，同时为了更进一步地团结手工业工人，发展边区手工业生产并改善工人生活，遂成立工人合作社，即工业生产合作社。由总工会直接领导，集合群众股金（当时抗大、陕公学生和工作人员及延安市民均有入股者，每股三角）250 元，开始组织了鞋袜、被服、木器、食品等四个生产部门。1938 年冬发展到 13 个生产部门，股金增加到 1500 元，边区银行投资 1400 元。这一年盈利 4300 余元，而其中略具手工业工厂规模的只有鞋袜和被服两个生产部门，其余各部门只不过是一二人或三五人之小作坊而已。由于生产部门的发展，工人合作社又改名为“延安工人合作社联合社”（事实上以它的组织看，乃是一个单位社，下面设有几个生产部门）。它的组织机构为：

- 边区总工会劳动保护部合作事业指导部
  - 工人合作社联合社社员全体大会
    - 设计委员会
    - 管理委员会
      - 经理部主任
        - 生产指导部
          - 各生产部门社长
            - 材料科
            - 完成科
            - 保管科
        - 保管科
        - 会计科
        - 营业部
    - 审查委员会
    - 监察委员会

开始时，各生产单位皆集中在延安，1938 年冬因敌机轰炸，各生产单位乃疏散至安塞真武洞和保安等地。1939 年年初因遭敌机轰炸，有几个生产部门亏本关门，且因学生离开延安，退股者多，致使资金周转困难，蓬勃发展之趋势稍受顿挫。同年4月，因英人艾黎之提议，中国工业合作协会西北区乃在延安设立事务所，推广工业合作。当时，因事务所主任是曹菊如同志，所以此事即由银行主持，将工人合作社之被服、制鞋两个生产部门，改组为延安被服工业合作社和延安鞋靴工业合作社。1938年冬，建设厅注意到工业生产合作社的组织，除发动大量的组织纺织社外，并在延长、固林、安塞三县各筹备纺织合作社一处。当时因资金、技术及领导干部的困难，未能正式开工。此为工业生产合作社开始创立时期。

至1939年冬，由于物资的更加困难，建设厅注意到必须发展边区手工业；在边区的客观条件下，发展手工业的最好组织形式是生产合作社。同时，也因外来微弱的资金的刺激（工业合作协会投来基金两万元），生产合作社乃发展至10个，股金发展至11215元，生产总值全年约五万元。

1940年，由于客观环境的需要，引起各方面对生产合作社的注意，这时，除原有合作社业务更加充实外，又增加了7个新社，连前共有生产合作社17个，股金发展至64087元，每月平均生产总值达34470.4元。此为生产合作社向上发展时期。

1941年，更因自给自足任务的要求，生产合作社大量地发展和健全起来，走向一个新的发展阶段。这时，生产合作社对边区的财政经济也能真正地起作用了。这一年的上半年，生产合作社社数和股金都有很大的发展，产量也大大地提高了。特别是纺织生产合作社，如果下半年能使纺织生产合作社的全部基础都利用起来，则完成每月产布6000匹的计划是完全可能的。这是边区生产合作社新的发展阶段——蓬勃发展和健全的时期。这个阶段正在开始。

截至1941年6月底，全边区已有生产合作社30个，其中有纺织、服装、食品、化学四类。纺织类22社，计毛织社两个，棉毛纺织社19个（主要是棉织），丝织社一个；服装类五社，计被服社一个，鞋社两个，制毡社一个，皮毛社一个；食品类两社，计榨油社一个，面粉社一个；化学类一社，即瓷窑社。30个生产合作社，共有股金613117元（内有应收而未收股金168000元），政府贷款198870元（系指经工合贷出的长期贷款，各社在当地临时周转借款约五万元未计算在内），合计资金共811987元。30个生产合作社的全部财产，如以现在市价盘存，再加上利用之旧房产，约值150万元。社员数：参加生产的社员约300人，只入股不参加生产的社员约在20万人以上。

合作社分布的地区：延安市四个社，延安县五个社，安塞县两个社，延长、固林、延川、甘泉、富县、安定、志丹、淳耀、赤水、新宁、新正、合水、环县、定边、吴堡等15县每县各一个社，绥德、清涧各两个社。

（《生产合作社报告材料》陕甘宁边区政府建设厅、中国工业合作协会西北办事处延安事务所，1941年8月）

（二）工业生产合作社历年发展统计

1.1938年四个生产合作社社员股金统计

1938年延长、延安等四个生产合作社统计表

县别	社数	社员人数	已交股金	扩大股金	一年来生产总值	备考
延长	1	不详	1000.00	1000	不详	该社1938年10月成立，以纺织为主
安塞	1	"	1049.30	1049.30	不详	"
延安	1	不详	761.00	761.00	300.00	1938年9月成立，制革硝皮为主
延安市	1	800	1778.30	178.30	106640	1937年10月成立分五个部门
合计	4	800	4588.60	2988.60		

说明：

① 延安市工人合作社由群众及工人集股，分设鞋工厂、被服厂、木工厂、瓷窑工厂、营业部等五个部门，每月生产总值9720元，营业部销货每月1500元。但因发展各部门及特殊原因致该社亏本，现已由盈余全部扣补，所亏无多。A．鞋工厂有工人32人，每月制鞋960双；B．被服厂有工人28名，每月制成棉军服1200套；C．木工厂有工人12名，每月制成木具约值300元；D．瓷窑工厂有工人6名，每月出产瓷器约值300元；E．营业部每月销货为1500元。

② 延安县皮革合作社是由延安市、县集股750元组成，设在南二十里铺，现已供前方部队500双毛袜、手套，因各种原因亏本200元，正整理转变中。

③ 边区合作事业不能单从数量上看，主要的应认识它的特点与成绩。

它的特点：A．边区所有的消费与生产合作社，都是群众自己拿出钱来集股的，股金由三毛到五毛，股数由10股到20股，全边区吸收8~9万群众参加，集中了10万元以上的经济力量，成为真正的群众经济组织。B．群众自己管理社务业务，各社的成员均由社员民主推选，由下而上地建立组织系统，统一指导。

它的作用：A．不但调剂了群众生活，而且对战时经济动员，起了很大作用。B．在调剂群众生活方面，边区群众日用物品三分之二是经过合作社买入，农产大部分是经过合作社运销，同时一部分合作社，在营业活跃下面经常给群众分红。

（《一年来陕甘宁边区经济建设工作》，1939年）

2.1939 年至 1941 年边区工业生产合作社发展概况

1939 年—1941 年边区工业生产合作社发展概况表

项别＼年度		1939年	1940年	1941年	1941年总计
社数		10	17	纺织社21其他社6	27
人数		199人	386人	586人110人	696人
股金		11315元	59951.05元	318808元20730元	339538元
贷款		16400元	30839元	168342元11859元	180201元
其中纺织社	社数	5	7	21	
	大纺机	39台	82台	135台	
	织机	13台	25台	98台	
	纺纱		5492斤	（月产）1760斤	
	织布		1712.5匹	（月产）720匹	
注附	1941年已做成织机173台未列入；2.每匹40码。				

（《关于边区经济建设之报告书》，1941年10月4日）

3.1942 年工业生产合作社增至 50 个

就生产合作社说，1939 年起，经过政府的提倡与中国工业合作社西北办事处的帮助，建立了 10 个生产合作社。继而有一些资本较大的消费合作社也兼营生产合作社业务。到 1942 年 10 月止，由 10 个生产合作社增至 50 个；从事生产的员工，由 199 人增至 563 人，股金由 11130 元增至 2491600 元；每月生产总值，由六万元增至二百三十余万元。

生产合作社的分布，据今年统计：绥德 16 个，延安 7 个，固林 5 个，延长 5 个，延川 5 个，甘泉 3 个，安塞 3 个，靖边 2 个，庆阳 1 个，葭县 1 个，米脂 1 个，安定 1 个。

50个生产合作社中，有纺织合作社大小27个。计绥德13个，延安4个，固临两个，甘泉、富县、延长、延川、安塞、安定、葭县、米脂各一个，共员工497人，股金170万元。其中有25个员工以上的共6个，其余10余人，三五人不等。此27社，如果全部开工，年可产布三万匹（十丈一匹），现只产22000匹左右，织线毯6000条，织毛巾4152打，织袜8400打。

染色社5个：计延川2个，绥德2个，延长1个，员工共13人，股金128000元，年可染布七千余匹。榨棉花籽油的生产合作社五个：计固临两个，靖边两个，延长1个，员工共19人，股金245000元，年可榨棉油一万斤。粉房9个：计安塞、甘泉、延长、延川各两个，固临1个，员工共24人，股金262000元。制毯合作社四个：计延安2个，庆阳1个，绥德1个，员工共42名，股金152000元，年可制毯7600条。瓷窑社：延安县1个，员工七人，股金3000元，年出瓷器六窑。

（毛泽东：《经济问题与财政问题》，1942年12月，《毛泽东选集》东北书店版，第786页）

4.1943年几类主要工业合作社生产概况

1943年几类主要工业合作社生产概况统计表

类别	社数	设备	产品	产量
纺织	38	织机176台	土布	6000匹
榨油	16	油榨47付	植物油	2320斤
肥皂	1		肥皂	482885条
造纸	1	池子16个	印刷纸	1281令

说明：1. 布每匹为长104尺，宽2.5尺（裁尺）
2. 油每斤16两
3. 印刷纸每张长24寸，宽16寸。

（《中国工业合作协会西北办事处延安事务所工作报告》，1944年）

5.1944年年初生产合作社已有114个

陕甘宁边区合作社1944年年初分类概况　1944年4月1日

类别	社数	各业所占%
消费	281	44.3
生产	114	18.0
运输	233	36.75
信用	6	0.95
合计	634	100

说明：1. 机关、部队、学校、工厂之合作社未计入；
2. 各数字根据各分区1943年总结报告及《解放日报》《抗战日报》的材料。

（边府研究室：《边区合作社八年的发展概况》，1944年8月）

（三）中国工业合作协会西北办事处延安事务所工作概况

本事务所从1939年中国工业合作协会总顾问艾黎先生莅延参观，建议边区政府在延安设立以来，曾由总会拨开办费1500元，工合基金两万元，于同年4月初正式开始工作。

本事务所在陕甘宁边区政府合作政策的直接指导之下，历年来与政府建设厅合作科合作举办各种合作事业，组织工农群众、家庭妇女和各种手工业者加入合作社，其中包括生产、运输、农业、医药、消费、信用、供销等社。边区合作社历年发展的概况表列如下：

年别	社数	股金	社员	附注
1939	10	11315	213	（一）生产合作社工人职员7967人和消费社职工人数1782人未列在内。 （二）上列数字系1945年7月之统计，抗战结束后有大的变化，现正在调查统计中。 （三）1942年以前股金为法币，以后为边币。
1940	17	64037	381	
1941	32	669314	827	
1942	51	2491626	563	
1943	214	97129000	2305	
1944	691	440266800	245866	
1945	882	3890869948	265777	

边区的合作社，绝大多数是综合性的，抗日战争结束前 591 个合作社的生产概况有如下表：

1945 年主要合作社生产概况

分类	合作社		工人职员		计划股金数	收到股金数	借款	月产量
	社数	%	工人	职员				
化学业	11	1.86	608	21	365000000	1125600000	140000000	390546280
水泥木工匠	10	1.69	72	3	25000000	20000000	5000000	
食品业	48	8.12	308	46	50000000	58750000	15000000	45638925
矿业	2	0.34	492	4	22000000	250000000	10000000	435000000
铁铺修理所	6	1.02	61		10000000	12670560	19000000	
缝衣业	68	11.51	859	90	15000000	32000000		15650715
纺织业	90	15.23	2926	111	435000000	450000000	135000000	437500000
运输业	317	53.63	1584	285	850000000	1250000000	175161043	1897750605
供销栈	6	1.02	135	15	200000000	250000000		
农业	9	1.52	162		50000000	125000000	17983867	
医药卫生	24	4.06	144	41	40000000	50000000	37584734	
总计	591	100%	7351	616	2290000000	2924020560	554729644	3222086525
说明	(1)上述材料系根据1945年7月之统计与全年之数字有所不同。 (2)消费社和信用社未列在内 (3)边币与法币比率边币1元折法币1元							

由于本事务所人力与资力有限，对各合作社的帮助，只得向经验的交换与人员的训练方面努力。例如 1940 年起办青年技术学校，1942、1943 年举办三次会计训练班，将毕业人员介绍到各地合作社任会计。1941 年办二次妇女纺织训练班，散到各地指导妇纺事业。1944 年 6 月协同建设厅召开合作社主任联席会议，总结边区合作经验教训，在方针和业务上加以具体指导。对振华造纸工业合作社，历年来在帮助他们减低成本提高生产效率的经验交流上亦获得了一些成绩。

附：振华造纸工业合作社历年来生产效率及成本比较表

年别	生产效率（每令）	生产成本（每令以小米计算）
1939	22.89个工	2.20石
1940	22.31 "	2.30 "
1941	22.00 "	0.90 "

续表

1942	13.66 "	0.91 "
1943	12.935 "	0.90 "
1944	8.14 "	0.80 "
1945	6.2 "	0.58 "

说明：1. 每令纸的效率是以全部生产人数的平均工时计算；
2. 每令纸的成本因物价变动太快难以币值计算，以每斗小米（30斤）折算。

但本所工作，不是没有困难的，例如1941年年初期西北区宝鸡工合办事处仍旧发给延安工合事务所的每月经常费300元，按当时生活水平可以供六人度日（办公费还不在内）。而当时就有15人工作，经过多次与卢广绵（西北宝鸡工合办事处主任）交涉，要求每月经常费增加至1500元，艾黎先生完全同意。结果，卢主任将经费扣下不发，从此联系就完全断绝了。国际捐助除中国保卫大同盟部分捐款外，外援经费也完全断绝。工合同人无法维持工作，经曹主任请求边区政府设法帮助，当经决定实行与边区政府建设厅合作科合并办公，一切经费由建设厅拨给，共同管理所有合作事业。如果没有政府的帮助，“工合”本身是很难渡过这一难关的。为便利工作起见，1944、1945年后又与边区银行合作，迁到边区银行大楼办公以至于今，一切费用由银行协助。

（《中国工业合作协会西北办事处延安事务所工作概况与今后计划的报告》，1946年）

该所1939年4月开始工作，迄至1940年12月止，先后组成29社，社员1132人，股金135000元，贷款120000元，产品300余种，月产总值约200000元，其中以抗战需用之布匹，蓖霉油、化学用品为大宗。并设有抗属社，收容抗属100余名，抗属托儿所，收容婴儿五十余名。为着巩固提高工合事业，办有青年技术学校，学生120名。又设有妇女纺织训练班，造就纺织推新人才，已毕业40名。设有工合苗圃，培植工业所需原料油脂纤维等。设有工合医疗所，对工合人员家属及社会之实惠更多。成立有四个妇女半日学校，发动了五万妇女纺纱，纺成纱线20万斤以上，广泛组织了妇女识字组，对于提高妇女文化及社会地位有伟大之贡献。

两年来工合工作，在国际友人热烈帮助下已取得蓬勃开展，不仅部分地帮助解决了抗战民生的需要，且大大推进了陕甘宁边区工农商业的开展，这不能不是工合事业的成就。但是两年来由于工合基金仅有两万元，每月经费仅有300元，远不足应付事业开展之需要，而边区政府又因财力有限，爱莫能助，影响工合事业之发展。且购置机器材料多被封锁，同样阻碍事业之前进。以上原因，使该所工作未能获得预期的成绩，实不无遗憾。

兹为适应当前需要，计划在1941年除陆续扩大与提高原有事业外，在组社方面，以纺织为主，发展纺织社至23社，提高月产量6000至8000匹，更加扩大制药化学等社，并重新组织精盐、制药、炼铁、皮毛等社，预计为13社，在本年内提高月产总值至500000元，并尽量改善品质，减轻成本。在辅助事业方面，扩大抗属托儿所为保育院，工合医疗所为医疗院，训练妇女纺织推新人员400名，发动120000妇女纺织，开办会计人员训练班，共计200人。为加强各社工作，继续举办青年技术学校及与工合有关之文化事业。欲完成此项计划，需要贷款30万元，事业费10万元，事务所全年经费两万元。前述各款，在边区财力困乏下，唯有请求全予资助，任务才能完成。

（《工合延安事务所给富春同志的报告》，估计1941年）

三、工业生产合作社简介

（一）纺织生产合作社

1．各县人民纺织生产合作社

① 边区纺织合作事业，始于去岁，经由边区政府之倡导，才有人民纺织生产合作社出现，直至现在，已组成110社：（表见下页）

……

各县人民纺织生产合作社统计表

县别	社数	生产种类	社员数（人）	股金数（元）	备考
延长	27	纺织	1300	700	
延川	50	"	5885	2625	

续表

安塞	9	"	455	300	
固临	19	"	1297	2250	
安定	5	"	610	323	
合计	110		9547	6178	

② 上述人民纺织合作社系家庭妇女在不脱离家庭职业的原则下进行纺织，其所需用之纺线车与织布机或则自己购置，或则由合作社购置发给之。其原料则由合作社购置分交各社员，各社员纺织成的纱线或布则交合作社，由合作社照规定发给其工资，合作社所得红利则照章支配之。此类合作社已为农村妇女所拥护，可以利用每人空闲时间而生产之，因不需脱离原来家庭职务，又无须离开家庭花费往来时间，更无须拿出一宗购置工具和原料之资本便可生产，而且已纺成的纱线，皆由合作社派人到各社员家中收集之，这对于农村妇女是有莫大之方便，因而发展之前途，亦就未可限量也。

③ 以上人民纺织生产合作社，均已先后开工。本年5月边区所组织的工业品展览会，便有十余社将其成品参加了展览，获得了优等奖牌。但因领导上还欠经验，不无相当缺痕，同时棉花和经纱的来源以及交通运输的不方便，亦不无影响。至于纺织工业合作社因成立较迟，以至尚有部分未全开工。该办事处正设法使之全部开工与继续扩大中。此为纺织合作部分之大概情形。

（林伯渠：《陕甘宁边区纺织业概况报告书》，1939年8月18日）

2. 南区合作社新合纺织厂

（1）创边经过及生产状况

新合工厂位于延安县南区二乡南庄河村，是南区合作社分社之一。

先是刘建章同志看到边区遭顽固派封锁，布匹购买困难，人民买不到布，计划搞织布工厂，慢慢做到解决全南区4000人民的穿衣问题。就在1941年由各分社集资一万元，派张和堂到佳县找来杜修斌、高能文、杜鸿如、刘子乐，买回一部手拉机，六块洋纱，20斤土纱，回来后由高能文指导做了一套整经机，四个倒线车，四个纱轮，一个纱架，就在1941年5月16日开工。由杜鸿如、刘子乐倒线，高能文、杜修斌织布，厂长由和合社（南区合作社分社之一，现已取消）主任张

和堂兼，会计由和合社会计尉润之兼，伙食与和合社在一起。三年来发展概况如下:

1941年：有职员四名（两个兼职），工人九名（都不会织布，年底有三个学会织布，连两个职员共有五个能织布的），开木机五架（开工时只一架，年底发展至五架），织洋经土纬布（折成小匹）296匹。股金，开办时一万元，年底发展至21300元，毛利18105.47元，开销18203.71元，亏损98.24元。

1942年：有职员三名，工人17名（最初有1941年三个老工人会织布，至年底有10个会织布了），开木机，上半年五架，下半年八架，织洋经土纬布（折成小匹）835匹。股金52700元，内银行新投资30000元，毛利164267.3元，费用149810.95元，盈余14456.35元（此是11月结账时的数目，年底结账实亏损13401.2元）。

1943年：有职员四人，工人13人（有五个新学徒），开木机四架，织土经土纬布（折成小匹）1008匹。股金，三月开工时20万元，年底有股金999000元，毛利2425286.45元，费用98170.9元，盈余2327115.55元（12月15日结账分红时盈余共2108.428元，15日后至月底又在营业上盈利218687.55元，共2327115.55元）。

1943年盈余的原因是：①实行工厂与工人合作；②包织供销处的布，并全部改用土纱织全土布，供销问题得到解决。

现工厂有石窑5孔，房子14间，8架织布机（6架织大布，1架织小布，1架织毛巾），整经机一套，纺纱机子两套，倒线车子14架，纱线轮26个，资材（减去房产器具）共1196642元，折米59.83石（米价2000元一斗）。有厂长（高能文），工务（杜修斌）、会计（常万祥）各1人，工人8人，学徒5人，弹花工、伙夫各一人，共职工18人，其中只有四人是南庄河本村人，一个延长人，余都是警备区、榆林来的，阴历12月停工都回家过旧历年。

（《新合工厂的合伙分红制度调查报告》，1943年）

（2）成绩和困难

南区原来是毫无纺织基础的地区，从1941年6月南区合作社创办新合工厂以后，才开始建立工厂织布，农妇纺纱。该厂现有资金200万元，拉梭机八架，技师一名，熟练工人五名，学徒12名，开动织机六架，每天每机能织宽布六丈（合小布12丈），比平机又进一步。从工厂开办以后，对南区人民有两大贡献：第一，部分自给南区人民穿用的布匹。自给的比例逐年增加：1941年下半年自给12%，1942年自给18%，1943年自给26%，今年计划自给50%。如果工厂能扩到11架拉梭机，全年织布10个月，就能全部自给南区人民穿用的布匹。第二，发展了农村妇纺。工厂创办以后，就深入农村，宣传妇纺，具体解决纺妇棉花、纺车的困难，挨户教纺，从李国泰婆姨开始，妇纺渐次发展，首先要求普遍，奖励愿意学纺和纺得多的婆姨，纺妇很快增加，1942年就发展到871人。1943年要求提高质量，分三等收纱，纱的质量逐渐提高，大部分能做经纱。

但是，另一方面也遇到三个困难：第一，棉花供给困难。1941年、1942年往往因棉花缺乏，中途停工，去年供销处帮助，保证供给一部分，就有四架机子经常开动，今年又增开了两架，还有两架闲搁。第二，纱的质量虽然逐渐提高，能够做经纱，但是质量依旧不很高，每两纱平均长1400尺左右，因此影响了布的质量，而且今年纺工从棉花工资改为小米工资以后，纺纱情绪下降，纺妇减少。第三，农村里有一部分闲搁的纺织能力没有发动。

南区合作社刘主任有鉴于此，计划发动农妇织布，使纺与织结合起来，把一切闲散的纺织能力都吸收到生产里面，增加布匹产量，达到全区布匹自给；同时试行“放花入股”“自纺代织”的方法。这两种方法，含义甚广，其中有一个意义，就是改变过去发花收纱的办法，群众用自己的棉花纺纱，纺成纱工厂代织，保证好纱织好布，以此来提高纺纱的情绪和质量。

（《合作社与民间纺织业》，1944年）

3. 甘泉县纺织生产合作社

甘泉纺织生产合作社自成立（1940年冬）至现在（1941年），在技术上、工员生活管理上已较前进步，在生产量上已有进展：

① 股金的扩大，除建厅贷款外，在群众中扩大了股金2729元（1941年）。

② 在机件上，1941年新扩大纺机九架，布机三架，同时购买了钢综、梭子等零件。

③ 人员配备与扩大：A. 干部配备：主任兼会计是刘春祥，保管任泽义

同时兼工务，纺织组与织布组都有具体的分工。B. 学徒新扩大了三名，现有工人三名，学徒 10 名，干部及什务四名，共 20 名。

④ 工员干部的教育、生活指导由刘春祥负责，每礼拜有一次生活检讨会，月终有一次总结，对于社内经费使用，干部、工员学徒的好坏，产品的优良，进行检讨，根据每个人的工作情形给予批评或奖励。

⑤ 现在的情形：布机一架每日可出布一匹（五丈二尺长），毛巾机一架每日可出 15 条（系新学徒织），纺纱机五机每日出纱两斤半（指冬天说，如在夏天每日可出四斤），手工弹花工人一个，每日可出线花八斤，下余 10 个人做打纬倒筒以及什务事情。总之，一年来出布 72 匹，计 365 丈，毛巾 803 打，计 9636 条，共纺棉花 402 斤，计纱 324 斤。

⑥ 资金及收付情形：A. 资金的来源：a. 新扩股金 2729 元。b. 工合贷款 10402 元。c. 借入款 3892 元，以上共计 17023 元。B. 收入情形：a 出卖布 367 丈，入洋 8191 元，卖毛巾 735 条，入洋 5994 元，共收入 14185 元。C. 支付情形：a. 一年来约吃米麦 20 石，一共出洋 4120 元；b. 一年来买棉花 1001 斤，出洋 3614 元；c. 一年来伙食出洋 6889 元；d. 工员干部一年来的开支 607 元（津贴工资）；e. 学徒及干部单衣 15 套，棉衣 19 套，共支洋 3741 元，补充被褥洋 294 元；f. 煤油柴炭一年来共支洋 405 元，g. 办公等费一年来共支洋 2971 元；h. 购买器具一年来支洋 9802 元，i. 修理新装纺机与布机木工支洋 730 元；j. 修理地方费 314 元；奖励费 206 元，以上共支洋 25980 元。D. 各项现存情形：现存原料及成品：a. 棉花 267 斤，计 4272 元；b. 木板三丈五尺，计洋 245 元；c. 棉纱 74 斤，计洋 2220 元；d. 布匹 54 丈，计洋 1362 元；e. 大小毛巾 78 条，计洋 774 元，以上共计洋 8873 元。E. 成就的工具及用件：a. 纺机 10 架（内有原有一架）每架以 500 元计算，共洋 5000 元；b. 布机三架，每架以 350 元计，共洋 1050 元；b. 经线轮一架，洋 500 元，（零件都有）；d. 钢综 9000 条，计洋 720 元；e. 梭子四个值洋 64 元；f. 打纬倒筒车 4 架，计值洋 200 元；g. 手摇车 116 个，计值洋 1160 元；h. 大小柜三个，计值洋 150 元；i. 桌凳七个，计值洋 80 元；以上共洋 8924 元。根据现存原料成品及成就的工具等，可值洋 17797 元。

⑦ 妇纺问题没有很好开展，虽有些会纺的妇女（外来的），但散居于农

村，同时也没有指定专人去领导，所以对推广妇纺以及供给纺织的成纱是没有成绩的。

（白世杰、贺寿山：《甘泉县政府1941年度经济建设工作总结报告》）

4. 陈家楼子纺织生产合作社

（1）从解决群众穿衣问题出发，发动家庭自纺自织自穿

陈家楼子是关中分区淳耀县一区三乡第三行政村，包含五个自然村——陈家楼子、石砭子、东梁、河南、河北，全村 81 户，254 人，均以农为业。在陈家楼子、河南、河北三小村，原有纺织妇各两名，纺车五架，织机一架，经常闲搁着，穿用布匹，大都用余粮交换。

今年阴历三月，行政村主任贾恒春在村上订农户计划时，发现群众余粮颇多，但以粮换布，卖粮甚多，以致一部分家庭粮食不够吃用。他根据当时市价，仔细计算了一下，如果自己买棉花自纺自织，每尺小布仅需成本 161.5 元（不计工资）；如果买布，每尺小布市价 467.5 元。所以，自纺自织自穿，每尺布可节省 306 元。全行政村 254 人，大人 177，小孩 717。估计大人每人每年穿用小布 5.2 丈，小孩 2.4 丈，共需小布 1077.2 丈，向外购买，需边币 5335890 元；若自己纺织，仅需边币 1739658 元，节省 3596233 元，合细粮 141.5 石，顶全村三年半公粮而有余（1943 年全村交公粮 45.5 石）。根据这种情况，他决心发动群众解决穿衣问题，发展纺织业，争取布匹自给。

但是大多数群众一贯不纺不织，还有一部分群众过去把公家纺织当成负担，不愿纺织。贾恒春召开陈家楼子、河南、河北三小村村民大会，用上述算账的办法宣传纺织的好处。群众听了大吃一惊，认识到自纺自织的好处。他也把王科昌婆姨织的布给大家看，比买的布质量好，经久耐穿，大家都同意了自纺自织自穿。但纺车、织机、棉花怎样解决呢？纺织技术怎样传习呢？大会上提出、讨论了这些问题，众人的意见，互助合作，解决困难。有钱的家庭自己解决，贫苦家庭由众人帮助。向老户商量借了边币 72000 元，制成纺车 20 架，织机两架，又借了棉花 19 斤（贾主任自己拿出 13 斤），纺车

棉花借给贫苦群众使用，织机由全村公用。

三月后，全村愿意纺织的 30 个婆姨，先后开始纺织。按居住远近，组成三个组，选举能纺织的婆姨当组长。组长的任务是教纺织，修理纺车织机，检查和督促。开始纺的时候，就发动三个小组长竞赛，看谁先教会本组成员纺纱。小组长串门教纺，结果在一个月之内，教会了 13 个婆姨纺二等纱，13 个婆姨纺三等纱，只有一个人纺四等纱；共纺纱 68 斤。纺成纱，由会织的婆姨织布。每匹布宽 1.4 尺，长 4.2 丈，工资苞谷一斗二升；如果变工，可以变 3 个男工，5 个女工。同时议定，一个织妇 3 个月之内，要教会两个人织布。结果在一个多月内，教会了一个妇女织布，共织成小布 108 丈。第一机就替老乔婆姨和村上一个二流子汉（纱是他婆姨纺的）织的。老乔全家穿上了新的夏衣，二流子汉换了新被里，这件事轰动了全村，加强了大家纺织的信心，提高了大家纺织的积极性。

（2）办合作社，调剂供销，传习技术，分散纺织

石砭子和东梁上的群众，看到了陈家楼子纺织的成绩，有些眼红，六个贫苦纺妇、三个织妇向贾主任表示，愿意纺织，但无力解决棉花工具，请求帮助。贾主任看到这种情况，表示愿意帮助。但棉花工具从哪里来呢？正在盘算的时候，乡文书把关中报上蒲金山办纺织合作社、冯云鹏办流动工厂的消息读给他听，他听后就想在陈家楼子办纺织合作社，帮助更多的群众解决纺织生产中的困难，争取全行政村布匹自给。于是他就先征求各自然村长和积极分子的意见，再挨户宣传，和群众商量，群众大部分都同意。

阴历四月初九，贾主任召开全行政村群众会议，到会村长及群众 51 人，讨论自纺自织、办合作社的问题。大家同意办纺织合作社，调剂供销，传习技术，组织领导全村妇女纺织，争取布匹自给。决定五升苞谷为一股，贾主任首先入 30 股，群众纷纷报名，共入股 309 股，合苞谷十五石四斗五升。大家觉得股金小，周转困难，又想了两种集股办法：一种是把全村八石义仓粮入股，分红归义仓，要粮时随要随提；第二种是把老户调剂新户的 3 石粮入股，难民要粮时随要随提，未提时分红归老户。这样，合作社全部股金苞谷二十六石四斗五升，合边币 337237.5 元。大会选举了贾恒春、秦治发、梁作栋当理事，贾当主任，秦当保管、梁当会计。3 个人都不脱离生产。群

众为酬劳他们，议定身份入股，贾为五股，秦、梁各三股。此外，选举了五个社员代表，反映社员意见，监理合作社工作。

其次，又根据合作社业务方针，具体规定六项办法：①3 个月分红一次；② 保证全村不向外买一尺布一两线；③ 一个织妇 3 个月内教会两个人织布；④ 合作社的布先卖给社员，九折算价；织布社员照本分家庭要穿的布；⑤ 每月初一、十五领花交纱交布或买卖花、纱、布；⑥ 纱分五等：头等纱每两长 240 丈以上，每斤纺工苞谷六升，二等纱每两长 180~239 丈，每斤纺工苞谷五升，三等纱每两长 150~179 丈，每斤纺工苞谷四升，四等纱每两长 130~149 丈，每斤纺工苞谷三升，五等纱不计长度，酌给工资。至于织布，规定每斤纱四两面，交一斤一两布，每匹布（宽一尺四寸，长四丈二尺）工资苞谷一斗二升。如果变工，可变男工 3 个，女工 5 个。

制度定出后，为了及时解决棉花问题，合作社通过脚户及私人关系，向友区或边区内购买，到去年 10 月止，共买进棉花 792 斤，其中一部分卖给纺织户，一部分发给纺织妇女生产，交纱或布给合作社。半年以来，合作社能保证经常供花。此外又添作纺车 10 架，织机 12 架，无利贷给群众使用，成本在红利或工资中酌量扣还。

合作社又组织群众互相教育。王科昌婆姨教会了五个妇女织布，温孝贤教会了两个人织布，连新发展的在内，共有 12 名织妇。纺纱学习容易，现有 55 名熟练纺妇。此外，合作社还训练了两名弹花工人。

进行纺织生产时，纺织妇都在自己家里，有些自己买花自纺自织自穿，有些向合作社领花纺纱织布。今年全行政村织布 992 丈，其中四百余丈是自纺自织自穿，五百余丈是向合作社揽织的。

……

（3）照顾纺织妇和社员双方利益，劳动者与股东一条心

合作社如何照顾纺织妇和社员的利益呢？对于纺织妇方面，除保证供销、组织教育外，还想了许多办法：第一，廉价卖花，每斤花经常保证比市价低 200 元……第二，精评等级，调整工资。对于纺妇交到合作社的纱，每次总抽一、二支称分量，算长短，很精细地评定等级；对于已定等级，经过实践，纺妇认为太高，及时做了调整。现在纱分三等：头等纱每两长 191~210 丈，

二等纱每两长171~190丈，三等纱每两长150~170丈。这样一方面照顾了纺妇的技术，另一方面也适当地提高了纱的质量。关于工资，由于市价变动，根据群众意见改变了两次。当6月苞谷跌价（每斗由1275元跌到700元）、纺纱利小时，就由苞谷工资改为小米工资，头等纱每斤纺工小米5升，二等4升，三等3升。当时小米每斗边币1200元，又相当地保持了过去的工资水平。9月，群众要换冬衣，花、布价贵，粮食便宜，于是又改成棉花工资，头等纱每斤纺工棉花七两（16两称——编者），二等6.5两，三等6两。织布工资也同样变动，每匹布工资由一斗二升苞谷，改为小米一斗，现又改成棉花14两。因为这样，始终保证纺织有利。第三，按本买布。开始时一般规定织妇可以按成本购买全家需用的布匹（大人每人5.2丈，小孩每人2.4丈），后来又根据具体条件，规定了新的办法：纺妇每月纺10斤纱，可以按原本在合作社买斤纱的布；纺好纱就买好布。织妇每月最少要把20斤纱织成8匹布，可以按本购买家中穿用的布匹。这样，多纺多织的妇女，获利很大，而合作社也能增产纱、布。第四，奖励股。规定每个纺妇3个月之内，纺头等纱10斤奖1股，15斤奖两股，20斤奖3股；纺二等纱15斤奖一股，20斤奖两股；三等纱20斤奖1股。一个月之内织10匹布奖1股，15匹奖2股，20匹奖3股。去年6月第一次分红时，因此而获得奖励股的有3个妇女，得到6股，同粮股同样分得了红利。第五，身钱保份子。纺织妇工资如果不需用时，可以入股，挣钱分红，赔本还本，现在已有5人入股。

由于采取上述办法，经常保证纺织有利，所以纺织妇积极性大大提高。温贤良23天之内纺纱12斤，孙玉兰一个月织布77丈，老乔婆姨穿着新衣每晚都纺纱，刘昂婆姨靠自己纺织，解决了全家五口人的衣服。这样的例子，全村很多。

另一方面，又怎样照顾社员利益呢？第一，由于纺织生产扩大，门市部、骡马店的开办，合作社获得相当大的盈利。从4月到6月，每股份得红利边币204元，利率达30%左右。第二，社员有买布优先权，买布及其他用品，均九折优待。第三，社员获得充分民主权利，平日可以经过代表或直接向合作社提供意见；合作社定期向社员报告工作。6月第一次分红大会上，贾主任报告了两个月工作，发动社员批评和检查工作，结果提出了许多宝贵意见。

第四，大部分社员同时就是纺织妇，获得纺织妇的一切权利。在6月分红大会上，社员王才顺说：我4月入一股，苞谷五升，两个月之内，除向合作社买布4尺，猪肉4斤，比市价便宜776元外，现又分红利204元，共980元，按市价，可买苞谷一斗八升，几达一本四利。如果买货多，纺织多，那么获利更大。

合作社对社员及纺织妇的各种优待办法，开办时已基本规定，并逐步实现。但全部见诸事实，是在6月分红大会及大会以后。因此，6月分红大会以后，合作社跃进了一步。股金扩大到1034股，每股股额，比开始时增大一倍，股金总额达134万元，比开办时扩大七倍。纺织生产方面，分红大会前3个月，有纺车38架，共纺纱228斤，织机五架，织布168丈。分红大会以后四个月，纺车新增17架，纺纱535斤；织机新增九架，织布616丈，每月平均产量大大提高。

……

（4）组织55人纺织，实现穿衣自足而有余

从1944年3月开始发动纺织以来，全行政村纺妇由二人发展为55人，织妇由两人发展为12人（同时会纺，包括在纺妇之内），社员由五十五人扩大到155人，股金由337237.5元，扩大到1340000元。

总共纺纱663斤，织布992丈。1944年每人平均穿用布实际为三丈，卖给本村的有七百六十余丈，真正做到全村不向外买一尺土布。剩余布二百余丈，一部分卖给外村及脚户，一部分存在合作社。

合作社经过短短八个月的努力，组织了群众劳力财力，发展了家庭纺织业，使群众由不纺不织走向自纺自织，由买布穿用达到布匹自足而有余，创造了“组织30万人纺织，实现穿衣自给”的典型。

（《陈家楼子纺织合作社》，1945年1月，引自《陕甘宁边区民间纺织业》，中国妇女社发行，第31—40页）

5. 安塞枣湾纺织厂

张瑞昌同志领导的安塞枣湾纺织厂是边区纺织业中合作民营方面的一个典型。

该厂于1939年春成立，股金是摊派的，工人是动员的，群众不拥护，工人不安心，加以没有技术工人，没有管理工厂的经验，因之，业务无法发展。自1941年张瑞昌到该厂工作，就强调民办方针，实行自由入股，实物入股，自由退股，帮助本县小型纺织厂及民办社的发展。对厂内，调整干部，吸收工人意见，强调技术，注意由小而大地逐渐发展。后半年就开始赚钱，群众于每元股金分得40元红利后，就踊跃入股。该厂出产的布，质量合乎标准，畅销安塞境内，大受群众欢迎。同时，张瑞昌能根据环境需要，实行纺织机下乡与坚持发展妇纺方针。现在已经由枣湾工厂帮助成立了6个小型纺织厂，还有三、六、七区3个厂正在筹备中。为着发展妇纺，张瑞昌先调两个纺得好的妇女来纺，给予奖励，影响大家。现在，由该厂直接发花的纺妇有六七百人。今年枣湾厂和各小型工厂可织布72000丈，可使该区布匹做到半自给，明年就能做到全自给。

为什么许多县份合作民营的纺织厂垮台，而枣湾工厂能够发展呢？这就是张瑞昌能坚持民办方针，工厂由小而大，脚踏实地，有多少力量做多少事，并能提高技术，发展妇纺。而那些垮台的工厂，却不管具体条件，把摊派来的资金都盖了房子，制了机子，结果却因为没有技术工人，没有原料，没有流动资金而垮台了。

（《安塞枣湾纺织厂办得好》，《解放日报》，1945年1月8日）

安塞枣湾纺织工厂，是边区各县官民合营的小型工厂中一个较好的典型。张瑞昌同志经营这个工厂，以大量资金投入生产部门，现有股金3000余万元，不动产只占十分之一，多为房屋、土地、工具及牲畜。由于能把资金用到最必要的方面，业务蒸蒸日上，去年盈余3000余万元。

该厂生产以小布为主，以适应民间需要，大布有订货就织。该厂产布质地坚耐，价格便宜，深受群众欢迎。现该厂共有工徒70人，每日平均工作十小时，工资采用实物和货币的混合工资。只供吃喝，不发衣服，最高工资曾为七斗米（6月份每斗9000元边币）。

（《安塞枣湾纺织工厂出品受群众欢迎》，《解放日报》，1945年8月9日）

6. 冯云鹏创办流动纺织工厂

移民劳动英雄冯云鹏为解决新户的穿衣问题，在该乡创办流动纺织工厂，现已借得县联社拉梭机子 3 架，群众做了平机 3 架；又组织了纺妇 80 人，已做好纺车 50 架。纺妇间现存线两百多斤，即将开始织布。所有新户妇女已按自然村编组，大组八人，小组三至五人，经老冯打条子，纺妇在县合作社领棉花纺线，计划平均每人全年纺线 60 斤交给合作社，每人可赚 40 斤（每斤线赚 11 两），可织布 63 丈。80 个纺妇全年赚的线可织布 4800 丈。新户六百多人，每人每年平均可有 8 丈布，有的还穿不了，可卖给县联社。织布机按大自然村配备，每村设机子 1 架，由能织的纺妇或工人专织，纺妇与之变工。平机平均每天每人织 6 丈布，约 3 斤线，连浆线工每天平均可织一斤半线的布。织一斤线的布，工资为 1000 元。

（朱平：《关中劳动英雄冯云鹏创办流动纺织厂》，《解放日报》，1944年3月31日）

（二）产盐合作社

1. 盐民积极成立生产合作社

从促进盐业的发展中开展合作经济，已成为盐民目前努力方向。按盐民有共同的生产工具、方式、场所及共同生活习惯，最适合合作社经济之发展。故自去年冬季后，盐民即酝酿成立合作社。入春后，各地合作社组织逐渐具体化。此次刘建章同志到各地宣传，对合作社成立又有很大帮助。

老池成立合作社较多。现已成立的有：张消金合作社，社员 20 余名，共同劳动，共同分盐；陈忠合作社，社员 21 人，共同修盐坝 40 块，计划今年打盐一万驮；回民合作社，社员 21 名，修 50 个坝子，因系初次打盐，只计划打盐 8400 驮。

苟池盐户收入较多，故生活浪费，因此成立消费合作社，推行节约最为重要。三月中旬在盐民大会上，一致决议成立纺织合作社，并已收现款股金。这次刘建章同志到苟池讲了合作社问题，全体盐民甚为兴奋，纷纷入股，已收现款 30 万元，并选出李子魁等七人为理事，李子魁为主任。

滥泥池王褚也正在筹备成立劳工合作社，收容边区的劳动力打盐。

莲花池生产合作社也正在筹备成立。

（《三边各盐池组织合作社》，《解放日报》，1943年4月24日）

2. 老池回民食盐生产合作社

老池的回民生产合作社，从今年4月到现在，社员由21人增到29人，内有27人都是由马鸿逵队伍中逃出来的入伍不久的壮丁，原来散在定边一带做杂工，三月间，由专署组织起来送到老池打盐，由盐务局拨给房子九间，坝子50个，借给米、钱、工具等。他们受过马家队伍中的苦，在我们政权积极帮助之下，都愿共同生活，服从指挥，工作的积极性很高，在老池突击打盐时曾两夜没睡觉。

他们由社员中选出五个理事，三常务，一后补，作为领导核心。常务理事中分主任一人，生产队长一人，事务队长一人，下分小组（现有四个），组有组长，有事找组长和理事解决，解决不了开会解决。

他们自4月初到8月底，揽工赚钱59000元，打盐6600驮，得洋665000元。估计今年还可打盐2400驮，合24万元。10月间秋收时出去20人做工，可得30万元（该地工资已每人一天500元），11月挖甘草可收入50万元（以20人日挖400斤计），12月和1月打柴，可收入30万（以25人打，每人一天打200斤），2月（旧1月）休息，3月再挖甘草还可收入50万。这样，一年可收入2564000元。

到8月底止，他们都发了新毛毯，做了一套新棉衣，发了一至两套新单衣，必需品如毛巾、鞋等破了随时补充，现在正准备棉衣。4月份初来，吃的稍差，从5月份开始每天吃两顿黄米干饭，一顿白面或荞面，平均每日吃油6钱，5个月共吃了两头牛，7只羊。病号还可以吃好的。不做工，每人月发零花200元；借了钱的抵消，如不太浪费，经理事批准，可预支红利（一年分一次）。有两位有家眷的，女人做衣服做饭、磨面等，也算社员之一。有两个孩子在城内读书，公家供给，假期回来，吃饭也不要钱。

现在喂着3头牛，两头驴，1头驴驹，有磨房1个，醋厂1处。

总之，他们已过着新的集体生活。

（盐务局：《两年来盐务工作总结》，1943年9月）

（三）边区妇女合作社

蔡畅、康克清、张琴秋、白茜、王友兰等同志特发起筹办“边区妇女合作社”，目的在提倡妇女生产——特别是纺织毛线和鞋子的手工业生产。合作社一方面帮助妇女解决工具与原料的困难，一方面帮助推销成品。该社拟在本市设总社，然后推及各县。该社现已与纬华毛织厂及实验工厂商订合同，尽量供给毛线。

（《解放日报》，1943年2月5日）

边区妇女合作社自今年三八节开办以来，业务甚为发展。该社于本月26日召开理事会，会上首由该社主任王友兰同志对今年10个月的业务情形及明年的业务方针做了详细报告，略谓：“本社本着原定方针，以组织延安各机关、学校妇女纺织生产为业务中心。总结10个月来工作，共收毛衣14237件，收毛线17894斤，共售大小毛衣11905件，完成了供给妇女同志的生产原料和成品推销的任务，其他如平抑延安物价，供给妇女儿童的用品也有很大的成绩。10个月来，共吸收社员975名，股金370万元。自3月至8月6个月中，只有社员436名，股金109950元。由于业务方针的正确，能适合边区的需要，能为妇女群众解决问题，单9月份一个月，股金即吸收了38万元，而10月份突增到286万元。目前社员存货总值2800余万元。除去应用开支外，今年10个月共赚净利1500余万元。”

关于今后业务，王友兰同志提出以下几点：1. 根据今天边区的需要，生产方面仍以发展纺毛织毛为业务中心，而且要把纺毛提到第一位。2. 今年有一部分妇女同志进行制鞋及其他各种生产，明年本社将大量帮助这项生产，以适应边区的需要。3. 为响应生产的号召，本社开设酱园，精制各种酱菜出售。4. 和妇联密切联系，组织商人家属纺毛、制鞋，把业务与群众打成一片。

（陈鹤轩：《边区妇女合作社10个月盈余1500万元》，《解放日报》，1943年12月31日）

妇女合作社创办之初，即以生产为主，当时投资于生产部门者约占资金总额66%。其中主要者为织毛衣生产。当时由妇女合作社发毛线，组织各机关女同志织毛衣、毛裤、毛袜。最多时参加生产机关62个，女同志1100人。从去年3月至今年4月，共发毛线22600磅，收回毛衣、毛裤、毛袜等25055件，共发出工资6727219元。此外，在去年11月拥军运动中，该社曾发动社员于五天内织成劳军毛袜5000双，以后又继续织成5000双。

其次为纺毛生产。从今年1月起，妇合即发毛收纱，制造磅线，在两个半月中，共发出熟毛7449斤，收回毛线4677斤，制成磅线2957磅。参加纺毛机关44个，人数达1825名，其中老百姓参加者有8户，共发出工资4097688元，而与供销处合作发毛收线数目尚未计算在内。

此外，该社生产，尚有与群众合伙做鞋，做儿童玩具及自己做线机子，另外设有食品部，制饼干、点心、火腿、腊肉、酱菜等，3个月获利40余万元。

该社组织纺毛、织毛衣，不但将边区原料制成成品，解决边区军民部分冬衣问题，而且销售至外边，受到友区人民的欢迎。在生产过程中，发出工资1000余万元，对各机关女同志帮助尤大，使她们除完成生产任务外，并改善了自己的生活。

妇合在过去一年半工作中，因按期分红，红利丰厚，故社务有很大发展。第一期分红，利润为72%；今年3月第二期分红，利润为350%；第三期（由3月至8月底）社员总数已达4869人，股金总额达40539382元。

（《妇女合作社总结工作》，《解放日报》，1944年9月5日）

（四）机关学校工作人员工业生产合作社

1. 杨家岭机关合作社

（1）杨家岭合作社是机关合作社的方向

现在机关合作社的方向，应该是杨家岭合作社的方向。该合作社是群办公助的。在该社社员代表大会以前，它的性质与生产资料供给商店的差别不大。此后，即扩大群众基础，开展广泛的入股运动，扩大业务，农、工、商业都搞，并把举办公益事业、提高集体生活都放在业务范围之内。合作社本身也由行政的一个部门，转变为一系列的民主的、群众的组织机构，管理委员会及合作社主任都由民主选举。合作社与群众是互相联系的，在办理公益事业、代表群众意见这方面是党与行政的助手，在举办业务方面，又需要公家的帮助，这就成为群办公助的机关合作社。

（《杨家岭合作社是机关合作社的方向》，《解放日报》，1944年11月9日）

（2）杨家岭生产合作社组织个人生产的形式

今年，杨家岭机关自给的任务加重了，为了完成任务，在组织方面，我们采取了生产合作社的形式。

生产合作社，于 1 月 11 日发表社章，规定每一从事手工业和农业生产的成员及投资入股者均为社员。为了保证供给社员日常消费用品，合作社又带有生产与消费的综合性质，在原来供给商店的基础上，改组成立。供给商店留给实物折米 50 石为基金，办公厅又加入现金 110 万元，折米 50 石为倡议股。此外吸收个人游资，不分实物或现金，折合小米作为生产基金。截至 4 月底，共收实物和现金股 11622 股（每股小米两升），小米两百三十三石三斗零一合，折合 5174786 元。

社员大会为最高权力机关，大会半年一次，大会闭幕期间，由管理委员会（各单位选派代表组成）代表。管理委员会总理合作社社务，职员自正副主任以下，先后增至二十余人。

先后建立的五部分业务为：社务部（包括用品供给股），生产部，成品推销处，群众合作部及群众服务部。

生产部，管理手工业与农业生产。由于公共生产着重农业，个人生产受土地条件工作条件的限制，于是以手工业为主，农业为副。手工业以纺毛纺棉为主，并尽可能组织其他技术小组。纺毛纺棉由“工资毛”“工资棉”起手，逐渐扩大到自办原料，以半制品（纱线）换取成品，以至制造成品（布匹）的全过程。据 4 月底统计，手工业生产共计 38 种，纺毛纱二千零九十二斤十二两[①]，纺棉纱七百一十七斤四两；手工业生产总值米二百八十一石六斗余。

组织形式有七：

① 一般小组，如各单位的纺纱小组或农业生产小组及住在机关外的家属小组。各单位纺纱组织核心小组，起推动作用。这些小组由合作社经常调查其情况，并研究与解决所发生的问题。工具、原料等，由合作社代办。

② 技术研究小组，吸收各单位对纺纱及修造纺车技术较高的人参加，经常交换经验，研究并试验改良工具与提高技术的办法，作为推动全部纺纱运动的核心。

③ 变工生产小组，吸收各单位与工作人员变工生产的勤务员、通信员参加，集中组织，专门从事生产。

④ 专门生产小组，吸收各单位无工作或编余的人员参加，斟酌其适宜条件，体力强弱，分别组织为纺织小组，农业小组，副业小组，生产任务定为全自给或半自给，超过之数全归自己。

⑤ 工艺小组，如中秘的卷烟小组，民委的制板刷小组，× 室的车工小组，及由合作社组织的木工组。由合作社代办工具原料，推销成品。另有中组的修钟表技术小组，由合作社介绍业务。

⑥ 单位与单位间的变工，如做鞋等，由合作社根据调查材料，分配各单位成批做鞋帮、鞋底或搓麻绳，分工合作。

⑦ 与其他单位或机关合作，如中秘抽 18 人与生产处合办杨沟（安塞）新农场等。

（《杨家岭生产合作社怎样组织个人生产》（摘录），《解放日报》，1944年5月28日）

（3）杨家岭机关作坊实行公私合作、等级分红制度

杨家岭小作坊包括酱园、豆腐坊、粉坊、挂面坊、养猪坊等五个单位，共 16 个工作同志，今年半年的生产超过了去年全年的成绩，工作效率比去

① 系十六两称——编者注

年大大提高了。其原因，一方面是由于大家的政治认识进步了，懂得了生产工作的意义，愿意好好地工作；另一方面也是主要的原因，是实行了公私兼顾、公私合作制度，鼓励并刺激了大家的生产热情，使生产热情能够坚持下去。现在，把我们执行公私合作、等级分红的经验介绍出来，供其他作坊研究与参考。

第一，我们的作坊，工作人员同时又是股东。作坊里除公家投资外，并吸收生产人员入股。个人原来的积蓄及分红所得暂时不用的，都可入股，这样，生产的好坏不仅决定他劳动报酬的多少，而且直接影响到个人股金能否得到红利。这样的经济关系起着很大的刺激作用。

第二，我们实行的等级分红制度，各等级间的数目相差特别大，甲等能分到三万元，丙等连两万元也分不到。这一点也很能刺激大家的积极性，因为大家都希望得到最高的等级，不愿得较低的等级，差一点红利就少得相当多。

第三，公私合作制度要实行得彻底，公家不要怕私人分得钱多，怕私人发了财；私人也不要怕公家亏了他们。要真正能按计划照规定的及时分红利。在我们前半年结账后，应该分 30 万元给私人，当时曾经考虑到两个问题：一个是生产所得的盈余，大部分是存货，不能很快流转，要分红就得垫出一部分钱，这样公家就吃了亏。第二是正当扩大生产时，提出一部分现款来分红，就会影响到再生产。于是，对是否马上分红相当犹豫。当时大家就议论起来了，有地说："公家反正会打算盘，打来打去总是舍不得分出钱来。"有的说："规定三个月分一次红，为什么到时候不分呢？"甚至影响到工作情绪。后来决定照应分红数目立即分红，大家就情绪很高。事实证明，分红以后，解决了个人生活上的一些问题，减少了公家负担。比如今年的被窝全部不要公家补充。所以，私人有了钱，对公家仍是有利的。越能彻底实行公私合作制度，越可以减少公家负担，也越能增加生产，增加公家的财富，打小盘反是有害的。

讨论等级时，必须充分发扬民主，每个人都让大家评判。这样一方面可以做到公平合理，使得每个人心悦诚服；另一方面可以彻底检查每个人的工作，使工作改进。如挂面坊过去三个人关系搞不好，这次经过大家对陈士喜同志批评后，他的工作有了进步，三个人的关系改进了，工作起来更加愉快。酱园高建平同志的工作本来很好，这次会议上又表扬了他，他工作更踏实了。白鹏飞针对过去酱园分工不明确的缺点，提出要求分工，现在分配他往外运货，他很负责任。评议时大家提出解中秀同志做豆腐技术进步不快，他就下决心努力研究，现在每斗豆子可以多出豆腐三斤左右。

经验证明，合作制度，等级分红，是足以提高工作效率的。但必须彻底实行，才能真正发挥其作用。

（孙琪：《杨家岭小作坊实行公私合作等级分红的一点经验》，《解放日报》，1944年10月29日）

（4）杨家岭机关工作人员合作社组织系统表　（1944 年 4 月 1 日）

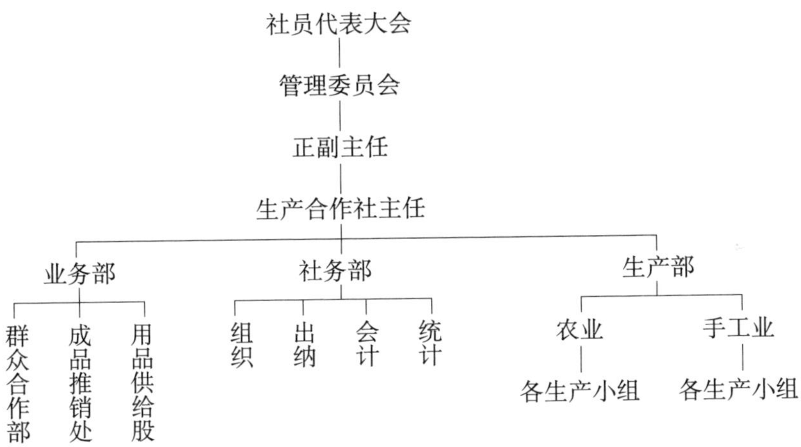

（边府研究室：《边区合作社八年的发展概况》，1944年8月）

2. 延安大学工业合作社

（1）延安大学员生 1944 年 3 月工业合作社概况

社员	股金	业务单位			设备					
		木工厂	缝衣厂	纺织厂	业余纺织组	纺车	缝纫机	木工具	倒线车	弹花弓
844	1755760	1	1	1	11	818（辆）	4架	6套	60	4支

（2）延安大学员生工业合作社组织系统表：

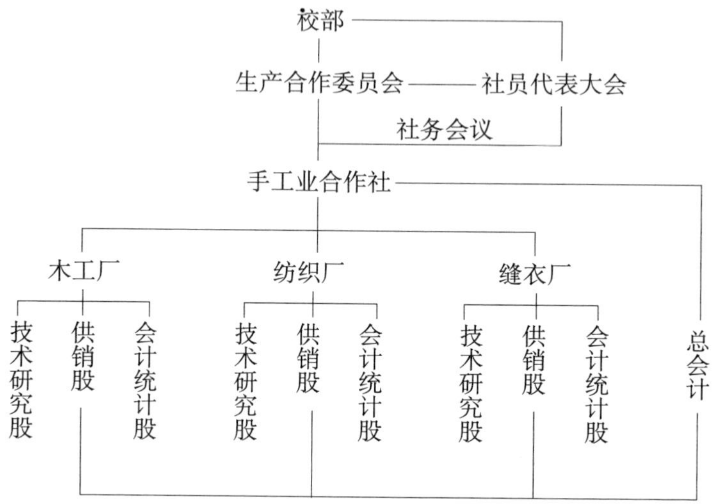

（边府研究室：《边区合作社八年的发展概况》，1944年8月）

（五）工业生产合作社的分红制度

1. 生产合作社工资制度的演变

边区现有生产合作社约80社，其组织形式大体上可以分为三种：一种是群众集资加工生产，即出股金的社员不参加生产，参加生产的社员不出股金的生产合作。如延安南区纺织社、高庙弯纺织社等，约占所有社中十分之二。一种是资本劳力都出自社员，即社员自己凑集资金，又自己参加工作。如过去延安市被服社，现在绥德王家坪纺织社等，占所有社中不足十分之一。一种是前两种形式的混合，即部分社员既出股金又参加生产，但资金的十分之九为非参加生产社员所凑集的。这样的生产合作，如固临、安塞、延长纺织社等，占所有社中十分之七以上。就是说，这种形式占了绝对多数。由于这种合作形式，在资本与劳力的结合上，还不很彻底，参加生产的社员，对股金得失，不及工资部分注意，所以工资问题，也就成为生产社管理中的重要问题。五年以来，随着生产合作社的发展，它的工资形式，曾有以下的演变：

当1939年生产社初创时期，工资一般都采取津贴制，除供给衣服、伙食、医药费用外，每人每月并给三元半津贴。对个别熟练工人，则津贴5元至20元。这一时期，每个生产社中，只有一个熟练工人，绝大多数的生产者，都是学徒。生产合作社实际上带有职业训练班的作用。因此，在当时，一般采取平均的津贴制度，对个别的熟练工人采取优待办法，是必需的，合理的。至1940年，学徒已大致熟练，生产能力已逐步提高，工人与工人间，学徒与学徒间的生产技术与生产热忱，也各有差别。因此完全津贴制的平均主义的工资形式，已不适合提高技术促进生产的要求。于是乃改行计件与分红混合制，除伙食、衣服按人发同样实物外，货币工资，按制成品件数之多寡分别发给，并从年终红利中提出15%，按工资多寡比例分配给工人。这些办法，有奖励生产与帮助工人储蓄的意义。在当时，一般的工人熟练程度还不高，以供给伙食衣服来保障一般工人生活，以及货币工资部分使工人多生产，多得工资，这种办法，也是合理的。到1941年，接受了1940年计件与分红制工资的经验，规模较大的合作社，关于计件部分，又进一步实行累进工资的办法。这比前一时期更刺激了生产技术与劳动热忱的提高，成为更加合理的办法。但这一进步，还仅仅是多生产、多得工资。至于如何同爱护工具、节省原料、管理与监督生产等相结合，则还嫌不足。其原因是出股金的社员，不把生产者当作社员，也以自己股金很少，股金所得不及工资部分之多，无形中也把自己看作不是社员关系。由于这些不正确的观点，形成生产社中的生产者，不是社员关系而是主雇关系，使他们不感到一件工具的损坏，一点原料的浪费，都和整个合作社的成败得失有密切的关系。因此，这种合作制形式，还不足以使工人对合作社有主人翁的感觉。也就是说，资本与劳力的结合还未尽善。

南区纺织社，体验了上述的经验与教训，今年采用了边区民间作坊中所流行的分红制度。其办法是合作社资本设备做股20万元，13个工人及工作人员做股20万元，13个工人及工作人员中，又以工作效率的不同，每人做股8800至18000元不等。但个人顶股多少，预先又不固定，待结账时以生产成品的多寡及工作成绩的高低，再确定每个人股份的大小。工人中有入资本的，则钱做钱股，人作人股。伙食由社内供给，算作管理费用。工人平时不领工资，每月支小米一斗，作为零用和服装开支，在年终应得之红利中扣除。五个学徒管吃管穿，每月给五升小米津贴，也算作平时的费用开支。除去一切费用外，年终结账，有红利时，资本与劳力平分。这种资本与劳力进一步结合的生产合作办法，兼有前述各种形式之所长，而无前述的缺点。

（伯森：《延安南区合作社纺织社实行分红利工资的经验》，《解放日报》，1944年1月12日）

2. 新合工厂的合伙分红制度

实行合伙分红制度的经过：

1943 年，新合工厂在刘建章同志领导下实行的合伙分红制度（有人说是分红工资制度是不对的），它的特点是“根本废除了雇佣性，使工厂成为工人的家”，并正向工厂成为工人的家的方向继续改进着。兹将其经过详述如下。

（1）合伙以前是采用计时工资制

工厂初开工时，只有高能文过去织过布，是技术工人，原与刘建章同志没有议定待遇，只说将来要和杜修斌（也没有议定待遇）都打份股，搞合作。1941 年年终结账，总社给高、杜各 2000 元（工资 1500 元，路费 200 元，奖金 300 元）。1942 年高能文代理工厂厂长，年底结账，总社给高、杜各一万元，各奖毛毯一条，并奖高能文价值 3000 元的皮大衣一件。

工人是发给计时工资，因他们过去都没有织过布，每月打纬倒线的工资 20 元，织布的 40 元。到年底（1941 年），因工人技术提高，且物价高涨，逐渐增加到打纬、倒线每月 50 元，织布的 100 元。伙食由工厂开支，衣服穿自己的。1942 年 6 月改用实物（小米）计算，每月织布的发一斗，打纬的发六升，倒线的五升，伙食仍由工厂开支，全年又发给单衣、棉衣各一套，事病假及婚丧大事一月、半月不扣工资。

为刺激工人生产，有奖励制度。1941 年年底奖给工人一个月的工资。1942 年 6 月开始建立登记每个工人的成品数目的制度，8 月底开了一次生产检讨会，评定 6 月至 8 月三个月来各工人生产成绩优劣，分五等给奖，头等姚聚喜给毛巾两块，袜子一双，花裤带一条，二奖高合昌、杜鸿如各奖毛巾两块，袜子一双，三奖余世林奖毛巾一块，袜子一双，四奖高自昇奖毛巾一块，其余各奖小手巾一条。此次奖励提高了工人生产的积极性，如工人白荣贵，奖励前每天织布三丈多，实行奖励制度后每天织布四丈多，收效相当大。因此，规定每月奖励一次。奖品是墨盒、手巾、袜子、肥皂之类，生产多的多奖，少的少奖或不奖。11 月工厂停工，工厂奖每个工人一条毛巾，总社奖每人一双袜子。

实行计时工资，“工人不盼多做，只盼天黑”，工人不把工厂看作自己的，“大众是靠（互相推脱责任），倒了锅灶”，生产效率很低。如工人杜鸿如每天只织毛巾十三四条(实行奖励后，每天可织20块，合作以后每天织24块)，工人随便请假，如白荣贵装病请了 10 天假，自己去干别的。加之工厂织的布不好，建设厅不要，在老百姓中销路也不好，1942 年织的布到 1943 年秋天才卖完。办了两年工厂都赔了本：1941 年赔了 98.24 元，在收买洋纱上还由总社代垫了十多万元；1942 年赔了 13401.2 元，在收买洋纱上又由总社代垫了 30 万元。货币跌价所给工厂的损失更大。1942 年 11 月工厂里一点存纱都没有了，没办法只好停工，高能文也回了家（佳县）。

（2）实行合伙的经过和功效

1943 年 3 月初，高能文自佳县回来，工厂里钱和原料都没有了，就和总社王主任（耀明）计划工厂关门，把织布机分散到农村去。以后和刘建章同志商量，刘建章不同意，说工厂“赔”“挣”总要干下去。叫高能文回厂征求工人意见，谁愿意离厂，可以借给他织布机子，自己去织布。高能文回厂问工人，工人都说：“我们已处了两年，很熟惯，又都是新学织布，技术上不熟练，自己出去织怕有困难。”都不愿意离厂。过了几天，王主任又来厂决定：① 过去织洋经土纬布，洋纱时常买不到，今后改织土布，原料完全用土纱，不再用洋纱；② 人就是现已回厂的 12 个人（除高能文外还有工务杜修斌，会计尉润之，工人姚聚喜、高合昌、杜鸿如、余世林、顾文建、杜丰恩、白荣贵、姚聚发、高自昇），由高能文当厂长；③ 工厂与工人合伙，工厂做成钱股 20 万，12 个职工打成分股共 20 万，年底分红（伙食吃工厂的，衣服穿自己的）。为解决工人衣服和家属生活，工厂每月出预支米 2.5 石，预支给工人，年终在本人红利中扣除，工厂年终结账，挣下就分红，挣不下就作为坐底米，不要工人赔，如工人同意合伙就可以实行。决定以后，高能文就召集工人开会，因为工厂两年都亏了本，工人对合伙没有信心，会上都不发言，散会后高能文就一个个地找工人来解释，说明大家好好干一定能挣钱的道理，如工厂赔钱，每月的预支就作为坐底米（工人领的米作为实付不要工人还），工人才都同意了，并推高能文做定每人份股。

就决定合伙办法，工厂作为钱股 20 万：

工厂原有资财（房屋、机器等）	5万
总社投资	3万
各分社入股	12万

工厂职工除伙夫老李不愿入股外，其余 12 个职工做成分股 20 万，工厂与职工对半入股，对半分红。

又将份股 20 万根据工人过去所领工资及得奖多少分摊给各职工（职员摊甲等份股），办法是先假定三个职员（厂长、会计、工务）和每月领一斗工资的五个工人的份股都是两万元，八个人共摊去份股 20000 × 8 = 160000 元，20 万元中摊去 16 万元，余下四万元，还有四个工人，不好分，就又从得两万元份股的八个人中各抽出 800 元，八个人共抽出 6400 元，加到下余的 40000 元中，共 46400 元，分三等摊给其余的四个工人。

工厂每月共出预支米2.5石，分别预支给职工，是按职工份股多少分配的，每份股 8000 元摊预支米一斗（200000 元份股 ÷2.5 = 8000 元），预支米按月领取，各按当月米价折钱记账，年终在本人红利中扣除。

分红，先要扣下职工奖金（一年年底奖一次）、公积金、公益金，然后公私平分。

筹备妥当，即于 3 月 23 日（阳历）召集职工开会，到会职工 12 人（伙夫与弹花工人不愿入股未参加），总社王主任参加指导，他说明合伙办法，大家以后积极生产，一定能挣钱。高厂长宣布合伙合同，说明合伙、分红、奖励、退股的办法，并宣布每个工人的股份：

姓名	职别	过去每月工资	份股等级	得奖次数	份股	预支米(每月)
高能文	厂长		甲		19200元	2.4斗
杜修斌	工务		"		"	"
尉润之	会计		"		"	"
姚聚喜	工人	一斗	"	3	"	"
高合昌	"	"	"	2	"	"
杜鸿如	"	"	"	2	"	"
白荣贵	"	"	"	1	"	"
余世林	"	"	"	1	"	"
杜聿恩	"	0.85斗	乙		16000元	2斗
顾文建	"	0.65斗	丙		12800元	1.6斗
姚聚发	打纬工人	0.5斗	丁	1	8800元	1.1斗
高自昇	"	0.5斗	丁	2	8800元	"

杜聿恩看他只有 16000 元的份股不满意，说他去年生产少是因为生病，他的份股至少要赶上余世林。高厂长解释说，如年底你做得多，我给你分得多；假若年底结账时份股与成品数目相差太远，份股还要调整，打烂重新分配。以后，顾文建也嫌份股小，说他生产得少是因为初学，如果他学得时间长也可以做得多。大家都批评他，他就承认了错误。散会后大家对分红都没信心，只想领到预支米就够了，都看工厂挣不了。白荣贵开会以后就向工厂借了一架织布机出去自己做，杜聿恩请假出厂去倒生意（做买卖）。四、五两月又来了常万祥（当会计）、苗养歧顶了白荣贵、杜聿恩的股。

3 月 24 日工厂开工，浆纱、织布，因为生产没有组织，很紊乱。因此，在 5 月 20 日又组织生产：高合昌、姚聚喜、杜鸿如、顾文建四人织大布，杜修斌织毛巾，苗养歧、余世林织布、浆纱（织布的轮流机布、浆纱，两个月调换一次），姚聚发、高自昇打纬、倒线，5 月又来了五个学徒来打纬、倒线。

实行合作后工作有很大转变，表现在：

① 改变了工人的劳动态度。如对工厂的关心上，过去工人对工厂是亏是挣从不过问，实行合伙后工人常来找厂长问本月工厂是亏是挣，工人也常在一起议论工厂怎样才能挣钱。生产积极性也大为提高，如休假方面，过去一

月休息四天，合伙以后工人自己提议每月初一、十五休假两天。事病假方面，过去每月总有三四个病号，有一天 17 个人中病了四个，合伙以后从无病号发生；事假方面，过去工人常请假回家，特别是 6 月麦收时，如 1942 年 6 月三个工人回家收麦，今年事假只有一个，且工厂另派杜鸿如顶替他生产，不使影响全厂生产。工作时间方面，过去天大亮了才上工，早、午、晚饭后还要休息，太阳不落就下工，合伙以后，天刚明就上工，天黑才下工，饭后也不休息。大家嫌织布组长余世林上工太慢、太晚，就改选“马利”（快）的姚聚喜当织布组长，上下工吹哨子。在相互批评上，过去工人谁也不管谁，合作以后，能相互监督，如余世林上工晚，上工前还要吸烟，刘狗儿做工时说话，倒线组的线有疙瘩，都被工人批评改正了。

② 提高了职员的责任心。如 1942 年 6 月前工人的成品没有登记，哪个工人生产多少没有数目，6 月以后虽然登记成品，但仍不精确。合伙以后，工厂制订了下布取纬线数目表，每架布机的旁边都挂一张表，厂长处另有成品登记簿，登记每天每个工人下布数量、重量。每月开生产检讨会一次，鼓励好的，批评坏的，并将布取出叫工人大家评议谁好谁坏。

③ 提高产量。因为工人生产热忱高，大家互相比赛，谁也不愿落后，常常工作累得满头出“水”，不稍休息，所以生产效率大为提高。如织布效率 1942 年上半年每个工人每天可织洋经土纬布最低 1 丈，最高 3 丈，平均两丈，下半年提到最低 3 丈，最高 5 丈，平均 3.5 丈。合伙后改织土经土纬布（均比洋经土纬布难织 1/5）最低 3 丈，最高 5 丈，平均每工每天可织四丈半，比 1942 年下半年多织一丈。1942 年经布四匹需工七个，打纬每工三斤，实行合作后经布四匹只需工 3 个，打纬每工增至四斤，生产效率提高一至两倍。当然，生产效率的提高，还有工人技术的提高的因素在内，但实行合伙却是主要的因素。举工人余世林为例，1942 年 10 月间织布时他借口难织，每天只织几尺，合伙后每天可织三丈多。

④ 改进了质量。合伙前织的布断头多，不平整，有时还有窟窿，供销处不要。合伙后，3 月底开工，5 月将织的布送供销处就收下了，并认为是很标准的布。过去每寸只有二十四五纬，合伙后每寸提高到三十八九纬，且平整干净。

⑤ 节约。1942 年工厂也种了菜，不过是厂长督促才种的。3 月实行合伙后，工人自动提议要种菜，秋收后洋芋烂了的（过去都扔掉），都切成片晒干保存，准备第二年春上吃。织布的断线头，过去都扔掉，合伙后工人自动将断头保存，准备卖钱。10 月底工人说工房里不用烧火（为节省柴），以后冻得不能工作了才烧火。特别是伙夫大老李说："大家都是合伙的事，我不节俭，大家要说我不心痛大家"。他把晚饭做得很少，如不够吃，他就不吃饭，饿着肚子睡觉。

（《新合工厂的合伙分红制度》调查报告，1943年年底）

南区纺织社实行分红利工资后，获得如下的成绩．

第一是生产效率的增大。以织单经单纬土布为例，去年产量每台木机最高两丈（2.4 尺宽），最低 1 丈，平均为 1.5 丈。经布 4 匹，需工 9 个，打纬平均每工 3 斤。今年 3 月实行合作制后，5 月份起，木机每台最高产量为六丈，最低为 4 丈，平均 5 丈。经布 4 匹，只需工 3 个，打纬每工增至 5 斤，生产效率较去年提高一倍至两倍。

第二是质量的改进。去年织的土布，交财厅只能做里子布，有时还不收。今年算面子布，在土布中列为优等。据财厅采办处的统计，在所有合作社及公家公营工厂所交土布中，以南区纺织社的最合标准。由此可见，其质量改进之迅速。

第三是工人生产热忱的提高。3 月间，提出分红制工资以后，第二天工人中即自动提议，停止星期日休假，规定每月初一或十五休息一天，每月平均工作日由 26 天或 27 天增至 29 天或 30 天，工作时间由八小时九小时改为天明上工，天黑下工。过去做工的 17 人中，每天平均一个病假，现在做工的 14 人中，从无病号发生。这些生产热忱的提高，又完全出于工人的自觉。

第四是提高了工人管理社内工作的积极性。这不仅表现在生产效率与生产热忱的提高，还表现在下列的事实：① 做到了精简与节约。去年脱离生产的工作人员占 27%，今年只占 15% 强。过去工人每星期开会一次，但都为私人生活议论纷纷，现在改为半月一次，意见都集中在改进工作。去年蔬菜柴依靠购买，今年工人利用休息时间种菜背柴，逐渐做到完全自给。过去每匹布废纱3两，每晚需灯7盏，现在以同样条件，废纱减至每匹布1两，油灯减至4盏。伙食管理也引起了大家的注意，即以剩饭一事而论，过去是由伙夫倒在水沟内，工人熟视无睹，现在剩饭必吃，如发现浪费，群起反对。管理与计算之周密，更是无微不至。如发出之面粉，必选其最佳、筛其最细为浆面，次等面粉才肯用于伙食。② 资金运用与原料筹措更为周到。如向财厅订织布匹，每次领取制造费，必即时买成小匹土布或其他东西，在乡村中换取细纱，不使钞票有一刻空闲，免除因物价波动的损失。这较诸过去事事仰给总社，已截然不同。③ 工人中互相勉励，如做工时大家都很紧张，谁也不愿消极，收到了互相监督之效。又如负责人在经济开支和工资管理上，必须按时向工人报告、公布，发现浪费或不负责任的地方，就遭工人的批评。在工人的监督之下，工作人员的积极性也提高了，人员减少，工作效率反而增高，就是证明。

分红制的工资制度，实际上即资本与劳力进一步结合的办法，也是彻底合作的办法，其所以能够推动工作的改进，是由于这种办法把生产者都变成了社员（钱股或人股），即将工人的经济利益和合作社的成败得失紧紧联结在一起。因为工人既可向合作社入钱股，又可以劳动力顶份股，合作社赚钱或亏本、进步或后退，直接联系着各个工人（社员）的利益。合作社产品成本低，红利多，就可以多分钱，反之，如果成本大，红利少，就少分钱，产品的成本的减低，又决定于生产效率的提高，材料和开支的节省，等等。

因为工人能分红利，他就不仅注意多做工多得工资，而且对减低成本，也会有更多的注意。从这样的直接经济利益联系中，并进行集体利益的教育，工人对合作社就会觉得自己是主人，就会消除雇佣的观点。由此可以说明，单纯的资本生产合作还是不行，必须使资本与劳力完全结合，才能更有效地发挥工人的创造性与生产热忱，才能使生产合作社的发展获得无限的力量。

在过去，在现在，分红利的工资，是边区民间手工作坊中最普遍的形式，这种形式在老的作坊中，包含着雇主对工人的剥削，劳动热忱的提高是有限的。可是这种形式，一经在合作社或公营工厂中采用，其性质已起了根本的变化。合作社和工厂成了劳动人民自己的事业，工人们的劳动热忱便大大提高，才符合于公私两利的原则，又能解决管理上的许多问题。根据一般的经验，实行这种办法，必须注意下列两个问题：①计算盈亏的方法，应以实物为标准。如以货币为计算标准，则资本方面有年年亏损的危险。②应有一元化的领导核心（民主集中主任负责），否则，会助长极端民主化的思想，造成“龙多不治水”的现象，这是必须加以预防的。

总而言之，南区合作社纺织社的经验，证明资本与劳力进一步的合作，是提高生产效率最好的办法，是合作社更进一步的发展形式。只要慎重推行，对于边区目前合作工业的开展，将发生极大的作用。我们希望边区所有合作社，和公营工厂都来研究考虑实行这个制度。

（伯森：《延安南区合作社纺织社实行分红利工资的经验》，《解放日报》，1944年1月12日）

3．银城纺织生产合作社的分红制度

米脂银城八乡在乡政府领导下创办了一个新型的纺织生产合作社，将纺妇、织工的利益与合作社的利益联系起来，使纺妇、织工自动提高纺纱织布的质量。

该社股金有50石米，职员有经理、会计、事务各一人，都是义务性质，不取报酬。织布工人两人，由市联社派来帮助的技术员一人。该社今年5月间已经开工，每日产布三匹。该社组织了纺妇36组，385人，纺车283架，土机有26架。该社生产组织分长期的与短期的两种。长期的乃分散纺纱，集中织布，纺妇、织工除领取工资外，并从纯利中抽出15%作为奖励金，实行按劳分红。即由合作社买回棉花，分发给各小组的纺妇去纺。纱分二等，工资以米计算，头等纱每斤工资四升，二等纱每斤二升五合。该社定有质量标准，于放花时给纺妇看过，并加以解释，收纱时便根据标准评定等级，付给工资。质量又好、纺得又多的纺妇，将其成绩登记在“优良纺妇记载表”上，作为年底分红的根据。合作社收回的纱，由织布工人织成布出卖。工人待遇采取计件累进工资制，除按月领取应得工资外，其产量与质量也进行登记，以备分红。年底从纯利中抽出的奖金，按纺妇、织工各人生产成绩，决定分红比例。因此，产品质量的好坏，不但决定合作社赚钱多少，而且也决定每个纺妇和织工分红的多少。他们的观点与“雇佣性质的”给合作社纺织、单纯为了赚取工资的便不相同，不是只要交去就完事，而是力求提高质量。

短期的办法乃是在自愿原则下，集资买棉花，自纺、自织、自卖，所得盈余，大家分红。也就是由合作社号召大家集股买回一批棉花，再组织大家分工进行纺织，先不发工资，等到全部成品卖出结账时，除归还各人本钱，付给各人工资外，钱以钱计，工以工计，均得分红。这种办法使成品质量更直接地关系到每个人的利益，所以提高质量成为每个人自觉的要求。

银城纺织生产合作社的上述两种办法同时实行，成品质量确较一般为高。银城市联社也采用他们的长期的办法，亦获成效。

（《米脂银城纺织合作社按照质量给资分红》，《解放日报》，1944年6月30日）

第二节　个体手工业

一、个体手工业在自给工业中的作用

小手工作坊是旧有的经营方式，绝大部分为私营，一小部分为公营或合营。家庭手工业也是旧有的，但是在新条件下充分发展了的一种形式，完全为私营。三者比较（工厂、手工业作坊与家庭手工业——编者），就其发展之广、与人民生活联系之深来说，虽然家庭纺织业在生产技术上很落后，但由于它是一种副业，所以能把 20 万上下这样广大的妇女力量组织起来从事纺纱织布，能生产 10 万匹以上的大布，其在国民经济中的价值仅次于农业生产。其次，作为大量存在的是各种小手工作坊。这些小手工作坊有一种仍然当作农业之副业或与城镇小商业相联系而存在，其人数虽不很多，但分布极广。它同农业生产配合，生产人民经济生活中一部分必需品，在大工业未建立之前，它是不可缺少的。

（贾拓夫：《关于边区工业问题的研究》，1945年）

今天许多工业区域被占据，依靠外来工业品来满足边区需要，已不可能。因此，要使边区能够成为持久抗战的根据地，就必须造成经济上能够自给，能够供给抗战部队和人民的需要。因此，不仅要大量地发展农业生产，而且要把发展手工业生产和军事工业的生产放在第一等的地位。

大量的奖励个人或合作的投资，以发展手工业生产。对于已经建立起来的基础，应当有计划地去加以领导和帮助，以使之扩大。

（《1938年建设工作报告提纲》）

发展工业，主要应以发展家庭手工业和人民的生产合作为主，因为手工业生产以家庭副业的形式发展为有利。政府办的公营工业主要是为的倡导和供给的作用。家庭手工业又应以纺织为主，特别是绥德分区，东地区各县、安定、延安、安塞等更应多多推广。再则应注意发展造纸、农具、鞍架、大车、口袋和织布合作，以及掏煤等。

（《陕甘宁边区政府为推行经济建设给各级政府的指示信》，1941年8月21日发布，引自《抗日根据地政策条例汇集陕甘宁之部（下）》，第612页）

边区以延长、固临、延川、神府、淳耀、新宁等县为产棉区域，往昔家庭妇女多以纺织自给。迨后因洋布侵入，家庭纺织业便遭摧毁，而为洋布所代替。自抗战军兴以来，本府即查禁仇货进口，又兼国产品缺乏，以至布匹来源日益困难，使人民更感发展纺织的需要。加以本府努力之提倡，因此不到一年之光景，家庭妇女纺织便大为发展。据 7 月 1 日在区长联席会议上之调查，已有五万妇女纺织（包括加入人民纺织生产合作社），每日每人可纺纱线四两至六两，在延长、固临两县，土布已可自给，且本年上半年度还供给了边区难民纺织工厂土纱两万余斤以做纬纱之用。故此项家庭纺织工业对于抗战供给与人民需要，均已起了相当作用。

……

发展人民纺织合作与发展家庭纺织业，是保证人民自给的良好方法，今后应当进一步加以提倡，并力求改良生产方法以增加产量与改善成品品质。唯改良生产方法必须给人民以相当财力上之帮助。前此对于纺织合作以及家庭纺织事业，本府还仅能做到组织上与方法上的帮助，财力上之帮助，还无可能，以至还未能发展到应有之程度。苟能以十余万元或 20 万元投入各人民纺织合作社及部分家庭纺织业，在这些合作社与家庭纺织业中，创造出一部分模范以影响与推动其他合作社和家庭纺织业者，则边区之纺织事业，当有一日千里之发展希望。

（《陕甘宁边区纺织业概况报告》，1939年）

对边区工业自给具有很重要作用的是家庭手工业，如全边区 1944 年有家庭纺妇 15 万人，纺纱一百六十六万余斤；织布的六万余人，织布十一万余大匹。机关部队亦从事纺织、打盐、业余生产。农村的家庭纺纱，不但供给了人民的需要，而且和公私营的纺织工厂相结合，供给后者以原料。

（西北局调查研究室：《边区经济情况简述》，1948年2月19日）

二、发展手工业的方针政策和办法

（一）大力发展以纺织为主的各种手工业

手工业在边区是作为大量家庭副业与一部分独立手工业而存在的，其中以妇女的纺土纱织土布为大宗。但是多年以来，这种土纱土布的大部分已被洋纱洋布打败了，最近几年由于我们的提倡，才又有些恢复。但是边区农民还是要拿了自己的剩余农产品、皮毛及运盐业去外边交换大量的洋纱洋布进来，自己的纺织业还远不够供给自己的需要。这里论述的民间手工业，也就以纺织业为主，兼及蚕丝与棉油，其他暂不论及。

1. 纺织业

老百姓及军队与公务人员，年需布25万匹(每匹宽2.4尺长10丈的大布)，其中军队及公务人员约占五万匹，老百姓约占 20 万匹。现在的供给量呢?七个公营纺织厂年产布约 11000 余匹，大小 10 个民间纺织合作社，年产布约 18000 匹，民间妇女织土布无统计，估计约有 3 万匹，公私合计年产量已有 10 万匹，距需要量尚差 15 万匹。即是说，我们已可供给 40%，这是很大成绩。但尚差 60%，这是我们今后的任务。这个任务是很大的，需要几年才能解决；但是依靠现有的公营纺织与民间纺织，加以改良与推广，是有解决的可能的。我们种了棉花，可以有计划地发动民间妇女纺纱，织半土半洋布，逐渐减少洋纱的进口，并逐渐做到完全用自己的纱织布，就可解决这个问题。织布的任务：第一，依靠公营工业。1942 年公营布厂已能产布 11000 匹，差不多可以供给军队及公务人员需要之半数，再过几年，就可完全自给。第二，提倡民间妇女织布。绥德一带妇女已能年产 3 万余匹，只是尺寸不一，人民不乐购用，仍然欢迎外布，如能加以改良，增加布产是有希望的。第三，民间合作社已能年产 18000 匹，还可发展。全边区的布，必须依靠三方面协力，才能解决。但首先与最大的问题是纱。25 万匹大布如全用土纱织，以每匹 12 斤纱计，需 300 万斤纱。如用土纱洋纱各半合织，则需 150 万斤土纱，15 万捆洋纱。目前公营布厂及民间合作社织的就是这种半土半洋布，但土纱还是不够，还需大量推广民间纺纱，并改良纱质。因此，逐步发展民间手工纺织业，扩大其数量，改善其质量，就是边区的极重要任务。

如何逐步去解决这个问题呢？根据过去经验，我们提出下列办法：

首先是整理与发展绥德警备区各县的民间纺织。办法是：由警区专署主持，联合物资局及三五九旅大光纱厂协助，发棉花给妇女，令其多纺土纱，供给公营布厂的纱的需要。这个办法 1942 年行之有效，1943 年应继续，并扩大之。警区民间土纱除供给公营布厂之外，还可自己织布，由物资局规定布的尺寸与质量，并保障其销路，即由物资局收买，或自己用，或转卖民间。其次，为增产土纱计，应由政府投资 100 万元，根据延安南区合作社组织妇纺 800 家的经验，贷与延安、安塞两县 3000 家，1943 年在两县扩大纺织机 3000 架。再在庆阳、曲子一带组织 1000 家妇纺，扩大纺纱机 1000 架。这种贷款由物资局经办，发给棉花与纺机，而收买其土纱，借以供给公营布厂的需要。其次，为增加布产，应由政府再出 100 万元，取贷款或合股方式，投入现有的民间织布合作社，推广民间织布事业。

这里应举出延安县的计划。据延安同志在其《1943 年生产建设计划》中说："1943 年发展会纺织妇女 4000 名，一人一年估计纺纱 18 斤（一月一斤半），可纺 72000 斤，加上 1942 年度已有会纺妇女 1000 名，一人年纺 20 斤，可纺 20000 斤；两共可纺 92000 斤纱，可织 8363.6 匹布。但距需要尚短 4886.4 匹布，准备在两三年内解决，达到完全自给。本县人口 64000（延安市不在内），大人约42000名，一人年需四分之一匹大布（单衣一套1.1丈，棉衣半套1.4丈，共2.5丈，每匹大布计十丈），共需大布10500匹。小人22000名，用布约为大人之半，八人一匹布，计2750匹。全县年需13250匹。1943年纺成的92000斤纱，织成8363.6匹大布，需要56架织布机（一架年织大布150匹）；1942年本县农村及工厂已有织布机12架，1943年应在农村中以合作方式发展44架。其办法如下，第一，妇纺推广奖励费50000元；棉花资本以5000斤周转计，每斤100元，500000元；纺织工具费，纺车1000架，每架100元，100000元，织布机44架，每架1000元，44000元。四项共需资本694000元。第二，农村织布机，由农民自己集股建立，政府帮助解决其困难，如训练技术工人，或做部分投资等。第三，发花两斤，收纱一斤。农村织的布，农民自己用。高峁纺织厂应起推动妇纺、训练工人的领导作用。"延安同志这一计划是很可注意的，如果素少纺织经验的延安人民，能由党政推动于两三年内全部解决纱布自给问题，则其他无经验各县当然也可在相同时间或较多时间内解决。我们希望各县同志都有一个计划。至于有经验各县如警区一带，当容易解决。根据延安同志的推算方法，大人占三分之二，小人占三分之一，大人四人一匹布，小人八人一匹布，则边区140万人口，年需布不是25万匹，而是337500匹。即使这样大的数目，根据延安同志的意见，也可在两三年内解决。总之，依靠人民动手与党政领导，是什么困难也可克服的。

……

2. 棉油业

因为植棉，各县的农民，1942年已能收棉籽约300万斤，可榨油约36万斤；明年扩大植棉，可得棉籽五百万至六百万斤，又可增加榨油量，我们不应让其抛置。棉油是可供食用的，但边区农民还无此习惯，如无政府提倡，他们不会榨油。因此应由边区政府投资30万元，经过植棉各县政府动员农民试办棉籽榨油业。试验成功后，再行推广。油归政府收买，这不仅可以解决吃油问题，而且按照现在油价（每斤15元），如能产油36万斤，农民即可收入540万元。

3. 蚕丝业

绥德、清涧、安定、延川、延长、固临等县，很多农民养蚕，是一项相当大的副业。如安定一县 1942 年养蚕的就有 3585 户，得茧 23662 斤，值洋 600000 元。

我们的缝纫工业需要丝线，我们的毛毯工业需要丝边，我们还可用丝做纬织布借以减少洋线进口，故应发展边区丝产。其办法是由政府支出 30 万元，贷给农家，发动养蚕，特别贷给那些养蚕成绩好的农民。并由物资局，经过当地合作社，收买农民的丝及向农民定制丝织品，促进丝业的发展。

上述纺织业、棉油业、蚕丝业三项，共计投资 260 万元（纺纱 100 万，织布 100 万，榨油 30 万，蚕丝 30 万），款虽不多，却能推动人民经济发展一步，解决当前的迫切需要。在 1943 年我们更有经验之后，应该考虑增加资金。特别是纺织业，非有民间动手，公家帮助，是不能解决全部问题的。

我们只在这里提到纺织、棉油、蚕丝三项，其他均未提到。各县可按具体情况，将有关人民经济又须党政推动的手工业，加以研究，做出自己的计划。

（毛泽东：《经济问题与财政问题》，1942年12月，《毛泽东选集》东北书店版，第780~785页）

民间手工业，包括家庭手工业的发展，党与政府应从确保供给需要、有关多数人利益与民间已有基础上着眼，抓住几件必做与能做的事，认真干出成绩，再事其他。明年政府投资 260 万元，发展下列手工业。

纺织业：全边区人民每年估计需布 20 万匹左右，军队及公务人员七万人每年需布五万匹。但就边区现有的七个公营纺织厂与民间六个纺织合作社合计年产最高不过 78000 匹。绥德民间织布年产量无统计，但布的质量不好，老百姓都乐意买外来布，不愿买土布。所以，土产布从数量质量上说，仅能供给公家的需要，离全边区布匹自给还很远。织布所需的纱，单就保证公家五万匹的需要说，如果半洋布，还需土纱约 30 万斤，洋纱三万捆；如果全用土纱，则需 60 万斤左右。就公私纺纱的现状说，仅能供给现需的半数。

因此，大大地但是逐步地发展民间纺织业，扩大数量，改善质量，成为发展民间手工业的首要任务。

（《整财问题（草案）》，1942年）

（二）发动和组织群众自纺自织

在今天，边区农村群众的纺织工作中，应该明确地提出以发动和组织群众自纺自织为主要方针，只有这样，才能使群众纺织工作继续发展和巩固。

许多事实证明这个方针是必要的，如淳耀、贾恒春同志所领导的陈家楼子合作社，因为一开始就注意了发展群众的自纺自织，所以能够用具体的事实向群众宣传，又能按着当地的具体条件把纺织妇按住地组成小组，由群众自选会织又会纺的人当组长。他们特别注意解决织布问题，规定每个织妇要教会两个人织布。他们又提倡纺妇与织妇之间的变工，同时还能深入了解纺织妇的困难而设法帮助解决，实行对纺织妇的种种奖励与优待等办法。结果使合作社所在地的一个行政村，从原有的五把纺车两个织妇，发展到现在的56把纺车，13个织妇，行政村63个能劳动的妇女都参加了纺织。

又如吴旗四区一乡过去很少人纺织，该乡乡长高进芳同志，在前年4月便在干部中提出了组织群众纺织的重要，从华池县买了一架脚踏纺车，他们自己先试验成功，便到各村给群众宣传，并发动木匠做车子卖给群众，并要干部先做车子教自己老婆纺线，如此至去年7月全乡即做成了61架纺车。可是纺妇们纺了线，不能织布，影响了大家纺线情绪。高进芳同志便设法解决她们的织布问题。他请人制造织机，屡次遭到失败。最后，他请了一个织过布的妇女用高粱秆绑了个机子样子，请木匠比着做，不合适就改，一连改了好几次，连木匠都不耐烦了，但高乡长多方加以鼓励，终于做成了织布机。先由一个过去织过布的妇女织出了13丈多布，而引动了附近男女老少都跑来参观。这样巩固了群众和干部的纺织情绪，替几百年来很少人纺织的地方，开辟了一条纺织大路。又如庆阳胡坬村，有10个纺妇，因为纺了线不会织布，大家都不大愿意纺，后来干部和群众共同研究的结果，决定请本村李登瀛专门织布，采用变工的办法，由各个纺妇家庭共同替李家代种地。这样才使纺妇们又积极起来。

上面的事实确凿地证明：要使群众的纺织业继续发展，必须纺织并重。而在一些已具备纺纱基础而不能织布的地方，主要的应解决织布问题。

用织布来巩固纺线。也就是说，必须发展和组织群众的自纺自织。

几年来特别是去年以来，边区农村的纺织业获得了不小的开展。有些农户、村，甚至部分纺织工作较好的乡已达到了穿衣自给。许多地区的纺妇纺车数目都在很快地增加着。比如延川县1942年有纺妇10674人，纺花11万余斤，而1944年纺妇即增为12631人，纺线数量达15万斤。绥德白家砭过去只有19个纺妇，但在当地驻军合作社帮助下，至今已有纺妇84人，织布机由7架增为24架。在素无纺织的环县甜水堡区，那里过去大部分妇女是不会纺线织布的，甚至连缝补衣服用的线都靠买来，但现在在当地干部的努力下，已经有六十多架纺车在转动。但是，必须指出，这种发展还不够普遍，还有不少的地方这一工作还未得到很好的开展，或者发展一下，又停顿下来。这些现象，是由于我们主观上努力不够，或由于工作方法上还有毛病所致。

过去在发展群众妇纺工作中曾产生了三种不同的情况，三种不同的工作方法。有一部分干部对这一工作尚缺乏足够的认识，因此没有重视这个工作，或者由于响应上级的指示和号召，只简单地宣传和动员一下，而没有进行有效的组织工作，结果这些地方的纺织工作便不能发展起来。另外有些地方，干部们真正地重视了这一工作，不仅用各种方法向群众宣传，而且进行了各种具体的组织工作，帮助纺妇解决困难，解决棉花、纺车等问题。在这些地方群众纺线是发展了，但因为没有注意到织布问题，纺妇们纺成的线不能织成布，结果在一定的时间以后，纺线情绪又逐渐低落，甚至于停顿。第三种方法就是上述陈家楼子合作社和吴旗高进芳等的方法，他们的方法是除了第二种干部所用的方法以外，他们还掌握了组织群众自纺自织的方针，注意解决了织布问题，用织布巩固了纺线。在这些地方的纺织工作，就能持续开展。

群众纺织业的开展，是达到全边区穿衣自给的最大保证，是做到余粮备荒的决定关键。这件工作对边区建设的重大意义，由于许多事实的证明，已使许多干部和群众有了充分的认识和了解。比如子洲县去年由于一万三千余纺妇和8300名织妇的劳作，而使全县节省了一万石细粮。绥德白家砭去年由纺织赚得细粮百余石。陈家楼子行政村一年纺织的收获为两百多石。延川县岳先芳的老婆王荣才一人一年纺织结果使全家节省了10石粮。在各地出现了不少靠纺织起家的事例。许多纺织工作组织得好的地方，群众再不用卖出粮食买布穿，而能把粮食积余起来。群众常说“吃一半，穿一半”，但在目前布贵粮贱的情况下，往往一家农户每年穿布所需比吃粮多一倍，所以穿衣问题不解决，群众经济生活的上升便受到很大的限制。

要使群众纺织工作普遍开展，要达到自纺自织、穿衣自给的目的，这将是一件比其他建设工作更艰巨的工作，它需要我们干部更加细致、深入切实地进行一连串的工作。比如许多地方的妇女没有纺织的习惯，我们必须用各种各样的方法和具体实例劝导她们。有些妇女愿意纺织，但苦于没有技术，没有时间，又必须进行种种组织工作，首先帮助他们把家庭男女很好地分工，把家庭内妇女的分工和变工搞好，使她们能抽出时间纺织。然后再把纺妇们按居住地区组成小组，劝说那些会织会纺的人传授技术带徒弟。有些地方的干部自己先学会纺织，亲自教给群众，这是值得发扬的。比如纺妇们要纺纱没有棉花没有纺车，或者有了籽花没有轧花机，没有弹花弓，就要发动群众之间互相调剂棉花，借用工具，或者发动群众集资购买。如果有些纺织户暂时无力解决的，应该由政府或合作社帮助解决。再如有些大家庭里，纺妇因恐纺织的成品被男人卖掉或供给家人穿用了，自己得不到收益；或有些妇女想纺织男人不帮助购买原料，制备工具，又必须劝说男人们帮助她们解决这些困难，劝说家长们采用奖励或分红的办法使女人有私利可图。像定边马生骏模范家庭，规定谁纺得好谁多穿一身衣服的奖励办法，是可以提倡的。再比如有些纺妇，纺了线不能织布，则应该采用陈家楼子合作社和吴旗高进芳同志的办法，帮他们建立织布机，掌握织布技术，做到自纺自织，而在纺妇们还未完全学会织布以前，又发动纺妇与织妇们变工。原料问题的解决，主要发动群众植棉，具体地指导群众务棉技术以保收获。在产毛少棉地区，则应以纺毛为主。

各地党政干部特别是区乡干部，应该用很大的力量推进这一工作，各地的妇女工作干部同样应把它作为自己极重要的工作。而各地的合作社，尤其应把发展群众自纺自织列为自己重要的经常的业务，要和当地党政干部密切配合，宣传、组织妇女纺织，要注意解决群众纺织中的各种困难。

我们要想出各种有效的办法，推进纺织工作。我们要防止单纯追求数字、铺张、表面的形式主义作风，而应切切实实地、按部就班地逐渐推广。在已有纺织基础的地方，应当注意引导纺织妇提高质量，和帮助她们改良工具。

（《解放日报》社论：《论自纺自织》，1945年5月13日）

（三）成立“永昌公司”，帮助发展纺织手工业

警备区是边区的纺织业中心。民间土机子及纺车是相当地普遍。多年来依靠纺织赢得的利润，解决了人民很大的生活问题。人稠地少，很多老百姓依靠纺织业来求得解决生活问题，这是个事实。此外手拉机在警区也有很长的历史，据说在民国元年，即有少数手拉机出现，后因外货畅流，把这些工厂打垮了。抗战以后，外货不能输入，物价高涨，于是这些手拉机生产又逐渐发展起来。尤其近两年来，在民主政府的提倡与扶助下，更有飞速的发展。

然而在发展中存在的严重问题，就是供销与组织问题。这种生产的原料（洋纱、棉花）完全要依靠向外购买。但是由于外商的封锁，则原料有时多有时少，有时则接济不上，对于生产有很大的妨碍。其次是销售问题。在春秋两季，人民及机关部队都在换夏衣及冬衣，因此销路则快。夏冬两季则销不出去，只有依靠个别的商人收买囤积。这些商人为了图得厚利，则把价格相当地压低，使生产又遭受到很大的损失。再其次是从河南来的三八、四八土布，也经常在价格上打击本地土布。于是生产无大利可图，就在布的质量上来降低，偷经减纬，成品一天比不上一天，并且是相当地不统一，妨碍推销。

针对着上述这些问题，去年 3 月总行莫钧涛同志及工业局赵一峰同志等来绥，发起组织“永昌土布产销有限公司”。它的目的，它的任务，就是有计划地帮助发展警区纺织事业，想把成品的质与量（宽度与长度）划一起来，有计划地供给原料，有计划地推销成品。

自去年 3 月份开始筹备，5 月份开始营业（正式开张是在 12 月 15 日），就是本着这个方针而进行其业务，完全以经营土布事业为主，其他营业一概不做。

（《永昌公司过去的简况》，1943年3月31日）

（四）边府建设厅制订推动纺棉纺毛办法

第一条　本厅为了解决边区境内织布业经纬纱线之困难，提倡民间之纺织业，并组织农村妇女进行有组织之纺纱工作，从而改进其技术起见，特制订本办法。

第二条　为求得纺纱工作有组织进行起见，应采用合作社组织形式，以

自然村落为单位，将愿意参加之纺纱妇女由 3 人至 10 人编成小组，每组推组长一人，再按乡或行政村集合小组长推举 3 人至 5 人为理事，设理事主任 1 人，负该乡或该行政村纺纱之管理、销售、原料、工具及困难问题之解决等责任。

第三条　纺纱合作社以个别生产、集合销售为原则。

第四条　纺纱合作社各社员之成品除自用外，应交回各该合作社，趸批售于难民纺织厂或边区境内之纺织生产合作社（各社员不得私自出售）。

第五条　无论采取任何组织形式，只要能够推动或直接参加纺纱工作者，均由边区政府按照生产运动奖励办法予以奖励，如合乎第二、三、四条之规定者，并给予原料、工具、技术等方面之协助。

第六条　凡愿意遵守二、三条之规定，向本厅请求协助者，暂按照下列手续办理。

1. 将合作社名称（△△县△△区△△乡纺纱合作社）及理事姓名、社员人数，呈经县政府转呈本厅备案。

2. 申请协助原料、纺车、资金之任何一项或数项，均须列表说明分配办法，经县政府介绍后，本厅得根据具体情况贷给之。

3. 申请协助纺车者，手摇纺车以一人至两人一具，大轮纺车以每两人至五人一部为原则，但得按具体情形增减之。

4. 申请协助羊毛者，大轮纺车每次以 50 斤至 100 斤，手摇纺车每次以 15 斤至 30 斤为限，棉花则大轮纺车每次以 30 斤至 70 斤，手摇纺车每次以 15 斤至 25 斤为限，得按具体情形增减之。

5. 各该县离延安较远，又为出产棉花或羊毛区域，得斟酌实际情形，申请本厅贷与购买原料、工具之资金，其标准每户以 3 元至 5 元为限。

6. 前项之工具、原料、资金，均以纺纱合作社为贷放对象，每社承贷之多寡按人数定之。

7. 二、三两项贷予之原料、纺车等，均须按照当时当地价格折成国币，由合作社理事主任以债务人资格承借，承借资金亦同。

8. 前项贷款利率及期限之长短，视贷款种类临时决定之，但利率最多不超过月息一分，限期最长不得超过两年。

9. 凡愿意学习纺纱技术，无论手摇纺车或大轮纺车，本厅均可派人教授，其教授方法分为集体的与个别的两种，视其具体情况定之。

10. 如有愿向本厅承领棉花者，每斤只需交回八两棉纱，不取任何代价，亦不付给工资；如愿意价买棉花并价卖棉纱亦可。

11. 有纺纱技术（无论大小车均可），自愿负担指导其他妇女学习纺纱时，其生活费呈准建厅领取，如工作积极而成效显著时，得呈准建厅分别奖励之。

（《陕甘宁边区政府建设厅推广纺棉纺毛办法（草案）》，1940年）

（五）机关学校发动纺线运动

1. 边府建设厅公布机关学校纺纱办法

边府建设厅于日前公布延安市区各机关学校纺纱办法，规定：

(1) 纱的质量标准，原料损耗及工资：A. 棉纱头等，每两长2400尺以上，每斤工资小米1斗，每斤损耗5钱。棉纱二等，每两长1800尺以上，每斤工资米6升，每斤损耗五钱。B. 毛纱头等，每两长1150尺以上，每斤工资小米7升，每斤损耗一两。毛纱二等，每两长800尺以上，每斤工资小米4升，每斤损耗1两。C. 为提高质量起见，规定除新学者外（以三月为限），一律须交头等纱，纺纱三月之后，每单位所交之纱，二等纱不得超过20%（棉纱暂不做此规定），否则停止发给原料。

（2）新学纺纱者，给予试纺毛8两，最低须交还纱5两，并给予二等纱半斤的工资。

(3) 原料供给、领取及交纱的时间。A. 棉毛的供给，定为棉花三分之二，羊毛三分之一。各机关学校，凡会纺的一律纺棉，新学者纺毛，至能纺头等毛纱时，即转为纺棉。B. 领取原料的数量及交纱时间：每人一次只能领花一斤5钱，领毛一斤一两。二次领取时，按交纱数量（即真正纺纱的能力）多少发给原料。交纱期限，毛纱不得超过15日，棉纱不得超过20日。C. 收发手续。各机关指定一负责专门领花（毛）交纱的同志，第一次持本机关介绍信（首长签名盖章）与供销处建立正式关系，以后每次领取原料数量，须由领取人在原料发给登记簿上盖章。纺纱工资每次交纱时结算。原料的损失如超过规定，须在工资内扣除。

(4) 领取生花生毛者，一斤一两生花折合熟花一斤，另加弹工小米8合；两斤生毛折合熟毛1斤，另给弹工小米1升。

(5) 每把纱的圆圈规定为三尺九寸（圆周之长），每把重量规定为二两左右。

(6) 凡向供销处所领的纺纱原料，必须纺纱交回供销处，不得卖出或做他用。各单位应经常检查，防止浪费及舞弊事情。

(7) 各机关学校自购的原料纺成的纱，由供销处收买，其价格规定为原料成本及工资的总和。工资按第二项规定计算。

(8) 尺、秤标准：尺一律以裁尺计算，秤以供销处的16两秤为准。

(9) 实行奖励制度，发扬成绩，纠正缺点，由建设厅按季总结，奖励好的，批评坏的，奖惩办法另定之。

（《建设厅公布纺纱办法》，《解放日报》，1944年2月12日）

2. 边府生产自给委员会制订纺纱劳动规则

(1) 所有边府各部门一切人员均需参加纺毛劳动，但以不妨碍行政工作、学习为原则。

(2) 凡50岁以下13岁以上的智力劳动人员不分男女均须参加全生产（即每日纺纱一两）

(3) 凡体力劳动的人员（如伙夫、马夫、理发员），均须参加半生产（即每日纺纱半两）。

(4) 凡身体病弱者及自带小孩者均须参加半生产（即每日纺纱半两）。

(5) 凡有病（经医生证明）不能工作者不参加生产。

(6) 因公外出整日者或有特殊情形经首长批准者不参加生产；凡调来人员应立即参加生产，调走者应立即报告注销。

(7) 以行政部门或居住为单位凡五人至十人组一小组，选一组长，在三组以上者，选一生产班长，均受生产管理股长之领导。

(8)生产任务按周计算，三月总结一次，发毛收纱均由组长、班长按级领交。

(9) 凡纺毛人员于本年 1 月份为学习期间，所纺之纱应注意学习纺好，重质不重量，但后来的不会纺毛的人员以一周为学习时间，各单位从本年 2 月 1 日起，应在规定标准质量下来完成任务。

(10) 各人员所纺之纱在规定数额内者，按其质量择优给奖，超过数额多纺者照建设厅工业处纺毛暂行办法第二条发给工资如左：

甲等的一元七毛

乙等的一元五毛

丙等的一元二毛

丁等的七毛

(11) 合乎下列标准者分别奖励：

A. 个人奖

a. 按期完成任务质量优良者。

b. 除自己完成任务外且能帮助别人者。

c. 领导有方（按时领毛交纱能督促组员在技术上求进步等）。

d. 不损坏工具原料者。

B. 团体奖

a. 各组员均按期完成任务及质量优良者。

b. 除本组完成任务外且能帮助他组者。

C. 奖励的方式

a. 物质奖；

b. 名誉奖。

(12) 如有以下各项之一者，给予相当之惩罚：

a. 二次以上完不成任务者。

b. 无故损坏工具及遗失原料成品者。

(13) 织毯服工作规定另定之。

（边府生产自给委员会：《边府纺纱劳动规则》，1941年1月18日）

三、民间纺织业

（一）群众迫切要求穿衣自给

边区原有纺织基础，后因洋布倾销，军阀摧残，旱灾袭击，植棉与纺织基础全被破坏。从土地革命到 1938 年，主要提倡粮食生产，军民需用布匹，全由外面输入。

1939 年开始，国民党经济封锁边区，布匹来源减少，价格飞涨。农民用粮食换布，粮价与布价之间的剪刀差逐年扩大。兹举延安市近七年来粮价与布价的变迁为例：

项别 \ 物价与指数 \ 时间		1937年上半年	1937年下半年	1938年	1939年	1940年	1941年	1942年	1943年
小米	每斗价	2.5元	2.7元	2.5~3.8元	3~4.2元	4.2~7元	8.5~57元	6.3~145元	150~2200元
	指数	100	108	132	143.3	214	1190	4038.3	30683.12
四姬青市布	每匹价	9元	9.5元	21.2元	30~59元	55~170元	180~1400元	1400~4100元	4300~90000元
	指数	100	105.6	235.6	481.3	1390.3	7365.3	33366.6	375905.5
三八老布	每匹价（元）	9.5元	3.1	3.1~5	4.5~7.4	7.2~19.9	20.4~115	115~340	364~6782
	指数	100	124	148.5	228.2	506.3	2328.7	10718	123908.7

从上表看来，粮价与布价虽同样上涨，但布价的涨率远过于粮价，因此，一斗小米所能换得的布匹逐年减少。根据上述统计推算如下：

年代	每斗小米换三八老布(匹)	每斗小米换四姬青市布(匹)
1937年	1匹	0.28匹
1938年	0.9匹	0.15匹
1939年	0.6匹	0.08匹
1940年	0.45匹	0.046匹
1941年	0.5匹	0.044匹
1942年	0.39匹	0.03匹
1943年	0.22匹	0.02匹

今年布价与粮价的换率并未上升，有些地区更形下降，据最近建设厅的调查，各地交换情形如下：

延安市	每斗小米换中等四八布8.46尺
马栏	每斗小麦换加生布12.5尺
定边	每斗小麦换加生布3.16尺
庆阳	每斗小麦换小布6.04尺

因此，绝大部分农民深感穿衣困难。穿衣开支在农民全部开支中所占的比重日益扩大。根据延安市西区一乡的调查，农民买布开支占全年总开支的比例如下：裴庄村平均占38%；崾岘湾占26%，庙嘴沟占25%；玉皇庙占27%；何家塌占24%。再根据延安县一乡50家农户调查，买布支出占全年总开支的30.4%。

而且愈是贫苦农户，穿衣负担愈大。根据1943年西区一乡的调查，富农田二鸿家，每人每年平均穿布4丈，布匹支出占全年全家总开支的11%。中农朱维川家，每人每年平均穿小布3丈强，布匹开支占全年全家总支出的34%。贫农张福兴家，每人每年平均穿小布2.5丈强，布匹支出占总开支的54%。再根据延安县一乡20户新来移难民调查，买布开支占全家合计支出的66.8%。因此，绝大部分农民急切要求减轻穿衣负担，自给布匹。去冬延安县开群英大会时，众英雄一致认为如果买布穿用，耕四余一也难办到，如果穿衣自给，就能达到耕二余一。不仅这样，有些地区——如绥德分区等，地少人多，大部分农民收粮甚少，不仅需要依靠纺织自给布匹，还需要以纱、布交换粮食解决吃的问题。在其他分区，贫苦农户或新来的移难民都有类似的情形。

从农民生活方面看来是这样。

再从边区整个国民经济方面来看：前年进口布匹689739匹，棉花46万斤，占进口总额的70%以上，共值边币311851763元，折合小米404592石。所以向外买布对边区整个国民经济来说，是一个巨大的漏洞。

群众在实际生活中体验到自给布匹的重要，在原料、工具及技术条件比较优越的地区，群众自发地发展纺织业。现在边区民间纺织最发展的绥德分区，战前并没有普遍的基础，依靠河东输入布匹，解决穿衣问题。抗战后因布匹来源减少，布价昂贵，纺织业才逐渐发展起来。其他如延安乌阳、姚店区，安塞东沟以及有一部边境地区等，民间纺织都是抗战以后，特别是1939年以后逐渐生长起来的。

（《陕甘宁边区民间纺织业》，1945年1月）

（二）边区党政积极领导群众实现穿衣自给

早在1938年，边区开办难民纺织厂，作为发展纺织业的倡导。1939年国民党经济封锁，边区开始认真发展纺织业。发展的方针，可分两个时期来说明。

第一个时期，从1939年到1941年，党提出自己动手自力更生，争取工业品由半自给达到全自给，而布匹自给，尤为其重要部分。实现布匹自给的办法，当时主要创办公营纺织厂。因洋纱缺乏，工厂织布需纱，为满足这种要求，政府提倡民间妇纺。

在这时期，由于执行布匹自给的方针，公营工厂布匹产量逐年增加，统计如下：

年代	产布（大匹）
1939年	1426匹
1940年	14740匹
1941年	18750匹

另一方面，由于这一时期把布匹自给只认为供给“公家人”的需要消费，发展民间妇纺只是为着满足公营纺织厂土纱的需要，对于群众虽然有利，但是纺织分工不能直接满足群众穿衣自给的要求。公营纺织厂大部分是供给性质，生产的布匹卖给群众穿用的很少，因此很难普遍发动群众的积极性。再加上当时有一部分地区形式的发展妇纺，不解决具体问题，千篇一律地组织妇纺小组，要家家户户都纺纱，结果徒有虚名，没有实际。在东三县及绥德分区一部分地方，常因工厂需纱甚急，限期完成任务，区乡政府按户摊派，纺出的纱质量很坏，损耗很大。由于这种种原因，没有能普遍地发动群众纺

织的积极性，而且完全依靠公营工厂织布也有很大困难。据建设厅估计，全边区需要 80 家难民工厂或 124 家固林纺织社，才能完成自给任务。根据目前边区的具体条件，短时期内很难办到。

由于上述种种原因，三年之内纱布产量虽逐年增加，但是离开布匹全面自给还很远，按当时布匹消费量，全边区军民共需大布 25 万大匹，照 1941 年布匹产量仅能自给 75‰，就是供给“公家”的需要（5 万匹大布）也只能自给三分之一。

第二时期，从 1942 年到现在。毛主席在边区第一次高干会上提出为全面自给老百姓、军队及公务人员需用的 25 万匹大布而斗争。为完成这些任务必须依靠公营工厂、民间纺织妇、民间合作社三方面协力，而逐步发展民间纺织手工业，扩大其数量，改善其质量，尤为边区极重要的任务（原文详见《经济问题与财政问题》）据此方针，边区建设厅提出“巩固现有公营工厂，发展农村纺织业”的具体政策。1944 年弼时同志在边区二次高干会上指出“除加紧整理政府及公家所举办的公营企业，……今年还必须强调提出发展广大群众的手工业生产，……把边区所生产的棉花变成布”。去年边区合作社联席会议又具体议决：“大家都学纺纱织布，纺好纱，织好布……组织 30 万人纺织，实现穿衣自给。”这一连串的方针办法指导了近两年来的民间纺织业。

（《陕甘宁边区民间纺织业》，1945年1月）

（三）1942 年高干会后民间纺织业大发展及其特点

从 1942 年高干会以后，民间纺织业有了新的发展，具体统计如下：（表见下页）

从这里可以看出纺织能力、纺织效能及纺织产量方面都有很快的发展。1944 年纺纱数量超过 1943 年的两倍，织布产量超过 1943 年的三倍，1942 年的八倍。近两年来，全边区党政军民共需消费大布 31 万匹，照 1944 年的产量，能自给三分之一，比 1941 年已有长足的进展，但离开全面自给还有相当距离。

年份	纺纱			织布		
	纺妇(人)	纺车(架)	纺纱(斤)	织妇(人)	织机(架)	织布(大匹)
1942年	75000	68000	785831	13500	12000	14158
1943年	133457	120255	835849.9	39038	19283	35451
1944年	152645	145683	1660203	60548	23095	114497

编者注：1942 年纺纱数是根据《1942 年建厅工作总结报告》数字

各分区因为产棉数量、纺织基础及组织领导等具体条件不同，发展的情况也各有不同，大概可以分成三种不同类型的地区。分述如下：

1. 绥德分区的纺织业，有下列四个特点：

（1）是全边区纺织能力及纺织产量最高的地区。根据 1944 年的材料，统计如下：

类别	数量	占全边区民间纺织总量的%
纺妇	85266人	56
纺车	75471架	52
纺纱	949212斤	57
织妇	37771人	62
织机	17706架	53
织布	73342大匹	63

这些纺织妇绝大部分是抗战以后发展起来的，大部分集中在绥德、吴堡、葭县南部。其他县份的纺织业也正在普遍发展。就阶级成分来说，在这些纺织妇中绝大部分是中农及中农以下的家庭。兹举米脂后吕家岭及葭县高家寨的材料为例：

1944 年米脂民丰区后吕家崄纺织户成分统计：

类别	总数	中农及中农以下的家庭	类别	总数	中农及中农以下的家庭
户数	67户	59户	织户	37户	36户
纺户	64户	58户	织机	30台	29台
纺车	70架	63架	织布	601丈	549丈
纺纱	431斤	399斤			

四年来葭县高家寨纺户成分统计：

1940年	纺妇总数	74人	中农及中农以下的纺妇	61人
1941年	"	143人	" "	126人
1942年	"	122人	" "	106人
1943年	"	122人	" "	104人

（2）商品生产成分高，自给性比较低。分区地少人多，大部分农户单靠农业生产不能完全解决粮食问题，必须依靠纺织生产的收入，交换粮食，解决穿衣及补充其他生产的不足。所以中农及中农以下的家庭，积极参加纺织的目的，不仅为了穿衣自给，而且是为了交换粮食及其他生活必需品。例如绥德枣林坪福乐村，全村 45 户，都是贫农中农，全部参加纺织，布匹产量的三分之二向外出卖。再如绥德崔家湾铁茹坪有 49 户纺织户，其中 24 户卖布，19 户自给布匹，6 户布匹不足，需要购买。绥德刘英珍，贫农家庭，前年依靠纺织收入解决了两个人的粮食，全家四个人的衣服。绥德韩玉英，中农家庭，全家总收入中，农业收入占 48.79%，纺织收入占 51.21%。

（3）纺织能力高，但受供销限制尚未能充分发挥。1943 年分区因洋纱来源断绝，土纱棉花不够供给，布匹滞销，于是纱贵布贱，纺织无利，因此有一部分纺车、织机被迫停工。全年仅产小布 149441 匹，比 1942 年减少 7190.8 匹，仅仅发挥了 30% 到 33% 的纺织能力。1944 年原料供给比 1943 年有了进步，小布增产到 393369 匹。根据 1944 年 7 月合作社联席会议时的材料，要充分发挥 1943 年的纺织能力（1944 年新发展的不算在内）尚需棉花七十余万斤。此项缺额没有全部得到解决，阴历七八月间又发生土布滞销现象，使一部分纺车织机陷于停滞状态，未能充分发挥纺织能力。

（4）分区的民间纺织业基本上是自发的散漫的家庭小生产，有些家庭自纺自织自穿或自卖，有些家庭向合作社、永昌公司或公营纺织厂领花纺纱挣工资，其中绝大部分是属于前者。兹举绥德崔家湾铁茹坪的情况为例：全村纺织妇 89 人，1944 年 9 月止，共纺纱 908 斤，其中自己织布用的有 737.5 斤，占 81.2%，向合作社及永昌公司领纺的只有 45.5 斤，占 5%，卖纱 11.5 斤，占 1.3%，变纺的 7 斤，占 0.7%，尚未用的（准备自己织布用的）106.5 斤，占 11.8%。已织布 1312.2 丈，自穿的 844.2 丈，占 64.3%，卖掉的 466.2 丈，占 35.5%，尚存 1.8 丈，占 0.2%。再如米脂民丰区后吕家峪，1944 年共纺纱 431 斤，其中自己织布用的有 336 斤，揽工纺的只有 95 斤，占五分之一左右。

从这里可以看出，独立经营的家庭纺织业占多数。这些家庭大部分自己有能力买花制工具，但是因为成本太少，范围太小，遇到棉花缺乏布匹滞销时，就不能继续生产。揽工纺纱的大部分是很贫穷的家庭，无力购买棉花。但是一方面因永昌公司合作社供花不多（永昌公司从 1943 年 5 月到 1944 年 6 月，总共只发花 6 万斤）；另一方面工资经常变动（永昌公司从 1943 年 5 月到 1944 年 6 月工资变动五次），纺纱利小（根据铁茹坪 1944 年 9 月的材料，纺纱每天只赚 730 元，织布每天能赚 1140~1200 元），发展纺纱受到很大限制。在整个分区来说，现在还没有全盘的领导，有计划地调剂供销，掌握价格，刺激生产发展。

为解决这问题，民间产生了小型纺织合作社，例如刘老婆的纺织合作社，集合了六个没本钱的贫苦纺织户，用自已积蓄的工资棉花 80 斤（合边币 30 万元）作为本钱，解决原料、工具及推销问题，立了两架拉索机，三架纺车，在统一计划之下，分散在家庭纺织，挣的钱按劳分红。这样使没有本钱的人，也能独立经营生产。从去年 7 月开办到 9 月已织成小布 97 匹，挣边币 45 万之多。

2. 延属东三县的纺织业，有下面三个特点。

（1）东三县是边区产棉区，向时又是素有纺织基础的地区。1944 年植棉 115000 亩，占全边区植棉面积的三分之一以上，产棉 150 万斤（估计数字），约占全边区棉花总产量的二分之一左右。其纺织能力及产量统计如下：（1944 年材料）

	纺妇（人）	纺车（架）	纺纱（斤）	织妇（人）	织机（架）	织布（丈）
延川	12731	11563	272048	7045	3367	358040
延长	1059	5909	85060	3716	1716	76202

续表

固临	3832	3118	56546	2066	1536	84725
合计	17622	20690	413654	12827	6619	518962
占全边区总量	11	13	25	21	28	22

（2）纱和布有大量增产的条件，但因市场限制，目前基本上停滞在自给状态。根据棉花条件来说，东三县共需用紫花及纺织花 311226 斤，去年产花 1463000 斤，余花 1151774 斤（估计数字），今年至少可剩余等量的棉花。根据纺织工具及技术来说，也可大量增产，但去年产大布 17500 大匹（小布折算的），如果以每人每年平均穿小布 3.5 丈计，三县共需大布 16673 大匹，仅余大布 827 匹。今年产量增加到小布 5189670 丈，合大布 24950 匹，剩余 8277 匹，外销布匹不多，基本上停滞在自给状态。为什么发生这种现象呢？据延川县委高书记谈，因为纱和布销路不广，三县大部分家庭能纺能织，内部布匹交易不多，公家收买布匹常愿购买大匹宽布，阎锡山地区的阔布，趁机输入，争夺市场，运到其他分区或其他县运费较大，而且过去也没有有计划地组织推销。

土纱销路也少。去冬每斤土纱市价总值 4000 元左右，但棉花每斤价值边币 2000~3000 元。由于纱和布销路不广，大部分纺织户只能停滞在自给状态，据估计延川一县就有 2000 架纺车常年停工，就是开工的纺车织机最多也只发挥三分之二的效能。

另一方面，棉花销路较好，新花上市后各方面都到东三县采购，花价抬高。因此在三县常有卖纱不如卖花，卖花不如存花，以待高价。

（3）三县的民间纺织业都是自发的散漫的家庭小生产，各自为政。棉花虽有大量剩余，但贫苦农户尚有缺棉现象；纺织发展虽久，但偏西地区还没有普遍发动；纺织能力虽高，但推销能力很差；这一切都表现着缺乏统一领导，缺乏适当的调剂、供销以及组织和计划。

摊派“纺公花”的现象在这里相当普遍，过去难民工厂收纱站常常摊派，现在三县的纺织生产社也有摊派纺纱的现象。1943 年冬季，政府因工厂需纱甚急，派给延川纺公纱七万斤的任务，据民众社惠主任说，七万斤纱限两个月完成，结果由政府层层摊派，纱质又坏，纺工又高，引起纺妇很大反感，最后还没有完成任务。

另一方面，新的现象也已产生，延川赵家沟由于延川抗联的直接领导，纺织业飞跃地发展。当1942年处在自流状态时，全村妇女只纺纱260斤，织布仅供自穿。1943年抗联郝主任替纺织户解决了工具原料的困难，开拓了纱布销路，适当地组织纺织妇，诱导纺织妇订立生产计划，纺织生产大进一步。全年纺纱390斤，织布除自穿以外，尚有出卖。今年9月统计，全村已纺纱310斤，织布254丈，马袋24条，手巾184块。从这里很显然地可以看到提高三县纺织生产的道路。

3. 延属分区西地区、陇东分区、关中分区、三边分区的纺织情况怎样呢?

(1) 植棉纺织一贯没有基础，近几年来才开始发展。1944年的情况如下:

	纺妇(人)	纺车(架)	纺纱(斤)	织妇(人)	织机(架)	织布(大匹)
延属西地区	20948	19407	194306	4559	3226	9252
关中分区	13693	13401	56683	2249	2460	3720.5
陇东分区	2871	11513	32238	3013	3032	2718
三边分区	3245	5201	12110	129	50	33.5
共计	49757	49522	295337	9950	8768	14724

从上述数字看来，第一，纺妇和纺车已有相当发展，约占全边区总量的三分之一左右，但生产效能很差，纺纱量仅占边区纺纱总量的五分之一弱。第二，织布远落于纺纱之后，织妇占全边区总数的六分之一，织机占四分之一弱，织成的布占全边区民间布匹总量的八分之一。第三，根据这些地区的消费量来计算，三边分区每人每年平均用小布二丈四尺，关中赤水淳耀中区每人每年平均用小布三丈五尺，关中新正新宁陇东分区每人每年平均用小布三丈，总共需消费大布123900大匹，根据1944年的布匹产量，仅能自给十分之一强。

所以在这些地区，纺织业已有初步发展，奠定了今后大量发展的基础。但是纺织脱节，织布业远落后于纺纱之后，生产效能低，离开布匹全部自给的目标还很远。

(2) 邻近产棉区或纺织区，群众自发地发展纺织，其他地区深感棉花及技术的困难。近几年来，由于布价昂贵，邻近东三县或边境地区的由于采购棉花和学习技术便利，群众自动地发展家庭纺织业，自给布匹。例如延安县乌阳区、姚店区、安塞东沟、华池、庆阳、鄜县、子长一部分地区等，民间纺织相当普遍，有些地方已做到布匹半自给（如乌阳区），有些地方，能自给大部分布匹（如子长杨家园子）。

离开产棉区纺织区较远的地方，由于党政及合作社的领导，纺织业已有初步发展。但由于过去只是单纯提倡妇纺，没有强调织布，有些地方的领导偏于一般号召，没有适当地帮助群众解决原料及技术的困难，有些地方只是喊，没有动，有些地方刚发动就受到棉花及技术的限制中途停止。甚至有些地方用强迫命令方式，千篇一律组织妇纺小组，使群众把公家劝纺织的好事当作负担，应付差事。由于这种种原因，所以织布赶不上纺纱，纺妇纺车都有了，而纺的纱不多。

（《陕甘宁边区民间纺织业》，1945年1月）

（四）民间纺织业的四种类型

根据现有的材料看来，边区民间纺织业有四种不同的类型。

第一种：乌阳区的形式，这是散漫的自流的家庭纺织业。该区邻近延长、延川，采购棉花，传习技术都比较方便，十多年前有个别家庭纺织，抗战后逐渐普遍，但真正普遍发展是近两年来。全区现有纺妇699人，织妇172人，约占全体妇女的三分之一。完全以家庭为单位，自已买棉花（或种棉花），自己纺织，自己穿用，剩余部分在本乡本村或邻近集市出卖。一乡陈家屯纺织业比较发展，全村四十余户，三十余户参加纺织，其中二十余户完全自纺自织自穿，六七户有余布出卖。

用的织机都是旧式腰机，熟练织妇每天能织小布两丈余。由于大部分家庭仅仅要求自给，推销困难，没有大量增产的希望，腰机只能满足这种要求。

第二种：陇东合水黄生秀的形式。黄生秀纺织形式虽和乌阳区相同，都是自发的家庭小生产，但是乌阳区是各家各户各自为政，而黄生秀以一架织机为中心，在他的统一领导和计划下，团结纺妇分散纺织。经过一年半的努力，他自已挣了钱建立了家务，而全村做到了布匹自给而有余。（详见本节

《陇东分区民间纺织业》）

第三种：陈家楼子形式。（详见本章第一节）

第四种：延安县南区的形式。南区完全没有植棉和纺织基础。南区合作社为发展纺织，成立新合工厂，工厂织布，民间纺纱。从 1941 年创办以来，工厂产布逐年增加。但因棉花来源困难，成本高，技术差，产量低，因此，除 1943 年以外，连年亏损。

合作社为发展妇纺，曾采取了各种具体办法，例如帮助纺妇解决纺车及技术困难，预支工资并给予种种奖励等。因此从李国泰婆姨开始，农村妇纺很快发展，1942 年全区纺妇增至八百余人，这在建立南区纺织业方面有了很大的贡献。

但是从 1942 年以后，一方面由于棉花来源缺乏，纺织利小，合作社没有用大力发展。另一方面纺妇因纺纱工资从棉花改成小米，当地农民粮食较多，棉花缺乏，工资如此变动，不合群众需要，实际纺纱的妇女逐年减少，纱的产量逐渐下降。1942 年纺纱四千余斤，1943 年减为三千余斤，1944 年又减为两千余斤（据县政府调查只有 1000 斤）。南区区政府及南区合作社有鉴于此，于去年七八月间商定了六项办法重新开展纺织业。第一项办法，合作社与纺户之间采取买卖关系，纺户向合作社买花纺纱，纺成纱卖给合作社或按市价换布。第二项办法，如果纺户没有本钱，合作社可以赊花给群众，纺成纱卖成钱后，再行还本。第三项，纺工改成布工资，头等纱给布 6 尺，二等纱发布 5 尺，三等纱 4.5 尺。第四项，如果纺户需要钱，可按布价折成钱。第五项，如果纺户需要花，可以布价折成棉花。第六项，纺织户自己买花，自纺自织自穿。

根据这些办法，南区区委和区政府到农村中宣传。在北沟村第一次村长召集村民大会，讨论发展妇纺时，大家认为向合作社领花纺纱利太小，不愿纺。后来，尹区长亲自到北沟向群众宣布上述六项办法，征求群众意见，结果大部分群众赞成自纺自织自穿，当场集合边币三万元，向合作社买花 30 斤（欠一部分）。会纺的妇女纺成纱，交给一位河南妇女织布，每匹布给工资小米八升。从七八月开始到年底，已织成小布一百余丈，自给全村布匹的三分之一。现在群众计划扩大织布机，学习织布，全村出现了纺织热潮。其他五项办法，除第五项因合作社缺乏棉花无法实行外，其余四项办法，只有新合工厂附近的少数纺妇实行。

（《陕甘宁边区民间纺织业》，1945年1月）

（五）绥德分区民间纺织业

1.1943 年绥德分区纺织业大发展

去年绥德区共有纺妇 68970 人，其中新增 10984 人。共有纺车 63554 架，其中新增 10237 架。织布者 29058 人，新增 4660 人，织布机 16000 架，新增 4000 架。总共纺纱 515200 斤，比 1942 年增加 24769 斤；织布 174227 匹，比 1942 年增加 17795 匹。

去年大发展的原因：（1）敌人封锁，不能不自己解决；（2）大量植棉，解决了一部原料问题；（3）政府积极提倡扶助的结果。过去绥德棉纱质量，原较边区其他地方为好，去年更加提高。在永昌公司门市部去年 4 月至 10 月所收的纱中，计特等纱 12159 斤，上等 6968 斤，中等 2547 斤，没有交下纱的。还有永昌公司去年经合作社所收的纱，五个月的统计，特等占 70%，上等 25%，中等 5%。他们规定上等纱标准：每两特等线 600 圈（每圈 36 寸）以上，上纱 500 圈以上，中纱 400 圈以上，凡 400 圈以下者为下等纱。

今年为大量发展纺织，首先要普遍开展植棉，共种 15 万亩。其次，要提高质量，研究织布技术，要做到不用洋纱，完全土经土纬织布 .

（《绥德分区发展纺织》，《解放日报》，1944年4月26日）

2. 合作社帮助民间纺织业

绥德分区的特点是人多地少，农村副业比较发达，特别是纺织业。在政府与合作社积极推广与帮助其解决原料、工具、技术等困难之后，发展更为迅速。工具上已部分地开始改用拉梭机，技术上也提高了一步。全分区会纺的妇女占妇女总额 70% 以上，会织的也达 40% 以上了。

……

合作社如何帮助民间自纺自织工作的？

(1）1942年、1943年，为了刺激群众纺织情绪，实行米工资，放花收纱，纺一斤上等纱挣米工资四升，中等纱三升，三等纱二升，如沙区合作社及米脂龙镇区社，都采取这种办法来推广纺织事业。沙区合作社因自己资本小，不可能供给纺妇的原料，则和永昌公司订立合同，代其放花收纱，计共组织了纺妇五千多户（包括沙区、绥市、田庄、新店、苗家坪等五个区的妇女参加），群众共挣米四百多石，棉花2500来斤（全区不完全统计纺花三万来斤）。

（2）放花收纱，挣花工资，解决纺妇的原料困难。领一斤一两花，按纱的质量好坏，挣花工资8两到12两。如绥德的纱区、四十里铺区、吉镇区、米脂的印斗区等合作社均采取这种办法帮助群众纺织。

（3）用棉花换布，一斤花换好布一丈、次布一丈二尺。如吉田、四十里铺都用这种方法来解决纺户的销路及原料困难，提高质量。

（4）用买纱卖花的交易方式，帮助纺织业的发展。

（5）用纺纱与粮食的合作来扶助纺织业及提高技术。实行技术传习，如米脂民丰区远志山纺织传习所则用合作形式集中了四石一斗麦（最多四斗，少者五升），以低利放给缺资本或粮食吃的贫苦纺户，来帮助纺织业的发展。去年7月间新扩大股麦六石五斗六升（内有手拉机和大经轮各一个做麦四石一斗），并又重新买了手拉机一架，加速轮纺车两架等。这个传习所共集了十一石六斗七升六合资本。工具占了七石一斗六升，并以四石多作为流动资金，专门贷给缺乏资本或粮吃的纺户。现在把贷粮户的数目列表于下：

姓名	成分	贷粮数	贷期	用途
高福禄	贫农	二石	八个月	纺织资金
高福田	贫农	一石九斗	八个月	纺织资金
高增凯	贫农	四斗	八个月	吃粮
高步裕	贫农	二斗	八个月	吃粮

除在经济上帮助周转外，还从技术上不断地帮助提高。

（《陇东、绥德纺织业发展情况》，估计1945年）

3. 米脂妇纺的几种组织形式

今年（1944 年）米脂妇纺发达的重要原因之一，是纺妇都组织起来了。到现在（8 月）为止，她们劳动互助的组织形式有如下几种。

（1）变工纺织。这是群众原有的纺织互助形式，较普遍地存在着，尤其在纺织业新发展的地区最盛行。变工的方式是会纺不会织的，和会织的变工，会织不会纺或来不及纺的和会纺的变工，这里附带有推动学习技术的作用。变工中的交换条件，随着纺织业发展程度而不同。如民丰区七里庙，在一年以前，变工织布一丈，要纺头等纱五两。但一丈布一天可以织完，五两头等纱要纺两天。由于这样不等工的变换，织妇就渐渐增加了。1941 年全村仅织妇七人，1942 年增至 13 人，今年上半年已有 17 人会织了。现在，织布一丈（尺五宽），纺经线三两或纬线三两五钱就够了。

在民丰区七里庙，还有纺织和农业变工的，如高织锦的丈夫和儿子都出门跟工去，家中留下三垧地没人耕，而高照光的婆姨不会纺纱，于是高照光就以耕地三垧和高织锦变纺头等纱两斤。又如高照亮替高织锦锄洋芋一垧，变纺经线三两。高织锦的麦子捆在地里背不回来，由李善明背回，变织布一丈。还有织布和缝衣变工的，如织布一丈变缝布衫一件，或缝裤子两条，或纳鞋底一双，或做鞋帮一双。此外，还有织布变杂工的，如以织布与修理家具变工等。由于这些变工都是双方自愿的，所以稍有些吃亏便宜，也不大计较。

（2）纺织互助小组。在一个小组内，实行互助互济。如民丰区四乡高庙山杜雪明纺织小组，共五人，一起纺织，由组长负责揽花交纱交布，赚回来的工资米，五人不分你我，看谁家日月难过，或谁家有急需，五人的工资米就给这一家先使换。民权区三乡郝家坪马桂莲纺织小组，共八人，他们规定互助办法是：如谁家织布有了经线而纬线不够时，大家就凑合纬线给她，让她很快把布织好，这样，由纱织布的过程加速了，资本的流转和再生产也快了。如马桂莲在三个月中，五斤花纺纱织布，共流转了五次，如果不是小组互助，一定要纺足经纬线后才能织布，三个月最多流转三次（平均计算：每人每天纺纱四两，织布一丈）。由于她们的互助合作，八个人三个月工夫，已经织布 420 丈，纺纱 170 斤，编席子五块，做鞋七双。又如桃城白家沟郭秀珍的纺织小组，共三人，一起称花，一起纺纱，一起织布，一起做饭一起吃，赚钱三人平分，这样每天三人能纺一斤纱。

(3) 集体纺织。这一种纺织组织包括变工纺织和上述纺织小组两种性质。如银城区一个女孩子的集体纺纱组，是在今年儿童节成立的，共 10 人，年龄从 10 岁到 17 岁，其中多为 13、15 岁。她们的组织：设团长一人，管理一切，领导开会竞赛等。另有正副组长各一人，帮助团长工作。她们的制度：① 每天纺纱六个钟头；② 七天放假一次，假日早饭后竞赛一点钟，开会一点钟；③ 每天学习一小时，定有课程表；④ 每次请假不得超过两人。她们的纪律：① 按时纺纱，不得迟到早退；② 不说闲话和挑拨是非，不高声吵嚷；③ 离开纺纱室时，要通知团长；④ 不乱用纺车；⑤ 遵守学习时间。她们的计划：① 从 4 月到腊月，除一个月做针线外，其余九个月（连闰 4 月）完全纺织；② 每人每天平均纺纱一两，全体共纺 130 斤；③ 四个人学会手拉机织布。她们把纺成的纱，和乡上的手拉织布机变工织成布供她们自己穿。在她们的影响下，另一个妇女集体纺织组也成立了。那是李国华和窦芝兰领导的，共 14 人，她们也有纪律、制度、计划等。除和上述儿童集体纺纱组相同的外，有几条不同的，如：① 每天纺织七小时；② 五天放假一次，回家各做杂活；③ 坐娘家请假不得超过半个月；四、识字、读报、学打算盘，遵守学习制度。她们计划共纺纱 200 斤，并在夏秋收农忙时，实行变工集体参加农业劳动。她们已经这样实行两个月了。……

(4) 妇纺合作社。这是一种较高级的组织形式。现介绍两个例子：

河岔区五乡李均家沟的妇纺合作社，它的成立经过是这样的。今年古历四月初六日，本村农业变工队长李生高，从县上开罢变工队长大会回来，召集村民大会，传达组织变工队等问题。会上影响了妇女们，大家觉得妇女纺织变工的好处也很多，当下众人就选举了罗世禄为本村妇纺变工队长。罗世禄已是年满 50 的老婆婆了，但她对公事很热心，她想成立个妇纺合作社，解决本村穿衣自给，还要做到生产赚钱。于是她就经常找李生高和其他妇女商量。在一次讨论会上，李生高自愿把他的一架大织布机借给合作社使用，接着有 12 家自愿入股共八万元，并选了何芝兰为主任，刘富团任保管，组长雷桂英，委员二人。她们每人自带纺车一辆，四人纺纱，一人织布，吃饭也各吃各家，合作社概不开支。他们五人每人折身份股两股，四个月结账一次，年底分红。现在她们在努力纺织，产量高质量也好。

……

(5) 家庭纺织工厂。现有两种：一是富有者独立经营的；一是几家合股经营的。如银城市常玉明的家庭纺织工厂：他家共有 16 人，在今年春上订生产计划时，就决定以八个会农业劳动的，留在乡下种地；八个不会农业劳动的，和年龄较小的，进城居住。八人中有一个小孩，两个儿子在东小念书，两个媳妇会纺织，一个婆姨做饭及杂活，一个 12 岁的女孩子倒线线，常玉明自己管理全家家务外，并负责放花收钱，采买原料，推销产品和接洽一切事情。现在他家在城内安了两架大织布机，两个媳妇织布，每天平均织布一匹，还雇了一个女工倒线线。全家分工合作，生产情绪非常高。又如银城市义合工厂，是高福禄、张崇智、张崇义三人，在闰 4 月开始合股经营的。安两架大织布机，高福禄儿子申明织一架，张崇智一面弹花又兼织布，张崇义做饭打杂，高福禄管账及负总责，打穗穗由张的舅父（一个老汉）负责，另雇一学徒。两架机子所需纱子，完全由 3 家 7 个妇女供给。他们本钱不大，但从弹花，纺纱、打穗穗到织布，一切都是自己办，所以生产得快，流通得快，赚利也快。最近又新置了一架 20 个头的纺纱机，决定由张崇智的婆姨来学纺，学会后一天能纺一斤多，可抵五六人纺的。将来获利增多，机子增多，范围还可以扩大。

（米脂县：《米脂妇纺的几种形式》，《解放日报》，1944年8月4日）

4. 一个纺织业极为发展的村庄

远志山这仅有三十几户的一个小小的村子，家家户户都参加了纺织，其中六家有七部手拉机，一部纺纱机，这种罕有的纺织发展的盛况，是值得研究的。

远在 1938 年，高子英和高生云在本村纺织传习所里学会大架织布了。高生云家里土地少，生活苦，加上她人又聪明和肯到工厂学习，织布技术进步很快，以后就专门织起布来，一家人靠这生活，这女孩子也就成了附近村子大家羡慕的人物。以后，一年年布价贵了，政府号召纺织，利又大，家族亲戚就都来向她学这门手艺了。由于教的都是自家人或亲戚，就操心教；又住得邻近，有空随时可以教和学，所以很快有12个人学会了纺织，高生云一人就教会了七个人。这样，本村的纺织业就飞快的发展了。

（1）本村家庭纺织业由于本钱小，原料不能按时供给，在纺织上分下列三种：① 揽织：一种是到别人家里去临时织，吃主家的，每天净得工资米约一升八合。一种是人家拿纱来织，织一匹布挣米4升。这些都是准备自用的，拿来的纱质量好，织得快，平均一天可织一匹布。但织一匹布除一个织布工外，还需要两个杂工（倒捞子、倒纬线等）。② 变工织：一般的织1丈纺3两经线，因自己缺乏纱，很愿意变。但妇女们织布较有一定时节（如纺纱几度周转后要穿夏布的时候来了），因此不可能经常地变工。③ 自织出卖：一般出卖的布是二斤四两纱织一匹，一般的情形一匹布可赚钱11000余元（约值一斗小米）。这当然比挣工资、变工等利大，但它包含着要到市场上去出卖以及可能的赊欠等。由于一般的家庭纺织资本小，不够周转，挣工资、变工只是一种必要的辅助的方法。

（2）本村家庭纺织业的供销问题。由于家庭纺织业规模小，资本不多，因此在供销上产生了这样的问题：原料不能经常供给，织布机常常停歇，使能织布的技术工人去从事纺线倒线浆线等杂活，这是一件吃亏的事。像高福禄家中两部手拉机，每集（5天）只能织3至4匹布。假使不停地织，每集可以达到15匹的产量。但要保持这个产量，至少经常有20斤经线。经线的来源，必须靠发花收纱，没有六七十斤棉花放出是不可能的。去年高生云家一架手拉机全年才织166匹，还算是产量高的。其次，家庭织出来的布因要换成原料，就非在集上卖出不可，不管价涨价跌，都得卖布买花（或纱），这就使家庭纺织获利不多，难于发展。

（3）家庭纺织业存在着极有利的一面，是当前发展的主要对象。远志山的群众说："家庭纺织厂只赚不赔。"其主要原因有：① 织布工人完全是给自己生产，有着很高的积极性。② 在生产过程中很细心，爱护原料，没有一般纺织工厂那种严重的浪费现象。③ 吃得差，开支小。④ 一些杂活另工不需另外雇人，可充分利用家庭的老弱劳力。

由于远志山手拉机的发展及在本村放花收纱等原因，使得本村妇纺大大发展。在全村老少青年 58 个妇女中，参加妇纺者有 54 人，甚至七八岁的小女孩(高生云之妹)每天也可纺二两纱。去年全村共纺纱633斤，内自纺371斤，揽纺 262 斤（里面少数妇女还不愿实报）。共织小布 2035 丈，其中有四部大架是刚发展起来的，技术还差，产量很低。全村共穿布 438 丈，不仅达到穿衣自给，而且还有五分之四的成品可向外推销。

（4）远志山的家庭纺织正迫切需要一种能调剂周转、公私两利的机关，像发花收布就解决了他们的供销困难

（陈希：《米脂远志山的家庭纺织业》，《解放日报》，1945年6月9日）

5. 刘桂英是怎样发展妇纺的

刘桂英是绥德市妇纺运动的组织者与领导者，是出席边区第一次劳动英雄代表大会的代表。她今年 50 岁了，人们都称她刘老太太。

绥德市原先没有纺户，去年（1943 年）3 月她悄悄地把 3 个光景不好的婆姨组织起来，帮她们向纺织工厂领棉花纺线，赚得许多棉花，解决了她们生活上的困难，并成为工厂的基本纺户。绥德市府看见她对于妇纺很热心，又有办法，就推动她去宣传组织更多的妇女来发展妇纺。她在市府领导下，就拿着自己纺好的线和赚得的棉花，挨家挨户去宣传，她问她们："吃上吃不上？喝上喝不上？光景怎么样？"她们都说"光景不好"。她接着就说："纺下线，赚下钱，就有吃有喝了，婆姨娃娃都穿得上，又有零花。"人家看见她纺的线后都说："刘老婆纺线纺得净净的，赚下的棉花白生生的。"都很羡慕她的光景过得美。刘桂英却说："如今边区遍地一层钱，动手就能拣。"她就这样以自己的实际例子，先向生活有困难的妇女宣传，打动她们的心，大家看见有利，就一个个来参加了。第一天就有七人，第二天五人，第三天 9 人、到 5 月时，光城里就有 34 个妇女参加了纺织。这时，刘桂英便和市府讨论，召集大家开了会，把她们编成 3 个小组，选举做事踏实的人做小组长，她当纺织主任兼指导员，帮她们领花交线，领导她们开会研究纺的方法，检查纺的多少、好坏，并随时纠正交线交得迟的种种不好现象。对不会纺的，她亲手教，去年一共教会九个；不会打弦的她代替打弦；没有纺

车的她代替领纺车；她尽量设法帮助纺妇们解决出现的困难。乡里的婆姨们听说纺线能赚钱的好消息，在6月份就有好几十个人到她的窑里来要花。因为纺的人更多了，使刘桂英天天忙得连自己的活都顾不着做。

还有从河南逃来的难民妇女，在政府安置好以后，刘桂英也帮助她们领花和纺车交她们纺，解决了她们生活上的困难。

为着发展妇纺事业，刘桂英不但帮助大家解决困难，而且自己不怕吃亏，小组里有3个二流子婆姨，称花要称得高，交线要称得低，总想多赚一两或五钱。她为了慢慢教育这些人，就把短下公家的自己垫上。后来经过大家批评，那几个人才好些了。

……

去年全城纺妇发展到300多个，共纺线1700斤，约得工资米60石。刘桂英直接领导的纺线组，共纺线430斤，约得工资米15石。她说："纺线赚下钱，婆姨娃娃的穿穿戴戴，买杏子、西瓜、甜瓜、枣子的零花都不要男人掏，一家男女老小都喜欢。"

去年6月间绥德市选举刘桂英为劳动英雄，市政府奖给她一架纺车，两斤棉花。10月间又奖给她一条手巾、一双袜子、一面镜子和两斤棉花，专员和司令部都请她吃饭，婆姨们都拥护她说："没有刘老婆，咱的线纺不成。"

（《纺织英雄刘桂英怎样发展妇纺？》，《解放日报》，1944年1月9日）

6. 刘玉厚乡人民通过纺织提高了生活

另外，人民生活上升的主要原因，就是政府大大地提倡了纺织运动，近年来妇女们差不多都学会了纺线织布。在刘玉厚乡的5个行政村内，除一行政村以外，年龄在15岁以上50岁以下的妇女，都学会了纺线线（病的不算），就是十一二岁的女娃娃，学会纺线线的亦不在少数。就拿第三行政村来说，共有妇女144名（15至50岁），其中有130多个会纺线线。

这几年来，由于政府提倡纺织，农村中妇女的纺线织布已得到很大的收入，这对于农村人民家庭有很大的帮助。如像第三行政村王尚苗的儿媳，去年一年纺织上赚下了两担细粮；再如王向禄的二儿媳，从今年正月之后4斤棉花，纺织到 3 月 28 日（旧历），已赚成了 15 丈布，这 15 丈布按现在的市价去卖，亦能卖 15 万元，能实五斗三升多些米，这对于一个家庭说来，当然是帮助很大的。这是以个人说的，我们再拿郝家桥去年的情形来看：

项目	纺线	织布	能卖的线	自用布	能卖的布
数目	3200斤	500匹	1700斤	450匹	50匹

从上表看出，郝家桥的穿衣布不但自给了，而且还可以向外卖 50 匹（250 丈），卖线子 1700 斤，线子可以赚米 41 担，布可以卖钱 2500000 元，41 担米和 2500000 元的数目，对于郝家桥来说是很大的一笔收入，对该村人民生活的提高有很大作用。

（《绥德县刘玉厚乡人民生活上升调查》，1945年9月8日）

（六）延属各县民间纺织业

1. 延安县纺织情况

（1）概况

根据目前情况来说：

① 植棉 12000 亩，估计每亩收净花 15 斤，可收净花 180000 斤，新花上市以前，尚须调剂棉花 34702 斤。

② 纺妇 3969 名，纺车 3578 架，但目前因为棉花困难，大部分纺车停止了，就是纺妇较多的南区、川口区，现在大部分也停止了。

③ 织妇有 533 人，民间土机 316 架，拉梭机两架。现在拉梭机完全停止了，土机也不经常织，产量很少。金盆区 18 架土机，今年总共织布 270 丈，每架平均不到 10 丈。乌阳区全区最能干的一个织妇（和小女子两人），今年织了 57 丈，每月平均织 12 丈。

④ 民间有轧花机三台，每天最多轧 100 斤，很感缺乏。姚店区有些棉花，收了半年还轧不出来。

⑤ 全县有小型织布厂四家——南区新合厂，姚店区新民工厂，姚店区合

作社工厂，李家渠工厂，目前情况如下：

厂名	股金	织机	工人	今年1月至5月产量
新合工厂	2000000	原有八架开工六架	12	五丈小布511匹
李家渠工厂	2100000	原有11架开工两架	6	五丈毛布12匹五丈小布70匹
新民工厂	264000	原有三架		去年10月停工
姚店区合作工厂	130000	原有两架		去年5月停工

所有织机都是拉梭机，只有季家渠有三架铁机。

⑥ 今年 1 月至 4 月纺织产量：

纺纱：7357 斤（盘龙、丰富两区没有统计在内）。

织布：6645 匹（小布），其中三分之一以上是工厂出品。

⑦ 全年全县需要穿小布 22 万丈，平均计算四个月需穿小布七万余丈，照目前产量只能自给十分之一弱。

(2) 几种不同类型的地区

……

南区、乌阳区是比较有纺织基础的地区。去年南区新合工厂产布已可自给全区布匹的四分之一，乌阳区产布可自给二分之一（南区的百分比较精确，乌阳区是大概的估计）。

川口区、姚店区、金盆区很有发展纺织的条件。这三个区前二区产棉多，金盆区靠近产棉区，前二区有织布厂，金盆区大部分是河南、绥米的移难民，能纺能织，但因主观努力不够，没有打下较好的基础。

其余各区纺织基础较差，而河庄区、牡丹区、青化区尤差，可以说还没有发动。

（3）两种不同的经营方式

全县纺织业的经营方式，大概有两种：

一种是以工厂为中心。例如南区的纺织业，从新合工厂创办以后，以新合工厂为中心发展起来的，农村妇女纺线，工厂织布，以工资的形式实行纱布交换。

另一种是自纺自织自穿的家庭纺织业。例如乌阳区八百余纺织妇女基本上是家庭纺织，自给布匹，偶有剩余，方才出卖，在纺妇与织妇之间自发的进行各种变工。

其他各区大体上属于后一种形式。李家渠工厂、姚店区工厂如果经营得好，可以使川口区、姚店区的纺织业采取前一种形式发展。

（4）三种不同的领导态度

过去各区合作社对于纺织业的领导有各种不同的态度：

第一种是积极提倡与帮助的。如南区合作社。南区是完全没有纺织基础的地区，南区纺织业的发展，完全是南区合作社一手创立起来的。从1941年以来，投资百余万元，支持新合工厂，创造各种办法，发展农村妇纺。乌阳区纺织业已经有十多年历史，元龙寺合作社成立以后，曾经从旁帮助，如散发棉花，购买轧花机等。

第二种是袖手旁观的。金盆区，是很有利发展纺织业的地方，难民妇女能织能纺。松树林附近有些妇女已经纺好了纱，等待织布，没有织机，松树林合作社袖手旁观，丝毫不加帮助。松树林合作社主任认为发展纺织一定赔钱的。其他如盘龙、川口、丰富、青化、牡丹等区合作社，大体上都是属于这一类的。

第三种是压在合作社里关门大吉。河庄区合作社用政府贷金，制了70架纺车，买了几千斤棉花，到现在还压在合作社里不发给群众。姚店区合作社明知道民间有棉花，也不实行调剂。姚店区合作社的工厂和刘生荣的新民工厂去年为了要抽出资本“倒生意”先后关门。

此次延安县合作社主任联席会议以后，各区合作社主任的态度有了很大的进步。

第一种，如南区、乌阳区，南区合作社此次计划扩大新合工厂，增加资本七百余万，解决该厂原料困难。乌阳区曹主任一贯积极发展生产，过去曾受人反对，这次开会以后，更明确地认识发展生产的方针是正确的，信心大增，积极发动与南区合作社竞赛。

第二种，如金盆区、盘龙区合作社，过去没有认识到合作社要发展生产，只以赚钱为目的。开会的第一二天，金盆区李主任说：“咱地区是特殊，没有办法完成纺织任务。”对于纺织事业不感兴趣。又经过二三天，首长报告，小组讨论，个别谈话，态度有显著的转变，积极地要订纺织计划，想了许多办法来克服困难。盘龙区合作社主任也是这样，开始强调原料困难，后来思想转过来以后，为发展纺织，计划在本区投资 300 万，帮助青化区 50 万，牡丹区 100 万。川口区韩主任也是这样，最初认为没办法，后来信心增大，首先宣布自己的纺织计划，提出竞赛。听说现在正计划购买棉花。从这次会议以后，大部分合作社主任，开始认识了发展生产的重要性，但是如何具体地推行纺织，保证计划的执行，各人态度还有程度上的区别。

第三种，如河庄区、青化区合作社，在会议中虽然表面上认识要发展生产，但是还没有切实推行的办法。河庄区合作社恐怕要根本改造，青化区合作社刚刚新办没有基础，合作社主任临走的时候，表示没有办法，不知从何着手。

（5）中心的关键

延安县纺织业，目前已打下了初步的基础，此次会议上，各区都根据本区主客观的条件，制订自给布匹的计划，今年下半年，全县可以做到自给布匹 37%，要保证这计划的实现，中心问题有两个。

① 更进一步搞通思想。在合作社主任联席会议上，一般合作社主任已初步认识发展纺织的重要性，初步纠正了过去倒生意、唯利是图的思想。但是要使这种思想不为具体的困难所动摇，坚持下去，贯彻下去，还必须在实践过程中更进一步地搞通思想，巩固新的进步。过去的事实证明，有些地区纺织业不能充分发展的主要原因，还是思想认识问题，只要打通这一关，许多困难都可以克服。

② 棉花的供给问题。新花上市以前，延安县还需要三万余斤棉花，照各区合作社的计划，资本问题大体已经解决，但是能否按时买到，保证供给，还是一个问题。如果这一个问题能够解决，纺织业的发展是有保证的。

（合作社主任联席会议参考材料之七：《延安县纺织情况》，1944年）

2. 延川县实现穿布自给有余

延川县是边区植棉、纺织业比较有基础的地区，加之几年来全县党政机关和群众的努力，更收到相当大的效果。据统计，1944年在遭受了较严重的冻、水、雹灾之后，还产净花319090斤，与1943年的产量所差无几。除供全县妇女自纺自织外，尚输出215045斤。……

随着植棉面积的扩大，棉花产量的增加，妇女纺织事业也在向上发展着，并出现了折碧莲式的纺织英雄。根据1944年的统计，已经做到了全县六万人口的穿布自给，部分地区还可以外销。据城区六乡调查，去年一年，出卖土布243.5丈。下面是全县妇纺发展的统计：

年代	1942年	1943年	1944年
纺妇	10674人	11391人	12731人
纺花	117881斤	136796斤	158707斤
织妇	5498人	6510人	7049人
织布	138722丈	201756丈	210045丈

根据以上材料，今后妇纺事业，已不是穿布自给的问题，而是提高技术，增加产量，组织推销，供给边区内其他各县的需要。（1）在现有的纺妇中，多是成、青年妇女，还有一大部分老年妇女和13岁以上的女孩，还没有组织到纺织事业中，今后如何来发挥这一纺织力量，是一个相当重要的工作。特别是在一部分地区，如永胜、永坪两区的妇女，还缺乏纺织习惯，多半参加农业生产，也是今后发展妇纺的重要对象。（2）提倡变工合作，会的教不会的，技术好的教技术差的，从群众的利益出发，奖励纺好线、织好布。（3）改良纺车，改良织机。农村现有的织机，多为土机，每人每天织布至多一丈五尺到两丈。根据1944年的材料，平均每个织妇一年织布30丈，连纺线的时间，至少需两个月。如果提倡小型纺织合作，三五家合买一大织机，布的产量将会大大提高。（4）推销：现因运输不便，农村的土布卖不出去，卖出去的价钱也很低，以致农民获利不大。今后合作社应以农民生活必需品换取土布，帮助推销，特别是货郎担下乡，更应以此为主要任务。

（延国民：《延川县的植棉和纺织业》，《解放日报》，1945年2月2日）

3. 富县的纺织业发展快

富县今年的纺织工作，是数年来发展最普遍和最快的一年。现在大部分农户的夏衣布，已做到全自给或半自给，太乐、张村驿、永平、大义、大升号区之一、二乡、交通区之四、五乡、道德区之二、三乡，均能做到夏衣布的全自给。如张村驿全区1068户，而参加纺线的有699户，其中四乡外来难民已全部参加。该区共有机子104架，除自纺自织的家户外，现有群众性的纺织合作社四处，区府附办纺织厂一处，因而该区的线子价比任何区都贵。城关区每斤线子（次头等）卖12000元还没人要，张村驿每斤线子却卖到两万元以上，还争着买。包织一匹布工资四万多元。卖自织布的极多。再如太乐区二乡极小的村庄——庙阳村有29个妇女能参加纺织，现已全部参加，有纺车12把，腰机6架，平机1架，1943年只织了49丈布，而今年在1月中旬至3月中旬的两个月内，就织了73丈布，还余下23斤线子。如果把所余线子都织成布，还可织到34丈（每斤线子织一丈五尺），连同已织下的布，共是一百多丈，全村男女共53人，共需夏衣布63丈，还可剩余40丈。据太乐区羊泉合作社主任杨子明同志称，去年合作社卖给群众1000多丈布（系从外边买进），今年总共只卖了二三十丈土布，许多群众却拿来自织的布要合作社代为出售。

纺织工作其所以能有如此的发展，首先是由于党政竭力倡导，使它打下了牢固的基础。其次则由于市价暴涨，使群众受到刺激，亲身体会到纺织的重要。再次是因为本县去年大量植棉，棉花收成尚佳，共收花十万余斤，解决了棉花奇缺的困难。最后是干部及合作社、公营机关重视了纺织工作。太乐区区府的木匠铺，中心业务是做纺车和机子，支援纺织。

（王健：《鄜县的纺织》，《解放日报》，1945年8月9日）

（七）新宁发展妇纺，布匹已能自给三分之一

新宁县纺织工业的发展已达到全县穿布自给33%，有的村庄除全部自给外还有剩余。一、二、四区群众自动集股成立纺织工厂10个。四区盘克的丰衣工厂，由全行政村135个妇女给工厂纺线，10个月来共得工资470900

元；买布或以线换布，由群众自便。所以该工厂自成立到现在所织的约一千三百三十七丈六尺布，已全部卖完。从古历一月到十月，据全县不完全的统计，已纺线 26553 斤，织布三万二千五百五十六丈九尺，以平均每人穿布三丈计划，已可自给 33%。五区四乡辛家沟圈的八户人，由纺妇 22 人，纺车 16 把，织妇 14 名，织机六架所组织的纺织小组，自去年 3 月至 10 月，共纺线 287 斤，织布 382 丈，给军队织裹腿带 24 丈，除穿布自给外，还余 49 丈。赤水四区六乡袁万全的女人和他舅女纺织 63 天，赚布三十三丈九尺，除八丈穿布外，可卖边币 88060 元。枣林村秦振荣妻孙葱儿，从 1 月到 9 月，每天除做饭，农忙时参加锄草收割外，共织布 62 丈，赚利 115300 元，在 7 月间买了两亩地，还籴了两石麦子，他一家四口人吃粮问题解决了。

（《新宁发展妇纺已能自给穿布三分之一》，《解放日报》，1945年1月9日）

（八）三边分区民间纺织业

1. 干部带头发展纺织

三边有 14 万人口，全年需布 105000 匹，每人每年平均约需三丈五尺布。此项庞大需要若以现价折算，全分区每年即需支出 13 亿元。该分区人民常说："吃一石就得穿一石"（指卖粮买布）。故发展妇纺，使家家户户能自纺自织，此项巨大漏洞即可堵塞，不仅可平衡进出口，而且可减少人民日常生活费用的一半开支。据估计，全分区纺织事业明年可以普遍发展，后年全边区大部分老百姓定可自纺自织。现在全分区共有会纺妇女 1000 余人。定边纺妇 350 人，去年参加纺织的有 110 人，盐池纺妇有 230 人，吴旗有 250 人，靖边有 200 人。全分区有 554 个行政村，今年计划除定、盐城市及靖、吴政府周围普遍发展外，每一行政村发展五名纺妇，做到典型发展的目的，连原纺妇在内，今年全分区可发展纺妇 5000 人。

革命前，三边民间妇女多因贫困无法生活，部分才被迫纺织，较富裕居民及商人家属多不屑纺线，因此民间形成一种错误的说法，认为纺毛、纺线"是二流子干的事"。现在，许多妇女怕被说成是"二流子"，不敢纺纱。故去年 12 月盐池县书萧佐汉同志、县长孙璞同志与抗会主任白凤奎同志，决定干部家属首先学会纺线，以影响全县。萧书记、白主任之妻不但学会纺，而且亲自下乡传习民妇，她们都成为模范妇纺的组织者与领导者。再以盐池城市乡为例，该乡原只有纺妇七人，党政机关提倡妇纺，破坏分子却造谣说“盐池妇女从不纺织”“纺织赚下的钱都是公家的”。该乡有 11 家妇女因受了谣言影响，不参加纺织。但城区委高淮太之妻，张区长之妻，城市乡白乡长之妻首先纺织，于是群众也就跟着学起来。高淮太妻推动了 10 个妇女纺织，萧佐汉妻教会了 20 家妇女纺织，白乡长妻组织了五家纺妇。县抗联会提出可以先支工钱后纺线，城市区又决定发放妇纺贷金八万元，棉花贷款五万元，又购置纺车一批，贷给愿纺妇女，这些事对群众影响极大，妇女纺织情绪大大提高。例如城市区去年原只望教会 40 个妇女纺织，结果有 66 名妇女成了纺妇，共纺线 1448 斤，得工资近四万元。

（《三边发展妇女纺织》，《解放日报》，1944年3月24日）

2. 三边家庭纺织的四种形式

虽然要经过曲折的道路，运动却总会向前发展的。1941 年后就有极少数家庭，因布价高涨从事织布以自给（这些家庭有的是从前移到外边学会了织布技术回来的，如定边何其华家；有些是娶外边婆姨的，如靖边邵存清家；还有个别移民，如吴旗五区乔风山家，要求区府给他设法做一架织机……）。此时，布匹更困难了，而且妇纺运动发展的趋向，也要求把纺与织结合起来，如吴旗高进芳讲他创设织布机的动机时说：“看到纺的线子卖不出去，发展妇纺工作非做织布机织出布来不可！”1944 年 5 月分区召开的县书记县长联席会议上讨论如何平衡进出口贸易，因为布匹是最大宗的进口货物，提出了合作社搞纺织，办小型工厂等，各县都做了发展群众自给的纺织业计划，1944 年年底群英会上又做了号召，从而自纺自织运动逐渐开展了。迄今发展有以下几种类型。

（1）家庭自纺自织。定边马生骏家，去年春季政府发动纺织时，就给婆姨女子做了四架纺车，曾经纺了几十斤毛线，他又到华池买回一架土织布机和四五十斤棉花，请了一个会织布的教师，教儿媳学织，不到一个月每天就可织九尺布。这时他又新做两架纺车，家里的女人每人一辆，由他老婆指挥六个妇女轮流煮饭，每天总有三部车子不断地纺线，到今年古历 3 月 20 日止，已纺了 42 斤线，织了 70 丈布，全家人都穿着自织的布，并把多余的给雇工顶了 18 万工资。同时帮助本庄的 33 口人织了 34 丈布，解决了夏衣自给的半数。此外又帮助亲戚王建山、王建功画出机样做织布机，并都已织出数十丈土布。在他的宣传和影响下，有一家独做，有二、三、五家、十余家合作的，共发展土织布机五架，都已开始纺线织布了。又如盐池四区甘家坬郝占奎家，1943 年乡上发了一架脚踏纺车，纺了许多毛线，请毛毛匠把粗的织成口袋，细的织成被单子，庄子上的人看了眼红，都学起来了。现在甘家坬 11 户人家家会纺线，家家都盖上了新被子，可见织毛合子的事业不但需要，而且可以发展的。

（2）自然村小型纺织合作社。靖边镇靖区四乡支书王世宽同志去年看到张家畔妇纺搞得很好，回去发动婆姨学习纺线，几天内就学会了，庄子上的十几个妇女看了以后，提高了兴趣，都来学习。9 月 21 日他就召集了个全村大会，成立纺织合作社，先给大家算了个账说："我家里四口人一年穿衣用四个老布，就需要粜四石黑豆、二斗糜子。"又计算全庄："36 个大人，11 个娃，每年平均每人三丈布，共需 141 丈，合 35 匹，每匹两万元，即 70 万元，如卖粮就得 35 石黑豆。"大家听了很惊异，觉得这是件大事，就决定有木料的入木料做纺车，做一架土织布机，有钱的入钱买棉花，全庄婆姨参加纺线，请葭县移民张占江的女子织布，并教大家学习。已集资 12 万元，前后共买棉花 30 斤，去冬集中力量纺线，今春织布。

（3）合作社帮助纺织业。吴旗六区合作社，自该社主任刘玉喜从延安开会回来后，积极发展纺织事业，做纺车 60 架，做土织布机四架，并供给群众棉花。他们不是把织布机集中在合作社，而是分别建立几个据点，由合作社负责发棉收线，交给几个顺德府来的移民妇女，织出布来质量颇好，又以低于市面的价格卖给群众，很受群众欢迎。又定边二区红柳沟合作社除自有几架拉梭机办小工厂一所外（计算不赔亦不赚），还帮助群众自纺自织，共有织布机四架，连同一、四乡所集之纺织股金做织布机两架贷给农民，发展纺织业，待其得利后再还钱。为解决农村织布技术困难，合作社抽出熟练工人到农村去帮助群众修理工具，教纺教织。同时合作社织布厂亦收各乡学徒，训练织布工人，现已收到3名，学会后仍回原乡织布。帮助群众提高纺织技术，目前采用着两种办法：① 村民变工纺织，如五乡四村李家园有八个会纺妇女，自卫军连长李国治热情办纺织，由他同合作社商量贷一部织布机，请工厂工人去教织布，以后各家轮流变工纺织；② 家庭纺织，五乡哨沟村吕凤岐家有五个妇女经常纺线，由合作社贷给一部织布机，又派织布工人去教，以后全村发展了妇纺，也可变工织布或换布。

（4）工厂帮助纺织业。盐池城区五乡王有纺毛线六斤，交元华工厂织合子布三丈七尺，出工资7400元。按羊毛市价每斤700元，六斤线需要生毛10斤，共需7000元，与织布工资合计14400元，而一尺合子布，实际顶一尺斜纹布，即以土布价格每尺700元计，共值25900元，比起赚工资与卖线利大得多。

以上前三种类型是目前纺织的主要类型，特别一、二两种用的都是小的土织布机（即抛梭机），因为它适合这种技术低的条件与分散的农村环境，农民群众容易接受，虽然都是据点式的发展，但仍是很快的。

（三边地委：《向着自纺自织的方向前进》，1945年7月10日）

（九）陇东分区民间纺织业

1. 概况

（1）农村纺织业的发展，按各县统计：

农村纺织妇女，1940年庆阳、曲子、镇原统计为1042人，有的是已在纺织，有的会纺而没有纺；1941年已开始纺的四个县的统计（庆阳、合水、曲子、镇原）为2054人，至1942年纺织妇即有4427人（全分区6个县）。各县发展的速度以庆阳、镇原、曲子较好，其次是合水。但据合水1941年春季统计，纺织妇女已有504人，经过1942年的发展，当有增加，但县上未统计出来。

纺织成绩，据1942年统计，共纺线34039斤，织布18756丈（以上两数字均系全分区六个县的数字），一匹四丈，共合4689匹，纺织妇每人平均不到十斤线，织布不到五丈。

（2）根据以上不完全统计，1942 年全年公营工厂织毛布 120 丈，四丈一匹，共 30 匹；棉布二五码大布 214 匹，合小布 428 匹，加老布（小码布）679 匹，连群众织布 4689 匹。总计 5896 匹，以四丈一匹计 23304 丈。全陇东军队及工作人员，去年需布为 109500 丈，根据各县人口每大人年需布六丈（单衣一套，棉衣半套），每小人年需三丈计共 240476 人，大人约占 180357 人，需布 1082142 丈，小人 60119 人，需布 180357 丈，共需布 1262499 丈。

军队、工作人员、群众，全年共需布 1371999 丈。

每年尚须买入布 1348695 丈，以 1942 年年底布价每丈 40 元计，全年输出现金 53347800 元。

这是全陇东纺织业急待发展的必要现象，因之，我们应了解到过去：从 1940 年以来，在农村纺织业落后的情况下，自流的没人过问的情况下，提起了干部和群众对于发展纺织业重要性的认识，并在党政军民帮助下，使纺织业渐渐向上发展了。但是，纺织业上明显的缺点尚须指出：

① 发展得还很慢，技术很差，三年以来生产的布，仅能维持所需的 1.7% 弱；

② 政府对这项工作抓得还不紧，纺织中的具体困难如工具缺乏，原料困难，销售无门，工厂的工资太低等，不能很好地解决。因此，有愿意纺织的没有工具原料，有的纺了线没处卖，卖给合作社不要，卖给工厂不够本钱。工厂的资本太少，没有钱贴，只有在棉花和工资上扣得很紧，工钱欠得很久不给纺户。因此，引起了许多纺妇的不满，使纺织业不能迅速发展。

（《陇东绥德纺织业发展情况》，1943年）

2. 合水黄生秀的纺织形式

黄生秀是陇东分区合水县三区五乡黄家咀村人，原靠务庄稼维持生活。1943 年 7 月为了解决穿衣问题，发花收纱，自己织布，至 1944 年 10 月，四架织机做到全村穿衣自给，且有剩余出卖。

（1）黄生秀的纺织是怎样开始的?

黄生秀早年死了婆姨，一人种地19亩，穿衣问题发生很大困难。1943年秋，棉衣、被里破烂，换新的得八丈布，折麦子一石，买了布便要饿肚子，他便盘算着自己织布解决困难。但是，劳动力缺乏，必须靠别人供给线子，才能织布。

在黄家咀，全村13户都是务农为生，妇女们大多参加农业辅助劳动，纺织没有基础。虽有两三个妇女学会纺纱，但是织布困难，10里20里内找不到一架织机，因此她们也不常纺。全村13户都是向外买布穿，大家都迫切需要解决织布穿衣问题。

在大家需要的基础上，1943年7月，黄生秀卖麦子六斗，买棉花21斤，借平机一架，请他表哥赵文德来帮忙织布。棉花发给本村妇女纺纱，结果净赚了四丈二尺布半斤棉花。这样便引起他专门织布的动机，从此以后，他专门学习织布。

（2）照顾纺户利益保证了纱的供给

黄生秀为解决纱的供给问题，就从解决纺户的困难着手，团结了14个纺妇。

1943年7月，黄生秀首先找到本村两家熟悉的妇女请她们帮助纺纱，当时没有议定工资，就给她们一人送去两斤花100法币（普通工资每斤法币25元）。这样大的工资，立即影响了四五个妇女来领花纺。并且，经常纺妇自己急需用布或线时，只要黄生秀知道，便立即送上门去。以后因为本村纺户忙，黄生秀开始向五里外的镇家咀发展纺妇，先找到王九存妈，用算账的方法向她说明一天捎带纺一两纱，半月便能纺一斤，日常买针线的零用钱就不缺了。她被说动了心，就接受了两斤花纺。黄生秀知道她需用钱，先支给她四斤纱的工资。这样，又影响了她的两个媳妇也纺起来。其次，黄生秀又找到武老婆，她会纺，但是没有纺车，他就借钱给她买车子买锭子。后来武老婆把买锭子的钱给娃买了药，不好再找黄借。黄知道后，又二次把钱送去，并且安慰她说："给娃治病要紧，穷人惜穷人，我拿几个钱帮助你是痛快的。"武老婆十分感激，纺的纱质量最好，又从不耽误时间，成为经常纺户了。8月间，武老婆一家三口须制棉衣，仅有800元法币，买不到两件衣服的布，她找黄生秀商量，黄主张她自己织布，又给她凑够 900 元买了三斤棉花，又代出 60 元弹花费，最后替她织成五丈二尺布，三个人的衣服大致解决了。武老汉激动得逢人便说黄生秀的好处，结果，镇家咀增加到七家经常纺户了。

黄生秀看到了家家户户都感到布匹困难，就打算从解决困难入手团结与发展纺户，常以奖励或帮助的名义赠送纺妇几尺布，时刻照顾到纺户的一些困难，因此，他团结了 14 个纺户。

去年县上开劳动英雄大会时，政府奖他为纺织英雄，并指示他："群众与个人的利益要双方兼顾。"他回去后自动将纺纱工资由每斤 50 元提到 80 元（法币）。同时，他为了要织好布，便要求纺妇们纺好纱。他挑选了一把好纱做标准，挨户送给纺妇们照着纺。不到一个月，纱的质量大大提高，由每斤纱织布一丈四尺增加到一丈八九尺（宽一尺一寸五分），这就是双方兼顾的效果。

黄生秀和 14 名纺妇间有三种联系形式：第一种，工资关系，一斤花交纱 15 两，给工资法币 80 元。第二种，在纺户需布时，采用纺织变工形式，织一个布（需一个半工）变纺两斤半花（八个工），合一个织工变五个半纺工。第三种，给工资代织布，一匹布工资边币 1700 元（带有义务成分，较市价低 425 元）。

（3）黄生秀的纺织经营方式

黄生秀的全部纺织过程，除纺和织的分工外，从棉花的购买到布匹的推销，都是他一个人担负。华池（距黄家咀 20 里）五天一集，每隔一集他就停止一天织布，到集上去卖布买花和串村发花收纱；若遇到纺户未将纱倒完，还要边倒纱边收纱，收纱后经过选样分出经纬纱，第二天浆线 22 斤（可织 16 匹布），第三天倒线，一天倒七八斤，共需三天时间，织布每天一匹，共需 16 天，合计 21 天，加 10 天一上集，共计 23 天。

在他的纺织供销过程中，互相间有密切联系，如误一个集市，布就卖不出去，花也会供给不上；纺户必须按时交纱，否则，必不能按时上机，按时出布；布机则是在 23 天中开动 16 天，若有耽误，也会牵动全部生产。因此，卖布、购花、交纱、织布四种活动有高度的依赖关系。由于资金逐渐增多，有了周转的余地，不一定卖了布才能买原料；并且黄生秀刻苦努力从不误工，纺户也能按时按标准交纱，所以纺织生产很少因延误而受到阻碍。

黄生秀除经营纺织生产外，还要担负一些必要的家庭劳作，如做饭、喂牲口等。农业劳动，依靠织布变工，一人一牛的工变两个织工。

（4）成绩

第一，依靠织布，建立了家务，达到织一余一。1944年1月至10月织布78匹（351丈），内变工617.5丈，自穿13.5丈，帮助别人织布31.5丈，揽织67.5丈，卖到华池126丈。本钱开始为25500元，至10月本利合计103000元，净利折合麦子二石四斗（平机一架、驴子一头未计入）。另外，变工19亩地，打粮四石，共余粮六石四斗，达到耕一余一。

第二，帮助群众解决了穿衣问题：①10个月14名纺妇纺纱161斤，平均每人纺11斤（包括变工揽织在内），做到穿衣全自给。② 黄生秀常替村中贫户或家务忙的人家织布，往往布做成衣服还未交布钱；布价已涨，仍按本还；代织十尺、八尺不收工资，共代织七匹；卖布较市价每尺低100元。

第三，改变了全村纺织面貌，一年中全村自给而有余。1944年7月黄生秀帮助黄生海和他的四个（儿）媳妇建立起家庭纺织业，购织机三架，代向合作社领花40斤。10月为止，全村四架织机共织布700丈以上，全村95人，以每人每年穿布三丈五尺计，共需布332丈五尺，超过自给数一倍以上。

第四，纺织技术的提高。纺妇由不会纺或纺不好，提高到会纺与纺得好；一斤纱由织一丈四五尺布，提高到织一丈八九尺布（宽一尺一寸五分）。

（5）黄生秀纺织形式的特点

黄生秀的纺织组织是以村为单位进行纺织并进，以一架织机为核心实行纺织分工，实现了全村穿衣自给。这种纺织形式的特点：

① 组织形式：以织机为核心组织一定数目的纺户，织户与纺户的关系不单纯是工资关系，还有互相依赖以求发展的关系：黄依靠纺户供给纱，纺户依靠黄解决穿衣问题。这种组织形式是适合群众需要的。

……

② 组织方法：从利己利人、照顾双方的原则出发：织户照顾到纺户的穿衣自给，以团结纺妇，发展纺织，适合于纺织并进、自纺、自织、自穿的纺

织方针。

③ 组织基础：建筑在群众自愿结合的基础上，所以组织是巩固的。

这种纺织形式的缺点在于：缺乏集体力量的领导，纺织力量的发展主要决定于黄生秀个人的活动能力……今后若能加强党政的领导，和发挥集体的力量，解决供销与工具问题，定能大大向前发展，成为乡村实行纺织自给的一种有效方法。

（《合水黄生秀的纺织形式》，1945年1月，《陕甘宁边区民间纺织业》，中国妇女社发行，第42—48页）

（十）进一步发展民间纺织业的几点意见

第一，基本方针：根据目前民间纺织产量来看，还只能自给边区布匹消费总量的三分之一。根据群众生产来看，买布负担很重，急迫要求布匹自给。根据上述四种典型来看，纺织并进的家庭自给纺织业，受到群众欢迎。因此，发展民间纺织业的基本方针是纺织并进、自纺自织自穿的家庭手工业。

就地区来说，延属西地区，关中分区，陇东分区的绝大部分地方，应强调执行这个方针，在绥德分区，延属东三县，现在基本上已达到分区布匹自给，在这些地区一方面照顾群众要靠纺织收入交换粮食（绥德分区），或更进一步改善生产（延属东三县）的要求，一方面照顾全边区的布匹自给，应提倡纺织并进的商品生产，大量增产布匹供给其他分区。三边区纺织及技术，是全边区最困难的地方，可以根据具体情况逐步发展棉织和毛织，争取布匹的部分自给。

第二，供销问题：根据上述纺织情况来看，适当调剂花纱布的供销，掌握花纱布的价格，是今后广泛发展并提高纺织业的物资保证。在绥德分区，今年棉花基本上已能自给，如何推销土布是一大问题。东三县花和布的市场急待开拓。其他地区棉花和工具的调剂是首要问题。只有适当解决这些问题，边区纺织业才能提高一步。

如何解决这个问题呢？在民间来说，陈家楼子合作社，刘老婆合作社，集合群众自己的财力物力共同解决棉花工具及土布的供销，这是值得学习的模范。但是合作社所能解决的范围很小，最基本的办法要依靠贸易机关、合作社及私商三方面协力并进，调剂边区内部的花纱布市场，而贸易机关尤为当然的领导骨干，必须具体帮助合作社，指导私商，共同掌握花纱布市场，调剂供销，刺激纺织生产。

第三，组织形式：前述四种纺织组织形式，都是当时当地具体条件下产生的，客观上都能替群众解决一部分穿衣问题，逐渐争取布匹自给，都可酌量采用。但是陈家楼子纺织合作社，是从解决群众穿衣问题出发，推行了纺织并进、自纺自织自穿的家庭纺织业，集合群众自力解决供销和技术困难，采取了统一领导分散纺织的经营方式，是农村环境里发展纺织业的有效办法。黄生秀的形式，在群众觉悟程度比较差、纺织基础比较弱的地方，也是比较适当的组织形式。开办小型织布厂，工厂织布，民间纺纱，在集中生产、提高技术方面是比其他三种形式都进了一步。但是就目前边区的条件来看，只有供销问题、技术条件能够顺利解决的情况下，工厂才能存在和发展。也只有适当地规定工资数额、工资形态，合理的评定等级，源源不断地供给棉花的条件下，才能发动妇纺，并坚持下去。乌阳区的纺织业，在其自纺自织自穿方面，能够部分满足群众自给布匹的要求，但因其自发散漫，发展比较慢，规模比较小，所以必须在现有基础上，适当地组织领导。过去政府及群众团体惯于组织妇纺小组，是在纺织分工（工厂织布，民间纺纱）的方针下产生的组织形式，虽曾千篇一律到处组织，但是真正起组织作用的很少。

今天看来，要适当地组织纺织业，必须根据当时当地的具体情况，群众的需要和认识，采取多样的形式，在群众自愿的条件下逐步组织。陈家楼子和黄生秀的组织形式，可供一般参考，但不能照样抄袭。

第四，家庭民主：家庭纺织业基本上是妇女的生产事业，如何能更进一步提高妇女生产的积极性呢？根据此次群英会中七位女劳动英雄的情况看来，其中两位是抗属，两位是寡妇，两位的丈夫懦弱无能，一位的丈夫是二流子。因此这七位女劳动英雄都肩负着家庭生活重担，要用自己的劳动获取全家的生活资料，同时，她们自己又有权支配自己的生产成果。再从安塞东沟郝起荣的家庭纺织业来看，全家有四个妇女纺织，过去由郝母一人管理纺织，分配布匹，三个媳妇都说做得多，分得少，生产不积极。1942 年郝起荣召集全家开会，由郝供给棉花，大家纺织，谁纺得多织得多，就穿得多，这样生产积极性大大提高，全年织布 75 丈，比 1942 年超过两倍。从这两件事实，很明显地可以看出，只有发扬家庭民主，提倡男女共建家业，共管家事，使妇女们参加生产，同时也有权支配一部分生产成果，那么生产积极性才能提高。

另一方面，也只有妇女积极生产，提高经济地位，才能巩固家庭民主。一个家庭吃大锅饭都不行，何况一厂一省和全国呢？

第五，领导问题：从第一次边区高干会以后，根据毛主席的方针，各地党政提倡植棉，发展纺织，特别有一部分地区党政、劳动英雄及合作社，能够从解决群众穿衣问题出发经常提倡，具体领导，这是推动边区纺织业发展的重要原因。但另一方面，不能不承认有一部分地区的纺织业，基本上由于群众自给布匹的要求，自发地产生，自流发展，尚停滞在自发散漫的状态。

至于妇联会，从中央妇委提出妇女工作新方针以后，每年三八节，一般地进行宣传，并奖励生产好的妇女，但在具体推动纺织业上到底起多少作用，现在还没有材料加以说明。延川赵家沟是抗联领导下有显著成绩的纺织据点，但这是郝青田、袁世福（男）同志的工作，妇联干部没有与闻。

去年边区合作社会议，把“组织 30 万人纺织，实现穿衣自给”作为合作社的首要任务。在今天看来，如何才能完成这任务呢？地方党政必须加强领导，帮助合作社解决具体困难。合作社应着重在调剂供销，传习技术。在合作社内部的妇联干部，必须在合作社统一计划下，推动妇女参加纺织，具体解决纺织困难，到一定时机，再加以适当地组织。

（《陕甘宁边区民间纺织业》，1945年1月）

四、其他手工业

（一）概况统计

1.1942 年至 1943 年延安市等 14 县市手工业作坊发展比较表

项别 年度 类别	作坊数		参加人数		增长率	
	1942年	1943年	1942年	1943年	作坊	人数
毡坊	26	49	91	145	88%	54%
鞋铺	29	33	51	85	12.4%	66%
成衣铺	10	32	23	74	220%	221%
毛口袋坊	18	36	92	152	100%	65%
皮坊	33	72	149	338	118%	123%
染坊	45	92	72	201	102%	179%
木工作坊	40	69	131	216	72%	64%
铁匠铺	63	101	169	336	59%	99%
钉掌铺	12	14	37	42	16%	13%
铜匠铺	7	9	10	19	28%	90%
麻绳铺	3	14	9	63	366%	600%
粉坊	63	43	106	85	−46%	−24%
油坊	45	73	149	237	62%	48%
其他作坊	5	19	18	54	280%	200%
合计	399	656	1108	2047	64%	84%
说明	1.本表数目仅包括陇东分区、延川、固临、鄜县、吴堡、盐池、定边、靖边和延安14县市的调查材料。 2.另外1943年有磨坊38个，111人。 3.其他作坊中包括白铁、蒸笼及修车铺。					

（建设厅：《1943年工业统计表》，1944年4月1日）

2.1944 年三边、陇东、绥德三分区手工作坊

在边区的市镇和农村，还有许多小的手工作坊，它的人数多者四五人，少者一二人，不能列为工厂，但在边区工业不发达的农村环境，仍占很重要地位。下面是三边、陇东、绥德三分区的手工作坊统计：

分区 项目 作坊	三边分区		绥德分区		陇东分区	
	家数	人数	家数	人数	家数	人数
毡坊	54	161	7	30	10	50
口袋坊	49	190	4	16	14	28
皮坊	125	349	65	98	18	40
油坑	86	301	1	1	156	156
油篓匠	13	20				
铁匠	54	137	40	82		
木匠	50	88	38	59	11	21
银匠	4	16	53	88		
铜匠	12	23	17	47		60
裁缝	4	9	9	16	5	15
鞋匠	38	52			2	5
绳匠	16	27				
箩匠	1	3	157	208	6	10
染坑					32	71
粉坊			98	155		
磨坊			97	108		
马掌铺			12	29		
酒坊			1	7		
纸烟作坊					19	33
毛合子坊					8	28
共计	506	1426	599	964	320	517

共 1425 家，2857 人（此总计数与上具体数字不符——编者）

以上三个分区即有各种作坊 1425 家，工人 2857 人（缺延属及关中两分区统计）。上述数字并不包括织布织毛的小工厂（实系作坊性质）、纸坊（已见上述造纸厂）、炭工、盐工和在农村中流动的各种手工工人，泥水匠、石匠、理发工人等亦不在内。

这些作坊绝大多数是私人经营，各机关部队为了改善伙食或自给而经营的各种作坊数目也不少，但尚无统计。合作社经营的各种作坊，1944 年合作社会议时统计为 175 处（不计纺织和造纸）。

在盐池、定边一带，牧畜发达，所以毡坊、口袋坊、皮坊甚多。靖边一带则因多产麻子，油坊最多（86家三百余工人）。绥德分区染坊最多，其次为粉坊、磨坊等。这种作坊人数都很少，自有简单的生产工具，他们的工作有很大的季节性，或者是在露天工作，风雨天即不能进行，许多手工工人在农忙时即自己种地，在农闲时才工作，有少数作坊在忙季始雇用工人。同时这些作纺许多是自己出卖产品，故兼有商店性质。

（西北局调查研究室：《边区经济情况简述》，1948年2月19日）

（二）延安市手工业作坊

1.1938年至1941年延安市手工业发展状况

工业方面，因几年来之大加修建，及大量发展农业，如农具增加，工厂之建立，需用工人很多，如每天大小工人不下四五千人，工资由2元~4元。四年来工人发展情形如下表：（见下页）

2. 延安市小手工业的发展

抗日战争初期，延安市除去木匠有35家，铁匠有32家，泥水匠有28家，成衣匠12家，鞋匠12家外，其余如石匠、钟表匠、修理机器工人都很少，各不过两三家，总计不过160家，379人而已。

时间 种类	铁匠	钉匠	锡匠	钉秤	木匠	银匠	泥水工人	成衣工人	流动工人	店员	合计
1938	7家	2家	3家	1家	6家	2家	32人	7家	200人	35人	28家
1939	19家	3家	5家	1家	8家	2家	32人	9家	500人	75人	47家
1940	20家	4家	8家	1家	10家	2家	32人	11家	2600人	82人	56家
1941	23家	4家	8家	1家	12家	1家	32人	11家	3000人	110人	60家

（延安市长高述先：《延安市三年工作报告》，1942年）

……

1941年，延安市小手工业者共有198户。计：铁匠铺36户，洋铁铺7户，铜匠铺2户，洋车铺5户，染房8户，木匠铺25户，裁缝铺19户，皮匠铺 10 户，毡房 4 户，理发铺 4 户，瓦匠 4 户，鞋匠铺 9 户，照相铺 2 户，弹花铺 3 户，修表铺 2 户，木笼铺 3 户，绳匠铺 5 户，瓷器铺 4 户，银匠、油房、漆匠各 1 户，裱糊匠 3 户，泥水匠 28 户，石匠 8 户，毛织匠 4 户。

……

1942 年春，小手工业者已发展到 286 户。

（《延安市调查材料》，1942年春）

3.1943 年延安市各业作坊及工人统计

手工业作坊概况：本市近年来人口增多，商业发展很快，各种建筑兴起，随之各种手工业也发展了。现在共有作坊 112 户。我们为了使各种手工业大量发展，在负担上尽量减少，如今年的公盐未出，以及商业税的减少 50%，这都说明政府对于各业作坊是采取扶植的态度的。各业情况附表说明：

各业工人等级数目统计表

等级 数目 作坊	头等	二等	三等	四等	五等	各行户数	各行人数	各行学徒
铁匠	6	12	8	6	4	36	210	9
木匠	2	2	10	2	1	17	47	6
洋铁匠	2	4	4	4		14	41	18
成衣	1	4	5	3	1	14	21	9
理发	2	1		4		7	21	
鞋铺	1	2	2		1	6	35	19
修表			3	1	2	5	8	3
掌匠	2		1	1	4	14	4	
绳铺	2	1			3	12	4	
银匠			2		1	3	3	
毡房	1	1			2	8		
修理						1	5	
染房								
总计	15	30	36	20	11	112	425	72
备考								

（《延安市经建工作总结报告》，1943年7月25日）

（三）绥德分区的熬盐、造纸及丝线业

1. 子洲的熬盐业

（1）组织变工

子洲县117口盐井，799名盐工，今年都组织起变工小组来了。大家互相进行竞赛，要为熬小盐14567.8石，比去年增产小盐3362.8石而斗争。

劳动英雄郝富才领导民权井做模范，该组12个工人分散经营12个河滩（一个工人按照自己应分得的井水，种一块盐田，叫一个河滩），在过去各人只顾自己熬盐还捎带着种地，滩里山上两头跑，盐工上山时便得雇人照顾河滩，一天就要花两升多米的工资。今年实行了变工，每天轮流着抽一个人去种地，他的“河滩”由大家照管，这样免得上下跑路费工，而且盐土晒得早，盐也产得多。这一组里的工人，因为生活差不多，所以变工中不计工，对拐子王俊杰老汉也同样给以很好的帮助。过去天下雨时，各人只顾收自己盐土，有些人盐土晒成了，却赶不及收理，以致用高价雇人抢收，作一阵工夫就要花一升米；有时雇不来人便糟蹋了。变起工来一有下雨的时候，大家便集中力量抢收已晒成的盐土，然后再收没晒好的，保证盐土糟蹋不了。民权井抢收过三次，共抢收了九石盐的盐土，少损失盐三石多。同时变工以后，在做务上也更细法起来，其成绩表现在：① 多耙多翻，使盐土晒透，分解得更快。② 互相督促早起、早担、早撒、早晒盐。③ 谁淋里（过滤盐土的建筑）的盐土如未填平，都互相关照弄平。这样一来，增加了盐产量的15%左右。变工中还能互相研究技术，例如郝富才批评张有治淋没掏干净，并告诉他怎样掏，张很高兴。变工长出了劳动力，大家进行副业或贩盐，如张存治瞅空下乡担卖了两回盐（三斗多），比卖给贩子多赚八升米。总之，普遍组织变工，对子洲盐业的发展起了很大的作用。

（2）实行了四六分盐制

1940年警备区人民建立了自己的民主政府以后，实现了工人的要求，由“对半分盐”改为“四六分盐”（掌柜四份，工人六份）。幸福井工人王照财，经营掌柜栾宏如的一个河滩，1937年到1939年，每年都是熬盐20石，按对半分各得10石。可是1940年以后就不同了：1940年到1942年产量增为28石，工人每年分16.8石，比过去增加六石八斗，掌柜分11.2石，比

过去多分 1.2 石。1943、1944 年产量更大大提高。1940 年后（1944 年不计算在内）劳方收入较 1940 前比，共增加 27.8 石，资方共增加 5.2 石。很多掌柜占有六七个甚至十来个河滩，他们获得的利润更大了。

同是一样的井水，并且自然法则，碱度逐年减少，为什么产量反而增加呢？这是由于 1940 年以前，在反动统治下，工人遭受严重压迫和剥削，不能有高度的生产积极性。同时，由于工人在各自的掌柜挟制下（大多数井都是一井属数户所有），不可能共同计划生产。相反地，1940 年以后，由于民主政府实行了新民主主义政策，保证和提高了工人的高度生产积极性，生产运动，组织变工，更大大发挥了这种积极性。

……

由于民主政府实行发展盐业的税收政策，使盐价提高，更促进了工人的生产积极性，提高了产量。

现在，怎样更加扩大盐业生产（如组织打新井等），更加改进劳资关系，发起和组织工人合作社，广泛开展工人中文化政治教育，都是急待解决的问题。

（陈星：《子洲盐业生产》，《解放日报》，1944年8月4日）

2. 葭县峪口村 53 户设池造纸

葭县峪口村靠近黄河，因为耕地缺少，全村 130 户，就有 53 户造纸。近年来，由于政府的帮助，峪口的造纸业一年比一年发展。就拿 1940 年和 1943 年生产情况比较，即可明了：1940 年有池子 36 个，毛驴 15 头，造纸工人 90 人，每天出产四开纸 205 刀 20 张。1943 年，池子增加到 53 个（每户一个），毛驴 24 头，工人 1433 人，每天出产四开纸 302 刀 10 张。造纸的利润很高，全村 53 个池子，一个月当中，用麻绳 10600 斤（每池每天用 10 斤，每月按 20 天算），合 42400 元（每斤麻绳按 40 元算）：用石灰 1060 斤（每百斤麻下石灰 10 斤），合 25440 元（每斤按 24 元算）；用石炭 354，合 4245 元，牲口草料 84800 元（自己有驴 24 头，租驴 29 头，出驴租 75516 元）。全村造纸每月成本是 614000 元。53 个池子，每月产纸 6042 刀，合洋 1510500 元（每刀按 250 元计），除去成本，可净赚利 896500 元。

造纸的人家，男女老少都参加劳动。该村工会主任魏培章，今年 42 岁，自已捞纸，母亲铡麻绳，婆姨晒纸，八岁的女娃照顾碾子，12 岁的侄儿搅池子、洗浆，17 岁的侄女晒纸，全家七口，只有个两岁的娃娃不能参加生产。有位姓乔的老婆婆，62 岁了，每天给人家晒 700 张纸，赚八九十元工资，她女儿乔全每天给别人搅八个池子，赚 40 多元工资，所以生活过得很好。但峪口村造的纸，因帘子大小不齐，纸的分量和价格不一致，这是应该改进的。其次，为了解决原料困难，应提倡麻绳与麦秸混合造纸。

（《葭县峪口村53户设池造纸每月产纸获利90万元》，

《解放日报》，1943年6月10日）

3．绥德的丝线业

抗战前，绥德城内只有一家丝线铺，山西人创设，有工人四五个。丝线销路，除在本地零销外，大部分运往宁夏、凉州。那时人们穿绸绣花的较普遍，丝线生意尚称发达。现在绥德城内有四家丝线铺，规模都很小，每家约一两个人。

柳庆和（绥德小商人）丝线铺：1944 年 5 月开始，柳和三个河南工人合股，雇一学徒，共五人。到 1945 年 5 月，天旱不雨，丝线销路更小，河南工人因利润太低而退股，柳独自经营。因丝线业生意萧条，附带揽织袜子。

1944 年下半年造丝线二十多斤，只售出七八斤。1945 年造了七八斤，售出五六斤。

张家丝线铺：老张山西人，在绥德开丝线铺六七年，全家老小 11 口人，靠此度日。老张年老，造线主要靠两个儿子和老婆，夏季天长，三个人四五天可以造一斤丝线，春秋季五六天，冬天天冷不能制造。张老婆说："前几年生意还好，这二三年远非昔比；今年再干一年，若仍然不景气，明年我们的两个儿子就改行。"

丝线的原料是生丝和颜料。13 斤茧子泡制一斤生丝，工资白洋一元。一斤生丝制 12 两丝线，约三千架（每架七八条），需颜料一两。根据去年冬季的生丝、颜料、丝线价格计算，利润有一倍。一斤生丝边币八万元，一两颜料平均三万元（丝线中品红价贵，其他色较贱），共 11 万。每架丝线 70 元，3000 架合 21 万元。

（《蚕丝业调查》，1946年2月）

（四）三边分区的各种手工业

1. 三边分区手工业的发展及其特点

上面我们可以看到工厂是日新月异地发展着，手工作坊也同样在党中央的号召与地方政府积极扶助下，大大发展了。以定边市为例，在 1936 年只有作坊 31 处，工人 77 名，1943 年统计已成了 228 处，工人 360 名了。现将分区手工作坊统计如下。（表见下页）

三边工业特点：

（1）三边工业是从无到有，整个发展过程即是艰苦斗争与学习的过程。1940 年以前只是一些小作坊，而找不到一个哪怕是很小的工厂，这就是在人力、财力、经验的极度困难下，为了打破敌顽的包围，解决机关部队的困难，而不畏艰苦，进行摸索学习，发展起来的。开始没有资本，到群众中动员入股，争取延安难民工厂的援助；没有技术工人，到难民工厂或榆林去请；没有管理的经验，就在实际中摸索。总之是一个创造过程。

（2）三边工业绝大多数是公办公助，而开始都带有供给的性质，以赚钱为目的，很多干部对发展工业是盲目的，存在着“重商业轻工业”的观点，如去年大光毛厂将全部力量放在投机买卖上去，结果工厂赔了 1000 万以上，使 1944 年工厂继续开工受到困难。又如盐池元华工厂也算是一个典型，其资本九千多万，而放到工业部分的只 2600 万，其大部分也在搞营业，并且孙厂长也常在会议上发表说“工业总要赔钱”，足证他对工业的发展前途还在模糊着。

类别	家数	人数			平均日工产量			年需原料量	
		作坊人数	流动工人	合计	单位	合量	产量	工作日	需要量
铜匠	12	20	3	23	斤	16两	1	310	铜7130斤
铁匠	57	126	44	170	斤	"	2	210	铁71400斤
油坊	219	755		755	斗	30斤	4	120	油料36240石
白皮坑	116	266	72	338	张		1	150	二毛皮50700张
木匠	106	110	133	243				300	
鞋匠	73	72	37	109				300	
毡坊	54	119	88	207	斤	16两	3	250	秋毛155250斤
绳匠	16	27		27	"	"	2	300	麻16200斤
黑皮坊	16	36	4	40					
织毛合匠			33	33					
篓匠	3	5		5					
毛毛匠	55	184	29	213	斤	16两	4	180	153360斤黑毛
其他	66	138		138					
合计	793	1858	443	2301					

说明：1. 其他行包括小炉匠、石匠、泥水匠、剃头匠、银匠、裁缝、箩匠等，大部分流动或很少的数，故合并在其他项目。

2. 日工产量是根据最多、最少、中等产量估计平均出来的，而不是按其能产多少计算的，如白皮坊按现在工人生产力估计当在上面原料需要量一倍以上，据皮匠牛生科谈只定边市156个工人尽量做，每年需二毛皮10万张左右，其他行也是如此。

（3）三边工业大部分是皮坊、毛织业及油坊，因原料便利，完全利用了三边土产，皮毛业在工厂中即占61.53%强。在手工作坊中以家数计占30.39%强，按人数比例占36.12%强点，第二位的油坊，占手工业作坊中以家数计为27.7%，以人数计为32.81%。

（4）三边工人流动性很大。如很多手工工人，在农忙时或年关前后即脱离作坊（如油坊工人及串乡毡匠等都根据季候转移），回家或下乡种地，最标本的如定边市毛毛匠，今年春季有一百六七十个工人，到夏秋季只剩了五六十个（每年如此）。手工作坊如此，工厂工人也是这样。工厂雇工人，工人首先问是否准许随便离厂，如这个条件不允许，工人即不干。还有的工厂没有固定工人，都是短工。像大光工厂1943年前半年二十多个人，后半年又增至八十多名，一个多月以后又减至五六十名。元华工厂1942年年底

44名，1943年只剩了16名，三月以后又增至67名，工人流动性之大，也是三边工业中一个很大特点。

(5) 工人与农村又密切地联系着，绝大多数的工人是才离开农民的生活，还有很多仍然过着半工半农的生活，农忙时种地，农闲时做工。尤其乡里这样工人多。如老羊皮衣是三边农民过冬不可缺少的东西（差不多每个老百姓都有），但拿到作坊里熟做的就很少，绝大部分是自已做或请串乡工人做。其他如衣被胎、毛口袋、毛绳、毡子、皮用具等甚至清油也大部分是自己熬制或请流动工人，而不到作坊工厂去买。

(6) 由于四、五两个特点就决定了三边工人的落后性及散漫性。换句话说，也就证明了三边近代工业的发展还很幼稚，没有培养出大批纯粹的熟练工人。

(7) 三边工业大部分还受气候影响。如油坊，天热即大都停榨，一方面工人是南路来得多（因冬季农闲上来做工），第二年开春要回家种地。另一方面天热工人受不了，麻饼又易发酵，故停榨。其次白皮坊天冷无法洗皮子，冬季要停工。毛织业及毡坊在阴天下雨时，毛发潮，弹不开，也受相当限制。毛毛匠全靠在露天工作，刮风下雨就要停工，其他行业也受三边刮风影响不小。

（三边贸易分公司：《三边分区工业调查初步总结》，1944年11月2日）

2. 定边县手工业

(1) 1942年9月定边县手工业统计：（表见下页）

(2) 定边的民营皮坊

定边县民间皮坊，是三边分区重要的手工业之一。全县计有34家，其中六家为黑皮坊（专事制造牲口身上用具），工人共有166人，掌柜和工人，大部分都是山西人，一年可造皮衣一万多件。

工人们多年研究的结果，认为以下列的方法制皮最好。用皂角水洗皮，把四十多张羊皮一张一张地放在盛着皂角水的锅里，用脚去踩洗，又用铁铲子刮去皮面上的污垢，再用清水洗净。以水浸上四五天后，就可铲掉羊皮上的肉渣。再将羊皮放进缸里去熟。“熟”的方法有两种：一种是冷熟法，一种是火缸熟法。冷熟法熟成的皮，要比火缸熟的美丽，但时间长，一般的熟成皮，要20天或一月之久。热熟法成皮，10天便足够了。但热熟手续极多，且要常操心，水一稍温，应立即换缸，否则，皮一旦煮熟，就会全部损坏。它一天最低限度需换倒五次缸，比冷熟法多三次。两种熟皮法，都是用小米磨成粉，掺着牙硝置入缸内（小米的作用是使皮面光滑，牙硝保护羊毛不掉），一口缸约小米三升，牙硝两升（每升等于市升二升六合）。接着又要把它捞出晒干，用口喷水阴湿皮面，铲甘板（即修削皮面上不好看的地方），排选，案裁，缝，以及最后的修饰，揉、打面、洗花……

定边县手工业统计表

类别＼项目	处数	掌柜人数	伙计人数	学徒人数	合计人数	说明
铁匠	18	32	3	2	37	内有六处还附带钉掌，并且这些工人大部都是合作的。
木匠	13	19	7		26	多半是合作的，所以雇用伙计很少
毡匠	17	23	11	7	41	
口袋匠	22	30	9	20	59	
皮匠	26	31	5	1	37	这些工人多是缝黑白羔皮及老皮一衣，内有五处专做牛马皮
麻绳匠	7	11	1	2	14	内有两处附铜匠铺
铜匠	3	3	5	4	12	内有两所附做麻绳
小炉匠	3	4			4	这些工人专做钉破瓷器及眼镜等
裁缝匠	6	7	6	3	16	
理发匠	6	6	6	4	16	只有两处理发馆，其余都是流动工人
鞋匠	23	27	5	4	36	只有四处鞋匠铺，其余的均是在街市上摆摊子钉鞋的
银匠	3	4	1		5	
染匠	8	10	6		16	
共计	155	207	65	47	319	此表以定市统计数。

（《定边县一年来的政府工作报告》，1942年9月》）

据统计，现在二毛皮每张最多2000元，八张皮能缝成一件皮衣，加上缝工面布，最多费洋23000元，比粗布缝的棉衣都要便宜（棉衣一套需洋24000）。一套老羊皮衣要七张皮，1000元一张，连缝工在内，只要13000元。

……

这些作坊，是在小资本下经营的，故资金常常周转不灵，大部分顶多缝上十余件皮衣待售，到卖去后再缝制。另外，又因为没有很好地组织出售，有些时候，就不能很快卖掉。

皮坊熟练工人的工资，每天管吃500元，最高的800元（此地小米一市斗800元）。学徒三年出师，管吃穿，没有工资，只在阴历除夕日，由东家随意送给三两千元。第二年吃穿照给外，每年下来，东家给上万元。第三年熟皮收入连送的，全年可得五万。出师后按月赚工资，每月赚一万余元。因为学徒工资少，出师时间长，这就影响到他们的生产情绪。

（曾艾狄：《定边的民营皮坊》，《解放日报》，1944年6月17日）

(3) 定边市手工业的一般特点

① 和三边特产——皮毛、食盐及蒙汉回贸易（骡马会）密切联系着。

A. 毛毛匠、黑白皮坊、毡房共84家，占全部工业作坊的37%（共228家），这说明皮（毛）坊业在三边是最发展的。

B. 毛口袋（驴、骡、骆驼包子）、麻绳、铜锅（脚户路上做饭用）、缰绳、皮笼套、马掌、老羊皮衣、毛毡等，都或多或少地帮助了运盐业的发展，相反地，运盐业的兴衰，也都影响以上手工业的发展。

② 这几种手工业都具有相当大的流动性与季节性。

A. 因这几行的店主及学徒工人绝大多数为友区人，因之在年关前后或工闲时，即回家看望或下乡揽工，因此，组织在一定的范围内集体生产是比较困难的（故新塞工厂招工人，他们首先提出准许随便辞退的条件，否则愿下乡）。

B. 刮风、下雨、下雪都会使部分地停工，如毛毛匠及铁匠在露天工作，毡匠虽不在露天工作，但阴天下雨空气潮湿，毛弹不开而停工（但能擀毡），皮坊、麻绳匠也多多少少地会受到一些影响。

C. 油房夏天太热，油饼易发酵，只好停工。但农忙时却是铁匠的旺月。其他各行因农忙脚户少，反而成了空月。工作时间最长的要算铜匠，最短的要算油房了。

③ 这些作坊除油房按件计工资外（店内无学徒），其他大都以学徒生产为主，业主本人即是师傅，只在旺月雇几个工人（毡房最多）。这几行的工资要以铜、铁匠最高，次为毡房（表上 1000 元是按他给工厂工计，如业主雇工则只六七百元）、油篓行（表上填 1000 元，实际上无雇工者），最低者是麻绳匠，每天 250 元（年工资 10 万元）。关于生活上，一般说很好，能每天吃一次面，每月吃四五次肉（尤其是铜、铁匠，每天零活不上账，买酒吃肉），只是油房（大师傅吃得较好，其他二师傅、小工自己吃自己）、毛毛匠、麻绳匠差一些，每天早晨稠饭，中午捞饭（或荞面），晚上干饭，吃咸菜、洋芋，初一和十五吃肉两次，按现市价估计，每人每天伙食费约 250 元。

④ 各业每日消耗（成本种类）表：

业别	工资伙食		原料与营业开支		营业税		合计	
	金额	百分比	金额	百分比	金额	百分比	金额	百分比
铜匠	1400	38.66%	2159	59.37%	61	2%	3621	100%
铁匠	1400	20.78%	5301	78.68%	36	0.54%	6737	100%
油房	900	13.66%	5550	84.24%	138	2.1%	6588	100%
白皮坊	800	57.15%	567	40.5%	33	2.35%	1400	100%
黑皮坊	800	34.43%	1500	64.56%	23	1%	2323	100%
毡房	1250	47.65%	1350	51.46%	23	0.89%	2623	100%
毛毛匠	1750	38.27%	1200	61.31%	9	0.42%	1959	100%
油篓行	1300	23.02%	4300	76.11%	45	0.87%	5645	100%
麻绳匠	500	21.92%	1688	77.86%	10	0.22%	2168	100%

总观上表，每日成本，伙食占成本的比例是：二分之一以上的是白皮坊，二分之一不到的是毡房（按雇工计，实际多靠学徒），三分之一以上的是毛毛匠、黑皮坊与铜匠，四分之一以下的是油篓行，五分之一的是铁匠与麻绳匠，十分之一以上的是油房。

原料与营业开支占百分比最大的是油房，占 84.24%；次为铁匠，占

76.8%；最少为白皮坊，占 40.5%（因原料是人家的，他只赚工资）。

营业税在成本中的比例（是按各行税率高的计算，实际低得多）：占 2% 的——油房、铜匠、白皮坊；占 1% 上下的——黑皮坊、篓行、毡房；占 5‰ 上下的——铁匠、毛毛匠；占 2‰上下的——只有麻绳匠。

利润方面比较：150% 以上——油篓坊、黑皮坊；100% 以上——铜匠、油房、白皮坊；90% 以上——毡房、麻绳匠；70% 以上——铁匠、毛毛匠。

⑤ 工具原料的来源：

A. 工具：

a. 油篓行、麻绳匠工具都是当地造。

b. 毛毛匠用的刀，铜匠用的风箱、钻子、坩泥锅是神木来。

c. 铁匠用的风箱、砧子河南来。

d. 毡匠用的弓、竹帘子是邠阳来。

e. 黑皮坊、油房用的锅都是山西来。

B. 原料：除铜由神木、铁由山西、榆林各来一部分外。大都为边区各地运来（陇东的铜很多，铁榆林来得多）。

⑥ 外产品消费量：

这些作坊，除黑白皮坊比较省衣服外，其他各行都很费。原则上规定每个学徒一年单衣两套，棉衣一套，但不像公家一样按期发给，而是看是否拆洗过一次还能不能继续穿，一般的是在不能护身时才补做新的。因此，常见到毛毛匠、麻绳匠等学徒露着屁股。因之，平均每人一年两匹四八布即可以了。定市手工业 228 家，共 736 人，消耗量如下表：（见下页）

⑦ 定市手工业大都为工人兼业主，自己有生产工具靠剥削学徒而兼售的手生产者，商人意识（特别是油房、皮坊多为商人兼营）、散漫性、私有性、保守性（如篓行最少，供不应求，但他们不愿收徒弟以享独行生意），这都是他们的共同特点，对三边手工业更进一步的发展，是有着很大妨碍的。

货名	单位	每年每人消耗量	每家每月耗费	全年耗费量	说明
四八布	匹	2		1472	
水烟	封	3		2208	
火柴	匣		2包	548包	每包10匣

（《定边市手工业调查材料》，1944年4月21日）

3. 靖边县手工业作坊

（1）靖边手工作坊统计：（表见下页）

靖边手工作坊生产，向来只有榨油业比较发达，还有一些成品输出。除此，其他各个小手工生产，可说都是供不应求。

（2）张家畔个体小生产状况：自己生产，产品以供给农户为主。全市铁匠 5 家，工人 13；毛毛匠 3 家，工人 11；皮坊兼麻绳 1 家，工人 3；毡坊 1 家，工人 5，合计 10 家 32 人。详见下表：（表见 616 页）

（3）乡村流动工人，大部兼农业，以替乡村农户做活为主，少有自己出资生产成品出售者。详下表：（见 617 下页）

4. 盐池县手工业作坊

（1）盐池手工作坊统计（表见 617 页）

（2）盐池县手工业作坊一般的特点：

靖边手工作坊统计表

区分 数目 行别	城市区		乡下		合计	
	家数	人数	家数	人数	家数	人数
铁匠	5	13		28		41
毛毛匠	3	11		6		17
毡房	1	5		29		34
皮房兼麻绳	1	3			1	3
油房	15	75	34	110	49	185
织布				8		8
织合子				33		33
木匠				59		59
银匠				1		1

续表

工厂	4	62			4	62
合计						443
备注	1.乡下铁匠28人,内有锅炉匠6人 2.油房现开榨只37处,公家28处,已停10年者11处,停七年者一处。					

① 盐池虽然是皮毛产地，但不是销售市场（三边以定边为中心），所做成品不易推销，所以皮毛作坊仍不如定边发达，资本也小。

② 皮毛业与定边比虽较差，但在盐池县说来终究还是占居首位，皮坊共 81 家，工人 146 名，毡坊虽只 21 家，但工人数目就有 62 名，这虽说不算最多，但各家每年都自已做，这样看来，仍较之其他业为发达。

③ 木料缺乏。但该行有利，故木匠行业较发达。

④ 总的说来资本都小，没有大作坊，如铁匠都没有一家能买

张家畔个体手工业生产统计表

类别		铁匠行	毛毛匠	毡房	皮匠兼麻绳	合计
家数		5	3	1	1	10
业主籍贯		山西1河南4	镇川堡2本地1	石湾	宁条梁	
工人	人数	13	11	5	3	32
	来源	山西河南				
产品	名称	各种农具铁制家具马掌等	口袋包子捎连	制绒毛毡	皮条、马装具、皮麻绳	
	单位		条			
	每日每工产量		口袋一条多	3×5绒毡一条		
	期月产量			25条		
	期年产量		口条一千多			
	销路	就地	就地			
原料	年需总量	铁约6000斤炭46000斤	黑毛4000斤			
	来源	本街各店买	本地收买	同左(零买)	同左	
说明	铁匠行:原料铁从绥米瓦市由脚夫运来,匠人皆早来的,成品无法计算。 毡房:今年到现在四个月已做绒毡百多条,每天一条,能出12斤绒,不过成品出手不快,绒毡60多条,原料也供不上,现在已出乡揽工。					

靖边县乡村流动工人统计表

类别	铁匠	毛毛匠	毡匠	织布	织合子	木匠	银匠	合计
人数备注	28内有锅炉匠6	6	29	8	33	59	1	164

（1944年10月摘县府二科统计减张家畔工人而成）

（三边贸易分公司：《靖边县手工业作坊调查》，1944年10月16日）

区分 / 数目 / 行别	城市区		乡下		合计	
	家数	人数	家数	人数	家数	人数
毡匠	6	43	15	19	21	62
口袋匠	1	4	6	6	7	10
木匠	9	36	33	35	42	71
铁匠	9	21	10	16	19	37
铜匠	2	3	3	3	5	6
银匠	2	14	2	2	4	16
裁缝	2	7	2	2	4	9
鞋匠	8	20	30	32	38	52
箩匠	1	3			1	3
绳匠			8	10	8	10
泥匠	1	5	12	13	13	18
剃头匠	3	5	1	1	4	6
石匠	3	8	8	9	11	17
皮匠	14	74	67	72	81	146
工厂	1	48			1	48
说明	1.乡里的手工作坊大部分是兼营,仍以农为主。 2.木匠一人能做织布机,铁匠一人能修枪。得起100斤铁者,最多是几十斤的资本,其他如皮坊、毡坊等都是给国家或私人做,真正自己买原料做的少得很。					

(3) 主要作坊产品及原料

① 皮坊：

全县共 81 家，工人 146 名。因缺少全县材料，仅将城内 10 家，工人 74

名，在今年所产皮衣及用皮数量列表统计如下：

分类＼项目	大袍	短衣	大敞	皮领	共用皮数目
老羊皮衣		73	37		339
白二皮衣	524		126		6701
黑二皮衣	5			48	84
白胎皮衣		83			858
狐皮衣		3		10	25

上表所列皮子数目，只是全县二分之一的工人所熟者，如根据这个比例来推算，盐池共需之原料当再增一倍的样子。尤其老羊皮之数目更会远远超过现数，因为皮坊一般的是在古历 3 月开始至 8 月终止，老羊皮则在秋冬季才出（秋季开始杀老羊），这个数目是在古历 7 月中旬统计的，其他皮子做完了，但老羊皮正是开始熟，故三百余张较实际产量相差更大。据往年的材料估计，盐池可出三四千张，做大衣七八百件之多。

② 毡坊：

全县共 21 家（元华工厂除外），工人 62 名。现仅就城内五家，工人 37 名，一年之产品数目统计如下：

类别	单位	毛别	年产成品量	单位需量（斤）	全年共需量（斤）	来源
四六毡	块	秋毛	1920	8	15.360	蒙地来一部分
小计	斤	"			15.360	
衣胎	套	春毛	1200	7	8400	当地
小计	斤	"			8400	
二五绒毡	块	羊绒	2000	3	6000	当地
绒片	"	"	1200	7	8400	当地
小计	斤	"			14400	

……

③ 木匠

全县共 42 家，有工人 71 名。据城内五家之统计，共有工人 8 名，全年共做棺材100副，耧（下种用）71副，犁15张，纺车390辆，织布机15架，镰把350把。如将全县成品统计在内，最少当在五六倍以上。

④ 铁匠

全县共19家，工人37名。只调查城内7家，工人14名（内女工一人），今年前半年共出成品如下表：（见下页）

（五）庆阳市的毡坊

庆阳市手工业近三年来发展甚速，其中尤以制毡成绩最好。

类别	单位	每件需铁（斤）	半年产品数	半年需原料	来源
锄头	把	1.5	1000	1500	原料主要定市来
犁	张	12	30	360	
镰刀	把	0.5	1000	500	
菜刀	把	1斤	690	690	定市来原料
马掌	付	10两	250	156	
合计				3206斤	

（三边贸易分公司：《盐池县手工业作坊调查》，1944年10月16日》）

1941年以前，全市毡房只有一家，1941年又成立一家，1942年新成立四家，1943年新成立两家，今年内又成立两家，迄今公私毡房达10家，出产成品如完全以黑毡计，则每天可产五十余条，成为庆市手工业中一宗最大的收入。在这10家毡房中，私人独立经营的有七家，公私合作开设的一家，民办合作社一家，公营资本开设的一家，每家工人学徒各在两人左右。由于陇东各县畜牧业较为发展，羊毛出产为数可观，这自然是制毡业发展的有利条件；加之此间党政对于发展工业的积极帮助与鼓励，如银行的工业贷款，在补助各个作坊的资金流转中，起了极大作用。最近，各个作坊产品已有改进，最初出品多为黑毡，今则白毡、花毡、毡鞋、毡帽等花样繁多，而成本也逐渐减少，如能继续改进，陇东制毡工业极有发展前途。

（《庆阳毡房增至10家产品改进种类增多》，《解放日报》，1944年5月31日）

关于私人毡坊之状况：

兴盛德：股东王全贵，资本1000元，毡坊工人9名，全会造毡与暖鞋，工资最高400元，最低100元。原料都由环县买来，最近又买到白毛200斤，羊绒40斤，每日两人做毡5条，毡分3种：四六毡用绒7斤，三五毡用绒5斤，二五毡用绒3斤。成品多运至西峰、长武出售。

景一成：是毡坊及造暖鞋之工厂，股东为张寿、李进财，资本1000元，共6股。因无原料，只做毡成品。最近将绒毡60条，运西峰出售。厂方人谈，资本小，工资大，生活费过高，难以维持，预备要缩小范围。

（《陇东分行工作报告》，1941年9月10日）

（六）边区政府系统开办的手工作坊

1.1942年边区政府12个单位的手工业作坊

（1）有手工业的机关12个，有类似工厂工业的场所28个。

（2）工业种类及工作概况见下表：（622~624页）

各机关纺毛线的工作，因毛缺，大多数停止了，如西北局，边区政府，边校，总工会，都是工作人员纺线，边府从前每月可捻毛线600斤，赚洋一千余元。

（3）这些工厂，都是半工半商性质，工作时间一般的九小时，抗属工业社只六小时，法院犯人做工10小时，纺纱线法院的最好。

各种手工业的盈利，据八个月的统计约有28102.60元。

表一：边府工业生产调查统计表

工厂种类	数	机关	地点	工作人数	资本	原料	产量	销售	说明
成衣工厂	一	边财经处	延市	工作人员六名，工人八名小孩妇女学徒28共42人	35000	财经处供给	月出1500套棉衣	不卖	供给性质有机子七架
缝衣工厂	一	法院	延市	工人2名	200	月出48套	营业	有机子三架	
粉房	一	法院	延市	7名	400	本市安塞	每日一斗	成本高销不快	
铁炉	一	法院	延市	3名	200	延市	每月获利百多元	当地销售	
修械所	一	法院	延市	1名	300	不一定	营业	为机关修理	
鞋工厂	一	工业社	罗家坪	10名	3000	本市	不一定	不快	有工合资本1000元
制毡厂	二	边财经处总工会	豆腐川小砭磨	19人	10000	土产羊毛	每人每天出毡一条	供给营业	尚未出成品
石灰厂	一	公安局	桥儿沟	2人	400	当地	每窑出700斤	不快	已赔洋2000元
磨坊	四	边府财经处青救总工会	各在其机关附近	16人	2700			都不销售	只有工会的赚了300元
石灰窑	二	保安处农校	马家川白家坪	4人	5001700			不见利离延安远	都骑虎难下了，未赚利，已赔本
柴厂	二	保安处农校	二十里铺	2人（不固定）	155			销售不便	
木工厂	三	边府法院保安处	延市	都有熟练工人但不一定	1725		出木板木料	不定，看犯人情形，供自用本市出售	赚利两百多元
纺纱厂	四	保安处工业社法院边师	延市	61人	13000				
纺毛线	二	西北局政府		159人	7052				
纺线	二	边府工会		工作人员纺毛线	1800		边府600斤		

表二：工业概况调查表

（只此 10 个机关其他不详）6 月 28 日

机关名称	工厂种类	厂数	资金		工具	人员		余利	说明
			本机关投资	其他投资		雇人	工作人员	每月	
保安处	纺织厂	1	800			11	3		已织布六匹
	木工厂	1	1300			临时雇	3	120	
	柴坊	1	185			5	不定	116	
	炭厂	1	340			1	1		
青救会	磨坊	1					4	300	
公安局	石炭厂	1	400	2分股		6	每股一人		
	石灰厂	1	500			3	1		
	木炭厂	1	24						
边区党校	纺毛线						学生	80	
边师	纺纱厂	1	1000			4	1	80	
	纺毛					7	4	190	
总工会	磨坊纺毛	2	1700	2200			12	635	
抗工社	纺纱厂	1					8	150	
	鞋工厂	1		2000					
农校	炭厂	1	1751.38						已赔本
西北局	捻毛线								
边区政府	纺毛	1	1800				700	600	尚有存毛可值2000元
	种菜园	1	3000						
	木工厂	1							
	缝衣工厂	1	2000						已结束
合计		18	28000.38	4200		39		2411	

（4）参加工业生产人员的伙食津贴，实际上大都由公家负担的，工厂完全没有单独的会计制度。

（《生产自给报告——补充报告》，1942年9月）

2.1943 年边区政府机关作坊大发展

自己开作坊供给机关日常食用物品，可以节省开支，且食用便利。去年政府系统便已开设作坊二十余处，投资一百余万元；党民系统也有几个作坊，资本不多。今年各系统作坊更大发展，增加情况如下：

	作坊数	投资数	备注
政府系统	41	3490000	政府系统系春季总结数字，党民系统截至7月底数字。
党民系统	11	1120000	
延属系统	2	200000	
共计	54	4810000	

这些作坊在完成机关供给任务方面有很大成绩，各机关食用的面、肉类、豆腐可以完全不向市场上买，作价也大都低于市价，一部分石炭、木器、粉条等也可不向外买。有的作坊除完成供给任务外，还能在营业上获得厚利。如西北局磨坊自去年8月到今年7月获得净利麦子73石（完全折实计算），等于资本数的80%以上。但还有一些作坊是完成供给任务而营业上赔钱的，经营方式和劳动力的组织上有些缺点，需要改进。

（《边区机关生产问题初步研究（草稿）》，1943年10月8日）

3.1944年6月边区政府直属单位工厂、作坊情况

边府直属各机关学校共有13个单位，除抚恤委员会及干部休养所外，其他各机关都经营有作坊和工厂。总计11单位所经营的工业包括磨坊、豆腐、屠宰、制粉、煤矿、造纸、铁炉、木作、石作、挂面、烟草、玻璃、皮革、染布、钉掌、榨油、锯木等17种行业，共44家工厂作坊，资本达3747万余元，人员达197名。其中以磨坊、豆腐坊、杀坊等为主。各作坊的任务以供给本单位需要者最多，也有专门营业的，也有一种为主而兼另一种者。作坊的经营，大多数机关都能贯彻公私兼顾的合作方针。

综合各单位报告，我们的工厂作坊中，存在的主要问题是供销问题，物资影响问题，资金问题，劳动力与技术的缺乏问题等。如保安处报告："豆腐坊的豆子在延安买不到，要到蟠龙去买。"粮食局报告："粉坊在甘谷驿每月出粉1050斤，除按月供给本局干粉25斤外，其余向外零售，现因滞销，周转困难，营业几陷于停顿。"又"磨坊每月出白面16500斤，麸子21石，

原规定每月供给本局运输队麸子 12 石不付现价，现因销路阻滞，每月出面 12500 斤，麸子 15 石，盈利微薄”。延大报告：“豆腐坊有时拉豆子（意即在远处买豆子）要误工，每月只能生产 24 天。”“……作坊资本少，妨碍发展，……杀坊，豆腐坊缺乏技术人才。”保育院报告：“纸厂感觉成本高，市价低，发生困难，玻璃厂资本太小限制发展，销路没有问题。”荣院报告：“磨坊主要是原料困难，另一方面没有资本，因之生产常常停止。”法院称：“纸厂今年 4 月以来因纸价低，同时又无人买，又不在延，销售不畅，致纸厂经济非常困难。”卫生处报告：“杀坊每天杀两个猪，本处大灶病灶每月能销九百多斤，加上私人吃一些，共销一千多斤，剩余的市场零售。但市场肉多销售不了（平均每天还销不了一头猪），在结账时不能完成任务，因而停业了。豆腐坊就是买不到豆子，今天买一斗二斗，明天买一斗二斗，如果买不到就停工。”学疗报告：“杀坊因 4 月份猪生病，猪肉跌价，同时猪肉不能销售，而影响收获，现专门在安塞、志丹一带贩猪。”办公厅报告：“烟草工人买原料困难，粉坊生产的粉条及粉面销不出去，煤厂出炭销路困难，资金少，离延较远（林坪）来往得两天。”

各单位报告中也反映出，许多同业的作坊，有赔钱的，也有赚钱的，其原因无外乎彼此条件不同。如银行光华磨坊的面，不仅销售得了，而且还供不应求；而粮局的磨坊，则感到面的销路困难。原因是银行与各商户饭铺差不多都有往来，供给他们用的面，而粮局则没有这样的条件。又如办公厅杀坊是赚钱的，并不感觉困难，而卫生处的杀坊不仅困难，而且因赔钱而停业了。因为办公厅杀坊与群众有关系，自己饲养猪，也“倒”生意。

附：边府直属各单位现有工厂、作坊统计表。

表一：边府 11 个单位现有工厂作坊统计表　1944.6.23

类别	数目	资本	人员	备考
磨坊业	9	3850000元	28人	经营机关计有保安处、法院、银行、粮局、延大、学疗、保育院等
豆腐业	7	1383000	14	保安处、法院、卫生处、学疗、延大、保育院等机关经营
屠宰业	4	4800.000	10	办公厅、卫生处、延大
制粉业	4	3550000	18	办公厅、法院、粮局、保育院
煤矿业	3	4300000	28	办公厅、保安处
造纸业	3	4546625	31	保育院、法院、财厅四科
铁炉业	2	110000	5	法院、保安处
木作业	2	80000	7	法院、保安处
石作业	1	100000	1	法院
挂面业	2	1040000	14	荣校、银行
烟草业	1	5000000	10	办公厅
玻璃业	1	120000	1	保育院
皮革业	1	5000000	10	粮局
染布业	1	600000	3	办公厅
铁掌业	1	1000000	6	粮局
榨油业	1	2000000	不详	保安处
锯木场	1	/	11	法院
合计	44	37479625	197	边府共有13单位，缺抚委会及休养所。

附注：上表人数及资金统计尚不十分完全。各业另有细表附后：

表二：各单位现有磨坊碾坊统计表　1944.6.23

名称	地址	资本	人员	任务	经营方式	磨	牲口	出品	产量（每日）		备考
									磨麦	出面	
保安处磨坊	南关	/	3	供给	公家直接经营	2	4	麦粉麦麸	1.2石	270斤	
法院磨坊	白家坪本院	/	1	供给	同上	1	1	同上	不详	不详	5月份才设立
银行磨坊	新市场	300000	4	营业	同上雇佣劳动	2	4	同上	1.6石	384斤	1—5月共磨麦153.73石，磨面36895.2斤，麸44.59石 盈利546613元
粮局磨坊	新市场后沟	2000000	6	营业	公家钱股私人身股合股经营	2	4	同上		500	每月供给该局麸子12石
延大第一磨坊	桥儿沟	500000	3	供给	（不详）	1	1	同上		264	
延大第二坊磨	新窑湾	350000	3	供给	/	1	1	同上		220	
学疗坊磨	杨家湾	/	4	供给	/	2	1	同上	0.7石		与豆腐坊在一块
保育院磨坊	本院	200000	3	供给	/	1	3	同上		280	
保安处碾坊	南关		1	供给	公家单独经营	碾1	1	同上	碾米	3石	
合计		3850000	28			磨12 碾1	20				
其他											

表三：各单位现有豆腐作坊统计表　1944.6.23

名称	地址	资本	人员	任务	经营方式	磨	牲口	每日产量		备考
								磨豆	出豆腐	
保安处豆腐坊	南关		3	供给	公家独立经营	2	1	2.5斗	120斤	豆在蟠龙买
法院豆腐坊	白家坪		1	供给	公家经营	1		1斗	40斤	毛产豆腐干114斤豆腐859斤，纯利5616元
卫生处豆腐坊	白家坪	183000元	1	半供给半经营	与生产人员合作二（私）（八公）分红	1	1	1.5斗	60斤	自己用一半市场卖一半
保育院豆腐坊	保育院	200000元	2	供给		1		没有一定		
学疗豆腐坊	杨家湾		1	供给		1				
延大第一豆腐坊	桥儿沟	500000元	4	供给		1	1		150斤	每月可生产24天
延大第二豆腐坊	新窑湾	500000元	3	供给		1	1		150斤	
其他										
合计		1383000	14			8	4			

表四：各单位现有杀坊统计　1944.6.23

名称	地址	资本	人员	任务	经营方式	每月杀肉	备考
办公厅杀坊	南关	2000000元	5	供给兼营业	合伙	2000斤	经常也“朋伙”老百姓自己饲养猪也“倒”生意
卫生处杀坊	白家坪	800000元	3	供给为主	不详	1000斤	本处销售不了时在市场出售
延大第一杀坊	新窑湾	1000000元	1	供给		1200斤	
延大第二杀坊	桥儿沟	1000000元	1	供给		1200斤	
合计4		4800000元	10				

表五：各单位现有粉坊统计　1944.6.23

名称	地址	资本	人员	任务	经营方式	磨	牲口	出售数量	备考
办公厅粉坊	南关	1200000元	3	半供给半营业	公家地点资金工具老百姓技术劳力	1	1	100斤／月	
法院新兴粉坊	安塞店坊滩	600000元	7	供给兼营业	利公家二分私人一分与群众合伙	1	1	300斤	延市可推销三分之一喂猪20个
粮食局同益号	甘谷驿	1450000元	5	营业	公家钱股私人身股合伙经营	1	1	1050斤	除按月给本局干粉25斤，其余在市场推销
保育院粉坊	安塞延河湾	300000元	3	营业	与群众合作	1	1	160斤	1—4月共制2992斤，纯利218531元
合计4		3550000元	18			4	4		

表六：现有石炭厂统计表　1944.6.23

厂名	地址	资本	工人	每人每日挖煤	每月产量	出炭分红办法
办公厅第一炭厂	林坪	800000元	13	300斤	90000斤	二(公)八(私)分
办公厅第二炭厂	林坪	1000000元	1	1	1	四(私)六(公)分
保安处炭厂	朱家沟	2500000元	15	300	150000斤	不详
合计3		4300000元	28			

表七：现有纸厂统计表　1944.6.23

厂名	地址	所属机关	资本	池子	人员	出品	每月产量	备考
新兴纸厂	瓦窑堡	法院	3000000	2	15	麻纸马兰纸	274刀	资本有子长县投资500000元在内，该厂今年计划产纸1700刀
保育院纸厂	旧城	保育院	760625	3	10	麻纸	180刀	
民合纸厂	旧城	财厅四科	780000	1	6	麻纸	90刀	公私合股私资有300000元
合计3			4546625	6	31			

表八：现有铁炉统计　1944.6.23

炉名	地址	资本	人员	工具	任务	备考
法院新兴铁炉	南关	20000	3	一副	为自己修理农具	及供给建筑用品附带营业
保安处铁炉	南关	90000	2	一副	自修自用	
合计2		110000	5	二副		

表九：现有挂面坊统计表　1944.6.23

名称	地址	资本	人员	每月挂面	备考
荣校荣誉作坊	甘泉下寺湾	1000000	12	不详	与磨坊在一起并有水磨一座
银行光华挂面坊	新市场	40000	2	40斤	原料是磨坊赚来的面，1—4月挂面3362斤，销货1000871元，毛利367130元，纯利217130元
合计2		1040000	14		

表十：现有木铺统计表　1944.6.23

名称	地址	资本	人员	出品	任务	备考
法院丰足林木铺	南关	30000	4	日用木器	营业	难赚钱
保安处木铺	南关	50000	3	日用木器	自修自用	
合计		80000	7			

表十一：现有其他工厂作坊统计表　1944.6.23

数别	地址	所属机关	资本	人员	出品	产量	供给或出售	备考
榨油坊	东四十里铺	保安处	2000000	不详	青油、豆粉	每月20斤油20斤粉	自吃	
玻璃厂	旧城	保育院	120000	1	灯罩	每月50打	出售	资本小限制发展
生记烟草工厂	南关	办公厅	5000000	10	水烟	每月2000斤	出售	合股
公益掌铺	新市场口	粮局	1000000	6	铁马掌	每月450对钉掌800对	每月按市价八折，给本局打500个余营业	
万和成染坊	南关	办公厅	600000	3	染布	每月染1100丈	每月可赚2200元	
石匠铺	南关	法院	100000	1	石磨	不详	出售，已赚160000元	
锯木场	红夺	法院	/	11	木板	三个连锯每日3.6丈	出售	四个月已锯270丈
同益号皮坊	新市场口	粮局	5000000	10	牲口用皮革麻绳等用品	麻绳200斤皮绳100斤	每月供给粮局500000元的货	
合计			13820000	42				

（边区财政厅：《边府直属各单位作坊、运输业、商业概况》，1944年6月24日）

第四章

私人资本主义工业

第一节　发展私人资本主义工业的政策规定

一、发展资本主义工业是新民主主义革命性质决定的

关于经济政策。应该积极发展工业农业和商品的流通。应该吸引愿来的外地资本家到我抗日根据地开办实业。应该奖励民营企业，而把政府经营的国营企业只当作整个企业的一部分。凡此都是为了达到自给自足的目的。应该避免对任何有益企业的破坏。关税政策和货币政策，应该和发展农工商业的基本方针相适应，而不是相违背。认真地精细地而不是粗枝大叶地去组织各根据地上的经济，达到自给自足的目的，是长期支持根据地的基本环节。

（毛泽东：《论政策》，1940年12月25日，《毛泽东选集》合订本1964年版，第765页）

国营经济和合作社经济是应该发展的，但在目前的农村根据地内，主要的经济成分，还不是国营的，而是私营的，而是让自由资本主义经济得着发展的机会，用以反对日本帝国主义和半封建制度。这是目前中国的最革命的政策，反对和阻碍这个政策的施行，无疑义的是错误的。严肃地坚决地保持共产党员的共产主义的纯洁性，和保护社会经济中的有益的资本主义成分，并使其有一个适当的发展，是我们在抗日和建设民主共和国的时期不可缺一的任务。

（毛泽东：《〈农村调查〉的序言和跋》，1941年4月19日，《毛泽东选集》合订本1964年版，第793页）

在公私关系上，就是“公私兼顾”，或叫“军民兼顾”。我们认为只有这样的口号，才是正确的口号。只有实事求是地发展公营和民营的经济，才能保障财政的供给。

（毛泽东：《抗日时期的经济问题与财政问题》，1942年12月，《毛泽东选集》合订本1964年版，第896页）

有些人怀疑中国共产党人不赞成发展个性，不赞成发展私人资本主义，不赞成保护私有财产，其实是不对的。……我们主张的新民主主义制度和任务，则正是解除这些束缚和停止这种破坏，保证广大人民能够自由发展其在共同生活中的个性，能够自由发展那些不是‘操纵国民生计’而是有益于国民生计的私人资本主义经济，保障一切正当的私有财产。

（毛泽东《论联合政府》，1945年4月24日，《毛泽东选集》合订本1964年版，第1058~1059页）

在新民主主义社会中发展工业，我们同时采用私营与公营这两个办法。我们应该帮助私人多办一些厂，因为生产出来的东西多了，对于我们的经济是有好处的；但有些事情私人不办，或办不了的，便只好公家来办，即国家办。

（刘少奇：《在工厂代表大会上的讲话》，1944年5月20日）

现在我们边区的经济有三种主要形式：一是集体经营的公营经济；二是建立在私有制基础上的集体活动的民营经济；三是私人资本主义经济。合起来就是新民主主义经济。它并不消灭地主阶级，而只限制地主阶级的剥削，它允许资本主义经济发展。

（《整财问题报告大纲（二）》，1943年）

中国的革命性质，规定了中国的资本主义是要发展的。这是马克思主义的社会发展的规律。企图否认中国应该让资本主义有一个广大的发展，跳过这个阶段，一直发展到社会主义，“毕其功于一役”，或者不敢正面提出要发展资本主义的问题，这些论调，看来似乎很“革命”，而实际上却是非常错误的。中国共产党人，不但不怕资本主义，而且提倡它的发展，因为“拿发展资本主义去代替外国帝国主义与本国封建主义的压迫，不但是一个进步，而且是一个不可避免的过程，它不但有利于资产阶级，同时也有利于无产阶级。现在中国是多了一个外国的帝国主义与一个本国的封建主义，而不是多了一个本国的资本主义，相反地，我们的资本主义是太少了”。（毛泽东）因此，毛泽东同志提出下列许多关于发展资本主义的要求，作为当前中国人民所要争取其实现的具体纲领的组成部分。这些要求是：“要求取缔官僚资本；要求废止现行的经济统制政策；要求制止无限制的通货膨胀与无限制的物价高涨；要求扶助民间工业，给予民间工业以借贷资本、购买原料与推销产品的便利；要求改善工人生活，救济失业工人，并使工人组织起来，以利于发展工业生产。”这五条要求，以及没收日本帝国主义和汉奸的企业与财产，农村改革的要求，与其他政治、经济、军事、文化方面的要求，都是有利于中国资本主义的发展的。

……

在新民主主义政治之下，并作为新民主主义政治之基础的新民主主义经济，不只包括这种有利于国民生计的私人资本主义，而且还包括其他组成部分。毛泽东同志在《论联合政府》中，指出这种经济的组成部分说“按照孙先生的原则和中国革命的经验，在现阶段上，中国的经济，必须是由国家经营、私人经营和合作社经营三者组成的。而这个国家经营的所谓国家，一定要不是‘少数人所得而私’的国家，一定要是在无产阶级领导下而‘为一般平民所共有’的新民主主义的国家”。在另一处，毛泽东同志又说：“我们共产党人根据自己对马克思主义的社会发展规律的认识，明确地知道，在中国的条件下，在新民主主义的国家统治下，除了国家自己的经济与劳动人民的个体经济及合作社经济之外，一定要让私人资本主义经济获得广大发展的便利，才能有益于国家与人民，有益于社会的向前发展。”这就是说，新民主主义的经济，除了有利国民生计的私人资本主义经济作为其一个组成部分外，还有两个组成部分，即是国家经营的经济，和劳动人民的个体经济与合作社经济。新民主主义经济，有这三个组成部分，就比旧式的资本主义经济要高明得多。首先，重要产业的生产不是无政府的，也不会因绌于资本而无力举办，这样，经济上就会有高速度的发展，使中国很快跻于富强国之列。再则，劳动人民不会因为只有两只空手而实际上成为工钱奴隶，他们的利益得到合理的保障，他们有自己的个体经济与合作社经济，他们有自己的私有财产，于是他们就也有了个性，他们与资本主义社会里没有私有财产因而也没有个性的劳动人民大不相同，劳资关系的调节也可以做得更为顺利，更为公正。最后，具有这样的经济组成部分的新民主主义社会，经过长期的充分的发展之后，在人民的需要与愿意之下，将来可以和平地转变到社会主义社会，这对于全中国人民是极其有利的。

中国共产党人，对于发展私人资本主义的主张，综合起来就是：我们是主张发展私人资本主义的，这种发展，应在“不操纵国民生计”的条件之下，并且在发展私人资本主义的同时，也要发展国营经济和合作社经济。在这样的基础上，广大发展资本主义，是只有好处没有坏处的，是对于各阶层人民都有利的。中国的私人资本主义要想求得发展，除了这条道路以外再也没有其他道路。

但是，要走上这条道路，必须有一个民主的联合政府，还必须解决农民土地问题，实行“耕者有其田”。这乃是中国工业化的最主要的先决条件，也是发展私人资本主义的先决条件。

（《解放日报》社论：《关于发展私人资本主义》，1945年6月21日）

二、奖助私人资本主义工业发展的条令和决定

发展工业生产与商业流通，奖励私人企业，保护私有财产，欢迎外地投资，实行自由贸易，反对垄断统制，同时发展人民的合作事业，扶助手工业的发展。

（《陕甘宁边区施政纲领》，1941年5月1日通过）

应积极欢迎海外华侨来边区投资，颁布优待华侨投资办法，帮助在延华

侨兴办工商实业，造就便利华侨来边区投资的基础。

（《陕甘宁边区1942年度经济建设计划大纲》，1942年1月）

奖励边区内地主商人创立工业，并欢迎边区以外的工商业家来边区发展工业。为了解决民营工业资金的困难，同时来集合民资民力，首应采取合作社形式，政府得借予工业贷金。凡私人资本经营工业，只要他不违反政府法令及劳动政策，政府应予以协助，并对其企业的发展予以法律上的保障。为了解决技术的困难，各工业机关及各工厂应给予帮助，并派出一定技术人员指导民营工业的发展。

（《西北局关于争取工业品全部自给的决定》，1944年5月29日，《解放日报》，1944年7月30日）

陕甘宁边区奖助实业投资暂行条例

第一条　陕甘宁边区政府为奖助边区内外各界人民投资，发展边区经济，增长抗战力量起见，特规定本条例。

第二条　凡自愿投资边区经营第四条各项实业之人民，无论家在边区内外，或回国华侨，一律依照本条例予以奖助。

第三条　投资人须遵守边区一切法令。

第四条　左列各项事业欢迎投资：

（一）农业：如建修水利，推广植棉，建立牧场，发展蚕桑及其他农业与副业。

（二）工业：如掘煤、炼铁、造瓷、榨油、制盐、纺织、造纸、制革，及其他工业。

（三）运输业：如驮运队、大车队、人力车，及其他运输业。

（四）其他实业：如办生产合作社，开设药材、土布、皮毛等公司，及骡马店、轧花行等事业。

第五条　奖助办法如左：

（一）投资人利用城镇公共地基建筑作坊、店栈、宿舍及其他有关实业需要之工程，其地基三年免收或减收租金，并由县市政府发给准予建筑之凭证。

（二）建修水利所增加之农业收益，或推广植棉之地亩，三年免收公粮。

（三）经营工业、运输业，三年免收营业税。

（四）经营炼铁、造瓷、掘煤、榨油、运输等实业者，如因意外遭受损失，而该业主人愿继续经营者，得呈请该管县市政府转呈边区政府酌量予以帮助。

（五）投资人如因资金不足，又不愿或不能招股合办者，得呈请该管县市政府转呈边区政府酌量予以贷款之协助，但此项贷款数量，不得超过投资人投资总额三分之一。

（六）投资人出产之成品及所需之原料，得享受政府减税或免税之奖励，如因原料采购困难，或成品滞销时，得商请贸易公司酌量调剂之。

（七）投资人如遇天灾或遭意外致损失生命或财产，妨害继续营业时，得呈请该管县市政府转呈边区政府酌量救济之。

第六条　除前条规定奖助外，投资人如有需要其他奖助，亦得向该管县市政府呈请核办之。

第七条　投资人除享受第五条、第六条之规定奖助外，并享受边区人民所享受之民主自由权利及受一般法律之保护。

（《陕甘宁边区奖助实业投资暂行条例》，1945年3月28日公布，引自《解放日报》，1945年4月7日）

边区政府第六次政务会议讨论了华侨救国联合会呈请帮助西北华侨实业公司开设工厂案，并决议：在本年度一千万投资额内，调整五万元到十万元资金，借给该公司作为投资。

（《边府第六次政务会议记录》，1942年1月5日）

1942 年 7 月 30 日下午，边府第 26 次政务会议，讨论了米脂艾斌卿先生呈请政府投资纸厂案后决议：将本年预算辅助米脂县兴修水利经费 10 万元，暂时挪用作为政府对该厂贷款，详细办法由建设厅负责与该厂商订。

（《边府第26次政务会议记录》，1942年7月30日）

我们对于私营工业，是完全帮助它发展的。政府对它投资贷款 230 万元（边币，折合法币约 170 万元），又投资 130 石小米，一万斤羊毛。例如对米脂万合厂投资 15 万边币（折合法币 71428 元），100 石小米，一万斤羊毛。对盐池元华厂投资五万边币。又借给米脂民生造纸厂边币 10 万元，30 石小米，利息 7%，都由财厅支付，与银行无关。去年对零星纺织业，共贷款 200 万边币（折合法币 952.380 元）。

（霍子乐：《与中国记者谈话》，1944年6月29日）

边区政府经过银行历年对工业有很大数目的投资和贷款。从 1939 年起，每年举行一次工业展览。政府不但发展公营工业，对于私营工业、家庭纺织业也采取贷款投资、订货收购产品等办法帮助其发展（如对米脂的万合工厂，民生纸厂和在绥德成立了土布公司收买土布），在税收问题上，工厂的营业税全部免收。对必需的工业原料的入境免税或减税（如棉花只收 1%），对边区能生产的工业品则提高其税收（如布从 3% 提高 10%，铁从免税提高到 50%），保护边区工业的发展。

（西北局调查研究室：《边区经济情况简述》，1948年2月9日）

边府第 96 次政务会议通过了“褒奖米脂民生纸厂经理艾斌卿为民营工业模范”的决定。

（《边府政务会议记录——1945年2月》）

三边专署奖励吴旗蔡议长创办药社织布工厂。吴旗县参议会议长蔡丰老先生，现年六十余岁，自成立吴旗县治后，他就积极建设吴旗街。以前当地方圆三四百里没有药社，他就和蔺土雄先生创办药社，办来各种药品，请来看病先生。去年他觉得吴旗人民穿布困难，又发起创办织布工厂，织出的布成本只需 300 元一尺。……在 3 月（1945 年）2 日，县委书记王明远同志亲自率领全县干部，在锣鼓声中为他送匾。同时，三边专署奖给奖状、奖章、花格毛毯和一身毛呢衣服。王明远在送匾会上，号召全县干部学习蔡老先生刻苦为民的精神。

（《解放日报》，1945年3月23日）

第二节　私人资本主义工业的发展

一、私人资本主义工业发展概况

小规模的手工业，如铁匠坊、木匠坊、油坊、皮坊、烧木炭等手工业作坊普遍于边区，产量可供群众的需要。大部分是农民半农半工的临时性质，部分的经常营业。

私营煤矿，边区共二十余处（延安、安定、延川、延长），均系群众合股小规模的人力开采。日共产炭三十余万斤，可供上述地区三分之二的群众烧煤。

盐矿：定边、盐池两县有盐矿五六处，均系群众合股经营。盐的产量颇广，除供给边区外，可供陕西、甘肃、宁夏数省需用。

（《一年来陕甘宁边区经济建设工作》，1939年）

几年来边区工业在边区政府的提倡与经营下，获得了很大的发展。全边区私人手工业竟增至一倍以上。

（郁文：《边区第二届农工业展览会参观记》，《新中华报》，1940年3月8日）

1941年10月，边区私营纺织厂计有30家，工人学徒176名，有铁机4架，手拉机120架，抛梭机50（49）架，每月可织布2456.5匹（小匹）。私人纸厂当时有葭县纸厂、绥德纸厂等，产量不详。

（摘自《边区工业概况》，1941年10月23日）

私人纺织厂，绥德22所，清涧2所，庆阳1所，又清涧丝织厂5所，共30处。据统计，月织布734匹，全年可产5008匹。

（王眉征：《陕甘宁边区工业发展状况》，《解放日报》，1941年11月12日）

据建设厅1942年8月统计，私营纺织工厂：绥德42家，手拉机220台，年织布3117.8匹；清涧3家，手拉机5台，年织布634.5匹；米脂5家，手拉机9台，年织布1142.1匹。

又据《1942年炭厂调查表》载，当时朱家沟私营老窑，日产煤800斤，月产煤15万斤。白家坪利华二窑、三窑、四窑，共有炭工74人，把工12人，日产量共15000斤。（建设厅：《公私营工厂、手工业及煤矿调查统计资料》1942年）

比如纺织业，1939年只有私营工厂六家，工徒154人，织机52架，年产大布3690匹。到了1943年，就有了惊人的发展。……比如造纸业，1940年民营纸厂计39户，工徒98人，池子38个。至1943年，……私营纸厂增至56家，工徒190人，池子65个，年产纸2468令。

（中直经济问题学习班：《边区公营工业的发展》，1944年10月）

1943、1944年政府提出了争取必需品于两三年全部自给的口号，边区的工业又进一步地发展。据统计全边区当时有……私营的工厂计：纺织50厂，310人；造纸125人，炭工1891人，盐工1932人。

（西北局调查研究室：《边区经济情况简述》，1948年2月19日）

二、部分私营厂、矿企业介绍

（一）米脂万合毛织工厂

1. 建厂简史

万合工厂原来是一个私营的小型作坊，创办者是米脂商人——荣昌泰主人李旺荣先生。1939年创办的时候，只有一架小机子，附设在小铺子里面，附带织点小布，以维持营业。不到一年，对面一家铺子——德兴昌的主人姬旭昌先生（姬伯雄的三弟），眼看着它有发展，也就入了股。到1942年，这两家主人因为货物进口困难，就干脆把小铺子关闭了，合办这个万合毛织工厂。这时候，姬伯雄先生也认识到工业有前途，就卖了一些土地，连钱带人，投身到工业上来，当了万合工厂的厂长。

三年来，姬先生与姬旭昌、李旺荣先生努力扩展这个工厂，姬先生又帮助子洲分厂，号召当地开明地主出卖一部分土地，向工厂投资。现在已有五六个地主响应了他的号召。万合工厂还有一个特点，就是除公家（如建设厅即有相当股金）、地主、商人和各界人士的股本外，还吸收了厂内三分之一的工人入股。

（《介绍几位充当边区参议员的私营工厂资方人员》，

《解放日报》，1944年12月12日）

米脂毛织业的发展，还是近两年的事。1942年以前，这里还没有毛织工业。万合毛织工厂的创立，是从1942年开始的。起初，姬伯雄先生提倡发展毛织工业，他说：在我们边区，发展毛织业，原料供给方面，不会有困难，因为我们这里，接近皮毛出产地，运输比较方便。大家觉得很对，就决定成立一个毛织工厂。那时，米脂荣昌泰的经理李旺荣，正安置了一台织土布的机子，自己学习纺织。他也很同意这件事，便和德兴昌商号合作，于1942年春间，合股开办了万合毛织厂，当时资金总额仅六万元。

成立之初，有许多人以为用毛线织布是件困难的事，有的人甚至认为不可能。然而，很顺利地，工厂首次织出了纱经毛纬的大匹毛斜布，试验成功了，大家都很高兴。从此，我们便打定主意，准备在发展毛织品方面出点气力。我们的工作态度，是抱定要把成品的质量尽量提高，做到耐穿耐用。

（《米脂万合毛织厂》），《解放日报》，1944年4月3日）

2. 历年生产概况

前年（1942 年——编者），我们共有织毛布机两台，织土布机两台，栽绒毯机两台，全年生产总量，计毛斜布 60 匹（每匹长五丈），土布 280 匹（每匹长五丈），栽绒毯 18 块（每块宽二尺长四尺），不仅数量上少，而且质量上也还没有去年的好。原因是前年开始创办，而且下半年才正式开始织毛布。当然，工人的技术也和现在相差很远。前年的出品，除由银行订购 40 匹外，其余的都在本市零销了。

去年生产成绩：去年，我们为了扩大发展，一开始就向外召集新股（每股 2000 元）。首先是政府的帮助，由建设厅投资 15 万元，粮食局投资 5 万元，此外，在私人方面，我们又集了 26 万元的股，于是资金总额增为 46 万元。但在购置机器一项中，就已占去资金总额的三分之二弱，下余不到三分之一的流动资金，就很不够用。好在财政厅对我们的订货，都是提前拨款，这样才能应付下来。秋间，还购储了一些原料，供给了去年年终的使用。

去年的成品在质量上提高了不少。首先是毛线纺的较前匀细了，这是因为纺户的技术有了进步，所以织出来的布也就比较精细些。其次，在染色上也有了进步。先前染过的毛布，只用滚石压，布面不很平展。后来我们学得用卷棒的方法，将染过色的毛布，卷在两片半圆的木棒上，中间用一楔子打紧，晾干后取下，布面就平展了。随后，我们在染色之前，又加了洗工。洗布有几种好处：第一，可以把毛中的沙土和不洁物洗去，染时容易上色。第二，可使线条松紧趋于一致，布面纹理平滑，既美丽又耐用。又如方格毛毯，去年初织时，织得很不好看，边缘也不整齐，后来经过我们的技师姬厚阜的设计与改进，现在我们的细毛毯质量上已经有了很大的进步。

此外，我们还有些新的创造，如绒呢、夹线绒毯等，都是去年新创造出来的成品。纯毛呢，也是去年才开始织起来的。

产量方面，去年初春，我们曾计划要出产比前年多八倍以上的产品，现在这项任务是完成了。计去年一年中，共弹羊毛 7500 斤，纺毛线 3900 斤，共织毛斜布 270 大匹（每匹长十丈零四尺），织纯毛呢 80 匹（每匹长三丈二尺），织方格毯 43 块，织土布 50 匹（每匹长五丈）栽绒毯 9 块，织毛袜 15 打，线袜 10 打，共洗染纯毛呢 80 匹，毛斜布 60 匹，制作毛毡 44 条。其中以土布、栽绒毯产量最少，毛袜、线袜也是从下半年才开始织的，而且也没有经地织，所以数量也不多。此外，如毡帽、毡鞋等产量不多，故未计算在内。

去年一年中，我们的工厂是在逐渐发展中，资金、原料、工人与机器等大大地增加了。发展的主要原因，在于新民主主义经济方针和政府的扶植。

今年生产计划：今年，我们计划还要更大地发展，这个计划现在已经有了初步的基础，政府方面，已由财政厅给我们拨了 100 石小米，一万斤羊毛，作为新的股本。私人股本方面，亦已集到 50 石以上的小米，还在继续招收新股。为了便于群众入股起见，决定将股本单位降低，以小米一斗为一股（实物与货币均可）。目前我们计划私人股本，以集就 2000 股为限。

根据去年生产数量，与今年资金预算数目，就可以大体上决定我们今年的生产计划如下：毛斜布 1080 大匹，纯毛布 576 大匹，毛呢 576 大匹，绒呢 288 大匹，方格毛毯 240 块，栽绒毯 48 块，洋线袜 720 打，毛袜 720 打，土布 1440 匹，毛毡 160 条。我们要用极大的努力来完成上列计划。在政府的扶助与领导下，我们要为实现全边区人民丰衣足食的生活工作到底。

（《米脂万合毛织厂》，《解放日报》，1944年4月3日）

3. 劳资关系

万合工厂的总务科长资方人员姬旭昌先生谈到万合工厂的劳资关系时说：“除了让工人入股，实行分红工资，目前为计件制，明年即实行全面工资制外，从今年起还对工人进行了文化教育工作。全厂现有四十余个工人，每天至少有一小时的学习，由厂方指定文化高的人担任教员，并由厂方供给课本、笔墨、纸张。”“我们不应该和旧的商人一样，光为自己打算，我们应该站在发展边区经济的立场上来办工厂，要公私兼顾，照顾老百姓的利益，特别要照顾工人的利益，不断改善工人的待遇和生活。”

（《介绍几位充当边区参议员的私营工厂资方人员》，《解放日报》，1944年12月12日）

到现在为止，全厂职工共36人，厂内每日三餐，夜工完毕后，还吃一次油茶。五天吃面一次，逢节可以吃肉菜。工作时间每日10小时。工作之外，每日有一小时半的文化娱乐课，教他们认字、唱歌或讲述时事，有时由技师给他们讲纺织的方法，他们也很感兴趣。

（《米脂万合毛织厂》，《解放日报》，1944年4月2日）

（二）米脂民生纸厂

民生纸厂为米脂士绅艾斌卿先生所创办。自1939年以数千元资本、两个工人做起，至今已拥有折合51093元银币的资金，股东300余户。据艾经理告记者，该厂之所以能够如此发展，实得益于新政府对民营工业之扶持，财政厅南厅长曾予该厂以极大之帮助。据总工会李同志谈，艾经理在经营该厂上亦确有独创之处。

第一，在工厂设计上，该厂碾纸较边区其他各纸厂省工二至三倍，别的纸厂碾一槽纸需时28至48小时，该厂只需12至16小时。其原因在于碾子的构造不同：该厂碾子的滚子和槽底俱为青石制成（过去用砂石，既费工，又使纸的质量不好），碾盘直径一丈，滚子直径三尺五，宽八寸，槽深九寸至九寸五，底宽一尺，口宽一尺三，滚子和槽底都是平的（别的厂是下小上大的尖形）。两个滚子用相当尺寸的碾框装起，滚子的穿心眼越小越轻，轴用铁制成，约一寸左右，穿心两边的口上要上铜瓦，铜瓦的外边是二寸五，里头只要轴子能转动就行，轴上用十来个铜圈卡紧，外顶框，里顶铜瓦，使滚子不能左右摇摆。这样用一头骡子就可以拉两个滚子（别的厂一头骡子拉一个，且石滚很小），节省畜力一倍以上。

在蒸锅上，别的厂都是底小口大，旁边不留加水口，加水时就在麻绳上倒进去，冲散热气，浪费炭火。该厂蒸锅上下一样大，直径三尺四，深四尺，旁边有一添水眼，用一木棒测量水的多少；加水时从水眼徐徐倒进，如此不致使锅内水冷，麻绳容易蒸透。由于这一改进，过去60斤麻绳用40斤炭，现在只需用22斤，节省煤炭几达一半。

在碎麻组，别的厂有的是干剁，该厂是用水泡一夜再剁，每段五分长短，每工可剁70斤以上（别厂一般只30斤左右）。剁刀重三斤十二两，宽七寸，夹钢打成，使用便利。

第二，在管理上，该厂全体员工，上自经理，下至学徒，全吃一灶饭。无论何人，均须遵守厂规，出门请假，每天完成一定工作任务。由于该厂采取分红制，所以人人负责，剁麻的督促打浆的，打浆的督促抄纸的，抄纸的督促晒纸的，而且爱护工具，节省原料。每10天开小组会一次。会上员工互相批评，互提意见。

备荒后，米脂有些别的厂都停顿了，该厂在艾经理的号召下，全体努力生产，开工15个池子，做18个池子的工作，工人一个未减，伙食照旧。工人间还开展竞赛运动，大量超过工作定额。如6月份以前，抄纸工人超过定额（200帘）的一般不过10帘，7月份超过的：艾绳芝1202帘，崔仲元970帘，汪海元744帘。这就使成本减低了，如麻报纸7月份即比6月份减低七分之一。由于工人积极工作，并从事业余劳动，该厂拟今秋再增加房屋数十间，碾子三盘。

该厂分红办法：股东和工人各得40%，公积金（厂方）和劳积金（工人）各占8%，公益金占4%。分红以外，该厂并设奖金，每半年一次。今年前半年得奖者计有：甲等两名，乙等四名，丙等八名。现该厂艾继增（艾经理之弟）已能自造抄纸用的帘子。

该厂现有职工84人，八盘碾子，19个捞纸池子，146丈晒纸墙。每日约可出纸8000张。

（《在边区政府扶助下民生纸厂迅速发展》，《解放日报》，1945年8月31日）

米脂民生纸厂艾斌卿先生，1939年以前在县政府任二科长，家里略有土地，他和姬伯雄兄弟一样，看到了工业的前途，从1939年起，以4000元法币，四个人试办纸厂。……1942年以来，扩大纸厂，实行招股。财厅为了帮助这个工厂，投了30石米的资本。从经理到学徒都按股分红。

现在该厂有13个池子，六十几个工人，出纸质量提高了不少，白、软、厚、韧、平，《解放日报》用的一部分纸张，是该厂的出品（代替了以前的油光纸）。

（《介绍几位充当边区参议员的私营工厂资方人员》，《解放日报》，1944年12月12日）

（三）盐池元华工厂

筹办元华工厂的靳体元，原是盐池县商务会会长。1940年6月，三边组织士绅参观团来延安，靳是参加人之一。不久以后，他便提出公私合作在盐池县开办工厂。当年，他被全县人民选为边区参议员，并出席边区参议会。他联合当地富商八人署名提出开办工厂的提案。提案在大会上通过，建设厅并承允投入占股本三分之一的资金，取他名字中的“元”字和盐池县现任商会会长杨华亭先生的“华”字，取名元华工厂。

这个工厂的创办，经过很多困难。开始，团结工厂投入两架七七纺纱机，一架打毛机，并派来工人三名。因天冻，有一个工人被炭火熏死了，三部机子又都不适用，而股金一时也收不齐，工厂也找不下适当地房屋，所以就搁浅了。第二年3月，差不多由他一人的辛苦努力，请来工匠，当时根据群众的需要，设擀毡、织毛口袋和织栽绒毯等部。经过发展，工人由一人增至50人，打下以后发展的基础。这一年开头，公私合计资本12万元，到年底本利已达34万元。

去年（1943年——编者）是工厂生产向前发展的一年。在分区完成衣胎三万套，被胎4000床，毡帽两万顶的任务中，元华工厂完成了衣胎12000套，被胎4000床，毡帽一万顶，保证了供给，同时工厂尚制成了群众的需用品若干。去年又大大地吸收了群众的股金，年底获得了2600万元的红利。

今年，整个业务更走向群众的合作，股金又大增。现在，工厂计有10架织毛布机，一部织毯机及其他擀毡织毛口袋等工具，总资金约2000万元。

（刘漠冰：《靳参议员兴办实业与地方公益》，《解放日报》，1944年12月6日）

该厂名为工厂，实际上却是属于合作社性质。因为第一，资金由群众及公家入股；第二，业务除了工业以外，还向着扩大运输，发展畜牧业，兼管盐池县合作社及向食品合作社投资100万元。

据靳先生说，他之所以办这个工厂，有两个原因：一是1941年他去延安开参议会时参观过工厂，他明白边区需要工业，而且边区的工业也有前途；二是做了一辈子商人，觉得没有什么大的发展，同时也想给人民做点事情，于是他决心转变到工业上来。在三边参议会上他提出办工厂的提案，被通过了，当时推出八个发起人，靳体元先生即其中之一。他立即着手筹备，并一手建立了元华工厂。

该厂业务分工业、运输业、农牧业、盐池合作社、食品合作社及社会服务等数种。

工业是该厂的主要业务，下设四股：1. 毛布股，现有织毛布机子四架，整经机子一架，织花格毯机子一架。2. 毯房股，有机子七架。3. 毡房股，有弹弓12张，帘子七副。4. 口袋股，有工具四副。

过去织毛布数量很少，今年准备织270匹（还只能供给干部需要）“四六”方格毯1000床，“二四”毡200块，衣胎5000套，被胎1000床，绒帽子15000顶，弹熟毛32000斤。

由于创办时间不久，受地理条件限制，该厂还存在一些缺点与困难。如过去工厂没有和合作社合并，而合作社方针又不是为群众，所以没有发动广大群众来纺毛；过去工厂资金分公股（公家投资）与私股（群众投资）两种，据今年4月结算时的41717000元中，公股为2800余万元，私股只有1200余万元，这个比例是否恰当值得研究。

（《创办元华工厂》，《解放日报》，1944年7月9日）

元华工厂有资本约九千余万元，共有工人14名，学徒34名，分为四个组：

工务段
- 毛布组
  - 工人一名
  - 学徒十六名
- 地毯组
  - 工人三名
  - 学徒四名
- 擀毡组
  - 工人七名
  - 学徒十名
- 口袋组
  - 工人三名
  - 学徒四名

工人工资以实物（小米）计，而且是采用活动办法，由6斗（60斤斗）起至一石六斗五升止，根据工人劳动强度及其技术之提高程度给予不同的待遇，以资鼓励工人之积极性与创造性。学徒大部分是今年由本地动员来，除管吃穿每月给10元左右。

生产方法及工人学徒之待遇与管理等仍带有较浓的手工作坊性质，因之产量也不甚高。兹将1944年全年产品统计列下表：（8月以后之数字是根据以往数目及后半年计划估计列入）

	单位	毛别	单位需要量（斤）	年产成品量	共需原料量
毛呢	匹	秋毛	22	190	4180
棉毛呢	"	"	10	80	800
毛毯	条	"	10	240	2400
地毯	"	"	13	148	1924
四六毛毡	"	"	10	1618	16180
二五条毡	条	秋毛	3.5	1600	5250

续表

小计	斤	秋毛			30734斤
衣胎	套	春毛	7	1139	7973
被胎	床	" "	8.5	120	1020
小计	斤	春毛			8993
四六绒片	块	羊绒	5.5	294	1617
小计	斤	"			1617
黑口袋	条	黑毛	5	983	4915
小计	斤	"			4915

（三边贸易公司：《盐池县手工业作坊调查》，1944年10月16日）

（四）绥德庆合织布厂

庆合工厂是绥市工厂中经营较好的一家，兹介绍如下：

1943年成立，私人合股经营。厂长安庆生是绥德有名的私商。去年（1945年）9架机子9个工人，七八个学徒，一个技师，三四个职员。工人工资采取累进办法，例如每月织布在30匹以上者，每匹布较原工资增加一定比例，但布的质量要保持原状。这样，一来刺激了工人生产情绪，二来对厂方也有利。一匹布的工资普通是1.2升至1.5升小米，学徒工资每月5升小米，技师工资是以每月织布最多的工人的工资为标准，另加二三万元。他们对工人学徒较好，有特殊困难可以预支工资。去年有个工人结婚，预借20万元，借时米价12000元，月终时涨至16000元，厂方乃以16000元计算扣了工资。过节和城里唱旧戏时放假，有几个山西工人过旧历年不回家在厂吃饭，不算伙食费。工人学徒生产积极性较高，偷原料、织坏布的现象很少，夏秋季每日工作时间约9个半至10小时，冬春季9小时。

职员是分红制，虽有大体上的分工（如出纳会计等），但厂内什么事情都做，如帮助倒线线、煮饭等，总之，职员工作都很积极。他们讲买原料方式有三种：1.到乡下收买，如义合、清涧、延川等地，土纱质量好，价格便宜；2.购买棉花，以花换纱；3.资金少时在本市收买。该厂土布质量好，去年主要是给永昌公司揽布。他们的信用较好，去年防旱备荒时期，仍能支持，没有倒闭。

（《绥市织布业调查》，1946年3月8日）

（五）白家沟织绸厂

白家沟织绸厂，1940 年创设，由三四家私人投资组成，已有五六年的历史。前几年只是织绸子（无花）和罗底。有两架小机子，两个工人，三个学徒，两个掌柜（管理厂务）。一个工人每天织一匹小罗底（长五丈，宽一尺），需要丝一斤，或织绸子两丈五（宽二尺二寸）。马掌柜说："绸子和罗底大部分销售本地，子洲、老君店等地还有来这里买罗底的。总之，销路尚好，生产的货都能卖掉。工厂资本 1000 白洋，每年可赚 1000 元，有一倍利润（以白洋为本位）。因时间较长，罗底、丝绸的价格记不清楚，无法详细计算利润。1945 年扩大资本，增加为 1800 元（白洋），除造罗底外，新购胡绉机一架（300 多白洋），从事生产。绥德没有胡绉工厂，城内卖的胡绉，是从清涧贩运的。他们估计生产胡绉可以多赚一些钱。

去年有 4 个工人，4 个学徒，两个掌柜，共 10 人。工人的工资采取计件制，两个人织胡绉，每天两丈（宽两尺），两个人织绸子，每天两丈五尺。四个工人中，只有一个特殊技术工人，工资较高，每月一匹胡绉（80 元白洋），其余是每年三石多小米。根据去年（1945 年）春季的物价计算，胡绉的利润有一倍，一匹胡绉（长 5 丈）市价白洋 80 元，成本是丝一斤（白洋 35 元），品色 4 钱（白洋 4 元），共 39 元。

开工后两三个月，防旱备荒，米价扶摇直上。8 月日本投降，物价下跌了 60%~70%，胡绉价由 80 元跌至 39 元。这两次打击，便使工厂（绥德市唯一的织绸厂）赔本、歇业。……织绸工人分河南、山西两帮，河南工人以织胡绉著名，山西工人以织绸子、罗底擅长。现在清涧人学会织绸子和胡绉的颇多。

（《蚕丝业调查》，1946年2月）

（六）神木县私人纺织厂

神府县私人纺织事业，自去年三区王家洼王起运老先生首创私人小型工厂后，在他影响之下，近几个月来，小型工厂如雨后春笋，各地群众均纷纷自动合资集股开办小型工厂，目下呈报登记者已有 7 处，纺织机共 10 架。现在已经开工者有万镇黎明工厂，白家川工厂。其他如花石崖、马镇、张家沟、香草埝、王家洼第三厂，一待原料运到，筹备就绪后即可开工。估计各工厂只要原料能及时供应，一年可产布1万匹。晋西北行署、神府县府，为鼓励私人纺织工厂的发展，决定发放纺织贷款10万元，并在原料、工具诸方面给予实际接济，各工厂所需工人及指导人员，一律由县府派给。

（《神府发展纺织业群众自动集资开办小型纺织工厂》，《解放日报》，1943年3月25日）

（七）衣食村的煤矿

1. 生产状况与矿工生活

远在民国以前，衣食村的煤就被小规模地开采着。1940年同宜办事处建立时，有矿井19个。现在，仅只一年半的工夫，就增加了11个，除过5个原来的坏井以外，共有25个。现在正在投资开采的有衣食村8个，春林子3个，石衔4个，其中已经开采成功的有4个，其他的最近也可以见炭。

因为开采的办法，完全是过去留传下来的手工业方式，工具很简单笨重，既无抽水机，又无灭火利器，全凭人工抵抗。因此，有些矿井水、火大得把窑毁掉，或者一年半载没法出炭。

在25个矿井中，有8个小的，每天出炭2驮至5驮，大井出炭10驮以上。按去年全年衣食村9个井的统计，共出炭52.874驮，每驮以250斤计，共出炭12553770斤。另外还有6个井开采了半年，可出炭1500驮，若与春林子等11个井合计，去年东区煤产量至少在77874驮。若将2万驮烧炭（小块炭）计算在内，当有97874驮。

去年每天全部的产量，平均是200~400驮。挖炭与绞把工人经常是150~275人。每年因为水、火、气候关系，没有科学方法抵抗，再加上农忙、过旧历年、天气热工人不能下窑等原因，每个矿井一年要停工三个月，实际开采只有9个月。

……

挖炭工人大部分是外来的，他们多系农民，由于生活逼迫逃来边区。少数本地工人，也是贫苦农民，家中还租地耕种，农忙时就回家收割。

由于份子制，工人为着多得一点钱，就整天拼命地干。挖炭工人受“底经”

管理，有的挖炭，有的砌墙，有的拉炭。他们每天从早九点钟下井，直到第二日早7点钟才上来，吃饭睡觉，大小便，都是在那暗无天日的阴湿地下，每天只休息3个钟头，工作19个钟头。

关于井上的把工，受"把头"领导，5人一组，从早9点工作到晚9点，再另换一组，在这12个钟头内，他们是不断地把井里的炭绞上来。

因为劳动时间过长，工作又是那样笨重，整天生活在暗无天日的地下，因此，工人的疾病死亡率是很大的。特别是因为井内简直是没得设备，去年被炭压死了七个工人，烧死和闷死了5个，每月平均死工人1个，另外还有9人重伤，11人轻伤，这在150名工人中，比率不是不大。

工资多少，很难计算，虽然炭价一样，但炭井的好坏与出产量的多少，使工资水平极不一致，特别是今年还不如去年。比如去年每人每天可得17元，而今年则是由10元到20元，平均15元，去年每天伙食7元，今年则要10元，去年每人可余10元，今年则只有5元。今年上半年外面工人回家可带500元，而去年全年则有多至2500元的，最少也有500元。挖炭工人是这样，把工虽比挖炭工人少3厘账，但小炭却归把工卖，所以他们的工资大体一致。

自前年同宜耀办事处成立后，就建立了工会组织，在照顾工主双方的利益下，经过东家同意，对工人生活已有如下的改进：1. 减低东家驮炭的特权，过去每驮少出6元，今年则少出2元。2. 规定东家每日向工人公布账目一次，并确定东家不能将油、棉花等高价卖给工人。3. 增加抚恤费，过去死一工人，矿上共同向死者带三天账，下雨停工也算；现在规定死难一人给1400元。4. 外来工人若无工作，工会当负责找。东家对工人不得打骂，也不得无故开除。这样一来，工人今年的死亡率减少了，前季死了四名，四名伤者在驻军医院治疗。

（《关中分区衣食村煤炭业》，《解放日报》，1942年11月19日）

2. 政府资助私人煤矿的发展

两个月来，衣食村民营炭窑在政府财经机关资助下，已有新的发展，尤其是窑主陈先典经营的炭窑，如能按期完成增产的一切改造工作，则它的产量就可等于过去 10 个炭窑的产量。

回溯今年（1944）1、2 月间，衣食村炭窑由于生产缺乏组织性，炭窑之间为着争取销路互相竞争，炭价高低涨落不一，加以赊账交易很多，生产发生严重困难，当时只剩下 3 个炭窑生产，其产量尚不能供给关中工业的全部需要。3 月间，政府财经机关在衣食村设立煤炭公司，与窑主共同商定划一价格，由公司统一收买各炭窑的炭，实行现钱交易。煤炭公司还专门设一个管账员，代各炭窑登记结算账目，给各炭窑节省一个人的开支。政府财经机关又拿出 100 多万元，在衣食村开设供销商店，廉价供给炭工一切生活用品，卖出货物的价钱，比此地商人要低 20%~30%。此外，煤炭公司还发放无息贷款，帮助解决炭工困难。现已放出十多万元，并给友区炭工以汇兑家款的便利。经过政府财经机关上述措施和努力后，窑主和炭工的生产情绪乃振奋起来，炭工人数较三月前增加一倍，原来的三个炭窑，每天都能把窑里挖下的炭绞到地面上来，改变了过去有人买炭时才临时绞的散漫状态。此外，衣食村又恢复了两个炭窑。按衣食村的煤矿，数量多，质量好，煤层普遍厚一丈以上，最厚处达四五丈，是发展边区工业的最好燃料源泉。但过去挖炭效率很低，一个炭工每天最多只能挖四五驮炭，每驮平均 200 多斤重。要真正发展衣食村的煤炭工业，必须改变挖炭方法和绞炭辘轳，以便提高产量，降低成本。

此次在炭公司帮助和指导下，窑主陈先典于 4 月份带领 19 个炭工，采用挖大窝子的方式，在窑内挖炭，结果，使每人一天的挖炭量增加了 3 倍。这办法就是在炭窑内斩断一段炭层与四面的联系，把炭放下来，在一段炭层的左右，各挖一道“钉巷”，下面挖“底崖子”，然后从上面用楔子打进去，这样就能放下成段的大炭。他们在采用这种办法时，细密组织了劳动力强、技术低的工人，担负挖“钉巷”“底崖子”的重劳动，而技术高、体力弱的炭工，则分配给较轻劳动或“放炭”（放炭炭工必须善于辨别炭块落不落的声音，使大家迅速避开，以免发生危险）。陈先典自己是个有十几年挖炭经验的老炭工，由他带领的 19 个炭工中，有两个是技术较高的，因而他们能保证不发生意外事件。由于陈先典组织了劳动力，配备了技术炭工和执行了严格的劳动纪律，使他们在 20 天的劳动过程中，挖了两个大炭窝子，放下将近一万驮的大炭块，如把大炭块加工打成便于运输的小块炭所需的 10 天计算进去，则每个炭工每天挖炭 17 驮以上。目前，陈先典炭窑内放下的炭很多，积在窑内，来不及绞到地面上来。按现有人工摇辘轳绞炭，一个炭窑每天最多能绞出 130 驮。所以改造绞炭辘轳是提高炭产量和降低成本的又一个重要问题。

最近炭公司已与陈先典商量改造辘轳的办法，即以牲口转动本轮绞炭，这办法在赤水安子洼炭窑上采用结果，证明其效率比人绞可增加四倍半至六倍半。现煤炭公司投资 200 余万元，购买骡子 6 头，并已雇木工 4 人，正加工改造辘轳。如按合同在 6 月底如期完成，7 月即可用畜力木轮转动绞炭。同时窑底的炭也将不再用人背人抬，准备改用小车推运，这样每日产量将更增高。

现陈先典炭窑已挖下两个大炭窝子，在以上一切准备工作做好后，若炭工又增加三倍，轮流在各窝子放炭和运送，而绞炭工人也轮流不息地往上绞，则这个窑每天出炭可在千驮以上，等于过去 10 个炭窑的产量。故衣食村炭窑的开采，将进入一个新的阶段。

（《关中民营煤窑大发展》，《解放日报》，1944年4月31日）

（八）子长的石炭业

瓦窑堡的石炭是很有名的，但事实上子长的炭不仅是在瓦窑堡的周围，而在玉家湾、中区、东一、二区和西一区的一部分，都有着很丰富的蕴藏量。据有经验的窑头和炭工谈，子长炭最厚的地方是中区的秦家塔和新庄库（尚未开采），有 7 尺多厚，最薄的炭层去过夹石，也有 1 尺多厚。这些炭多半能烧瓷、烧砖、烧石灰和炼铁。特别是瓦市附近畅和峁子的炭，因为它火力强，耐烧，更适宜炼铁之用。中区刘家沟的炭，特别光滑——大家都称它为玉炭——容易燃，量轻，是煮饭最好的燃料。从折家坪往清涧城一道川的居民，烧火大半都用这儿的炭。

瓦窑堡有 3 个瓷窑，25 处铁匠炉，8 个砖场，瓦窑堡的窑洞很整齐，它们都是用砖砌成的，里面都用石灰刷得白白的，比其他地方用石块垒、黄泥糊的石窑是要美观得多，这些与石炭都是分不开的；有了这个条件，子长还可以发展其他工业。

1943年，全县有较大的炭窑12处，多半是在二三十年以前打开的，并且除了两处由机关经营者外，其余都是民间的资本。这些炭窑分布在瓦市附近、中区、玉家湾和东一、二区。出炭除供全县外，销路最多是清涧、张家畔和安塞。可是因为交通不便，销路还是不广。去年全县最多出炭不过3000万至4000万斤。

去年冬到今年情形有些不同了，由于3处大窑停止出炭，石炭的价格暴涨，刺激了民间“薄窑”的发展，冬闲时农民在河滩上及附近的石砭下，挖二三丈深的窑或掏一个平口就可以出炭。这样的“薄窑”，不需要绳包托练，也不用绞水的工人，只需要掏炭的镢，资本很小，可是出炭并不少。今春新发展的薄窑较大的至少有十二三处。在我们和这些薄窑主人的谈话中知道，从1月至4月，这些薄窑总共出炭将近400万斤，3个薄窑就可顶一个大窑出炭。

其次，在大窑方面，今年也有一个飞跃的发展。今年就开大窑7处（内两处是抗大总校开的），有4处已经正式出炭。新窑窑口浅，驮炭不费时间，所以每天比旧窑出炭多。按每个窑现在的出炭情况计算，今年子长石炭的产量，至少会增加到6000万斤。

按自然条件，子长还可开比现在更多的煤窑，现有的炭窑也还可以出更多的炭。但由于交通不便，运输困难，便影响了煤炭的销售。炭销不了便影响炭工下窑。去年1月，一般工人下窑二十一二次，有不少的还下到25次，但今年平均每个工人1月只下窑15次。又中区部分炭窑如市沟炭窑，原来每天出炭400余筐（80斤一筐），但自今年西一区新开一个炭窑后，销售量大减，现在每天只出100至200筐。

为了克服这个困难，子长县委和政府曾经想了一些办法：首先是扩大瓷业，准备在玉家湾和冯家庄新设瓷窑，现有瓷窑也要增加烧窑的次数。烧一窑瓷，大窑需石炭800筐，小窑需600筐。瓷也扩大了，石炭的销售自然会增加。其次，选择适当地地点开设新窑，东一、二区、西一区销路广，是开新窑最好的地方。第三，沿玉家湾去杨家园子的道路上，修一条大车道，并尽可能在杨家园子、折家坪设立煤栈，作为石炭的集散场所。这一点还需要尽最大努力才能做到。第四，更细密地组织劳动力，将农村中剩余的人力畜力转入到运输业上去。

（《子长的石炭业》，《解放日报》，1944年6月24日）

（九）西川的私营盐业

西川地区的盐，在很早就采熬了（据谈，最早在清同治时代）。到 1942 年 11 月，西川有盐井 116 口，其中公营 9 口。在质量上分：特好井 5 口，上井 8 口，中井 24 口，下井 79 口。盐滩地约 300 多垧，盐业劳动者六百多人，每年产盐在 15000 石以上。以 1942 年 8 月每斗 110 元计算，值洋 1650 余万元（目前已涨至每斗 230~240 元）。

盐的生产方式还是手工业式的，用辘轳摇取井水，浇水于耙开的碎土层上，经过太阳的蒸发，把饱含盐分的土铺在圆台形的“令”上，（“令”是土制的过滤器，周围 30 余步，圆形，高四五尺，底斜铺石板，挨次往上铺以卵石，碎石、细沙，下开一道，道口下置瓮）再用井水浇灌，滤过的水含有浓厚的盐分，叫“盐水”，然后放在锅内熬煎成盐，色白而质细。另外一种是三川口附近，每月河畔积起一层盐土，叫“自生滩”，是盐分被水冲日晒自然结晶而成，但成色不及人工盐土。

晒泼盐土（厚一寸左右，耙成长方形土层），夏季七八天，冬天半月或 1 月可成（时间愈长则成色愈好），然后耙拢堆积于“令”台旁。每“令”用盐土 9 石，再倒注三四石井水，12 小时后滤出盐水一石半，经八小时熬煎，能出盐三四升。一个劳动力每年能熬盐 20 石左右，看井水质量和劳动强度而定。

井是盐产的源泉。打井，在民国初年一口需资本三四千元，现在约需十余万元。打井过程：先挖去土层两丈多，其下是 4 丈左右的乱石层，渗注淡水，吸出后用胶泥（黏土）填封四壁，再下是“总石头”（整块的石头，就是盐矿了），凿开四丈多深，四壁扑吃、扑吃地发响，苦咸的水就由石壁渗喷出来，便成盐井。

打井大都由几家合资，有时地主出地，另家出资本，打成后两家共同占有盐滩，招伙生产，一切生产用具资料由掌柜供给，伙子分种一块盐地（一般每人可种半垧，3 个“令”），每天可担 10 至 20 余次水（最大的井可供

20余人每日十五六次水，即可供水400余担，也有水少人多不够做的）。

（《十里盐滩》，《解放日报》，1942年11月21日）

（十）子长的瓷业

1. 过去瓷业不能大量发展的原因

在100年以前，本县中区瓷窑及砭儿坪村就已产瓷，直到现在没有停止过。但向来规模很小，两个村庄只有大小6个窑子，3盘场，工人常不足20人，该两村一部分人已成为祖传烧瓷人丁。因为总是少部分人的独行生意，形成了瓷业中非常严重的行会观点，他们不愿向外传教，也不求进步与发展。

工人中这种保守的行会观点，阻碍了瓷业的发展与改进……

主观上的保守，固然是瓷业不能发展的一个重要原因，但横山、碛口瓷器大量输入，压制了本地瓷器在市面上的销路，也是一个原因。

除过主客观原因之外，过去得到政府的帮助与提倡很少，地方上的党政过去对发展瓷业是完全任其自流发展的。

由于以上的原因，致使瓷业不能发展，技术不能改进，产量很低，成品不佳，价格太高，瓷器在市面上的销售不多，这是今天要发展瓷业必须解决的中心问题。

2. 现状与今后计划

本县现有大窑3处，小窑3处，共3盘场，工人15名，技师3名。去年两盘场烧了九窑，砭儿坪一盘场，因打不下泥停烧。今年3盘场，原计划烧12窑至15窑，原料的供给已大体就绪。

因春上瓷器不好推销，影响到工资及吃粮问题，只好将瓷器百分之六七十探卖[①]了。经我们派人调查，开了厂主、技师座谈会，了解了他们的困难，总结了经验。为了瓷业的发展和改进，给三盘场借小米21石，解决厂主工人的困难，刺激了大家的生产情绪，三场重订计划，决定今年烧19个大窑，3个小窑，另外，郝向成又新设一小瓷场，比原计划增加了25%以上。

帮助他们建立了组织：在工人中成立了工会，厂主、技师成立了技术研

① 陕北方言，廉价预售的意思。

究会。在技术的改进方面，首先要做到用水澄泥，把沙、石澄清，把泥土打得纯而坚，做坯时不但省工，同时耐用。其次，油泽应当细，多沤几天，多淘几次，使油泽光亮。最后，烧窑时要注意火的大小，时间的长短，特别是晚上，要由二师傅专门负责

（贺光华：《子长的瓷业》，《解放日报》，1944年8月26日）

（十一）部分地主、商人投资经营工业

庆阳市商会副会长张守安先生，投资举办纺织厂。由于国民党对边区的重重封锁，商人向外买货销货日益困难。庆阳市商会副会长张守安先生特将自已经营商业的资金抽出一部举办纺织工厂。他说：从去年 1 月到今天为止，庆阳市商人因到外面贩货，被国民党军队“没收”和抢劫的货物值 1 亿元以上。张先生去年就遭受两次损失：第一次有 18 驮布被国民党军队抢走了，第二次还向国民党军队花了买路钱，但是同样的被抢去了。他说：我们边区的商人为什么不能自己来办纺织工厂呢？于是他就决定集资开工厂，到南原上请木匠做机子，计划不久工厂即可开工。同时，又向庆市商界招股，闻任绍亭先生拟以巨款投入。

（《庆阳市商会副会长张守安先生投资举办纺织厂》，《解放日报》，1945年2月8日）

庆阳县城新近出现了两个由地主商人举办的小型纺织厂——民生纺织厂及庆兴纺织厂。具有一架“七七”纺纱机及两架织布机的民生厂经理梁鸿桂，过去原是一个来往于西安、庆阳间的纱布商人，去年他带着 300 多万元的货物通过国民党的封锁线时，全部被胡宗南军队“没收”，遭受这次严重打击之后，他回来典地还债，在 9 月间便宣告歇业。今年春天他找木匠修造工具，在 5 月初做成一架“七七”纺纱机及两架织布机（一为拉梭，一为平机）。工厂现已开工，纺线机每天可纺 3 斤，织布机每架一天不下四丈。梁鸿桂认为这个事情保险、稳当。

庆兴纺织厂，是由庆阳县过去所谓“八大家”之一的地主刘宪庭等五个

私人股东和三个机关股东合资创办的。该厂现有资金1300万元，厂内组织在经理以下设工务、会计、保管三组。工具方面除现有七架织布机（其中铁机两架）及两架轧花机而外，最近拟添置纺线机数架。据刘宪庭经理说，线子主要是靠厂外的纺户供给，现在已有四十多户纺妇被组织在工厂周围，将来他们计划组织到100户。为什么他们不靠收租而愿转到经营工业方面来？刘宪庭说："一顷地租出去，一年可收五石租子，如以夏秋各半计算，照现在粮价总数可值30余万元。如果把土地卖了投资纺织，每顷地以200万元做本计算，一年的纯利最低也在一倍以上。"接着刘经理谈道，在边区举办纺织事业，政府给予很大帮助，如在银行里可以减息贷款，织出的布匹不需纳税等。庆阳市绅商正因为看到在政府帮助之下经营工业的优厚利润，所以已在部分转向工业，如钟楼巷马瑞等人最近也向木工定制"七七"纺纱机，准备开办工厂。

（《庆阳绅商转向工业办纺织厂》，《解放日报》，1945年6月2日）

米脂银城市地主冯社臣、杜桂林、杜良宝、王四林、艾斌卿、冯华甫等先生，共拥有土地两千余垧，1942、1943两年中典卖出156垧，他们有两家投资工业，3家投资商业，一家投资合作事业。两年来，这六家地主的经济收入中，工商业及合作事业即占47.3%。如艾斌卿先生的98垧租伙地，每年收入租米仅八石，而在民生纸厂中每年收入达20余石，占全部收入75%。又如杜良宝先生于1943年典卖土地31垧，创办裕民纺织厂，他自任经理，子女亦在厂内服务，家庭收入随之增加，且对当地纺织业亦有推动作用。又米脂民丰区后吕家崄地主常金山先生，原有土地320余垧，几年来典出93垧，卖掉17垧，投资商业及织袜工业。其家中人口一半在城内经营工商业，一半在乡下自己种地，其生活仍不减当年。

（《米脂部分地主佃卖土地投资工商业》，《解放日报》，1945年1月9日）

第三节　劳动政策与劳资关系

一、抗日战争时期党的劳动政策

关于劳动政策。必须改良工人的生活，才能发动工人的抗日积极性。但是切记过左，加薪减时，均不应过多。在中国目前的情况下，8 小时工作制还难于普遍推行，在某些生产部门内还须允许实行 10 小时工作制。其他生产部门，则应随情形规定时间。劳资间在订立契约后，工人必须遵守劳动纪律，必须使资本家有利可图。否则，工厂关门，对于抗日不利，也害了工人自己。至于乡村工人的生活和待遇的改良，更不应提得过高，否则就会引起农民的反对，工人的失业和生产的缩小。

（毛泽东：《论政策》，1940年12月25日，《毛泽东选集》合订本1964年版，第763页）

关于雇主和工人间的关系：

为了欢迎资本家到边区来投资，奖励工商业者扩展边区经济，增强抗战力量，我们采取了下列办法：

（一）废止过去苏维埃时代的劳动保护法。

（二）取消对资本家、富农经营生产事业的各种限制。但为了改善人民生活，增加边区的生产，同样的为了增强抗战力量，我们又不能不。

（三）严禁高利贷的剥削，严禁操纵市价、垄断投机。

（四）实行一种中介制度，在政府中介之下，劳资方双订立劳动契约，根据各地不同的生活条件，酌量增加工资，减少工作时间，改良工人生活待遇。

两年来，因为边区政府采取了上面的政策，调整了各阶层的关系，取得了全体人民的拥护，使全体人民都能团结一致，共赴国难。

（林伯渠：《陕甘宁边区政府对边区第一届参议会的工作报告》，1939年1月15日，引自《解放》第六十八期，第11页）

现在的政策，是综合“联合”和“斗争”的两重性的政策。在劳动政策方面，是适当地改善工人生活和不妨碍资本主义经济正当发展的两重性的政策。

（毛泽东：《〈农村调查〉的序言和跋》，1941年3、4月，《毛泽东选集》合订本1964年版，第792~793页）

在劳资关系上，我们一方面扶助工人，使工人有工作，有饭吃；另一方面又实行发展实业的政策，使资本家也有利可图。所有这些，都是为了团结全国人民，合力抗日。

《毛泽东：《在陕甘宁边区参议会的演说》，1941年11月21日，《毛泽东选集》合订本1964年版，第810页）

边区的劳动政策，必须与目前任务相适应而有必要的转变，不论公营的、合作的、私人的大小企业，一方面在边区可能的与必需生活条件下改良工人生活与待遇，一方面工会的中心工作要组织与教育工人为自己的事业提高纪律与劳动率，以新的劳动态度对待新的劳动任务。

（《陕甘宁边区中央局对财政经济政策的指示》，1942年12月23日）

在劳资关系上我们一方面实行扶助工人的政策，使工人有工作、有饭吃；另一方面又实行发展实业的政策，使资本家有利可图。

（高岗：《在高干会上的总结报告》，1943年1月14日）

在新民主主义的国家制度下，特采取调节劳资间利害关系的政策。一方面，保护工人利益，根据情况的不同，实行 8 小时到 10 小时的工作制以及适当的失业救济和社会保险，保障工会的权利；另一方面，保证国家企业、私人企业和合作社企业在合理经营下的正当的赢利，使公私、劳资双方共同为发展工业生产而努力。

（毛泽东：《论联合政府》，1945年4月24日，《毛泽东选集》合订本1964年版，第1082页）

二、调整劳资关系提高劳动生产率

（一）衣食村煤矿的劳资关系

煤矿的经营，是几个资本家（工人叫东家）联合拿出一批钱，开采矿井，在开采期间是雇用工人，而开出炭和卖炭的时候，就不雇用工人，而是和工人分份子。其份数多少，全按矿井上的组织及分工而定。一般矿上的分工，是挖炭工人（群众喊“炭毛子”），绞炭工人即把工，每个井上有管理先生一人，井底下有指挥挖炭的及观察地质的一人，叫“底经”，井上经理绞把的一人叫“把头”。

当天出的炭当天卖完，收入的钱先除官钱——即每天的灯油费、棉花费、米汤钱，有时还有矿上补添的工具钱，有十分之一的地方税，余下的钱，工人与东家分：挖炭工人每人一份账，东家（不论多少家）四份账，把工工人每人每天 7 厘账。

这种劳资关系，完全是封建社会沿袭下来的。衣食村矿井所以采用这种制度，是因为东家的资本很少，只有由几家联合起来拿出 3 万元开一个井，见炭以后，什么本钱也不要了，只是取利。去年每份账平均赚利 3012 元。东家除过分账赚利以外，还有如下的一些额外剥削：1. 炭矿上用的工具是东家代为购置的，购置费由工人每天挖炭所卖的钱中慢慢抽去，如一件工具用 100 元买来，即东家每天在“官钱”中抽去 10 元，本应 10 天抽完，但东家可以超过 10 天还去抽，甚至这一季工人走后，又在新来的工人中抽取工具钱，直到工具完全用坏。2. 矿上所用的油、棉花、米汤等，也是东家代购，每天在“官银”中抽，值 10 元的就可抽 20 元，这已成了东家的“合理”剥削。3. 东家的牲口到矿井上驮炭，要比一般人便宜，每驮只出几块钱。最后，东家任用管账先生并和管账的勾结一起，对工人采取种种欺诈的办法，如矿井出的炭多，而结账时公布的少，极度疲劳的工人，也很难记清，只得让其欺骗。

再，东家为保持这种巧妙的剥削方式，有时也会让一点步，如矿井因水火灾害出炭不多，工人的份子和其他矿工相差太远，或者根本没法维持生活的时候，东家会把他的份子减少甚至取消，以便工人不走，免使矿井变坏。

（《关中分区衣食村煤炭业》，《解放日报》，1942年11月19日）

（二）西川盐井的劳资关系

食盐生产过程中，掌柜不从事劳动，负责设置修理用具（桶、耙、锅、绳……），购买燃料，工人终年劳动，吃自己的。熬出的盐过去按对半分，近改为工人六份，掌柜四份。以每个工人每年收盐 20 石计，可分得 12 石盐，按现价值 13200 元，还须付出看锅费 60 元，（熬盐时工人掌柜合资雇人看锅，熬出盐一斗，出看锅费五角至一元，以掌柜出四份，工人出六份计算。看锅者多为老弱妇女，每人可照顾 10 至 25 面锅，好的每天可赚 10 元左右，日夜不离盐房，冬夏如常），全家衣食完全取给于此。掌柜可分得 8 石盐，值 8800 元，支付炭钱 840 元（熬盐 3 斗用炭一驮，盐滩紧靠炭井，炭价低廉，每驮价 20 多元），看锅费 40 元及一部分修理工具费，在每个伙子身上可取得剩余价值七八千元。产业大的伙子多，利润也更大。

例如掌柜姜某有 6 个河滩（约地三四垧），一个中等井，12 口锅，雇伙子 6 人，年收盐以 120 石计算，可分盐 48 石，值 52800 元，支付炭费 400 驮即 8000 元，看锅钱 240 元，及工具修理 300 多元，可得利润 44260 元，家有劳动二人，还经营商业，辅助收益，这是一个中等的例子。

盐业劳动者中，有一无所有的伙子、工人，有租佃盐滩的贫民（租一井平常出租盐三十多石，租一份则按份数算：如一井周围几个河滩，每个河滩出租多少），也有掌柜自己劳动，同时分出剩余河滩招伙子的。

……

1940年春，开始组织工会，根据政府的劳动政策，经过与资方数度商洽，去年6月改对半分为四六分，工人生活改善了，每天三顿两稀一干，还可以吃肉。工人都参加了组织，经常开会，有问题便找工会，同时积极参加民主运动，县参议会便有两个盐工参议员。劳动地位有了保障，每年端午节掌柜请伙计吃饭“说话”（告诉续雇或解雇），7月15日便实行，今年一般保障了工人有工作，掌柜随意解雇的事情已经没有了。

四六分决定后，部分掌柜存在不满情绪，需要我们以后加强教育说服。他们要求工人好好劳动，爱护家具，这是正当的，积极生产和克服浪费，才能更向前发展经济建设。

（《十里盐滩》，《解放日报》，1942年11月21日）

（三）马蹄沟炭工向顽固窑主开展斗争

1940年春天，绥德分区人民赶跑了特务头子何绍南，建立了新民主主义的政权。绥西马蹄沟的300炭工，和其他广大工农群众一样，从此重睹天日。

为了减轻工人的痛苦，工会成立后就向窑主要求改变分炭办法，原来的分法是窑主得三分之一，工人得三分之二，窑口绞炭的把手分工人的碎炭。现在工人提出，窑主得十分之三，工人得十分之七，把手工资由窑主负担。这个要求是很合理的。但是一些顽固窑主却拒不接受，他们为了维持旧的对工人的残酷剥削，首先就鼓动把手向炭工要炭，企图以此分化把手与下窑炭工的团结，并想搞垮工会，破坏工人的斗争。于是工会蔡自举主任便召集工人开会商议，决定适当改动一下条件，即将生产的炭按10份分，下窑工人得6份，让出一份给把手（碎炭归本人不再给把手），另由窑主每月给把手每人工资小米一斗。这个方案粉碎了窑主分化炭工团结的阴谋。这种分配办法政府也同意了，可是窑主依然不允，仍坚持按旧办法分，并大言恫吓说要封窑，窑主徐作善还说要到窑口去抱辘轳，不让工人下窑。工会蔡自举听到后，就召集工人开会，蔡自举提出意见：炭是供给全绥德烧的，生产不能停，份子按新的规定分，既合理又合法，窑主如果蛮不讲理，硬要抱辘轳，我们就把他赶回去。大家一致同意老蔡的意见。第二天，徐作善来了，看见工人理直气壮，且又齐心，没敢抱辘轳，可是仍坚持按旧法分。后来炭绞上来了，蔡自举又向大家提出："窑主要按旧办法分，咱们就干脆一份也不给他，和他去打官司。"工人全体同意。这时，窑主见势头不对，便找老蔡说，他同意按新规定份子办理。于是工人斗争胜利了，工人们都团结在工会的周围了。

（《马蹄沟炭工领袖蔡自举》，《解放日报》，1944年2月5日）

（四）教育厂主改善工人生活，产量不断提高

子长全县煤矿业在政府发展生产积极领导之下，已获得不少成绩。首先表现在克服了炭工的自流现象，及适当均改善了工人生活。过去工人每月只能下窑十五次，他们这样说："歇了初一歇初二，歇了十五歇十六。"经政府及工会从工人本身利益出发，经过各种教育解释后，现在已能做到每月下窑 20 次。过去不到一定时间，厂主不给钱，有时算了账也不给钱。为了不影响炭工生活，政府负责与厂主交涉，现已做到每天出窑即算清工钱。另外，并设立保险金，炭工疾病及发生意外事件，可予以补助。如寺沟、畅河峁子炭窑曾有两个炭工受伤，就给补助了 1200 元，作为医药费。

按子长全县有炭窑 11 处，较大的如畅河峁子、寺沟两个窑，畅河峁子有炭工 ×× 名，每天出炭 500 筐。厂主和炭工的股份，在瓦市、中区为四六分（工人六，厂主四）；玉家湾因炭薄产量小，是三七分（工人七，厂主三）。工人最高工资每天是 720 元，最低者亦达 200 元。现全县炭窑年产炭 60 余万筐，每筐 70 斤，合 4200 余万斤，每斤 2 元，每年收入约达 8400 万元。

（《子长年产煤四千万斤》，《解放日报》，1943年9月13日）

附：陕甘宁边区劳动保护条例（草案）

第一章　总则

第一条　本条例为保护工人，提高工人热忱，发展战时生产而制订之。

第二条　本条例劳动之规定，以雇佣劳动者为限。

第二章　工作时间

第三条　工人每日实际工作8小时，青年工人工作6小时。

第四条　工人为帮助抗战需要，自愿多做义务工者，不受前条之限制。

第五条　雇主不得要求工人作额外之工作，如确因工作过忙，雇主要求工人增加额外工作时，必须先得工人之同意。

第六条　采用昼夜轮班制者，所有工人班次，至少每星期更换一次。本条例所称夜间工作是自下午10时起至第二天上午6时止。

第七条　孕妇哺乳妇禁止做夜间工作。

第八条　工人休假以星期日及政府通知之纪念日为标准。

第三章　工资

第九条　工人工资不得低于最低工资率，最低工资率以所在地之生活状况为标准，由工会雇主工人共同议定之。

第十条　学徒在学习期内，应分期规定工资或津贴，并按工作情形酌量增加。

第十一条　包工工资由集体劳动合同内规定之。

第十二条　工人工资或津贴以当地十足通用货币付给。

第十三条　工资之支付规定日工按日发给，月工每月分两次发给（论件计者同），季工、年工由工人与雇主商定，但不能延欠至两个月。

第十四条　女工、青工与男工作同样工作者，即给同等工资。

第十五条　因雇主修理机器、缺乏原料、违背政府法令或其他过失而致停工者，其停工期间之工资照发。

第四章　女工青工

第十六条　14岁至18岁者为青工。

第十七条　凡工作特别劳苦、或笨重、或有害工人身体健康以及需要在地下工作者，均不得雇用妇女及未满18岁者从事工作。

第十八条　女工生产前后给假两个月，工资照发，小产者以病假论。

第十九条　哺乳妇女在工作时间内普通停工休息时间外，每隔三小时应有20分钟哺乳时间，此项休息时间计入工作时间内。

第五章　学徒

第二十条　在学习期间之工人称为学徒。

第二十一条　学徒学习期限，应按照职业性质分别规定，但最多不得超过三年，尚技术特别进步者，得缩短其学习年限。

第二十二条　学徒除得有津贴外，雇主应供给被褥、衣服、鞋袜等用物。

第二十三条　严禁对学徒虐待或任意打骂。

第六章　工人权利

第二十四条　工人得自由组织工会。

第二十五条　雇主应担负工会办公费及工人文化教育费，其数目规定为全部工资 2%。

第二十六条　工人得在工会之下参加各种文化教育组织，其学习训练时间应在工作时间以外。

第二十七条　工人参加工会或其他会议，经由该会之证明，雇主不得阻止干涉，工资照发。

第二十八条　工人工作 6 个月以上，而被征调到抗日军队服军役者，雇主须预先付给一个月之工资。

第二十九条　雇主不得无故开除工人，如因故开除工人时，须先得工会同意，并给予退工津贴及路费。

第三十条　工人因工得病或受伤，医药费由雇方供给，休假期间工资照发，并得保留其原有工作地位。

第三十一条　工人因工作而致残废，失其全部或一部分工作能力者，雇方应给残废津贴，其津贴数目，以残废部分之轻重为标准，最少不得低于半年之平均工资。

第三十二条　残废部分之轻重由政府设立医院或政府指定之医生鉴定之。

第三十三条　工人因病死亡家庭无力葬埋，雇方须负责葬埋费，并须调查死亡者家庭状况，酌量给以抚恤金。

第三十四条　工人因工受伤死亡者，雇主应给该工人两年之平均工资，抚恤其遗族。

第七章　安全与卫生

第三十五条　各企业各机关必须采用适当地设备，以消灭或减轻工人之危险及预防危险之事件发生，并保持工作内之卫生。

第三十六条　当地主管机关，应对各企业时常检查，凡发现其建筑设备损坏至有立即危害工人身体健康或生命之可能程度，得命令该企业即停工修理。

第三十七条　按工厂实际工作情形之需要（如油厂、矿窑、机器、印刷厂等），厂方得按期供给工人肥皂、围裙、油布、内衣、便帽及冬季皮衣等，按各种生产工厂不同情形而分别具体规定之。

第八章　集体合同及劳动合同

第三十八条　无论集体合同或劳动合同所订条件与本条例规定之条件抵触者，均不发生效力。

第三十九条　雇主不得要求工人做与合同内所规定工作无关之其他工作，但在特殊情形之下先得工人同意者不在此限。

第四十条　各企业变更业主时，不得废止原订之合同，但双方均有权提出重新审议，在新合同未成立前，原合同仍属有效。

第四十一条　劳动合同在限期未满以前，经双方同意得废止之。

第四十二条　无论集体合同或劳动合同，经当地工会之要求均得解除之。

第九章　管理规则

第四十三条　各企业商店内之劳动人员有 5 人以上者，为整理内部工作秩序起见，得制订内部管理规则，该项规则应得工会之同意，并于确定之后宣示于各劳动人员方生效。

第四十四条　内部管理规则对于劳动者及管理员之责任，以及违犯规则所负责之范围及负责办法，应有详细之规定，但不得与本条例及该项企业商店内现行有效的集体合同劳动合同有所抵触。

第十章　解决争执及处理违法案件之机关

第四十五条　凡违犯本条例及集体合同之一切条件均归法院审理之。

第四十六条　各企业商店与被雇人间，因各种劳动条件之问题，发生争执和冲突时，各级政府得到当事人双方同意时，将进行调解及仲裁，但在发生重大争议时，得不经同意进行仲裁。

第四十七条　在公有企业机关以及合作社企业中，得由管理部及职工会各派同等数目之代表，组织劳资争议委员会，其职权如下：

（一）评定该企业或机关中工人职员应得工资之额数。

（二）解决管理部与工人职员间因争执本条例及集体合同所发生之一切争执。

（三）劳资争议委员会的决定，须得双方同意，如不能解决之案件，即提请政府仲裁机关或法院处理之。

第十一章　附则

第四十八条　本条例修改之权属于边区参议会。

第四十九条　本条例解释之权属于边区政府。

第五十条　本条例自边区参议会通过后由边区政府公布施行。

（引自《抗日根据地政策条例汇集陕甘宁之部（下）》，第648~653页）

第五章

交通运输与邮递事业

KANGRIZHANZHENGSHIQISHANGANNINGBIANQUCAIZHENGJINGJISHILIAOZHAIBIAN

第一节　边区运输事业发展概况

一、边区运输事业历史简述

边区的运输事业在 1941 年以前大部是自流的。由于边区经济的分散，当时边区运输的主要基础，是靠个体脚户：一是长脚，靠运输获利为生；二是短脚，主要从事农业，以运输为主要副业，但多以揽脚贩卖为主，运盐仅在交秋时节；三是农户脚，利用放青驮一两次盐；四是边区外面的长脚，他们运货到边区来再运货出去。这四种脚户就是边区运输的主力。个体脚户的特点是开支小，会节省，易赚钱。缺点是无计划，效力差，发展慢。那时运输合作还没有出现，朋帮组织还不发展，放青牲口也不多，仅定庆、定延两路旁县份某些地区有习惯，其余各地都不发展。东三县地区视运输为畏途，当男子起身运盐时，婆姨送给馍馍、鞋子，伤心得很，以为“永生不能见面了”，因之，赶脚的人情绪也不高，故意压坏牲口跌死牲口不去运盐，形成当地人民对运输害怕，形成边区运输业发展的障碍。

近年以来，一方面由于边区生产发展，人民需要增加，物资流通的任务加大；又一方面，由于抗战后海盐断绝，中原及西北各省，对边盐的需要增加，形成运盐任务的增加，促进边区运输大大向前发展。边区运输的中心，以运盐为主，运货次之。食盐是边区最大富源之一，对于边区财政的收入及国民经济的发展都占重要地位，其作用甚为重要，是发展边区经济、平衡进出口贸易、稳定金融物价主要因素之一。

近年来的运盐情形：

1937 年、1938 年边区食盐只运销 7 万驮，1939 年就增至 19 万驮，1940 年为 23 万驮。1941 年开始注意食盐的督运，大量组织农户牲口，全年运了 290968 驮。1942 年由于主观放弃了督运政策，客观上外面需盐不急，便降落到 241720 驮。1942 年年底，边区高干会检讨了历年边区的盐业政策，决定食盐的督产督运统销的政策，毛主席在其名著《经济问题与财政问题》一书中，对于发展边区运输有非常宝贵的指示。因此，在 1943 年以后，边区的运输事业走向新的阶段。

……

边区的运输合作事业，也就是在高干会后，才普遍发展起来的。1942 年年底，运输合作的牲口仅 246 头，经过 1943 年大量的发展至 9 月底建厅的统计已至 3706 头，至今年 6 月合作会议联席会的统计，已增至 6884 头了。据最近统计，边区参加运输的牲口已达 61000 余头，到年底已运出食盐 387603 驮，其中有友区过境者四万驮，比 1942 年增加 145883 驮。据 31 万驮食盐输出量的统计，民间牲口运出 23 万驮，占 74%，由运输合作牲口运出 35000 驮，占 11% 强，机关部队运出者一万驮，占 4%。由外来脚户运出者 35000 驮，亦占 11% 强，合作牲口仅占民间牲口十三分之一，而运输任务占民间牲口七分之一。

（《边区的运输事业》，1944年）

边区多山，道路崎岖，所有河流因水流又太急或过浅，不能通舟楫，交通运输全靠牲畜或简陋的大车和人力。

1943 年后，边区的运输事业有极大的发展。先从民间的运输牲口来说，增加如下：（单位匹）

	1942年	1943年	1944年上半年
运输合作牲口	246	6267	6884
长脚牲口	17631	20822	20205
短脚牲口		27900	34022

此外，还有公家运输队，光延安各机关和留守兵团就有运输骡 2897 头，

毛驴 165 头，骆驼 136 头，大车 166 辆（驴每驮普通 150 斤左右，骡每驮 220 斤左右，骆驼每驮 300 斤左右，大车载重量 1300 斤至 1500 斤）。

次就运输效能来说：如以 1939 年运出的食盐驮数为 100，则 1940 年增为 121，1941 年 157，1942 年 173，1943 年为 228。许多运输队由于采取公私合作等级分红等方法，运输量也增加一倍以上。

目前边区共有驮、车路 3360 里，其中以定庆路（从定边至庆阳）660 里为最长，但可通汽车的全边区只有 702 里，小路则四通八达。

运输交通中的困难是：由于自然和历史条件限制，运输工具陈旧，运费太贵，以致发生各县区间，城镇与乡村间某些物价悬殊很大，比方小米近年延安价格高于三边两三倍。

目前边区运输力的组织形式详细来说，有五六十种之多，但基本可分为三类：

一是公家的运输队，其中又可分为采取供给制的（即一切由公家供给，而帮助公家运输）和运费制的（即公家出牲口、大车，但不出草料和修理，而按斤出运费）两种，近两年来由于后者更适合边区条件，已在迅速地发展和普遍中，前者则日益减少。

二是合作运输队，它是由几个单位（或个人）投资，投牲口，出人力或工具等合作组成。就组合的成分来看，可分为公与公，公与私，私与私三种。前者为各机关学校部队间的合作，后者为民间（合作社在内）的合作社，公私合作是公家和运输员或民间的合作。

三是民间运输队，它又分为长脚和短脚，但无论长脚和短脚都参加朋帮。所谓朋帮者，就是一些个体脚户为便于在路上互相照顾，利用亲戚朋友、邻居等关系而组成的一种互助形式，但经济完全独立。近两年来，由于党政的领导，已发展的更为完备。

假如发生非常事变，已组织起来的牲口可全部或大部分参加军事运输，没有组织起来的民间牲口在不妨碍生产的条件下，也可以大部参加运输，因为在边区军民是一致的。

（西北局调查研究室：《边区经济情况简述》1948年2月19日）

1944 年边区各分区运输牲口数目统计表：

1944 年边区各分区运输牲口数目统计表

类别＼分区	延属分区	绥德分区	陇东分区	三边分区	关中分区	共计
运输合作牲口	3222	122	1084	2331	125	6884
占百分比	47.9	1.7	15.4	33.2	1.8	100%
长脚牲口	3051	2395	4452	8304	2003	20205
短脚及农户脚牲口	11318		12278	9454	1772	34822
公家牲口						6000
共计	17591	2517	17814	20089	3800	67911
大车						160辆

注：① 短脚及农户脚项内缺绥德数字。

② 公家牲口和大车数根据《陕甘宁边区主要交通线统计》材料。

（《边区的运输事业》，1944年）

二、发展交通运输保证抗战需要

边区目前发展经济的最大障碍要算交通运输的落后，考其原因，并不是完全由于运输力量不够，而主要是因为没有建设应有的交通运输设备，未能合理地保证草料的供给，以至有了运输力量不能使用。例如运盐有时反要亏本，运输工具缺乏改进，运盐力量缺乏组织，因之运输力量不能提高和发挥；有了大车道，但未能发展车运；有了各农户的驮畜，但没有很好地组织起来，食盐产量虽多，亦不能大量运销出去，很近的工业原料亦不能利用；粮食和商品一经转运，便昂贵不堪。由于交通运输之落后，大大影响了输出入贸易和财政金融的巩固，影响了工业、商业以及农业的发展，影响了粮食的调剂，同时也妨害了抗战的供给。因此，发展边区的交通运输事业，提高运输力量，成为发展边区经济，保证抗战供给的前提。

发展边区交通运输应当针对着发展食盐的运销、粮食和工业原料的运输为中心。

（《1942年度交通运输工作计划》，1942年）

（一）补修富县至清涧路面桥梁涵洞，保证经常通车，加强养路队的工作，特别着重延安到富县工程整理。

（二）将现有的大车、拉车的骡子扩大到3倍以上，能够解决边区各机关学校运输的困难。

（三）动员群众组织运输队，修阔延安至三边、延安至关中、庆环至三边的大车路，便利于食盐粮食煤炭以及商运。

（刘景范：《1938年边区经济建设工作的报告》，11月5日）

（一）继续改善边区公路，保证畅通无阻。将边区所辖公路之桥梁、涵洞加以检查，其应修理者一律修理，其应添建者添建之。所有不合公路条件之坡度，须加以削平，应改线者须加以改线，并将东门外之河床桥建设完成。健全民众义务养路队之组织工作，以加强公路之保护。

（二）建设由延安至曲子、由曲子至盐池之大车道，改善边区之便道，务使因路狭致牲口跌死之坏现象消灭之。

（三）组织人民增加大车及牛、马、驴、骡、骆驼等运输工具，以发展运输。

（《陕甘宁边区党委政府关于1940年经济建设的决定》，1940年）

陕甘宁边区明年运输事业上的主要任务，首推运盐，其次是转运、调剂粮食，再次是出口与内地货物的运输。为了便利运输，当然有些道路需要重建和新修，有些交通设备需要扩大或重新增置。所有这些，当由建设厅另拟详细计划。

（《抗战四年来边区财政经济工作概况》，1941年10月）

为着便利经济发展，货物运输与军事交通，边区曾先后拨款四五十万，修筑富米路、定庆路、庆临路、延临路、延靖路、清靖路、延志路、定志路、吴太路、肤长路、延关路等，全长里程1851公里，现通车里程为1276公里。

随着工商业的发展，政府首先组织了民间运输力，建立运输合作社，提倡运输工具之制造，仅边区一级的公营造大车厂，已达9处之多……在运输设备上，曾在各交通要道，设立运输站、凿井、奖励私人开店、发动民间广种苜蓿、割草、铡草等，都收到了不小的成绩。

（海燕：《陕甘宁边区经济建设概况》，《解放日报》，1941年11月5日）

发展运输。主要是如何组织现有的运输力量和发展运输力量等。例如运输力的调剂，运输工具的组织（如动输合作），以及运输工具的增加（买进驮牲）和改良（如发展大车）等。为着便利发展运输，应同时计划如何发展驮运道及制鞍架、口袋、大车，并在交通大道如何添设客店，如何解决草料等。

（《陕甘宁边区政府为推行经济建设给各级政府的指示信》，1941年8月21日发布，引自《抗日根据地政策条例汇集陕甘宁之部（下）》，第612页）

三、组织食盐驮运是交通运输的一大任务

（一）边区政府关于食盐督运的决定和训令

要完成运销60万驮食盐，需要广大人民所信仰的领袖亲自号召人民，以取得人民对运盐运动的拥护。因此，边区一级已决定组织食盐督运委员会，以高岗同志为主任委员。各分区和各县、区、乡亦应依此办法，由当地人民所信仰的干部亲自去号召人民。分区和县应组织督运分会，由专员或分委书记，县长或县委书记为委员长，区乡得组织运盐大队与运盐队，由区长或区委书记，乡长或支部书记为大队长和运盐队长，并亲自出马带领牲口去盐池驮盐，既有利于号召人民，又能及时检查运销食盐中的经验教训，以便于发扬优点，纠正缺点或错误。

要使这一运动深入群众，各县应派出有威信和善于宣传鼓动的干部，到农村中去，向各种群众组织的会议上，民众大会上，以及使用各种各样的方式做深入的宣传说服工作，使人人懂得运盐的意义，而自动踊跃地参加运盐。

……

发动运销60万驮食盐，在人民方面虽然是有利可图的副业，如果没有组织上的动员是不能保证完成的。因此在运盐运动期间，各级政府和民众团体，都应以发动人民运盐为最中心的工作，政府机关和民众团体的负责干部，应亲身参加组织人民的牲口去驮盐，各级政府和民众团体应分别召集会议讨论发动人民运盐的办法，并经常检查运盐工作，民众团体应动员所属会员参加运盐，县与县、区与区、乡与乡、群众团体和群众团体之间都可以定出运盐竞赛办法，以及对积极组织人民运盐的干部分别予以奖励，以及提倡，对于组织人民运盐不尽职责的干部，则由政府分别予以惩戒。

（《陕甘宁边区政府为动员边区人民运销60万驮食盐的决定》，1941年5月26日公布）

西北中央局和边区政府委员会，为了巩固边区财政金融，发展边区国民经济，故有发动边区人民运销食盐的决定。这一措施是正确的、需要的。但任务之能否完成，首先决定于各级政府全体干部的同心一致，没有这一先决条件，则任何正确的政策、任何美妙的办法均无法实现。因此，对于本府所决定的督运方针，有任何犹豫动摇都是错误的。

查自督运办法实施以来，由于大多数干部对于西北局和边府关于督运的意义有了正确的认识，能合力同心，发扬工作创造性，克服一切困难，以求实现党和政府的决定，故各县均已发动第一批牲口出发了，第二批运公盐的牲口亦正在先后出发中，这证明只要干部能一致努力，实行既定方针，督运任务是一定能够完成的。但由于少数干部，对于督运工作的意义尚不够认识，或缺乏信心，致发生对督运方针的犹豫和动摇，甚至稍遇困难，便企图采取其他办法（如发盐票）来代替本府既定的正确方针，或则强迫新户不能驮盐的牲口参加驮盐，以至造成逼死人命（如延川禹居区）的错误，或则反动分子趁机造谣，欺骗民众，破坏运盐工作，亦不加以警惕等，以至个别地区的运盐运动，至今尚未能发动群众热烈参加，或则某些强迫命令的倾向，迄今尚未纠正等。本府为着彻底完成督运食盐任务，纠正对督运工作的犹豫甚至动摇或强迫命令等倾向，特别训令各级政府及本府派在各县帮助督运工作的全体干部：

1. 坚决地不许犹豫地执行与完成 7 月 23 日本府通知的运盐任务，只有把盐推销出去，才能使边区的经济基础得到巩固。

2. 运销食盐，于社会经济有益，于运盐农民同样有益，政府正在扩大盐栈，凡不愿运出边区境外，或一时销不脱的，盐栈均高价收买，不使运盐农民吃亏。

3. 要绝不妨害锄草、翻秋地、收获的农时，挤出时间才去；要有好牲口的才去。即是说有时间有好牲口的定要说服他去。他们也一定会去。绝不许强迫命令从事。

4. 要帮助运盐农民解决关于运盐的一切困难问题。一次运盐尝到味道，以后就好进行了。

（《陕甘宁边区政府训令》，持字第512号，1941年8月14日）

因为有困难和障碍，因此，除了必须向人民做深入的宣传解释外，同时，县区政府必须派出得力的干部，亲自去组织人民运盐，并随同人民一起出发督运，在路上帮助人民，向人民做宣传解释，与人民一样地共艰苦，并为人民解决沿途所遇到的一切困难。

（《陕甘宁边区财政、建设厅联合指示信》，1941年12月21日）

嗣后，凡属在边区运盐的牲口或车辆，各部队各机关一律不得拉差或留难，并应予以保护，以利食盐运时。如各部队或军政机关有粮食或军需品运往三边或转运其他地区时，须事先通知各县政府，由县政府组织运盐脚户捎带。并着量津贴路费可也。

（《陕甘宁边区政府、八路军后方留守处通令》，1941年7月5日）

（二）1942 年前运盐情况

食盐是边区的一大富源，是平衡进出口、稳定金融、调剂物价的骨干，无论是在边区国民经济中，或是在政府的财政收入上都占有非常重要的地位。抗战以来，海盐断绝，西北各省和中原地带对于边区食盐的需要大增。因此，1938 年边区食盐运销还只有 7 万驮，1939 年便突增至 19 万驮，1940 年为 23 万驮。在 1940 年上半年以前，食盐的运输是自流的，这时运盐的力量有 4 种：一种是长脚户，这种脚户依靠运输获利为主要经济收入；一种是短脚户，这种脚户主要从事农业，但又以兼营运输为其重要副业；一种是农户牲口，利用放青时期驮运一两回食盐，这三种力量虽是那时候运盐的主力，但他们在运盐事业上还没有尽量发挥了力量，长短脚户的数目虽然比起革命以前增多了，可是多数是以揽脚贩货为主，运盐仅在夏秋放青月份，他们又多是散漫的，合作运输那时还未出现，朋帮组织也不发达，因此运盐少，获利低，发展慢。农户放青运盐，仅在延安、定庆两条路线两旁的若干县区有习惯，放青牲口的数目不算太多，而且运回食盐相当大的部分是自己家里食用了，主要还不是为了运盐出口。以上这三种力量是边区内部的力量。再一种是边区外边的长脚户，他们运货到边区再运盐出去。

1940 年下半年以后，开始注意食盐的督运。而大规模有组织地发动运盐则是从 1941 年的夏季开始的。其目的一方面为了发展边区国民经济，增加出口以换回边区必需品，打破顽固分子对于边区的围困封锁，并解决财政困难；另一方面为了供给友区人民食盐。这一年全边区运盐任务原定 60 万驮，内中 6 万驮为公盐，旋以任务过大，改为从 6 月起至年底共运 322000 驮，公盐数目仍旧。为了督运，边区设督运委员会，各县区乡也都按级成立运输队部，党、政、群众团体的干部都下乡组织动员运盐。因为那时估计农户有 10 万头牲口，能够用于运盐，而长短脚户则为数不多，所以虽也督促长短脚户运盐，但主要是发动农户牲口，于是各地纷纷出发牲口驮盐。由于督运的关系，加以外边需盐又急，这一年原计划仅在下半年便运盐 32 万驮的任务虽然没有完成，但是运了 299068 驮，比之 1940 年的 23 万驮，增多了将近 7 万驮，这是很大的进步。

这一年的运盐工作当然有许多缺点：第一，是若干干部对于党的运盐政策缺乏认识，因而执行不坚决，甚至变成落后群众的尾巴，反对运盐，因此各地运盐到秋收时候多已停止。第二，就是在动员的方式上有许多毛病，由于许多干部没有经验，以及缺乏调查研究和细密的工作作风，于是不少地方发生强迫动员普遍发动的工作方式，不深入宣传运盐的意义和运盐能够赚钱，不管牲口强弱，不计农事的忙闲，一律令其驮盐，加之特务分子又到处散布谣言，进行破坏，在一些工作差的地区，一时间群众中呈现着恐慌气象；越是这样，督运工作也就越难进行，运盐贴钱和损失牲口的事情也就很多。第三，是那时只着重了发动农户牲口，只图一时间地完成运盐任务，还缺乏进一步逐渐发展长脚、组织长脚的计划和办法，以做长远之计。第四，是运盐的任务起初提出 60 万驮，太高了，以后改为半年运盐 32 万驮（虽说后半年正是运盐季节），仍然嫌高，而且在许多离盐池路远，又没有放青运盐习惯的县份也提出了大量发动运盐的要求，也是不恰当的。

虽然如此，1941 年大量发动运盐的政策是正确的，有成绩的，无可非议的。督运政策显然是有功效。

1941 年食盐运输的数字上涨到 299000 余驮，1942 年却又降低至 241721 驮，其原因在客观上是外面需盐不若 1941 年之急，在主观上则由于我们放松了督运政策。这一年运盐任务原定 30 万驮，其中公盐 127500 驮，私盐 18 万驮。私盐部分规定自由运销，于是民间运输又返回到以前自流的阶段。甚至在 1941 年组织起来的一些运输组织也解散了，政府仅在修路、增设脚店、解决草料饮水方面做了些工作。公盐原规定 77500 余驮由群众运交实盐，绥德分区和延川、延长、固临等县运盐不便，其应负担的 5 万驮公盐则改征代金。公盐这样半运半代、近运远代的规定原是正确的，而且在 1941 年冬季还发动了群众利用农闲运回一批食盐，不过公盐督运交实的政策也未能坚决执行，5 月以后也都改成代金了，到年底统计，仅收到实盐约 16000 驮。公盐交实政策放弃的原因，表面上由于春季农忙，夏季时局紧张，财政上需款紧急，实际上则由于执行者还没有认识运盐出口对于发展边区经济、平衡进出口贸易、稳定金融物价的重大意义。

1942 年年底边区高干会检讨了历年边区的盐业政策，确定了实行食盐的督产、督运和统销，毛主席在其名著《经济问题与财政问题》一书中，对于发展盐业，无论在原则上或办法上又都给了明确的指示，于是 1943 年边区的盐业走上了一个新的更加蓬勃发展的阶段。

（《1943年的运盐工作》，1944年，中共西北中央局调查研究室编，第1~3页）

（三）1942 年高干会议对运盐的要求

盐是边区的很大富源，是平衡进出口、稳定金融、调节物价的骨干，很大一部分人民赖盐以交换外货，相当大的一部分军队及工作人员赖盐以维持生活或补助生活，盐又是政府财政收入的一个重要来源，故盐对边区有着非常重大的作用。抗战以来，海盐杜绝，淮盐晋盐减少，西南依靠川盐，西北及中原依靠宁夏、青海盐，我们边区的盐也就占了一个重要地位，运销逐年增多。1938 年，我们出口的盐还只有 7 万驮（每驮 150 斤，每斤 24 两）；1939 年，突增至 19 万驮；1940 年，23 万驮，1941 年，又来一个突增，达到 299068 驮；1942 年，至 9 月止，155790 驮，估计最后三个月还可销七八万驮，共约二十三四万驮。这个统计，表示了两个重要事实：一是外面的需要，二是我们的努力。有些同志看不见外边的需要是抗战决定的，不超过一定限度的盐是有销路的，因而主张听其自然，党政无须加以干涉。另外有些同志，则把盐的逐年增销仅仅归因于外面的需要，而不知道党政的领导干涉是增销的一个很大的因素。我们之注意盐业，是从 1940 年秋季开始的。1941 年之所以由 1940 年的 23 万驮突增至 299000 余驮，除了因为 1940 年外边盐荒、存盐抛空，故 1941 年盐销特别旺盛这一个客观因素外，还有我们在这一年实行了督运政策这一个主观的因素包含在内。1942 年，忽由 1941 年的 299000 余驮降至二十三四万驮，除了外边的需要不如 1941 年那样紧急外，也还有我们自己放弃了督运政策（把组织起来了的许多民间运盐计划停止）这一原因在内。我们如不从此得出教训，则对今后工作又将重复过去的错误。固然，1941 年的盐业工作是有毛病的。原拟运销 60 万驮的计划是太大了，边区在这一年还不可能解决这样大的运输力；产盐有 70 万驮的成绩是很好的，但盐质又太坏；督运是正确的，但不应普遍动员到一切地区的一切人；动员的组织与方式也有许多不合实际情况的弊病。所有这些，都是 1941 年我们工作的缺点或错误。但是无论如何，对于盐业采取积极发展的方针是完全正确的，对于这一点的忽视，不了解，甚至妨碍，是完全不对的。

1943 年应该怎样呢？首先要确定积极发展的方针。边区目前情况，对于作为一个极大的因素借以解决财政困难（公营盐业及盐税）的盐与作为一个主要的因素借以平衡进出口、稳定金融与物价的盐，绝不能采取消极态度。因此，必须扩大已经设立的盐业公司作作为联结公私盐业、扩大公私产运销的主力军；提高盐产质量，以利广销；恢复督运工作，组织民间一切可能的运输力，扩大运盐；吸收外来脚户多运多销；修筑道路，配置店栈草料，以利盐运；由盐业公司逐渐统制外销，避免公私竞争的无政府状态。这些就是我们在 1943 年内关于积极发展盐业的总方针。

其次，我们的具体布置应如下：

1. 扩大盐业公司，增加其资本，在物资局指导下，吸收各机关部队及私人入股，发展盐的运输，扩大盐的销路，调节盐的价格，保障在 1943 年内自己运盐 4 万驮，即以这批盐为基础，尽可能地收买民盐，实行部分的对外统销；然后依据情况，逐渐做到完全统销，借以抵制外边的操纵，保障公家利益与人民利益。

2.1943 年应计划产盐 40 万驮，运盐 30 万至 36 万驮，并争取超过。关于产盐，仍继续官督民产政策，保障盐的质量大部至全部为上盐，不许再产下盐。关于运盐，拟订盐业公司系统运 4 万驮，吸引外来脚户运 5 万驮，组织边区人力畜力运 21 至 26 万驮，共运 30 万至 36 万驮。

3. 组织边区内部运 21 万至 26 万驮盐的人力畜力，是一个很巨大、很艰苦、很细密的组织工作与群众工作，应由建厅主持，各级政府负责督运，各级党委则任检查、帮助之责。运盐的动员，一面要带某些强制性，但一定要避免有害的命令主义，主要应取宣传说服的方针。运盐的组织，要采运输合作社及运输队的方式，宣传群众自愿入股，有的出人，有的出牲口，有的出人又出牲口，有的出经费，有些特殊情况的人则许其不出；而以赶过长脚富有经验的人及必要的牲口组织成运输队。县区乡各级的党与政府应积极指导这种运输队的合理、公平与健全的组织，顺利地出发，在路上要进行必要工作，保障人员与牲口的安全；归来要注意合作社利益的分配，保障经手人及全体社员的利益。运盐必须不违农时，必须加强劳动互助社（变工）的组织，使运输队出发后一切社员不因缺乏人力畜力而损害农业生产。绥米警备区及东三县的运盐组织（运输合作社及运输队），应允许群众有更大的自由，更少带强制性。任何地方的运输合作社与运输队，必须使其建筑在为社员谋利益的基础上，党与政府的任务在于使这种利益日益增大，否则是一定要失败的。建厅、各分区及各县，应将民众运盐最有成绩的实例教导人民，广为宣传，仿照办理，务使1943年的运盐事业能完成计划，而又大大地直接有利于人民。

4. 物资局各地企业及各地人民合作社，要与人民运输合作社及运输队密切配合，尽可能使人民运盐牲口能驮来回货，才能使人民运盐事业得到发展，整个运盐计划才能完成。

5. 发展盐业的中心环节是运，运的重要条件是交通。1943年政府应拨200万元，由建厅主持，修通延定、定庆两条大车路，整理延鄜路。并由物资局沿运输大路开设骡马店，转运栈、缺水处开挖贮水窖。由建厅协同物资局在沿途广植苜蓿，并用其他办法配备草料，只要有路、有店、有草、有水，运费即可大省，运量即可大增，外来脚户、本地人民、盐业公司三项运输，都会发达起来。为改良运输工具计，另由建厅主持，按道路条件制造大车小车，增加盐运。只要路修得好，公家多用大车，民间推运小车，较之驮运是多得多的。

6.1943年公盐定为10万驮，近运远代，半运半代。但公盐与发展盐业是两件事，只要确定地能运输30至36万驮出口，公盐或收实盐，或收代金，随便那样都是可以的。

（毛泽东：《经济问题与财政问题》，1942年12月，《毛泽东选集》东北书店版，第802~805页）

（四）1943年运盐概况

1943年运盐工作成绩的主要表现：一是运盐驮数的增加，一是参加运盐牲口数目的扩大。在运盐驮数方面，到年底共运了387603驮，出口的占大多数，内中子洲县小盐运输量为17800驮，友区盐过境者约4万驮，余为盐池销出数。比之 1942 年运盐数量有了极大的增加，同时工作进行的情况比之 1941 年也有极大的进步。

在参加运盐的牲口方面，大约为 55000 头（此处及下文所谈之运输力，绥德分区皆未统计在内）：民众的牲口，一种是长短脚及农户牲口，参加的为数 49237 头，这是运盐的主力；一种是各种新式的合作运输牲口，为数 3706 头（这是 9 月底的统计，到年底已达 6000 余头）；机关部队的牲口，去年约有 2000 头参加了运盐；此外则为外来脚户。根据 31 万驮食盐输出量的统计，由民间一般牲口运出者约 23 万驮，占 74%，即四分之三，由合作社牲口运出者约 35000 驮，占 11% 强，由机关部队牲口运出者约 1 万驮，占 4% 弱，由外来脚户运出者亦约 35000 驮，亦占 11% 强。

兹将去年各分区参加运盐的各类民间牲口数目表列于下（建设厅 9 月统计）：

上表所列一般长脚与新式合作牲口总共 21340 头，其中约 5000 余头是去年新发展的，几占总数的四分之一。计新式合作运输牲口增加 3500 余头，一般长脚增加了 2384 头。——这是根据去年 9 月以前材料统计的，到年底还会多些。

项别 \ 产量 \ 时间	延属分区	三边分区	陇东分区	关中分区	共计
长脚	2936	8391	3950	2354	17631
短脚及农户牲口	11350	6452	12278	1526	31606
新式合作牲口	2526	388	775	20	3709
共计	16812	15231	17003	3900	52946

去年运盐事业之所以有这样巨大的成绩，基本由于以下两个主要原因，这两个原因也就是去年运盐事业的两大特点。

第一是督运的恢复，以及许多具体办法的实行。其中首先就是各级干部大多数对于运盐意义有了正确的认识，而且进行了运输的调查研究，对于发动牲口运盐，更多地采取了劝说和算账的方式。许多下级干部党员亲自出发领导运盐，许多负责同志用相当大的精力领导检查了运盐工作，西北局和边区政府对于运盐工作多次的指示、检查，尤其起了重要的作用。其次，就是对于运盐实行了各种帮助与奖励办法：1. 去年道路交通更加改善了，修通了延定路，改善了延米路、延富路、延靖路、延临路、延凉驮路及延市街道，又在延定路的孙克崾崄一带打了四口水井，以解决饮水的困难。2. 脚店草料问题也有了一些改善，仅是延定、延靖两路就增设了48处脚店，陇东的脚店并由政府加以组织管理，延定等路上政府又将公草拨借各店，不少县份也发动运盐路旁的农户广种苜蓿，加之去年三边丰收，因而去年运盐路上草料食宿并未感太大困难。3. 食盐统销政策的实行，也保证了脚户能够买得好盐，手续简便，并且免除了店家的各种剥削。4. 各级政府机关对于各种脚户和合作社牲口曾给予大批贷款，特别是对于组织合作运输事业，边府允许而且提倡各地提前征收公盐代金，借作发展合作运输的基金，颁布了对于运输合作社的奖惩和补助办法，十月间更散发了1000万元的合作运输贷款。5. 为了减轻脚户负担，边府又曾训令各县，凡脚户或群众参加运盐者，其运盐部分运费收入不交公粮。最后，政府对于去年间在群众中涌现出来的大批运盐英雄和模范的运输合作组织实行了奖励。——凡此种种，促成了去年的运盐大浪潮，督运的成效是显著的，督运的办法也是细致的、多样性的。

去年运盐获得巨大成绩的第二个主要原因，就是把边区的运输力相当广泛地发动起来了。群众参加运盐绝大多数是自愿的，获利的，而且是按照群众自愿和他们所能接受的程度，利用各种不同的形式，使他们都参加一定的组织，这种组织的意义是重大的，不但提高了运输的力量和改进了参加者的意识，使得运盐获利更有保障，而且更便利了党政的帮助和领导。去年，一方面民间固有的各种运输合作方式，如捎牲口，朋帮，在量上广泛地发展了，在质上也冲破了小规模地限于至亲好友间的狭隘圈子，而变成了范围较大的群众性的合作互助组织。另一方面，新式的各种合作运输方式也在刘建章同志的创造和党政的提倡推广之下，有了蓬勃的发展。因为运输力量有了组织，边区的运输事业从去年起，可以说是走上了一个更高的新的发展阶段。

（《1943年的运盐工作》中共西北中央局调查研究室编，1944年）

1. 高干会的成功，使干部对于积极发展盐业的方针，与督运、督产、统销的政策，有一致的认识，因此党政军各方面对盐业有了一致努力的工作。在督运督产上，创造了许多新的办法。所有盐店，均能顺利统一于盐业公司。如果没有认识一致是不可能的。这种一致，又完全是高干会整风的结果。

2. 证明中央与毛主席积极发展的方针是完全正确的，必要的。以前，或者是愁销路限制，或者顾虑运输力量不足，妨碍农业，或者愁不能赚钱，会脱离群众，或者说产盐不必督促，今年的事业证明，这些顾虑是没有根据的。今年运销量激增，运盐有利可图，为群众所拥护，不但没有妨碍农业，而正是今年农业发展得最好。

3. 领导方法凡是合乎一般与个别、领导与群众相结合的原则，成绩就一定好，否则就一定差。延安县的督运工作，基本上是合乎这一原则的，特别是靖边镇罗区组织 122 头长脚牲口，是“突破一点，取得经验”的典型。三边的督产，陇东的管理脚店，都是执行党的指示的模范。

4. 上半年督运工作的缺点，总的来说，最主要有两方面：一方面，运销量激增了，并且供不应求，但督运机关（建设厅）没有提出新的工作方法，应付激增的新情况，如能进一步加以推动，则上半年成绩必然会更多更好。另一方面，总结经验加以发扬的工作做得太少，建厅上半年只发一个总的介绍经验的指示，各分区也很少做一个队、一个长脚户的研究工作，没有把像靖边镇罗区那样的工作经验介绍出去。总的一句话，缺乏具体领导。

5. 由于我们工作不深入，以及经验缺乏，不少干部在运销工作方面是有许多缺点的。也有特务分子对盐业进行破坏，使我们遭受到不少的损失。

（《1943年上半年食盐督运工作检查报告》）

第二节　关于交通运输事业的政策与领导

一、组织运输合作社

（一）组织运输合作社的重要意义

普遍采取运输合作的各种形式展开运盐运动，目前，除翻麦地种荞麦用的牲口暂时不动用，锄草的必需人力仍保留以完成锄草任务外，其余公私人力、畜力都应动员起来运盐。所有机关部队学校的牲口除必须用于给养运输外，其余应即组成运输队，立刻出发运盐，并影响与推动群众运盐。各地合作社运输队应以全力运盐，并用一切方法发动群众合作运盐，在运盐中发展运输合作事业。由政府拨出一定款项，做运输合作事业贷款以帮助该项事业之发展。发动各地“牛客”、长脚、短脚都转为运盐脚户，把他们很好地组织起来，作为引导群众运盐的一个主要力量，并尽量提倡“朋帮”“带头”“捎驴”等互助形式，节省人力畜力，增加利润。在没有或缺乏合作社运输队的地方，则应以乡或村为单位，以党员为核心，依靠群众不同的具体条件，实行变工互助，组织临时的鲁忠才式的合作运盐队，区乡派得力干部参加进去亲身领导。普遍组织一般农户的牲口去运盐。

（《中共中央西北局关于加紧运盐工作的指示》，1943年7月28日）

1. 干部必须首先认识运输合作的作用，不要以为有了个体的长脚户，便不去组织。组织的方法应以公私合作，私为主体作为基本方向，各分区互相采用经验，加以发挥。

2. 本府拟订运输合作奖助办法，各级政府应彻底实行。本府并拨 1000 万元运输贷款，以发展运输合作事业。

3. 已组织起的运输合作，应由建设厅介绍给盐业公司建立密切关系，以便于互相利用。

4. 建设厅应收集各种性质的模范合作章程，发给各县参考，以加强对运输合作的领导与帮助。

5. 考虑明年如仍收公盐代金，宜早决定，以便各县利用。

（《1943年上半年食盐督运工作检查报告》）

在今天合作运输队因管理不善而赚钱不多的情况下，组织运输力的方向应该是：

1. 合作社运输队应采取精干政策，保持一定的数量作为运输队的骨干，以保证运盐任务能够及时调剂，但必须要求质量好的牲口，加之很好地管理，才能不赔钱。

2. 公私合股可以发展，政府或合作社仅以少部分的力量，获得最大的效果，以长脚的经验来管理运输队，实行股东当队长的办法是好的。他如“活股”牲口办法亦可采取，“有盐运盐，无盐运货，无货回家做农业生产，送粮送粪”，这既可以调剂运输任务，又可以减少开支，这种组织方法可以大大提倡。

3. 群众运输合作组织也可以根据各地不同的情况灵活采用，要做到“个体脚户合作化”，适合于新民主主义的发展。

（《边区的运输事业》）

（二）运输合作社组织办法

1. 宗旨：人民运输合作社，是以保证政府按期收到驮盐和公粮并便利人民运输，避免因无组织而浪费人力、畜力和过分妨害人民生产的损失，提高边区运输力量，保证抗战运输需要，便利发展边区经济为目的。

2. 性质：人民运输合作社，虽是替人民运输义务公盐和公粮，但性质上应当是营业的，无论社员或非社员，凡委托合作社运输公盐或公粮，均应按照合作社规定出备运费，其运费多寡由合作社按照实际开支需要规定，既不得规定太高，也不得规定太低，而应略有盈余，以便利合作社不断扩大，并使社员有相当红利可分，以便于广泛吸收人民加入合作社。

3. 社员：人民运输合作社既是营业性质，故不论是为了便利运输公盐和公粮的人民，或是为了从事运输事业、借以获取运输费的人民，均得自愿加入。

4. 社股：人民加入运输合作社为社员，至少须认交社股一股，多则不加限制，但每股不得少于 50 元的价值，并得以左列物资入股：

1. 能运输的牲口；

2. 大车、鞍架、口袋等运输工具；

3. 粮食或草料；

4. 特殊情形下得用货币。

但无论牲口或其他物资，均应折合成货币为股份，以便于按股享受损益。

……

6. 组织：人民运输合作社，一般地以区为单位组成社。一县之中有 3 个以上合作社，得组织县联社，全边区有 3 个以上县联社，得组织全边区联社。合作社受区政府的监督，县联社的管辖；县联社受县政府的监督，边区联社的管辖；边区联社受建设厅的监督和领导。

7. 职员待遇：凡在合作社工作的人员，不论社员或非社员，一律实行薪金制度，此项薪金应不低于边区的私人雇用工人的中等待遇。

8. 人民运输合作社，得享受政府官价草料的优待，如有意外损失，政府得予以补助，如有优良成绩得予以奖励。

（《陕甘宁边区人民运输合作社组织办法大纲》，1941年12月公布，引自《抗日根据地政策条例汇集陕甘宁之部（下）》，第581~582页）

（三）利用公盐代金发展运输合作事业

根据本年（1943 年——编者）各县组织运输合作的经验，正确利用公盐代金，是政府提倡运输合作、发展运输力的良好办法。为了发挥利用公盐代金发展运输合作的经验，特作如下指示，希各分区各县根据具体情况，研究实施之。

……明年公盐负担，除绥德分区外，准许各县提前于本年秋收后，按各县运交公盐地点的市价征收代金，作为发展运输合作之用。

……

利用公盐代金，要发挥代金对于发展民间运输合作的作用，防止仅仅以代金购买牲口，而不进一步以代金发展运输合作的倾向。凡尚未建立运输合作的区域，应以代金与长短脚户及农户合作，组织公私合作或民间合作的运输事业，并且争取代金占少数，群众股金占多数，以吸收更多的人民及其资金和牲口参加合作。凡已经建立运输合作的区域，应以代金扩大与巩固原有的合作运输队，并发展新的合作。总的方向是力求达到每百人中有三头牲口的运输合作，各专署各县应根据这个方向去具体计划。

……为了争取长脚户及农户积极参加运输合作起见，各级政府应从各方面支持运输合作，使之有利可图，保证实现公私两利，并且私利多于公利的原则。

（陕甘宁边区政府：《关于利用公盐（代金）发展运输合作的指示》，1943年10月2日）

（四）运输合作社奖惩和补助办法

第一条　本办法为发展运输合作社，便利食盐运输与对外统销，保证合作运输得利制订之。

第二条　凡具有以下三条件的运输合作社，均可得到政府的奖励：

1. 以运盐为经常的主要业务；

2. 运盐不走私；

3. 运输路线受盐业公司的调动。

第三条　奖励办法如下：

1. 如因盐价跌落，影响亏本，致不能维持存在，政府可给以贷款，或酌量予以津贴。

2. 已成立的运输队，如因流动资金缺乏，不能运盐，政府可给以短期借款。

3. 如因在边区内受军事差役损失，致不能维持业务，政府可予以津贴。

4. 遭受天灾及其他祸患非人力所能抵抗，致不能维持存在，政府可贷款或酌予救济。

5. 得享受政府规定平价草料的优待。

第四条　凡领导发展运输合作社，达到如下的标准者，可受到政府名誉（奖旗或褒状）或物质（棚账或毛口袋）的奖励。

1. 一年所赚运费、发展牲口在原有数五分之一以上者；

2. 一年运盐次数至少达 10 次，每次单程 8 站以上，平均驴驮在 150 斤、骡马驮在 220 斤以上者；

3. 脚夫每人赶骡马 3 头以上或毛驴 4 头以上，并管理饲养有良好成绩，全年损失最小者。

第五条　凡有下列情形之一者，应受到政府的惩罚：

1. 运盐走私者；

2. 故意损伤牲口及合作社财产，或故意使营业遭到亏蚀者；

3. 贪污浪费、假公济私者；

4. 消极怠工，致使合作社受到损失者。

（《陕甘宁边区运输合作社奖惩办法》，1943年8月14日公布，引自《陕甘宁边区政策条例汇集（续编）》，第199~201页）

运输合作社是今年运盐的重要力量，也是明年要大量发展的运盐组织，因此，本府曾颁发运输合作社奖惩办法，规定各级政府必须支持奖助，使之能经常运盐。

运盐能否赚钱，有许多条件，如骆驼、牛等放青的能够赚钱，骡、马、驴等不放青的不易赚钱；管理得好，能多驮，走够站，人少，损失少的能赚钱；否则，不易赚钱。有回头货及自带草料，花费节省的能赚钱，否则，不易赚钱。

近因草料伙食价格高涨，运盐可能利少甚至赔钱。本府为了支持运输合作，特规定如下办法：

1. 运输合作社如在 10 月 1 日以后，因运盐卖交盐业公司而赔钱，由县政府（有物资局、盐业公司者，协同进行）进行检查，了解其人数、牲口数及前节所述各种条件，确实检查其所赔数目及原因，并计算连同工资在内，每两头骡子（或 3 头驴子）以每天赚一升半小米（18 桶）计，应赚若干，由县政府报告专署。

2. 三边、陇东、关中专员公署接获报告后，应会同各分区物资分局加以检查确实，除草料、伙食、装备开支外，根据每两头骡子（或3头驴子）每天应赚一升半小米之标准，由物资局补助。但以确因草料、伙食昂贵而赔本者为限。如果因管理不善而赔本者，物资局不负赔补责任。延属分区则由专署报告物资局及建设厅协同审查。

（陕甘宁边区政府：《通知补助运输合作社》争字138号，1943年11月25日）

二、鼓励私人投资交通运输业

陕甘宁边区交通运输局发展私人交通运输企业投资暂行办法：

第一条　本办法系为发展边区私人经营之各种交通运输企业而制订之。

第二条　投资范围包括骡马店、大车、鞍架、毛口袋、制造厂、兽医院以及其他一切交通运输事业。

第三条　有下列情形之一者，始得要求投资：

1. 某地区内对某种事业极感缺乏有愿开办者；

2. 某地区之某事业，供不应求，有私人要求扩大其该项事业者；

3. 某企业已经成立，经理颇有成绩，客观迫切需要，而该企业人又欲发展苦无资金周转者。

第四条　请求贷款人，必须拟出详细计划，经由县政府审查证明，介绍至交通运输局批准后，始得领取之，待该款到达县政府后一个月内必须交给预定之私人企业，逾此期限，如发现此人不妥及有其他情形又无法处理者，得报告交通运输局。

第五条　在资金发给私人两个月内，必须开始营业……

第六条　交通运输局对所投资之私人企业，不取分文利息，但该企业必须完成合同上所规定之全部任务。

第一项：关于骡马店者

1. 必须能容纳一定数量之人畜，并经常囤积一定数量之草料。

2. 代脚户出卖货物其所收佣钱不得多于二分。

3. 草料及伙食价格，不得超过买价 140%。

第二项：关于大车、鞍架及毛口袋制造厂者

1. 必须在一定期限内完成一定数量之大车、鞍架、毛口袋等物品。

2. 可与指定之合作社订立合同，按月供给其出品多少按市价九五折出售之。

3. 其出产品之卖价，不得高于一般市价。

4. 在不妨害资金流通下，各制造厂得将其出品之一部预先卖给运输合作社，定期还钱，以便于运输事业之发展。

第三项：关于兽医院者

1. 必须有一定程度之兽医技术及一定数量之医药设备。

2. 必须负责诊治经过该地区的运输队牲畜之病症，其医药手术费不得高于一般私人经营医院的规定。

第七条　投资期限为一年，有特殊情形者得延长之。

第八条　接受投资之私人企业，每半年向交通运输局报告营业状况一次。

第九条　各企业所得之利润，必须拿出半数作为该项事业之扩大基金。

第十条　该项贷款绝不能挪作其他企业之用，如发觉此类情事除将贷款全部收回外，并须交还月利五分之利息。

第十一条　接受投资之企业，如遇天灾人祸及其他人力所不能预防之损失，交通运输局可酌情再给予相当数目之资金以继续其业务。

第十二条　本办法自建设厅批准之日起施行之。

（《陕甘宁边区交通运输局发展私人交通运输企业投资暂行办法》，1942年2月26日，引自《抗日根据地政策条例汇集陕甘宁之部（下）》，第578~580页）

三、交通运输局及其所属单位

交通运输局为建设厅组成部分之一，直接受建设厅领导。其组织计划是根据边区二届参议会“精兵简政”的方针，尽量缩编上层组织，抽出干部，发展下层工作，在三边、陇东、绥德及关中 4 个分区，设立交通运输分局，督促该分区的组织动员工作，指导运输事业，使其有计划地完成运输公私盐的任务；在定延、定庆及清靖三条主要道路上，各组织一管理局，将全边区的运输事业，有机地联系起来。路局的工作范围，即为路的全线，凡路上的一切运输设施，均为路局领导。兹将其组织系统及干部配备列表如下。

1. 交通运输局组织系统表

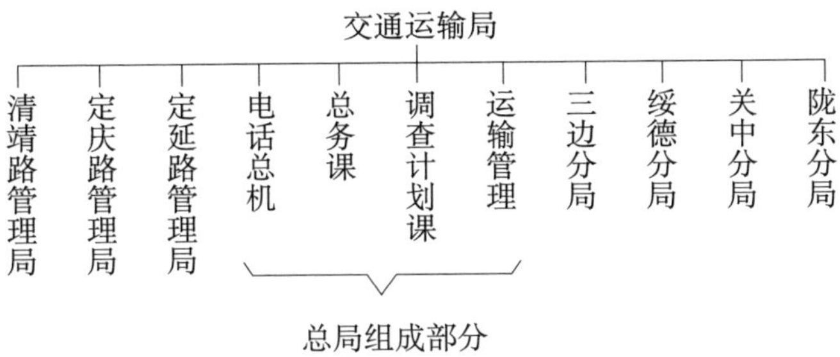

2. 交通运输局及其所属单位干部统计表：

部分人数职别		局长	科栈长	科栈员	局员	工程师	工程员	监工员	司机	接线生	事务人员	杂务人员	总计
总局		2	2	8					1	4		4	21
所属各单位	三边分局	1			3							1	5
	绥德分局	1			2							1	4
	陇东分局	1			4							1	6
	关中分局	1			3							1	5
	定延路局	1			2		2	5				1	11
	定庆路局	2			1			3				1	7
	清靖路局	1			1			4				1	7
	甘富段工程处					1		3			1	1	6
	延川段工程处					1		3			1	1	6
	绥惠渠工程处					1		2			1	1	5
	志丹转运栈		1	2							7	1	11
	孙克崾崄转运栈		1	2							6	1	10
	新儿湾转运栈		1	2							6	1	10
	东华池转运栈		1	2							5	1	9
	元城子转运栈		1	2							5	1	9
	张家畔转运栈		1	2							7	1	11
	瓦窑堡转运栈		1	2							5	1	9
合计													152

（《1942年度交通运输工作计划》）

注：副局长兼运输课长。

第三节　道路的修筑与管理

一、历年修筑道路的情况

（一）1937 年至 1941 年道路修筑概况

陕甘宁边区是处在抗战前线，无论军事上、经济上，均有赖于交通的便利。在抗战前国民党为了进攻苏区而筑有咸榆、庆环等路，桥涵均无，路基亦未完成；筑成部分因常年失修，多为雨水冲毁。国内和平统一，于 1937 年首先修筑延安窑店子至延川王家屯一段 40 公里的汽车路，于年底全部完成，使咸榆公路全线可以通车，不仅军运加强，对于经济特别是商业的发展，也起了很大的作用。至 1938 年开始注意大车路的修筑，首先动员民工修通了延安至安塞的大车路，计长 32 公里，1939 年又扩展至龙石头及茶房川。这是发展大车路的开始，使军事交通经济发展更趋便利。

1940 年，又动员民工 4200 工，修通了延安至沟槽渠的大车路，计长 50 公里。政府拨款 1500 元，添设了桥涵 7 个，并开了必要的石坡多处，费时两月，于年底通车了。该路之修筑，便利了高桥川各工厂原料及成品之运输。同时又修通了定庆路及去西华池的支线，计长 330 公里，系动员民夫修筑的，按工给足够的工资，非义务动员，于 10 月开工，12 月完竣，历时七十余日，已草率通车了。共支工程费 30852 元。该路排水设备很少，养路工作不够，通车有很多的困难，加之附近车辆很少，目前在运盐上尚不能起应有的作用，仍须进行改善。

1941 年经济建设的任务要做到自给自足，道路建筑也成为空前重大的任务，配合着政府运盐工作计划，完成了庆定、庆临、延临、延志、延靖及清涧等 1000 公里大车路的交通网。政府拨款 10 万元作为开石砭、添修桥涵等石工费，并义务动员民夫 10 万工辟修土方，施工期未及两月，即告完竣。

兹将四年来道路经费开支列表如下：

年份	经费开支
1937年	48850.24元
1938年	47828.90元
1939年	82594.50元
1940年	57793.21元
1941年	770139.69元；本年尚需131000元。

附：1937 年至 1941 年 9 月底止边区道路工程统计表：

年份			1937	1938	1939	1940	1941	正在进行中
路线距离	汽车路（公里）		211	211	213	396	396	
	大车路（" "）			32	45	500	880	95
工作概况	路基	重要工程名称	延安至龙山开土砭及山道（计林坪白家崖崔家圪劳四个石砭）	六里峁及姚店子石砭整理延安南六公里路线修理延安至安塞大车路	盘龙山等处改坡甄家湾沟门子延南六公里三皇庙贺家渠改线延安新市子路修通延安安塞大车路富米路全路改宽。	延安至杨家湾新开延安至西河口及定庆大车路增加富米路汽车路及庆米路清米路改善延安汽车路。	完成1～4公里大车路的交通网	延安及安定路延川二处改修延志路五处改修及富米北段改善。
		改线（公里）		2.0	127	127		7处
		土石方	50000	60000	220000	298100	604300	尚未统计
	桥涵	桥（座）	19	39	50	48（×）	55（×）	" "
		涵管（座）	64	124	167	215（×）	230（×）	" "
	特殊	过水路面（道）		4	13	13（×）	14（×）	" "
		驳岸（公尺）	150	450	852	1043（×）	1043（×）	" "
		隧道（公尺）			39.5	39.5	39.5	" "

续表

经费	费用(元)	48850.24元	96659.19	179253.64	231046.85	101186.54	13100000
	动员民工(工)				4200	102360	31000

注：1. 关中神府尚未统计在内。
2. 跨度三公尺以上者为桥，以下者为涵。
3. 有（×）表示富中段，清米的未统计在内。

（《关于边区经济建设之报告》，1941年10月4日）

（二）动员群众修筑2000里大车路的办法

为要发展经济保证自给自足，如果没有必要的大车路，一切原料和产品就没有办法转运，要发展食盐的产销，没有必要的大车路，也就无法运销出去。因此迅速修通边区的主要大车路，就成为发展边区经济的前提，愈是完成得快，则对经济建设的推动就愈大，根据这个意义，决定1941年第一期的动员工作必须修通下列各线：

1. 定庆路（自定边经过环县、曲子至庆阳）；
2. 庆临路（自庆阳经过合水、富县至临镇）；
3. 延志路（自延安经过高桥川至志丹）；
4. 延临路（自延安经过应儿沟至临镇）；
5. 延靖路（自延安经过真武洞至靖边）；
6. 衔接咸榆公路到盘龙和甘谷驿的支线。

兹将动员的具体办法分述如下：

1. 第一期动员工作自雨水（2月19日）起，至清明（4月5日）止，共一个半月为中心时期，必须按期完成通车的任务，不使延长妨害春耕运动之推进及盐业之进展。

2. 规定此次动员为抗战动员工作之一，按照义务动员的原则，由群众自带工具、口粮及干柴，工具种类数目和口粮干柴的数量，由工程管理局或分局通知，必须带全，被灾区域经县政府讨论提请建设厅批准后，粮食可由政府供给。

3. 每次动员，根据各具体情况规定其工作日，起码为5天，至多不得超过10天。动员修路的工作日即抵作其他抗战动员工作日。如因动员日期太长而影响春耕时，采取换工办法，以未动员的群众补偿动员来的群众之损失，不要缩短动员日期，以免往返误工太多及工作效率减低。

4. 按照自卫军班、排、连的组织，由区乡政府预先编好，选出班、排、连长带到工程地点，每班人数由 5 人至 10 人组织之，凡是老汉、娃娃和病人不得编入进去，以免有名无实妨害工作进行。

5. 各班、排、连按照动员来的人数分配一定地段的工作，采用集体包工的方式，不论在规定日期前后完成，均不增加或减少工作日（如规定 5 个工作日的工作在 3 天完成的，即算作 5 个工作日）。各单位应进行革命竞赛，以提高劳动热忱，避免劳动力的浪费。

6. 保证动员来的群众一定按期到齐，并指定专人管理不致逃跑。同时应事先划好地段使群众一到就有工作不会浪费时间。

7. 为了避免来往走路的时间耗费过多，应动员道路附近的群众来修，不必一定以县区界限划分，以免发生修路的时间少、走路的时间多的不合理倾向。

8. 这样大的动员能不能做得好，首先决定于各级政府的领导力量。因此，各级政府，应就自己所辖区域内应修的路有多少长度，需要多少人工，有多少壮丁能动员，那些是必须先完成的，那些是后一点完成的，都应事先切实计划好，分成几次动员，分段选择工程之亟须先后进行，避免普遍大量动员无法领导的现象。

以上办法，除县、区、乡各级政府详细讨论执行外，并须给群众做深入宣传解释工作，使他们了解修路的意义，提高他们的热忱以争取按期完成任务。

（《动员民众修筑2000里大车路的办法》，1941年1月，引自《抗日根据地政策条例汇集陕甘宁之部（下）》，第482~484页）

政府在持字三八六号的训令中，已经指出广泛发展边区境内交通网的任务，关于交通干线的大车路，本厅已有建字一号的指示信于 1 月 20 日发出，至于旧有驮运道的加宽、削平及修理和加辟新线等，各县均应根据各地实际情形，切实讨论，拟订具体计划及工作进行步骤按期执行，并报告本厅，以便考察。兹将进行办法分条概述于下：

1. 为了补助边区的农工商业特别是盐业的发展及适合于军事政治的需要，必须辟修的驮运道，各县政府委员会均应做详细的讨论，并拟订具体计划，交各区政府研究后提出实现的办法，和进行工作的步骤切实执行为要。

2. 计划的内容：全县应当修筑的驮运道共有几条，每一条道路是从何处起到何处止的，中间经过那些地方，多少里程，有些什么作用，需要多少工，全县修筑的道路共有多少长，并制就详细的计划路线图。

3. 应当根据工程之急缓及需要工数之多少，分开步骤进行工作，其标准略述于下：

（1）凡旧有驮运道，一般的要做到将路面开宽至5尺（木匠尺），爬山立坡处尽量设法绕道减低坡度，以便利交通运输事业的发展。常遭山洪冲毁之道路，必须添挖排水沟，路面荆棘要清除净尽。

（2）凡新辟道路，第一步先做到一般原有驮运道之标准，但要避免阻碍进行、驮畜摔死的危险发生。第二步再进行改善工作，一定要做到甲项规定之标准。

4. 利用农闲时间，分作四期开工，每期自何日起，至何日止，由区政府讨论决定，动员工数应根据工程之大小决定，总之，在一年内一定要将全部计划完成。

（1）解冻后至春耕紧张期为第一期。

（2）春耕结束夏耘未至为第二期。

（3）夏耘结束秋收未至为第三期。

（4）秋收以后为第四期。

5. 建立管理修筑驮运道的临时组织，凡修筑驮运道的各区政府，均应建立临时的筑路委员会，该区区长、区助理员、路线经过之各乡乡长及其他有关团体之负责同志等应为委员，以区长为主任委员。兹将筑路委员会的工作任务略述于下：

（1）制造该区1941年修筑驮运道路的全部计划和工数预算。

（2）确定施工的步骤，分开哪是先修的，哪是后修的。

（3）组织动员群众参加修路工作。

（4）派员督促领导工程的进行并定期检查工作。

（5）按月向各该县四科做工作报告。

6. 动员组织工作：参照本厅印发之养路队组织规则，将拟修道路两旁10里以内的群众组织成若干修路队，分期将全县之交通计划完全实现。如因人数少，不能按期完成任务时，可向临近区域动员足够数量之群众参加工作。工程结束后，将修路队转变为该处之养路队。在修路期间，加紧对群众管理交通道路之教育。

（《陕甘宁边区建设厅为完成广泛发展边区境内驮运的计划给各专员县长的指示信》，1941年2月7日发布，引自《抗日根据地政策条例汇集陕甘宁之部（下）》，第587~589页）

（三）1942 年筑路工程计划

边区交通落后，车辆稀少，广泛地发展车运目前尚做不到，又加以人力和财力的限制，想着把所有的道路都加以改善，也是不可能的。因此明年修路的方针是将全部力量集中在几条交通最为繁忙的干线上，如定延、庆定及清靖等三条道路，没有修通的路段，今年一定修通；已经修通的路段继续进行改善，必须保证经常顺利的通车。鄜米公路应当继续进行改善工程，避免出险，便利车辆行走。帮助群众开设大车制造厂，以便于广泛地发展大车运输事业，提高运输力量，并能够节省人力、畜力和草料。其他各路只能做到加强养护工作便利驮运。

……

改善工程，可分为土工和石工两种，特别在抗战期间，土工的修筑，应该是广大人民不可免除的负担，如不采用义务动员道路两旁的群众参加，修路是不会完成任务的。今将明年春耕前及秋收后计划修筑各路两次动员的工数列表如下：（见下页）

6、7、8 月雨季，抓紧养路工作，在志定路，开始小规模动员，10 月后秋收结束，志定路再动员 5 万工，完成全路。

至于修桥开砭等石工，应由政府筹款招雇石匠工人，分期（3 月至 6 月为第一期、9月至11月为第二期）进行。

各路之工程步骤，按下列计划进行：

1. 定延路：设管理局于志丹，全路分为5段：

（1）第一段：延安至霍家盆，改善工程及桥涵，附带修排水渠（动员延安、延市、安塞）。

期别	县	所筑路名	工数
春耕前	盐地	定庆路	4000
	环县	" "	6000
	定边	定延路志定段	15000
	华池	" " "	15000
	志丹	" " "	10000
		" " 延志段	10000
	延安	" "	1500
	安塞	" " "	12000
		清靖路	1000
	靖边	" "	10000
	安定	" "	20000
	清涧	" "	5000
	延川	鄜米路	10000
	甘泉	" "	5000
	鄜县	" "	5000
	合计	" "	129500
秋收后	志丹	定延路志定段	15000
	华池	" "	20000
	定边	" "	15000
	合计	" "	50000
总计		两季总合	179500

（2）第二段——霍家盆至志丹县城，改善工程及桥涵（动员志丹一、二、三、四区）。

（3）第三段——志丹县城至金顶山66K，土石工及桥涵，（动员志丹五、六、七、八区）。

（4）第四段——金顶山至乱石头4.4K，同上（动员华池）。

（5）第五段——乱石头至孙克崾崄44K，同上（动员定边）。

工程步骤如下：

（1）延志段：改善排水工程，与志定段新工同时进行。首先完成动员群众的土方工程，志定新工由第五段孙克嵕崄起，向南，第四段由吴起向北推进，第三段由志丹向北推进。

（2）在土工大致完成后，筹划石工及桥涵，选择必要的石方桥、涵开工，在通车以后，再完成全部工程。延志路的桥涵大部在这期内完成。

（3）雨季来临（5 月以后），所有已成各段，即开始养路工作。

（4）秋收以后，全路再进行一次改善工程。

2. 定庆路：设管理局于环县，全路分为四段：

第一段——（盐池段）莲花池至薛家井 150 华里。

第二段——（环县段）薛家井至四沟门 200 华里。

第三段——（曲子段）四沟门至府城桥 130 华里。

第四段——（庆阳段）府城桥至西华池 120 华里，——包括合水板桥至西华池。

工程进行步骤如下：

（1）在春耕前首先完成盐、环两段的重要工程，使之迅速通车，同时附带补修各分段非重补修不能通车的地方。

（2）春耕后，即分段进行养路工作，及必要桥梁之建筑。

（3）秋收前后，再进行全路的改善工程。

3. 清靖路：设管理局于瓦窑堡。

（1）开春动员民工，修通全路土方工程，及必要之改善。

（2）加强养路工作。

（3）雨季后，进行最必要之改善，石方工程。

（4）秋收后，动员民工改善道路。

4. 鄜米路：设延川及甘鄜两段工程处——主要进行添建桥涵改坡及排水设备。

5. 加强养路队的领导，使其经常自动工作，春耕前，秋收后，进行两次的养路动员工作，添造排水设备，削减大的坡度，做到防止暴雨的冲刷，及不至发生覆车危险，并经常进行养护工作，便利行车。

（《1942年度交通运输工作计划》

（四）1943 年道路状况及改进意见

随着边区运输的发展，边区交通设施也逐渐改善起来。革命以前，仅有一条咸榆公路横贯境内。1937 年仅有公路 211 公里。1938 年增加 241 公里。1939 年 261 公里。1940 年增加到 775 公里。1941 年扩大到 1484 公里。1942 年到 1612.8 公里。去年已经发展到 1680 公里。计主要干线 9 条，支线 5 条，已经通车的是绥米路、延鄜及付村支线，延定路的延志，延靖路的延安真武洞及茶坊支线，延临路，延南路，庆临路之南临段。各路里程如下（公里）：

延米路248	延定路275	延南路30
延米路绥西支线375	延靖路160	定庆路330
延靖路茶坊支线10	延富路103	清靖路135
延富路付村支线30	延临路66.5	庆临路55
共计:1814.5公里		

未通车的：有定庆路，因选路不当，比之驮路远 110 里，因而无人走（定边—西华池，驮道 550 里，车道 660 公里）。庆临路因为没有货物运输。延定路之志定段，延靖路之真武洞以北及清靖路，则因路面不好及缺乏车辆未通车。

已通车路，由于修路及养路工作还有缺点，还不能保证通车，逢雨道路断决，大水一冲，有时发生覆车伤人及道路不通的情形。

在修路上也有缺点：1. 是技术上的把握不够，有时工程过于因陋就简不管长久，如延丰路、延鄜路的许多桥梁，就常被大水冲毁，有些工程由于建筑材料还不具备，就勉强建筑，如延安南门外的石桥，就屡建屡毁。2. 是没有进一步组织人民提高效率，以致浪费许多经费人力，道路的标准不能大量提高。土石工人中原有的“朋工”是一种工人合作性质的组织，采用这类组织的效率就高，但由于提倡不够，所以至今没有普遍采用。又土石工人中凡采用按件工资的（小包工）效果也高，由于提倡不够也没有普遍采用。3. 特务的破坏。延定路修了一年不能通车，与特务的破坏有很大关系。

今后改善交通问题，要注意四点：

1. 加强养路护路教育，实行按村分段，有成绩要奖励，破坏的要处罚。奖励自动养路，保证修、养结合，各县的各县负责。

2. 修路的工程要提高技术条件，工程要结实，材料要够，

加强工人的组织与效能，提倡“朋工”或按件工资。

3. 合作社要配合政府的修路养路工作，把发动群众自动修路养路作为合作社的重要任务。吴旗王阳正的修路养路工作可以大大提倡。

4. 最后，边区政府的建厅还有各县的修路工程的领导，还要加强护路养路的教育，改善道路设备。如子洲至张家畔的沿边原驮路要马上修完整，东三县的道路急待改进。（边区运输问题之四：《交通问题》）

（五）1944 年关中分区修成两条大车路

关中分区的交通主要依靠牲口驮运，除过平塬上有些短距离的路程可行大车外，其他山沟的道路均不能通行大车。现在在交通建设方面正建筑大车路，已完成一部分。兹将修成的拟修的和过去存在的驮道大道分述于下：

1. 已修成的有两条路：一为马栏——庙湾——柳林，一为衣食村——陈家楼子。这两条路均在今年春天动工修起，前一条路尚有小部要凿石头，秋后即可通大车，其功用为将淳耀衣食村的矿产运往内地，并将马栏等地木材供给衣食村，这一条路又通关内对外贸易的最大口岸——柳林，在对外贸易的功用上亦不小。后一条路完全修成，老百姓正赶造大车，不久即可通行，其功用纯为将衣食村的矿产输往内地，并供给木材等原料。

2. 拟修建的：干线有两条，其一自马栏至新宁的王亭子（新宁与陇东合水县交界处），全长 250 里，1942 年曾修成 30 里，另自新正的杨家胡同到刘家店子约 20 里，原来即属大车路。减去 50 里，尚余 200 里。这一条路的功用颇大，今年秋后即动工，计划于明春修成。另一条自马栏经双龙镇去延安的路，直修到关中与富县交界约两站半路。……

3. 原有自西华池到关中的驮运大道。此外关中分区过去还有三条路，现在被国民党封锁着；即从双龙镇至店子头（汽车路）。从新正阳坡头到职田镇（大车路），从店子头到山河的洛长公路一段。

（《关中分区交通建设材料》，1944年10月1日）

（六）定延路修成后对运输的帮助

定延路未修以前，最难走的有两段：1. 宋庄到周嵕崄的桃林洼川（距离28 里）。2. 乱石头川（特别是乱石头到新砭的一段，长 60 里）。这两段路最难走的时期是每年秋冬开始冻冰与初春开始融冰的时候。特别是桃林洼川的狭窄山沟里，冰结得有三四尺厚，融解将完未完的时候，薄薄的冰层，驮盐的牲口稍不小心陷入冰窟窿中，不是跌死，便是跌伤。没冰之处，泥泞深二三尺，牲口一不小心就陷入泥潭中，再也爬不出来。不但驮盐的牲口很难走，就是牵着空牲口（有马不敢骑）步行的人，走到这里，也莫不叫苦连天。因此，每年在这一时期，损伤的牲口，实在不少。

乱石头川，也是这样。有一次，路局人员在同一天内，从吴仓堡到潮沟门短短的 13 里路上，就看见跌死五头牲口（二驴一牛一骡一马）。许多老百姓说，他们每年时常不断地吃到跌死牲口的肉。据估计，每年在乱石头川和桃林洼川一带，死伤牲口在 300 头左右。前年开始运盐时，各县牲口均死伤不少，据延安县的统计报告，该年运盐牲口死亡 38 头，伤的还不在内。

因此，当修路的消息传到人民和脚户中间时，许多脚户经常向监工员探听什么时候可以修通。当全路尚未修通而中间一段修成，牲口可以通过的时候，脚户便接踵而来。脚户走在新修的路上，高兴地说："八路军实在做得美。"

不但脚户和行人是这样反映，各县动员来修路的老百姓，也非常愿意，从没有表示过反对，并且工作效率超过雇来的工人（延安雇来的土工、石工）。华池县元城区在乱石头川修石砭，定边各区修土工，效率普遍地比雇工高。在路修成之后，两旁土壁上到处题着"便利人民""万古流传"的大字，下面署名 × 县 × 区 × 乡。或者就直接写上"× 县 × 区 × 乡 × 村修成"字样，也有留下连排班长（自卫军组织）的姓名的。不仅老百姓如此，雇来的石工也非常了解修路的意义。下面略举一例可见一般。

乱石头川王沟门附近土壁上刻着：

巩固边区，
要经济发展；
车路修通，

开始运盐。
志丹五区二乡

今年1941年，
边区经济正困难。
定延路长是九站，
边区政府把令传：
调工调民路修宽，
计划三年要修完，
发展运输把盐贩，
克服困难渡难关。
王沟门修路工人

民国已过三十一，
延安坐着毛主席，
以德感化风俗厚，
个个人民得幸福。

1943年3月4日绥米工人题

定延路修通，能够提高运输力，减少牲口损失，缩短运输时间，降低脚费成本，促进经济发展。具体的表现在下列一些事实上。

1. 牲口跌死受伤的数目，将减到最少限度。由于路已修通，今年春天，运盐牲口都走桃林洼山上，这一段跌死牲口的事就没有（全路只听到跌死两头牲口，一个在康家沟（志丹）的旧驮道小路上，一个是在乱石头川吴仓堡附近，由于当时正动员民工重修，车路不能走，脚户走河对面旧日驮路，与运盐队骡子相遇，路窄让不开，脚户驴一头被撞下崖跌死）。因此每年死伤300头牲口，将会减少很多了。如果以200头计算，每头牲口以两万元计，那就可以减少400万元的损失。这是多么巨大的一个数字。

2. 路上牲口省力，不易疲乏，可以多驮一点。去年当路刚修通，在吴仓堡附近，路局人员亲见两队牲口，一队走西岸车路，一队走东岸驮道，两队（都是长脚户）齐头并进，可是不到三里路远，西岸车路上的一队已远超过东岸驮道约半里远了。这一事实说明，同样的牲口，驮一样重的东西，路若好走，就省力多了。如果每头驴多驮五斤（最低数字），骡子多驮八斤，以现在盐价每斤 24 元计，就可多得 120 元到 200 元，平均每头牲口以 150 元计，今年定延路上，每天下行牲口，放青前约 200 头，放青时约可增至 400 至 600 头，平均每天按 300 头计（此估价根据盐务局统计），全年九万头牲口，可多得利 1350 万元（最低限度），如果再折半计算，也可以得六七百万元的好处。

3．车路宽阔平坦，过去每个脚户赶三头驴，现在可以赶三头到四头，运输队骡子也可以多赶半头（赶公骡例外）。今年运输牲口加多，如果路不修好，将增加很大的阻碍，彼此对面相遇，让路就会发生纠纷，耽误时间。另外，由于运输队很快发展，许多生手参加了运输队，他们缺少经验，照料牲口困难，但由于路宽，彼此相遇没有丝毫妨碍，新的运输队员，也可以放心大胆地赶着牲口走。可以节省人力，每头可以节省四分之一的人力，全路以 3600 头计，约可节人工 200 个，每人工以两万元计，至少可节省 400 万元。

4．路平好走，可节省一站路。过去由于路不好走，总觉得“路大”（里程太大，路太长），容易疲乏。因此对于历代相传所谓踏下的站口，总是照着走，不大改变。实际上，这些站口的里程，大都不够 60 里，可是脚户则认为比 60 里大。比如新安砭到秦家湾，脚户总说这一站有七八十里，实际量出来，正好 30 公里。宋庄到薛家岔一站，脚户总认为足够 60 里，但量的结果，只有 19 公里。过去从延安到定边，普遍都以十站计，每一来回，需时 20 天。实际上，除个别的站以外，所有的站都不够 60 里。从延安到定边，车路全长 260 公里，合 520 华里（实际 1 公里等于 1.736 华里）。驮路则只有 500 里，与车路相差 20 里。无论按车路或驮路计算，均不足九站。因此根据修路以后的情况来计划，今后可以缩短一站路，只按九站走，来回 18 天，加定边、延安各住一天，最多只要 20 天可以回来。这样每次可以减少二十分之一的运费及时间，全年可以多驮一次。每次每头运费平均按 2000 元计，则每次每头可节省 100 元，10 次可节省 1000 元，加上多驮一次的利益 2000 元，共计 3000 元。估计全路经常有 3000 至 36000 头牲口，折半按 2000 头计算，可节省600万元。

5．车运的发展。路已修通，今后将努力于车运的发展。目前，由于一些地段的坡度太大，湾子太小，行车还感困难。但只要今秋利用民工稍加修缮，车就会好走得多。估计每辆车用三头骡子，可拉1200斤，效率比驮运高些。如能继续将路的标准提高到每车能拉1500斤，则获利必更大。

此外，由于路好走，运输队和长脚户日见发展，公私骡马店必将随之发展；店既增多，草料供给困难随之减少，价格亦可能减低一些，这样对于运输业发展也将有一些帮助。

综合以上而言，定延路的修通，对于驮运方面，减少了损失，提高了效率。但全路尚须继续改善，以适应车运的发展。继续改进运输设施，解决草料、饮水和兽医的困难，组织管理全路公私客店，平抑脚费，以进一步提高运输力。

（建人：《定延路修成后对运输的帮助》，《解放日报》，1943年8月15日）

（七）历年筑路里程统计

1．陕甘宁边区7年来公路发展概况

年份	里程
1937	221公里
1938	241公里
1939	261公里
1940	775.5公里
1941	1484公里
1942	1612.5公里
1943	1680公里

1943年各路长度：

延米路：248公里	延米路绥西支线：37.5公里
延富路：103公里	延富路富村支线：30公里
延定路：275公里	延靖路：160公里
延靖路茶坊支线：10公里	延临路：66.5公里

续表

延南路:30公里	定庆路:330公里
清靖路:135公里	庆临路:255公里
共计:1680公里	

（《边区盐业统计表》1944 年）

2.1941 年边区道路里程统计：（表见下页）

3.1944 年边区主要驮道里程统计

1944 年边区主要驮道里程统计表

起迄里程（华里）

西华池柳林 300

陕甘宁边区道路里程统计表（公里）

路名	起点	讫点	全长里程	新修里程	通车里程	拟修里程	附注
富米路	米脂	交道	365		365		
（杨家湾）支线	延安市	杨家湾	9		9		
（新市场）支线			2		2		
定庆路	定边	庆阳	300	300	300		19年的大车路有一半做到汽车路的标准
庆临路	庆阳	金盆湾	253	235	253		
西华池支线	板桥	西华池	15	15	15		
延临路	柳林子	临镇	65	65	65		
延靖路	延安	张家畔	160	25	115	45	
清靖路	清涧	雪家畔	135	110	45	25	
延志路	延安	志丹	105	102	105		
定志路	定边	志丹	222	65		155	
吴太路	吴旗	太白	140			140	
富长路	姚店子	延长	50			50	
延南路	三十里铺	南泥湾	30			30	正在修筑中，延安至三十里铺系富米路的一段
总计			1851	967	1276	445	关中神府两处，均未统计在内

建设厅程工科制 1941.10.2

（《关于边区经济建设之报告书》，1941年10月4日）

靖边	石湾	180
志丹	甘泉	230
吴旗	太白	280
子长	凉水崖	340
延安	凉水崖	300
定边	西华池	545
定边	驿马关	555
张村	驿马栏	/
合计		2730华里

（《陕甘宁边区主要交通线统计》，1944年）

二、道路的管理与养护

（一）建立义务养路队——边区政府制订义务养路队暂行组织办法

第一条　凡陕甘宁边区境内已筑成之汽车路、大车路、驮运道等，均组织义务养路队，负责各道路之养护维修，以保证交通运输的便利。

第二条　各县所辖道路的养路工作，由县政府管理。

第三条　义务养路队的义务工作事项如下：

1. 清除崖边的坍土。

2. 填平路面的水坑、水渠和车轮压成的壕沟。

3. 填平洪水冲坏的路面或桥面的填土。

4. 挖除河边或坡道上洪水堆积的污泥。

5. 补修被洪水冲坏的桥基。

6. 工程损坏后或过河处建设便道、便桥。

7. 保证驮运道路面之宽度经常有5华尺。

8. 铲除路旁荆棘。

第四条　义务养路队以乡为单位，一般应由道路两旁10里以内居民男子年满15岁以上者组织之，其组织与分工如下：

1. 村设养路班，班设班长一名，领导全班队员，负责全村辖境内的养路工作；二班以上设养路队，队设队长一名，领导全队各班，负责全乡辖境内的养路工作，各乡养路队长直接受乡长管理。如该乡接近路旁只有一个村，仅有一个义务养路班，则班长直接归乡长管理之。

2. 各养路班得将年老力衰不能修路的与年壮力强能修路的分为两组，由年老力衰的负责道路的检查工作，如发现道路有损坏情形则酌量需要多少人工，报告班长派人补修之。

3. 无论班长或队长，应经常检查所辖地段，尤其在雨后更应立即检查一次，以便随时损坏随时补修。

第五条　义务养路队，如因所辖地区工程浩大无力独自完成补修工作时，其调剂办法如下：

1. 一村的养路班，不能完成该村的养路工程时，由班长报告队长请求调度之。

2. 一乡之养路队，不能完成该乡之养路工程时，由队长报告乡长，乡长转呈区长调度之。

3. 一区之养路队，不能完成该区之养路工程时，由区长报告县长调度之。

4. 一县各养路队，不能完成全县之养路工程时，由县长临时动员该县未组织在养路队的人民担负之。

第六条　义务养路工作，为全区党、政、军、民的义务，除道路两旁人民组织义务养路队外，凡驻在道路两旁之军人以及党政机关的工作人员，均有随时参加养路队的义务。

第七条　道路两旁参加养路队组织之人民，其因养路所花费的劳动时间，应抵作其他抗战义务劳动，不得一面参加义务养路，又一面动员担负其他抗战动员的义务劳动负担。

第八条　各级政府对于所辖境内之养路工作，应按月派人检查，并按期报告上级政府，对于养路工作有特殊功绩者，得呈报建设厅予以奖励，养路工作为政府工作考验之一。

（《陕甘宁边区义务养路队暂行组织办法》，1941年1月公布，引自《抗日根据地政策条例汇集陕甘宁之部（下）》，第585~587页）

（二）开设转运栈、骡马店与兽医院

1. 边府建设厅的布置与检查

建设厅倾派专人分赴三边、陇东、甘泉、志丹一带，视察各县现有驮道及沿途客店情况，并决定在华池、志丹、定边等地建立运输站多处，扩大现有民营客店，以利运盐工作及商旅来往。

（《建设厅派员视察驮道》，《解放日报》，1941年9月18日）

（1）在孙克崾崄、志丹县城、张家畔、瓦窑堡、元城子、杏儿湾、东华池、西华池及延安市九处，建立转运站。首先将孙克崾崄、志丹县城、张家畔及瓦窑堡等四处转运站建立起来，至于元城子，杏儿湾、东华池等三处转运站的建立，应留作第二步，其余西华池及延安二处，应尽量利用贸易局已经设立的光华盐店，暂时不要重新建立。

转运站的中心工作为收盐、保管及发盐三项任务。如志丹县城的转运站将三边及志丹等县群众送来的公盐过秤后，接收完毕，并给与四联单的收条（一联交群众，一联由群众送交政府，一联交路局及分局，一联县存根），妥善保存不使融化或其他消耗，待延安甘泉鄜县等县的群众来转运时，再发给他们，并索取回条。发盐时，给驮盐的群众以二联单收据的发单。

转运站的建立，应尽可能地利用现有基础加以扩大，在后勤与光华盐店设立的地区，可交涉与之合作，如有群众或合作社已经建立起来的，可尽量利用，无有便利条件的，可自行设立。

（2）在定延、定庆、延清、庆临、延临、志丹及吴旗等主要干线上，有计划地扩大或新设骡马店。如果有群众开的骡马店，但还不够应用时，可借给他一部分资本，使其继续扩大到需要的程度；如无群众开设的基础，可选择有才能有经验而可靠的群众，帮助他设立，提出一定任务（如能容纳牲口几十头，经常囤积多少草，其价格不得超过几元或几毛钱等），求其全部实行，借给其必要的资金，不取利息，使其尽量发展。在一定地区之内，组织店房委员会，公决草料和食品的价格，不得私自抬高，妨害运输事业的发展。

（3）在志丹、环县等处设立兽医院，并使其逐渐扩大，以发挥其应有

的作用。在孙克崾岭及陇东等处，开凿水井或挖蓄水窖，积存人畜之饮料。

（《1942年度交通运输工作计划》）

2. 骡马店开设状况

（1）物资局所属及有关之骡马店分布情况

① 各干线概况

A. 定边至延安

a. 延安至保安：盐业公司建立了三个骡马店，建立时间 1943 年：金盆湾——高桥——范家砭。

组织形式采取与老百姓合作入股，股金 175000 元。

b. 保安到定边：物资局所属骡马店七个，建立时间 1942 年，由定边物资支局统一管理。

B. 甘泉至保安

盐业公司于 1943 年 4 月份利用公草建立了四个骡马店。

甘泉——冯家湾——花宝槎——保安

C. 延安至富县

盐业公司所属骡马店五个：延安（一、四分栈）——甘泉——富县、榆林桥——茶坊。延安、茶坊由盐亚公司自营，建立时间 1942 年。甘泉、榆林桥利用公草，建立时间 1943 年。

D. 延安至临镇

盐业公司于 1943 年 12 月利用公草建立骡店一处。

E. 延安至绥德

延安——清化砭——永坪——万家岭——拐峁——清涧——石咀驿——绥德，是汽车道，大车牲口均可通行。延安——甘谷驿——禹居——拐峁，是驮路。其中兵站有草料站八处，利用公草公料，建立时间是 1943 年 12 月。粮食局利用公草公料在甘谷驿、拐峁设草料店两处，建立时间同上。盐业公司于 1943 年 12 月在拐峁设转运站一处。延绥路上由三机关共同决议，共同管理及督运以利运盐。

F. 瓦市至绥德

盐业公司利用公草公料建立骡马店四处：瓦市——折家坪——王家砭——绥德。折家坪是清涧县府所办，王家砭与盐业公司合作，1944 年 1 月份开始营业。

G．定边至庆阳

分东、西川两条路，东川骡马店情形不详（材料缺）。

a．西川骡马店，经物资局统一管理者 33 家，计：康家湾三家，曲子五家，杏儿湾六家，河连湾七家，耿家湾四家，打虎店六家。1943 年由陇东物资局加以组织管理，低价给以布匹或物资（低价三分之一），由各骡马店保证收用边币，草料低价 10%~20%，7 月后由政府根据物价情形，具体规定价格，以保证盐脚利润。

b．陇东盐业公司于 1942 年上半年曾购进 5579.28 石料，交各骡马店使用(另外付给脚户土布及其他物资未算在内)：计西华池 2650 石，14840000 元；曲子 2400 石，12000000 元，庆阳 150 石，750000 元；驿马关 149.28 石，510000 元，孟坝 230 石，920000 元。共计合 29060000 元，1943 年下半年，陇东盐公司用二千万元买草，另由专署拨给公草公料，拨了多少尚无报告。

c．定庆路上三五八旅有骡马店 17 家，1943 年 7 月经分区财经会议决定，交物资局统一管理，刻正交涉卖与物资局。

d.1943 年 7 月，陇东各县经马专员动员，各县长用下列三个办法，将党政草料店交给物资局：① 投资；② 卖给盐业公司；③ 合资经营。因支局顾虑干部没法解决，还是采用合资经营办法，准备一个县一个县来解决，看当地情形，或供给当地草料店以物资，由他们收买草料，以便保证草料价格，或由物资局供给当地合作社以物资，由合作社大量收集草料，供给当地各店，以便统一管理。

H．关中物资分局于 1943 年上半年也曾供给骡马店以物品，详细情形未报来。下半年投资 1000 万元，已付 700 万元，怎样做，详细情形未报来（由专署拨公草公料一部分情形也未报来）。

I．物资局所设光华盐业公司各地分支公司所在地兼营骡马店业务者有：庆阳、曲子、西华池、驿马关、柳林、张家畔、靖边、张村驿、吴旗、延水关、凉水岩等地。

J. 三五八旅布置骡马店材料未报告。

② 合计

A. 盐公司所属 30 处：

a. 盐公司自营者 17 处。

b. 盐公司与群众合作者 3 处。

c. 盐公司与当地政府合作者 1 处。

d. 盐公司利用公草公料建立者 9 处。

B. 物资局管理者 40 处（不完全统计）：

a. 定边物资支局管理者 7 处。

b. 陇东支局管理者 33 处（东川脚店未统计）。

C. 兵站草料店 9 处，与盐公司有关。

D. 粮食局草料店 2 处，与盐公司有关。

E. 三五八旅草料店 17 处，正准备卖给物资局。

F. 陇东各县所属草料店，正由陇东支局接管中。

（2）三五九旅骡马店材料

本材料根据 1943 年统计，事后有无变动不详。

① 延安至米脂：清化砭、蟠龙、永坪、永胜、甘谷驿、马家沟、清涧、石咀驿、绥德、米脂。

② 张家畔至石岔：张家畔、刘家岭、潼关口、李家岔、瓦窑堡、折家坪、王家砭、义合、石岔。

③ 张家畔至延安：李家湾、两道湾、桃林湾、安塞。

④ 定边至延安：定边、志丹、延安。

⑤ 延安至富县：甘泉、富县、牛武镇。

⑥ 延安至临镇：庙河、马家坪、孙家砭、金盆湾、临镇。

以上共有骡马店 34 处。

（3）一般骡马店调查

① 定边到延安

根据 1943 年 8 月的调查，沿途共有骡马店 175 个，分布在几个站口上，其中私人店房约有 137 家，公家和公私合股的各有 19 家。定边市各盐海子、吴旗和至甘路上还有 76 家。这些店中最多可住毛驴三四十头，骡子二十四五头，大邦牲口住不下。

设备：公营店较好，有很少私店是明槽，没有棚，有的是土槽没有铺砖或石头，很不卫生，下起雨来，人和牲口都没办法。

定延路上的店家的草料价一般比买价高出 50%~80%，除过消耗，可获利润 45%~70%（未除开支）。店家算草价大都是按牲口计算，不按斤计算，损失很大，不是喂了，而是糟蹋了，尤其是那些南路客（耀州）。

志丹以上沿途的大车店很少，要发展车运，就须早日筹建或将某些公店扩大办大车店。

② 靖边到延安（建设厅 1943 年 5 月调查材料）

靖延路上共有村庄 69 座，有店的村庄共 48 个。现调查了其中 45 个村庄，共设店 103 所。其中私人开设的 86 处，公家的 15 处，公私合股开店两处。另外在 103 处店中，常年开设的 41 家，按季节开设的 62 家。

（物资局：《骡马店调查》，1944年1月）

3. 1942 年至 1943 年延定路、延靖路脚店发展统计

1942 年—1943 年

延定路延靖路脚店发展状况

路名 / 年别 / 店数 / 性质	延定路		延靖路	
	1942	1943	1942	1943
公营店	13	22	10	15
公私合作	9	20	2	2
私营店	166	180	77	86
合计	188	222	89	103

说明：据建设厅 1943 年 5 月调查材料制表。

（《边区盐业统计表》）

4. 大同骡马店

保安处大同骡马店为 1939 年所设立，截至去年 4 月止资本（动产与不

动产合计）仅 17000 元，年底结账盈利 13 万元。本年初资本增为 11 万元，1 至 9 月除开支外，盈利 40 余万元，上级抽用 13 万元。现有资本 50 余万元，窑洞 6 孔，马坊 14 间，店用 9 人（主任、会计、掌柜、跑街、打杂、管理员、大师傅、推磨、勤务各一），业务日渐发展。定延路公私运输队来往脚户大部分是在大同店歇脚，寻常每晚总有三四十头牲口。

大同之主要任务就是一切为着便利运输队，该店也真正地起了这个作用。第一，廉价供给过往运输队的草料，货真价实，足称足斗，亦不卖坏草。第二，招待殷勤，爱护歇客，该店掌柜曾经把自己的热坑让给运输队住，并说："你们明天要走远路，应该睡暖一些。"第三，解决运输队的困难，如保育院运输队某次路费不够了，曾在该店借过钱，西北党校及其他机关亦曾向该店借过，有的自带草料，向该店借宿，亦未曾拒绝。第四，遵守政府法令，纠正营私舞弊之恶习。过去许多运输员有向该店冒开条子，有在该店与老百姓妇女"打游击"，有向该店购买特产，有企图漏税者，均为该店拒绝、制止、纠正和批评。

（《1943年度政府系统各单位运输事业总结》）

第四节　运输队的组织形式及典型介绍

一、群众运输队

（一）群众运输队的组织形式

民间固有的运输互助合作组织，去年经过各地党和政府的组织后大大地普遍起来，形式也较过去为多。

1. 朋帮。独立脚户为了运输上的互相照顾，利用亲戚朋友关系，把牲口打在一起去运输，选邦头，有的把经济打在一起按股算账分红，有的各人经济独立。朋帮牲口，少至七八头，多至七八十头，如运盐英雄罗怀玉的朋帮有牲口 100 头。朋帮有长脚与长脚，短脚与短脚，农户与农户，三边、陇东、关中都很普遍。

2. 合伙。两三家农户牲口合在一起，由多余劳动力来赶，人算工钱，见利平分，赔本均摊。放青运盐，无帮头，规模小，经济各自独立。定庆路、定延路沿途各县均盛行。靖边有牛合牛，驴合驴赶的办法，也是合伙的一种。

3. 变工。放青运盐时，变工队抽人去赶，在家还工，或轮流去赶，轮流还工。畜力人力互相变工，或还钱，或还工，或抽盐，依各地情形决定。这是组织农户牲口的最好方法，各地均有。

4. 捎牲口。有牲口的人家托牲口不足的人家把牲口捎去赶，回来给以一定报酬，盐本及运盐赔赚由主家负担，报酬方式或还钱，或还工，或给实物，一般按出发牲口数目及所需时日来平均负担，还给相当报酬也是有的，也有因亲戚朋友关系，不要报酬的。

5. 带头。一种是赶脚无经验的人，找赶牲口有经验的人带路。一种是农忙时家里无劳动力，只有小孩，托邻居脚户带去喂牲口，适当给予报酬，目的为了照顾。这种形式在靖边、吴旗一带较多。

……

群众运输互助组织，在一定的情形下是可以大量组织的，运输合作只能是少数，占九分之一，个体脚户至今是多数。帮助民间互助合作组织，既可以克服个体脚户的弱点，又可以加强运输力的使用，使不能使用的牲口也能使用，如变工、捎牲口，带头、带童等。朋帮是组织长脚的好办法，可以提高运输速度，扩大运输力，节省劳动力。由朋帮可以把旧式合作转变为新式的运输合作。合伙适合人力不足或畜力不足的农户，变工及捎牲口均适合劳动时大量组织牲口，带头在特殊的情况可以组织。

（《边区的运输事业》）

（二）鲁忠才长征记

——鄜县城关区第一次运盐经过，鄜县城关区付区长鲁忠才谈话，王敏贤、孔照庆补充，高克林笔记，1941 年 8 月 13 日。

1. 城关区第一次应出驮盐牲口 50 头，实去 28 头。未完成计划的原因是牲口少（最多能动员 40 多头），当时有些牲口逃避不在家，区政府抓得不紧，因忙于借粮、公债。

2. 阴历 7 月 18 日起身，8 月 11 日回家，往来 25 天，由鄜县至定边 12 天，至盐池装盐一天，回来 12 天。最大的站是 90 里。路程、站名及各站概况如下：

（1）鄜县至张村驿 50 里，有 5 条沟，路难走，水草好。（2）张村驿至滥泥坡，共 5 站，每站 70 里，路好走，割草喂牲口。（3）滥泥坡至李家砭，有 20 里山，40 里沟，路难走，草不好。（4）李家砭至芦家角，有 30 里沟，五里山，最难走，草不好。（5）芦家角至烂石头川，在沟里走，有兵站，买草（每百斤山草 30 元，谷草 50 元，麦草 40 元）。（6）乱石头川至三里庙 80 里，有兵站，干草每百斤 50 元。（7）三里庙至梁庄，80 里，有 40 里山路，很陡，难走，水难（苦水也没有喝的），曾见一个盐脚户把驴跌死。(8) 梁庄至定边90里，有兵站，草每百斤50至100元，没水。(9) 定边至盐池40里，往返一天，沙路难走。

3. 沿途的困难：

(1) 张村驿至滥泥坡，五站中有一二站有蚱蜢咬，最好晚上走，对牲口对人都好。

(2) 三里庙、梁庄至定边两站，没水，人与牲口容易受渴。

(3) 定边城小偷多，常有把牲口、钱、衣服、用具偷去的。

(4) 乱石头川以上，因各县驮盐牲口容易会合，常有数千百牲口一起走，因之店、草、水——尤其放牲口——有困难，容易走失出乱子。

4. 一路生活情形：

鄜县城关区共去牲口28个，人14个，沿路自做自吃，每顿共需米7升，约25斤，大家一致感觉“出了门吃得多”。给店里柴钱多则8元，少则3元，全看你和店掌柜的关系弄得好或弄不好来决定。走路时唱戏，说古今——说相公招姑娘的很多，大家很高兴，满不觉苦痛。牲口的草是轮割的，草很多，吃不完。沿途群众都很好，寄粮寄草没问题——主要得靠自己。也有的曾骂架，多因牲口吃了人家的庄稼。只有一个地方的店掌柜把寄的小米换成坏的。

5. 路上所发生的问题：

好的例子：

(1) 牲口没有出毛病。一乡和三乡的牲口去时瘦，回来肥了，原因脚户负责，当心喂。

(2) 脚夫也没有出毛病的，大家身体很好，情绪高，没有一个瘦了，就是晒黑了些。

(3) 沿途没有遗东西，牲口也没有吃人庄稼。主要的是鲁副区长是个老脚户，有经验，又负责，又细心，人也灵活，所以成绩很好。

坏的例子：

(1) 第三乡第一行政村村会长杜海，卖了好驴，买条坏驴去，结果驴乏了，没有驮盐，白费了165元的路费。另外第三乡派去了一个坏驴子（腰坏了），四乡监军台村去了一个坏腿驴，都没有驮盐，都白费了165元路费。另外该村一头驴被着烂鞍子，结果压坏了脊梁。第二乡乡长有两头驴，去了一个坏驴，鞍架都不好，在路上捣麻烦。这些事事先区级政府没有细检查，有些事已知道，也未纠正，结果28条驴子，只有25条驮盐，其余3条空走一趟，盐价分文无着，白贴了500到600元路费，里外损失共在1500元以上，此事很值得区乡干部警惕。

（2）四乡监军台村村会长不听鲁副区长指示，不给牲口带好料（玉麦、蚕豆），而将高粱等坏料充数，结果该乡牲口因没好料吃，在路上发生卧下的事。准备向该村会长做斗争，处罚他。

（3）四乡脚户杨万保，在路上"耍死狗"，装病，偷跑回来，乱造谣言说"死了两个人，鲁副区长和一个姓王的，路上没饭吃，驴脊梁都压烂了，店里不能寄粮……"使得城内好多人不安心。区长对这件事注意不够，以后要警惕。

（4）有几家去坏驴，结果驮得少，每驴只驮20多斤。还有四乡监军台村，一家打发驴走时，把笼头都换成坏的，准备驴死，索性一切都不要了。二乡乡长的驴子，这次回来，离家只有十多里就卧下了，他也不肯派好驴去接，打烂仗，以为驴一定会死，一定不会回来的，所以不接。

（5）有一两头驴子驮得太多，分给另一空驴驮了四五十斤，到孙克嵝岭税局检查，因无票，被没收盐50斤，口袋一条（值洋20元）。

6. 用费和赔赚问题：

（1）每一头驴平均的用费——料两斗，共洋60元；粮每人一斗五，一人赶两驴，每驴摊七升五，价洋35元；路费70元，合共165元。外加盐本20元。平均每驴费洋185元。

（2）平均一乡每驴驮130斤，二、三、四乡每驴驮110斤，按现在交道镇盐价，每百斤200元，每驮可卖盐价220元至260元。

（3）就现有每驮盐价，扣去用费，最少可赚35元至75元。

附注：

① 若每驴能驮150斤盐，按现在盐价每驴保证赚100元以上。

② 说二、三、四乡每驴只驮110斤，一乡驴驮130斤，是脚夫说的，一定"打埋伏"——因这里一般驴子可驮150斤。

③ 同时说明了一个道路：只有好驴，才能更多的赚钱，驴越坏越少赚，以至亏本。

7. 经验教训：

经验：

（1）鄜县城关区这次驮盐胜利回来，证明党和政府的运盐计划、估计、办法，是完全正确的。个别同志的怀疑，没有信心，认为是负担……都是不正确的肤浅的看法。

（2）打破部分干部及群众对于去三边驮盐的恐怖观念（“死人死牲口，一去不回来”）。正相反，驮盐回来的牲口，反而肥了，人强壮了，就是晒黑了些。

（3）证明驮盐可以赚钱，打破那些“一定赔本”“每驴要赔本百元”“是边区最大的一次负担”一类不合事实的瞎说。

（4）证明区乡级特别是乡级某些干部，工作不负责（没有细心检查），包庇（村会长、乡长可以去坏牲口而不追究），舞弊（把坏高粱充好料），成为落后群众的尾巴。

（5）干部的决定作用。城区因副区长鲁忠才有经验、灵活、负责，每到一地，遇一事，即开脚户大会讨论——连每头驴应驮多少盐都讨论过。结果，人与牲口不但没有损失，反而比去时强壮了，情绪高了。

教训：

⑴ 四乡杨万保“要死狗，偷跑回来，造谣，我们区乡同志没有及时注意检查，没有和他谈话，也不向上级报告，以致城区人民传说死了两个人，鲁副区长和王某，死了三头驴，弄得人心惶惶不安。

⑵ 路上困难是有（有几站路难走，有一两站蚱蜢多，两站水少），但可以克服，坏路多小心，有蚱蜢地方晚上走，水少地方起身时多喝，带水亦可，再加忍耐，困难就都可以克服了。

⑶ 驴子越好赚钱越多。例如这次驮了 130 斤的可赚 75 元，若驮 150 斤的则可赚 115 元。驴子越坏赚钱越少，甚至赔本。例如城关区去了三条坏驴子（一条坏腰，一条坏腿，一条乏驴），结果没驮盐，每一驴白化费 165 元，每人往返共损失 1000 元以上。同时也说明工作要细心，不能马虎。这次去的驴若区乡干部细心检查，认真地去做，不讲情面，也不至发生这种损失，因为坏驴大家都是晓得的。

(4) 若路上不住店，牲口放青不买草，则每头驴可省 50 元以上。节省下的就是赚的。

(5) 对国家法律要多多注意。这次因不小心被税局没收了一条口袋，也是不该有的损失。

（《鲁忠才长征记》，《解放日报》，1941年9月14、15日）

（三）延安市东区群众放青运盐队

1. 动员与组织过程：

今年市府给东区的私盐任务是 120 驮，当区公署接受这一任务后即在乡长联席会议做了以下数目字的分配，桥镇乡 30 驮，东关乡 32 驮，东郊乡 58 驮。接着，区干部一齐深入农家进行了牲口调查，依据统计的结果，在全区大小 125 头驴子中间，真正能够担负运盐任务的仅仅 51 头（包括东关乡 24 头，桥镇乡 15 头，东郊乡 12 头）。然而把这些散布在各个民间的牲口要很好地组织起来，确实不是一件像我们作统计那样容易的事情。

7 月 29 日以后，各乡分头动员。在这次动员的进程中，劈头碰到的困难，就是在乡一级的干部中不能够顺利地通过。从他们的发言里，露出对于完成 120 驮的运盐任务没有充分的信心。如在东关乡的干部会议上（甚至连乡长在内）都提出“隔行不取利”“家户间的毛驴没有绳鞍架从来没驮过盐”“路这么远，驮上一回不压烂梁就要剥驴皮”“遇到雷声打电，河水一涨，不小心不就把牲口一水冲走了”“反正这总是‘支差’，再怎么说群众是得不到利的”，……等一连串不正确的说法。这时使我们做动员工作的同志觉得非常棘手，想不出更多的理由进行有力的说服，只是翻来复去地解释说：“运盐是有利的，这是给我们分配的任务，是非完成不可。”，虽然在嘴里尽管是这样的解释，可是心里面却在暗暗地想：对呀！的确这也是实在难为问题，恐怕很难组织起来。于是，自己的认识也就被他们的上述说法所模糊，同样也就被减低了自己的信心。末了大家提出说：“组织群众的牲口是不可能的，如果一定要完成任务，那就只好把盐数摊开，按人头收钱交给别的运输队替咱们代运，这还不是很好吗？”

接着，于8月4日的市政府第七次政务会议上（各区长均参加），就运盐问题做了专门讨论，针对上面反映的情形着重指出以下几点：（1）首先在区乡级的干部中间对这一工作的认识不足，没有能够从思想上搞通，只注意了客观困难，而忽略了主观的努力，以致影响到同志的情绪和信心；（2）没有能够以最大的耐心单刀直入地深入到群众中间进行活的宣传和具体动员群众，尤其是没有了解到这是真正为他们组织经济生活的；（3）干部认识一直是支差，公家事，又没有了解到这是真正为他们组织经济生活的问题，解释具体问题的精神不够，仅仅迁就了他们的困难。

在会后第三天——8月6日他们就开始了二次动员，其进行的办法是首先依据以往的调查，重新按户审查一次可去运盐的牲口数字，且认准具体对象时，进行“固定宣传”，当个别宣传后即召集牲口主，来一次具体宣传和研究。其次通过这种实际行动，（事实上乡村的干部也都参加）来教育干部，逐渐转变他们的不正确的认识。此外在区乡级的干部中互相开展了竞赛（3个乡长、区长和助理员之间都互相竞赛），并以必须做到宣传深入，动员要早，方式要好，保证按时出发（8月14日）等为竞赛条件。至于在组织形式与解决实际困难方面：前者一般可采用“朋帮”“折价”“捎牲口”或合伙牲口长期运输等方式，不拘于什么样形式，完全可由老百姓自行决定，后者则主要由群众互相调剂解决外，市府还给以4万元贷款的帮助来解决棚账的困难。当办法想出之后，他们就从没有信心一变而为不仅完成任务，并有超过他们预定计划的念头了。

从6日到14日仅仅一个礼拜的工夫，全区36头的群众运盐队果然组织成功了，下面就拿东关乡（是最困难组织的一个乡）的实际例子来说明：

在全乡能够驮盐的24头牲口中，准备在这次要动员去的只计划16头，然而由于第一次的经验，如果要很好完成这个任务，仍须大大努一把力来才行。当时我们分析到在东关乡，所以难动员的中心关键在于一方面是有两头牲口较多的主户（张文华和杨棋民）因为顽皮不去，而影响别人，另一方面就是乡村个别干部（如尹家沟的杜成发和赵连栓等）对这件工作缺乏信心所采取的消极抵抗。所以我们在一着手动员时，除一般地进行宣传外，就采取了“攻大头子”的方式来突破这一关，推动全面。随即找张文华和杨棋民来做个别谈话，本来他两个在全乡算定数一数二的富户，张文华就有四头最好的牲口（两头骡子两头驴），杨棋民也有两头骡子一驴一马。可是当区长提到要他们各抽出两头牲口去驮盐的意见时，他们就面红耳赤各提出自己的借口来辩护。张文华先狡辩说："我们的牲口是绝对不能去的，因为这四头牲口都是由印刷厂凑本买来的，每天要给'推面'、驮石炭，哪里还有空去驮盐，再者牲口也不能由咱用，你想想印刷厂还会同意吗？"他把责任一下都推到印刷厂身上。其实李区长早已在周围调查得清清楚楚，并不像他所说的那样。杨祺民还接着说："区长完全不了解我的情形，你看我的4头牲口都整天在磨房里，从来没有驮过盐，连太阳都见得不多，那里还能在这么远的路程上去运盐呢？死了该谁负责，你敢'保险'吗？"这当然更是一种不成为理由的狡辩！等他们说完以后，李区长只简单有力回答他们："运盐这件事就像你自己吃饭不是为了饱的道理一样，这完全是为了自己好过，所以这是你们自己的事情并不是什么给公家'支差'，何必又要为难呢？关于张文华的4匹牲口，我早已问过印刷厂的负责同志，他们并不知道'给你凑本买牲口'的事情，他们知道的是给你出高价工钱雇你的牲口推磨驮炭的。难道印刷厂还怕多有了几头牲口吗？不相信的话现在就可以跑去对证。至于杨祺民说把牲口死了谁负责任，谁敢保险，这句话我就反过来问你：假使不去，你敢不敢保险它就不会死?！我想凡是肚皮下面走风的东西，那是谁也不敢写'保'字的。请你们好好想想，还是不要胡支吾，先去驮它一次再来看看。"经过这一翻的说服，他们沉默了一会儿，觉得自己再没有更多的理由可以说得去，于是笑逐颜开，立即转过自己的话头说："这是一件好事，政府还是为了咱自己，没有说的，我们准定去驮。"张文华尤其说得好："咱还订一份解放报，每天都看有运盐的消息，运盐是现在中心的一环，自己还能不起模范吗？"

第二天，当区公署召集了户主大会进行集体动员时，他们就是最先来报名要去的，在他们的影响下，就有王世有、王和尚等十余名来报到，其中虽然仍有刘金山等提出不欲去的许多借口，可在当场被大家所劝服，而张文华和杨祺民更成为积极说服别人的了。

至于在个别干部中间，也有许多很坏的表现，如尹家沟的杜成发和赵连栓（一个是乡委员，一个是村长），他们对这次运盐表示不满，当区公署通知要他们庄上抽出4头牲口去驮盐的时候，他们赶着3个最坏的牲口（一个瞎眼驴，一个跛脚骡子，1个干瘦驴）到区上来叫区长检查，并非常生气地说：你看尹家沟尽是这样一些牲口，还能去吗？同时买来的牲口一个也都不去，为什么偏要我们去呢？当时李区长笑着屈指给他们数出张三李四……所能够点的七八头牲口，并顺便告诉他们，在东关驴主大会上，已经动员起来的情形之后，杜成发就平下气来，低着头，开始感到自己的做事是太荒唐无理了，直到第二天他组织好六头牲口（超过两个）来给区公署报名的时候，此时仍觉得有些过意不去，后在出发的时候，一时找不出人来带头，他马上就自告奋勇地被任为这支运盐队的队长了。

综观以上的情形，足以充分地说明了事在人为的这个道理，任何一件工作或一件事情，只要有着高度的信心和积极地去想办法，那是没有不能够被很好完成的。

2. 事实宣传和解决困难两者不可偏废

仅仅凭着号召式的一般宣传，那是不能收到应有的效果的，也很难取得群众的完全信任。所以，我们在这次的动员中，特别着重东区运输队已经赚钱的事实向群众宣传：今年2月间市府给李生芳发放了运输贷款3万元，买进大小7头驴子，当时他对能否赚钱的问题持有很大的怀疑，后来他就赶着7头牲口毛驴去驮盐，第一次够本，赚钱不多，第二三次，就赚到33400元，这时候他们立即就把6头驴子换了4头大骡子，只留了1头毛驴。所以说：运盐不仅能赚钱，而且也能赚来牲口（凭3万元买进的两头骡子现在就要值10万元以上）。他两次共去牲口9头（第二次一头驴子未去），计驮回实盐2200斤，售洋59400元（平均每斤以27元计），两次往返的开支是出工资洋4000元，盐本5580元，税票11310元，口粮八斗，合洋2300元（每年以400元计），牲口草料（包括零用）共2300元（因牲口主要靠放青，进店很少），总计26390元，除开支外净赚红利33010元（平均每斤获红利15.6元强）。当这个消息通过队长李生芳的咀传到群众中去的时候，就很快获得他们的信任，尤其对乡间干部的影响很大，如桥儿沟的贾乡长在动员会议上自动地踊跃报名出两头牲口去驮盐，如果可能的话还要买一头牲口加入运输合作社。即席许多仍有疑虑而犹豫不决的群众被乡长的模范行为所说服了，不到半个钟头的工夫，就有张治发、孙恩、韩老八等十余头牲口主，先后报名了。像这样的例子在东郊乡和东关乡也表现得不在少数。虽然去的问题已经解决了，但是在去的中间就有不少的具体困难要我们即时给予解决，如棚账、盘缠以及走后家庭的生活照顾和翻种麦地等问题，当时市府即拿出4万元的运输贷款来满足他们的要求，并告诉他们只要大家能组织更多的牲口去，政府仍可以大量地帮助。至于后一种困难，更是我们即早注意的，要在动员大会上就有如下的几点规定：

（1）出发运盐去的人家庭日常事务（如寻柴挑水等）都要由捎牲口的人负责帮助。

（2）去主如有未种的麦地都由该村村长负责组织所有没有去运盐的牲口（全区尚留牛驴100余头），帮助翻种并要先于自己。

（3）如有借口不积极帮助者政府要给予批评或处罚。

当这些事项宣布以后，去的人就连连称是，觉得再就没有什么可顾虑了。比方当杜成发（领头的人）提出他走之后有三垧麦地要翻，两垧谷子要锄的时候，立即就有张士节、赵国璋、王天喜等捎牲口的人给他一一答应了，到临走的那一天，一直都是充满着愉快的心情。队长杜成发紧握潘区长的手说：“你放心吧！我们一定会很好地完成任务。”

3．出发前后

在出发之前，区公署召集他们举行了联欢会，并给予殷勤招待。此外就组织问题向大家提出，因为去的人少、牲口多（12个人36头牲口），管理上不太方便，所以就通过大家编为一个“朋帮”运盐队，选出杜成发、董德元为正副队长，下分3个班，并由董德元负担抱大鞍的责任。当组织就绪后，各班又订有竞赛公约，计有以下10条：（1）驮得多，驮好盐，载重按规定驴150斤，骡子240斤。（2）保证人不生病。（3）不损伤扫破一头牲口的背。（4）牲口不受意外损失（如跌伤或狼吃等）。（5）发扬友爱精神，沿途互相照顾。（6）服从队长班长指挥。（7）不做违法生意。（8）不染坏行为。（9）不糟蹋群众的庄稼。（10）不偷卖给人，不自私额外得一颗盐。

14号的下午运盐队即出发了。当第一批运盐队出发后，他们就又开始第二批运盐牲口的动员。至9月初，已经组织好出发的牲口就有25头。

该运盐队于9月11日就由盐池返回延安，往返共28天（因盐过潮湿晒了4天，同时在张家畔又被支差驮粮多走了两天，共计6天，所以真正起落和走路仅22天）。计驮回食盐27驮（折三驮二百九十五斤半），共卖洋131900元，除一切公费外，可净赚洋六万七千七百零七元七毛二分（人吃、盐本、保运费等计花洋六万四千一百九十二元二毛八分）每斤公盐平均赚20元强。

（《延安市经建工作总结报告》，1943年7月25日）

（四）三边分区群众运输力量的发展和组织形式

1．发展概况

三边运输在人民生活上占着一个很重要的位置。就以吴旗来说，运输就是第二个位置。但是，由于过去有些干部对于发展运输和运盐工作的重要性还没有很好的认识，再加群众的落后散漫性和一部分人没有运盐习惯，没有得到运盐的更大利益，所以，在运盐工作上存在着一种自流的现象。

1943年，由于同志们的努力，分区各县创造了许多很好的组织运输形式，转变了一些干部和部分群众对发展运输及运盐不注意的思想。如吴旗县今年布置运盐时，首先就进行了详细统计运输力的工作，然后分配任务，又教育干部，纠正不管的态度。在这种情况下，全县今年推动和组织了原有长脚2135头，发展了长脚841头，短脚200头，共长短脚牲口有3319头，再加上户户脚牲口2143头，全年共运出食盐33039驮。以上牲口数目计算，参加运盐的牲口有5362头，占总牲口12341头的37%。又如靖边县在今年工作中，大批组织了户户脚，特别是发动和组织了耕牛2662条参加运盐，创造了很好的办法，及时解决了运盐中的问题。如回春涧组织户户脚放青驮盐就是一个很好的例子（详细见解放日报7月10日发表）。他们认真实行了奖惩制度和竞赛鼓励的办法，奖励了镇靖区五乡指导员邓世湖和运盐模范曹玉伟二同志，又批评了青阳区三乡乡长贺成斌同志，这些办法在工作上都起了很大的作用，因此全县今年户家牲口16449头，发动参加运盐的5612头（内有耕牛2662条），占户家牲口34%强。又组织督促了长脚牲口2138头（今年新增长脚牲口727在内）和短脚牲口972头运盐。截至7月16日统计，运出私盐 16753 驮，参加运盐的牲口共有 8722 头，占全县所有牲口 19549 头的 45% 弱。

各县的合作社，也开始由消费转为以运输为中心了。吴旗县二区合作社就是一个很好的例子，今年组织运输队 6 个，参加的牲口骡马有 46 头，驴子 52 头运输食盐。以上只是举出靖边吴旗二县发展的情况，其他两县也有很大的发展。现就分区运输牲口发展数目写出。

今年分区新增长脚牲口 2232 头，短脚牲口 2267 头，都参加运盐，又组织原有长脚牲口 6703 头，户户脚 9688 头，总共分区今年参加运盐的牲口是 20089 头，占分区牲口（包括牛马驴骡骆驼等）总数 65000 头的 32% 强。

现在分区运输力及可能组织的运输力详情如下：有长脚牲口驴 6263 头，骡马 730 头，牛 16 条，骆驼 1935 头，共牲口 8844 头；短脚牲口驴 1901 头，骡马 78 头，牛 288 头，共牲口 2267 头；户家牲口驴子 21060 头，骡马九 935 头，牛 31894 头，共 53889 头；以上总共长短脚户家牲口有 65000 头。其中长脚牲口占总数 13.6%，短脚牲口占总数的 3.4% 强，户家牲口占总数的 82.9%。

2. 组织运输的几种形式

以下这几种形式是群众原来就较普遍采用的，今年又加以改造和提倡，对组织运输和运盐工作起了很大的作用。

（1）朋帮：这种组织形式用于组织长脚比较适宜。它的形式有两种：第一种，是长脚和短脚通过朋友、亲戚、交情厚的关系，自发地集合在一起为一帮，有帮头。参加的牲口，小帮有七八头，大帮有五六十头者。对这种组织，我们应该是在它原来的基础上去改造，使其发展，争取领导起来，不要打散这种组织及重新以乡，或行政村为单位组织，这样老百姓是不习惯的，做起来有困难。如吴旗县有些乡今年组织运盐就是个例子。照前一种方法做，都得到好的效果；后一种方法做，就是由行政村另组织起来的朋帮，有的就散伙了。至于此种形式的好处，就是能相互帮助，能够加快运输速度。第二种是比较进步的，可以叫“合作朋帮”，就是原来的长脚和短脚又种庄稼又想运盐、劳动力不够的，或牲口死了因驴少又值不得赶脚者，和有些农民想养活牲口运盐，还有些农民有牲口但无运盐经验或没人工者，这些人到一起商议，如果牲口不够了，大家再买驴参加，一切条件弄好，就自己或雇人来赶。总之，是用合作（资金合作、畜力合作、人力合作）变工等办法，组织成朋帮。朋帮选出帮头，负责管理、向外办交涉、到区上打路条等事情。这种组织的好处是：第一，提高了运输速度。因为这种朋帮不能单独行动，不像第一种朋帮几家牲口在一块走，一家不去另两家也可以走。第二，扩大运输力量。如靖边镇罗区一、二、三乡乔九云等6个朋帮，有122条牲口，分属56家，平均计算每家两个多些，而事实上其中只有一头牲口的就占19家，如果不组成朋帮，那是不可能参加运盐的。第三，能节省劳动力。因此，这样组织我们要很好地提倡。……

（2）变工：这种组织形式适用于组织户户脚。对群众在组织放青牲口中提出来的问题，只要变工好就可以得到适当地解决。它的好处是一来节省劳动力，二来不会耽误农业生产，三还发扬了群众互相友爱合作的精神，并能大量地发展运输组织和运输力。变工的办法是多种多样的：

如靖边镇靖区第二乡狼窝沟有19户人家，内有两家没有牲口，柳登亮是长脚赶驴二头，高仲林有牛两条，准备开秋荒15垧，驴二头驮水用，马彦功有两岁小牛一头，生牛一条，驴子两头驮水用，柳登云牛两头不能驮，其余13户除高凤林、雷宾和各留牛一头驮水外，全村变工的有牛16头，驴子12头，由柳登亮、柳登发、张海旺等六人赶运，布帐子是当时大家出钱买的。合作的办法是在家驮水的牛，按工给钱或给盐，赶牲口的人的庄稼，由本村马仲林的扎工队替他们锄草，照工出钱，捎驴牛的户家要给赶牲口的人按每头驴牛花费多少工，照工价给钱或还工。

青坪区第二乡长塔村，变工的办法是曹玉川有驴子两头，给曹玉虎捎工，共驴四头，由盐池到青坪区往返以12天计，每头驴平均3个工，除曹玉虎自己驴二头外，曹玉川给曹玉虎还6个工。

镇罗区五乡韩家大场张文彩有2头驴，又捎解三的牛3头，驴2头，姬凤鸣有驴2头，又捎李启的驴1头，长脚韩二韩三赶驴6头，又捎李耀三驴1头，韩占俊驴1头，区公署驴子2头，共驴17头，牛3头，由张文彩、姬凤鸣、韩二、韩三四人赶往盐池驮盐。变工方法就是解三给张文彩帮工10个，给姬凤鸣帮工三个，李耀三、韩占俊因同宗邻居关系酌另给韩二、韩三帮工锄草，吃自己的，赶牲口驮盐的人也是吃自己，盐本是各自负责。

又如青坪区六乡马园村，卢炳仁有驴2头，齐俊云驴子2头，二人商议轮流调换赶驴运盐，卢炳仁赶驴由盐池运到青坪区，由齐俊云赶牲口到瓦窑堡去卖，第二次就是互相调换一下，赚的钱是对半分。

……

（3）牛合牛、驴合驴：这种形式靖边青坪区有个例子，就是二乡杨聚山有驴1头，牛2头，杨富山有驴3头，牛2头，因牛驴走得快慢不同，两人商议把牛合在一起，由杨聚山赶，驴合在一起由杨富山赶。这只是求其一种方便的办法，使牲口不受苦。

（4）合股运盐：这种组织的好处是赶脚的人能关心牲口，参加股份的人也放心不怕糟蹋了牲口。这种例子很多，如靖边县镇罗区六乡阎家湾村刘生富有两头驴，鞍账俱全，种庄稼只一个劳动，乔发有驴两个，驮盐有经验，因驴少利不大，不愿驮。这两人经乡政府发动就合股了，由乔发有赶牲口，路上花费二人均摊，赚的钱除乔本人的驴子外，刘生富两头驴子赚的钱，按二人分红，盐本各自负责。

二乡花豹湾刘玉功家有四个劳动力，驴子2头，朱盆湾村王炳仁有一个劳动力，驴子2头，想运盐牲口少，和别人变工又怕坏了牲口，他就和刘玉功商议，结果，由刘玉功赶牲口，分成赶牲口的人为一股，四条驴子作为两股，共三股，盐本花费，驴死了等都是共同负责，赚的钱是按股分红。

（5）带童和带头：这种组织形式是建立在相好友爱、互相帮助的基础上，各县是很普遍的，如靖边青坪区曹玉明有驴2头，很想运盐，因为种庄稼、锄草走不开，叫孩儿跟着三乡运盐有经验的王四老汉去盐池驮盐了。这种带头的作用，在运盐上是有作用的。

（6）推动合作社发展运输：就是合作社借政府收公盐代金的时候，向群众宣传，将公盐代金早交合作社，当作入股代金，由合作社交政府或运交公盐。合作社把代金收起以后，就一面自己买牲口，一面以二八入股一五分红或三七入股二八分红，或是四六入股对半分红，等方法和长脚合作（这当然是看合作社的力量来使用方法了）。这样，对人民来说给他们省下很多工，减轻了负担，对政府来说也是有利的，对合作社本身来说是股金扩大了，对一些脚户的困难也解决了，运输工作也得到发展。如吴旗二区合作社，就是按二八入股一五分红，投资600万元，组织长脚300条驴（每头按10万元作价），又可扩大股金2400万元。靖边新城区合作社按三七入股，二八分红，投资630万元。组织长脚300条驴（每头按7万元作价），又可扩大股金1470万元。

最后还有一种组织形式，就是几个庄子的小帮合起来，再和长脚合组成帮，有帮头，记账的，管生活、管钱的。如靖边镇罗区六乡王家洼子、阎家湾、铁疙瘩湾的小帮合起来和阎家湾长脚王子胜合伙，由记账的管生活，一切花费回来算账，平均负担。

（以上均见三边分区专员公署：《运输材料部分汇集》，1943年12月）

二、合作社运输队

（一）合作社运输队的组织形式和特点

合作社运输队：

合作社运输队，是由合作社抽股本或以公盐代金作资金，自已购买牲口而成。一种是属于消费社的运输队，它的结账分红都与消费社混在一起，如子长、安塞、吴旗等地；一种是独立的运输合作队，目的为了完成公盐私盐任务，组成运输合作社，先收公盐代金或各机关投资购买牲口独立组成，由政府领导，雇人赶脚，但也有进而与脚户合作者，如延市、固林、延长、庆阳等地。

公私合作运输队：

公私合作运输队又有三种：一种是群众将牲口投入合作社。又分：1. 牲口投入合作社照价作股，人作份子，四六分红。如靖边周宝林运输队就是这样。2. 延安南区合作社大半是脚户牲口投资作股组成，人不做份子，采取三七入股二八分红及四六入股对半分红的办法。3.“活股”牲口，依载重量的多寡作价入股，每次算账，可以随时退股，如华池运输合作社。二是合作社与群众双方入牲口，牲口与赶脚人均作股，红利按股均分，由合作社领导，如吴旗、靖边等地。三是合作社投资长脚运输队。由合作社抽股金资本或收公盐代金买成牲口，投资长脚运输队或朋帮，按牲口好坏作价，结账按股分红，如靖边大部分的运输队。牲口投资按“三七入股，二八分红”“二八入股，一五分红”“四六入股，对半分红”，如吴旗、志丹、靖边等地均采用此办法。

……

三种运输队各有特点：

消费合作社的运输队，是服从于其业务的，运输力强，在流动资金及采办货物和积存草料上，比一般散漫长脚、朋帮长脚为强，它的缺点在于资金有限不能扩大，不能组织广大群众参加，由于不独立分红，畜力，财力往往浪费，发展较慢。

独立运输合作社，优点在于集中广大的人力、财力、畜力、物力直接参加运输事业，效力大，力量强，可以保证任务，成为合作社的基本力量。但过去由于组织庞大，如果不会管理，如果不能运盐，费草料开支，形成合作社的最大浪费，很容易赔钱。

公私合股的运输队，是发展公私合作，共同发展运输的方法，是来自群众而又为群众谋利的好方法。1. 群众投入合作社办法：南区合作社由于群众投资，组成七百余头的运输队；华池运输合作社，由于吸收群众“活股”牲口，发展了300余头的牲口。值得介绍的是南区合作社实行了股东当队长，利用长脚的经验来管理运输队，使运输队的效力加大。华池的“活股牲口”，第一牲口自己赶自己喂，他会操心；第二多节省一点，他多得红利，不会浪费；第三和农业相结合，有盐运盐，无盐回家送粮送粪，既能保证运盐任务，又能节省开支。2. 合作社投资长脚运输队是以极小的资力，获得最大的效果。如吴旗金汤区合作社，按“二八入股，一五分红”，投资600万元，组织长脚牲口300头，同时扩大股金2400万元。靖边新城区合作社按“三七入股，二八分红”办法投资630万元，组织长脚300头，又可扩大股金1470万元。此办法优点甚多，值得各地参考。

……集体运输的优点，是能克服个体运输的散漫无计划的弱点，使运输力大大发挥起来。如一般脚户从定边到延安每年只能走八次，连私人运盐英雄薛志仁也只能走十次，而运输合作社的运输队可以达到 16 次。如南区合作社的张仁队，去年从定边到延安来往达 16 次。现举三者相较为例：

	全年运盐次数	每头牲口驮量	每人赶牲口数	牲口损失	从定边到延安来往一次天数	获利
张仁队	16.5次	骡238斤	骡3	无损失	19天	十个月获利40万元
薛志仁	12次	驴170斤	驴4	五分之一	21天	放青四次十万元
一般长脚户	8次	骡220斤驴150斤	骡2驴2	无定死几头	骡20—21天 驴23—24天	无数

合作运输在驮量上，赶脚数量上，都较个体运输为高，而在往返时间上、牲口损失上却较个体运输为低，究其原因，由于合作运输在管理上较合理，装备上较整齐，有兽医可以照顾牲口等。如无人管理，损失就会大。如去年南区合作社有牲口 743 头，仅全年损失三十余头，占 4.4%，今年上半年才不过损失六七头，合 1%；薛志仁前年有牲口十头死六头，合 60%，去年又买成十头，死二头，占 20%。又集体运输赶牲口多些，大家有劲，大家可以互相帮助，可以换班休息，可以分工专门化，如铡草修鞍、喂饮，可以节省人力时间，而质量好效果大。因此，我们说，运输合作是适合于边区经济条件的，是把边区运输力推向前进，发展运输的最好的一种形式。

（《边区的运输事业》）

（二）陕甘宁边区 1944 年各分区运输合作社运输能力统计

陕甘宁区 1944 年各分区运输合作社运输能力统计表 1944 年 4 月 1 日

分区	牲口(头)	百分比
延属	3476	55.5
三边	1700	27.1
陇东	965	15.4
关中	126	2.0
绥德		
合计	6267	100

说明：

1. 统计中缺绥德分区数字。

2. 延属分区另有大车五辆。

3. 牲口中包括骆驼、驮骡、毛驴，因牲口经常调换，故未分别统计。

（边府研究室：《边区合作社八年的发展概况》1944年8月）

（三）延安县南区合作社运输队

1. 南区合作社 1943 年运输业务状况统计：

项目 社别	牲口			运盐（驮数）	进益（边币元）	折小米（石）	开支（边币元）	折小米（石）	盈余（边币元）	折小米（石）
	骡马	驴	骆驼							
第一队	31			98.5	925904	131.15	473204	67.04	452770	23.12
第二队	27			874	577601	81.81	364201	51.58	213400	10.90
第三队	15			928	808850	144.56	353850	50.12	455000	23.24
第四队	20			766	559730	99.29	430930	61.02	128800	6.58
第五队	18			743	237768	33.68	346094	49.02	−108326	−5.53
第六队	18			101	68006	9.64	318006	45.04	−250000	−12.76
第七队	19									
第八队	2	23		632	1406260	199.19	452560	64.11	953700	48.71
第九队	11			711	332624	47.11	268214	37.99	64410	3.29
第十队	17	2		692	305550	43.28	293050	41.50	12500	0.64
第十一队	12	1		483	1071940	151.83	1037190	146.91	34750	1.77
第十二队	1		48	1272	1561701	221.20	965001	136.68	596700	30.47
合计	191	26	48	9536	8583.293	1215.76	5634558	798.10	2948734	150.6

说明：1. 运盐驮数，由张家畔运回的也算在内，在张家畔运盐，每年达二十二次。

2. 折合小米，盈余按年低米价计算，其余按平均米价计算。

3. 盈余一项有“−”号者为亏本。

（边府研究室：《边区合作社八年的发展概况》，1944年8月）

2. 南区合作社运输队组织经过及经验

在 1937 年，南区合作社即在沟门设立了一头骡马大店，招留来往脚户。当年 12 月间，志丹县群众王步阁、老李、张仲生三人赶九头毛驴到南区附近罗寺砍柴到延市贩卖，夜间即宿沟门合作社的店里。刘建章同志调查了他们的贩柴情况之后，即借钱给他们说：“不要再砍柴了，到盐池驮盐更有利些。”当时刘建章同志即借他们一些布匹作为驮盐的本钱，并给王步阁发了一面写着“南区合作社运输队”的旗子，名义上编为合作社的运输队，但在实际上和合作社并没有营业的股份关系；只是规定：他们三人由盐池驮回的盐，一定要在合作社的店里出卖，合作社在每驮盐上打一升五合的斗佣（一般的店都打斗佣）。王步阁得到合作社的帮助，在去盐池驮盐的路上，天天宣传南区合作社的好处，号召驮盐脚户都到那里去歇店，所以王步阁在第一次驮盐回来时，就联络了徐存光、王步奎、高凤山、袁治才等赶五十多条牲口的脚户到沟门店里来投宿。驮回来的盐，被住在合作社店里的洛川客人很快地买完了。这样脚户们都非常高兴，要求合作社也给他们放旗子，愿意成为合作社的运输队。于是刘建章同志又给高凤山、袁治才、徐存光三人各发了和王步阁一样的旗子，也作为合作社的运输队，并规定和王步阁一样的条件：合作社可以给他们借贷盐本，他们要到合作社的店里来住。这在脚户方面，如果资本有了困难，可以向合作社借用，再架上“南区合作社运输队”的一个旗子，路上有许多便利，比平常没有旗子就好走多了。

到1938年三四月，经过这些脚户关系，又联络来党世鸿、袁开运、高树林、石金山等六十多条牲口。在他们的自愿下，合作社照样的给他们发了旗子，和上面的几个脚户规定了同样的条件和关系。到5月间，已有一百多条牲口了。但是这时发生了毛病，有些脚户假借合作社的名义，在路上招摇撞骗，滋生事端，都说他们是合作社的运输队，以致影响到合作社的威信，于是，刘建章同志即把放出去的旗子全数收回。当时脚户虽然不愿意，有些难为，但在实际上都赚了许多的钱，大体上对合作社还是满意的。12月间日本飞机轰炸延安，城里的客店，脚户不敢去投，都跑到南区合作社的店里来了。虽然过去那些脚户的旗子收回了，但是他们仍旧还是来住合作社的店，这时比过去的客人脚户更多了，大有万商云集的样子。这时，合作社主要的是为了多招客人多打些店钱，但是和这些脚户已经建立起初步的合作关系。1939年4月，合作社到碛口买货，买了七头骡子来往运输，5月货运完，骡子卖了五头，十月合作社成立榨油坊，又买了八头毛驴驮运麻子，连骡子共十头牲口，12月油坊停业，麻子虽然运完，但是已感到运输队的成立是必需的了。

这一时期主要的联络了些脚户，但还没有和他们合作起来。

1940 年，政府号召运盐，刘建章同志首先响应了这个号召，于是他就联络熟悉而有关系的脚户合股组织运输队。首先，刘建章同志要他的哥哥刘建家把家里的两头骡子赶来和合作社组织运输队，又联络了过去的几个脚户来合作。为了吸收大家合作，即规定三七入股，对半分红的办法，在很短的时间，就组织了以下几个运输队：

第一队，刘建家赶两头骡子作价 300 元，王耀祖的三头毛驴作价 300 元，段海宾没牲口入洋 300 元，刘永祥入洋 300 元，合作社的八头毛驴作价 400 元，提出 100 元，入股 300 元，脚户和合作社共计 1500 元，作为三股。光华商店为了便于自己运输货物，入了 3500 元，作为七股。总共资本 5000 元，作为十股，即三七入股；分红则合作社和脚户分一半（五份内合作社只一份），光华商店分一半，即为对半分红。入来的毛驴换成骡子，加上添买的，这一队共赶 16 头骡子，任刘建家为队长（不久即调为刘永祥）。

第二队，王步奎、高凤山入骡子 12 头，作价 4500 元，提回 3300 元，余 1200 元入股，合作社入洋 300 元，脚户和合作社为三股。光华商店入洋 3500 元，作为七股。共为 5000 元，又添买骡子两头，共 14 头，成立一队，选王步奎为队长。

第三队，袁治才入骡马五头，作价 2000 元，提回 800 元，余 1200 元入股，合作社入洋 300 元，脚户合作社作三股。光华商店入洋 3500 元，作七股，共资本 5000 元，添买骡子四头，共九头骡子成立一队，选袁治才为队长。

第四队，高树林、党世鸿入洋 2400 元，合作社入洋 600 元，合为三股。光华商店入洋 7000 元，作为七股。共资金 1000 元，买骡子 16 头（还欠了债），成立一队，任高树林为队长。

第五队，高树旺入洋 6000 元，合作社入洋 1500 元，合为三股。靖边光华分店入洋 17500 元，作为七股，共资金 25000 元，买得牲口 24 头，成立一队，任高树旺为队长。

第六队，徐存光、罗治国入洋 4800 元，合作社入洋 1200 元，合为三股，靖边光华分店入洋 14000 作为七股。共 20000 元，买牲口 24 头，成立一队，选徐存光为队长。

第七队，燕林则入洋 3600 元，合作社入洋 900 元，合为三股。靖边光华分店入洋 10500 元，作为七股，共资金 15000 元，买驴子等 16 头，成立一队，任燕林则为队长（以上五、六、七队，是靖边光华分店投资委托南区合作社成立的）。

第八队，石金山入洋 4800 元，合作社入洋 1200 元，合为三股，定边光华分店入洋 14000 元，作为七股，共资金 20000 元，买骡马驴共 22 头，成立一队，任石金山为队长。

第九队，徐存孝入洋 2400 元，合作社入洋 600 元，合为三股，定边光华分店入洋 7000 元作为七股，共资金 10000 元，买牲口 16 头，成立一队，任徐存孝为队长。

第十队，王步举入洋 1200 元，合作社入洋 300 元，合为三股，定边光华分店入洋 3500 元，作为七股，共资金 5000 元，买驴子八头，成立一队，任王步举为队长（以上八、九、十队是定边光华分店为了便于运货投资与合作社成立的）。

上述十个运输队是短短的三四个月成立起来的，这些脚户，都是过去和合作社有联系的，他们对合作社都有很好的信仰，所以合作社和他们一经联络，就组织起来了。当年延安县政府分配南区运盐 950 驮，没有动员群众的牲口去驮，完全由合作社的运输队运回来了。因为领导运输队的经验不足，至十月间，死了骡、马、驴等 31 头牲口，受了很大损失。因此，合作社开始着手整顿精简运输队，将定边光华分店投资入股的徐存孝、石金山、王步举等三队合并为一个队，归石金山一人领导，由 46 头牲口精简为 22 头。原股份结束，王、徐二人的资本抽回。新作股份，仍为三七入股，对半分红。另外又将靖边光华分店投资的高树旺、徐存光、燕林则等三个队，亦合并为一个队，由高树旺一人领导，原 62 头牲口连死伤及账主拉去，精简为 18 头好牲口。燕、徐二人股份结束抽回，仍重新作三七入股，对半分红。此外是党世鸿、高树林二人十头牲口的一队，在 10 月他们去河南卖了一次盐，回来因家里没有人手，也算账结束了，骡子按价并入刘永祥的队。因此，刘永祥的牲口扩大到 22 头，王步奎的队也增加到 16 头了。这次整顿的结果，共为六个队，100 头骡子。

为什么要整顿呢?

第一，运输队的发展很快，合作社的领导没有经验，又没有建立起来严格的检查核算制度，每次运盐回来，不像现在那样的检查账项，脚户在路上的开支，没有单据，随便报账，甚至个别脚户隐瞒合作社，或者赚了钱说没有赚钱。

第二，合作社没有对运输队领导建立专门组织（如现在的运输大队部），因此，运输的方向也就由脚户自由地去决定了，有些队甚至三两个月不回来一回，即回来之后，账也弄不清楚，对于运输人员也没有规定应遵守的纪律。

第三，有些运输队假借合作社的名义，做违犯法令的事情，为了多赚几个钱，竟有贩卖违禁物品的现象，甚至有个别的运输队不大听从合作社的指导。因此，就影响到合作社整个营业方针，和它在群众方面的威信。

第四，在运输队的牲口和人员方面来说，质量是不精干的，牲口乏瘦，不能多驮东西。如果驮得少了，就要亏本折钱，在几个月中间，就死了三十多头牲口。在上述原因之下，就决定了对运输队进行精简工作；不然，不仅不能发展，反而会缩小。

1940 年年底，运输队的牲口经过精简之后，都成为肥壮的好骡子了。1941 年政府继续发动运盐，这一年延安县分配南区运盐任务为 950 驮，规定交纳实盐，不收代金。南区合作社为了解决群众的运输困难，就用合作社的运输队来为群众代运，运回之后，食盐交盐店，按市价给运输队出钱，计算当时盐价，延市每驮 420 元，群众自己去盐池运一回要花 400 元，虽然多出 20 元，但是比去盐池运一次盐，群众是较合算的。据刘建章同志估计，这一年节省了群众的运盐时间有 400 多个人工（以 220 天计算），八千多头驴工（以 400 驴 20 天计算）。这样，南区的群众对于合作社刘主任的信仰更加提高了，觉得南区合作社才是他们自己的合作社。

1942 年南区的运输任务为 820 驮，比上年减少了。南区合作社根据过去运盐的经验，计划完全包运这一任务。当年政府规定每驮盐可以交代金 300 元，群众不运盐可以出钱，刘建章同志即利用这批代金发展合作社，他把 820 驮的公盐代金全数收齐，共计二十四万六千多元，用来作为扩大运输队的资金，对政府的代金由合作社交纳。二月间就买得好骡子 13 头，又联络了罗家崖苏鸿亮的12头，合伙起来成立一队，4月间政府的代金即完全交完了。这一年的运盐，除完成了代南区群众运的任务外，还超过了很多驮。在这个时候，食盐尚未统销，脚户还是自由出口销售的。全年计代群众运回820驮盐，计算可省了群众的时间两万多天，同时又扩大了合作社的资金。由于这一年代运经验的获得，就有了1943年代运全县公私盐20500驮的伟大成绩。

……

去年边区高干会，检查了财政经济工作之后，决定了全边区大量运销食盐的任务。延安县分配了运销食盐18000驮的任务，其中6000驮为群众负担的公盐，每驮以1000元交纳代金。刘建章同志即利用了全县的6000驮公盐代金来发展合作社，扩大运输队，以解决群众的运盐困难。除按政府规定每驮收1000元外，他们又在每驮上多布置了200元，作为运输队的流动资金，共收得代金720万元，用来买牲口发展运输队。群众应交政府的公盐代金，则由合作社交纳。并将此720万元代金作为群众对合作社的入股，所盈红利还给群众按股分红。这一年的发展过程，收到了空前未有的成绩，不但把群众的负担变成不是负担，而且为群众增加了利益，把合作社更加发展了。下面我们就把它的成绩，加以概括地说明。

（1）对于合作社的本身来说，一方面扩大了合作社的资金，另一方面发展了合作社的运输队。运输队则由原来的一百多头牲口，发展到今年27个队的648头牲口了（骡马驴骆驼等），股金则扩大到数千万元（这是全县数字，其中主要是南区合作社的）。这个运输队，在交通尚未发达的边区里，已成为一支伟大的运输力量，不论在军事、经济、贸易各种运输事业上都起着很大的作用。

（2）对于延安今年的运盐任务上说，不仅完成了政府规定的18000驮的数目，而且超过了2500驮。以斤计则运回3000万斤以上。如果动员群众去驮，当然也可以完成任务，但那就是一个非常艰巨的工作了。在运盐所需的时间来说，即以驮6000驮公盐论，拿上6000头牲口运一回，以往返20天计算，需费牲口工12万个，以一个人赶三头牲口计，又需人工四万天。合计6000驮公盐的运回，需要人畜工16万天。计算可种地一16000垧（据刘主任估计十天种一垧地）。每垧以平年收四斗粗粮计，则可收粮 6400 石。如果我们拿运回的公私盐 20500 驮计算，则共需五十多万个人畜工，可种地五万多垧，可收粮两万多石（每垧平年以四斗计）。这就是说，延安今年将这个运盐时间完全用到农业生产上去了，所以今年增加了 1800 多石细粮，这是一个很重要的原因。

（3）对于负担公盐代金的群众来说。不仅不算是群众的抗日负担，反而成为群众、合作社、政府三方面有利益的合作事业了。在群众方面：据 12 月中旬大概核算运输队运盐的账目，除过加入股份的脚户分红之外（即私人方面），成为合作社运输队群众方面的盈利（即凡运输队牲口及流动生意的盈利），总值约四千六百多万元，其中除交纳六百万元公盐代金给政府，再除出运输大队部开支 280 多万元外，尚余纯利 3720 多万元。在此盈利中，除将今年向群众收来之 6000 驮公盐代金 720 万元退回外（实际没有退到群众手中，因将此款准备抵交 1944 年公盐代金款），尚余 3000 多万，是为一本五利。此项盈利，再按群众明年负担代金的多少，再作为群众入合作社的股金。在合作社方面，则扩大资金为数千多万元，在政府方面，不仅免向群众直接征收运盐代金，而且变成了政府对合作社的帮助了，实际上改变了公盐代金的负担性质。其次，再拿四六入股的脚户方面来说，盈利那就更大了。譬如纪兆表的一队，在一年运盐中，算是亏损最多的一队，但 12 月结账后，脚户方面一本获利八倍半。再如劳动英雄吴满有，他在春季给运输队入股洋一万元（当时出了麦子一石六斗七升），参加纪兆表队脚户方面，在结账时，连本带利共分得 95000 元。以物价上涨的现在市价算，仍可买回二石一斗麦，比起放麦账还利大得多。

上述事实，足以说明这个运输队的成绩是非常大的。下面，我们再把它发展的经验大概说一下。

首先，它是利用了公盐代金这一笔巨款，作为发展运输队的资金，用来买入牲口，和私人进行合作，成立运输队。规定：凡群众公盐代金均交合作社，由合作社向政府交款。群众的代金又作为入合作社的股金，所盈红利再按股分红，并保证如次年公盐代金相同于今年时，则群众再不负担公盐代金，而由合作社完全代交。经过刘建章同志一年的艰苦经营证明，这个办法是一个公私两利的好办法。

第二，它不仅利用了公盐代金，而且还大大地吸收了私人资金和公营资金。这也是刘建章同志发展合作社的一贯方针。在现在的 27 个运输队中，原值一千四百多万的资金，私人资金即占了 660 多万，公营资金（光华商店，盐业公司）占了 250 多万元，合作社资金只占 570 多万元，这两项公私资金合计占资本总数 60% 以上。如果不是这样的利用私人资金，光是公盐代金也不会有这样大的成绩的。这证明，在发展合作社的事业上，群众的力量更是非常伟大的。

第三，它是采用给群众利大、合作社利小的办法来刺激群众的热忱，这就要不图眼前利益，而要看得远大。南区合作社的发展，一贯是采用这个办法的。开始它总是给群众无利借贷，帮助群众发展。现在的 27 个运输队，尚有五六个队是合作社借钱几十万帮助他们的，只有一个借钱的队，在脚户的自愿下，每头牲口一年帮合作社运输大队部洋 1000 元，作为对合作社的补助之用。在入股方面，也是根据群众的经济力量可大可小自愿议定，不是规定多少股份，就得入多少。比如现在的 27 队中，三个队的资金是合作社的资金大，私人的资金小。股份则为自由入股，盈利则为按本分红。而今年的运输合作，则大部分采用了四六入股（私四、公六），对半分红的办法。现在的 27 队，四六入股的为 16 队，其他则为借钱帮助，或自由入股。从这里看到南区合作社发展的进程，一般的都是由开始的借钱帮助，走到合作的“自由入股”，再到“定额入股”（三七或四六）。这三个发展阶段，今天已经成为南区合作社发展运输队的一般规律了！

第四，由联络长短零星脚户，进到组织运输合作。它在 1937 年是用联络脚户投店，利用放旗子的形式来联络脚户的。现在，在合作社领导下的运输队，大部分是投过合作社店的脚户。今年的大发展，就是充分利用了这种关系。这些零星借合作社钱的脚户，今年还有几个队，已帮助给合作社运回了三千多驮食盐，估计将来也可以和他们合作起来的。

第五，经过社会关系，宣传和拉拢零星脚户来组织运输队。根据以往经验，这些长短脚户，如果宣传运输合作的好处，那就一定会有成绩的。这些脚户也可以成为发展运输队的宣传者和组织者。今年南区合作社利用了脚户冯世英的关系，在一个月中，就联络了一百多头牲口来和合作社合作。不仅这一个如此，差不多南区合作社的所有运输队都是经过这样的关系建立起来的。采取这个方法，从南区合作社组织运输队的历史上来看，没有不成功的。而刘建章同志所以能够把运输队大规模的组织起来，也就是因为他摸到了这个方法。

第六，运输队的巩固和发展，必须有健全的领导机关。南区合作社现已建立了领导全县运输队的大队部，以刘永祥同志为大队长，朱继英同志为指导员。他们二人负责管理运输队的运输问题，下设：（1）预备队，专门倒换跛跌骡马，和添补损失的牲口。（2）草料店，专管运输队来回住宿，及招留客人。（3）兽医所，专管医疗骡马病症。其次在沿途设立草料店栈，专供运输队住宿。这些队里，都设有若干人员办事。运输队则分为中、分、班、队，每一队均设有专门整顿鞍账的“抱大鞍”者一人，统计全部运输队干部已有二百七十多人。这样规模的组织，在运输队发展的条件下是不可缺少的。

第七，实行股东当队长，赶脚者赚工钱的办法。每一个队里的队长，都是每一个队的股东，所以这一队的赔钱、赚钱，都与他们有关系。对于该队的全盘运输事务，他要负完全责任的，不是雇佣性的，只顾自己赚钱，不管他人的长短，过得一天算一天。但是每一个队里的赶脚者，它又都是实行工资制度，每月规定一定的钱额，不管赔赚不能短下他们的。这个办法的好处：(1)它不是供给的办法，一年的衣服等项运输队完全不管，他自己就要节约了。（2）因赚钱的是雇佣性质，所以对于工作不讲价钱。这种办法，在合作运输的事业上，目前是较适宜的。

第八，完全有组织地进行运输。南区的运输队，一个人平均都赶三头骡子，就是因为有组织的缘故。如果没有组织，一个人就赶不了三头骡子，这样就节省了人工（群众个人及脚户赚不了钱，就是因为他们没有组织）。同时又有分工，歇在店里喂牲口，整鞍账，铡草饮水都有一定的分工，谁也不能偷懒，大家互相督促。队长不时检查，犯了纪律的就要受到处罚。此外，还有检查制度，每队回来，大队部都要算账，看那一队赔了钱，那一个队赚了钱，对赚钱的加以鼓励，赔钱的指出办法，再要研究赔赚的经验教训。这样，就引起了各队之间的竞赛心理，感到赔钱的不是能手。同时，一有检查制度，各队各个人的浪费、胡花钱的现象也就不容易发生了。如果没有检查，自由收支，那些脚户们的胡花浪费现象是难免的。

（中共西北局调查研究室编：《南区合作社组织运输合作的经验》，1944年）

三、部队、机关运输队

（一）三五九旅运输队

现在，三五九旅除骡马、驴子不算外，已有600头驮骡完全从事运输事业（运盐运货）。为了方便运输，从定边张家畔到绥德，沿东地区各县到延安，沿途组织十余头骡马店，安置了一批老弱人员。运输事业每年可得红利1000万元。

（《整财问题（草案）》，1942年年底）

去年开高干会以后，决定发展边区经济。我们便根据这种精神回去整理了一下，好的奖励，坏的处罚。以前是各干各的。据半年来的统计，旅供及七八团共有牲口289头，其中有骡，骆驼43个。6个月中共运盐1701驮，计255244斤，每驮约150斤，估计搞得好可运35万斤。九团、四支队八九十匹牲口，每驮240斤，共运233840斤。牲口少，组织好，所以运的多，一个人赶两头牲口。以前，运盐没有地方向外销，刚够草料开支，没有收到什么成绩。在下半年继续运，直到冬季，旅长指示全靠农业运输业解决吃穿问题，任务相当大，向叶局长商量，准许我们到马头关销盐换棉花、土纱、洋纱。我们现在派人到那里准备房子、修路，准备500头牲口，成立一个运输大队，为供给部负责领导。现在，已到400匹，尚未到齐。

对运输工作现拟订几点办法，已经旅首长批准颁布。

1. 组织系统：大队部下分中队与分队。

2. 供给标准：决定每月津贴一斗小米，一个人管两头牲口，吃的比一般要好些。早餐小米，晚上面，一天二斤粮，中食另发100元，每天吃油盐各五钱。在店中有规定，每月吃肉三斤。驮盐者两月一双鞋，每人一件皮大衣，衣服按普通战士发。

3. 应注意事项：牲口要照管得好、喂得好。每头牲口要驮平秤220斤，如驮230斤，则多驮十斤的红利提40%归私，60%归公。但最多不能超过250斤。现在试行结果，来往牲口比以前走的快了。以前20天，现在只用18天，平均每头牲口驮230斤，没有太多的。对工作好的奖励，对于不忠实的处分。这是暂时的规定，是否合适还待上级决定。

骡马店：运盐如沿途住老百姓的店相当贵，因此，我们沿途建了骡马店。以前是营业性质的，一方面便利自己，同时为了赚钱。今年已改为运输栈，专为自己来往便利。附带招住老百姓的牲口，店中开支，由供给部发给，沿途草料自己买一些，向政府兑调一些。运输队和店里算账手续，是先印为三联单收据，吃多少东西、草料写一张三联收据，给店里一张，运输队拿二联，一联向供给部报账，一联存查（大队部按月报账）。运输队出发不带路费，只带本钱。以后准备派人到定边预先交钱，运输员不带钱。到张家畔这条路已经搞好，其余的还没有搞好。每站设站长一人，杂务人员二人，伙夫二人，共五六人。现有26个栈，共一百多人。各栈对运输员的招待要和开店的一样。运输员有意见可向上级提出。各栈种一些地，都是租种或伙种。运输员每月的津贴及奖金，给他股票投资合作社，按照他必需的开支给他钱。中队分给他一个栈，作为他的"根据地"，如有不能驮的牲口，即放在那里，需要几个便给几个栈。栈办的好坏中队长要负责任。

（何维忠：《九旅1943年生产供给工作总结报告》，1944年12月30日）

（二）三五八旅运输队

运输队开始成立时，有牲口160头，以后剩152头，最近又增加20头，共计172头。成立一个营，分四个队，旅直为一队，七七〇团为二队，五团为三队，四团为四队。开始时并有七八辆大车，成立一个大车班，以后因为路不好走，卖给七分校二辆，现在使用的只有四辆，只拉一些柴和粮食。今年自4月至10月，共运盐202840斤，按150头牲口平均，每头只运盐六驮。此外给专署运粮一千多石，七七〇团运粮食七百多石。因为金融波动，草料价格大，驮几次盐均赔本，对运盐没有信心。

……今年原规定运输队自供自给，但结果除吃公草公料外，还亏了1246000元。亏本原因除私人做生意管理教育松懈外，经常支应公差，是其中最主要的原因。因为各运输力量集中后，来往公差，驮服装武器均由运输队负担，延安经常要运输队牲口，平均约有一个队支公差。此外，运输队的业务计划也很差。明年准备把运输队改编成运输合作社，专门生产；不好的牲口送给供给部，供应公差驮东西。运输队现存料约400石，合洋400万元。

（《三五八旅生产供给工作总结汇报记录》，1934年12月27日）

（三）警一旅运输队

对运输员的管理，是很麻烦的一件事。旅直原有牲口72头，一团84头，二团66头，三团62头，保中24头，特务营12头，共计320头，这都是好牲口，平均能驮250斤。其他不好牲口都放在连队上磨面。开始和盐公司订合同运盐，一方面帮助边区推销土货，一方面还可挣钱。拨十万斤盐作经费。以后因盐公司盐卖不出去，有很多盐，另外华池边币买不到盐，三团和旅供运输队都走过空路到华池驮不到盐，同时路费也要法币，开支相当大，没有利，还亏本，因此大家对运盐都很消极。一团把运输队分一个队到绥德驮土特产，每斤卖法币500元，本钱只花八元；一队分给营上；一队在团上驮炭。三团一队到定边驮盐，目的是贩特产，一队到农村中收买土货做生意。供给部的运输队在家运炭，都没有运盐。二团运输队租给物资局。

上半年运输业统计，旅供获利145000元，一团获利389500元，二团获利200000元，三团获利287500元。草料是吃公家的，3个月来发料（苞谷）450多石，共计挣钱一百多万元。为运输问题，我们曾经开过两次会研究和讨论。

下半年供给部运输队，一队在家运材料，共给队伍驮粮食约两千多石，以及经常来往延安出差。下半年各团运输业现无统计。

对运输业的几点意见：

1. 路费问题要解决：现在沿途各店都用法币，开支很大，到华池运到铁王要11天，走柳林要九天。11天的路费，每夜一头牲口草料要900元，两头牲口要 1800 元，一个人的伙食要 600 元。每天两头牲口一个人，即要 2400 元，驮一次盐亏本相当大，如果路费问题不解决，则驮不到一个月，便把骡子赔光了。

2. 不如把牲口租给盐公司，我们什么都不管，每月一个人两头牲口，收一石五斗租。

3. 集中与分散都各有利弊。集中开支太大，很难供给。如果分配到连队上，一连两头骡子，由管理排长经营，到农村贩卖土货驮脚，可以维持连以上一切公杂支。如把关中麦子驮到张村驿，三天路每斗本钱法币 2000 元，可卖 6500 元（边币）。

4. 老百姓驮盐比较有利，是因为他们比我们的运输员能吃苦。我们的牲口比老百姓的好，如果能吃苦，一定会赚钱。

5. 运输业，一定要带副业，驮来回脚，如关中驮布到延安，回头可驮猪肉到关中。如驮棺材板到关中，可卖 5000 元法币，本钱只 4000 元边币。每天驮炭一头牲口一个人也可赚 2000 元边币。

（警一旅袁部长：《生产与供给工作总结》，1943年12月）

（四）警三旅运输队

1. 现有牲口及组织

共有骡子 92 头，骆驼 24 头，组织一个运输大队，下分四个中队，其中三头骡子队，一个骆驼队。一个中队三个班，每班骡子十头，运输员五名。此外，各团规定骡子 15 头，编为团的运输队。为运输牲口沿途草料便利计，大队部设九个草料站，每站三人至四人。九团开草料店三个，八团四个。

2. 投资

计大队部投资 20 万元，草料店投资 18 万元，共计 38 万元（各团不在内）。

3. 运输队业务及收获

原规定本年运盐 60 万斤，因全队给绥德工厂搬运东西两次，两个中队给王旅搬运军用品四次，影响了运盐数量，计全年共运盐 428000 斤，未完成任务。

二三月间往关中、庆阳驮盐，返回时贩布赚一些钱，又在山西、内蒙古等地收买特产、核桃皮赚一些钱，主要的还是在定边买布赚的钱。驮盐不赚钱，还亏本。计全年获利 1500 万元，这些钱完全存的是布，比较可靠。

4. 在组织领导中发生的倾向

因大队部人员缺乏，不能经常跟运输队出发，因此管理教育比较松懈，在运输中曾发生违犯法令、打骂老百姓不良现象。此外，对各草料站检查不严，曾发生贪污腐化带款潜逃的现象。

（《三旅生产供给工作总结》，三旅王部长汇报记录，1942年）

（五）杨家岭运输队

在各种部队机关学校合作生产之中，杨家岭运输队的经验，是值得注意的。杨家岭运输队在改组前，有大车 8 辆，驮骡 16 头，照普通情形，每月最低限度应运输物品 27 万斤，但实际运输的只有 19 万斤。经费开支，则除照一般的供给标准外，每月还要贴六万元。今年在公私两利的原则下，把运输队改为运输合作社，公家以大车八辆驮骡 16 头（后增为 20 头）及全部用具作为 80 股，运输员 20 名以身份股名义作为 20 股，共 100 股，每月按股数二八分红；一切人员、牲口、添置等费用开支，概由合作社自行解决；替公家运输物品依照里程远近按斤给运费；运输员的生活，由运输合作社适当改善。这办法，经过解释后，全体运输员一致赞成。执行结果，运输量由每月 19 万斤，增为 389000 斤，增加了百分之百，超过了普通运输力的 30%。同时大大提高了运输员对工作的责任心和积极性，节省了许多经费和工具，又更加爱护牲口。比方过去装粮的口袋破了碗大的洞无人管，现在运输员随身带着针线，缝补口袋；过去贪污马料是公开的秘密，现在却没有这种贪污了；过去车马用具稍一损坏，就要求公家补充新的，现在只要能凑合着用，就对付着用下去了；对牲口，过去是粗心大意的，现在也逐渐喂好了；运费开支，改组后比以前减少三分之一，过去除照供给标准外，每月还要贴六万元，现在不用半文津贴，还每月获利数万元。

各机关采用这办法后，也得到很大的效果。管理局运输营 100 头牲口，20 辆大车，在未组织合作社之前，每月运输量只有 120 万斤，改组为合作社后，每月运输量提高到 185 万斤，增加了 50%。因此，请大家考虑这种合作办法，是否可以广泛运用于我们的公营工厂及公营农场。

这一套办法，资本主义国家及国民党是不能做的，只有我们才能做。因为我们不以剥削人民为目的，我们贯彻公私兼顾的方针。

（毛泽东：《论合作社》，1943年10月，《毛泽东选集》东北书店版，第890~891页）

（六）边区政府各单位的运输队

1. 一年来运输车辆及牲口的增加

政府所属各机关学校等12单位之运输力，原有大车10辆，车用牲口30头，高脚牲口98头，共128头牲口。一年来大车已增加为27辆，车用牲口88头，高脚牲口117头，共205头。运输人员由原60名增至83名。运输业投资总计达一百三十五万七千五百余元。若干机关之运输力本年内已有显著发展，如办公厅、保安处、银行、延大等。若干机关本年内调换了骡马，提高了运输效率，同样达到了发展的目的。兹将各单位运输力增加情形及本年投资数目列表于下：

表一：各单位运输人员、车辆、牲口比较表： 1943.9

机关 \ 项别 数目 \ 原有或现在	原有（三月以前）											现在											说明
	人员	车辆	车用牲口		高脚牲口			牲口合计				人员	车辆	车用牲口		高脚牲口			牲口合计				
			骡	马	骡	马	驴	骡	马	驴	合计			骡	马	骡	马	驴	骡	马	驴	合计	
办公厅	1				1			1			1	5	4	10	3				10	3		13	三月间购买大车三辆，骡五头，建厅拨交大车二辆骡四头，高脚两头，余为本机关
保安处	4	2	5		4			9			9	21	8	23	3	19	1		42	4		46	三月间保卫团公安局合并后增加为现数目
法院	4	1	1	2	1	3	4	2	5	4	11	4	1	2	1	7	1		9	2		11	今年三月多次调剂如现况
银行	4				8			8			8	7				14			14			14	今年三月时购置五头，四月卖去二头，掉买三头好的
物资局	10	2	6		15			21			21	5	2	6		5			11			11	原有十五头，五月间交于光华盐店十头
行政学院	2	1	3					3			3	2	1	3		1	2		4	2		6	五月间保卫处李家塔学校交来驮骡十一头死去数头卖掉二马，存一骡
延大	7				13			13			13	15	6	12	7	15		1	27	7	1	35	
科学院	5	2	5	2			5	5	2	5	12	5	2	5	2			5	5	2	5	12	十月间全部移交延大
卫生处	3					6	2		6	2	8	4	1	1	2		4	4	1	6	4	11	五月间××交来大车一辆，自己××牲口，六月荣院交来毛驴及马
保育院	6	1	3		4		6	7		6	13	1	1	3	1	4	2	4	7	3	4	14	自去年十一月高脚与群众合作次第调济如表
学疗	4	1	2	1	4			6	1		7	4	1	3	1	6			9	1		10	肺疗及中管局交来
荣校	10						22			22	22	10						22			22	22	无变动
总计	60	10	25	5	50	9	39	75	14	39	128	83	27	68	20	71	10	36	139	30	36	205	二十七辆大车中，四套车八辆，三套车十八辆，二套车一辆

表二：各机关运输业投资统计表 1943.8

机关	投资金额(元)	备考
办公厅	100000	3月间花掉85000元购得骡五头车二辆，卖去一辆作为装备费，余150元购粮食存生产科
保安处	349600	5月间掉买牲口补助费用
法院	188900	调换牲口补助费用
银行	139000	三月间购买骡五头花掉93000元，4月卖去两头得21500元
延大	520000	4月间买车花洋100000元，购买驮骡花洋420000元
卫生处	30000	5月间肺疗来大车后买骡一头费用
保育院	30000	5月间买马一头，套车用
合计	1357.500	由营业收益购买牲口费未在此数内

骡马店原有保安处安塞大同店一处，本年银行拟在安塞设立一处，正筹备中。大同店资本在本年内已由 11 万元增至 50 余万元，盈利 40 余万元，该店业务日益发展。

2. 一年来给机关运输物品的成绩

各单位运输业经营之方针与任务可分为两类：第一种为保证供给兼营生产，而以供给为主；第二种则是单纯供给。各机关学校除保安处、荣校属于第二种外，大部分属于前一种。

经营生产之运输队，其主要任务为弥补本身马干、装备及人员开支，以求自给。盖财厅每头牲口每日只发料一升八合本色，草十斤按三元一斤发价，而每头牲口每日实需料二升至三升半，草六斤，市价每斤草 27 元，麸子一升。各单位运输队唯银行明确提出除“保证供给自给开支”外，尚担负公共生产任务，解决本机关食肉及病员食面之经费。其他机关之运输生产，主要解决本身开支。

一年来各单位运输队在上述方针之下，获得了巨大成绩，保证了政府系统各单位六千余人粮炭菜蔬的供给，其他如草料、木炭、石油、木柴、给菜地送粪等亦全部依靠运输队。本年为机关载运物品总量，据不完全统计达 37137190 余斤。此外，如载运木料、砖瓦、石头、支差杂用等尚未计入。全部运输量中绝大部分是大车载运的，驮运量仅占四分之一弱。兹将各种运输量统计列表如下：（见下页表三）

表三：各机关运输队给本位运物品统计表　1943.9　单位：斤

项表 统计 机关	粮食	菜蔬	石炭	木柴	石油	木炭	草	料	食盐	马粪	合计（斤）	说明
办公厅	89100	13050	197850	12000	3415.5		10500	23850		22950	372715	石油全部为驮运，其他各项有驮运然以车运为主，本运数量为48065
保安处	348810	13500	477600		1800	1200	98700	74640			1015250	菜蔬草料全部驮运，九月间驮运一项计6240，总数运量为134880斤
法院	118000	18789	6000	25000	450	1500	5000	18000		9000	201739	主要由大车载运
银行	48342	10000	12182								70524	无大车，全部驮运
物资局	105000	13800	100000						5000	62500	286300	托运量不详
行政学院	32400	15000	56700								104100	托运量不详
延大	140130	12500	202779					36147		134000	525556	托运量不详
科学院	57300		63800				3189	7200			131319	托运量不详
卫生处	63000	5250	28779				22400	6300	3360		129089	托运量不详
保育院	118611		283992	17000							419605	驮运量为212103斤，统计乃一至八月份数字
学疗	60000										180000	驮运量不详
荣校	2000000	100000									300000	全部为驮运
总计	1380723	201889	1549482	54000	5665.5	2700	139789	166137	8360	228450	3737195.5	驮运量总计为819989.5斤约四分之一强

表四：各机关需要粮炭数目与实际运输量比较表　1943.9

项目/统计/机关	人数	每骡供给人数	需要量			实运量			盈或差(±)			附记
			粮	炭	合计	粮	炭	合计	粮	炭	合计	
办公厅	400	20	90000	108000	198000	89100	197850	286950	−900	+89850	+88950	
保安处	1704	20	426614	469482	896096	348810	477600	826410	−78804	+8178	−69686	
法院	190	15.5	42750	51300	94050	118000	6000	124000	+75250	−45300	+39950	
银行	250	17	56250	67500	123750	48342	12182	60524	−7908	−55318	−63226	大部分粮炭是购买
物资局	200	14	45000	54000	99000	105000	100000	205000	+60000	−46000	+14600	
行政学院	800	106.4	180000	210000	390000	32400	58700	89100	−147600	−153300	−300900	
延大	850	19.3	191250	229500	420750	140130	202779	392800	−51120	−26721	−77841	
科学院	320	15.8	81000	86400	167400	57330	63600	120930	−13670	−12800	−46470	
卫生处	170	15.4	38250	45900	84150	63000	28779	91779	24750	−17121	+7623	
保育院	282	19.4	63450	71340	134790	118011	283392	402603	−45161	+212652	+257813	内小孩178名，每二名小孩合一名成人，再加成人为282名
学疗	220	20.9	49500	59400	108900	60000	120000	180000	+10500	+60600	+71100	
荣校	510	35.5	191250		191250	200000			−8750		−8750	住甘泉烧木柴由群众送
总计	5896	25.5	1455314	1452822	2908136	1380723	1569482	2930205	−74591	96660	22069	每头骡供给人数，系按每头骡等于个半驮骡，毛驴三个等于驼骡二个折算，以人数平均而成。

（注：上列数字可能有误——编考）

上表说明各单位本年运输工作之成绩。然若干机关本年因未能充分使用和提高运输力，致使机关粮炭需要上有供不应求之感，个别机关因运输力缺乏，供给上却发生困难，如，行政学院是。兹将各单位人数本年3至9月粮炭需要量与实际运输量之比较，以及每头驮骡所供给人数列表如下：（见下页表四）

从上表中我们看到，各机关的运输力除行政学院、荣校外，一般并不缺少，但粮炭的运输尚有不敷需要者，或雇用牲口驮运，或就市场购买，其原因不外两种情形：一种是将运输力抽去生产或支差、杂用太多之影响，如延大12头驮骡即抽出专门从事生产，银行运输队即采取供给不妨碍生产之原则，宁愿雇脚拉粮拉炭，或在市场购买，也不能令牲口不去做买卖。如办公厅大车队140个工作日中拉粮只占32天，拉炭41天，支差杂用竟占了24天，拉其他的物品如草料菜蔬占去21天，木料砖瓦石头木柴占去22天，曾经有一时期还顾不上拉粮。另一种情形是主要的，即运输力使用上的浪费。运输力的使用上我们感觉有以下几点：

（1）载重量过低。拿运输力中最主要的大车来说，其载重一般均过轻，下面是关于大车载重的一个调查：

由此看来，我们四套车载重量的最高记录才1800斤，三套车大都在1200斤左右，较之中管局四套车拉2000斤大称，三套车拉一千五六百斤，那就望尘莫及了。高脚驮重一般为200斤左右，别的机关均在240斤左右。

（2）里程及时间上费工。如保安处上蟠龙拉粮四天来回一次，而寻常只须三天，延大离朱家沟十里来回也是一天，办公厅三十里铺农场来回一天是足够的，过去总两天来回一次，一般运输人员动得晚、歇得早，因车具损坏或其他事项误工的情形亦属屡见，如办公厅某次到朱家沟驮炭，去了三天才驮回来，原因是炭窑上没炭了。另一次到安塞拉粮，因车坏了耽搁了四天，来回费了一礼拜。

表五：大车载重调查表 1943.9

车别＼载重量	1800	1500	1200	1000	800	750	600	合计	附记
四套车	2	5	1					8	以延大1800斤最高1200斤最低
三套车			13	1	2	2		18	以行政学院科学院最低
二套车							1	1	延大一辆二套车以后没有用
总计	2	5	14	1	2	2	1	27	

运输力的使用与车具牲口的好坏有关系。如办公厅的大车车轴过细，每车只能载 1200 来斤，再多就会在中途出毛病，同时几个老牲口也吃不消。运输员的工作热忱对提高运输效率有决定的意义。其热忱的高度与运输人员的私人利益有关系。科学院的大车过去只拉 500 斤左右，运输员经常调皮。后来采取给奖办法，每月从生产中抽出 10% 至 15% 的奖金，结果提高到 750 斤的载重量，可是还有毛病，证明奖金办法并不能完全达到运输人员私人利益的要求。各机关中唯保育院与群众合作经管，一经运输队与群众利益、群众经验、群众情绪结合起来解决了所有的问题，是值得很好效法的。

各种运输物品中以石炭最浪费运输力，浪费开支与资本，各机关中大部分都在朱家沟炭窑买炭烧，每次运回石炭中有 10% 至 15% 是生炭皮没有剥去，回来烧炭时非常费事，再运输队到炭窑驮炭往往没炭，空着来回，如何减少这些问题，充分使用我们的运输力量，是我们今后的任务。

3. 业余生产的收获

一年来各机关运输队抽用业余时间和运输力量经营生产，大都采取供给、贩运、揽脚相结合的方针，贩运物品主要为粮食、布匹及其他杂货，此外还有运盐。远程都用高脚，延市附近各单位有大车者大都贩炭。揽脚又分包运同临时揽脚两种。兹将各机关贩运揽脚之收入及运盐情况列表于下：（见下页表六、表七）

表六：各机关运输队贩运及揽脚收益统计表

机关	类别	麦子	小米	玉米	蔓豆	黑豆	布匹	食盐	石炭	石油 石碱	铁 铁锅	砖瓦 木料 木炭	合计
办公厅	贩运											5451	5451
	揽脚							28837	53127	17753（石油）		83122	82836
保安处	贩运												
	揽脚												
法院	贩运	87036.5											87036.5
	揽脚						37400						37400
银行	贩运	181839	88902	68845	14837	64242	280862		23447	5054（石碱）	105405		733503
	揽脚												753270
物资局	贩运												56000
	揽脚												
行政学院	贩运												50300
	揽脚												27134
延大	贩运												987334.32
	揽脚												
科学院	贩运	93000					26508.5					10630	140032
	揽脚												13750
卫生处	贩运												42024.5
	揽脚												44604
保育院	贩运							6000					60000
	揽脚												
学疗	贩运	34432	4777										34432
	揽脚											56400	56400
荣校	贩运												
	揽脚												
总计	贩运	592307.5	101679	68845	14847	64242	307370.5	6000	53127	5054	105405	72481	2176173.62
	揽脚						37400	28837	23447	17753		83122	[illegible]

（单位：边币—元）

附记：1. 银行、延大、物资局、行政学院、卫生院、科学院等单位，关于贩运及揽脚收入细目不详，唯知其总数。

2. 延大贩运收益内有 93 万元为 12 头高脚与商业混合利益，商业资本 102 万元。

3. 物资局贩运收 s 益 56000 元，为今春 10 头高脚所挣，五月间高脚交与盐业公司运盐，不从事其他生产。

4. 学疗揽脚收入 56400 元乃包运保育院木炭所得。

表七：本年各机关运盐情况表 1943.9

队名	次别	牲口数	大车数	人数	来回天数	驮盐重量	收入	开支	盈亏	附记
保育院合作运输队	第一次	33				5101			-4000	1.保育院合作运输队挣二十三万元，该院十头牲口共分得红利六万元。 2.延大十二头驮骡共运盐三次，学校自用不计赔赚。
	第二次	37				6150			4000	
	第三次	39				6900			40000	
	第四次	42				7035			50000	
	第五次	43				7994			140000	
	合计	194				33180			230000	
延大运输队	共三次	36				8640		180000		
办公厅大车队	第一次	12	3	4	6	4500	32400	19755	12645	
	第二次	13	4	6	6	5920	53280	37088	16192	
银行运输队	第一次	10		6	25	1501	110040	90040	20000	
总生委运输队	第一次	18		9	19	3764	150560	170580	-20040	
	第二次	18		9	25	3728	186300	250235	-63925	
总计		301	7	34	81	108636	512580	747818	194872	

从上二表中看出以下情况：第一，各机关运输队生产以贩运为主，其收益约占总收益三分之二强，达200余万元，揽脚收入约100余万元，占总收益三分之一弱。第二，运盐大部分赔钱，只有保育院、办公厅、银行没有赔钱。因为：（1）保育院是与群众合伙由群众管理的；（2）原来银行也是赔钱的，因为从定边捎了两捆洋纱，挣了五万元相抵还可赚两万元；（3）办公厅以大车短程包运盐业公司食盐，没有赔钱。总生产委员会运盐队之所以赔本，其原因主要是去时放空，同时来回时间上费了工，第一次19天（最好的为18天），第二次竟费25天，其原因是在路上遇雨停了6天。载重亦较轻，第一次180斤，第二次每头骡驮210斤。就开支上说，亦有不当之处，主要由于队长李长荣同志初次走定延路，情形不熟悉故也。第三，学疗包运保育院木炭47000斤，名义上虽然赚了，然据该院报告看来实际上是赔了。按该院包运保育院木炭47000斤，每斤收运费一元二角，共收56400元，每次骡6个，每头骡驮重以180斤计，可收脚费216元，每次往返需时两天，需开支1600元，不敷1000余元，现已运三万斤，若全部运完会赔得更多，然该院打算是“牲口不用也要开支，财厅有预算，所收运费都是净利”，这是极其错误的计算。

4．开支情况

本年各机关开支总额达四百七十余万元，兹列表如下（见表八）：

表八：各单位运输队开支统计表　1943.9　单位：元

机关 金额 科目	办公厅	保安处	法院	银行	物资局	行政学院	延大	科学院	卫生处	保育院	学疗	荣校	共计
草料费	115627	793898.3	70240	419438.8			706902	119284		83127		200000	2508517.1
装备费	11091.5	448054.25	9455				164512.5	2366		50000		100000	885358.55
工资	55350			53717		18415	62643.5	24217					214342.5
伙食	49140.5	305630	20357	124258.4			380993	27982.5		30000			938351.4
杂支费	12198		8485					38182					58865
补助费							1150						1150
印花税			6										6
合计	343287	1272515.55	108543	632606	缺	330661.8	1389738.3	212044	33214.5	163127	缺	300000	4760797.55

从上表中看出一般运输队开支的情形是：第一草料开支大，第二装备太多，第三杂支及伙食大。以办公厅为例，装备与草料各占总开支的三分之一，工资、伙食、杂支三者共占三分之一。草料开支大的主要原因，大都是现买现吃，受市价影响。粮局预算每头牲口每日草十斤按每斤三元发折色，料按一升八合发本色，而每头牲口每日需二升半料，一升麸子，因之大部分须靠机关补助，何况出外经常歇店，店家草料都没有足称足斗，价钱也不公道。

装备费大的原因，主要由于修理多，以办公厅为例，7 月份大车队修理达五次之多，8 月份四次，平均每一礼拜坏一次，自然这与管车人的照料及车的好坏有关系，如车轴太细，经不起震动，雇工不爱护，5 月中曾坏轴四根。

伙食杂支大的主要原因是由于运输人员的意识问题，不知节约，如延大运输员，在家吃饭二面一米，后经学校改为二米一面，于是运输员宁愿花钱上馆子里吃面而不愿吃小米。

各机关中以法院运输队在节省开支最值得称道，他们在路上住宿时不用钱开草料及伙食，带些布匹或杂货给店家顶，这样可以不受草料涨价的影响。因为草料贵了，遇到某一站草料贵时就在便宜的地方多买些带去吃，只给挡槽的花些钱就行了，人在伙食上的开支都报实账，如店家所“让掌柜”及“滑头”亦交与公家不私自处理，往往自己煮小米干饭吃，不肯多花费。但在这种节省与刻苦的精神下，又产生了某种程度的偏向，他们为了省草料给牲口吃得少，把牲口喂瘦了，后来经过纠正，并制定每日草料开支标准表，才没有这种现象了。

本年各机关运输生产弥补开支情形如下表（下页表九）：

由上表可看到本年法院同银行本年生产成绩最好，不但保证供给，自给全部开支，尚有盈余增加公共生产收入，办公厅、保育院、学疗、科学院等单位，其生产虽不敷所有开支，然可弥补开支 50% 至 75%，而未参加生产之运输队则全部由财政和其他公共收入项内开支，而毫无收入。

5. 三种经营方式

各机关学校运输队的经营方式可分为以下几种：

第一种，如办公厅、保安处、卫生处、延大、行政学院、学疗、科学院等机关，运输队都属于各单位供给处总务处或生产科领导，供给上需要驮什么就驮什么，或利用业余时间进行生产，其收入完全归公家开支，向公家实报实销。但在此种经营方式下，由于公家没有注意对运输队的领导和管理，一般运输人员表现大都情绪不高，如科学院的运输员经常调皮，要求退伍，要求休息，因之产生下列数种不良现象：（1）运输效率减低，主要是载重量小，里程上多费工。如办公厅大车只载1200，至临镇至多五天的路却走了六天，保安处载粮每车只四石二三斗，上蟠龙四天来回一次，寻常只需三天，学疗四套车只载1200，行政学院大车只载800斤左右，延大离朱家沟十里地，有时来回也是一天。（2）不爱惜工具，不爱惜牲口。如办公厅雇工田正昌五个月中坏车轴四根，保安处张清德一个月坏轴二根，科学院冯得英上坡时牲口拉不动，还不下车，拼命地打牲口，旁观者都说“作孽”。（3）营私舞弊，浪费开支。如保安处刘进明私自拉炭，挣了一千二百元不向公家报，大家分了，办公厅运输队每次向店家“滑头”所余路费向公家隐瞒，行政学院李树槐偷东西，每次拉石炭偷八九斤，每月拉炭八次，约有四次偷。

表九：各机关运输生产损益计算表　1943.9　单位：边币元

单位金额科目	收入	开支	盈亏	说明
办共厅	188287	343287	−155000	
保安处		1272515.55		未参加生产
法院	124436.5	108343	15893.5	
银行	1488773	632606	854167	
物资局	56000	（缺）		今春末交与光华商店十头高脚收入
行政学院	77434	330661.8	−253227	
延大	967394.92	1364798.3	−174603.65	
科学院	153782	212044.5	−58262.5	
卫生处	46484.5	33214.5	13270	
保育院	60000	163127	−103127	
学疗	90832	（缺）		
荣校		300000		未参加生产
总计	3251425.92	4760797.13	−1509373.83	

由于以上诸种情形，所以常使供给和生产受到影响。保安处为了提高运输效率，曾将牲口完全调换了，其结果较前稍有进步，然毛病还多。科学院采取奖金制，以刺激运输员工作热忱，每月从生产收入中提取 10% 至 15% 的红利给运输员，其结果还不能完全使运输效率提高，不过比过去略好罢了。

第二种，如银行、法院，亦属公家经营，唯其管理独立，公家给予运输队一定任务，由运输队长独立自主去经营，生产收入归公，唯开支在生产中解决，不向公家另行报销。在这种经营方式下，银行的运输事业获得了很大的成绩。它首先给运输队规定了供给与生产的方针，如先集中力量驮完供给品，然后去进行生产，同时规定生产中以贩运驮脚相结合的具体方针，来回不放空，收入可抵开支。其次建立了制度，如定出路程，去驮脚每日至少是 60 里，在家驮粮每日要走 80 里，如真武洞青化砭规定走两天，使用东西坏的换新的。再次他们领导方面很关心运输员的生活，对于勤劳吃苦爱惜牲口的雇工，令他们安心，想出办法使运输员与牲口发生感情，对于偷懒不做事又不关心牲口的雇工，平日注意批评教育，实在不进步的即进行淘汰，故该行运输人员中发生毛病较少，曾有一雇工因工资比别处低，他不干了，已经将账算好临走时尚说“我真不愿离开这骡子”，去别处干了几个月又跑回来。在这种方式下，强有力的领导与具有相当独立工作能力的队长有着决定的意义。

第三种，如保育院，系采取与群众合伙经营的方式，而由有经验的长脚户管理，其办法是以牲口作股按份分红，一切开支均由本事业负责。该院运输工作在合作前后有着显明的变化。合作前粮炭供应不及，合作后不仅及时，粮炭总有富余；合作前，运输员运粮偷粮，运炭偷炭，合作后运回的粮炭都不短少；合作前 20 天超支马干二万余元，合作后全部不要预算；合作前每人赶两头牲口，合作后每人赶三头牲口；合作前二站路分三站走，合作后一站路就是一站；合作前运输员有许多麻烦，合作后把运输员减少了，麻烦也少了。因此，保育院的运输工作便有了大大的开展，不仅保证了供给，而且参加了运输站，挣了一些钱。

……

根据上述各机关运输业发展及经营概况看来，我们可以归纳为以下几个问题：

第一，关于运输业之方针，我们采取保证供给，兼营生产，而以供给为主是正确的。在这个方针下面，我们给机关运输了370余万斤的物品，同时生产了320余万元，自给开支75%以上，个别机关获得更多的成绩。如银行除保证供给自给全部开支外，还生产了85万余元，担负了公共生产的重要任务。法院亦同样在保证供给自给开支外，还生产了15万余元。但若干机关的运输生产是不够的，有的机关根本没有进行，因之关于单纯供给的运输队应根据这一经验，改变原有的方针。

第二，改造运输队提高运输效率的根本问题是经营方式的问题。从各机关运输队的经营情况中我们看到：

（1）公家经营和直接管理的运输队，不能兼顾公私利益，遂产生下列结果：a. 运输效率不高；b. 易损坏车具；c. 浪费人力；d. 浪费开支。其优点在于指挥容易，简捷便利。

（2）公家经营，由运输队独立管理，全部采用雇工的运输队，必须具备两个根本条件，第一是领导得法，第二是人事可靠，否则同样会产生不良结果。银行的经验就是明证，如果没有魏国兴同志善于领导，以及封成白同志忠实、能干、可靠，亦绝不能成功。办公厅大车队初期所产生的情况，领导上不得法，没有方针，没有计划，虽然当时队长刘吉礼同志异常负责与刻苦，结果亦归失败。此种方式即令领导好，人好，同样是不能使公私利益完全结合，如仍继续采取此种方式经营，必须采取奖金办法来补救。

（3）公私合作，如保育院所采取的与老百姓长脚户合伙的经营方式是我们的理想。因为我们真正把握了群众经验，群众利益，群众情绪，吸收了广大的群众的运输力来作为供给的依靠，节省了开支，节省了人力，减少了麻烦，唯此种方式必须觅找可靠长脚户。公家与运输员合作，使运输人员的利益与运输的收益成比例的增减，也会改进运输工作，如办公厅、延大、保安处等目前准备实行此种办法是正确的，这是采取杨家岭的经验。

今后各机关运输队应改变经营方式，提高运输效率，广泛地采取公私合作的方式。

第三，运输力的使用是否充分，除了经营方式的好坏外，还必须注意以下几个问题：（1）载重足量；（2）走够里程；（3）好车好牲口。办公厅的坏车一个月修四五次，载不得重，走不远，牲口不好，就是明显的教训。

运输力的使用上，一般说来大车比高脚好，一辆车通常可等于六个高脚，管理一个人就够了，而六个高脚则起码要两个人。

第四，供给贩运揽脚相结合的营业方针是正确的，银行的经验就是证明：（1）他来回可不放空，不致浪费运输力，（2）来回捎脚捎生意，所挣可抵一路开支；（3）保证供给的需要，如贩豆子等，（4）便利农村商品交换，如贩布至乡下卖。

此外，要赚钱还必须注意下列几个事项：（1）贩卖物品要成本低售价高，因之运盐或由内地驮土产至边境出售，再由边境驮些需用杂货回来是最赚钱的，（2）要货物销路可靠，（3）要开支少。要开支少必须做到：① 自带草料或带货折抵草料。② 要不耽误时间，因之要注意季节，择好天气，不要遇雨。③ 要运输人员刻苦。

第五，领导上要有计划地调度供给与生产的时间，要掌握方针，了解情况，建立制度，随时督促检查和鼓励运输人员工作热情，这对于运输工作效率的提高是要紧的。这一方面，银行的领导是成功的。

第六，要用人得当。用人的主要条件：第一是负责任。第二要爱护公家，为革命利益打算，经济观念正确。第三要有技术。许多机关的经验都是如此。办公厅的队长张廷真自己没有赶过车，技术不好，不能对队员起领导作用。行政学院队长王禄走定边，自己不跟牲口，跑回家，离五六站路，结果把牲口死了，运输队跨台。而另一方面银行的队长封成白则不然，他在工作上成为模范，所以运输队成功。

（以上均见：《1943年度政府系统各单位运输事业总结》）

四、运输英雄模范简介

（一）延安运输队长刘永祥

刘永祥同志33岁，原籍榆林赵家赤子，10岁时随家逃荒迁到靖边，揽工放羊。13岁开始吆牲口。因年荒，再逃到志丹，仍旧赶毛驴。1928年大旱，把所赶的三头毛驴，两头换了四升小米，一头杀的吃了。1930年，又搬到甘泉劳山族叔处种庄稼（即现住甘泉三区五乡杨庄颗），打得五石粮，买了条牛。第二年分了家，又买一牛，贩柴买炭，又赚了一条牛。1932年又想赶脚，赊了四个牛，一共赶上七头，驮盐两回，将赊的牛钱挣出。1933年14头牛运了三次，赶成15头牛，弟兄两个成亲，所花的钱都凭赶脚所赚。1935年土地革命以后，仍旧赶脚，以后又加入南区合作社，家庭经济便日益发展。

革命时所定成分是贫农，现在有150垧山地，20垧川地，20多间房子，九孔窑，有六头大犍牛，80只羊，一头毛驴，三匹马，雇两个长工（内一个揽羊，一个揽牛），安两户难民（安庄稼），南区合作社内有200多万元的股金（牲口），成了富农了。一家九口人，父亲任村长，弟兄两个在南区合作社，一个兄弟在家种地。

1938年春，南区合作社已经办得有名望了，刘永祥便去找刘主任（因刘健章主任从前是他的帮头），想与合作社合伙，刘主任便叫他与合作社的会计王耀朋同志一同去志丹卖布。这一次去卖布，下来贩羊，赚了240元，合作社分给他80元。前后不过两个月，便赚了许多，就继续合伙。刘永祥以48元入股，与沟门子分社到山西买驴子，两个月走了三次，共赚500元，刘永祥又分得80元。这两次使永祥认识合作力量大，发展快。

1939年春，光华商店运输队因公家人赶牲口不赚钱，找刘主任商量与私人合伙，刘永祥经刘主任的解释参加了。讲定刘永祥与刘建甲、王耀祖、段海滨各出 300 元，南区合作社 300 元，光华商店出 3500 元，按 3000 入股，分红时光华一半，其余占一半，由刘建甲任队长，刘永祥因眼痛未参加赶脚。初次有三头骡子，八头驴，都很弱，走张家畔，山上跌死两头，算是赔了。脚户们担心想不干了，刘主任借些钱鼓励他们继续干，才鼓起勇气第二次出发。三个月结账，又是赔钱，脚户想退夥，依然经刘主任借钱帮助，并提出马上可以放场，即可赚钱，再三劝解后继续下去，逐渐赚起钱，牲口也换成好的。到了一年算账，赚 4000 元，牲口添成 3 驴 12 骡，就分红。之后队长换成刘永祥，大家认为领导得好，会料理，待人和气，又会营业，能赚钱，数年来一直由他任队长。

这个运输队有时驮盐，有时给合作社驮货，使运输队赚了钱，牲口也不断增加，且逐渐换成好牲口。1941 年春牲口成为 19 头骡子，赚 12000 元。经共同商定，不抽红继续添购牲口，光华商店又加入了些，资本共为 25000 元。1942 年春天，牲口添成 23 头骡子，7 匹马，一年共赚 255000 元。商店又添入两万元，资金增至 30 万元。1943 年春，牲口成为 29 头骡子，一匹马，除牲口外，赚 219491 元。现在改成光华入股 60 万，合作社 8 万，刘永祥等四人 32 万元。即四六入股，对半分红。过去的三七入股，对半分红，队长不计工资，现在的四六入股对半分红是队长赚工钱。今年 10 月中为止，运输队不计牲口，已赚 40 万元左右，牲口又增加一头骡子，而这 31 头牲口。按目前市价计，即可值 800 余万元。这许多年的赚钱及运输队的发展，都是在刘永祥的领导下所得的成绩。

现在这个队在延安县 20 多个队中，是最好的一队。今年一年从定边共运盐 16 次，造成运盐次数的最高纪录（从定边至延安算）。该队的牲口平均驮重 240 斤以上，为一般运输队中最多的。一般运输队在放场时都有损失或休息的，但他的队今年一年却没有发生这一类事情。

由于刘永祥合作运输队的影响，1940 年 6 月开始有许多脚户加入南区合作社，到 1941 年曾达到 180 余头牲口。但其中一部分队长贪图私人利益，做私人生意赚钱归已，运输队不能赚钱以及其他原因而分散，到 1942 年最少时，仅剩 70 头左右。刘永祥则始终与南区合作社以正直的态度办合作运输队，甚至最近两年赚的钱都不拿回去，重又发展运输队，他家中的生活，由于农业上的发展已过得很好，不依靠运输队收益去维持了。

去年冬天，延安县计划成立大批运输队驮运公盐，县府将责任交给南区合作社，刘主任即提出由刘永祥负责去组织，以公盐代金作为资本，刘永祥就开始活动，到处找熟悉的脚户，劝说他们参加合作社。经过他的关系加入的有如下数队：

胡奎章（永祥妻哥）、党世鸿（永祥的拜识）、袁开远（永祥的老相识），纪兆表（永祥的连襟）、燕凤林（永祥的老朋友）、阎步高（永祥老友，专来找他的）、刘占同（永祥的老队员）、刘明祥与白成山一队（永祥的族弟）、王振继（永祥弟振祥的朋友）、郭风山（永祥的朋友），即南区合作社 18 个运输队中，有十个队是经过他的关系而来参加合作的，也即由于他自己认识了合作社的作用而劝导别人来参加合作社。此外，今年他还叫了他的弟弟刘振祥到南区合作社工作。这些队的来合作社可以证明，刘永祥在组织延安县运输合作方面所起的作用是极大的。

经过四年来的教育，刘永祥同志已经不简单地为着自己赚几个钱而与合作社合作，运输合作事业的发展，已成为他自己的事业的一部分。延安县成立大队部，他担任大队长，原来的队交给张仁领导，他自己为整个延安县的运输队工作。今年延安县总结运盐赔赚钱的八个条件：驮得重，走得快，人要少，花费省，损失小，盐质好，盐价高，有上脚，就是根据这些队的经验。大队部并筹设兽医、设店、设预备队，做流动生意，都是在刘主任和刘永祥同志领导下进行的。下半年为了要经过张家畔到定边运盐方便，他又到张、定之间与群众商量设立骡马店。

今年延安县运输合作运了 19000 驮盐，使延安县人民避免了动员，刘永祥同志在其中是起了作用的。

（《延安运输队长刘永祥同志》，1943年）

（二）运盐英雄张仁

张仁队长完成了他第 12 次运盐任务，最近才从盐池回到延安。他率领着一支由主 11 头牲口组成的运盐队，在蜿蜒 600 里的定延路上，以勤劳的精神，丰富的经验和对于运盐事业的热情，创造了八个月运盐 12 次，从去年 5 月到今年 8 月共赚钱 50 万元的光辉记录。这记录，是过去群众运盐史上所未有的。

张仁虽然在十几年以前就开始赶牲口，奔波盐池，但真正尝到它的好处，还是在革命以后。他回忆自己参加革命工作前的历史时说："腿也跑够了，光景终始过不好。"

张仁原籍榆林，家境贫苦，给人家做了两年放牛娃之后，16 岁第一次摸索上运盐的生意。那时（19 年以前），他缺少资本，没有经验，跟着村里人，赶着三条又矮又瘦的驴子，从榆林到盐池，在那漫漫的沙流里，奔波了四年之久，终因捐税太重，被迫停业。1928 年，全家搬到延长安全沟住下。在安全沟，他白天种地，夜里刨梢，终年不得休息。两年以后，才又买了两头毛驴，哥哥打柴，他驮到延长城去卖。1935 年，延长"红"了（解放了——编者）以后，他又恢复了运盐生意。那时他赶四头牛，一年从盐池运三次，生意好的时候，每次可以赚回一头小牛。1939 年，他与刘建章联系，把自己 250 元的资本投入南区合作社，自己也参加了南区合作社工作。第二年，250 元的本息已经变成 300 元了，他便与刘建甲、刘永祥、王耀祖四人，每人以 300 元作本钱，另外吸收了光华商店 3500 元投资，买了 11 头驴，于是南区合作社第一个运输队便诞生了。这个运输队用事实证明了集体经营比个体经营利润大，它第一年便赚回了比本钱多一倍的 5000 元的利润，把驴子换成了骡子，运输队的基础巩固了。

1941 年 7 月，这个运输队的前任队长刘永祥把队长职务交卸给张仁，从此，张仁便成为这个运输队的指挥者。到今年 6 月初总结，这个队已经发展成为有 917800 元巨大财富的运输队了。现在共有 29 头骡子和两匹马，每头骡子平均可以驮 240 斤，已成为延安县运输大队里的模范分队，它的队长张仁同志成了运盐英雄。

张仁的模范事迹很多，这里主要介绍他怎样带领自己的队伍和怎样多赚钱的经验。

张仁运输队队员是很团结的，没有吵咀打架或借故虐待牲口的事，他们听到队长受奖的消息，个个喜出望外，连说“张仁是我们的好领导”。张仁说他自己掌握了一条规律，要想发展，必须全队和和气气，赚钱是靠大家的力量。

因此，当他发现队员因为小事发火，自己总是一副笑脸安慰他说：“好好赚几个钱，一为公家，二为自己。”张仁在运输队里待人宽厚是有名的，每次定延路上往返，顺便给队员捎带点布匹，赚上一两百元，人人有说不出的喜欢。站与站之间，有时买不到干粮，队员有人便说怪话，张仁便先拿出钱来，叫队员去买，即使没买到，队员心里也落个痛快。

大队部规定每个队长有一匹马骑，但是张仁的马，总是队员骑二份，自己骑一份。快到一个站口时，他才一马当先，提前去安排草料，等队员一到，便帮他们下鞍架，喂牲口，尽量让队员多休息一会儿。

为什么会多赚钱呢？张仁说：要想多赚钱，需买好牲口。他用一头能驮260斤的骡子同一头能驮200斤的比较，两个吃用一般多，但相差60斤盐就少收入2000元。特别是定延路上草料贵，牲口一定要驮得多。他想法节省草料费，去时从价钱便宜的安塞多买些草料带上，放在沿途站口，以便回来时使用。另外，他很注意来回生意，从来不空走。定边木料价格比延安高十多倍，上行捎一程木料，利润足够维持单程路费，下来再捎带一两匹马，每匹到延安也可以获利一万。他还说，在盐池要装好盐，要和店家搞好关系等，都是搞好运输不可忽视的。

（《运盐英雄张仁》，《解放日报》，1943年9月11日）

（三）运盐英雄党世鸿

运盐英雄党世鸿，这个运输战线上的后起之秀，今年只有28岁，是一个“把公家的事当作个人的事来做的人”。今年以来，他带领着由28头骡子组成的运盐第三分队出征过 12 次，共赚 36 万元。

党世鸿老家在横山，十岁时念过半年书，以后就给人家放羊，受尽了凄惶。革命后，他家搬到安塞川里。1935 年，他当过安塞五区的青年主任，领导自卫军和反动民团打过仗。1937 年，便开始吆牲口。1938 年，便在南区合作社入了股。去年 11 月，他正式加入了延安县运输大队，积极筹备、建立起了拥有 28 头骡子的一个运输队。

下面，从党世鸿说的他今年第 12 次运盐的经过中，我们可以了解这位运盐英雄的模范事迹。

“这是我今年以来的第 12 次‘长征’。”

动身的前一晚上，我检查完了队员的各项准备以后，便把他们找在一起说：“一起身，公家的事情第一个要干好，公家的事情干好了，私人有什么问题，我给你们负担。”说完，在南区合作社给他们每人赊了两打袜子，几打毛巾、肥皂，预备顺便捎到上边卖，给他们赚几个零花。队员都很高兴。

7 月 30 日，鸡刚叫头遍，我叫醒队员，帮他们架上驮子，便趁凉上路了。这一次往上捎驮五副木料，50 根椽子，木料三头骡子驮一副，椽子一头骡子驮十根，余下的八头骡子，准备到高桥驮草料。在路上，因为牲口刚吃饱，一起身走得很缓慢，到 20 里开外，才放开大步走。我沿路紧跟着牲口，一时也不离开队伍，经验告诉我，这样做会减少路上出毛病。

傍晚住到高桥。当晚装好托店家买的 460 斤草，两石五斗料，准备寄放到乱石头川（距高桥六站）一带店家。高桥草价 120 元一称（100 斤——编者），乱石头川要卖 15 元一斤，高桥料 300 元一石，乱石头川一石要卖 6500 元。从高桥驮上草料到乱石头川，可以节省一万六七千元。

7 月初一，依然鸡叫动身。走起来说说唱唱，路很平坦，水也便当，货也便宜，一天没困难，晚上住在范家砭。刚要吃饭，纪兆表的一个队赶上来了。纪本人没来，大队部要我带他们走。纪队过去的基础一贯很差，经常赔钱。队员一见面就要借钱用，他们总是这样，上个月就想使下个月的。我告诉他们说：“路上跟我好好走，路上我维持你们。”我的队员也和他们谈话，慢慢地他们的态度变得好些了。这一夜我特别操心照顾他们的生活。

第三站住志丹。越往上，沙土渐渐多起来，我嘱咐纪兆表队的队员喂牲口要特别注意：把草筛干净，料撒均匀，以免牲口吃进土去泻肚子。

从志丹往上，草料便开始贵起来。

从宋庄、保罗寺、寡妇寺、乱石头川、秦家湾到定边七站，各站之间都是平坦大道。不过，在秦家湾住下就落雨，一连下了三天，路倒不怕泥泞，但整天雨柱不息，莫说驮货，牲口空着也不好走。连着三天队员吃饱就睡，我整天发愁。和店家谈谈，他们说："南区合作社的运盐队真多，每天起码有一队经过。"我们决定走。

到定边的时候，天还没有放晴的意思。定边是去盐池驮盐的最后一站，捎上来的货在这里该下架了。从延安 2500 元买的五副木料，驮到这里卖一万元一副，椽延安 20 元一条，这里一条 800 元。计算一下，这次驮的货卖出，除过一路食用以外，尚赚将近 10000 元。纪兆表队空着上来，共用了七万元的路费。

从定边到盐池还有 40 里，若想当天把盐驮回来，并且不妨碍第二天赶路，必须一早动身。我们那天动身的时候，天还不明，刚把队员叫醒，老天又落雨了。去，还是不去？最后决定去，并且赶紧出发，因为多误一天，就是多送给店家 7000 元的花销。

到盐务局后雨还未停，盐务局关着门说不办公，我故意和他们开玩笑说："你们不办公我们来办公？你们在屋里怕淋雨，我们站在外面不怕?！"后来还是装上盐回来。纪兆表队从来装不到上盐的，这一次也装了上盐回来了。

从定边起身，我们就带上了吃半个月的粮食、马料、锅、碗……因为回来要放青了。从大格绸以下就到蒙地，遍地是一眼看不尽的大草滩，偶然也有一道小溪从沙里流过，都是很浅很浅的。大格绸、小格绸、成川、张高图，沿路没有店家，我们找好一片草滩，便把驮子向路旁一卸，值班的就开始做饭。夜里，我们都睡在露天，如果下雨，就把驮子连起来，钻进底下睡。牲口呢，放开让它们到大草滩里随便吃去。放场的路上，我们每天只走四五十里，早晨走走，半晌午就歇下来，傍晚再向前走走。

放青固然节省草料，但是管理牲口特别费心，一怕跑了，二怕跌下崖跌死，三怕吃了人家的庄稼。28 头牲口放场，经常轮流着有两个人看管。上半夜换一次，下半夜换一次。这还叫我不放心，从大格绸到张高图一路，我差不多有六七个晚上不敢睡觉，隔一会儿爬起来看看，到管牲口的人跟前看他们打瞌睡没有，再把牲口挨个数一数，当查清一个不少时才算舒了一口气。

在草地放场一共走了 12 天。队员们带来的袜子、毛巾、肥皂都在草地里随手卖完了，每个人挣回八九百元。

出了张高图走一站就到了张家畔，我们又回到汉地里来了，

放青的光景过完了。张家畔以下，李家洼、镰刀湾子、桃树湾子、安塞、延安，一路都很平坦。

回到延安是 8 月 28。这一次“长征”计时间 28 天，除去沿路费用和队员工资，一共赚了 97000 元。”

（千峰：《运盐英雄党世鸿》，《解放日报》，1943年9月13日）

（四）延安运盐英雄徐兴财

运盐英雄徐兴财，于今年 2 月间，除拿出自己的两匹马、六头驴向合作社入股外，并积极到各乡和各机关向人民和干部宣传入股。在他的帮助下，延安县西区运输合作社在短期内即告成立。自二月间第一次出发运盐，迄今已运盐五次。徐兴财努力运盐，做到政府所规定奖励运盐英雄的条件，如：1. 保证运输队积极驮盐，不论二三月没青可放的时候，不管获利的大小，他始终坚持了运盐的任务。2. 该运输队每次都按照规定上税票，路上也从来未有私自营业的违法行为。3. 听从盐公司的调动。该运输队与盐业公司联系密切，如最近张家畔盐业分公司积盐甚多，需运来延市，该运输队即自动到该处驮运。4. 不断提高技术。在他管理下，该队调换了原来体弱的牲口，提高运输量，由每头牲口平均载重 148 斤，增为 180 斤；牲口亦由 29 头增至 40 头。牲口照顾得好，从未跌伤过。节省方面，亦极有经验。其他像不断改进合作社业

务，想办法做流动生意，开磨坊等，来帮助运输队的发展，也有极大成绩。该社在上半年结账时，股金一元即可获利一元。

徐兴财把所有营业收入，点滴归公，并且经常自贴公出费用。由于他对运盐工作异常努力，积极完成公家任务，并使群众获得利益，此次被选为本市运盐英雄，群众莫不一致赞同，表示佩服。徐兴财在革命前，以揽工及给人家赶牲口为生，只能维持半饥半饱。革命后，分得了土地，家庭经济逐渐发展。1938 年的时候，他已有十头牲口经常来往盐池驮盐。1940 年，做庄稼与兼做买卖，并于放青季节，赶牲口去驮盐，曾获厚利。以后又与 × 委合股做流动生意，经济手续非常清楚。今年春又将牲口向西区合作社入股，兄弟三人同在运盐队工作。徐队长对于运盐事业的发展，实可为本市人民模范。

（《边府建设厅奖励徐兴才为运盐英雄》，《解放日报》，1943年8月17日）

（五）甘泉运盐英雄薛志仁

薛志仁同志今年 32 岁，甘泉三区一乡三行政村白罗砭人。没有念过书，现在认识记账常用的字。原籍清涧薛家涧，迁到甘泉已四五十年。初来时，安庄稼，后佃进土地自种。革命时成分为中农，分得土地 50 垧。现在全部自种，有大牛 2，小牛 1，马 1，驴 10，羊 60 只。全家 22 口，有劳动力的弟兄 5 人，1 任乡长，1 在学校念书，1 在家里种地，2 人赶驴运盐，雇 2 人，1 种地，1 赶脚。家中除种自己分得之土地外，前年开公荒 5 垧，今年共打粮（粗）30 石。

薛志仁 17 岁开始吆脚，起初两三头牲口，到前年上半年有 10 头，一年死了 6 头，到去年上半年又增买至 10 头驴，到秋季换成 4 头骡，6 头驴。原想渐渐都换成骡子，逢到下雨路泥或过河等，比驴子方便。但今年 1 月两头骡子死掉，当时很痛心，想不干了。但因赶惯了脚舍不得放下，遂将剩下的两头骡换成四头驴，仍凑成十头驴继续驮盐。上半年又买了一头驴，放场时被狼吃掉，现在还是 10 个。

今年自阳历年起到11月中，已经运盐9次，到年底可以运10次，共100驮。今年政府分配80驮，可超过20驮。

同行的牲口共驴27，马4，都是一个乡的，往年原是朋帮，有时同路去，有时这家去，那家不去，不固定。今年政府组织运盐队，由薛志仁任队长，仍属朋帮性质，但每次必须同去。放场时期政府发动农户牲口去运盐，参加薛志仁运盐的朋帮，多时达一百多牲口，抬场在一起，放牲口分二处。

薛志仁三个人赶10头驴之外，还给别人捎一两头牲口，平均每人赶四头驴。放场时，另带一马，上行时驴带料带粮存放在村中，回行时拉马去驮到草场。住店则不带马，队长不骑牲口，放青住店都自己带料。住店时每头毛驴带二斗料，放场时约有一半即够。上行时还捎木料，每头牲口捎木料能赚四五千元，足够一路牲口的草钱。所以驮盐实际只花伙食费和盐费。今年运盐是赚钱的，尤其放青时赚的多，共赚10万元，全家的穿着零用都靠这开支。

从甘泉到定边，住店时往来需二十一二天，放场需二十六七天，每次回到家中停留一两天或三、五天不等。有时送粪、驮柴、送粮就停十天。今年到11月中，共放四场，住五次店，毛驴放场时间比骡子长，因为骡子必须等到草茂盛才行。今年下雨及在家共耽误了3个月。

10头驴中，好的能驮180斤到200斤，最差的能驮150斤。平均约170~180斤。放青时有一次9头驴驮1630斤，平均181斤。今年薛自己损失二骡一驴，朋帮们损失二驴，原因是没有兽医。

雇的人全年三万元工资，年初即付给，吃归薛志仁负责，另外还有两个娃娃，一个十岁，一个六岁，也在薛家吃饭，因此关系比较密切，对牲口也还关心。

薛在今年秋季被选为劳动英雄。当选的条件是今年运盐超过任务二十驮，又极喜欢帮助人，每逢七八月地种不了，老百姓把娃娃和驴子交给薛志仁领着驮盐去，路上的一切工作都靠他，回来账目清清楚楚，又不要人酬谢。所以今年七八月间三次驮盐，每次都有五个娃娃赶着驴子跟薛志仁同道。甘泉一、二乡的脚户们常说："我驮盐要等老薛一路"。还有朋脚户们买盐、买布钱不够，不等开口，薛志仁就给借上千八百。他做队长的工作既负责，办法又多，他常领群众放场，非常留心，防止走失，替大家操心。

（《甘泉运盐英雄薛志仁》，1943年）

（六）赤水运盐模范帮头罗怀玉

赤水一区五乡高崄村罗怀玉，是一个忠实厚道的赶脚人。他从 19 岁就开始跑运输，到现在已十余年了。他对运盐积极，互助精神好，能和本帮团结，大伙都信任他，都称他为“怀玉哥”。

1．罗怀玉帮的组织略况

今年 3 月间，政府提出要组织运盐帮，转变过去一些群众不愿意去运盐的思想。当时乡政府在高崄村召集一些运盐的人开会，乡长给大家讲了选举帮头领导大家运盐，取消过去他们不喜欢的运盐队长的事以后，当下就有人提议罗怀玉当帮头，说他懂鞍子，道路熟，和友区盐税机关人熟，和各店里人熟。这样，罗怀玉就被大家选为帮头了。

2．半年来运盐的收获

该帮有 6 个人，12 头牲口，内中驴 4 头，骡子 8 头。从阴历 1 月至 6 月，共运盐 72 驮（以华池计算），骡子每驮平均可赚 600 元法币，以 43 驮计算，共赚 25800 元，合边币 51600 元；驴每驮平均赚 500 元法币，以 29 驮计，共赚 14500 元，合边币 29000 元。总共赚边币 80600 元。以上所得的红利，有的把驴换成骡子，有的添买了牲口，如罗怀玉过去赶两头毛驴，现在换成了两头骡子。张兵儿过去赶一头小毛驴，现在换成了两头大驴。有人还用红利买了地，大多数是从三原等地买回棉花及布匹，解决穿衣问题。还有的用红利解决吃粮、用具和日常使用。

3．罗怀玉对本帮的领导

罗怀玉能团结本帮，以身作则，吃苦耐劳，忠厚笃实，帮助别人，具体解决问题，得到本帮人的尊重及爱护。请看他的工作：

（1）帮助大家垫鞍子。他对垫鞍经验丰富，又能吃苦，时刻检查，每天宿店时，总是挨个儿问大家，看谁的牲口梁压了，那个鞍子该垫了。他不仅及时教别人垫鞍，而且亲自给别人垫。一次罗清海牲口的梁在半路上压烂了，走路不稳，他就叫清海把鞍子卸下来重垫了一下，就不再压牲口了。

（2）外交事务好。他赶牲口时间长，对路上情况熟悉，住店、上税等都由他负责办，大伙也信得过他。

（3）能帮助一帮人解决困难问题。他解决资本的办法：一是欠店账，下次再来开；二是把自己的红利借给别人，他先后帮助别人 7000 元；三是以自己名义在外边借钱。罗怀玉不仅帮助本帮人，而且能帮助外帮人。一次，友区宁家村一个人去驮盐，在定边把资本丢了，抱头大哭，罗怀玉问明情况后，就把他的钱和本帮余钱给了那人，使那人感激不尽。

（《运盐模范帮头罗怀玉》，《解放日报》，1943年9月14日）

第五节　邮递事业

一、陕甘宁边区通信站

（一）通信站的前身——中华苏维埃西北邮政管理局

中华苏维埃西北邮政管理局是边区通信站的前身。

远在 1935 年，党中央及中央红军还未到达陕甘宁以前，就是说在陕北苏维埃开辟时代，由于国内战斗之残酷性，由于赤白两区界限对立，两个政权严重对垒时代，苏维埃区域遭受着严密的封锁。当时因工作紧张，各方面军政党民众等工作的联系上，需要着通信工作。然而当时这一工作，完全依靠着群众。广大群众拥护革命，拥护革命战争，他们有组织的有条规的担负了通信工作，每一个乡政府都把这一工作当作自己工作的一部分。有些重要急件，插上鸡毛连夜的由群众递送。这时是在战争环境中，通信也带着军事的性质。

迨 1935 年中央红军经过二万五千里长征到达了西北，红军扩大了，政权巩固了，中华苏维埃西北办事处成立了，尤其是十年内战的传统经验以及中央的领导，中华苏维埃西北邮政管理局也成立了。它是在中华苏维埃西北办事处内务部领导之下的独立组织。它的通信范围为当时苏区及一些游击区域。当时一切工作方式都采取了中华邮政的经验，但因为苏区范围还不大，一切手续都很简单敏捷。

及 1936 年双十二事变发生，国内和平成立，苏区改为特区以后，中华苏维埃西北邮政管理局亦改为陕甘宁特区邮政局，一切工作都承袭了过去的旧制。

至1938年3月，邮局取消，一切通信工作，附属于边区党委发行科，其他邮件则由中华邮政转递。但实施未及两月，因信件过多，所费既大，而且迟缓，边区通信站乃于1938年5月间成立。

附录：中华苏维埃西北邮政管理局暂行章程

一、为适应革命战争的开展，便利军事交通及工农群众的通信，以及灵通各区域与各战线的革命消息的传递为宗旨，特设中华苏维埃西北邮政管理局。

二、邮政递送暂分普通与特别快送两种，唯特别快信系适应目前革命战争的需要而在军事交通线上的特别设立，仅限在军事急需上的信函的传递，非关军事传递的信函，概为普通信件。

三、邮递时间，暂定为每日上午6时，如有特别快信，则临时递送，不分昼夜地送达，星期日与各革命纪念日普通信停班休假，为不使有碍战争消息传递，特别快班仍照常工作。

四、邮政手续及邮资规定：

1. 普通信件，须贴邮票两分。①

2. 特别快递每函须贴足邮票捌分。

3. 红军家信，免贴邮票，只需由红军政治部或当地苏维埃签盖“红军信免贴票”等字样的戳记，即可递送，以示优待。

4. 新闻报纸类每半斤内须贴邮票半分，半斤外贴一分，两斤半内贴分半，以下每增加斤半则仅增加邮票半分，以推广各类革命新闻报纸深入群众中间的阅读。

5. 寄发白色区域的信件，贴足白区邮票，可代转寄。

五、在未办汇兑以前，暂不递寄银钱，如故意要寄银钱，致有遗失，邮局不负保险之责。

六、除了红军寄信家属，家属寄信红军，可以盖免费戳记外，其他通信，

---

① 中华苏维埃邮局自印有邮票。

一律照以上规定贴足邮票，如果查出有盖免费戳记非红军家属者，邮局得向发件人加倍罚资。

七、任何机关任何人寄件（除受政府优待红军家属外）必须照章贴足邮票，没有贴足邮票之件，邮局得照章向收件人取欠资邮费，如故意不贴足邮票或故意不给欠资的，该处邮局可报告当地苏维埃政府查明追究。

八、非军事急需的特别快送的信函，不得诈称军事急信，非在规定的临时军事交通线上，暂不收与不递送特别快信。

九、暂定临时交通特别快递班干线如下：

1. 瓦窑堡—安塞—陕甘省苏—关中—

2. 瓦窑堡—赤源[①]—靖边—

3. 瓦窑堡—秀延[②]—米西[③]—神府—

4. 瓦窑堡—永坪—清涧县苏—绥德县苏—吴堡县苏—

5. 永坪—延长—

十、本暂行章程自公布之日起实行，必要时得中苏政府西北办事处内务部同意随时修改之。

1935 年 12 月 1 日

（《边区通信站的工作略况》，1940年5月）

（二）陕甘宁边区通信站暂行章程

第一章　总则

第一条　本站定名为陕甘宁边区通信站（以下简称本站）。

第二条　本站专为收递边区范围内，或附近边区八路军驻扎地各党政军民一切信函、文件、书报、刊物等事宜而设立之。

第三条　本站暂不收递银钱包裹等物，收递文书分普通挂号二类。

---

① 赤源县即安定与靖边边境者，现已划归靖边。

② 秀延今改为安定县。

③ 米西即米脂西部。

第四条　本站收递各项文书，暂不收费。

第二章　组织系统

第五条　本站直属边区政府民政厅管辖之。

第六条　本站每月向边区政府民政厅做工作报告一次，应负工作上的完全责任。

第七条　本站行政人员由边区政府民政厅任免之。其他通信员办事员等之任免亦当事先得民政厅准可后执行之，或事后报告备查。

第八条　本站组织系统如下：（见下页）

甲、总站

第九条　总站领导整个通信站一切工作，设站长一人，必要时设副站长一人。

第十条　总站站长下设一通信管理委员会，由五人至九人组织之，开会时总站长为通信管理委员会当然主席，其中委员由民政厅在总站各科长、分站、县站站长、工作人员、俱乐部主任、通信员代表中选任之。

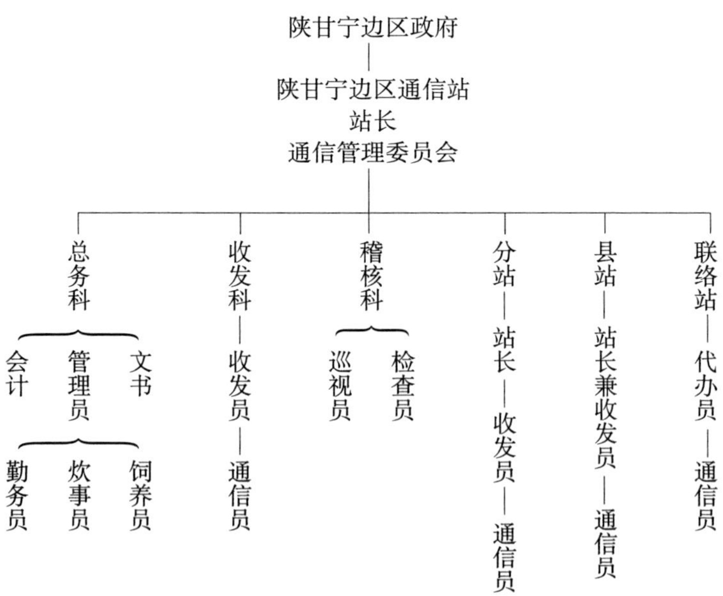

第十一条　通信管理委员会每月举行会议一次，检讨全站一切有关通信工作，遇必要时，得临时召集之。

第十二条　总站站长总理一切行政工作，检查督促全盘工作之进行，及对外交涉等一切事宜。

第十三条　总务科设科长一人，科员若干人，办理一切信函文件报告统计文书会计庶务等事宜。

第十四条　收发科设科长一人，科员二人至三人，办理收发一切信函文件诸事宜，领导通信员若干人投递本埠及各地之信件。

第十五条　稽核科设科长一人，下设巡视员二人至三人，代表本站出外巡视各属站之工作情形，另设检查员一人至二人，经常检查经过本站转递之违禁物品文书等事宜，巡视员及检查员得将所得各项情形，报告本站，以便具体领导切实督促及纠正各属站及属员之工作进行。

乙、分站及县站

第十六条　在总站领导之下得设分站若干，各县均应设立县站。

第十七条　各分站及县站，必须按月向总站做工作报告。

第十八条　各分站设站长一人，收发员一人，通信员若干人，必要时可设杂务员一、二人。

第十九条　各县站设站长兼收发员一人，通信员若干人。

第二十条　各分站站长县站站长总理各该站一切行政工作，管理各该站经费收支，各项统计报告及向外交涉等事宜。

第二十一条　分站收发员及县站长兼收发员之职务，与总站之收发员同。

第二十二条　县站可按工作上、地域上等关系，分受总站及分站领导。

丙、联络站

第二十三条　在必要区乡及市镇要道，得广设联络站。

第二十四条　各联络站可按地域关系，分受总站分站县站之领导。

第二十五条　联络站由本站指定不脱离生产之代办员一人，不脱离生产之通信员若干人担任。

第三章　本站与边区各级政府及其他交通机关之关系

甲、与各级政府关系

第二十六条　边区各地方政府，应负责监督各地通信站之工作，并负责解决各地通信站之困难。

第二十七条　本站各分站，因人数过少，可依情形附设就近政府内，或其附属机关内。

第二十八条　通信员途次遇病，就近政府与人民，应即速设法通知附近之通信站。

第二十九条　通信员如途次遭遇意外，就近政府应负完全责任予以适当处置，并通知本站。

乙、与各兵站之关系

第三十条　为优待抗日战士与后方人员或家属之通信便利起见，本站可收递抗日军人前后方各处函件，并与各地兵站发生密切联系。

第三十一条　凡本站收到寄往前方之信件，即随时送交就近各兵站，各兵站应妥为转递前方。

第三十二条　凡由前方寄来边区之信件，就近兵站可转交本站，即由本站负责按址投递。

第三十三条　寄往前方之信件，暂不挂号。

第三十四条　本站与兵站间每次收递之信件总数，应备登记簿互盖信印备查。

丙、与中华邮政之关系

第三十五条　凡寄往外埠各信件，寄件人按中华邮政章程，贴足邮票，本站可代递给附近邮局。

第三十六条　凡寄往外埠之挂号快件及航空邮件，贴足邮票，本站亦可代递附近邮局寄发，单据退回寄件人。

第三十七条　距邮局较远而有本站设立之地域，外来邮件，邮局可送交本站代为投递。

第三十八条　外地寄来之挂号及快件，本站亦可代递，但不代取包裹及汇款。

第三十九条　本站概不代售邮票及收取邮资，邮票由寄件人自备。

第四章　寄递函件规则

第四十条　本站收寄边区党政军民一切信函文件，保障投递便利，函件到达目的地。

第四十一条　凡由本站收递之函件，均盖有年月日圆戳凭证，如有误时可以函询。

第四十二条　凡送交本站投递之一切信函文件，无论普通挂号，概不收费，但每件最重不得超过十斤，必须由寄件人包捆牢固后交来，大批重件送交本站后，本站得分批投递，如寄件人感觉迟缓误事时，可由寄件人自行雇脚力一次驮运之。

第四十三条　包裹银钱及贵重物品等，暂不收寄，如寄件人将银钱及贵重物品等自行封在信件内，有遗失时，本站概不负责。

第四十四条　凡送交本站之一切函件，皆须由寄件人于函件封面书明收件人之详细姓名住址及寄件人之详细姓名住址，以便本站按封面所书之姓名住址送交收件人,如收件人不在,即按原寄件人之姓名住址,退还寄件人查收。

第四十五条　凡封面字迹不清，或未书明寄件人或收件人之详细姓名住址之函件，本站无法投递时，该函件即存站候领，过三月限期后，如无人前来领取时，本站有自行处理之权。

第四十六条　凡投递函件时，须由寄件人负责固封后，送交本站，不封口信件，一概不收，如有要密函件由本站用火漆凭印封口。

第四十七条　凡党政军机关及各团体有要密公文投递时，必须用牢固信封封好，并与信封左上角写明“挂号”字样，由各该机关及团体首长于封面证明及盖印后送交本站挂号投递，并由本站发给挂号执据，保证有回执，回执必须盖有收信机关条　章或本人私章，万一有遗失时，本站即负责函告寄件人，声明遗失及其原因，作具体之处理。

第四十八条　凡党政军机关及各团体与群众之函件，送交本站投递后，因故不需投递时，可于出班以前，

由寄件人填具撤件书，书名盖章后撤回，未经发件站负责人许可，不得自行撤回。

第四十九条　本站赴各地之通信员，每日出班一次，时间为上午六时出发，每次负重最多不得超过 40 斤。

第五十条　凡送交本站之一切函件，皆须依照本站之出班时间递送，不得要求提早或延迟出班时间。

第五十一条　本站收寄函件时间，平信随时可投入信柜，挂号由下午二时至六时止，寄件人须按时前来，以便按时分发投递，过时不收（特殊情形例外）。

第五十二条　本埠通信员每日出班二次，上午九时一次，下午三时一次。

第五章　通信纪律

第五十三条　本站一切工作人员，应遵守下列之通信纪律：

一、不得违反本站规定之寄递函件规则，收递函件。

二、不得私自拆阅任何机关及他人交寄之函件。

三、不得私将寄递函件交给非收件人拆阅。

四、任何函件不得延迟三日不递送。

五、任何函件不得无故扣押。

六、不得无故遗失寄递之函件，因故遗失，必须立即报告收发站收发员转报总站备查。

七、不得贩卖及私带任何违禁物品。

第五十四条　本站一切工作人员，如违犯通信纪律时，应按情节轻重，分别给以如下之处分：

一、劝告。

二、即刻批评及警告。

三、会议批评及警告。

四、撤换工作。

五、罚做苦工。

六、开除。

七、受法律制裁。

第五十五条　处罚之权限，第五十四条　一、二、三各项，各站站长或由站长指定之代理人，得施行于通信员及其他属员，但执行四、五各项处分时，必须经过总站长之核准，执行六、七各项处分时，必须经过边区政府民政厅之核准。

第六章　待遇及经费

第五十六条　本站一切经费，经边区政府审核发给。

第五十七条　本站向边区政府民政厅按期作预算及决算。

第五十八条　本站按各地生活程度，按月发给各工作人员与边区公务人员同等之津贴及生活费。

第五十九条　本站一切工作人员，得享受与边区公务人员同等之待遇，无劳动力之家属，应享受代耕之优待。

第七章　附则

第六十条　本站采用各种执单表格挂号清单等程序另定之。

第六十一条　本章程经边府民政厅公布施行，修改之权仍属于民政厅。

（1939 年 8 月 10 日公布，引自《边区通信站的工作略况》1940 年 5 月）

（三）1940 年边区通信站的路线及人员配备

1. 边区通信站路线表

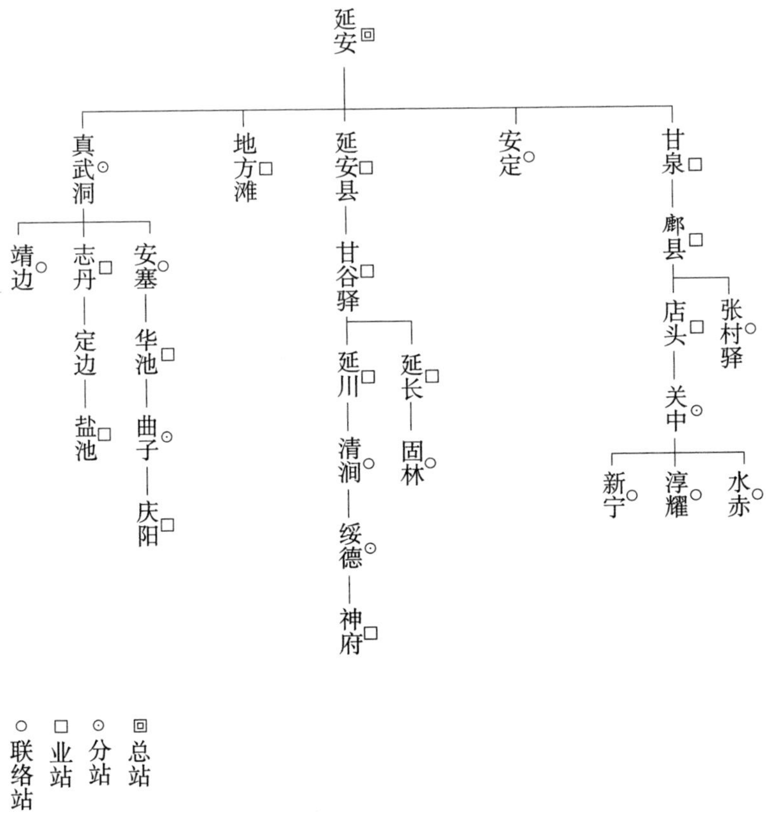

2. 边区通信站人员配备表

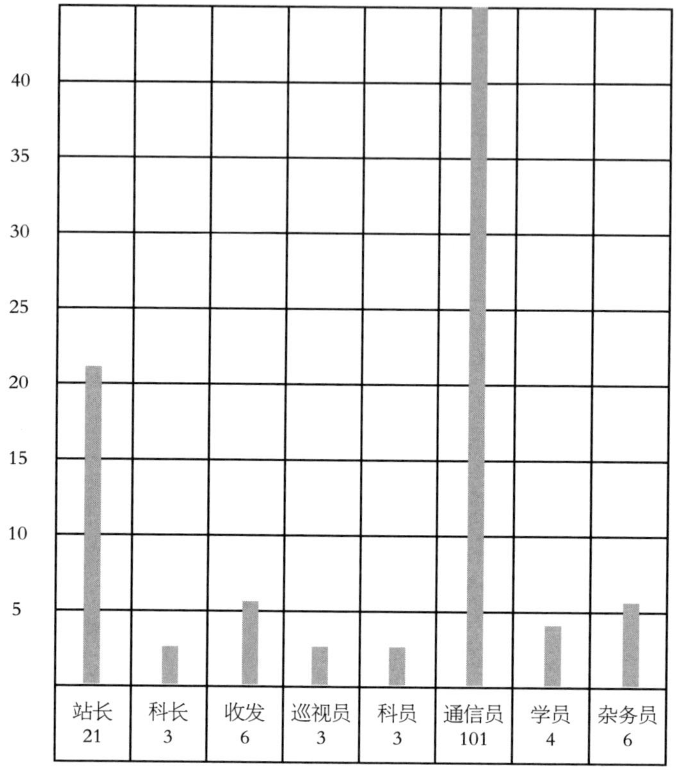

1939 年 12 月 31 日民政厅制

（《边区通信站的工作略况》，1940年5月）

（四）边区通信站成立后的工作

1.1939 年前后的工作状况

自从去年 3 月间取消边区邮局后，通信发行工作上大受损失，于是于 5 月间，又决定在半月内，即将通信站成立起来。等通信站成立后，比较过去苏维埃邮局边区邮局的工作，一般地说是有进步，特别在技术工作方面，是获得了大进步的。具体地说来：第一，文件的发行技术方面，是很大的改善了，发行和收进的文件都有统计，都有清单，挂号也很妥善，近来遗失文件、损坏信件、投递不到信件是很罕见的事。过去时常接到各寄件机关催促及质问遗失信件之事，现在是极少了，间或有要件挂号信遗失时，也能够持凭单按排单清单找回执去追查出，是某站某人丢了。但去年到今年，约计挂号信3246件（关中绥德定边三分站不在内），没有一件找不出回执的。这种制度及事实上的进步，是谁也不能否认而且值得发扬的。第二，信件之发展数量，亦大大地增加了。例如去年9月份以前，全站每月收递及转口信件数的总数为1139件，今年3月则增加至33459件，增加了29.5%以上。仅经费一项，去年9月份每件平均为一角，今年3月份每件平均仅为四分三厘了。第三，信件的投递，因通信员的组织完善，也没有过去迟滞的现象。信到以后，都能很快地按时送走。递不到的信，也都能按址退回了。第四，关于组织方面，通信站现有总站一所，分站五所，县站18所，联络站九所。人员方面，干部29人，通信员106名，杂务员三名。边区所有的县份及重要些的机关，都能投递，虽因交通的关系，投递送信，除总站一辆自行车，曲子二辆自行车外，均用步行，每个通信员每天走70到90里路，时间还是迟些，但一般的说是已经尽可能的迅速了。特别改善了一个办法，就是取消了各地零星饭站及专设工人生活管理与转口件之不必要分站，每个通信员都是直接由总站送到县站才回来。三边、庆环、关中亦如此。神府路线特殊，绥德接一站。此种直送法，较以前的转递法，也便利好多。第五，在干部及通信员中，个别的人员怠工腐化（如吸洋烟），遗失物件（还有一个通信员有意破坏信件），观念不正确，以及对于发行工作不熟练，与地方关系不好等都是有的。但我们经常的注意到了这些问题，用书面的口头的及巡视员的前往帮助，给以相当解决，使工作益加走上健全的道路。因为通信站各工作单位住得散乱，领导方面是比较的困难。第六，对于工作同志的教育，一面责成当地政府帮助，一面由各个站的干部努力自修，并且因时制宜的给通信员以教育。在工作上在意识上在文化上有些站都是经常不断地进行着。

通信站工作，近来是走上了成熟的轨道，逐步地在迈进着，负担着它的工作使命的。

附：1939 年收发就地信件统计表

类别/数目/站别	平信	挂号信	文件	书包	挂号书	挂号文件	无法投递
总计	46548	4220	32778	1909	174	431	
真武洞	20764	1508	8354	113	20	26	
定边	4095	658	75	8			
盐池	1509	127	233	13			
靖边	3161	268	1028	45	10	15	
曲子	6194	922	2568	59		6	
庆阳	2883	124	2343	3		6	
华池	2295	135	750	17	4	18	
志丹	4475	423	383	7		35	
地方滩	10803	504	446	75	41		
安定	3433	318	81	6			
甘泉	2039	346	10				
鄜县	3635	187					
店头	1031	91	9	1		1	
关中	13901	1278	1717	124	14		
延安	1631	169	44	1			
甘谷驿	661		18				
延长	2508	136	374	61		4	
固林	1917	167	10	6			
延川	2506	3631	81				
绥德	4290	492	2079	17			
神府	1549	176	100	2			
总计	193000	19817	43915	1837	535	490	123
备考	无法投递信件系蟠龙安定抗大信件，因过期故退回。						

1939年12月31日民政厅　制

（《边区通信站工作略况》，1940年5月）

2.1941 年邮路扩展，邮件剧增

通信总站设在延安，绥德、安定、庆阳、关中设立分站，构成四条干线：(1)

延绥干线（延安至绥德，日夜班，两天半到达）；（2）延定干线（延安至定边九天到达）；（3）延庆干线（延安至庆阳八天到达）；（4）延关干线（延安到关中九天到达）。干线又交叉着很多的支线，合计四条干线，除延绥干线是日夜快班外，其余都是每日班；支线11条都是隔日班；联络线八条是三日班或不定期班。总站33人，四个分站每站二人，18个县站每站一人，18个联络站都是由各该地代办，通信员共106人，合计165人。这165人，在蛛网似的通信线上，没有马，没有车，凭着两条腿，两只手和肩，负担起边区的通信工作。

……

在通信站的努力下，边区内的信件都畅通了。根据该站去年（1941年）一至8月统计，共寄平信183469封，文件90307件，书6150件，挂号信13777件，挂号文件4353件，挂号书482件。转口平信277040件，文件99275件，书11743件，挂号信20308件，挂号文件1594件，挂号书712件。总计共递信件298527件，转口信410472件。转口信除外，就是每月平均寄递37466件，每天寄递1248件。

（莫艾：《边区通信站》，《解放日报》，1942年2月1日）

边区通信站1941年度全边区各站收递邮件计：挂号书籍964件，挂号文件6041件，挂号信25235件，平件126614件，平寄书籍7490件，平信372418件。共计邮件538635件，转口邮件尚不在内。

（《边区通信站去年工作成绩》，《解放日报》，1942年3月1日）

3．三年投递80万件

边区山岭起伏，交通不便，许多地区，公私信件以及书报杂志之传递，均感不便。边区政府民政厅为解决此项困难，特于1938年5月间设立边区通信站，免费寄递各机关、部队、团体之信件等。现悉该站有通信员×百人，全系徒步，南北西东，数百里山野中，终年来往奔忙。三年中送出平信557703件，文件178820卷，书报10925包。挂号信件46297封，文件4950卷，书报1275包，合计共约80万件，共用经费71000元，平均不足九分钱一件。唯最大缺点为寄递缓慢。通信站现已决定几个主要路线增设快班，并进行各种改善工作，使信件寄递逐渐增快。

（《边区通信站三年来寄信80万件》，《解放日报》，1941年10月14日）

4. 不断克服缺点改进工作

改进边区通信站工作问题，已于日前民政厅厅务会议专门讨论。通信总站站长及科长以上人员均参加。刘站长报告通信站工作现状及缺点后，即提出改进办法六点：（1）改善组织领导及与各地政府当局之关系；（2）提高工作人员质量；（3）增加通信工人，延绥、延庆、延关加开双班，并增设支线若干条；（4）提高工作人员及通信工人之待遇，实行薪津制；（5）统一边区通信管理工作；（6）建立本市通信联络。上列各项，均经该会议讨论通过，签呈边府审核实行。

（《改进通信站工作民政厅务会议商讨具体办法》，《解放日报》，1942年8月19日）

边府民政厅于日前邀请延安有关通信交通工作的机关，举行联席会议，确定成立边区通信工作研究委员会。决定以刘笃义、霍克（边区通信总站）、史文端（中央通信站）、叶荫（中央管理局）、王矛（中央出版局）、石峻（西北局宣传部）、张良（边区新华书店）等七同志为委员，并以刘笃义为召集人，专事研究边区通信工作改革问题，以便制成方案，提交政府。该委员会拟于本月22日正式成立，现正广泛征集有关对通信工作的意见，以便参考。

（《加强通信交通有关机关进行研究》，《解放日报》，1942年9月16日）

经边区政府和中央办公厅会商，决定本市中央通信站划归边区通信总站领导，以实现全边区通信交通的统一管理。中央通信站已于本月15日由中央管理局会同正式移交边区通信总站，其机构将改为边区通信站延安一分站。

边区通信总站10月份工作重要部署，有以下几点：(1)延安到延长、固林、临镇等地路线，过去经由甘谷驿转达，现为加快进度，集中领导，改经南泥湾到达临镇；延长、固林路线不日亦将改为每日班。(2)延安到子长亦恢复由延安直达，不再绕道清涧。(3)总站最近派出干部数人到各分区整理业务，视察工作，并向各地政府接收新动员的通信工人，以便加强各线通信工作。

（《中央通信站划归边区通信总站》，《解放日报》，1942年10月17日）

自从整风深入和防奸斗争展开后，情形就完全两样了。……边区通信站，过去组织庞大，仅总站就有23人，但收发信件书报还经常发生错误和积压现象。延庆、延绥两路都开日夜班，但前者单程需时十多天，后者需时半月多。而每月平均还要支付运输费15000元。坏分子当权，老干部倒霉。去年5月，经撤换站长，紧缩机构，开展整风后，就气象一新，不仅积压与错发等毛病基本消除，而且投递书信由1月至4月平均每天16661件，骤增到5月至11月平均每天30078件。投递速度也大增，延绥线只需五天，延庆线只需八天，而且取消了夜班制，运输费也取消了。

《李鼎铭：《边区政府简政总结》，1944年1月7日）

边区通信站分站站长联席会议，于上月3号开始，历时半月，业已闭幕。这次会议对过去工作进行了深入检查，对今后工作改进亦得出一致意见……

边区通信站，自去年4月进行精减整顿，创造了适合边区通信需要的简便收发登记手续。以后，不仅工作效率大大提高，而且还节约了一笔巨款。据统计，过去每月总要错发数十件，今年1月至10月总共错发十余件；去年7月一个月内总误工227天，今年十个月才误工693天，平均每月不到70天。从去年4月到今年，总计运输、灯油、印刷等项的节省即折合小米110余石。

会中并研究了通信工作中的好坏例子：

富县通信站是一个好典型。它的特点，是在区乡间已建立了定时的收发制度，使书信传递迅速而准确，这是值得各地学习的。该县 11 个区除张村驿在通信站线上外，其他十个区的通信工作，则由区府文书兼管，每三天由区府指定免除或减轻负担的群众到县上或各区送信一次，且信袋、清单、存根等手续制度亦已建立。

佳县代办所是一个坏的例子。主要是政府对这一工作重视不够。从 4 月到 8 月即将代办所的人换了四次。如最后换的杜端英，开始工作积极，对工人宿饭亦很关心，但佳县县府管理员却批评他：“你把工人太当事了”，因之，他以后也消极起来。此外，政府还嫌工人吃得多，工人病了，往往连开水也喝不到。同时，吃饭必须在一些工作人员后边，以致迟误了开班时间。

其次，会议认为，当地政府按照通信工人家庭的具体情况，予以负担上的免除、减轻，在困难时予以救济，俾使工人安于职务，是今后通信站工作中的重要问题。三边分区和绥德分区的清涧，在这点上做得很好，因之，这两地通信工人安心工作不是偶然的。

此外，通信工人的饭站问题也很重要，除了三个模范饭站外，有些饭站是很不好的。如富县城内一家饭站，已经免去两石多公粮和几万元公盐代金的负担，但对待工人很坏，他们吃馍，给工人却吃小米、玉米或剩饭。志丹杨洼塌饭站因政府未予以优待，故互相推诿，工人既吃不好，又误路程。

最后，对增辟新宁至西华池、吴旗至东华池之新线，变各县代办所为县站，健全区乡的通信站工作，提高通信工人米薪，以及按各线建立通信工人学习组织等，都初步有了一致意见。

（《边区通信总站召开分站站长联席会》，《解放日报》，1944年12月9日）

（五）边区通信站的模范工作者

1. 总站站长刘维义

边区通信站过去的工作是非常紊乱的。一次会上，到会的十个同志中，就有九位提出调换工作的要求。工人则由于米薪太低，加以处罚太严，故逃跑事件甚多。再就是因为工作效能低，误工太多而引起书报、信件的积压等。

自 1943 年 5 月刘维义同志任职后，总站工作即逐渐步入正轨，并从各方面进行了整顿、革新、教育和深入研究业务，采用史文端同志关于业务登记手续的改革意见，并进行了干部的精简，自兼一科科长，收发科中则进行明确的分工。对于工人则增加米薪，并按各地米价发薪（过去则以延安市为标准），且一扫过去处罚打骂现象，而代之以个别谈话，以及其他思想教育方式。经过多日详细调查，发现邮件逐日积压，系由于延绥、延庆日夜快班所致，因为那里一人误班，全线停滞。因此立即改为延绥双班，延庆日班。这样每天可省人工七个。此外加上印刷上的以及登记手续上的节约，年来可折小米 110 余石。因之，该站同志一致选刘维义同志为通信总站的甲等模范工作者。

（马沛文：《通信站的模范工作者》，《解放日报》，1944年12月11日）

2. 陇东分站站长张洪亮

张洪亮同志，由 1935 年通信站[①]成立起，九年于兹，一贯积极努力。他对业务，并不以将书报信件送至各县为满足，而是要送到收件人手里。当他发现曲子木钵区将报纸糊墙及华池悦乐区将报纸积压在区上等坏现象后，便积极提出批评建议，帮助他们改正。去年 8 月，为了实地了解延庆线通信工人具体情况，他便做了一次沿途调查，结果发现工人周子善贩卖违禁品的行为。1942年冬将他由绥德调回总站时，不曾休息，次日便去陇东志丹检查工作，奔走月余，还自背行李。今夏庆阳水涨时，他独自捞了数百斤河柴背到厨房，

① 系“中华苏维埃西北邮政管理局”

为公家节省柴炭。（同上）

3. 总站收发员史文端

史文端同志是总站收发兼挂号组组长。他的第一个特点就是工作上表现出创造性。由于他对业务精心钻研，发现了机械搬运中华邮政老一套作风的症结所在，而大胆地进行了许多业务登记制度上的改革。如将本市挂号，取消三联单据，只用一本投递簿，外县挂号只用一联排单改为来回使用，取消了发班本等。改革开始，虽曾有人反对，但自刘站长任职后即开始采用。一年来证明，他的改革是适合于边区实际情况的。这样不仅使手续简明，易于查清，更重要的是节约了纸张和印刷上的一笔大开支。（同上）

4. 代办员吴向山

吴向山同志是米脂县府文书，兼管该县代办所工作。他本身工作很忙，但仍抽出适当时间管理通信站工作，态度极为认真，没有丝毫捎带或敷衍之意。自去年 8 月起，迄今年余，未曾错发一件。每天于包扎邮件前，总是督促各机关将信件送来，以免延误。为了使县与区之间的信件投送迅速，他适当分配四个勤务员的时间，组织了与各区的通信联系，每隔两三天就能在县与各区之间投递书报信件一次。（同上）

5. 通信工人李生才、白明占、任建春

李生才同志是延关线通信班班长。从 1938 年至 1940 年，延关线上的工友与班长的关系不好，连换五次班长，仍无改进。自 1941 年李生才同志任班长后，工友一致称道："我们李班长可是好"。因此，该线便成为全边区 18 条线路的模范了。这主要由于李生才同志以身示范，致使全线全年没有一个人无故误班的。下雨天，大部工人仍不停休。去年 10 月，颁布了通信工人不能私带营业的命令，他首先自己执行起，团结该线积极分子，教育说服落后工人，逐渐消除了工人中私带营业的现象。今年 2 月，大部分工人薪金不敷伙食开支及添补夏衣之用时，他将自己积蓄的一万元，慨然拿出给大家补垫，分利未取。延关线上离市镇较远的老百姓购卖东西，往返需时三四天，极为不便，他即代群众购买，得到广大群众的称赞。

白明占同志从土地革命中参加通信工作，十余年来，一贯积极，他是李生才同志领导延关线通信工人的有力助手。他常常在赶到夜站天还未黑的时候，帮助饭站群众劈柴担水，下地锄草，受到群众表扬。

绥德分区通信工人任建春，是去年才动员来的新工人，不仅从未误班，有时还能兼程早到。一次佳芦河涨大水，别人都停下休息，他却拿出自己的薪金雇人背他过去；一次因为没有找到背的人，又怕误了公事，于是冒险蹚水而过，中途被浪冲倒，幸遇老乡援救，才得脱险。（同上）

6. 模范饭站的张老太婆、苗大、任正师

张老太婆家是甘泉城内的夜站，她对革命有深刻的认识，她的儿子是边区门诊部的医生，她常记着儿子的话："八路军是咱门穷人的军队，工作很难苦，应该爱护他们。"因此，她对通信工人亲如家人，冬天总是把炕烧得热热的，让工人睡好。

吴旗陈家砭夜站苗大，对待工人非常关心，工人一到，他就先打洗脸洗脚水，然后才开饭，冬天还给烧炕、备铺盖。如遇自己吃肉菜，总要给工人留下一些。他还帮助延定线班长学习，教他认字学算盘，现在该班长已能做简单地写算了。

任正师是富县杨泉午站，他怕误了公事，总是在工人未到前，即将饭菜准备妥当，工人一到就吃。每逢年节，他总要做些好饭菜把延线上每个工人都招待一次，分文不取。而且他还常常虚心征求工人的意见，不断改进饭站工作。

这次会议后，通信站做了三面锦旗，以及其他实物，奖给上述三个饭站。

（马沛文：《通信站的模范工作者》，《解放日报》，1944年12月11日）

二、边区政府关于邮务问题的命令

陕甘宁边区政府命令

查十八集团军朱、彭总副司令于1月14日所颁布的关于邮务问题通令一件，本府认为该通令内容颇适用于边区，且对于边区境内邮政与金融兑换都有帮助，故决予采纳施行。现特明令公布，务希各级政府、各军警机关与人民团体切实遵行为要。

（《陕甘宁边区政府命令》战字第二十二号，1942年3月20日）

附：关于邮务问题通令

根据敌后抗战特殊情形，今由本部与军政当局协商，规定办法如下，特此通令各地各级军政负责同志，切实执行。

（一）邮务系有关抗日战争并带有国际性质之国家企业，各地军政当局，应遵守邮务章规，及其行政与工作系统，并给以充分之业务便利与妥善之保护。

（二）一切邮政员工，不得有违犯当地军政法令行为。

（三）一般邮件检查，应即停止，仅为防止汉奸活动有检查必要时，可依照邮章，采用迅速捷便之方法，在邮局办理之。验讫邮件，应依章加盖戳记。检查应以当地收件及外地邮件为限，除敌我区来往邮件外，一切直封转口邮件，不得中途拆封检查。一切邮政公事不在检查之列。

（四）为便利邮务之进行，各地邮局售票汇兑，得以法币为本位，按照市价收受当地地方银行纸币，并由银行以规定比值负责兑换，以免邮局因币值不一遭受经济损失或工作困难。但邮政员工不得发生不利当地金融情事。

（五）为安定各地服务邮政员工生活计，如当地银行币值高于法币时，其全部薪金应以当地货币为本位发放，该开支所需款项，由邮局按当地之比值，用法币向银行兑换之。如当地银行币值低于法币时，邮政员工薪金发放，仍以法币为本位，并将按市价向银行兑换之。

（六）各地政府对邮政员工之人权、政权、财权、地权与集会、结社、出版、居住、信仰之自由，应依法给予保障。凡属邮政员工，若非现行犯，不得即行拘捕，以免影响邮务之进行。如果嫌疑重大，必须拘捕时，亦应允许军邮视察保释候审。

（七）遇有紧急敌情时，军政当局应及时通知邮局，并尽量予以运输之便与保护。如因敌情严重，各地邮局无法购得粮秣时，当地政府或部队应设法代借或代购，以保障邮政员工之生活。

（八）各地区军邮视察或局长，为维护邮件之安全或开辟邮路之必要，将请求当地驻军或政府给以协助保护。

（九）遇有特殊情形，上述某项原则，需要变通办理时，将由当地军政与军邮当局作紧急之权宜处置，并报告军邮总视察，如需要作根本之修改时，仍由本部与军邮负责人办理之。

总司令　朱　德

副总司令　彭德怀

政治部主任　王稼祥

1942 年 1 月 14 日

（同上）